Freud e Édipo

Coleção Estudos
Dirigida por J. Guinsburg

Equipe de realização: Tradução – Maria Clara Cescatto; Revisão especializada – Miriam Chnaiderman; Revisão de provas – Maria Cristina Pereira da Cunha Marques e Marilena Vizentin; Índice Remissivo – Marilena Vizentin e Marcelo Luiz de Paula Conceição; Sobrecapa – Sérgio Kon; Produção – Ricardo W. Neves, Heda Maria Lopes e Maria Amélia F. Ribeiro.

Peter L . Rudnytsky

FREUD E ÉDIPO

EDITORA PERSPECTIVA

Título do original em inglês
Freud and Oedipus

Copyright © 1987 Columbia University Press

Direitos reservados em língua portuguesa à
EDITORA PERSPECTIVA S.A.
Av. Brigadeiro Luís Antônio, 3025
01401-000 – São Paulo – SP – Brasil
Telefax: (0--11) 3885-8388
www.editoraperspectiva.com.br
2002

A meus professores

Que a jovem alma se pergunte, olhando para o passado de sua vida, "O que você realmente amou até agora, o que tomou conta de sua alma, apoderou-se dela e a fez feliz ao mesmo tempo?" Considere esses objetos venerados em ordem, e talvez eles lhe mostrem, por meio de seu ser e seqüência, uma lei, a lei fundamental do verdadeiro Eu.

NIETZSCHE, *Schopenhauer como Educador*

Medalhão criado por Karl Maria Schwerdtner e presenteado a Freud em seu qüinquagésimo aniversário. Fotografia de David Neuman. Copyright 1986. Freud Museum, Londres, Inglaterra.

Sumário

Prefácio XIII

Agradecimentos XVII

Abreviações XIX

Parte I – Biografia
1. O Traje de Herói 3
   1.1. O incidente do medalhão 5
   1.2. Os "suplementos" de Édipo 7
   1.3. A constelação familiar 15
2. A Neurose de Transferência 19
   2.1. Condolência obstinada 19
   2.2. Amigo e inimigo 24
   2.3. O eterno triângulo 33
   2.4. Nas pegadas de Aníbal 39
   2.5. Delírios de inferioridade e megalomania 44
   2.6. A auto-análise interminável 48
3. Também em Meu Próprio Caso 53
   3.1. Estranhos familiares 53
   3.2. Trocando de vagão 63
   3.3. Cenas Primais 69

3.4. As "Lembranças Encobridoras" e a "Formação Narcísica" .. 74
3.5. Freud e Hamlet 80
3.6. *"Sce ist eingekastelt"* 82

Parte II – A História Intelectual

4. Sófocles Desacorrentado 89
5. Três Estudos de Caso na Geração Romântica 107
   5.1. Schiller 107
   5.2. Hölderlin 117
   5.3. Kleist 126
6. Hegel 145
7. Entre Hegel e Nietzsche 169
8. Nietzsche 191
9. Depois de Freud 217
   9.1. Heidegger 217
   9.2. O Édipo estruturalista 228

Parte III – A Tragédia Grega

10. De Freud a Sófocles 245
11. Incesto e Enterro 267
12. As Oposições Binárias e a "Unidade de Parentesco" 285
13. A Heroicização de Édipo 307

Conclusão: A Vida no Mito 325

Apêndice: Édipo e Anti-Édipo 331

Referências Bibliográficas 355

Índice Remisssivo 375

Prefácio

O interesse em Freud não diminuiu no quase meio século após sua morte. Este livro tenta fazer uma contribuição para a história da psicanálise – e para o atual diálogo a que a vida e a obra de Freud deram origem – ao reexaminar a monumental auto-análise de Freud, nos últimos anos do século XIX, e a descoberta do complexo de Édipo, que é sua conquista máxima.

Como muitos autores, somente cheguei à compreensão do verdadeiro tema deste livro no decorrer de sua escrita. Ele tem suas origens mais imediatas em minha tese de Ph. D., *Siege of Contraries: an Essay in Psychoanalitic Criticism*, defendida em Yale, em 1979, e não-publicada, na qual tentei fazer uma comparação entre o mito de Édipo e o da Queda, à luz de leituras de Freud, Sófocles e Milton. Mesmo nessa época, estava claro para mim que seria necessário considerar o próprio envolvimento de Freud com o mito de Édipo, antes de realizar uma crítica psicanalítica de Sófocles. Nessa mesma época, eu havia começado a refletir sobre os antecedentes, no século XIX, do confronto entre Freud e Édipo, embora essas pesquisas preliminares não tenham sido incluídas na tese. Foi somente então que percebi que o tema da Queda era, na verdade, periférico à minha preocupação central que *Freud e Édipo* tomou forma em minha mente.

O livro que disso resultou aborda a conjunção de nomes anunciada no título, a partir de três perspectivas complementares: a biografia, a história intelectual e a tragédia grega. Na primeira parte, exploro as determinantes subjetivas da descoberta de Freud do complexo de

Édipo. Nela, minha organização é temática: no capítulo 1, faço um escrutínio das provas que indicam o interesse de Freud por Édipo antes de *A Interpretação dos Sonhos* e mostrando como esse interesse tem suas raízes nas características peculiares à constelação familiar de Freud; o capítulo 2 concentra-se na amizade crucial de Freud com Fliess e na compulsão à repetição, manifestada durante toda sua vida; o capítulo 3 retoma a auto-análise de Freud e tenta reconstruir como sua identificação com dois pacientes, cujos nomes não são designados, tornou possível sua grande descoberta.

Tendo situado o complexo de Édipo em termos biográficos, na Parte I, eu passo, na Parte II, para a genealogia intelectual de Freud. O plano aqui é puramente cronológico. Em resumo, tento provar a existência de uma "era de Édipo", que vai de Schiller a Freud e que se tornou possível quando a geração romântica alemã se rebelou contra o neoclassicismo e tomou *Édipo Rei* como paradigma de sua própria obsessão com a autoconsciência. Abordo em detalhe três escritores – Schiller, Hölderlin e Kleist – bem como Hegel e Nietzsche e a intervenção da tradição filosófica. Sempre que apropriado, entrelaço a análise biográfica com uma leitura crítica dos textos em que Édipo aparece. Estou menos interessado em buscar as influências diretas que em mapear o espírito de uma época, mas esses esforços nem sempre podem ser mantidos separados. Um capítulo de conclusão amplia a investigação até as personagens de Heidegger e Lévy-Strauss, no século XX.

A Parte III começa por uma leitura de *Édipo Rei*, do ponto de vista retrospectivo da auto-análise de Freud, e passa – por meio de uma exploração de *Antígona* e de *Édipo em Colona* – a uma discussão sobre a unidade do ciclo de Édipo como um todo. Ao combinar as metodologias da psicanálise e do estruturalismo, não perdi de vista a necessidade de uma responsabilidade filológica, e espero que minha interpretação de Sófocles seja de interesse tanto para os estudiosos dos clássicos quanto para os leitores em geral. Para facilitar as referências, fiz transliterações para todas as citações em grego. O livro terminará com algumas reflexões sobre o significado de minha investigação para a verdade psicanalítica do desconstrutivismo, e, num apêndice de caráter polemizador, abordo diversas críticas feitas à psicanálise e ao complexo de Édipo.

Tenho plena consciência de que, ao escrever este livro, aventurei-me por muitos campos que estão fora de minhas especializações acadêmicas na psicanálise e na literatura do Renascimento. Minha abordagem da psicanálise, além disso, ao se concentrar na fase inicial do pensamento de Freud, deixa fora de consideração os desenvolvimentos teóricos atuais nas áreas do narcisismo e das relações com objetos pré-edípicos, e faz referências apenas circunstanciais a Lacan. Mas tentei, em todo o trabalho, entrar em diálogo com a bibliografia relevante, bem como fundamentar minhas interpretações, tanto quanto possível, em provas empíricas. Tentei ser abrangente, sempre lembrando que toda conclusão é, no melhor dos casos, provisória. Mas, ao remeter a psicanálise a seu fundador, espero tanto confirmar a validade da própria teoria quanto ver o homem Freud com um distanciamento realista. O Freud que eu admiro está na tradição hermenêutica da auto-reflexão. É no mesmo espírito que reconheço este livro como "uma parte de minha própria auto-análise".

Agradecimentos

A publicação de um primeiro livro é uma ocasião propícia para, se não uma retribuição, pelo menos um reconhecimento público de muitas dívidas de longa data. Minha grande dívida intelectual é para com meus atuais colegas e/ou ex-professores do Departamento de Inglês e Literatura Comparada, de Colúmbia, cujos exemplos foram para mim os melhores preceitos para o estudo literário. Uma lista resumida não pode deixar de incluir Edward W. Tayler, Steven Marcus, James V. Mirollo, Edward W. Said, John D. Rosenberg, Frank Kermode, Stephen Donadio e P. Jeffrey Ford.

A tese de doutorado, na qual este livro teve origem, foi elaborada em Yale, sob a orientação de Harold Bloom, competentemente secundado por Ronald Paulson. Geoffrey H. Hartman encontrou tempo para me dar acompanhamento em uma série de leituras sobre Freud. Quando em Cambridge, beneficiei-me da supervisão escrupulosa de George Steiner de meu trabalho sobre a tragédia. George Nagy acolheu-me no grupo de entusiasmados participantes de seu curso sobre a tragédia, em Harvard. O zelo missionário do CUNY Greek/Latin Institute, sob a direção de Floyd L. Moreland, deu-me o acesso a Sófocles no original, em um único verão. Na Germantown Friends School, na Filadélfia, Richard Tyre comprovou a verdade de seu provérbio "Os mitos são verdadeiros, nós apenas mudamos os nomes". Incluídos na dedicatória estão os estudantes de Colúmbia, Yale e Harvard com os quais discuti as idéias retomadas nestas páginas.

Fui extremamente afortunado por me encontrar no lugar certo, na hora certa, para os estudos psicanalíticos. Enquanto eu era um estudante de graduação em Colúmbia, Willard Gaylin e Arnold M. Cooper iniciaram seus cursos sobre a história do pensamento psicanalítico. Em Yale, uma bolsa de pesquisa financiada pela generosidade de Mark Kanzer possibilitou-me um ano de estágio no Western New England Institute for Psichoanalysis, onde George F. Mahl aguçou meu interesse pela "primeira fase" de Freud.

A Columbia University ofereceu-me assistência material na forma de uma Chamberlain Fellowship e de bolsas de verão do Council for Research in the Humanities, nos estágios inicial e final de meu trabalho. Este livro não poderia ter sido concluído sem o ano livre de compromissos que se tornou possível graças a uma Mellon Faculty Fellowship, em Harvard, 1983-1984.

Tenho uma especial dívida de gratidão para com todos os que leram partes substanciais desta obra em manuscrito: Steven Marcus; John D. Rosenberg; Mark Kanzer; Martin Grotjahn; James Engell; Michael Jennings; Howard Eiland; Seth Benardete e Matthew S. Santirocco. Perspicácia intelectual e generosidade de espírito foi o que demonstrou Sandor Goodhart em sua apreciação de leitura para a Columbia University Press. Não é necessário dizer que nenhum dos indivíduos aqui mencionados é responsável pelos erros relativos a fatos, julgamentos ou gosto que tenham restado.

Uma versão anterior do capítulo 1 foi publicada em *Raritan: A Quarterly Review* (primavera de 1982), 1:50-61; do capítulo 8, em *American Imago* (inverno de 1985), 42:413-439, *copyright* © 1985 *by* Association for Applied Psychoanalysis, e do apêndice, em *World Literature Today* (verão de 1982), 56:462-470, *copyright* © 1982 *by* University of Oklahoma Press. Agradeço aos que autorizaram a reimpressão. A equipe da Columbia University Press ofereceu seu apoio técnico especializado. Beth Harrison compilou a bibliografia.

A amizade inabalável de Kathie Plourde deu-me apoio durante o longo período de escrita deste livro. James Bednarz garantiu que eu não esquecesse o Renascimento durante a realização de minhas investigações sobre Freud.

Minha irmã, Betsy Roslosnik, suportou-me no período em que fui mais insuportável. A meu falecido pai, Ivan Lysiak-Rudnytsky, e a minha mãe, Joanne Benton, que me provaram que os professores dão os melhores pais, meu amor sem fim.

Abreviações

As seguintes obras são citadas freqüentemente ou a grandes intervalos em todo o texto e serão mencionadas entre parênteses em forma abreviada.

F/J William McGuire (org.), *The Freud/Jung Letters: The Correspondence Between Sigmund Freud and C. G. Jung*, trad. de Ralph Manheim e R. F. C. Hull. Princeton, Princeton University Press, 1974.

Letters Ernst L. Freud (org.), *The Letters of Sigmund Freud*, trad. de Tania e James Stern, 1960. New York, Basic Books, 1975.

LW Ernest Jones, *The Life and Work of Sigmund Freud*, 3 vols. New York, Basic Books, 1953-1957.

Masson Jeffrey Moussaieff Masson (org. e trad.), *The Complete Letters of Sigmund Freud to Wilhelm Fliess 1887-1904*, Cambridge, Mass., Harvard University Press, 1985.

Origins Sigmund Freud, *The Origins of Psychoanalysis: Letters to Wilhelm Fliess, Drafts and Notes: 1887-1902*, trad. de Eric Mosbacher e James Strachey, 1954. New York, Basic Books, 1971.

PM G. W. F. Hegel, *The Phenomenology of Mind*, trad. de J. B. Baillie, 1910. New York, Harper Torchbooks, 1967.

SE Sigmund Freud, *The Standard Edition of the Complete Psychological Works of Sigmund Freud*, 24 vols., org. e trad. de James Strachey *et al.* London, Hogarth Press, 1953-1974.

SL Christopher Middleton (org. e trad.), *Selected Letters of Friedrich Nietzsche*, Chicago, University of Chicago Press, 1969.

VPN Friedrich Nietzsche, *The Portable Nietzsche*, de Walter Kaufmann (org. e trad.), 1954. New York, Viking, 1967.

Parte I: Biografia

> *Não se pode evitar uma ligeira sensação de desagrado quando se esbarra no próprio nome numa pessoa desconhecida. Há pouco tempo senti isso claramente, quando se apresentou em meu consultório um Herr S. Freud.*
>
> Freud, *A Psicopatologia da Vida Cotidiana*

1. O Traje de Herói

Realizar um estudo biográfico de Freud é embarcar em um empreendimento eminentemente circular, pois toda tentativa de narrar a vida do fundador da psicanálise deve necessariamente se colocar sob a influência da disciplina intelectual que ele próprio fundou. Na verdade, a utilidade das biografias de Freud pode ser medida determinando-se até que ponto elas permanecem dentro de – e não indiferentes ou deliberadamente opostas a – uma perspectiva psicanalítica[1]. Fazer

1. Os estudos mais importantes sobre a vida de Freud continuam sendo a biografia com fartas informações psicanalíticas de Ernest Jones, *The Life and Work of Sigmund Freud*, e a de Max Schur, *Freud: Living and Dying*. Um outro trabalho indispensável é o de Didier Anzieu, *L'auto-analyse de Freud et la découverte de la psychanalyse*. A obra de Ronald W. Clark, *Freud: The Man and the Cause*, é um relato competente de sua vida, com o apoio de novas fontes primárias, de um biógrafo profissional isento de toda sofisticação psicanalítica. Situado no pólo oposto a este estudo, o trabalho de Frank J. Sulloway, *Freud: Biologist of the Mind*, tenta romper "a bolha mítica em torno da vida e das realizações de Freud" (p. 5), afirmando que "parece muito pouco provável que a auto-análise tenha desempenhado o tipo de papel 'decisivo' que tão freqüentemente tem sido atribuído a ela, com referência ao abandono da teoria da sedução" (p. 208), e que é necessário resgatar "as raízes biológicas ocultas do pensamento freudiano" (p. 3). Da avalanche de livros recentes que tentam argumentar que Freud estava fundamentalmente equivocado em rejeitar a teoria da sedução em favor do complexo de Édipo, talvez o trabalho mais sugestivo, embora de caráter mais disperso, é o de Marianne Krüll, *Freud and his Father*. Peter J. Swales possui um conhecimento ímpar sobre os detalhes da vida de Freud, e sua hipótese quanto a um relacionamento íntimo entre Freud e sua cunhada Minna Bernays merece séria consideração. Infelizmente, sua abordagem "gnóstica" de Freud,

a psicanálise voltar-se contra Freud é, evidentemente, um caso-limite da teoria da interpretação. Mas tal fusão paradigmática entre meios e objeto de investigação pode servir para lançar luz sobre as questões que entram em jogo em qualquer estudo psicanalítico da literatura. Os textos de Freud são de natureza manifestamente interdisciplinar – na medida em que transgridem os limites entre a ficção, a autobiografia, a filosofia e as ciências naturais – e somente uma prática hermenêutica, consciente, por assim dizer, de sua relação transferencial com relação a Freud, de seu próprio risco na aposta psicanalítica, pode ter esperanças de fazer justiça a essas complexidades.

A primeira parte deste livro focaliza as determinantes biográficas da descoberta de Freud do complexo de Édipo. O lugar central ocupado pelo complexo de Édipo no pensamento de Freud quase não precisa ser comentado. Meu objetivo será explorar as implicações dessa relação dinâmica entre Freud e Édipo – entre a vida e o mito – que tem tido um impacto incalculável sobre a cultura moderna.

Em *A Interpretação dos Sonhos* (1900), sua primeira apresentação ao público do que mais tarde viria a ser conhecido como complexo de Édipo, Freud observa, num parêntese, que a trama de *Édipo Rei* descreve "um processo que pode ser comparado ao trabalho de uma psicanálise" (*SE*, 4: 262:63). Ao mesmo tempo em que apresenta os desejos incestuosos e parricidas que definem os *conteúdos* do complexo de Édipo, Freud observa, com profundidade, que a busca de uma compreensão psicanalítica duplica a *forma* da auto-interrogação de Édipo. Em nenhum outro caso, o paralelo entre o "trabalho de uma psicanálise" e a trama do drama de Sófocles é mais estreito que no caso da auto-análise de Freud. Assim, ao refazer os passos pelos quais Freud chegou à sua realização mais monumental – a universalidade do complexo de Édipo –, vamos simultaneamente estar refletindo sobre o modo como seu drama de auto-descoberta reencena o drama do herói de Sófocles.

em "Freud, Minna Bernays, and the Conquest of Rome" e outros textos, é prejudicada por sua insistência em que ele seria o primeiro a ter revelado "o *verdadeiro* Freud" (p. 1). Swales também recusa doutrinas psicanalíticas como a do inconsciente, a da repressão e a importância decisiva da experiência infantil, e rivaliza com Sulloway no exagero da influência intelectual de Fliess sobre Freud. Cf. "Freud, Martha Bernays, and the Language of Flowers", pp. 35 e 58, e "Freud, Fliess, and Fratricide", p. 5. Mais recentemente, num livro brilhante e bastante equilibrado, *Freud's Discovery of Psychoanalysis: The Politics of Hysteria*, William J. McGrath retorna à tradição de Jones e Schur, empregando a teoria psicanalítica para explorar as inter-relações entre os padrões recorrentes da vida mental de Freud e o desdobramento do contexto político no qual ele se desenvolveu até a maturidade. Ao mesmo tempo em que reconhece que o abandono de Freud da teoria da sedução, em favor de uma concepção que enfatizava a centralidade da fantasia, teve lugar "tanto por razões claramente pessoais quanto por razões objetivas e científicas", McGrath reafirma a posição psicanalítica clássica, com o que estou plenamente de acordo, de que "esse passo representou um avanço em termos de percepção tanto teórica quanto pessoal" (p. 23).

1.1. O INCIDENTE DO MEDALHÃO

Como o mais importante biógrafo de Freud, Ernest Jones é também o leitor arquetípico de Freud. Minha própria posição como intérprete de Freud torna-se inevitavelmente uma duplicação da de Jones. Assim, é muito apropriado começar o exame do envolvimento de Freud com o mito de Édipo por uma reflexão sobre um incidente relatado por Jones em sua obra clássica. Em 1906, por ocasião de seu qüinquagésimo aniversário, Freud foi presenteado por um grupo de discípulos com um medalhão, gravado, numa das faces, com seu próprio retrato de perfil e, na outra, com um desenho que mostrava Édipo respondendo à Esfinge, acompanhado da inscrição de um trecho em grego, extraído de *Édipo Rei*: "Que decifrava os famosos enigmas e era um homem muito poderoso". Quando leu a inscrição, relata Jones, Freud "ficou pálido e agitado [...] como se tivesse visto um *fantasma voltando do túmulo*". A razão da agitação de Freud estava em que, "ainda jovem estudante, na Universidade de Viena, ele costumava passear pelo grande pátio com arcadas, observando os bustos dos antigos professores da instituição. Num desses passeios, Freud teve a fantasia, não apenas de ver seu próprio busto em meio aos outros, no futuro, o que nada teria de extraordinário num estudante ambicioso, mas de ver inscritas nesse busto as *mesmas* palavras que ele via agora no medalhão" (*LW*, 2:14).

Esse relato serve como uma parábola psicanalítica, para nos fazer mergulhar no problema da identificação de Freud com Édipo. Ele nos mostra, em primeiro lugar, que seu fascínio com o herói de Sófocles já datava de seus dias de estudante universitário, na década de 1870, muito antes da descoberta da psicanálise ou do complexo de Édipo. Um esforço no sentido de estabelecer o momento original dessa identificação confirmará a verdade da afirmação de Jones de que o "traje de herói" de Freud "estava sendo tecido já no próprio berço" (*LW*, 2:4-5).

Em segundo lugar, devemos observar o vínculo entre o primeiro e o último desses dois episódios no desencadeamento da reação de Freud. O incidente em seu qüinquagésimo aniversário, sem dúvida, não teria sido perturbador, se não tivesse sido prefigurado pela fantasia de Freud no passado. É justamente a necessidade dessa relação entre uma "primeira cena" e uma "segunda cena" na estrutura do trauma que constitui a essência da teoria de Freud da ação "*a posteriori*", que foi articulada pela primeira vez em seu *Projeto para uma Psicologia Científica* (1895), publicado postumamente, e que, no pensamento contemporâneo, recebeu destaque por parte de Jacques Lacan. Porque revivia a fantasia de seus dias de estudante, a ansiedade de Freud, ao receber o medalhão, exemplifica o que é descrito no *Projeto* como "exemplo de uma recordação provocando um afeto que a experiência original não havia provocado" (*Origins*, p. 413). A idéia de que o trauma é desencadeado pela conjunção de dois episódios que, nas palavras de Jean Laplanche, estão "ligados por cadeias associativas, mas também estão claramente separados entre si por *uma barreira temporal que os inscreve em duas esferas diferentes de significação*"[2], tem importância decisiva para nossa tentativa de remontar a suas fontes a identificação de Freud com Édipo. Todo o esforço no sentido de estabelecer esse momento original mostra-se, no entanto, inútil, pois cada elo da cadeia aponta para além dele próprio, para um outro, anterior. Como Laplanche resume o núcleo do argumento de Freud: "nós tentamos acompanhar o trauma até suas origens, mas a lembrança traumática revela-se apenas secundariamente traumática: nós nunca conseguimos determinar historicamente o episódio traumático"[3].

Por fim, o incidente do medalhão ilustra tanto o tema do fantasma do passado quanto o da realização de desejos. O retorno de fantasmas do passado – de pensamentos, pessoas ou situações – é o núcleo do princípio psicanalítico da compulsão à repetição e, como tantos conceitos da psicanálise, recebe sua comprovação mais decisiva na história pessoal de Freud. Quanto à realização de desejos, a perturbação de Freud, ao ser homenageado por seus discípulos, pode ser atribuída ao embaçamento dos limites entre o mundo interior e o mundo exterior, quando uma fantasia inesperadamente se torna realidade. Mas, a capacidade de concretizar na realidade o que normalmente permanece como fantasia é o que distingue os heróis do comum dos mortais. Freud reconheceu essa característica do heroísmo, ao escrever sobre Édipo em *A Interpretação dos Sonhos*: "Aí está alguém em quem esses desejos primevos de nossa infância foram realizados, e dele recuamos com toda a força do recalcamento pelo qual esses desejos foram contidos dentro de nós desde essa época" (*SE*, 4:262-263). Como fundador da psicanálise e ele próprio um herói, também Freud é alguém "em quem esses desejos primevos da infância se realizaram".

Jones conclui seu relato do incidente observando que, por instigação do próprio Freud, um busto exatamente igual ao que ele havia imaginado, com a inscrição do texto de Sófocles, está hoje no pátio da Universidade de Viena. Num certo sentido, nossa investigação sobre o envolvimento pessoal de Freud com o mito de Édipo constitui uma tentativa de explicar a presença desse busto no pátio da universidade. O "traje de herói", que começa a ser tecido já no berço de Freud e lhe é concedido formalmente com o medalhão, em seu qüinquagésimo aniversário, atinge seu ponto máximo nesse desejo de adolescente, que se concretizou postumamente.

---

2. Laplanche, *Life and Death in Psychoanalysis*, p. 40. Cf. também o verbete "*a posteriori*" em Laplanche e Pontalis, *O Vocabulário da Psicanálise* (*The Language of Psychoanalysis*, pp. 111-114).
3. Laplanche, *Life and Death in Psychoanalysis*, p. 41.

1.2. OS "SUPLEMENTOS" DE ÉDIPO

Em *A Interpretação dos Sonhos*, Freud menciona a história de Édipo para documentar sua afirmação de que "talvez seja o destino de todos nós dirigir nosso primeiro impulso sexual para nossa mãe e nosso primeiro ódio e primeiro desejo assassino para nosso pai. Nossos sonhos nos convencem de que é isso que se verifica" (*SE*, 4:262). Em muitos aspectos, a publicação de *A Interpretação dos Sonhos*, com a associação, trazida a público pela primeira vez nessa obra, entre os nomes de Freud e Édipo, marca o início da psicanálise. Meu interesse aqui, no entanto, é mostrar como a afirmação de Freud da universalidade do destino de Édipo é, ela mesma, um desdobramento de sua própria história pessoal. A publicação póstuma das cartas de Freud a Wilhelm Fliess, escritas entre 1887 e 1904 e somente agora disponíveis numa versão não-censurada, revolucionou nossa compreensão de Freud, ao tornar possível o estudo das teorias e recordações presentes em suas obras, à luz de sua auto-análise pessoal[4].

A compreensão de que a descoberta de Freud do significado da lenda de Édipo é prenunciada na correspondência com Fliess oferece uma ilustração dessa revolução conceitual. Em si mesmo, esse fato indica a natureza *secundária* de suas observações em *A Interpretação dos Sonhos*. O que parecia ser um momento original mostra-se como a revisão de uma idéia previamente formulada. A natureza dessa transformação revela-se quando Freud expressa a mesma percepção em sua memorável carta a Fliess, de 15 de outubro de 1897: "Descobri amor pela mãe e ciúme do pai, também em meu próprio caso, e agora acredito que esse é um fenômeno generalizado da tenra infância. [...] Se isso for verdade, podemos entender a força avassaladora do *Édipo Rei* [...]" (*Origins*, p. 223).

Ao contrário de *A Interpretação dos Sonhos*, onde a afirmação de Freud da universalidade do padrão edípico é distante e impessoal, a carta a Fliess apresenta a descoberta como uma confissão na primeira pessoa. Sem dúvida, a expressão "também em meu próprio caso" (*auch bei mir*) sugere que Freud confirmava em si mesmo uma descoberta originada em sua prática terapêutica; porém, ao escrever a Fliess, Freud está falando, sobretudo, como o paciente em sua própria auto-análise.

---

4. Esses documentos, com exceção de *Projeto para uma Psicologia Científica*, foram finalmente publicados por Masson (org. e trad.), *The Complete Letters of Sigmund Freud to Wilhelm Fliess 1887-1904*. No entanto, no esforço de chegar a uma fidelidade literal ao alemão de Freud, as traduções nesse volume são freqüentemente desajeitadas, e, sempre que possível, preferi recorrer às versões mais antigas de *The Origins of Psychoanalysis* [*Dos Primórdios da Psicanálise*]. A edição alemã aqui empregada é *Aus den Anfängen der Psychoanalyse*. Para um relato sobre o resgate dessas cartas e sobre a reação de pânico de Freud à notícia de sua existência, cf. *LW*, 1:287-289.

Em *A Interpretação dos Sonhos*, no entanto, uma obra destinada ao olhar do público, Freud suprime sua própria identidade como paciente e assume o tom peremptório do médico emitindo uma verdade objetiva. Assim, a evolução que se opera desde a correspondência com Fliess até *A Interpretação dos Sonhos* mapeia simbolicamente a odisséia de Freud, que o conduz do papel de paciente para o de médico, e a transformação de sua auto-análise em psicanálise. No entanto, é impossível, em última análise, separar esses papéis em Freud, da mesma forma que, no caso de Édipo, é impossível separar as identidades do detetive e do criminoso, e todos os textos psicanalíticos de Freud podem ser frutiferamente lidos como fragmentos de sua auto-análise interminável.

Mesmo sem as provas oferecidas pela correspondência com Fliess, o incidente com o medalhão é suficiente para estabelecer que a preocupação de Freud com Édipo é anterior a *A Interpretação dos Sonhos*. Uma das comprovações mais surpreendentes dessa identificação encontra-se numa carta escrita por Freud, em 1885, então com a idade de 28 anos, na qual informava à sua noiva, Martha Bernays, que ele havia destruído todas as suas anotações feitas nos catorze anos precedentes (com exceção, apenas, das cartas de família):

> Acabo de pôr em prática uma decisão que um grupo de pessoas, ainda não nascidas e condenadas ao infortúnio, irá sentir profundamente. Como você não pode imaginar a quem me refiro, vou contar: são os meus biógrafos [...]. Todos os meus pensamentos e sentimentos sobre o mundo em geral e, em particular, como me deixou aflito ter sido declarado indigno de continuar a viver. Eles têm agora de ser totalmente repensados. E eu já havia feito uma boa quantidade de anotações. Mas a coisa toda simplesmente me envolveu, como a areia faz com a Esfinge, e logo somente minhas narinas iriam aparecer por sobre a massa de papéis. [...] Que os biógrafos arranquem os cabelos, nós não vamos facilitar as coisas para eles. Que cada um acredite ter razão em sua "Concepção do Desenvolvimento do Herói": mesmo agora, já estou me divertindo com o pensamento de como eles irão ficar perdidos (*LW*, 1:xxii-xiii).

Como um desses futuros biógrafos de Freud, Jones, naturalmente, cita essa carta no Prefácio de sua obra em três volumes. Para nossos propósitos, no entanto, o que é mais interessante aqui é a comprovação, mais uma vez, muito antes do nascimento da psicanálise, de que Freud explicitamente definia sua vida em termos de uma "Concepção do Desenvolvimento do Herói". E, embora ele se refira à Esfinge egípcia, e não à tebana, podemos supor que o herói que Freud tem em mente não é outro senão Édipo.

A decisão de Freud de destruir os registros do passado – vinculada, assim, a uma alusão à Esfinge e a um reconhecimento meio brincalhão, mas também meio sério, de seu próprio destino heróico – também chama a atenção para a persistente tensão entre os impulsos de auto-ocultamento e auto-revelação presentes em sua obra. Como justificação para sua própria reserva, Freud gostava de citar a seguinte advertência, extraída do *Fausto*, de Goethe: *"Das beste, was Du wissen kannst, / Darfst Du den Buben doch nicht sagen*" ["O melhor do que você conhece, você não deve afinal contar aos rapazes"][5]. Na ocasião em que pela última vez citou esses versos, ao receber o prêmio Goethe de literatura, em 1930, Freud comentou que Goethe "não era somente, como poeta, um grande auto-revelador, mas também, apesar da abundância de registros autobiográficos, um cuidadoso ocultador" (*SE*, 21:212). Durante toda a sua carreira, Freud considerou tanto Goethe quanto Leonardo da Vinci como seus precursores espirituais, como homens de gênio, nos quais estavam unidos os temperamentos do artista e do investigador da ciência, e é impossível não vislumbrar um auto-retrato velado em sua descrição de Goethe como, simultaneamente, "um grande auto-revelador" e "um cuidadoso ocultador".

Há muito se sabe que Freud destruiria todas as suas anotações, mais uma vez, em 1907 e, desde a publicação parcial, em 1971, de suas cartas a seu amigo de adolescência, Eduard Silberstein, sabe-se que ele o fizera pela primeira vez em 1877, com a idade de 21 anos. Convocando seu parceiro na "Academia Castellana" a suprimir as provas de sua associação, Freud escrevia: "Sugiro que você pense numa agradável noite de inverno, quando queimaremos os arquivos num solene auto-de-fé"[6]. Uma vez que a própria ânsia em encobrir todos os traços do passado é uma manifestação de sua ambição heróica, essa seqüência de atos recorrentes de destruição está em paralelo com sua identificação com Édipo. A ironia dessas decisões, por outro lado, está em que elas sempre reinscrevem o segredo que pretendem ocultar, como a alusão de Freud à Esfinge, na carta a Martha, que deixa atrás de si uma pista com relação a seu complexo de Édipo.

O ano de 1885 foi decisivo para Freud, pois foi nesse ano que ele ganhou uma bolsa de estudos que lhe permitiu viajar a Paris, para estudar com o grande Charcot. Duas cartas desse período oferecem provas adicionais de sua fixação pré-psicanalítica em Édipo. Para a irmã de sua noiva, Minna Bernays, ele escrevia: "Estou sob total impacto de Paris e, me tornando muito poético, poderia compará-la a uma imensa Esfinge vestida com exagero, que devora todo estrangeiro que não consegue decifrar seus enigmas" (*Letters*, p. 187). Numa carta a Martha, escrita no mesmo período, Freud descrevia sua sensação de "esmagamento" diante da presença de Charcot: "Eu às vezes saio de suas aulas como se estivesse saindo de Notre Dame, com uma idéia absolutamente nova sobre a perfeição" (*Letters*, p. 185). John Gedo comentou o vínculo entre essas referências: "A equiparação de Charcot a Notre Dame de Paris, e da própria Paris com a Esfinge derrotada por Édipo, indica a existência de uma repetição subjacente dos aspectos

---

5. Cf. em *A Interpretação dos Sonhos*, *SE*, 4:142, a nota do organizador da edição, que relaciona todas as alusões de Freud a esses versos.
6. Stanescu, "Young Freud's Letters to Silberstein", p. 196.

maternos do complexo de Édipo, por trás da significação paterna, mais óbvia, da figura de Charcot"[7].

A dimensão edípica da referência de Freud à Esfinge, na carta a Martha que mencionamos anteriormente, torna-se inequívoca, quando examinada à luz da referência a Paris como "uma imensa Esfinge vestida com exagero", e a si mesmo, como um "estrangeiro" tentando "decifrar enigmas". Além disso, quando estava em Paris, Freud gostava de freqüentar o teatro, apesar de sua situação financeira precária; e Jones relata: "*Édipo Rei*, com Mounet-Sully no papel principal, causou-lhe uma profunda impressão" (*LW*, 1:117).

Essas alusões feitas em 1885 a Édipo e à Esfinge revelam, por sua vez, as forças inconscientes que estavam em ação num período decisivo e ainda mais anterior de sua vida. Inicialmente, Freud havia planejado estudar Direito, em parte, por influência de uma profecia, feita durante sua infância, de que ele viria a se tornar ministro de governo (*LW*, 1:5). Em 1873, no entanto, Freud começou a mudar de idéia, em favor de uma carreira de Medicina. O estímulo a essa decisão vinha de uma palestra na qual foi feita a leitura de "Sobre a Natureza", um texto então atribuído a Goethe. Esse texto arrebatado inicia-se com as seguintes frases: "Natureza! Estamos cercados por ela, envolvidos por ela [...]. Nós vivemos em meio a ela e, no entanto, somos estranhos a ela. Ela fala constantemente conosco, mas não trai seu segredo para nós"[8]. Prefigurando sua descrição posterior de Paris como uma Esfinge sofisticada, a concepção de natureza de Freud em termos maternos e a decisão de vencer sua resistência em "trair seu segredo" também estão carregadas de identificação edípica.

Mas, embora Freud se matriculasse no departamento de medicina da Universidade de Viena no outono de 1873, seria somente em 1875, após retornar de uma visita a seus meio-irmãos, que se haviam mudado para Manchester, que ele decidiria definitivamente dedicar sua vida à pesquisa médica. Ao que parece, é mais que mera coincidência o fato de ter sido no verão de 1875 que Freud parou de assinar suas cartas para Silberstein com seu prenome hebreu "Sigismund" e passou a usar a forma alemã "Sigmund"[9]. Num ato edípico de autocriação, como assinalaram Gedo e Ernest Wolf, Freud "selou o caráter definitivo de sua opção pela ciência natural, mudando seu prenome"[10].

---

7. Gedo, "Freud's Self-Analysis and his Scientific Ideas", p. 296.

8. Citado em McGrath, *Freud's Discovery of Psychoanalysis*, p. 91. Na esteira de Fritz Wittles, McGrath assinala a semelhança entre "Sobre a Natureza" e a pergunta de Fausto, na peça de Goethe: "Onde vou captá-la, natureza sem limites? Onde estão seus seios dos quais toda vida flui?" Tanto para Freud quanto para Fausto, observa ele, "o desejo de explorar as profundezas da natureza assumia a forma de uma busca erótica" (*ibidem*).

9. Cf. Clark, *Freud: The Man and the Cause*, p. 36, onde o uso de Freud, pela primeira vez, do nome "Sigmund", é datado de 28 de junho de 1875.

10. Gedo e Wolf, "The 'Ich.' Letters", p. 84.

No pós-escrito de 1927 a *A Questão da Análise Leiga* (1926), Freud referia-se à "necessidade premente", que ele sentira em sua juventude, de "compreender algo dos enigmas do mundo em que vivemos e talvez até mesmo contribuir em algo para seu deciframento" (*SE*, 20:253). Mesmo na época em que decidiu abandonar o Direito para estudar Medicina, Freud manifestava a mesma ambição. Escrevendo a seu amigo de infância Emil Fluss, Freud confiava-lhe o segredo de sua mudança de carreira, que ele havia evitado revelar por seis semanas:

> Vou conhecer os registros de eras primevas da Natureza, talvez até espiar seus processos eternos e partilhar minhas descobertas com quem quiser aprender. Como você pode ver, o segredo não é tão assustador; só era terrível porque era absolutamente insignificante[11].

O desejo de Freud de "conhecer os registros de eras primevas da Natureza" é, na verdade, o desejo de decifrar o enigma da Esfinge, e sua promessa de "partilhar minhas descobertas com quem quiser aprender" prefigura a fundação da psicanálise. A tensão entre o auto-ocultamento e a auto-revelação na vida de Freud já se manifesta aqui, quando ele guarda para si sua decisão, antes de comunicá-la. Podemos supor, além disso, que seu segredo era "terrível", não porque fosse "absolutamente insignificante", mas sim porque Freud ousava esperar que ele fosse absolutamente monumental.

Tomando como ponto de partida os comentários publicados em *A Interpretação dos Sonhos*, acompanhamos, na vida de Freud, uma seqüência de alusões a Édipo, tanto abertas quanto veladas, que remontam à sua entrada na universidade, em 1873. Foi impossível "fixar historicamente o episódio traumático", pois todas as instâncias de identificação eram secundárias, produtos de uma ação "*a posteriori*". No entanto, há duas outras menções mais explícitas a Édipo, que devemos considerar. Em junho de 1873, Freud submeteu-se a seu exame de *Matura*, o último estágio de sua educação secundária. Numa carta a Emil Fluss, de 17 de março de 1873, Freud delineava o programa de estudo que pretendia seguir:

> Tenho muita leitura a fazer, por conta própria, dos clássicos gregos e latinos, entre eles, o *Édipo Rei*, de Sófocles. Você se priva de muita coisa edificante, se não pode ler todos eles, mas, por outro lado, você preserva aquela jovialidade que é tão reconfortante em suas cartas[12].

Em meio a toda a literatura da Antiguidade clássica, Freud opta por escolher o *Édipo Rei* como objeto de sua atenção. Dessa forma, essa referência a Édipo, a mais antiga de que temos notícia, mostra que

---

11. E. Freud, "Early Unpublished Letters", p. 424.
12. *Idem*, p. 423.

Freud tinha em sua mente o herói de Sófocles, antes mesmo de ter lido (no original grego) a tragédia que leva seu nome. O contraste, um tanto condescendente, que Freud faz entre a "jovialidade" de Fluss e sua própria vivência, mais "edificante", dos autores antigos, sugere, além disso, uma distinção entre as vidas seguras dos indivíduos comuns, como as dos que formam o coro na tragédia grega, e seu próprio destino heróico, mais perigoso e superior.

Em 16 de junho de 1873, Freud relatava a Fluss o resultado de seu exame de *Matura*, inclusive de sua tradução do grego:

> O exame de grego, que consistia em uma passagem de trinta e três versos do *Édipo Rei* foi melhor: [foi] o único *bom*. Essa passagem eu tinha lido por conta própria, e não fiz segredo disso (*Letters*, p. 4).

As passagens extraídas dos textos de Sófocles, estando entre as mais difíceis de se traduzir, eram reservadas aos estudantes mais talentosos. Assim, os examinadores de Freud estavam rendendo tributo à sua capacidade, ao dar-lhe uma tarefa para a qual ele estava tão bem preparado. Incidentalmente, nós sabemos quais versos do *Édipo Rei* foram dados a Freud para traduzir: os versos 14 a 57, a fala do Sacerdote, que inclui uma súplica a Édipo como "o primeiro dos homens, nos acasos da vida"[13]. Da mesma forma que o verso inscrito no medalhão[14], sobre o qual Freud fantasiaria, após sua matrícula na universidade, a imagem heróica de Édipo, nessa fala traduzida, prenuncia o próprio triunfo de Freud, mais tarde.

Nessa segunda carta a Fluss, Freud declara já ter "lido por conta própria", a passagem a ele proposta; na carta anterior, ele anunciava sua intenção de ler Sófocles. Assim, mesmo essas primeiras referências a Édipo são "secundariamente traumáticas", pois elas apontam para além delas mesmas, para uma identificação preexistente. Jacques Derrida, que explica os processos da memória em termos de uma deposição de traços escritos, ou "suplementos", na mente, insistia: "o suplemento é sempre o suplemento de um suplemento. Deseja-se remontar *do suplemento à fonte*: deve-se reconhecer que há *um suplemento na fonte*"[15]. Cada uma das referências a Édipo, que nós mencionamos, é "o suplemento de um suplemento", e em vez de um momento original e primordial da preocupação de Freud, descobrimos apenas "um suplemento na fonte".

---

13. Sófocles, *Édipo Rei*, verso 33. Nas próximas citações, os números referentes aos versos serão incluídos entre parênteses no texto. Para a documentação da passagem traduzida por Freud em seu exame de *Matura*, cf. *Sigmund Freud: His Life in Words and Pictures*, pp. 74-75.
14. A fala de encerramento do Coro, da qual esse verso foi extraído, é citada por Freud durante sua discussão de *Édipo Rei*, em *A Interpretação dos Sonhos*, SE, 4:263.
15. Derrida, *Of Grammatology*, p. 304.

O exame de *Matura* de Freud incluía também um texto em alemão, e o tópico a ele proposto era, mais uma vez, um tema ao qual ele já havia dedicado muita reflexão: "Sobre o que se Deve Considerar na Escolha de uma Profissão". Freud despejou sobre seus examinadores as mesmas aspirações quanto a uma carreira na medicina, que ele, pouco tempo antes, confiara a Fluss, e foi recompensado por seus esforços com um "excelente". O texto de Freud, então com dezessete anos, impressionou tanto seu professor que este, mais tarde, lhe diria que ele tinha "um estilo inconfundivelmente pessoal, isto é, um estilo, ao mesmo tempo, correto e característico". Ao comunicar a Fluss esse elogio, Freud acrescentava:

> Você [...], tenho certeza, até agora não tinha se dado conta de que estava se correspondendo com um estilista alemão. Assim, eu o aconselharia – como amigo, e não como alguém com interesses envolvidos – a conservá-las – amarre-as juntas – guarde-as bem – a gente nunca sabe![16].

É difícil decidir se ficamos mais impressionados com a arrogância ou com a exatidão da auto-avaliação de Freud. Sua insistência com Fluss para que preservasse suas cartas é o anverso necessário da destruição, três vezes repetida, de suas anotações – destruição que igualmente manifesta sua ambição heróica. Que Fluss seguisse o conselho de Freud mostra que, de fato, "a gente nunca sabe", e ajuda a tornar possível uma reconstrução da "Concepção do Desenvolvimento do Herói".

No verão anterior ao seu exame de *Matura*, Freud retornava, pela primeira vez, à cidade de Freiberg, onde vivera os três primeiros anos de sua vida. Ele e dois amigos se hospedaram com a família Fluss e, no decorrer do verão, Freud, o jovem de dezessete anos, apaixonava-se por Gisela Fluss, a mais nova de duas filhas, com quinze anos de idade. Essa paixão de adolescente é, por si só, digna de nota, mas o ponto crucial do episódio está no fato, somente estabelecido com a publicação da correspondência de Silberstein, de que Freud também desenvolveu um profundo apego pela mãe de Emil e Gisela, Frau Fluss. Numa carta a Silberstein, Freud confessava: "parece que converti o afeto pela mãe em amizade com a filha"[17]. A primeira paixão de Freud é, dessa forma, uma experiência profundamente edípica, na qual o amor pela mãe está literalmente fundido com – e abre o caminho para – o amor pela garota de sua própria idade. Como Freud diria mais tarde a Martha, que conhecia apenas o papel de Gisela na história, ele ficara predisposto a se "sentir sentimental"[18] com o retorno à sua terra natal.

---

16. Freud, "Early Unpublished Letters", p. 420.
17. Citado em Clark, *Freud: The Man and the Cause*, p. 23.
18. *Idem*, p. 22. Como observa McGrath, "As viagens de Freud muitas vezes parecem ter tido o efeito de expô-lo a uma disposição regressiva", vinculada, em particular, ao "anseio pela figura materna" (*Freud's Discovery of Psychoanalysis*, pp. 133 e 153).

A atração de Freud por Frau Fluss, dessa forma, era, ela própria, um "suplemento" para a mãe ausente "na fonte".

Numa ocasião, enquanto estava hospedado com a família Fluss, Freud teve uma intoxicação que o deixou inconsciente, na tentativa de mitigar uma dor de dente, e teve de ser carregado para a cama. Quando, no dia seguinte, Frau Fluss lhe perguntou como passara a noite, relatava Freud a Silberstein, "eu respondi 'mal'. [...] Ela disse, rindo: 'Eu subi para ver você duas vezes, durante a noite, e você nem notou'. Fiquei envergonhado"[19]. Freud é visitado em seu quarto, e na localidade em que nasceu, por uma mulher que é uma mãe substituta. Sua mortificação, ao ficar sabendo de sua visita, tem origem em mais que um mero sentimento de embaraço; o episódio é traumático porque representa a realização simbólica de anseios edípicos inconscientes.

O pedido que Freud fazia a Silberstein, em 1877, de que destruíssem juntos os registros de sua amizade torna-se agora completamente inteligível. O "auto-de-fé" proposto por Freud era destinado especificamente a suprimir os vestígios de seu relacionamento com Frau Fluss, que nunca mais voltaria a ser mencionado em qualquer dos escritos ou conversas de Freud. Na época de sua dupla paixão pela mãe e a filha, Freud mantinha um diário que, dizia ele a Silberstein, "eu mantenho somente para você e sobre o qual você ouvirá mais do que realmente deveria saber"[20]. Somente em retrospectiva Freud compreenderia o quanto era verdade sua afirmação de que havia confidenciado a Silberstein "mais do que realmente deveria saber". O segredo por trás dos repetidos atos de Freud de destruição revela-se, dessa forma, ser literalmente o do complexo de Édipo.

Assim, embora efetivamente inaugurem a revolução psicanalítica, as célebres observações de Freud em *A Interpretação dos Sonhos* estão, elas também, inscritas na cadeia de "suplementos" de sua imitação de Édipo durante toda a sua vida. Essa também não seria a última vez que Freud faria acréscimos à série desses suplementos. O próprio termo "complexo de Édipo", que hoje parece tão inevitável, não seria cunhado antes de 1910, sob a influência do uso da palavra "complexo" por Jung e pela escola de Zurique, quando apareceu no texto de Freud, "Um Tipo Especial de Escolha de Objeto Feita pelos Homens". E, em *Totem e Tabu* (1913), Freud ampliava a argumentação de *A Interpretação dos Sonhos*, para afirmar que o assassinato efetivo do pai numa horda primitiva se encontrava na fundação da história humana. Na época em que escrevia *Totem e Tabu*, Freud dizia a Jones: "Então, eu descrevia o desejo de matar o próprio pai e, agora, eu descrevi o assassinato efetivo; afinal, há uma grande distância entre o desejo e a ação" (*LW*, 2:345). Seria somente em *O Ego e o Id* (1923) e em textos poste-

---

19. Citado em Clark, *Freud: The Man and the Cause*, p. 25.
20. *Idem*, p. 24.

riores que, por fim, Freud levaria em conta, em termos formais, o fenômeno do complexo de Édipo "negativo" – envolvendo o amor pelo genitor do mesmo sexo e a rivalidade com o genitor do sexo oposto – e começaria a refletir sobre as assimetrias entre o desenvolvimento feminino e o masculino. Assim, não apenas a descoberta de Freud do significado do complexo de Édipo ocorre por meio de uma ação "*a posteriori*", mas, da mesma forma que no incidente com o medalhão, cada novo "suplemento" eleva a importância de toda a "cadeia associativa" a um nível mais alto.

1.3. A CONSTELAÇÃO FAMILIAR

Em "Origins", o capítulo introdutório de sua biografia, Jones qualifica a universalidade do complexo de Édipo de a "maior" das descobertas de Freud, e sugere que ela foi "em grande parte propiciada pela constelação incomum de sua própria família, pelo impulso que essa constelação deu à sua curiosidade e pela oportunidade que ela ofereceu de uma completa repressão" (*LW*, 1:11). Mas, embora as características excepcionais da história familiar de Freud tenham sido freqüentemente comentadas, sua plena implicação para a descoberta do complexo de Édipo não foi até agora completamente avaliada.

Os detalhes de maior destaque vinculam-se ao fato de que quando os pais de Freud, Jakob Freud e Amalie Nathanson, se casaram, em 1855, Jakob já estava com quarenta anos, enquanto Amalie estava com apenas vinte, e o próprio Jakob já era avô, tendo um filho adulto de seu primeiro casamento[21]. Na verdade, ambos os filhos do primeiro casamento de Jakob, Emmanuel (nascido em 1832 ou 1833) e Philipp (nascido em 1836), tinham no mínimo a mesma idade da nova esposa do pai. Assim, quando Sigmund nasceu, em 1856, sua situação genealógica era bastante complexa. Ele era, como assinalam Siegfried e Suzanne Bernfeld, "o filho mais velho desse casamento, mas, ao mesmo tempo, o filho mais novo nesse grupo familiar"[22]. Além disso, os outros filhos da família mais ampla, os filhos de Emmanuel, John e

---

21. Desde a publicação da biografia de Jones, a pesquisa arquivística em Freiberg trouxe à luz o fato de que Jakob Freud esteve, uma *segunda* vez, casado, por um curto período de tempo, com uma mulher de nome Rebekka, cuja morte ou desaparecimento permanecem um mistério, antes de se casar com Amalie Nathanson. Cf. Sajner, "Sigmund Freuds Beziehungen zu seinem Geburtsort". Para uma avaliação do possível impacto desse conhecimento sobre Freud, cf. Schur, *Freud: Living and Dying*, pp. 20-21 e 190-191, e o fascinante, mas pouco consistente, livro de Marie Balmary, *Psychoanalyzing Psychoanalysis*. Em *Freud and his Father*, no entanto, Krüll sustenta que a tese de um segundo casamento de Jakob Freud permanece sem provas (p. 96).

22. Bernfeld e Bernfeld, "Freud's Early Childhood", p. 109.

Pauline, eram, na verdade, sobrinho e sobrinha de Freud – isto é, estavam "abaixo" dele na linhagem familiar – embora John fosse um ano mais velho e Pauline tivesse a mesma idade de Freud.

Foi somente quando estava com dezenove anos de idade e foi visitar os meios-irmãos na Inglaterra que Freud tomou plena consciência de sua situação no contexto da família. A orientação que ele recebeu de Emmanuel está registrada em *A Psicopatologia da Vida Cotidiana* (1901):

> Uma das advertências de meu irmão persistiu por longo tempo em minha memória: "Uma coisa", disse-me ele, "que você não deve esquecer é que, para propósitos práticos, você não pertence realmente à segunda geração com relação a seu pai, mas à terceira" (*SE*, 6:220).

Da mesma forma que Freud estava, por assim dizer, numa relação de neto para com seu próprio pai, também cada um de seus vínculos genealógicos estava marcado por uma ambigüidade semelhante. Sua sobrinha e sobrinho eram, para propósitos práticos, seus irmãos, e seus meios-irmãos eram velhos o suficiente para ser pais dele. Essa confusão é sintetizada no fato de que, quando seu irmão mais novo e único sobrevivente, Alexander, nasceu em 1866, foi Sigmund, então com dez anos, que escolheu o nome, com isso tomando para si uma função paterna e, ao mesmo tempo, inconscientemente desalojando o pai em favor do meio-irmão Philipp, uma vez que Alexandre, o Grande – cujo nome ele dava ao irmão – era filho de *Filipe* da Macedônia[23]. Não é de surpreender que o descendente de uma árvore genealógica como essa se sentisse impelido a "conhecer os registros de eras primevas da Natureza".

A coincidência entre as circunstâncias biográficas do nascimento de Freud e o drama de Édipo é desconcertante[24]. Pois é em conseqüência da prática de incesto de Édipo com a mãe que seus vínculos de parentesco apresentam uma degeneração semelhante. Em vez da situação que prevalece numa família normal, onde os relacionamentos são inequívocos e as gerações se sucedem diacronicamente, o resultado do incesto de Édipo é o congelamento do tempo, e cada um de seus vínculos de parentesco *deve ter dois nomes*. Como Tirésias o adverte, com relação ao assassino de Laio:

> Ele será revelado como sendo, de seus próprios filhos,
> ao mesmo tempo irmão e pai, e da mulher
> da qual ele nasceu, filho e marido, e de seu pai,
> aquele que partilha da mesma semente e o assassino (versos 457-460).

---

23. Cf. Shengold, "Freud and Joseph", p. 73.

24. Cf. McGrath, *Freud's Discovery of Psychoanalysis*, para correspondências ainda mais detalhadas entre a constelação familiar de Freud e a do José bíblico: "Assim como José, ele era o filho mais velho preferido de um pai chamado Jakob e sua bem-amada e mais jovem esposa" (p. 33). A existência desse tipo de padrão, evidentemente, não suprime a importância de um segundo ou terceiro.

Edward Said comentou que o conhecimento do incesto "pode ser muito apropriadamente descrito como um embaralhamento da seqüência familiar. [...] O que esmaga Édipo é o peso de identidades múltiplas, que não podem coexistir numa mesma pessoa"[25], e exatamente o mesmo pode ser dito com relação a Freud. Devido à discrepância de idade entre o pai e a mãe, existe, de fato, um "embaralhamento da seqüência familiar" e Freud se vê confrontado com o "peso de identidades múltiplas". Dificilmente poderíamos encontrar uma ilustração da expressão paradoxal de Oscar Wilde, "a Vida imita a Arte", mais vívida que essa duplicação das estruturas de parentesco envolvendo três gerações, tanto de Freud quanto de Édipo.

Na conclusão de *Leonardo da Vinci e uma Lembrança de sua Infância* (1910), sua própria aventura especulativa na esfera da biografia psicanalítica, Freud pergunta se não se poderia "fazer objeções à descoberta de uma investigação que atribui a circunstâncias acidentais de sua constelação familiar uma influência tão decisiva sobre o destino de uma pessoa". Ele descarta, no entanto, essa objeção, respondendo que, "se consideramos o acaso como sem valor na determinação de nosso destino, estamos simplesmente recaindo na concepção religiosa do Universo que o próprio Leonardo estava a ponto de superar" (*SE*, 11:136-137). O reconhecimento de Freud da "influência decisiva" das "circunstâncias acidentais de sua constelação familiar", no caso de Leonardo, aplica-se também ao modo como seu próprio "traje de herói", seu destino de se tornar o descobridor do complexo de Édipo, "estava sendo tecido já no próprio berço". Se for "o destino de todos nós" vivenciar o drama edípico do incesto e do assassinato, isso só pode ser julgado por cada indivíduo com base em seus próprios sonhos. Mas, assinalar as determinantes biográficas da descoberta de Freud de forma alguma invalida sua pretensão à universalidade. Ao contrário, são as circunstâncias especiais presentes em sua história pessoal que tornaram possível a descida de Freud ao inconsciente. Além dos fatores culturais e históricos que convergem para a produção de uma revolução intelectual como a realizada por Freud, a contribuição do acaso em convocar a pessoa certa para a época também desempenha um papel fundamental.

---

25. Said, *Beginnings*, p. 170.

2. A Neurose de Transferência

2.1. CONDOLÊNCIA OBSTINADA

Em *Hamlet*, de Shakespeare, Cláudio lembra ao atormentado Hamlet que o "tema comum" da natureza "é a morte dos pais", e pergunta por que apenas ele devia teimosamente "perseverar / Em condolência obstinada"[1]. Uma pergunta semelhante vem à tona quando voltamos nossa atenção para o papel da auto-análise de Freud na descoberta do complexo de Édipo. Freud escreve, no "Prefácio" acrescentado em 1908 à segunda edição de *A Interpretação dos Sonhos*, que o livro possuía também uma "outra significação subjetiva", da qual ele não tinha consciência na época de sua publicação original: "Ele era, descobri, uma parte de minha própria auto-análise, minha reação à morte de meu pai – isto é, o acontecimento mais importante, a perda mais dolorosa na vida de um homem" (*SE*, 4:xxvi). É teoricamente relevante que essa compreensão da "outra significação subjetiva" de sua obra *somente* pudesse vir à mente de Freud somente por meio de ação "*a posteriori*": da mesma forma, nossa compreensão de *A Interpretação dos Sonhos* se transforma, quando é objeto de uma releitura diante do pano de fundo da correspondência com Fliess.

Mas, por que teria Freud reagido com toda essa intensidade à morte do pai? Inegavelmente, é dolorosa a morte de um pai, mas pode

---

1. Shakespeare, *Hamlet*, 1.2.103-104, 92-93.

haver outras perdas de gravidade comparável, e não são imediatamente óbvias as razões por que ele se refere a ela de modo tão categórico como "o acontecimento *mais* importante, a perda *mais* dolorosa na vida de um homem". Além das "circunstâncias acidentais" de seu nascimento que ligam Freud a Édipo, uma segunda interferência do acaso em sua história pessoal deve, acredito, ser citada, para explicar a extravagância, no estilo de Hamlet, da reação de Freud à morte do pai.

Esse acontecimento por interferência do acaso é a morte, na infância, do primeiro irmão de Freud, Julius, quando Freud estava para completar dois anos de idade. Em sua carta a Fliess, de 3 de outubro de 1897 e imediatamente anterior à carta que contínha suas interpretações do *Édipo Rei* e do *Hamlet*, Freud incluía a morte de Julius entre as recordações que ele havia desenterrado nas camadas mais profundas de sua auto-análise: "Recebi meu irmão mais jovem (que morreu poucos meses depois) com desejos malevolentes e verdadeiro ciúme infantil, e sua morte deixou em mim o germe da culpa. [...] Meu sobrinho [John] e meu irmão mais novo determinaram, não apenas o lado neurótico de todas as minhas amizades, mas também sua profundidade" (*Origins*, p. 219).

Embora as referências a seu sobrinho um ano mais velho, John, sejam proeminentes em *A Interpretação dos Sonhos* e em passagens de outros textos publicados de Freud, a morte de Julius – da mesma forma que a paixão por Frau Fluss – chama a atenção por sua ausência. Após o segundo de seus desmaios na presença de Jung, no Park Hotel, em Munique, em 24 de novembro de 1912, Freud escrevia a Ferenczi: "Todos esses ataques apontam para a relevância das experiências muito precoces com a morte (no meu caso, de um irmão que morreu muito cedo, quando eu tinha pouco mais de um ano de idade)"[2]. Mas essa confidência era comunicada a Ferenczi, numa carta de caráter privado, e é totalmente compatível com a supressão por parte de Freud de toda alusão pública à morte de Julius que a primeira análise registrada de um ato falho, que se encontra na carta a Fliess de 26 de agosto de 1898, se vinculasse ao esquecimento do nome de Julius; porém, não encontramos qualquer menção a esse lapso em *A Psicopatologia da Vida Cotidiana*[3].

---

2. Citado em Schur, *Freud: Living and Dying*, pp. 267-268. Freud parece ter fundido o nascimento e a morte do irmão, uma vez que, segundo Schur, Julius "nasceu pelo final de 1857 e morreu em 15 de abril de 1858" (p. 21), pouco antes do segundo aniversário de Freud.

3. Para uma discussão ulterior sobre o papel de Julius na vida de Freud, cf. Schur, *Freud: Living and Dying*; e Blum, "The Prototype of Preoedipal Reconstruction". Em "Lembrança de Infância de *Dichtung und Wahrheit*" (1917), Freud busca explicar o impacto sobre Goethe da morte de diversos irmãos, em sua tenra infância. Com relação a seu irmão imediatamente mais novo, Hermann Jakob, que morreu quando Goethe tinha cerca de dez anos, Freud comenta: "Não deixa de causar uma certa surpresa que

Freud admite ter recebido o nascimento de Julius, seu primeiro rival no afeto da mãe, "com desejos malevolentes e verdadeiro ciúme infantil", e quando esses desejos de morte se realizaram concretamente, as conseqüências psicológicas devem ter sido catastróficas. Em "Alguns Tipos de Caráter Encontrados no Trabalho Psicanalítico" (1916), Freud define uma classe de indivíduos que são "destroçados pelo êxito", que chegam a lamentar quando "um desejo por muito tempo acalentado e profundamente enraizado vem a se realizar" (*SE*, 14:316). Após a morte do irmão, Freud também foi "destroçado pelo êxito" e era tomado por um estranho medo da onipotência de seus próprios desejos (*LW*, 2:146). Sua agitação, ao receber o medalhão em seu qüinquagésimo aniversário, quando ele mais uma vez vivenciou na realidade a concretização de um "desejo por muito tempo acalentado", torna-se explicável, quando vista como uma recordação inconsciente da morte de Julius.

Da mesma forma, se a morte de Julius não tivesse deixado nele o "germe da culpa", ou, mais literalmente, o "germe das recriminações" (*Keim zu Vorwürfen*), Freud muito provavelmente não teria respondido com tal "condolência obstinada" à morte do pai. Em sua mente inconsciente, ele devia acreditar que seus desejos parricidas tinham causado a morte do pai, da mesma forma que ele era responsável pela de Julius. É uma tese fundamental da teoria psicanalítica a afirmação de que "*um desejo que é representado num sonho deve ser um desejo infantil*" (*SE*, 5:553), embora esse desejo infantil possa ser "*modificado ao ser transposto para uma experiência recente*" (*SE*, 5:546)[4]. Em obediência aos princípios psicanalíticos da formação dos sonhos, portanto, a resposta descomedida de Freud, na idade de quarenta anos, à morte do pai, pode ser considerada como os "restos diurnos", ou como "experiência recente", que são reforçados pela lembrança de seu desejo infantil da morte de Julius.

Que essa analogia entre o luto de Freud e a estrutura de um sonho não é arbitrária é o que mostra um sonho que Freud relata a Fliess, pouco depois da morte do pai. Jakob Freud morria, aos 81 anos, em 23 de outubro de 1896, e em sua carta a Fliess, de 2 de novembro, Freud narrava o "lindo sonho" que ele tivera na noite seguinte ao funeral:

---

sua autobiografia não contenha uma palavra de recordação sobre ele" (*SE*, 17:151). No entanto, a verdadeira causa para "surpresa", como admitia Freud, em uma nota de rodapé acrescentada em 1924, era que essa observação estava incorreta, pois Hermann Jakob era, de fato, mencionado em *Dichtung und Wahrheit*. Esse lapso inconscientemente motivado revela tanto o desejo de Freud de reconstruir Goethe à sua própria imagem quanto seu persistente sentimento de culpa em apresentar publicamente uma "palavra de recordação" com referência a Julius.

4. Esse uso do termo "transferência" para definir a relação entre o resto diurno e o desejo infantil nos sonhos está por trás de sua aplicação ao contexto clínico. Cf. a nota do organizador de *A Interpretação dos Sonhos*, *SE*, 5:562-563.

Eu me encontrava em uma loja, onde havia um anúncio dizendo:

Pede-se a você
que feche os olhos.

Reconheci o lugar como sendo a barbearia à qual vou todos os dias. No dia do funeral, tive de ficar esperando e, assim, cheguei bastante tarde ao velório. A família estava aborrecida comigo, porque eu havia providenciado para que o funeral fosse simples e discreto, o que, mais tarde, eles concordariam, ter sido a melhor escolha. Eles também receberam muito mal o meu atraso. A frase no painel de anúncios tem um duplo significado. Ela significa "deve-se cumprir o próprio dever com relação aos mortos", em dois sentidos – como um pedido de desculpas, como se eu não tivesse cumprido meu dever e minha conduta precisasse ser revista, e como o próprio dever efetivo. O sonho era, dessa forma, uma válvula de escape para o sentimento de auto-recriminação que uma morte, em geral, deixa entre os que ficam (*Origins*, p. 171).

Muita controvérsia envolve a questão de quando exatamente Freud iniciou sua auto-análise "sistemática". Em sua carta a Fliess, de 14 de novembro de 1897, o próprio Freud declarava que não havia "traço algum" (*Origins*, p. 231) de sua auto-análise antes do verão desse ano, mas essa afirmação não deve ser tomada de modo demasiado literal. No "Prefácio" de 1908 de *A Interpretação dos Sonhos*, por outro lado, Freud equipara sua auto-análise diretamente à sua "reação à morte de meu pai", e, dessa forma, pode-se dizer que ela tem início com sua interpretação desse sonho, que é, de fato, o primeiro sonho relatado e analisado por Freud em suas cartas a Fliess[5].

Além de se seguir imediatamente à morte do pai, o sonho "feche os olhos" de Freud precede em quase um ano sua explicação a Fliess da "força avassaladora" de *Édipo Rei* e contém, de certa forma, a matéria-prima de sua formulação teórica do complexo de Édipo. O paralelo entre a ação de *Édipo Rei* e a "obra" de auto-análise do próprio Freud consiste, sobretudo, no fato de que ele, assim como Édipo, tem a posse inconsciente da verdade pela qual ele busca conscientemente. A qualidade edípica do sonho "feche os olhos" é reforçada pela preocupação, nele presente, com o tema da visão. Já nos *Estudos sobre a Histeria* (1895), no caso da Srtª Lucy R., Freud tinha empregado implicitamente a metáfora sofocliana de uma "cegueira do olho que vê" para descrever esse "estranho estado da mente, no qual a pessoa ao mesmo tempo sabe e não sabe uma certa coisa" (*SE*, 2:117). Agora, no início de sua própria auto-análise, Freud vivencia o pleno impacto de

---

5. Para uma confirmação da concepção de que a auto-análise de Freud surgiu em resposta à morte do pai, cf. Schur, "Some Additional 'Day Residues' ", pp. 68-69; e Grinstein, *Sigmund Freud's Dreams*, p. 420.

sua descrição da repressão, quando sua busca de autoconhecimento é diretamente confrontada pela barreira de uma ordem auto-imposta para não ver.

O vínculo entre as respostas de Freud às mortes do pai e de Julius fica manifesto no resumo de conclusão de sua análise do sonho "feche os olhos", como "uma válvula de escape para o sentimento de auto-recriminação que uma morte, em geral, deixa entre os que ficam", no qual a expressão "sentimento de auto-recriminação", ou uma "tendência à auto-recriminação" (*Neigung zum Selbstvorwürf*) prenuncia o "germe das recriminações", que Freud confessa foi nele implantado com a morte prematura do irmão. A chave para o sonho está no "duplo significado" que Freud diz ser inerente à solicitação para que "feche os olhos", uma vez que ela pode se referir tanto ao "dever efetivo" de fechar os olhos do pai morto quanto a um "pedido de desculpas" por não ter cumprido esse dever. A essência do complexo de Édipo, justamente por isso, está na ambivalência inerente ao sentimento do filho com relação ao pai – a coexistência do amor e deferência conscientes com o ódio e o desejo inconsciente da morte do pai – e nesse sonho, como, com muita percepção, observou Didier Anzieu, "a *ambivalência* dos pensamentos latentes [é] expressa no *sentido duplo* do texto manifesto"[6]. A tensão entre os impulsos parricidas e de compaixão é representada de forma plástica por sua intenção de cumprir as últimas homenagens devidas ao pai morto e a simultânea incapacidade de fazê-lo.

Além disso, até mesmo o gesto de fechar os olhos do pai está carregado de ambigüidades. Além de personificar a devoção ao pai, o ato em si pode simbolizar o desejo de castrá-lo e matá-lo. Freud escreve, em *Totem e Tabu*, sobre o ritual da refeição totêmica, que o ritual paradoxalmente "oferece satisfação ao pai pelo ultraje que lhe é infligido no mesmo ato em que a ação é comemorada" (*SE*, 13:150), e essa reconstrução especulativa da pré-história humana ganha força tanto do tratamento de Freud de casos de neurose obsessiva quanto de seu enraizamento na verdade empírica de sua própria auto-análise.

Freud metaforicamente fecha os próprios olhos, ao mesmo tempo em que fecha os olhos do pai. Assim, além dos conceitos psicanalíticos centrais de *repressão* e *ambivalência*, o sonho também apresenta os mecanismos da *identificação*. Pai e filho tornam-se um por meio do gesto que exprime tanto o amor quanto o ódio. Em "Luto e Melancolia" (1917), Freud prefigura sua noção de superego, ao discutir em termos teóricos o processo de identificação com o objeto perdido, que ocorre durante a perda: "Assim, a sombra do objeto caiu sobre o ego,

---

6. Anzieu, *L'auto-analyse de Freud*, 1:237. Para uma discussão complementar do sonho "feche os olhos", inclusive a comparação entre a versão encontrada na carta a Fliess e a encontrada em *A Interpretação dos Sonhos*, cf. Robert, *From Oedipus to Moses*, pp. 85-130; e Krüll, *Freud and his Father*, pp. 41-43.

e este último pôde, daí por diante, ser julgado por uma instância especial, como se fosse o objeto, o objeto abandonado" (*SE*, 14:249). Toda terapia psicanalítica é um trabalho de pranteamento, uma tentativa de se reconciliar com a perda de objetos amados. Seu protótipo encontra-se na auto-análise de Freud, que não poderia ter ocorrido sem a convergência entre as mortes do pai e do irmão, produzindo "o sentimento de auto-recriminação que uma morte em geral deixa entre os sobreviventes".

2.2. AMIGO E INIMIGO

Desde a publicação inicial das cartas de Freud a Fliess, em 1950, tornou-se um lugar-comum entre os estudantes familiarizados com a psicanálise a afirmação de que Fliess teve essencialmente a função de um analista na auto-análise de Freud. Como escrevia Edith Buxbaum, em 1951, "Fliess não era apenas o destinatário das cartas de Freud relatando sua auto-análise [...] mas havia obviamente tomado o lugar de uma figura de transferência, com relação à qual Freud desenvolveu uma neurose de transferência"[7]. Dessa forma, nossa tarefa, ao reavaliar o relacionamento entre Freud e Fliess, será a de tentar sintetizar as implicações da "neurose de transferência" de Freud, aproveitando o fato de que sua correspondência está por fim disponível em sua íntegra.

Em primeiro lugar, olhando retrospectivamente, fica evidente que os editores originais de Freud prestaram-lhe um desserviço, ao publicar as cartas a Fliess de forma abreviada, uma vez que, com isso, eles deram a impressão de que questões de caráter escandaloso estavam sendo ocultadas nas passagens não-publicadas. Na verdade, no entanto, a edição recente, organizada por Jeffrey M. Masson, meramente termina e completa – mas de forma alguma altera de modo decisivo – o quadro que já se havia formado com base no material anteriormente disponível. O que é mais notável nessa correspondência íntima, na verdade, é sua confirmação da decência e probidade moral básica de Freud, até onde o tecido mesclado da existência humana nos permite julgar, pois quantos de nós poderiam resistir a ter suas vidas sujeitas a um tal exame microscópico?[8]

É central para a experiência de ler essas cartas o fato de que, com exceção de três cartas enviadas por Fliess, no período posterior a 1904,

---

7. Buxbaum, "Freud's Dream Interpretation", p. 59. Jeffrey Masson, no entanto, inexplicavelmente sustenta que "não é elucidador afirmar, como alguns fizeram, que esse relacionamento intenso foi um relacionamento de transferência" (Masson, p. 2).

8. Aqui eu discordo completamente de Swales, cuja avaliação de que Freud era "um indivíduo extremamente bizarro [...] e aberrante" ("Language of Flowers", p. 64) me parece tão reducionista quanto o retrato idealizado que ela pretendia corrigir.

todas as comunicações são da parte de Freud, as cartas de Fliess tendo sido sem dúvida entregues a uma da estratégicas fogueiras de Freud. O estranho efeito de se espreitar esse diálogo unilateral foi comparado por Ernst Kris a "ouvir alguém que está falando ao telefone: você pode ouvir apenas o que um dos participantes da conversa está dizendo" (*Origins*, p. 3), mas, sem dúvida, também uma outra analogia se impõe – a de se espiar uma seção de psicanálise, na qual somente o paciente fala, enquanto o analista mantém um ideal silêncio ininterrupto. A continuidade entre o relacionamento de Freud com Fliess e seus relacionamentos com figuras masculinas num período anterior de sua vida é exemplificada pelo fato de que, nos casos de sua correspondência tanto com Emil Fluss quanto com Silberstein, as cartas de Freud mais uma vez foram preservadas, enquanto as de seu parceiro de correspondência não o foram.

Em seu texto sobre a prática clínica, *A Dinâmica da Transferência* (1912), Freud declara que o excesso de emoções manifestadas pelo paciente em relação ao analista se torna "inteligível, se temos em mente o fato de que a transferência se estabeleceu precisamente, não apenas pelas idéias antecipadoras conscientes, mas também pelas idéias que foram retidas ou que são inconscientes" (*SE*, 12:100). Essa passagem serve como comentário exato para o parágrafo inicial da primeira carta de Freud a Fliess, datada de 24 de novembro de 1887, na qual a tônica lembra todo o relacionamento entre eles. "Caro amigo e colega", Freud inicia:

> Tenho um motivo estritamente profissional para escrever-lhe hoje, mas devo começar com a confissão de que espero manter o contato com você, e que você deixou uma profunda impressão em mim, que poderia facilmente levar-me a dizer-lhe francamente em que classe de homens eu o coloco (*Origins*, p. 51).

A afirmação de Freud de ter "um motivo estritamente profissional" para escrever a Fliess é desmentida por sua confissão da "profunda impressão" que Fliess nele deixou, e suas "idéias antecipadoras inconscientes" são reveladas pela ansiedade em dizer a Fliess "em que classe de homens eu o coloco". Em vista do que sabemos sobre as ambições heróicas de Freud, além disso, é seguro dizer que a "classe de homens" em que ele buscava colocar Fliess era a dos que decifram os enigmas da vida – a mesma classe em que ele colocava a si próprio. Constitui uma conclusão comoventemente circular do apego de Freud a Fliess o fato de que, numa carta de 26 de abril de 1904, na qual Freud tentava retomar o contato com o ex-amigo, convidando-o para contribuir para uma nova revista sobre a sexualidade – mas que logo levaria a recriminações quanto à divulgação, feita por Freud, das idéias muito caras a Fliess, sobre a bissexualidade – mais uma vez, ele iniciava: "Se estou escrevendo novamente, após tão longo intervalo, você sem dúvida vai supor que estou sendo impelido, não por um impulso emocional mas por um "motivo prático" (Masson, p. 460). Na realidade, tanto a grandeza quanto a tragédia da amizade de Freud com Fliess provêm da impossibilidade de desemaranhar – tanto em 1904 quanto em 1887 – o "impulso emocional" do "motivo prático".

A intensidade da reação de Freud à morte do pai, como vimos, é, em grande parte, explicável pela morte de seu irmão Julius, na infância. Devido ao embaçamento das linhas genealógicas em sua constelação familiar, além disso, desde o início, a distinção entre os relacionamentos paterno e entre irmãos estava pouco clara na mente de Freud. Esses dois acidentes biográficos são diretamente relevantes para a compreensão da dependência transferencial de Freud com relação a Fliess, que era composta igualmente de aspectos filiais e fraternos. Assim como Julius, Fliess era cerca de dois anos mais novo que Freud, e o entrelaçamento dos sentimentos de Freud com relação ao pai com seus sentimentos com relação a Fliess deu-se da mesma forma que teria ocorrido em qualquer análise[9].

Já em sua carta de 3 de outubro de 1897, Freud expressava a Fliess sua compreensão de que "meu sobrinho e irmão mais novo determinaram, não apenas o lado neurótico de todas as minhas amizades, mas também sua profundidade". A mesma idéia, despida de toda referência a Julius, manifesta-se numa passagem central de *A Interpretação dos Sonhos*. Em seu comentário sobre o sonho *"non vixit"*, Freud escreve sobre o modo como "todos os meus amigos foram, num certo sentido, reencarnações" de John, acrescentando que o próprio John se tornou um fantasma do passado, quando voltou da Inglaterra para visitar Viena, na adolescência. Freud generaliza:

Minha vida emocional sempre exigiu que eu tivesse um amigo íntimo e um inimigo odiado. Sempre consegui prover-me reiteradamente de ambos, e não foi com pouca freqüência que a situação ideal da infância se reproduziu tão completamente que o amigo e o inimigo vinham juntos em um único indivíduo – embora não, evidentemente, ambos ao mesmo tempo ou em oscilações constantes, como pode ter acontecido em minha mais tenra infância (*SE*, 5:483).

Freud confessa aqui que sua vida é dominada pela compulsão de recriar "a situação ideal da infância", na qual "o amigo e o inimigo" são reunidos num "único indivíduo". Seu uso da palavra "ideal" nesse contexto é muito apropriado, pois sugere que uma experiência da infância funciona como equivalente psicanalítico do arquétipo platônico, do qual as "reencarnações", na vida posterior, são necessariamente aproximações imperfeitas.

---

9. Em "Freud's Mother Conflict," Ruth Abraham sugere que Fliess pode também ter desempenhado o papel de substituto da figura da mãe na auto-análise de Freud. Ela observa que, com relação a Fliess e Martha Bernays, Freud tinha "uma atitude de extrema superestima, que muitas vezes era usada como defesa contra sentimentos hostis e de medo" (p. 488).

Freud não apenas reconhece intelectualmente a compulsão à repetição, ele a vivencia como a realidade emocional dominante em sua vida. Ao contrário de Heinz Kohut, que acredita que Freud "não [...] vivenciou suas transferências com seus amigos ou família ou, o que devia ser extremamente tentador, com seus pacientes, por meio da formação de contra-transferências"[10], eu sustento que a verdade é exatamente o inverso – que Freud "vivenciou suas transferências" de modo muito mais intenso que a maioria das pessoas. A amizade de Freud com Fliess e sua ruptura posterior são simplesmente o mais importante dos reencenamentos de suas relações ambivalentes com Julius e John, durante toda a sua vida adulta. Seus vínculos carregados de conflito com Breuer, Adler, Jung, Rank e inúmeros outros podem ser assimilados a esse mesmo padrão. No sonho "*non vixit*" – incluído entre os "sonhos absurdos", que, em sua carta de 21 de setembro de 1899, Freud assinala como "o clímax de minhas realizações na esfera da interpretação dos sonhos" (*Origins*, p. 299) – Freud exulta em ter encontrado em Fliess um amigo para ocupar o lugar de todos os que ele perdeu para a morte ou para o afastamento: "Como sou afortunado em ter encontrado, em ter ganho um substituto para eles, e um substituto que significa para mim mais que os outros poderiam significar, e que, num período da vida em que as amizades não podem facilmente se formar, eu nunca venha a perder a sua!" (*SE*, 5:486).

Freud teve seu sonho crucial no final de outubro de 1898, mas em questão de alguns anos, sua afirmação de que ele "nunca" viesse "a perder" a amizade de Fliess seria contradita pelos acontecimentos. Aqui parece estar ausente até mesmo uma certa perspicácia intelectual, especialmente porque o sonho "*non vixit*" diz respeito ao desejo de Freud de sobreviver a Fliess, e porque juízos equivocados como esse costumam acompanhar as crises emocionais que salpicam a vida de Freud.

As analogias entre a conduta de Freud com relação a Fliess e outros homens, posteriormente em sua vida, são amplamente reconhecidas, mas a importância de sua intimidade na adolescência com Eduard Silberstein como um vínculo entre John e Fliess não foi avaliada desse mesmo modo. No apogeu de sua amizade, em 1875, Freud escrevia a Silberstein:

> Eu realmente acredito que nunca romperemos nossa amizade; embora tenhamos nos tornado amigos por livre escolha, estamos tão apegados um ao outro quanto se a natureza nos tivesse feito parentes consangüíneos. Penso que chegamos a um tal ponto que vivenciamos um no outro a pessoa integral que ele é, e não apenas, como no início, suas boas qualidades. Receio que mesmo se, por uma ação indigna, você parecesse amanhã completamente diferente da imagem que concebi de você, eu ainda assim não deixaria de querer bem a você"[11].

10. Kohut, "Creativeness, Charisma, Group Psychology", p. 393.
11. Stanescu, "Young Freud's Letters to Silberstein," pp. 205-206.

A mesma efusão, o mesmo desejo de acreditar na imutabilidade de seu relacionamento, que caracterizavam os sentimentos de Freud com relação a Fliess, recebem aqui expressão eloqüente. O tom negativo subterrâneo que deve acompanhar tais manifestações de efusão fica também em evidência, no entanto, quando Freud alude obscuramente a uma "ação indigna" da parte do amigo, mesmo que apenas para banir de sua mente essa idéia. Assim como Fliess, Silberstein é um fantasma retornando da "situação ideal da infância", e as imagens fundidas do "amigo íntimo" e do "inimigo odiado" estão, dessa forma, prontas para manifestar-se subitamente na fantasia inconsciente de Freud.

O mesmo tom de elogio hiperbólico a Fliess, freqüentemente combinado com uma injustificada auto-recriminação, como a encontrada na saudação da primeira carta de Freud, persiste na maior parte da correspondência. Freud fala apenas a verdade literal, quando diz a Fliess, em sua carta de 29 de setembro de 1893, que "você destruiu por completo minha capacidade crítica, e eu realmente acredito em você em tudo" (Masson, p. 56). Na carta de 2 de novembro de 1896, ao relatar o sonho "feche os olhos", Freud declara, de modo típico: "Talvez eu tenha umas poucas coisas curiosas a dizer-lhe, em troca de suas grandes descobertas e teorias" (*Origins*, p. 171). Em 4 de dezembro de 1896, ele escreve: "Estou ocupado elaborando algo que unificará nosso trabalho e colocará minha coluna sobre sua base" (*Origins*, p. 172). Como sugere essa metáfora fálica do casamento masculino, com um certo humor não-intencional, a maior ironia dessa associação está em que Freud, por muito tempo, consideraria Fliess como o membro realmente científico de sua parceria. Com relação à teoria da repressão, Freud escreve, em 30 de junho de 1896: "Talvez você possa me oferecer o terreno sólido sobre o qual vou poder desistir de explicar as coisas psicologicamente e começar a encontrar uma base firme na fisiologia!" (*Origins*, p. 169).

A prova mais dramática do fascínio de Freud com relação a Fliess – e a única revelação das cartas que se poderia dizer possuir um teor escandaloso – é, já há muito, conhecida dos estudiosos da psicanálise, por meio da obra de Max Schur, portanto, bem antes de sua recente exploração sensacionalista por Jeffrey Masson[12]. Trata-se do episódio

---

12. Sobre o episódio Emma Eckstein, cf. o indispensável artigo de Schur, "Some Additional 'Day Residues' "; e Masson, *The Assault on Truth*. Em seu relato sobre a polêmica entre Masson e Kurt Eissler, Janet Malcolm afirma que o artigo de Schur foi publicado "num volume obscuro" (em *The Freud Archives*, p. 44). Essa afirmação é equivocada, pois *Psychoanalysis – A General Psychology*, como um *Festschrift* em homenagem a Heinz Hartmann, não podia ser considerada "obscura" por quem quer que estivesse familiarizado com o campo da psicanálise. Além disso, Malcolm é injustificavelmente severo (p. 7) sobre o trabalho de Paul Roazen, *Brother Animal: The Story of Freud and Tausk*, e muito pouco crítico em sua admiração pela resposta descomedida de Kurt Eissler, *Talent and Genius: The Fictitious Case of Tausk Contra*

da operação quase-fatal realizada por Fliess, em março de 1895, em uma paciente de Freud, Emma Eckstein, em cujo nariz Fliess inadvertidamente deixara uma tira de gaze iodofórmica de cerca de meio metro. Como Schur convincentemente mostrou, esse episódio está por trás do famoso "Sonho Espécime", de Freud, da "injeção de Irma", em *A Interpretação dos Sonhos*. Embora os comentários publicados de Freud sobre o sonho refiram-se apenas à justificação de sua própria "consciência profissional" (*SE*, 4:120), Schur argumenta que "o principal desejo por trás do sonho de Irma de Freud não era a absolvição de *si próprio*, mas a de Fliess. Era um desejo de não pôr em risco seu relacionamento positivo com Fliess"[13]. A seqüência das cartas de Freud a Fliess, descrevendo o estado de Emma, na verdade, revela claramente suas tentativas cada vez mais veementes de absolver Fliess – e, por extensão, a si mesmo – de qualquer responsabilização quanto à hemorragia pós-operatória de Emma. Mesmo na carta inicial de 8 de março de 1895, relatando a cena chocante em que um segundo cirurgião removia a gaze que Fliess deixara no nariz de Eckstein, e na qual Freud é forçado a admitir: "Então, nós cometemos uma injustiça com ela", a ênfase está no fato de que "esse infortúnio devesse acontecer a você" (Masson, p. 117); e, em 26 de abril de 1896, após ter admitido Eckstein para tratamento analítico, ele comunica a boa notícia de que "você estava certo, [...] seus episódios de hemorragia eram histéricos, ocasionados por anseio obsessivo, e provavelmente ocorreram em momentos sexualmente relevantes" (Masson, p. 183) – essa última referência sendo vinculada à teoria de Fliess da periodicidade. O veredito final de inocente é emitido em 17 de janeiro de 1897: "Com relação ao sangramento, você não tem culpa alguma" (Masson, p. 225). Exatamente como havia garantido a Silberstein, Freud se recusa a admitir que qualquer "ação indigna" da parte do colega manche a "imagem" idealizada que ele faz de Fliess.

Mas, embora Freud fizesse o possível para suprimir suas "faculdades críticas", a desastrada operação de Emma Eckstein serviu para catalisar suas dúvidas com relação a Fliess, e ele inconscientemente se rebelava contra a admiração irrestrita a Fliess, à qual estava apegado em sua mente consciente. Que é assim, é o que se pode observar por uma carta de 28 de abril de 1897, onde Freud interpreta um de seus sonhos relacionado a um telegrama recebido de Fliess:

Freud. Quaisquer que sejam seus equívocos, o livro de Roazen é uma obra importante, e a conclusão de Malcolm, de que Eissler aplica a Roazen "uma das mais severas surras que um estudioso já deu em um outro nos anais da disputa acadêmica" (p. 8), é tão parcial que põe em questão sua objetividade.

13. Schur, *Freud: Living and Dying*, p. 12. Cf. também van Velzen, "Irma at the Window". A operação de Emma Eckstein tinha, naturalmente, sido instigada pela bizarra teoria de Fliess de uma conexão entre o nariz e os órgãos genitais.

Tive uma sensação de irritação com você, como se você estivesse sempre reivindicando algo especial para você mesmo; critiquei você por não apreciar a Idade Média [...]. Como ainda estou em dúvida com relação a questões relacionadas com a figura paterna, minha irritação é compreensível. O sonho, dessa forma, reuniu toda a irritação com você que estava presente em meu inconsciente (*Origins*, p. 194).

A habitual deferência excessiva de Freud com relação a Fliess é aqui compensada por sua hostilidade igualmente imoderada. Além disso, ao vincular sua "irritação" com Fliess a "questões relacionadas com a figura paterna", Freud torna explícito que suas flutuações de humor são transferenciais, no sentido clínico.

Apesar da proximidade inicial, as diferenças intelectuais e os choques de personalidade entre os dois homens foram se tornando cada vez mais agudos, e em 1901 eles tinham se distanciado, em grande parte, devido à incapacidade de Fliess de tolerar críticas, bem como à incompatibilidade entre suas teorias místicas da periodicidade e a psicologia determinista e dinâmica de Freud. Ironicamente, fora Josef Breuer, colega sênior de Freud e seu colaborador nos *Estudos sobre a Histeria*, que apresentou Fliess a Freud, e a ruptura posterior entre eles revivenciava, numa forma mais radical, o conflito anterior entre as teorias da histeria, considerada como "estado hipnóide" por Breuer, e como "defesa" por Freud. Como Freud profeticamente escrevia a Fliess, em 1º de março de 1896, num momento em que suas relações com Breuer estavam numa fase difícil: "Que tudo de que desfrutamos na vida tem de se ser pago tão caro definitivamente não é algo que apreciemos. Será que nós dois iremos vivenciar o mesmo com relação um ao outro?" (Masson, p. 175).

A correspondência completa entre Freud e Fliess nos permite ver que os sentimentos de Freud para com Breuer, bem como para com seu amigo e médico da família Oscar Rie, dependiam, na razão inversa, de seu apego a Fliess – à medida que esse apego foi se estreitando, Breuer e Rie caíram na estima de Freud, e à medida que Freud foi se desencantando com Fliess, sua opinião sobre os outros homens foi revista positivamente. Uma outra revelação que a correspondência completa tornou possível está no modo como Freud culpava Breuer por perturbar seu relacionamento com Fliess, ao fazer com que a esposa de Fliess, Ida, acreditasse que a amizade de seu marido com Freud prejudicaria seu casamento. Tanto essa censura a Breuer quanto a correlação, em razão inversa, entre as afeições de Freud por Breuer e Fliess são articuladas na carta de 7 de agosto de 1901 – uma carta selecionada pelo já idoso Freud como "muito importante" (Masson, p. 448), ao, em 1937, revisar a correspondência com Marie Bonaparte, que estranhamente voltava à tona e na qual seu afastamento com relação a Fliess era definitivamente expresso.

Se as cartas de Freud mostram a continuidade entre suas ligações com Breuer e com Fliess, elas também apontam na direção da que seria a segunda mais importante figura masculina em sua vida – C. G. Jung. Na carta de 26 de abril de 1904, que tentava restabelecer o contato com Fliess, Freud incluía a informação de que havia recebido "um reconhecimento absolutamente surpreendente de meu ponto de vista" (Masson, p. 461) na resenha de um livro feita pelo psiquiatra Bleuler, de Zurique, diretor da clínica Burghölzli, onde Jung trabalhava. Os contatos diretos entre Freud e Jung começaram em abril de 1906, quando Jung enviou a Freud uma cópia de seus *Estudos de Associação Diagnóstica*, e, em seu relacionamento com Jung, Freud exibe o mesmo padrão de idealização inicial, seguido da amarga desilusão manifestada com relação a Fliess. No período calmo do relacionamento, quando sentia que encontrara em Jung a pessoa que ele escolheria como seu sucessor, Freud escrevia, em 2 de setembro de 1907, sobre as dificuldades que havia enfrentado nos primeiros anos e "sobre a calma confiança que por fim tomou conta de mim e instigou-me a esperar até que uma voz, vindo do desconhecido, respondesse à minha. Essa voz era a sua" (*Letters*, p. 56). Da mesma forma que a ansiedade de Freud em dizer a Fliess "em que classe de homens eu o coloco", a própria certeza que Freud expressa com relação à receptividade perfeita de Jung contém as sementes do desastre futuro, pois, em ambos os casos, ele é vítima de suas "idéias antecipadoras inconscientes".

Não há dúvida de que a auto-análise de Freud, após a morte do pai, em 1896, que culminava com a publicação de *A Interpretação dos Sonhos*, em 1899, resultava em um apaziguamento de elementos neuróticos de sua personalidade. Como escrevia Freud a Fliess, em 2 de março de 1899, "Estou obviamente muito mais normal do que estava há quatro ou cinco anos atrás" (*Origins*, p. 280). Em 1901, Freud rompia com uma inibição de longa data e viajava para Roma pela primeira vez; em 1902, ele alcançava uma meta não menos cobiçada e postergada, ao ser nomeado Professor Extraordinário (isto é, professor adjunto), na Universidade de Viena. Freud dá a Fliess a notícia de sua nomeação, numa carta de 11 de março de 1902, que marca claramente seu crescimento interior, uma vez que ele decide se "curvar à autoridade" (*Origins*, p. 344) e abandonar a postura de permanente rebelde, em favor de se aliar à instituição estabelecida.

Mas, embora, após 1899, Freud efetivamente conseguisse uma nova integração em sua personalidade, é essencial reconhecer até onde ele continuava a ser governado pela "situação ideal da infância". Após seu segundo episódio de desmaio envolvendo Jung, como vimos, numa carta a Ferenczi, Freud vinculava esses ataques à morte de Julius; e ele escrevia a Jones, em termos muito semelhantes: "Existe uma certa parcela de um obstinado sentimento homossexual na raiz da questão" (*LW*, 1:317). De modo análogo, na época de sua ruptura com Adler e Stekel, em 1910, Freud confidenciava a Ferenczi: "Eu havia superado totalmente o caso com Fliess. Adler é um pouco de Fliess que voltou à vida. E Stekel, sua extensão, é pelo menos chamado Wilhelm" (*LW*, 2:130). A afirmação de Freud de que havia "superado o caso com Fliess" é transparentemente contradita por sua incapacidade em considerar as experiências posteriores, a não ser em termos de protótipos.

Na verdade, pode-se muito bem argumentar que o jugo da neurose de transferência de Freud se torna, não menos, e sim, mais severo com o passar do tempo. Em parte, seu propósito, ao escrever *Totem e Tabu*, onde Freud passa do "desejo" à "ação", ao descrever o assassinato do pai, era o de acelerar a expulsão de Jung do movimento psicanalítico. Assim, da mesma forma que, durante sua auto-análise, a ambivalência em relação a Fliess havia se fundido com a ambivalência em relação à "figura paterna", em *Totem e Tabu*, apesar de ele próprio ter-se tornado o "pai primal" da psicanálise, Freud simbolicamente simulava o assassinato de Jung, assim como o do próprio pai. Freud era secundado nessa matança por seu grupo leal de seguidores. Em 25 de março de 1914, Freud escrevia a Abraham, anexando uma carta de Jones, e detalhava, com entusiasmo, seu plano para afastar Jung de sua posição como editor do *Jahrbuch* de psicanálise:

> É absolutamente notável como cada um de nós, por sua vez, é tomado pelo impulso de matar, de modo que os outros têm de detê-lo. Suspeito que o próprio Jones irá apresentar o próximo plano. A utilidade da cooperação na comissão é muito bem ilustrada por esse fato[14].

Da mesma forma que *A Interpretação dos Sonhos*, *Totem e Tabu* possui para Freud uma "outra significação subjetiva" e, além de ser uma contribuição para a teoria psicanalítica, deve ser lido como "uma parte de minha própria auto-análise". Jung toma o lugar de Fliess como objeto primário da neurose de transferência de Freud, simultaneamente o "amigo íntimo" e o "inimigo odiado", que ele deve matar em fantasia e com relação ao qual ele então experimenta "o sentimento de auto-recriminação que uma morte em geral deixa entre os sobreviventes".

Nunca será excessivo insistir em que chamar a atenção para esses padrões da vida de Freud não invalida a teoria psicanalítica. Ao contrário, o mesmo gênio que o capacitou a resgatar tantas de suas primeiras recordações e a compreender teoricamente a importância das vivências de infância foi o que deixou Freud prisioneiro, durante toda sua vida, da "situação ideal da infância". Em *Além do Princípio de Prazer* (1920), a obra na qual Freud elevou a compulsão à repetição à posição de postulado teórico, ele escrevia sobre as "pessoas normais", cujas vidas dão a impressão de "ser perseguidas por um destino maligno ou possuídas por alguma "força 'demoníaca'":

---

14. *A Psycho-Analytic Dialogue*, p. 168.

Assim nos deparamos com pessoas para as quais todos os relacionamentos humanos têm o mesmo resultado: como o benfeitor que, após um certo tempo, é abandonado, em meio a cólera, por seus *protégés* – por mais que, de resto, eles difiram entre si – e que, dessa forma, parece fadado a experimentar toda a amargura da ingratidão; ou o homem cujas amizades todas terminam numa traição pelo amigo; ou o homem que, reiteradamente, no curso de sua vida, eleva alguém a uma posição de grande autoridade pública ou privada e então, após um curto intervalo, mina, ele próprio, essa autoridade e a substitui por uma outra (*SE*, 18:22).

Cada um desses esboços ostensivamente imaginários é transparentemente autobiográfico, e não pode haver uma síntese mais devastadoramente exata da fatalidade da vida de Freud que esse relato tríplice da "amargura da ingratidão" experimentada pelo hipotético homem "normal", para o qual "todos os relacionamentos humanos têm o mesmo resultado".

2.3. O ETERNO TRIÂNGULO

Na mesma carta de 3 de outubro de 1897, na qual relata a Fliess o impacto persistente de Julius e John sobre suas amizades subseqüentes, Freud relata um episódio específico que envolvia ele próprio, John e Pauline:

> Há muito sei que meu companheiro de crimes entre as idades de um e dois anos era um de meus primos, que é um ano mais velho que eu e vive agora em Manchester; ele nos visitou em Viena, quando eu tinha catorze anos. Parece que ocasionalmente nós tratávamos nossa prima, que era um ano mais nova, de modo horrível (*Origins*, p. 219).

Esse mesmo incidente é descrito mais uma vez, com muito mais detalhes, no texto autobiográfico "Lembranças Encobridoras" (1899) e na análise de Freud do sonho "*non vixit*" em *A Interpretação dos Sonhos*. A ligação, tanto aqui quanto no sonho "*non vixit*", entre essa recordação particular e a declaração de Freud sobre o modo como ele continuamente recriou seu relacionamento ambivalente com John, sugere que essas ocasiões em que os dois meninos trataram Pauline "de modo horrível" ou "cruelmente" (*grausam*) são uma versão mais completa da arquetípica "situação ideal da infância".

No decorrer de sua análise do sonho "*non vixit*", Freud revela o modo como sua raiva diante de uma situação do momento presente recebia reforço de fontes da infância e apresenta uma reconstrução do cenário de infância que está no núcleo do sonho:

> Para os propósitos da interpretação dos sonhos, vamos admitir que uma recordação de infância surgiu, ou foi construída em fantasia, com um conteúdo como o que se segue. Os dois meninos disputavam um mesmo objeto [...]. Cada um deles afirmava ter *chegado lá antes do outro* e, dessa forma, ter maior direito a ele. Eles começam a

se agredir aos tapas e poderiam ter prevalecido sobre o direito. [...] No entanto, desta vez, fui o mais forte e mantive a posse do terreno. O perdedor correu para o avô – meu pai – e se queixou de mim, e eu me defendi com as palavras que conheço pelos relatos de meu pai: "Bati nele, porque ele me bateu". [...] A partir desse ponto, os pensamentos-sonhos continuam mais ou menos assim: "É bem feito para você, se você quis abrir o caminho para mim. Por que tentou *me* tirar fora do caminho? Não preciso de você, posso muito bem encontrar outra pessoa para brincar", e assim por diante (*SE*, 5:483-484).

O "perdedor", nessa cena, é evidentemente John, mas Freud não especifica o "objeto" pelo qual os dois meninos estavam brigando. Podemos inferir, no entanto, que a disputa envolve Pauline, que, como a mulher que se encontra entre dois homens, é uma substituta para a mãe. Além disso, a síntese final de Freud sobre seus pensamentos-sonhos – "Por que você tentou *me* tirar do caminho?" – é um dos elementos do sonho que apontam para além de John, para os "desejos malevolentes e verdadeiro ciúme infantil" de Freud, com o nascimento de Julius[15]. Como figura subjacente a todos os fantasmas do passado de Freud, Julius é conhecido apenas por meio dos efeitos de sua ausência – para Freud, por meio de sua morte, e para o leitor, por meio de sua exclusão dos textos de Freud.

A importância dessa primordial "recordação de infância" do embate com John está em que ela mostra a estrutura controladora da triangulação na experiência de Freud. Embora a cena de fato envolva um irmão e deva ser datada dos primeiros três anos da vida de Freud – em "Lembranças Encobridoras" ele afirma que teria ocorrido um ano mais tarde que na carta a Fliess – ela é totalmente explicável em termos edípicos. A disputa entre Freud e John refere-se especificamente à questão da prioridade: a alegação feita pelos dois meninos de "ter *chegado lá antes do outro*". Exatamente essa questão é a que está em jogo na batalha entre Édipo e Laio na encruzilhada que representa simbolicamente os órgãos genitais da mãe. As dimensões edípicas dessa cena com John se estenderiam para além da esfera puramente sexual até evocar as controvérsias quanto à prioridade e originalidade intelectuais nas quais Freud se envolveria durante toda sua vida[16]. Quando Freud proclama que ficou com "a posse do terreno", nessa expressão, o termo "terreno" (*Feld*) funde a imagem de um campo rural propriamente dito com a do "campo" do combate tanto físico quanto intelectual.

---

15. Outras referências implícitas a Julius incluem o uso da expressão "*non vixit*" ("ele não viveu") em lugar de "*non vivit*" ("ele não está vivo") e a importância do nome *Julius* Caesar no sonho.

16. Sobre o repetido envolvimento de Freud em disputas sobre questões de prioridade e de plágio, cf. Roazen, *Brother Animal*, pp. 59-93; e *Freud and his Followers*, pp. 190-202. Em *Talent and Genius*, Eissler ingenuamente argumenta que Freud tinha uma "despreocupação com prioridades" (pp. 183-187).

A exultação de Freud por ter sido o "mais forte", no entanto, está combinada com o reconhecimento pesaroso de que "poderiam ter prevalecido sobre o direito". O próprio momento de triunfo é, paradoxalmente, também o da culpa e da formação da consciência. Assim, o remorso de Freud por ocasião de sua vitória sobre John deve ser visto como o ressurgimento de seu "germe das recriminações" diante da realização de seu desejo de morte contra Julius. Mesmo a incerteza de Freud quanto à data dessa recordação – se a cena ocorreu entre as idades de um e dois anos ou entre as de dois e três anos – indica a fusão dos dois episódios.

Da mesma forma, a ambivalência de Freud é, aqui, paralela à do sonho "feche os olhos", onde o gesto de fechar os olhos do pai expressa tanto a vitória parricida de Freud quanto sua "inclinação à auto-recriminação" por ser o sobrevivente. Muitos dos temas específicos do sonho "feche os olhos" são repetidos no sonho *"non vixit"*. A preocupação com a chegada tardia ao funeral do pai é repercutida no sonho *"non vixit"* por uma lembrança de ter um dia chegado tarde ao laboratório de seu formidável mentor Ernst Brücke. O tema da visão é, da mesma forma, reiterado no sonho *"non vixit"*, onde Freud transforma uma lembrança dos "terríveis olhos azuis" pelos quais ele tinha sido "reduzido a nada" por Brücke, numa cena em que ele próprio "aniquilava" um amigo "com um livro" (*SE*, 5:422). Como assinalou Schur, a carta de Freud contendo sua interpretação do *Édipo Rei* é datada de um ano depois do sonho "feche os olhos", enquanto o sonho *"non vixit"* ocorre quase dois anos depois; os dois últimos episódios, conseqüentemente, constituem "reações de aniversário" à morte do pai[17].

Embora o paradigmático momento de triunfo de Freud sobre John possa ser assimilado tanto à morte de Julius quanto à do pai, existe uma continuidade essencial entre a dinâmica pré-edípica e a dinâmica edípica em sua experiência pessoal. Em *A Interpretação dos Sonhos*, Freud reconhece essa afinidade em termos teóricos: aí ele primeiramente discute "os desejos-de-morte da criança contra seus irmãos e irmãs" (*SE*, 4:255), antes de abordar os "sonhos com a morte dos pais" (*SE*, 4:256), que fornecem corroboração para o complexo de Édipo. Um número demasiado grande de comentadores supôs, equivocadamente, que, por concentrar-se no complexo de Édipo, Freud teria negligenciado outros aspectos do conflito familiar, tais como a rivalidade entre os irmãos ou a violência contra as crianças por parte dos pais. Philip Rieff, por exemplo, afirma ter apresentado provas da "fragilidade da reconstrução de Freud das origens da sociedade", ao observar que "o assassinato do pai é apenas um dos temas existentes na literatura mítica; o tema do fratricídio ocorre de modo tão significativo quanto o

---

17. Cf. Schur, *Freud: Living and Dying*, pp. 161 e 168.

do parricídio"[18]. Mas a razão por que Freud, acertadamente, dá prioridade ao complexo de Édipo vincula-se a seu enraizamento na vida de fantasias inconscientes da criança, e não a uma negligência das permutações dele, como o "crime de Caim" ou o que poderia ser chamado de "complexo de Laio". No sonho *non vixit*", a justificação de Freud para sua retaliação contra John – "Bati nele, porque ele me bateu" – tem uma contrapartida exata, no *Édipo Rei*, no fato de que Édipo mata Laio em autodefesa. Édipo declara que revidou somente depois que o velho, no carro, "no meio / de minha cabeça desceu com o forcado duplo"[19]. René Girard, que chama a atenção para esse detalhe na peça, insiste em que "no centro do mito de Édipo [...] está a proposição de que todos os relacionamentos masculinos se baseiam em atos recíprocos de violência"[20], e o conceito de Girard de "violência recíproca", sem dúvida, aplica-se ao confronto entre Freud e John.

Da mesma forma que nas respostas de Freud às mortes do irmão e do pai, um elemento crucial nessa sua recordação relativa a John é a fusão das emoções antitéticas do amor e do ódio. Embora o antagonismo entre os dois meninos faça com que eles sejam "inimigos odiados", o elemento de identificação nessa situação triangular os torna também "amigos íntimos". Em outros termos, sob o conteúdo manifesto tanto do triângulo pré-edípico quanto do triângulo edípico, existe uma ligação homossexual latente entre os rivais masculinos. Jones observou que o "componente erótico" do relacionamento de Freud com John é "o primeiro sinal de que a constituição sexual de Freud não era exclusivamente masculina", uma vez que, "caçar em duplas" significa partilhar a própria gratificação sexual com alguém do mesmo sexo" (*LW*, 1:11). E se as relações de Freud com seus rivais masculinos são compostas de desejo sexual tanto quanto de agressão, segue-se que seus sentimentos com relação ao objeto feminino são, de modo análogo, ambivalentes. O fato de que ele e John se comportem com violência com relação a Pauline fica explícito na narração de Freud desse incidente em "Lembranças Encobridoras":

> Três crianças estão brincando na grama. Uma delas sou eu (entre os dois e três anos); as outras duas são meu primo, que é um ano mais velho que eu, e sua irmã, que é quase da mesma idade que eu. Estamos colhendo flores amarelas, e cada um de nós está segurando um maço de flores já colhidas. A menina tem o melhor maço; e, como se por acordo mútuo, nós – os dois meninos – caímos sobre ela e lhe arrancamos as flores (*SE*, 3:311).

O próprio Freud interpreta a imagem de "arrancamos as flores" da menina como uma defloração simbólica, mas ele podia ter acres-

---

18. Rieff, *Freud: The Mind of the Moralist*, p. 195.
19. Sófocles, *Édipo Rei*, versos 808-809. Os números dos versos a seguir serão incluídos entre parênteses no texto.
20. Girard, *Violence and the Sacred*, p. 48.

centado que esse ato sexual primordial é, na verdade, um estupro em conjunto.

As conseqüências da tendência de Freud a formar uma aliança homossexual com um parceiro masculino, às custas da mulher que de certa forma é partilhada entre eles, manifestam-se persistentemente em toda sua vida adulta. Sem dúvida, o episódio de Emma Eckstein representa um reencenamento de toda a "situação ideal da infância", com Fliess no papel de John e Emma como a vítima Pauline (vale a pena observar, a esse respeito, que a filha de Fliess, nascida em 1898, chamava-se Pauline)[21]. Em sua carta de despedida, de 7 de agosto de 1901, Freud, numa recriminação, informa a Fliess: "eu não partilho de seu desprezo pela amizade entre homens, provavelmente porque, num alto grau, partilho dela. Em minha vida, como você sabe, a mulher nunca substituiu o companheiro, o amigo" (Masson, p. 447). Diante da incidência da orientação sexual "não-exclusivamente masculina" de Freud sobre todo seu relacionamento com Fliess, é de uma ironia muito apropriada o fato de que a desavença final entre os dois, em 1904, se vinculasse à prioridade intelectual da teoria da bissexualidade.

Um paralelo surpreendente ao episódio Eckstein tem lugar na amizade de Freud com Jung, anos mais tarde, num episódio relatado por Sabina Spielrein, recentemente vindo a público[22]. Para resumir, Spielrein era uma paciente na clínica Burghölzli, com a qual Jung – que era casado e que era também seu médico – tinha um relacionamento íntimo, que ele tentava justificar como não-impróprio, porque ele não estava sendo pago por seus serviços psiquiátricos! Jung, cuja má-fé em todo esse escândalo é impressionante, fez o melhor que pôde para ocultar de Freud os fatos desse episódio; e, quando Spielrein tentou falar com Freud em pessoa, Freud lealmente defendeu o colega de Zurique. Declarando, numa carta de 8 de junho de 1909, que acreditava que Jung era "incapaz de um comportamento frívolo e ignóbil", Freud instou com Spielrein em que ela se perguntasse "se os sentimentos que sobreviveram a esse relacionamento íntimo não serão mais bem suprimidos e erradicados de sua própria psique, acredito, sem intervenção e envolvimento externos de terceiros" (*Symmetry*, p. 114). O conselho de Freud, em outras palavras, como ele escrevia, simultaneamente, a Jung, era tratar o problema como "algo endopsíquico" (*Symmetry*, p. 174), que exigia o ajuste psicológico da parte de Spielrein, e não o castigo público de Jung. O efeito desse conselho sobre Spielrein pode ser visto numa carta de 13 de junho de 1909, na

---

21. Swales, "Language of Flowers", observa que a irmã de Fliess se chamava Clara, e não Pauline, como antes se acreditava (p. 39).

22. Cf. Carotenuto, *A Secret Symmetry*, com um excelente comentário de Bruno Bettelheim. As referências das páginas desse volume serão indicadas, a seguir, entre parênteses, por meio da abreviação *Symmetry*.

qual ela diz a Freud que ela quisera escrever-lhe novamente, "mas fui advertida contra isso por um sonho no qual eu retratava você querendo apenas ouvir a seu irmão (é assim que o Dr. Jung é em geral simbolizado), e não a mim" (*Symmetry*, p. 102). O sonho de Spielrein acerta em cheio, pois, da mesma forma que na operação de Eckstein, Freud, mais uma vez, faz o melhor que pode para não permitir que uma "ação indigna" do mais recente fantasma de John manche sua opinião sobre ele. Inevitavelmente, no entanto, à medida que foi ficando mais crítico com relação às concepções teóricas de Jung, Freud também assumiu uma atitude menos caridosa com relação à sua conduta; em 8 de maio de 1913, ele escrevia a Spielrein, que se tornaria autora de diversos textos psicanalíticos importantes, "Estou contente de que agora sou tão pouco responsável por suas realizações pessoais quanto por suas realizações científicas" (*Symmetry*, p. 120).

Uma figura importante vinculando Emma Eckstein a Sabina Spielrein é Ida Bauer, mais conhecida como a Dora do texto de Freud, *Fragmento de Análise de um Caso de Histeria* (1905). Como também acontece no caso das outras duas mulheres, um aspecto essencial do tratamento que Freud dá ao caso de Dora é o conflito entre a versão dela dos acontecimentos e a versão em que insistia o mundo masculino. No caso de Dora, o episódio que é objeto de disputa é uma cena junto a um lago, na qual Dora alega ter recebido uma proposta amorosa de um amigo de seu pai, Herr K., mas que os dois homens atribuem à sua imaginação excessivamente estimulada. O papel de Freud na situação é totalmente ambíguo, pois, embora com o decorrer do tratamento ele chegasse "à conclusão de que a história de Dora devia corresponder aos fatos em todos os aspectos" (*SE*, 7:46), mesmo assim, ele continuaria a enfatizar a cumplicidade psicológica de Dora no drama sórdido que se desdobrou em torno dela e a insistir com a adolescente em que a trama de Herr K. para ceder sua esposa ao pai de Dora em troca dela "teria sido a única solução possível para todos os envolvidos" (*SE*, 7:108). Dessa forma, Freud basicamente toma o partido dos homens que conspiram para negar a visão de Dora da realidade, e a decisão dela de abandonar a análise é totalmente compreensível.

Se alinhamos o caso de Dora, cercada pelo pai e Herr K., com o de Sabina, entre Jung e Freud, e com o de Emma, nas mãos de Fliess e Freud, e os assimilamos todos à "defloração" de Pauline na infância, por Freud e John, o efeito cumulativo é perturbador e de enorme impacto. Jane Gallop, na esteira de Luce Irigaray, chamou a atenção para a "economia pederasta e falocêntrica" da psicanálise, na qual "a menina é assimilada a um modelo masculino, a uma história masculina e, 'naturalmente', vista como deficiente"[23]; e há uma considerável justiça nessa acusação. Por outro lado, no entanto, admitir a natureza

---

23. Gallop, *The Daughter's Seduction*, p. 69.

culposa do comportamento dos homens nesses episódios não invalida necessariamente as idéias de Freud sobre a importância da fantasia inconsciente. Dora, afinal, pode ter respondido com excitação sexual reprimida, se sentiu a pressão do pênis ereto de Herr K. contra seu corpo, num abraço, antes da cena junto ao lago, como também é possível que Emma, na verdade, tivesse propensão ao sangramento histérico, apesar dos horrores da operação à qual ela foi submetida. Pois, como escrevia Sabina Spielrein em seu diário, em 27 de agosto de 1909, descrevendo seu prazer embaraçado, ao lavar-se com exibicionismo diante de uma janela, "se queremos ser completamente honestos – devemos também poder anotar coisas que nos permitem um certo vislumbre da psicologia das chamadas moças recatadas, categoria à qual eu também pertenço" (*Symmetry*, p. 4). Uma vez que, apesar das afirmações de Jeffrey Masson no sentido contrário, a aceitação do complexo de Édipo não implica um afastamento permanente do mundo exterior, talvez a consciência feminista possa vir a ser integrada à teoria psicanalítica.

Seria somente em 1923, como observamos, que Freud, em seu *O Ego e o Id*, estabeleceria a existência de um complexo de Édipo "completo" e o vincularia à "bissexualidade originalmente presente nas crianças":

[...] um menino não tem meramente uma atitude ambivalente com relação a seu pai e um objeto de escolha afetuosa com relação à mãe, mas, ao mesmo tempo, ele também se comporta como uma menina e apresenta uma atitude feminina afetuosa com relação a seu pai e um correspondente ciúme e hostilidade com relação à mãe (*SE*, 19:33).

Mais uma vez, da mesma forma que no caso da compulsão à repetição, é evidente que a formulação teórica de Freud se elabora por meio de uma ação "*a posteriori*", sua percepção baseando-se na verdade experimental de sua auto-análise. Devido à tendência humana universal à bissexualidade, a "situação ideal da infância" de Freud nos ensina que os impulsos sexuais e agressivos dirigidos aos membros de *ambos* os sexos são inerentes ao eterno triângulo do complexo de Édipo.

2.4. NAS PEGADAS DE ANÍBAL

A figura de Édipo situa-se no centro da "Concepção do Desenvolvimento do Herói" de Freud. Sua identificação com Édipo, no entanto, é apenas uma instância de uma tendência à emulação, que inclui inúmeros exemplos presentes na história, na literatura e no mito. Um outro importante objeto de identificação, para Freud, foi Aníbal. Ao analisar uma série de sonhos vinculados a seu desejo, até então não realizado, de visitar Roma, Freud, em *A Interpretação dos Sonhos*, descreve o impacto avassalador de ficar sabendo, na juventude, de um ataque anti-semita contra o pai, e vincula essa experiência à sua admiração pelo general cartaginês:

> Nesse ponto, fui colocado diante do episódio de minha juventude, cujo impacto ainda se manifestava em todas essas emoções e sonhos. Eu devia ter dez ou doze anos de idade, quando meu pai começou a me levar com ele em seus passeios e a revelar-me, em suas conversas, suas opiniões sobre as coisas no mundo em que vivemos. Assim, foi numa dessas ocasiões que ele me contou uma história para me mostrar como as coisas eram muito melhores agora do que em sua época. "Quando eu era moço", dizia ele, "fui dar um passeio pelas ruas do lugar onde você nasceu; eu estava bem vestido e tinha um novo boné de pele na cabeça. Um cristão chegou até mim e, com um único golpe, arrancou meu boné, jogando-o na lama, e gritou: 'Judeu! Saia da calçada!' ". "E o que você fez?", perguntei. "Fui para o leito da rua e peguei meu boné", foi sua calma resposta. Isso me pareceu uma conduta não-heróica da parte do homem grande e forte, que estava segurando o menino pequeno pela mão. Comparei essa situação com uma outra, que combinava melhor com meus sentimentos: a cena na qual o pai de Aníbal, Amílcar Barca, fazia seu filho jurar, diante do altar doméstico, vingar-se dos romanos. A partir desse momento Aníbal teria um lugar em minhas fantasias (*SE*, 4:197).

Esse relato está preocupado, nas palavras de um texto posterior de Freud, "Um Distúrbio de Memória na Acrópole" (1936), com as ansiedades da "crítica de uma criança a seu pai, com a subestima que se substituiu à superestima da infância mais tenra" (*SE*, 22:247). É a mesma tensão entre a "superestima", e a "subestima", revivenciada na transferência de Freud com relação a Fliess, que está sendo destilada nesse tocante incidente. O jovem Freud claramente reverencia as ocasiões em que seu "grande e forte" pai o tratava como igual e partilhava com ele "suas opiniões sobre as coisas no mundo em que vivemos", e, no entanto, seu julgamento depreciativo da humilhação do pai é condensado numa única palavra: "não-heróica". O fracasso do pai em se manter à altura dos padrões heróicos atua como um estímulo a suas próprias ambições e leva Freud a substituí-lo, em sua imaginação, pelo ideal mais severo de Amílcar Barca.

A conseqüência mais notável da identificação juvenil de Freud com Aníbal está em que ela em grande parte explica sua inibição, mais tarde, quanto a entrar em Roma. Ao "tristemente regressar, quando estava a apenas oitenta quilômetros de Roma", escreve Freud, "eu estava, na verdade, seguindo as pegadas de Aníbal. Como ele, eu estava fadado a não ver Roma; e ele também havia seguido para Campagna, quando todos o esperavam em Roma" (*SE*, 4:196). Samuel Rosenberg cunhou a útil expressão "síndrome do reencenamento", para descrever a tendência de Freud a responder a crises emocionais identificando-se, consciente ou inconscientemente, com um personagem famoso; e, em certas ocasiões, acrescenta Rosenberg, ele "deu um enorme passo além, e efetivamente revivenciou cenas, incidentes, às vezes episódios inteiros das vidas desses exemplos reais ou da ficção"[24]. Como resume Rosenberg, a lógica inconsciente que está atuando na imitação que Freud faz de Aníbal: "Como Aníbal, não entrou em Roma, Freud também *não podia*"[25].

Mas, da mesma forma que a associação entre o destino de Freud e o de Édipo, sua identificação com Aníbal é composta de numerosos "suplementos". Quando criança, estudando a história das Guerras Púnicas, Freud havia simpatizado, não com os romanos, mas com os cartagineses, tornando-se partidário do semita Aníbal. "Para minha mente juvenil", admite Freud, "Aníbal e Roma simbolizavam o conflito entre a tenacidade dos judeus e a organização da Igreja católica" (*SE*, 4:196). Antes ainda, afirma Freud, ele havia brincado com seus "soldados de madeira" e colocado rótulos neles com os nomes dos diversos marechais de Napoleão, entre os quais, ele preferia um de origem judaica:

> E, naquela época, meu favorito declarado já era Masséna (ou, para dar ao nome sua forma judaica, Manasseh) (sem dúvida, essa preferência devia ser, em parte, explicada pelo fato de que meu aniversário caía no mesmo dia que o dele, exatamente cem anos mais tarde). O próprio Napoleão está em paralelo com Aníbal, devido ao fato de ambos terem cruzado os Alpes (*SE*, 4:197-198).

A coincidência entre o aniversário de Freud e o de Masséna – um detalhe pela primeira vez registrado na edição de 1914 de *A Interpretação dos Sonhos* – enfatiza o papel do acaso nessa série de identificações. Dada a admiração preexistente por Masséna e Napoleão, a emulação de Freud de Aníbal torna-se, dessa forma, "uma questão de transferência de uma relação emocional já formada para um novo objeto" (*SE*, 4:197).

O último passo de Freud recuando até sua infância, ao analisar seu fascínio por Aníbal, reúne os temas da rivalidade filial e entre irmãos e confirma a continuidade essencial entre suas experiências pré-edípicas e edípicas. Tendo explorado o vínculo entre seu pai e Aníbal, Freud volta-se para suas disputas juvenis com John, que já encontramos em conexão com o sonho "*non vixit*".

> Pode até mesmo ser que o desenvolvimento desse ideal marcial remonte a um período ainda anterior em minha infância: à época em que, com a idade de três anos, eu estava em relação estreita, às vezes amistosas, mas às vezes belicosas, com um menino um ano mais velho que eu, e aos desejos que a relação deve ter estimulado no mais fraco de nós (*SE*, 4:198).

A ambivalência de Freud com relação a Fliess é uma transferência de seu conflito entre a "superestima" e a subestima" de seu pai, mas esse conflito é, por sua vez, uma transferência de suas relações

---

24. Rosenberg, *Why Freud Fainted*, p. 11. Itálicos suprimidos.
25. *Idem, ibidem.*

"às vezes amistosas, mas às vezes belicosas", com John. O mesmo "ideal marcial", além disso, aparece na escolha de Freud do nome para seu irmão Alexander, com quem ele afirma, no texto sobre a "Acrópole", ter saído em passeios semanais – uma manifesta confusão das lembranças, acompanhada por uma inversão das identidades, das excursões com o pai, mencionadas em seus sonhos com Roma[26]. Não apenas essa seqüência de identificações revela a permutabilidade dos crimes de Édipo e Caim inconscientemente vivenciados por Freud, mas, mais uma vez, existe apenas "um suplemento na fonte".

Na verdade, a regressão ao passado, colocada em movimento pelo resgate de Freud de suas associações com Aníbal, vai além de sua própria infância mais tenra e chega até a de seu pai. Ao escrever *A Interpretação dos Sonhos*, nos últimos anos do século XIX, Freud reflete sobre um episódio ocorrido quando ele tinha "dez ou doze anos", entre 1866 e 1868 – e que desencadeia uma comparação feita por seu pai entre essa época e a que ele próprio havia vivenciado uma geração antes. Carl Schorske ampliou nossa compreensão do contexto político das diversas datas envolvidas[27]. Em 1895, o demagogo anti-semita Karl Lueger era eleito prefeito de Viena, destroçando a força da classe média progressista. Fora em 1867 que os novos ministros do Partido Liberal foram eleitos pela primeira vez na Áustria – um divisor de águas que servia como *terminus a quo* para a conversa entre Freud e seu pai – com isso inaugurando uma era na qual até mesmo um jovem judeu como Freud podia acalentar a esperança de um dia se tornar ministro de governo. A finalidade do relato do pai de Freud era precisamente contrastar o espírito de tolerância existente nesse momento com o preconceito anti-semita do passado. Podemos muito bem supor que o incidente do boné, ao qual Freud reagiu com raiva, como se fosse culpa do pai, representava uma memória traumática também para Jakob Freud, que esperava que o filho pudesse viver para obter reparação por ele. Assim, jurando "vingar-se dos romanos", Freud estava indiretamente realizando o propósito do pai, ao lhe contar a história e se vingando de uma antiga ofensa que era tanto cultural quanto pessoal. A necessidade de olhar além da história individual de Freud, para o passado de seu pai, para explicar sua identificação com Aníbal é objeto de um comentário teórico de Freud em suas *Novas Conferências Introdutórias sobre Psicanálise* (1933), onde ele observa que os pais "seguem os preceitos de seus próprios superegos, ao educar os filhos", e, dessa forma, "o superego de uma criança é, na verdade, construído não sobre o modelo dos pais, mas sobre o superego dos pais" (*SE*, 22:67).

---

26. Cf. Kanzer, "Sigmund and Alexander Freud on the Acropolis", pp. 272-273.
27. Cf. Schorske, "Politics and Patricide". Também podem encontrar-se excelentes discussões sobre esse episódio em Cuddihy, *The Ordeal of Civility*, pp. 48-57; e McGrath, "Freud as Hannibal".

Há um memorável epílogo ao ataque anti-semita ao pai de Freud, na biografia de Martin, o mais velho dos filhos de Freud. No verão de 1901, a família Freud estava em férias na aldeia de Thumsee, nos Alpes. Numa certa ocasião, Martin e seu irmão Ernst foram vítimas de insultos anti-semitas quando pescavam, o que eles relataram mais tarde ao pai. Freud, relatava Martin, "ficou muito sério por alguns momentos, observando que esse tipo de coisa podia acontecer-nos novamente, e que devíamos estar preparados para isso". Mais tarde, no mesmo dia, os dois meninos levaram o pai num passeio de barco pelo lago, quando encontraram o mesmo grupo hostil que havia insultado os meninos anteriormente. Martin continua:

> Meu pai, sem a menor hesitação, saltou do barco, e colocando-se no meio do caminho, avançou para o grupo hostil. Quando me viu seguindo-o, ele me ordenou, num tom extremamente irritado, que eu ficasse onde estava e que não ousasse desobedecer [...].
> Nesse meio tempo, meu pai, brandindo sua bengala, arremeteu contra o grupo hostil, que recuou diante dele e imediatamente se dispersou, dando-lhe livre passagem. Essa foi a última vez que vimos esses estranhos desagradáveis. Nunca soubemos de onde eles vieram nem qual era seu objetivo, ao assediar meu pai.
> Esse incidente desagradável causou uma profunda impressão em mim. [...] Mas não há indicação de que meu pai fosse de alguma forma afetado por ele. Ele jamais relembrou esse incidente em casa, e não tenho consciência de que ele o tenha jamais mencionado em qualquer de suas cartas a nossa família ou amigos[28].

Embora Martin não vincule esse episódio de sua própria juventude ao episódio envolvendo Freud e seu pai, não há dúvida de que Freud reagiu ao último episódio como uma repetição do primeiro, e de que, ao buscar "vingar-se dos romanos", ele estava determinado a redimir aos olhos dos filhos a "conduta não-heróica" de seu pai. A "profunda impressão" que a ação do pai deixou em Martin tem paralelo na impressão deixada em Freud pela humilhação de seu pai. É uma das ironias da dinâmica familiar o fato de que o fracasso por parte do pai muitas vezes parece ser a precondição para a grandeza do filho, enquanto o triunfo do pai relega o filho a nada além de uma "glória refletida" (o título inglês da biografia de Martin). Como sugere George Mahl, "não podia ser um acidente" que essa inversão e supressão do trauma sofrido pelo pai capacitasse Freud a quebrar o encanto de sua

---

28. M. Freud, *Sigmund Freud: Man and Father*, pp. 70-71. Um incidente anti-semita análogo, vivenciado por Freud durante uma viagem de trem, em dezembro de 1883, é citado por McGrath, "Freud as Hannibal", p. 41; e por Cuddihy, *The Ordeal of Civility*, pp. 54-55. Mas a natureza extremada da reação de Freud, em 1901, deve matizar um pouco a afirmação de McGrath de que, ao se juntar à B'nai B'rith, em setembro de 1897, ele teria "renunciado à sua injusta crítica de adolescente" ao pai, "escolhendo o mesmo tipo de resposta ao anti-semitismo contida e digna que Jakob Freud havia escolhido" (*Freud's Discovery of Psychoanalysis*, p. 213).

identificação com Aníbal e que – acompanhado por Alexandre – ele "fosse a Roma pela primeira vez, pouco depois"[29].

Em 1938, os nacional-socialistas invadiram a Áustria, e o destino de Freud e sua família permaneceu incerto por um certo tempo (suas quatro irmãs mais velhas, que ainda estavam vivas, foram, de fato, mortas em campos de concentração). Houve um dia angustiante em que sua filha, Anna, foi interrogada num quartel da Gestapo. Por pressão internacional, Freud e a família obtiveram permissão para emigrar para a Inglaterra. Mas, antes de deixar Viena, Freud teve de assinar um documento afirmando que não tinha "a mínima razão para queixa" contra a Gestapo. A essa declaração, Freud acrescentou seu próprio pós-escrito irônico: "Posso, sinceramente, recomendar a Gestapo a qualquer pessoa" (*LW*, 3:226). A adesão de Freud a seu "ideal marcial" assume, até os últimos anos de sua vida, uma forma mais discreta que quando, em 1901, ele, sozinho, "arremeteu contra o grupo hostil", em Thumsee. Mas quem pode duvidar que sua coragem fosse a mesma em ambas ocasiões, ou que ela remontasse, para além da recordação de seu passeio com o pai, a suas relações "às vezes amistosas, mas às vezes belicosas" com John, em sua mais tenra infância?

2.5. DELÍRIOS DE INFERIORIDADE E MEGALOMANIA

Desde o início, as relações de Freud com outros homens eram compostas por uma intensa ambivalência, com o resultado de que "amigo e inimigo" regularmente se reuniam num "único indivíduo". Mas, se as atitudes de Freud com relação aos homens envolvem uma série sem fim de transferências, todas essas "reencarnações" de John devem, da mesma forma, ser duplos do próprio Freud. Em outras palavras, a tensão entre a "superestima" e a "subestima", na avaliação que Freud faz tanto do pai quanto de Fliess, reflete uma contradição presente em sua própria auto-estima. Como escrevia Freud a Fliess, em 8 de outubro de 1895, no decorrer de seu trabalho, ele se sentia "alternadamente orgulhoso e feliz e humilhado e infeliz" (*Origins*, p. 126). Por um lado, Freud aspirava a ver sua vida em termos heróicos, mas, por outro, ele se criticava com recriminações não menos inclementes que as que ele dirigia a qualquer outro.

As flutuações das opiniões de Freud sobre si mesmo recebem expressão vívida em seu sonho da "privada ao ar livre", cujos conteúdos podem ser apreciados em sua íntegra:

<small>Uma colina, na qual havia uma espécie de privada ao ar livre: um assento muito comprido com um grande buraco em sua extremidade. A borda traseira estava densa-</small>

---

29. Mahl, "Father-Son Themes in Freud's Self-Analysis", p. 59.

mente coberta de pequenos montes de fezes de todos os tamanhos e graus de frescura. Havia arbustos por trás do assento. Urinei no assento; um longo filete de urina lavou e limpou tudo; os montes de fezes soltaram-se facilmente e caíram na abertura. Era como se, no final, ainda houvesse algo deixado (*SE*, 5:468-469).

Em suas associações com esse sonho – que data de julho ou agosto de 1898 – Freud tenta explicar a ausência de repugnância diante de seus temas escatológicos. Ao fazê-lo, ele se identifica com três heróis da literatura:

> O que imediatamente me ocorreu, na análise, foram os estábulos de Augias, limpos por Hércules. Esse Hércules era eu. [...] O jato de urina que lavava tudo era um signo inequívoco de grandeza. Foi desse modo que Gulliver extinguiu o grande incêndio em Lilliput – embora isso, incidentalmente, o fizesse perder as boas graças de sua pequena rainha. Mas também Gargântua, o super-homem de Rabelais, vingara-se dos parisienses dessa mesma forma, sentando-se, como se a cavalo, sobre Notre Dame e dirigindo seu jato de urina contra a cidade. Ainda na noite anterior, antes de ir dormir, eu estivera folheando as ilustrações de Garnier ao texto de Rabelais. Curiosamente, aí estava uma outra prova de que eu era o super-homem. A plataforma de Notre Dame é meu lugar favorito em Paris (*SE*, 5:469).

A comparação descarada que Freud faz de si mesmo com Hércules, Gulliver e Gargântua revela a natureza compulsiva de sua "síndrome do reencenamento". O efeito residual desse sonho pode ser visto ainda em O *Mal-Estar da Civilização* (1930), onde Freud comenta, em uma nota de rodapé, a "conexão entre a ambição, o fogo e o erotismo uretral": "Apagar o fogo por meio da micção – um tema ao qual os gigantes modernos, Gulliver, em Lilliput, e Gargântua, de Rabelais, ainda retornam – era, dessa forma, uma espécie de ato sexual com um parceiro masculino, um desfrute da potência sexual numa competição homossexual" (*SE*, 21:90). Mais uma vez, as conjecturas de Freud acerca do fogo devem ser vistas como uma elaboração teórica das experiências pessoais de sua própria auto-análise.

A limpeza dos estábulos de Augias é para Freud, evidentemente, uma metáfora de sua tarefa heróica de fundador da psicanálise. Mas, embora ele interprete sua micção higiênica como "um sinal inequívoco de grandeza" e afirme, por meio de sua tripla identificação, que ele "era o super-homem", uma corrente oposta de sentimentos também vem à tona no sonho. Freud especifica um incidente ocorrido no dia anterior como "a verdadeira causa provocando o sonho". Tinha sido "uma tarde quente de verão" e, nessa tarde, Freud havia apresentado uma palestra sobre a histeria, com a qual ele estava extremamente insatisfeito. "Eu estava cansado e não sentia um pingo de prazer em meu árduo trabalho", escreve ele. "Eu ansiava por estar longe de todo esse remeximento da sujeira humana e por poder me juntar a meus filhos, e depois ir visitar as belezas da Itália" (*SE*, 5:470). Com esse humor pouco favorável, ele se retirou para uma cafeteria ao ar livre, apenas para ter suas esperanças de tranqüilidade frustradas por um membro de sua platéia:

> Uma pessoa de minha platéia, no entanto, foi comigo e pediu-me permissão para sentar-se comigo, enquanto eu tomava meu café e reprimia meu descontentamento com um *croissant*. Ele começou a me elogiar: dizendo-me quanto havia aprendido comigo, como ele havia visto tudo com novos olhos, como eu tinha limpado os *estábulos de Augias* dos erros e preconceitos, em minha teoria da neurose. Ele me disse, em resumo, que eu era um grande homem. Meu humor estava muito pouco disposto a essa ladainha de louvores; lutei contra meu sentimento de aversão, fui cedo para casa, para escapar desse homem, e antes de ir dormir folheei as páginas do livro de Rabelais (*SE*, 5:470).

O motivo do sonho da "privada ao ar livre" é realizar o desejo de ser "um grande homem", mas quando efetivamente é dito a Freud que ele limpou "os *estábulos de Augias* dos erros e preconceitos", ele reage com um violento "sentimento de aversão". Assim como no incidente do medalhão, e sobretudo com a morte de Julius, a agitação emocional de Freud mostra-o "destroçado pelo êxito", ao ser confrontado com a realização de sua fantasia "profundamente enraizada e por muito tempo acalentada".

A figura indistinta que se aproxima de Freud na cafeteria assume a qualidade fantástica de um duplo, como se fosse a projeção da mente inconsciente de Freud. Como ele próprio admite, a "disposição de repulsa e aversão" com que ele recebeu essa homenagem à sua grandeza foi, à noite, substituído por "uma disposição de forte, e até mesmo exagerada, auto-afirmação" (*SE*, 5:470). A dinâmica aqui se assemelha à afirmação, feita a Fluss pelo Freud de dezesseis anos de idade, de que o segredo de sua mudança de carreira era "absolutamente insignificante", quando ele, sem dúvida, trazia consigo o peso de um excesso de importância. Da mesma forma que um sintoma neurótico, o sonho da "privada ao ar livre" é uma exemplar formação de compromisso, e Freud explica a ausência de afeto acompanhando o sonho como o resultado da "inibição mútua" de suas auto-avaliações conflitantes:

> O conteúdo do sonho tinha de encontrar uma forma que tornasse possível expressar tanto os delírios de inferioridade quanto a megalomania em um mesmo material. O meio-termo conciliador entre eles produziu um conteúdo onírico ambíguo; mas também resultou em um tom de colorido afetivo indiferente, devido à inibição mútua desses impulsos contrários (*SE*, 5:470).

O impasse entre os "delírios de inferioridade" e a "megalomania" de Freud é um equivalente, dirigido a ele próprio, de suas "oscilações constantes" entre os sentimentos de amor e de ódio por todos os fantasmas de John. A ênfase de Freud na natureza "exagerada" de suas oscilações emocionais corresponde às idéias "antecipadoras inconscientes", no controle de seus relacionamentos transferenciais que vão de Silberstein a Jung.

A ambivalência da atitude de Freud com relação à sua ambição patológica (*SE*, 4:194) recebe um impulso especial do fato de sua ascendência judaica. A identificação de Freud com heróis clássicos como Édipo, Aníbal e Hércules é mesclada com preocupações especificamente judaicas, em dois de seus sonhos vinculados a seu anseio por visitar Roma. Num deles, Freud imagina que "alguém me conduziu até o topo de um morro e me mostrou Roma semi-encoberta em névoa", ao que ele naturalmente associa a idéia da "terra prometida vista à distância" (*SE*, 4:194). Toda a carreira de Freud se estende entre os pólos de suas identificações com Édipo e com Moisés – os exemplos primais da condição de filho e da de pai – mas esse sonho mostra esses pólos como em ruínas, desde o início[30]. A qualidade heróica da comparação feita por Freud, de si mesmo com Moisés é, no entanto, contrabalanceada por um sonho no qual ele equipara seu fracasso em chegar a Roma com o tratamento desrespeitoso concedido ao "judeu sem dinheiro" (*SE*, 4:195), que era constantemente lançado fora do trem, por viajar para Karlsbad sem uma passagem. Assim, como observou Schorske, "a visão grandiosa do Moisés-Freud olhando para Israel-Roma 'à distância' tem seu análogo humilde na figura do pequeno-judeu-Cristo-Freud chegando a Karlsbad-Roma, por uma *via dolorosa*"[31].

Sem dúvida, um tal conflito entre os "delírios de inferioridade" e a "megalomania" deve ser encontrado, sob alguma forma, em todos os seres humanos. O que distingue a versão de Freud dessa ambivalência é simplesmente sua intensidade, a literalidade com que ele vivencia suas ansiedades quanto a ser "um grande homem". Freud introduz todos os seus quatro sonhos com Roma, dos quais o último dá origem à discussão do incidente com o boné do pai, para ilustrar o modo como "*encontramos a criança e os impulsos da criança ainda vivos no sonho*" (*SE*, 4:191). Nesse contexto, ele cita dois augúrios de seu destino heróico, que permanentemente desempenhavam papéis em suas fantasias. "Na época de meu nascimento", escreve ele, "uma velha camponesa havia profetizado à minha orgulhosa mãe que, com o primeiro filho, ela havia trazido um grande homem ao mundo". Sendo um cético por princípio, Freud naturalmente minimiza a significação de tentativas desse tipo de predizer o futuro: "Profecias desse tipo deviam ser muito comuns. [...] Tampouco a profetiza deve ter perdido algo com suas palavras" (*SE*, 4:192). Mas Freud imediatamente passa à recordação de um segundo augúrio, a predição, emitida cerca de doze

---

30. Cf. Robert, *From Oedipus to Moses*. Com relação a "O Moisés de Michelangelo" (1914), Krüll também comenta a "ambivalência emocional" do fascínio de Freud com a estátua de Michelangelo: "De um lado, ele se identificava com Moisés, o legislador com grande autodomínio, de outro, Moisés era a imagem de um pai do qual ele tinha medo" (*Freud and his Father*, p. 187).

31. Schorske, "Politics and Patricide", p. 336.

anos mais tarde por um poeta itinerante, de que ele se tornaria um ministro de governo quando adulto, o que inicialmente o predispusera a seguir uma carreira na área jurídica.

O aspecto notável nesses episódios não está em que eles tenham ocorrido, mas em que tenham deixado uma impressão tão profunda na memória de Freud. Ironicamente, apesar de suas profissões de ceticismo, a "Concepção do Desenvolvimento do Herói" de Freud, no final, dava razão a todas as profecias de sua grandeza, parecendo, dessa forma, dotá-las de uma força oracular e investir sua vida da inevitabilidade de um mito. A afirmação de Jones de que o "traje de herói" de Freud "estava sendo tecido já no próprio berço", que extrapolei, fazendo-a referir-se à sua constelação familiar, alude especificamente tanto à profecia da "velha camponesa" quanto ao fato de que, da mesma forma que David Copperfield, o herói de seu romance preferido de Dickens, Freud nasceu "empelicado, um fato que se acreditava lhe garantia felicidade e fama futuras" (*LW*, 1:4). E se, no decorrer de sua vida, o homem predestinado ao heroísmo oscila entre "delírios de inferioridade" e "megalomania", ele apenas reforça sua identificação com Édipo, que tanto é "famoso aos olhos de todos" (verso 8) quanto "mesmo para os deuses / o mais odiado dos mortais" (versos 1345-1346).

2.6. A AUTO-ANÁLISE INTERMINÁVEL

O texto da "privada ao ar livre" encerra-se com a observação: "Foi como se, no final, ainda houvesse algo deixado". O reconhecimento de Freud da impossibilidade de se livrar completamente da "sujeira humana" serve como emblema do caráter interminável, inerente ao processo analítico. Freud, como vimos, reconhecia retroativamente que *A Interpretação dos Sonhos* constituía "uma parte de minha própria auto-análise", e a aproximação entre *A Psicopatologia da Vida Cotidiana* e *A Interpretação dos Sonhos* mostra que essa afirmação vale também para o restante de sua obra. Pois, na *Psicopatologia*, Freud não apenas expandiu seu modelo teórico da mente, da esfera privada e noturna dos sonhos para o âmbito diurno da experiência social, da mesma forma que ele fez em *Chistes e sua Relação com o Inconsciente* (1905), mas ele o fez, em parte, por meio da elucidação psicanalítica de uma série de lapsos que ele havia cometido em *A Interpretação dos Sonhos*. Cada um dos três lapsos para os quais ele chama a atenção, além disso, relaciona-se à crítica a seu pai e ao "embaralhamento da seqüência familiar".

Um deles tem origem em suas alusões a Aníbal. Na primeira edição de *A Interpretação dos Sonhos*, Freud notava, mortificado, que havia identificado incorretamente o pai de Aníbal, não como Amílcar Barca, mas como Asdrúbal, que, na verdade, era o irmão de Aníbal.

Como a análise de Freud, em *A Psicopatologia*, deixava claro, esse lapso expressava seu desejo inconsciente de ser filho de seu meio-irmão Emmanuel, em vez de de seu pai:

> O erro de colocar *Asdrúbal* no lugar de Amílcar, o nome do irmão no lugar do pai, ocorreu exatamente num contexto relativo às fantasias com Aníbal, de meus anos de estudante, e à minha insatisfação com o comportamento de meu pai com relação aos "inimigos de nosso povo". Eu poderia ter prosseguido relatando como meu relacionamento com meu pai se modificou com uma visita à Inglaterra, que teve como resultado eu vir a conhecer meu meio-irmão, o filho mais velho do primeiro casamento de meu pai, que lá vivia. O filho mais velho de meu irmão tem a mesma idade que eu. Assim, as relações entre nossas idades não eram impedimento para minhas fantasias sobre como teriam sido diferentes as coisas, se eu fosse filho, não de meu pai, mas de meu irmão. Essas fantasias reprimidas falsearam o texto de meu livro no ponto em que interrompi a análise, forçando-me a colocar o nome do irmão no lugar do pai (*SE*, 6:219-220).

A fusão feita por Freud dos papéis de filho e irmão, que tinha origem nas circunstâncias de sua constelação familiar e que ficava evidente nas complexidades de sua identificação com Aníbal, assume aqui a forma da substituição do pai pelo mais imponente Emmanuel. Numa alusão ao aforismo de Goethe relativo a Lichtenberg – "Onde ele faz um gracejo está oculto um problema" –, Freud formula uma lei geral do ato falho: "onde um erro aparece, está por trás uma repressão – ou, mais corretamente, uma insinceridade, uma distorção que, em última análise, está enraizada em material reprimido" (*SE*, 6:218). No caso em questão, como Freud era culpado de insinceridade, não revelando suas "fantasias reprimidas", seu inconsciente cobrou uma punição, fazendo-o falsear "o texto de meu livro no ponto em que interrompi a análise".

Dos dois outros erros de *A Interpretação dos Sonhos*, corrigidos em *A Psicopatologia da Vida Cotidiana*, um ocorre na seção "Sonhos Típicos", pouco antes de seu comentário sobre o *Édipo Rei* e o *Hamlet*. Como apoio a suas concepções sobre as relações freqüentemente antagônicas entre pais e filhos, Freud recorre à lenda de que "Cronos devorou seus filhos, [...] enquanto Zeus castrou o pai e se fez soberano em seu lugar" (*SE*, 4:256). Em *A Psicopatologia*, no entanto, Freud corrige esse relato, para dizer que de fato foi Cronos que castrou o pai, Urano, e, dessa forma, em seu primeiro relato, ele estava "incorretamente transpondo essa atrocidade para a geração seguinte" (*SE*, 6:218). Assim como a confusão entre Asdrúbal e Amílcar, esse ato falho é atribuído por Freud à "influência da recordação" (*SE*, 6:220) de Emmanuel, que o havia advertido de que ele de fato pertencia "não à segunda geração, mas à terceira em relação a seu pai". O terceiro lapso em *A Interpretação dos Sonhos* envolve a designação incorreta feita por Freud do local de nascimento de Schiller como Marburg, em vez de Marbach. Esse erro, explica Freud, relaciona-se a uma cadeia de pensamentos interrompidos, "que conteria uma crítica hostil a meu pai"

(*SE*, 6:219). Da mesma forma que os dois lapsos anteriores, esse exemplo é relevante tanto devido a seu conteúdo quanto a seu contexto, pois ele ocorre em sua análise do sonho de "Hollthurn", cuja importância para a descoberta do complexo de Édipo nós ainda vamos abordar.

Mas talvez o erro mais intrigante proveniente do "embaralhamento da seqüência familiar" seja corrigido discretamente por Freud em *A Interpretação dos Sonhos*, sem receber qualquer menção em *A Psicopatologia da Vida Cotidiana*. Numa carta a Fliess, de 15 de outubro de 1897, na qual ele, pela primeira vez, vincula o *Édipo Rei* ao *Hamlet*, Freud pergunta por que motivo Hamlet demora-se em vingar a morte do pai, "quando ele próprio, de modo tão despreocupado, envia para a morte seus cortesãos e dá cabo de Laertes tão rapidamente" (*Origins*, p. 224). Uma comparação com a passagem paralela em *A Interpretação dos Sonhos*, na qual Freud se refere ao modo como Hamlet, sem hesitar, "corre a espada pela pessoa à espreita, escondida por trás da tapeçaria" (*SE*, 4:265), mostra que, na carta escrita anteriormente, ele confundiu a figura do irmão, Laertes, com a do pai, Polônio[32]. Além de documentar a culpa edípica de Freud pela morte do pai, essa lembrança distorcida do *Hamlet* atesta o impacto persistente da morte de Julius e a fusão das identidades de filho e de irmão, na mente de Freud.

Num exame retrospectivo de *A Interpretação dos Sonhos*, Freud se pergunta em *A Psicopatologia da Vida Cotidiana*: "Como não percebi esses erros, quando examinei cuidadosamente as três provas – como se eu tivesse ficado cego?" (*SE*, 6:218). A metáfora de Freud da cegueira aponta diretamente para o mecanismo de repressão em ação nessas falhas da memória. Nenhum trabalho de análise jamais se completa, porque a repressão continua a se manifestar no processo de interpretação. Freud interpreta o significado de seus sonhos, mas essas interpretações, sempre incompletas, dão origem a erros que devem ser, por sua vez, interpretados. E, se Freud corrige esses erros em *A Psicopatologia da Vida Cotidiana*, essas correções irão, da mesma forma, ser incompletas, errôneas, e terão necessidade de novas interpretações. Essa verdade fundamental da experiência psicanalítica é articulada, do ponto de vista da filosofia hermenêutica, por Hans-Georg Gadamer: "Nós estamos sempre no interior de uma situação, e o lançar luz sobre ela nunca é inteiramente completado. [...] Existir historicamente significa que o conhecimento de si mesmo jamais pode ser completo"[33].

A lição de que uma posição de domínio completo é inalcançável não é algo que Freud tenha aprendido muito bem. Como Jung o lem-

---

32. Cf. Shengold, "Freud and Joseph", pp. 70-71; e Anzieu, *L'auto-analyse de Freud*, 1:329.

33. Gadamer, *Truth and Method*, p. 269.

brava, causticamente, numa carta de 3 de dezembro de 1912, na época de sua ruptura, Freud, durante a viagem de ambos aos Estados Unidos em 1909, havia se recusado a continuar a análise de seus sonhos, "com sua observação de que 'você não podia se submeter à análise *sem perder sua autoridade*'". Jung, que havia recebido confirmação recente, no segundo episódio de desmaio de Freud, de que sua neurose persistia, punha mais sal na ferida, com a observação de que Freud havia iniciado *A Interpretação dos Sonhos*, no sonho da "injeção de Irma", com a "triste admissão" de sua "identificação com o neurótico que necessita de tratamento" (*F/J*, p. 526). Em 18 de dezembro de 1912, Jung escrevia: "Você sabe, naturalmente, até onde um paciente chega com a auto-análise: *não* além de sua neurose – exatamente como você" (*F/J*, p. 535).

Os comentários de Jung para Freud não são particularmente notáveis por sua generosidade ou por manifestar autoconhecimento. Na carta seguinte, por exemplo, ele faz a afirmação disparatada: "não sou de forma alguma neurótico" (*F/J*, p. 535). Mas os próprios lapsos constrangedores de Jung não invalidam a justiça básica de sua crítica a Freud. Da mesma forma que há "algo deixado" no final da micção de Freud, no sonho da "privada ao ar livre", também sempre resta um resíduo de neurose que continua a exigir – e a desafiar – a análise. Em *O Futuro de uma Ilusão* (1927), Freud defende a possibilidade de uma escapatória da neurose. Os indivíduos que foram "criados de modo sensato" e que "não sofrem da neurose" da religião, afirma ele, podem aceitar que "não podem mais ser o centro da criação":

> Eles estarão na mesma posição de uma criança que deixou a casa dos pais, onde estava tão aquecida e confortável. Mas, sem dúvida, o infantilismo está destinado a ser superado. Os homens não podem permanecer crianças para sempre [...]. Podemos chamar isso de *"educação para a realidade"* (*SE*, 21:49).

A evocação de Freud de uma possível "educação para a realidade" é instigante, mas, por outro lado, é, sem dúvida, a trágica lição da psicanálise – exemplificada em sua própria história – que uma criança nunca deixa completamente a casa dos pais, que o infantilismo está destinado a nunca ser completamente superado e que as pessoas inconscientemente permanecem crianças para sempre.

Talvez o documento mais comovente na correspondência entre Freud e Jung seja uma carta da esposa de Jung, Emma, a Freud, de 6 de novembro de 1911. Nela, falando dos filhos de Freud, ela observa: "Sem dúvida, não se pode ser filho de um grande homem impunemente, considerando-se a dificuldade que é distanciar-se de pais comuns", e, com perspicácia, acrescenta, com relação ao marido: "E não pense em Carl com os sentimentos de um pai: 'Ele vai crescer, mas eu devo desaparecer', mas como um ser humano pensa em outro que, como você, tem sua própria lei a cumprir" (*F/J*, pp. 456-457). É, em última análise, a incapacidade de considerar Jung e outros a não ser com os "sentimentos de um pai" – isto é, a não ser pelo espelho distorcedor de seus próprios conflitos e transferências infantis – que faz da "educação para a realidade" não mais que um ideal teórico eternamente em recuo. Mas, se Freud, que conhecia a si mesmo com uma honestidade que poucos igualaram, não podia alcançar uma *Weltanschauung* científica e não-distorcida, quem dentre nós conseguiu escapar ao jugo da compulsão à repetição? É a persistente tendência humana a cometer os mesmos erros, sempre e sempre, que torna interminável a auto-análise de Freud – e a nossa.

3. Também em Meu Próprio Caso

3.1. ESTRANHOS FAMILIARES

A descoberta de Freud do complexo de Édipo é o momento culminante de sua auto-análise. No entanto, como observamos, sua afirmação de que havia descoberto "amor pela mãe e ciúme com relação ao pai, *também em meu próprio caso*" sugere que Freud estaria confirmando em si próprio uma descoberta proveniente de sua prática clínica. Nosso interesse neste capítulo irá se concentrar especificamente em dois pacientes que desempenham um papel decisivo na chegada de Freud à sua descoberta mais monumental[1].

O entrelaçamento de sua auto-análise com seu trabalho terapêutico é um tema recorrente nas cartas de Freud a Fliess. Ele escreve, em 14 de novembro de 1897:

> Minha auto-análise continua interrompida. Agora vejo por quê. Só posso me analisar por meio de conhecimento objetivamente adquirido (como se eu fosse um estranho); a auto-análise é realmente impossível, caso contrário, não haveria a doença. Como encontrei alguns enigmas em meus casos, isso deve deter a auto-análise (*Origins*, pp. 234-235)[2].

---

1. Tenho uma dívida para com Anzieu, *L'auto-analyse de Freud*, 1:326-334, com relação ao esclarecimento das identidades desses dois pacientes, em especial, no que toca à reconstrução do modo como Freud chegou à sua descoberta do complexo de Édipo.
2. Em *Origins*, a última sentença foi incorretamente traduzida por "some puzzles in my own case" (alguns enigmas em meu próprio caso). No original alemão, em *Anfängen*, lê-se: "Das ich noch irgendein Rätsel bei meinen Fällen habe, so muβ dies

Nessa passagem, Freud explicita o paralelo entre o progresso em seu próprio tratamento e o progresso no tratamento de seus pacientes; em sua admissão de que a "auto-análise é realmente impossível", antecipa de modo impressionante as críticas que Jung fará com relação a essa questão, quinze anos mais tarde. Mas a implicação mais séria de seu reconhecimento de que ele só pode se auto-analisar "por meio de conhecimento objetivamente adquirido", tornando-se um "estranho" a si mesmo, está no desaparecimento, na auto-análise, da distinção entre o eu e o outro. Da mesma forma que Édipo se acredita um estranho em Tebas, mas se descobre como filho de Laio e Jocasta, Freud só pode descobrir seus segredos mais íntimos por um processo de auto-alienação. Essa fusão entre os opostos "estranho" e "familiar", vivenciada tanto por Freud quanto por Édipo no decorrer de suas auto-análises, é objeto de um comentário teórico em "O 'Estranho' " (1919).

Um segundo tema freqüente nas cartas a Fliess é o modo como Freud parece intuitivamente antecipar suas próprias idéias. Esse fenômeno torna-se particularmente persistente nos meses cruciais do ano de 1897, próximo à sua primeira formulação do conceito de complexo de Édipo. Na mesma carta, de 14 de novembro, na qual se refere à interrupção de sua auto-análise, Freud comenta o modo como sua compreensão da repressão surgia e desaparecia, independentemente de controle consciente: "Para dizer a verdade, ela não era inteiramente nova: ela havia repetidamente se manifestado e voltado a desaparecer; mas, desta vez, ela permaneceu e viu a luz do dia. De um modo estranho, tenho consciência desses acontecimentos um certo tempo antes" (*Origins*, pp. 230-231). Anexando o Esboço N, Freud escreve em sua carta de 31 de maio de 1897: "Um outro pressentimento me diz, como se eu já soubesse – embora eu não saiba de forma alguma –, que estou para descobrir a fonte da moralidade (*Origins*, p. 206). No próprio Esboço N, sem fazer menção ao nome de Édipo, Freud comunica a Fliess a essência de sua compreensão iminente da "fonte da moralidade":

> Impulsos hostis contra os pais (o desejo de que morram) também são parte integrante das neuroses. [...] Eles são reprimidos em períodos em que a piedade pelos pais está atuante – nos momentos de doença ou de sua morte. Uma das manifestações do pesar é então se recriminar por sua morte [...]. Aparentemente, nos meninos, esse desejo-de-morte é dirigido contra o pai e, nas meninas, contra a mãe (*Origins*, p. 207).

auch in der Selbstanalyse aufhalten" (p. 202). Em sua edição, Masson traduz corretamente a última sentença, mas se equivoca, ao não inserir o ponto após o termo "why", que encerra a segunda sentença. Observei pelo menos dois outros erros em sua edição: na carta de 31 de outubro de 1895, ele traduz a expressão do alemão "Bis 96" (*Anfängen*, p. 117) por "by the end of '96" (no final de '96) (p. 148), quando a tradução correta seria "by 1896" (em 1896); e na carta de 26 de janeiro de 1900, a expressão "In the case of F., [...]" (p. 397) deveria ser "In the case of E." (No caso de E.).

A percepção que Freud tem de suas descobertas um certo tempo "antes" é o reverso do mecanismo da ação "*a posteriori*" atuando no desenvolvimento da teoria psicanalítica. Sua afirmação paradoxal de que ele tanto "já sabe" quanto "não sabe de forma alguma" duplica com exatidão a "cegueira do olho que vê" de Édipo, e ambos os heróis do autoconhecimento encontram-se no "estranho estado mental no qual ao mesmo tempo se sabe e não se sabe de uma coisa".

Tanto a relação simbiótica entre a auto-análise de Freud e seu trabalho clínico quanto sua suscetibilidade aos "pressentimentos" estão presentes em sua carta a Fliess, de 31 de outubro ele 1895, na qual seus dois pacientes aparecem pela primeira vez:

> O final do ano presenciaria o final de meu caso "tímido", que, na juventude, desenvolvera histeria e, mais tarde, delírios de estar sendo observado, e cuja história quase transparente veio esclarecer certos pontos para mim duvidosos. Um outro homem (que não ousa sair à rua por causa de tendências homicidas) acabou me ajudando a solucionar um outro enigma (*Origins*, p. 131).

Que Freud fale em "solucionar um outro enigma" com a ajuda do paciente com "tendências homicidas" é particularmente apropriado, pois é esse o homem que impelirá Freud à sua descoberta do complexo de Édipo. Com seu caso "tímido", ao contrário, Freud vai buscar obter confirmação de sua teoria da sedução sexual infantil, o que conduz a uma tentativa de verificar a realidade de certas "cenas primais". De um modo complementar, os dois pacientes servem como duplos essenciais, ou *alter ego* de Freud.

Também é apropriado que esses dois pacientes sejam apresentados juntos, pois ambos estão profundamente envolvidos no destino da auto-análise de Freud. Mas, enquanto o caso "tímido" (que é conhecido como "E." tanto em *Dos Primórdios da Psicanálise* quanto na edição das cartas, por Jeffrey Masson) é mencionado repetidamente nas cartas a Fliess[3], não pude encontrar qualquer outra referência inequívoca ao homem "que não ousa sair à rua", embora ele apareça com destaque em *A Interpretação dos Sonhos* e em *A Psicopatologia da Vida Cotidiana*.

O tratamento de E. por Freud vai de 1895 a 1900, quando – Freud escrevia a Fliess em 16 de abril – ele "finalmente encerrou sua carreira como paciente, vindo jantar em minha casa" (*Origins*, p. 317). Esse,

---

3. Pode-se encontrar referências implícitas e explícitas a E. nas cartas de: 31 de outubro de 1895; 2 de novembro de 1895; 6 de dezembro de 1896; 17 de dezembro de 1896; 3 de janeiro de 1897; 12 de janeiro de 1897; 24 de janeiro de 1897; Esboço L; 29 de dezembro de 1897; 19 de fevereiro de 1899; 21 de dezembro de 1899; 8 de janeiro de 1900; 26 de janeiro de 1900; 11 de março de 1900; 4 de abril de 1900 e 16 de abril de 1900. Essa lista complementa a que se encontra em Anzieu, *L'auto-analyse de Freud*, 1:260. Não há um verbete para E. no índice da edição de Masson das cartas de Freud-Fliess.

período de cinco anos coincide com o período em que Freud esteve envolvido em seu auto-exame mais intenso, e esse paralelo temporal entre a auto-análise de Freud e sua análise de E. é ampliado pelas semelhanças assombrosas entre suas histórias pessoais[4]. Freud escreve a Fliess, em 3 de janeiro de 1897:

> Tudo agora aponta cada vez mais para os três primeiros anos de vida. Este ano, eu não tive mais notícias de meu paciente com neurose obsessiva, que eu tratei por apenas sete meses. Ontem fiquei sabendo pela [Sr^a] F. [...] que ele voltou para o local onde nasceu, a fim de verificar por si mesmo a autenticidade de suas recordações, e que ele obteve plena confirmação da pessoa que o seduziu, que ainda é viva (ela foi sua babá, e é agora uma senhora idosa). Fiquei sabendo que ele se sente muito bem; ele obviamente está usando essa melhora para evitar uma cura radical (*Origins*, p. 103).

Devo admitir que essa passagem é um tanto obscura, e a expressão "meu paciente com neurose obsessiva" pode parecer referir-se não a E., mas ao homem tímido com "tendências homicidas", uma vez que este último é caracterizado como neurótico obsessivo em *A Interpretação dos Sonhos* (*SE*, 4:260). Mas, como conhecemos por outras cartas, o papel proeminente desempenhado na história de E. por sua babá, podemos inferir que é dele que Freud está falando também neste caso.

Além disso, o papel desempenhado pela babá de Freud em sua infância o vincula estreitamente a E. Pois, em sua carta de 3 de outubro de 1897, na qual relata a Fliess um grande número de recordações, Freud revela (que também ele fora seduzido pela babá na infância:

> Só posso dizer que, em meu caso, meu pai não teve um papel ativo, embora eu, sem dúvida, tenha projetado nele uma analogia a partir de mim mesmo; que meu "originador primário" [da neurose] foi uma feia, idosa, mas sagaz mulher, que me contou muita coisa sobre Deus e sobre o inferno e instilou em mim uma alta opinião de minhas próprias capacidades (*Origins*, p. 219).

Aqui, justamente ao antecipar a descoberta do complexo de Édipo, transferindo de seu pai para suas próprias fantasias a responsabilidade pela estimulação sexual, Freud, ao mesmo tempo, acusa sua babá de "originador primário" da neurose. E mais, da mesma forma que E. retornou ao local onde nascera para verificar a exatidão de suas recordações também Freud buscou com sua mãe a confirmação de suas recordações relativas à babá. Isto é, Freud se assemelha a E., não apenas por ter sido seduzido pela babá, mas também no processo pelo qual obteve corroboração empírica de uma reconstrução a que chegou no decorrer do trabalho de análise.

---

4. Sobre E., consultar também o excelente artigo de Rosenblum, "Le premier parcours psychanalytique d'un homme".

A babá de Freud, chamada, ao que parece, Monika Zajíc, permanece uma figura obscura, mesmo para os estudiosos da psicanálise[5]. Mas, além de ter sido presa por pequenos furtos, como Freud ficou sabendo por sua mãe (*Origins*, pp. 221-222), ela muito provavelmente o iniciou na prática da masturbação. Freud acrescenta num *post-scriptum* da carta de 3 de outubro, no dia seguinte: "Ela foi minha instrutora em questões de sexo, e ralhava comigo por ser tão desajeitado e não conseguir fazer nada" (*Origins*, p. 220). Ele escreve em *Três Ensaios sobre a Teoria da Sexualidade* (1905): "É um fato conhecido que amas inescrupulosas põem crianças que choram para dormir, acariciando seus genitais" (*SE*, 7:180), e Marianne Krüll levantou de modo convincente a hipótese de que o próprio Freud era acalmado dessa maneira e, depois, "punido com ameaças de castração, quando tentava reproduzir a sensação agradável que a babá fora a primeira a despertar nele, recorrendo à masturbação"[6].

O tema da masturbação constitui especificamente uma outra analogia entre as histórias de Freud e de E. Numa carta de 19 de fevereiro de 1899, Freud relata a Fliess como seu paciente "tímido" recebera essa denominação:

> Você sabe por que nosso amigo E. enrubesce e começa a suar, sempre que vê uma certa classe de conhecidos, em especial no teatro? Ele sente vergonha, sem dúvida, mas do quê? De uma fantasia na qual ele aparece como "deflorador" de todos com que ele se depara. Ele sua, ao deflorar, porque é um trabalho árduo (*Origins*, p. 279).

Ao ler essa passagem, inevitavelmente nos lembramos da fantasia de "defloração" do próprio Freud, envolvendo ele próprio, John e Pauline, num prado florido de dentes-de-leão, relatada em "Lembranças Encobridoras". Os paralelos se tornam mais detalhados, quanto mais minuciosamente examinamos os dois relatos. A carta de Freud a Fliess prossegue relatando os pensamentos que passam pela mente de E., sempre que se sente envergonhado na presença de uma mulher: "Agora a estúpida idiota pensa que me fez sentir envergonhado. Se eu a tivesse na cama, ela logo veria se eu me sinto embaraçado na frente dela!" (*Origins*, p. 279). Em "Lembranças Encobridoras", Freud comenta o contraste entre a "audácia" de sua própria fantasia de defloração e a "timidez" ou "indiferença" de sua conduta efetiva com relação às mulheres, e imagina-se como um noivo ansioso: "Para um

---

5. Sobre Monika Zajíc, consultar Sajner, "Freuds Beziehungen zu seinem Geburtsort", pp. 173-175. Citando a pesquisa recente de Sajner e Swales, no entanto, Krüll afirma que a babá de Freud não era Monika Zajíc, mas sim Resi Wittek. Cf. *Freud and his Father*, p. 119. Essa troca de nomes, de qualquer forma, não parece afetar tudo mais que conhecemos sobre ela.

6. Krüll, *Freud and his Father*, p. 121.

molecote, a parte mais sedutora de tudo isso é a imagem da noite de núpcias (que importa o que vem depois?)" (*SE*, 3:316).

A fantasia relatada por Freud em "Lembranças Encobridoras" constitui uma sobreposição intricada de camadas, que vão de sua tenra infância até o assédio, quando adulta, a Martha Bernays, com referências específicas, inclusive, a suas visitas, quando adolescente, tanto ao local de seu nascimento, Freiberg, onde ele se apaixonou por Gisela Fluss (e a mãe dela), e a Manchester, onde restabeleceu sua amizade com John e Pauline[7]. Para nossos propósitos, o elemento mais importante é o componente infantil; e, além das três crianças, aparecem na cena "uma camponesa com lenço na cabeça e uma babá" (*SE*, 3:311). Após os dois meninos "lhe arrancarem as flores", Pauline corre, em lágrimas, até a camponesa, que, para consolá-la, "dá-lhe um grande pedaço de pão preto". John e Sigmund livram-se, então, das flores e também pedem pão à camponesa; ela atende o pedido. Freud especifica que ela "corta o pão com uma longa faca".

Esse último detalhe deixa claro que a cena inclui a lembrança de uma ameaça de castração, uma ameaça que presumivelmente veio a parecer real a Freud após ele descobrir a diferença sexual, ao ver os genitais de Pauline[8]. A imagem da camponesa segurando a faca funde-se com a da babá, que tanto o seduziu quanto o recriminava pela prática da masturbação. Os pensamentos de Freud em "Lembranças Encobridoras" passam facilmente da defloração para a masturbação, uma vez que o texto se encerra com sua interpretação do que seria a recordação de um outro homem de estar "quebrando o galho de uma árvore" na infância, em alusão à expressão alemã "quebrar um galho" uma "expressão vulgar muito comum para designar a masturbação" (*SE*, 3:319). O elemento pessoal do interesse de Freud pelo tema da masturbação mostra-se inequivocamente no vínculo entre "Lembranças Encobridoras" e seu sonho da "monografia botânica" de março de 1898, cujo relato, em *A Interpretação dos Sonhos*, inclui a seguinte passagem:

> Numa ocasião, meu pai se divertia ao me entregar um livro com *pranchas coloridas* [...] para que eu e a mais velha de minhas irmãs destruíssemos. Algo não muito fácil de se justificar, de um ponto de vista educativo! Eu tinha, na época, cinco anos de idade, e minha irmã ainda não tinha três; e a imagem de nós dois alegremente despedaçando o livro (folha por folha, como uma *alcachofra*, eu me vi dizendo) foi praticamente a única recordação dotada de plasticidade que guardei desse período de minha vida [...]. Eu tinha me tornado uma traça de livros. Desde o momento em que comecei a refletir sobre mim mesmo, sempre liguei essa minha primeira paixão à recordação de infância que mencionei.
>
> Ou antes, eu reconheci que a cena de infância era uma "lembrança a encobridora" para minhas propensões bibliófilas posteriores (*SE*, 4:172-173).

---

7. Sobre a relação entre "Lembranças Encobridoras", o assédio de Freud a Martha Bernays e sua vida adulta em geral, consultar Swales, "Language of Flowers".
8. Cf. Krüll, *Freud and his Father*, p. 132.

Como assinalaram diversos comentadores, a referência explícita de Freud a suas "Lembranças Encobridoras" (citadas numa nota de rodapé) reforça a semelhança entre as duas cenas em que ele brinca com uma jovem parente do sexo feminino, na última das quais a descrição de "despedaçamento" de um livro – metaforicamente, uma "alcachofra" ou flor a "folha por folha" – é, mais uma vez, uma alusão velada à masturbação[9].

Mas, embora os vínculos internos entre "Lembranças Encobridoras" e o sonho da "monografia botânica", com freqüência, sejam reconhecidos, ignorou-se o modo impressionante como as reminiscências autobiográficas de Freud convergem com as de E. Na carta de 19 de fevereiro de 1899, Freud elabora com maior detalhe o relato de seu paciente:

> Além disso, ele não consegue superar o fato de não ter conseguido passar no exame de botânica na universidade; e, assim, lida com isso como um "deflorador". [...] E por que foi que, em Interlaken, quando tinha catorze anos, ele se masturbou numa atitude tão peculiar no banheiro? Foi para conseguir dar uma boa espiada na *Jungfrau* [literalmente "virgem"]; desde então, ele nunca mais viu uma outra – ou, em todo caso, não seus genitais (*Origins*, p. 279).

Aqui aparecem os temas tanto da masturbação quanto do olhar os genitais femininos, também nas "Lembranças Encobridoras". Mesmo a relação entre as fantasias de defloração de E. e seu fracasso em botânica, na universidade, tem uma contrapartida em Freud, que admite durante sua análise do sonho da "monografia botânica": "Eu nunca tive um contato especialmente íntimo com a botânica. Em meu exame preliminar de botânica, recebi uma crucífera para identificar – e não consegui" (*SE*, 4:171).

Os paralelos entre as histórias de Freud e de E. sucedem-se um após o outro, com o prosseguimento de suas análises. As afinidades chegam a um ponto culminante na carta de Freud a Fliess, de 21 de dezembro de 1999:

> Você deve se lembrar (entre os sonhos absurdos) de meu sonho que tão ousadamente prometia um fim para o tratamento de E., e você pode imaginar como esse paciente de longa data se tornou importante para mim. Bem, o sonho parece estar agora se realizando [...]. Enterrada profundamente sob todas as suas fantasias, encontramos uma cena de um período muito precoce (antes dos 22 meses) que preenchem todos os requisitos, e rumo à qual confluem todos os enigmas remanescentes. É tudo ao mesmo tempo – sexual, inocente, natural etc. Eu mesmo ainda mal posso acreditar. É como se Schliemann tivesse escavado uma outra Tróia, que até então acreditava ser um mito. Também o rapaz está se sentindo despudoradamente bem. Ele demonstrou a verdade de minhas teorias em minha própria pessoa, pois, com uma surpreendente reviravolta [em

---

9. Cf. Krüll, *Freud and his Father*, p. 156; Swales, "Language of Flowers", p. 32; Anzieu, *L'auto-analyse de Freud*, 1:379; e Grinstein, *Sigmund Freud's Dreams*, pp. 56-63.

sua análise], ele me deu a solução de minha própria fobia de ferrovias (que eu não tinha percebido) [...]. Minha fobia, se quiser, era uma fobia da pobreza, ou melhor, da fome, proveniente de gula infantil e despertada pelo fato de que minha mulher não tinha dote, (do que me orgulho) (*Origins*, pp. 305-306).

Exemplificando sua afirmação "só posso me auto-analisar com conhecimento objetivamente adquirido (como se eu fosse um estranho)". Freud declara nessa que seu paciente de longa data lhe deu uma solução de "minha própria fobia de ferrovias". Em seu texto sobre E., Eva Rosenblum vincula, de modo bastante convincente, a referência ao "período muito precoce" de "antes dos 22 meses" a uma outra carta, de 6 de dezembro de 1896, na qual Freud fala a Fliess sobre um paciente cujo nome não é mencionado, que "ainda choraminga durante o sono, como fazia, muito tempo antes, para ser levado para a cama da mãe, que morreu quando ele tinha 22 meses de idade" (*Origins*, p. 190). Rosenblum ressalta que também Freud experimentou uma separação de sua mãe numa idade um pouco mais avançada, devido à sua gravidez de Anna (a irmã mencionada no sonho da "monografia botânica") e sugere que a preocupação de Freud com o fim do tratamento de E. é um reflexo de sua própria "fobia de fome", ou ansiedade de separação[10]. Fliess, ela observa, além de servir como o equivalente do analista na auto-análise de Freud, também funciona como o que hoje seria descrito como o analista supervisor no tratamento de E. por Freud. E como Freud está dilacerado, às voltas com seu próprio afastamento em relação a Fliess, ao mesmo tempo em que busca encerrar o tratamento de E., as duas análises são, na verdade, inseparáveis, com uma transferência materna subjacente à luta com a figura paterna, tanto para Freud quanto para seu paciente.

Na carta de 16 de abril de 1900, na qual anuncia o encerramento da "carreira de E. como paciente", Freud acrescenta uma curta nota de advertência: "Esse enigma está *quase* completamente solucionado, ele se sente extremamente bem, e sua natureza está completamente mudada; ainda permanece um resíduo dos sintomas. Começo a perceber que o caráter aparentemente interminável do tratamento é uma espécie de característica inerente e está vinculado à transferência" (*Origins*, p. 317). O "resíduo de sintomas" que permanece no final, até mesmo dessa análise bem sucedida, corresponde ao "algo deixado", mencionado em seu sonho da "privada ao ao ar livre". Assim, refletido em E., Freud percebe o "caráter aparentemente interminável do tratamento" e a insuperabilidade da transferência, que são, ao mesmo tempo, as lições centrais de sua auto-análise.

Numa frase da carta de 21 de dezembro de 1899, inexplicavelmente omitida pelas editores de *A Origem da Psicanálise*. Freud diz a

---

10. Cf. Rosenblum, "Le Premier parcours psychanalytique d'un homme".

Fliess que havia presenteado E. com "um quadro de Édipo e a Esfinge" (Masson, p. 392), presumivelmente na versão de Ingres, como recompensa por tê-lo auxiliado em seu trabalho de auto-análise[11]. Embora E. assistisse Freud principalmente em sua tentativa de confirmar a teoria da sedução, ao verificar a realidade de cenas da infância, Freud atribui-lhe o coroamento de um conhecimento psicanalítico e o Complexo de Édipo. Ao fazê-lo, Freud revela, não apenas a inter-relação entre suas hesitações com relação à validade da teoria da sedução e sua descoberta do complexo de Édipo, mas também a afinidade entre os dois pacientes mencionados pela primeira vez na carta de 31 de outubro de 1885 – E. e o homem com "tendências homicidas".

Mas, enquanto a importância de E. para Freud é atestada, como indiquei, por seu freqüente aparecimento por toda a correspondência com Fliess, a do outro paciente só pode ser inferida com base na obra publicada de Freud. Partindo, por assim dizer, do final, em *A Psicopatologia da Vida Cotidiana* Freud revela retrospectivamente o momento culminante de sua grande descoberta. Entre 1895 e 1901 – aproximadamente o mesmo período durante o qual ele tratou E. e também entrou no período mais intenso de sua auto-análise –, Freud regularmente visitava uma senhora idosa, duas vezes por dia, com a finalidade de administrar-lhe uma injeção de morfina e aplicar-lhe uma loção para os olhos[12].

Em uma das ocasiões, relata Freud em seu capítulo "Ações Equivocadas", ele confundiu suas duas tarefas da rotina habitual e percebeu, horrorizado, que havia aplicado algumas gotas de morfina num dos olhos da paciente. Felizmente esse erro não teve conseqüências, ao passo que aplicar uma injeção da loção para os olhos teria sido catastrófico. Ao analisar sua ação equivocada, Freud pensa primeiramente na frase: *"sich an der Alten vergreifen"*, que significa tanto "cometer um erro grave" quanto "cometer violência contra a senhora idosa". Ele então acrescenta:

> Eu estava sob a influência de um sonho que me havia sido contado por um jovem, na tarde anterior, e cujo conteúdo só podia aludir a relações sexuais com sua própria mãe. O estranho fato de que a lenda [de Édipo] não encontre nada de censurável na idade da rainha Jocasta pareceu-me compatível com a conclusão de, ao se estar amando a própria mãe, jamais se está interessado nela tal como ela é no presente, mas na sua imagem mnêmica jovem, trazida desde a infância [...]. Absorto em pensamentos desse tipo, fui até minha paciente, que tem mais de noventa anos, e eu devia estar prestes a compreender a aplicação humana universal do mito de Édipo em sua correlação com o

---

11. Cf. Wittels, *Sigmund Freud*, p. 114.

12. A morte dessa senhora idosa é relatada por Freud em sua carta a Fliess, de 7 de agosto de 1901; ela também aparece em associação ao sonho de "Irma", de 24 de julho de 1895. Em *A Psicopatologia da Vida Cotidiana*, Freud diz que ele a visitou durante "seis anos" (*SE*, 6:164).

Destino, tal como revelado nos oráculos; pois, nesse ponto, cometi violência, ou um erro estúpido, contra "a senhora idosa" (*SE*, 6:178).

Essa passagem é de extremo interesse em diversos aspectos. Em primeiro lugar, ela nos permite fixar a data e as circunstâncias da compreensão de Freud "da aplicação humana universal do mito de Édipo". Como Freud comunica sua interpretação da "força avassaladora" do *Édipo Rei* a Fliess, em 15 de outubro de 1897, esse incidente com a senhora idosa deve ter ocorrido antes dessa data. Mas, como não há qualquer menção a Édipo na carta anterior, de 3 de outubro, parece altamente provável que os acontecimentos que conduziram a essa revelação decisiva podem ser atribuídos ao intervalo de doze dias entre essas duas cartas.

Mais do que simplesmente permitir-nos reconstruir a história exterior da solução de Freud para o enigma da Esfinge, essa passagem pouco notada de *A Psicopatologia Vida Cotidiana* possui repercussões temáticas profundas. Ela nos mostra que Freud compreende o significado do mito de Édipo, não por meio de um processo de intelecção racional, mas sim por meio de um erro quase fatal – um erro que o coloca na posição do paciente na análise. Ele está, além disso, "sob a influência de um sonho que me havia sido contado por um jovem, na tarde anterior", e esse "jovem", como veremos, não é outro senão seu paciente com "tendências homicidas".

O ato de Freud de pingar morfina no olho da senhora idosa constitui um ato simbólico de incesto. Como revelam seus comentários com relação a Jocasta, ele está, na ocasião, ocupado por pensamentos sobre o modo como considerações realistas quanto à idade são ignoradas no inconsciente, uma questão que o afeta pela confusão de gerações em sua constelação familiar. Mas, talvez o aspecto mais notável desse episódio esteja em que tanto a ação de Freud quanto a frase que lhe vem à mente, "*sich an den Alten vergreifen*", vinculam sua descoberta do complexo de Édipo a "uma violência" contra a mulher que representa a mãe. Como vimos em nosso exame do eterno triângulo da "situação ideal da infância" de Freud, por trás do nível manifesto de hostilidade com relação ao macho rival e de atração pela objeto-fêmea, existe um vínculo entre amor homossexual e antagonismo heterossexual, e esse padrão de hostilidade inconsciente com relação às mulheres se repete com figuras como Emma Eckstein, Dora e Sabina Spielrein[13].

Dessa forma, é totalmente apropriado que, embora falasse em sua carta a Fliess do complexo de Édipo como acarretando "amor pela mãe e ciúme com relação ao pai", na prática efetiva, Freud desco-

---

13. Intrigantemente, no entanto, Gedo insistiu em que a conduta de Freud em relação a Emma Eckstein e Sabina Spielrein não "envolve aspectos negativos de [suas] relações com mulheres na infância" ("Theban Plague", p. 256).

brisse sua "aplicação universal" pelo reencenamento da "defloração", de Pauline por ele próprio e John, cometendo "violência contra a senhora idosa".

Freud antecipou sua descoberta do complexo de Édipo tanto em sua auto-análise quanto em seu trabalho clínico. Mas somente quando essas duas linhas paralelas de investigação convergiram – após ele descobrir fantasias, incestuosas e parricidas "também em meu próprio caso" – é que Freud deu efetivamente o nome Édipo aos fenômenos que ele já havia descrito no Esboço N. O fato de Freud chegar a essa descoberta por meio de uma ação aparentemente acidental, mas uma ação que, ao mesmo tempo, obedece a uma necessidade mais profunda, corresponde aos mecanismos do "Destino, tal como revelado nos oráculos" no mito de Édipo. A invocação do nome de Édipo marca o momento em que Freud reivindica a validade universal de sua concepção. Ele o faz, ligando o eu e o outro, o sujeito e o objeto, no "círculo da compreensão", definido por Heidegger como a estrutura do conhecimento filosófico:

> O que é decisivo não é sair do círculo, mas entrar nele do modo adequado. Esse círculo da compreensão não é uma órbita na qual todo e qualquer tipo de conhecimento pode se mover: ele é a expressão da *pré-estrutura* existencial do próprio ser-aí[14].

Embora a universalidade do complexo de Édipo tenha sido desafiada por revisionistas como Malinowski ou Fromm, com base em conhecimentos obtidos na antropologia e na sociologia, colocar a questão nesses termos é um erro fundamental, pois a prova da afirmação de Freud apóia-se, em última análise, na mesma circularidade autoconsciente elaborada pela hermenêutica filosófica. Tendo descoberto "amor pela mãe e ciúme com relação ao pai", tanto nele próprio quanto num outro caso representativo, Freud estava preparado para abandonar a *neurótica* – sua teoria de sedução do pai na infância como a origem da neurose – em favor da versão psicanalítica do círculo hermenêutico, conhecida como complexo de Édipo.

3.2. TROCANDO DE VAGÃO

Mas, em que base nos apoiamos para sabermos que o "jovem" cujo sonho com "relações sexuais com a própria mãe" conduziu Freud até o complexo de Édipo é o mesmo paciente com fobia e com "tendências homicidas" mencionado na carta a Fliess, de 31 de outubro de 1895? A resposta a essa questão está em *A Interpretação dos Sonhos*, onde esse mesmo caso é o último a ser discutido antes de Freud passar aos comentários sobre *Édipo Rei* e *Hamlet*:

---

14. Heidegger, *Being and Time*, p. 195. Cf. também Hoy, *The Critical Circle*.

Numa outra ocasião, tive a oportunidade de chegar a uma percepção profunda da mente inconsciente de um jovem cuja vida se tornara quase impossível, devido a uma neurose obsessiva. Ele não conseguia sair à rua porque se via torturado pelo medo de matar todos que encontrasse. Ele passava o dia preparando seu álibi, caso fosse acusado de um dos assassinatos cometidos na cidade. Não é necessário acrescentar que era um homem de moral e educação igualmente elevadas. A análise (que, incidentalmente, conduziu à sua cura) revelou que a base dessa obsessão atormentadora estava em seu impulso de assassinar seu pai, que era, um tanto excessivamente, severo. Esse impulso, para seu assombro, tinha-se manifestado conscientemente quando ele estava com sete anos de idade, mas naturalmente havia se originado num período muito anterior de infância. Após a penosa doença e morte do pai, as auto-recriminações obsessivas do paciente se manifestaram – ele estava na época com 31 anos –, assumindo a forma de uma fobia transferida para estranhos. Não se podia confiar, ele sentia, que uma pessoa capaz de querer empurrar o próprio pai do topo de uma montanha para um precipício, respeitasse os direitos de outros menos intimamente ligados a ele; ele estava totalmente correto em se fechar no próprio quarto (*SE*, 4:260).

Não há dúvida de que esse paciente que "não conseguia sair à rua porque se via torturado pelo medo de matar todos que encontrasse" é o mesmo mencionado na carta a Fliess. Seu aparecimento num ponto tão estratégico de *A Interpretação dos Sonhos* sugere que sua "obsessão atormentadora" está em estreita relação com a descoberta do complexo de Édipo e dessa forma nos permite concluir que esse "jovem" é também o mesmo mencionado em *A Psicopatologia da Vida Cotidiana*, sob cuja influência Freud cometeu sua "violência contra a senhora idosa".

Na verdade, não menos que a história de E., a história dessa personalidade kafkiana apresenta uma semelhança assombrosa com a de Freud. Sua "moral e educação igualmente elevadas" equiparam-se à própria distinção intelectual e probidade de caráter de Freud. A derivação, de sua fobia, de "um impulso de assassinar seu pai, que era, um tanto excessivamente, severo" espelha os desejos parricidas inconscientes de Freud, e o aparecimento das auto-recriminações obsessivas" desse paciente, após a "penosa doença e morte" do pai tem, da mesma forma, seu análogo na "inclinação à "auto-recriminação" de Freud, que se seguiu à morte do pai. O surgimento difásico de seus impulsos parricidas – a recordação consciente, que remontava a seus sete anos de idade, sendo sobreposta a acontecimentos originados "num período muito anterior de sua infância" – está em paralelo com a cadeia de "suplementos" que constituem o complexo de Édipo do próprio Freud. A classificação geral desse paciente como neurótico obsessivo, por fim, corresponde ao autodiagnóstico de Freud, pois, como escrevia a Jung, em 2 de setembro de 1907, ele se considerava como uma versão saudável do "tipo 'obsessivo' " (*F/J*, p. 82).

Mas o pleno significado desse paciente para Freud só pode ser avaliado quando se leva em conta seu segundo aparecimento em *A Interpretação dos Sonhos*. No curso de seu sonho "Hollthurn", ocorrido na metade de julho de 1898, quando Freud viajava de trem e dividia seu compartimento com um casal "aristocrata" (*SE*, 5:456) e mal-educado, Freud imagina: "Eu Podia Ter Trocado de Vagão Enquanto Estava Adormecido" (*SE*, 5:455). O uso de letras maiúsculas destaca a importância desse aspecto do sonho, e Freud prossegue, explicando que a idéia de sonambulismo "não era originalmente minha, e sim, copiada da neurose de um dos meus pacientes" (*SE*, 5:457). Com palavras ligeiramente diferentes, Freud sumariza, mais uma vez, o caso desse "homem extremamente educado e, na vida real, ingênuo", que apaziguou temporariamente seu medo de ser um assassino em massa, trancando-se em sua casa até que lhe viesse à mente que "ele podia ter saído de casa enquanto estava em estado de inconsciência e, dessa forma, podia ter cometido assassinato sem o saber" (*SE*, 5:453). A lembrança, em seu próprio sonho, de ter "trocado de vagão enquanto estava em estado de inconsciência", acrescenta Freud, "evidentemente devia [...] servir para me identificar com a figura desse paciente" (*SE*, 5:458).

O mecanismo de identificação, aqui operante e envolvendo um de seus pacientes, não é basicamente diferente de "síndrome do reencenamento" exibida por Freud na emulação de heróis como Édipo ou Aníbal. O próprio Freud oferece o melhor comentário teórico sobre esse processo, em sua discussão do sonho de uma de suas pacientes, denominado sonho do "salmão defumado". Empregando o termo "identificação histérica", Freud assinala que esse é um "fator extremamente importante" na formação dos sintomas neuróticos:

> Ela torna passível aos pacientes expressar seus sintomas, não apenas sua própria experiência, mas as de um grande número de outras pessoas; ela lhes permite, de certa forma, sofrer em nome de todo um grupo de pessoas e representar sozinhos todos os papéis numa peça (*SE*, 4:149).

Como silogismo implícito na imitação de Aníbal por Freud ("Porque Aníbal *não* entrou em Roma, Freud também *não* podia), o elemento-chave da identificação está em que ela "consiste em extrair inconscientemente uma inferência" (*SE*, 4:149). Freud se empenha em insistir no caráter inconsciente desse pensamento ostensivamente lógico:

> Essa identificação não é uma simples imitação, mas sim uma *assimilação* com base numa pretensão etiológica análoga; ela expressa uma semelhança e deriva-se de um elemento em comum que permanece no inconsciente (*SE*, 4:150).

É exatamente essa "*assimilação* com base numa pretensão etiológica análoga" que Freud reconhece em suas observações sobre a semelhança entre sua própria neurose e a neurose do paciente, "copiada" por ele em seu sonho de "Hollthurn":

> Eu sabia que a raiz de sua doença estava nos impulsos hostis contra seu pai e envolvia um contexto sexual. Dessa forma, na medida em que me identificava com ele, eu estava buscando confessar algo análogo (*SE*, 5:458).

Freud afirma também que seus pensamentos sobre esse jovem cativante, que nesse meio tempo havia se curado de sua fobia debilitante, tinham sido estimulados por uma "associação fácil" (*SE*, 5:458), uma vez que sua última viagem de trem, antes dessa, havia sido feita companhia dele.

Como observou Carl Schorske, é uma característica de *A Interpretação dos Sonhos* apresentar, sob sua "organização de superfície" de um "tratado científico", "uma segunda e profunda estrutura", que constitui uma "trama subjacente de história pessoal"[15]. A identificação de Freud com esse paciente com "tendências homicidas", no sonho de "Hollthurn", lança uma luz inesperada sobre a aparição anterior desse paciente em *A Interpretação dos Sonhos*, logo antes da primeira menção do complexo de Édipo. Pois como argumentei, se o desenvolvimento de Freud desde a correspondência com Fliess até *A Interpretação dos Sonhos* acarreta uma supressão de sua própria identidade como paciente e a adoção do tom do médico que emite uma verdade objetiva, é compreensível que o paciente por meio do qual ele pela primeira vez se deparou com o complexo de Édipo deva, literalmente, ocupar seu lugar quando Freud reelabora sua confissão na primeira pessoa ("também em meu próprio caso") e a converte numa generalização impessoal ("o destino de todos nós, talvez"), no contexto de um trabalho destinado ao escrutínio público. É esse mesmo esforço por ocultar sua cumplicidade que Freud involuntariamente revela, no ponto mais crucial de seu texto, ao tentar "confessar algo análogo" à neurose de seu paciente, no sonho de "Hollthurn".

O trabalho recente de Peter Swales salientou ainda mais nossa avaliação da dinâmica que liga Freud a esse indivíduo anônimo. Ao examinar a desavença entre Freud e Fliess – a fim de fundamentar sua tese de que Freud acalentava o desejo de matar Fliess, por ocasião de seu último encontro em Achensee, nos Alpes em 1900 –, Swales chama a atenção para um incidente narrado em *A Psicopatologia da Vida Cotidiana*, no qual um "jovem" que Freud encontra em suas viagens se recusa, durante um passeio de ambos, a "tomar um certo caminho que ele disse ser demasiado íngreme e perigoso" (*SE*, 6:210). Segundo Swales, esse episódio, na verdade, envolve Freud e Fliess e repercute a própria "identificação estreita e pessoal" de Freud com o paciente "extremamente educado", cujo caso nós comentamos acima, que se recriminava por "querer empurrar o pai do topo de uma montanha para um precipício"[16]. Swales leva sua reconstrução ainda mais longe, correlacionando a hipotética trama de Freud para assassinar Fliess desse modo à sua segunda hipótese controversa de que, na mesma época, Freud também estava envolvido num relacionamento íntimo com sua cunhada Minna Bernays. Ele sumariza:

---

15. Schorske, "Politics and Patricide", p. 330.
16. Swales, "Freud, Fliess, and Fratricide", p. 15.

No verão de 1900, apenas algumas semanas após sua [isto é, de Freud e Fliess] grande desavença, Freud tentou reencenar o papel mítico de Édipo, cometendo o crime de incesto com a MÃE – no caso de Freud, uma mãe substituta, na forma da irmã de sua mulher, Minna Bernays. O corolário disso, a outra face da moeda edípica, seria, naturalmente, o assassinato do PAI – no caso de Freud, necessariamente uma figura paterna. E, de acordo com a visão geral dos analistas, Fliess era para Freud menos o símbolo de um irmão que o de um pai[17].

Seria difícil reconhecer a engenhosidade desse argumento, de que Freud "tentou reencarnar o papel mítico de Édipo" cometendo os atos simbólicos do parricídio e do incesto, e não é possível fazer aqui justiça à complexidade da documentação a que Swales recorre[18]. No entanto, é importante registrar uma objeção fundamental, em particular com relação à tese do relacionamento de Freud com Minna. Trata-se do fato de que, na medida em que não segue Freud na rejeição da teoria da sedução em favor do complexo de Édipo, Swales subestima em muito o papel da *fantasia* na vida mental. Sua tese sobre o envolvimento de Freud com Minna articula-se em torno de uma outra passagem de *A Psicopatologia da Vida Cotidiana* (*SE*, 6:8-14), o famoso esquecimento da palavra *aliquis* ("alguém") numa citação de Virgílio, cuja análise remete, via uma alusão ao milagre de São Januário da liquefação do sangue, a um medo de ter engravidado uma mulher. Deva-se admitir que é inquestionável a alegação de Swales de que esse lapso, apesar de ser atribuído a "um certo jovem de formação acadêmica" (*SE*, 6:8-9) que Freud teria encontrado em suas viagens de férias, é, na verdade, do próprio Freud.

Mas, ao reexaminar o caso de E., descobrimos no Esboço L, datado de 2 de maio de 1897, o relato de um "sonho desejante", no qual E. se imagina preso por um policial, por ter morto uma criança, o que ele atribui ao efeito combinado de ter sido uma vez "responsável pelo aborto de uma criança em resultado de uma *liaison*" (*Origins*, p. 199), e de ter praticado *coitus interruptus* na manhã anterior à ocorrência do sonho[19]. Nessa época, não há possibilidade de haver um envolvimento íntimo de Freud com sua cunhada, e, mesmo assim, por tudo que vimos relativamente à sua identificação com E., é muito provável que esse sonho com o aborto também represente uma fantasia inconsciente de Freud. Além disso, se Freud podia fantasiar sobre infanticídio em 1897, ele também podia fazê-lo em 1900; e compreender isso enfraquece consideravelmente o edifício especulativo de Swales, que se apóia na suposição de que Freud devia ter esquecido a palavra *aliquis*

---

17. *Idem*, p. 20.
18. Apoiando-se em entrevistas com a filha de Fliess e o filho de um amigo íntimo da família, Swales afirma que Fliess acreditava que Freud realmente pretendia assassiná-lo em Achensee. Cf., *idem*, p. 13. Sobre o relacionamento com Minna, cf. "Conquest of Rome".
19. O mesmo sonho é citado em *Uma Interpretação dos Sonhos* (*SE*, 4:155-157).

porque tinha de fato engravidado Minna, em vez de (como é bastante plausível) meramente se sentir culpado por desejar tê-lo feito[20]. Voltando de E. e de *A Psicopatologia da Vida Cotidiana* ao homem com "tendências homicidas", nós encontramos na obra tardia de Freud, *Moisés e o Monoteísmo* (1939), uma explicação definitiva sobre o vínculo subterrâneo entre as referências bastante dispersas a este último paciente em *A Interpretação dos Sonhos*. Sustentando que o relato bíblico da história de Moisés contém "indicações que nos revelam coisas que o relato não pretendia comunicar", Freud prossegue:

> Em suas implicações, a distorção de um texto assemelha-se a um assassinato: a dificuldade não está em perpetrar o ato, mas em se livrar das pistas. Nós bem podemos atribuir à palavra *"Entstellung"* [distorção] o duplo significado ao qual ela tem direito, mas do qual ela hoje não faz uso. Ela deveria significar não somente "modificar a aparência de algo", mas também, "colocar algo em um outro ponto, deslocar". Assim, em muitas ocorrências de distorção textual podemos esperar, mesmo assim, encontrar, escondido em algum outro lugar, aquilo que foi suprimido e negado, mesmo que modificado e arrancado de seu contexto. Somente não será fácil reconhecê-lo (*SE*, 23:43).

Essa explicação do "duplo significado" negligenciado de *Entstellung* – literalmente "deslocamento" e figurativamente "distorção" – e do modo pelo qual aquilo que é "suprimido e negado" pode ser regularmente encontrado "escondido em algum outro lugar", "mesmo que modificado e arrancado de seu contexto", é uma versão mais elaborada da lei do ato falho apresentada em *A Psicopatologia da Vida Cotidiana* ("onde um erro aparece, está por trás uma repressão"). Ela é também uma explicação auto-reflexiva no mais alto grau. O reconhecimento de Freud de que a verdadeira dificuldade em se cometer um crime está em "se livrar das pistas" se reflete em seu pedido de desculpas pela forma "pouco artística" de *Moisés e o Monoteísmo*, quando ele afirma: "eu me vi sem condições de apagar as pistas [*die Spuren* [...] *zu verwischen*] da história da origem da obra, o que foi, em todo caso, incomum" (*SE*, 23:103); esta última passagem virtualmente repete o acréscimo de Freud ao Prefácio à segunda edição de *A Interpretação dos Sonhos*, no qual ele se refere a seu reconhecimento tardio de que o livro era uma reação à morte do pai: "Tendo descoberto que era assim, vi-me incapaz de apagar as pistas [*die Spuren* [...] *zu verwis-*

---

20. A tese de que Freud teria se envolvido sexualmente com Minna também gira em torno da suposição de que sua estada de cinco meses em um sanatório em Merano, de setembro de 1900 até fevereiro de 1901, tinha como finalidade a realização de um aborto, e não (ou além de) um tratamento para tuberculose. Mas isso permanece sem provas, embora o argumento circunstancial de Swales de que Freud ajudou a pagar as despesas médicas de Minna seja convincente. Devemos acrescentar que existe certa corroboração externa quanto ao relacionamento, na forma de um testemunho de Jung, que mais de uma vez relatou que Minna lhe teria confessado esse fato. Cf. "Conquest of Rome", pp. 11 e 15.

chen] da experiência (*SE*, 4:xxvi)[21]. Dessa forma, a comparação que Freud faz entre a "distorção de um texto" e "um assassinato" não é em absoluto aleatória, e é justamente a culpa inconsciente pela morte do pai que motiva sua tentativa de transferir para o sonho de "Hollthurn" a confissão que, na verdade, faz parte da discussão do complexo de Édipo.

Dois detalhes finais do relato de Freud desse "caso de obsessões graves acompanhadas de compreensão completa" (*SE*, 5:457) reforçam os paralelos entre o próprio Freud e seu duplo. Em primeiro lugar, enquanto no contexto do complexo de Édipo Freud se refere à "doença e morte do pai", no contexto do sonho de "Hollthurn" ele descreve o paciente como alguém que, "pouco depois da morte dos *pais*, começou a se recriminar por ter inclinações homicidas" (*SE*, 5:457; itálico nosso). Essa pequena discrepância, como sugeriu Alexander Grinstein, sem dúvida tem origem nas circunstâncias do sonho de "Hollthurn", em que Freud se vinga "do *casal* de idosos no trem"[22]. Em segundo lugar, Freud explica que o que está por trás da "inclinação homicida" desse paciente é "uma fantasia de 'Caim', pois 'todos os homens são irmãos' "(*SE*, 5:548). Assim como a neurose de Freud, o núcleo da neurose desse homem consiste nos desejos de morte contra o pai; mas sua culpa assume a forma de um medo de cometer o crime do fratricídio, o "crime de Caim". Dessa forma, Freud, mais uma vez, transpõe para seu paciente sua própria imagem, pois foi a morte de Julius, em última análise, que ele "perpetrou" inconscientemente, mas de cujas pistas ele não havia "conseguido se livrar".

3.3. CENAS PRIMAIS

O cenário do sonho de "Hollthurn" é um componente importante de seu significado. Freud presume que o comportamento "frio" do casal "aristocrata", com o qual ele estava partilhando o compartimento no trem, devia-se ao fato de que "minha chegada havia impedido as trocas de carinho que eles haviam planejado para a noite" (*SE*, 5:459). Dessa forma, a situação representa para Freud o reencenamento da experiência de uma cena primal, na qual ele presencia ou interrompe as relações sexuais dos pais. Na verdade, ele atribui sua fantasia, nessa ocasião especificamente "uma cena de tenra infância, na qual a criança, provavelmente impelida por curiosidade sexual, penetrava no quarto dos pais e era expulsa pelo pai" (*SE*, 5:458-459). A recordação de Freud dessa precoce má acolhida de sua "curiosidade sexual", mais uma vez, vincula-o ao paciente cuja neurose de sonambulismo foi "copiada" por ele,

---

21. Cf. Krüll, *Freud and his Father*, p. 195.
22. Grinstein, *Sigmund Freud's Dreams*, p. 339.

uma vez que na "raiz de sua [do paciente] doença" estão também "impulsos hostis contra o pai, datando de sua infância e envolvendo um contexto sexual". O detalhe do vagão "trocado" no sonho de "Hollthurn", além de consolidar a identificação de Freud com esse "jovem anônimo", pode ser visto como um desdobramento do que Leonard Shengold denominou como a "jornada edípica" é muito curta de Freud[23] entrando e saindo do quarto dos pais e, dessa forma, como uma fantasia desenvolvida em resposta a esse acontecimento perturbador.

A discussão de Freud do sonho de "Hollthurn" sugere que sua intrusão no quarto dos pais foi uma ocorrência isolada. Mas pesquisas competentes sobre o período de vida de Freud em Freiberg, durante seus três primeiros anos de idade, mostraram que a família de Freud vivia num quarto único, e que, em conseqüência, o jovem Sigmund deve ter sido um espectador freqüente da atividade sexual dos pais[24], Também parece provável, tomando como base o sonho das "figuras com bicos de pássaro", que Freud mais uma vez vivenciou uma experiência traumática da cena primal entre as idades de nove e dez anos, em Viena[25]. Num outro contexto, Freud comenta, em *A Interpretação dos Sonhos*, que "é uma questão de experiência cotidiana que a relação sexual entre adultos atinge toda criança que a observa como algo perturbador e provoca ansiedade nelas" (*SE*, 5:585). Com a expressão "experiência cotidiana" Freud, evidentemente, refere-se à sua prática clínica na época, mas não há excesso de imaginação em se aplicar a afirmação à sua própria infância, tanto em Freiberg quanto em Viena.

O incidente de penetrar e ser expulso do quarto dos pais provavelmente data de um período posterior a Freiberg e não é mencionado novamente em qualquer dos escritos de Freud. Mas, em sua carta a Fliess, de 3 de outubro de 1897, imediatamente após relembrar a babá tcheca, Freud refere-se a um segundo acontecimento relacionado diretamente com o sonho de "Hollthurn":

> Mais tarde (entre as idades de dois e dois anos e meio) era despertada a libido com relação à *matrem*; a ocasião deve ter sido a viagem com ela de Leipzig a Viena, durante a qual passamos uma noite juntos, e eu devo ter tido a oportunidade de vê-la *nudam*. [...] Minha ansiedade com relação a viagens, você mesmo observou em sua plena força (*Origins*, p. 219).

Embora não cite essa experiência de ver a mãe nua numa viagem de trem em associação com o sonho de "Hollthurn" – ou em qualquer

---

23. Shengold, "The Metaphor of the Journey", p. 54. McGrath interpreta a mudança de Freud de compartimentos como uma tentativa de escapar de "um mundo de sonhos austríaco atormentado por conflitos" para "um mundo de sonhos inglês, no qual ele era socialmente aceito e suas teorias sexuais revolucionárias traziam fama sem culpa" (*Freud's Discovery of Psychoanalysis*, p. 266).
24. Cf. Sajner, "Freuds Beziehungen zu seinem Geburtsort", p. 172.
25. Cf. Krüll, *Freud and his Father*, pp. 125-216.

outra passagem de *A Interpretação dos Sonhos* –, a alusão de Freud a uma experiência que na verdade é diferente da cena primal explica-se, com toda probabilidade, pelo fato de que ele tem o sonho de "Hollthurn" quando efetivamente está viajando de trem. Do mesmo modo que a conexão entre a "inclinação à auto-recriminação" de Freud diante da morte do pai e o "germe de recriminações" deixado pela morte de Julius, o sonho de "Hollthurn" oferece, dessa forma, um exemplo clássico da teoria psicanalítica da formação do sonho, uma vez que a situação em que Freud se encontra nesse momento – quando sua presença interfere nas "trocas de carinho" planejadas pelo casal no compartimento do trem – recebe o reforço de algumas cenas análogas na tenra infância.

Jakob Freud e sua família deixaram Freiberg em dois estágios: primeiro, quando Sigmund tinha três anos de idade, a família mudou-se de Freiberg para Leipzig, e depois, um ano mais tarde, quando seguiu de Leipzig para Viena. Além dos dois incidentes biográficos que já mencionei para ajudar a explicar o destino heróico de Freud – sua constelação familiar e a morte prematura de Julius – esse desenraizamento de seu lugar de nascimento também desempenha um papel decisivo no desenvolvimento da psicanálise[26]. Freud pensava nos três primeiros anos de sua vida como o "período pré-histórico" e, devido à ruptura introduzida em sua própria vida nesse momento, suas lembranças de Freiberg estavam, por assim dizer, hermeticamente vedadas à contaminação por acontecimentos subseqüentes e, dessa forma, preservavam uma clareza e distinção que facilitavam em muito seu resgate num período posterior.

Em *Origins*, Jones comenta, de modo bastante pertinente, sobre o episódio relatado por Freud em sua carta a Fliess:

Na viagem de Leipzig para Viena, um ano mais tarde, Freud teve ocasião de ver sua mãe nua: um fato terrível que, quarenta anos mais tarde, ele relataria numa carta a

---

26. Existe considerável controvérsia quanto aos motivos da partida de Jakob Freud de Freiberg. Em "Lembranças Encobridoras", o próprio Freud atribui a reviravolta em sua família a uma "catástrofe" no "ramo da indústria na qual meu pai tinha interesses" (*SE*, 3:312), e a isso Jones (*LW*, 1:12) acrescenta como explicação adicional os tumultos anti-semitas em Freiberg. Mas a teoria de Jones da hostilidade da parte dos tecelões tchecos contra judeus negociantes de tecidos, como o pai de Freud, foi refutada por Sajner, "Freuds Beziehungen zu seinem Geburtsort", p. 176. No esforço de defender a tese de que Jakob Freud deixou Freiberg para ocultar provas de seu misterioso segundo casamento, Balmary afirma que "após o trabalho de Sajner" qualquer suposição de que a migração da família de Freud seria devida a "anti-semitismo ou a catástrofe econômica na área têxtil" é "inadmissível" (*Psychoanalyzing Psychoanalysis*, p. 141). Mas, uma vez que a pesquisa de Sajner de fato contradiz apenas a suspeita de Jones de anti-semitismo, o motivo econômico para a mudança continua válido, e a artificial teoria de Balmary de uma conspiração não tem base alguma. Para uma confirmação quanto às pressões econômicas compelindo Jakob Freud a abandonar Freiberg, cf. Gicklhorn, "The Freiberg Period of the Freud Family".

Fliess – mas em latim! De modo bastante curioso, ele menciona sua idade como entre dois e dois anos e meio, quando, de fato, tinha quatro anos de idade por ocasião dessa viagem. Devemos presumir que as lembranças de duas experiências desse tipo tenham se sobreposto (*LW*, 1:13).

Tanto as observações de Jones sobre a confusão cronológica de Freud quanto seu uso do latim tocam o ponto crucial. Sua sugestão – de que devido à "sobreposição" de duas lembranças análogas, Freud equivocadamente subestima sua idade na época da viagem de Leipzig a Viena, concorda com minha própria hipótese de que recordações de duas cenas primais foram fundidas no sonho de "Hollthurn". O significado da busca de Freud de se refugiar no latim, para comunicar o "terrível fato" de ver a mãe nua é posto em destaque por uma passagem, extraída do caso de Dora, em que Freud afirma seu direito de falar abertamente sobre sexo.

> Dou aos órgãos e funções do corpo seus nomes técnicos. [...] *J'appelle un chat un chat*. Certamente já ouvi falar de pessoas – médicos e leigos – que se escandalizam com um método terapêutico no qual ocorrem conversas desse tipo. [...] A atitude correta é: "*pour faire un omelette il faut casser des oeufs*" (*SE*, 7:48-49).

Como observou Steven Marcus, é uma notável ironia que "nessa esplêndida e extensa declaração sobre o falar com franqueza", Freud "ache necessário buscar refúgio, não uma vez, mas duas, no francês"[27]. Da mesma forma que o francês desses provérbios, o latim de *matrem nudam* tem, sem dúvida, um significado transparente, mas mesmo o paradoxo de uma defesa que, na verdade, não defende pode atestar a permanência de mecanismos de cegueira ou repressão.

A "ansiedade com relação a viagens" à qual Freud se refere em sua carta a Fliess é a mesma fobia com relação a viagens ferroviárias, para a qual ele afirma, em sua carta de 21 de dezembro de 1899, ter encontrado a "solução". Essa afirmação otimista é, no entanto, um pouco exagerada, pois a fobia de viagens de Freud persistiu, numa forma mais branda, por toda a sua vida. Hanns Sachs relata que a "única ocasião" em que Freud "desperdiçava tempo desnecessariamente era quando tinha de tomar um trem. Ele estava sempre bem adiantado com relação aos horários e tinha de esperar na estação por cerca de uma hora"[28]. Na raiz desse comportamento neurótico está a viagem de Freud de Leipzig a Viena, com a idade de quatro anos. Assim como a ocasião em quem ele literalmente "passou a noite" com a mãe, essa experiência assume a qualidade da realização do desejo proibido de Édipo.

---

27. Marcus, *Freud and the Culture of Psychoanalysis*, p. 73.
28. Sachs, *Freud: Master and Friend*, p. 83.

Numa carta a Fliess, de 3 de dezembro de 1897, Freud revela um outro determinante infantil de sua "ansiedade com relação a viagens". Ele cita uma recordação da primeira de suas duas viagens de trem, a de Freiberg para Leipzig, com a idade de três anos:

> Breslau tem um papel em minhas recordações de infância. Eu tinha a idade de três anos quando passei pela estação, ao nos mudarmos de Freiberg para Leipzig, e os jatos de vapor, os primeiros que tive a oportunidade de ver, faziam-me lembrar das almas queimando no inferno. Eu sei algo sobre esse contexto. A ansiedade que tive de superar com relação a viagens também está vinculada a ele (*Origins*, p. 237).

O "contexto" de seus pensamentos sobre "almas queimando no inferno", mencionado por Freud, é muito provavelmente a lembrança de sua babá católica, "que me contou muita coisa sobre Deus e sobre o inferno". Os temas da cena primal e do complexo de Édipo, inerentes à visão de Freud de sua *matrem nudam*, devem ter-se sobreposto à sua experiência traumática anterior, na estação de Breslau. Edith Buxbaum oferece uma interpretação edípica desse último acontecimento: "A recordação da estação ferroviária era um lembrete de que o inferno e a condenação eterna aguardam o filho que cobiça a mulher de seu pai e que quer matar o pai por essa razão"[29].

Além disso, em vista da explicação que o próprio Freud dá à sua fobia de ferrovias, em termos de uma "fantasia de empobrecimento", ou uma "fobia de fome", essa sua ansiedade quanto a ser afastado do local de seu nascimento manifestamente deve ser vinculada aos medos que acompanham a tarefa de conseguir separar-se da mãe.

Assim, diante disso, é inquestionável que o sonho de "Hollthurn" ocupa uma posição central em *A Interpretação dos Sonhos*, na medida em que nos conduz tanto a um conjunto de acontecimentos formadores da tenra infância de Freud, quanto a seu auto-ocultamento por trás da máscara do paciente com "tendências homicidas", em sua primeira discussão pública do complexo de Édipo. O significado do fato, já mencionado, de que um dos três atos falhos de Freud em *A Interpretação dos Sonhos* ocorre durante sua análise desse sonho pode agora ser avaliado de modo apropriado. O sonho de "Hollthurn" situa-se ao lado da lenda de Aníbal e da genealogia dos deuses gregos (assim como da trama de *Hamlet*), na medida em que é um tema suficientemente delicado para induzir Freud a cometer um lapso, ao escrever sobre ele.

---

29. Buxbaum, "Freud's Dream Interpretation", p. 64. Krüll vincula o medo de Freud dos lampiões de gás de Breslau com a ameaça de castração como punição pela masturbação, ameaça que veio a lhe parecer real após ver os genitais de Pauline (*Freud and his Father*, p. 142).

3.4. AS "LEMBRANÇAS ENCOBRIDORAS" E A "FORMAÇÃO NARCÍSICA"

A franqueza com que Freud revela seus pensamentos íntimos em suas cartas a Fliess pode ser atribuída à sua confiança, bastante compreensível, em que elas jamais seriam lidas por outra pessoa que não seu destinatário. Com relação às "Lembranças Encobridoras", a situação é provocantemente análoga. Dividida em três partes, em que, na primeira e na última, Freud apresenta seu argumento teórico e a ilustra de forma anedótica, esse texto de 1899 contém em sua seção intermediária a análise de um paciente cujo nome não é dado. Somente em 1946 – sete anos após a morte de Freud – é que Siegfried Bernfeld reconheceria as recordações como autobiográficas[30]. A apreensão de Freud quanto até onde ele havia se exposto nesse texto é ilustrada pelo fato de que, em 1906 – quando os acontecimentos de sua tenra infância são muito mais amplamente conhecidos que em 1899 – ao reunir seus estudos dispersos sobre a psicanálise em um único volume, Freud não inclui as "Lembranças Encobridoras", entre eles.

Em sua nota de introdução a "Lembranças Encobridoras", na *Standard Edition*, James Strachey afirma que o "interesse intrínseco desse texto foi obscurecido um tanto desmerecidamente" pelo "fato extrínseco" (*SE*, 3:302) de seu caráter autobiográfico. Strachey está seriamente equivocado em acreditar que a "outra importância subjetiva" de "Lembranças Encobridoras" não faz parte de seu "interesse intrínseco"[31], mas, ainda assim, é verdadeira a afirmação de que, já por seus próprios méritos teóricos apenas, o texto é uma contribuição de primeira ordem. Em sua carta a Fliess, de 3 de janeiro de 1899, na qual anuncia que concluiu a "parte da auto-análise" a ser incluída no texto, Freud prossegue:

> Tudo que revelarei a você é que o padrão do sonho pode ter uma aplicação universal, e que a chave para a histeria realmente se encontra nos sonhos [...]. Mais algum tempo, e eu poderei descrever o processo mental nos sonhos de um modo que permita incluir o processo na formação dos sintomas histéricos (*Origins*, p. 271).

As "Lembranças Encobridoras" permitem a Freud captar a "aplicação universal" de seu método de interpretação dos sonhos aos sinto-

---

30. Cf. Bernfeld, "An Unknown Autobiographical Fragment".

31. Um exemplo análogo dessa atitude nos é oferecido por Kris, que sustenta que a discrepância entre a afirmação de Freud, em *Uma Interpretação dos Sonhos*, de que o sonho "feche os olhos" teria ocorrido na noite *anterior* ao funeral do pai e a afirmação, em sua carta a Fliess de 2 de novembro de 1896, de que isso teria ocorrido na noite seguinte, deve-se ao fato de que Freud teria preparado a versão publicada "com a ajuda de notas" (*Origins*, p. 171). Essa explicação é, no melhor dos casos, artificial, uma vez que parece claro que a modificação em *Uma Interpretação dos Sonhos* é uma tentativa deliberada de Freud de minimizar sua auto-revelação.

mas de histeria porque elas elaboram a noção-chave de formação de compromisso. Uma "lembrança encobridora" (*Deckerinnerung*) ocorre quando um acontecimento "sério ou trágico", no início da vida de uma pessoa, é substituído por uma recordação "cotidiana e indiferente" (*SE*, 3:305) do mesmo período. Freud explica o intrigante fato de que "justamente aquilo que é importante é suprimido, enquanto o que é indiferente é retido", com a seguinte teoria:

> Nós então formaremos a noção de que duas forças psíquicas estão envolvidas na produção de recordações desse tipo. Uma dessas forças encara a importância da experiência como motivo para procurar lembrar-se dela, enquanto a outra – uma resistência – tenta impedir que tal preferência seja manifestada. Essas duas forças opostas não se anulam reciprocamente, nem qualquer delas (quer com perda quer sem perda para si própria) sobrepuja a outra. Em vez disso, ocorre uma conciliação, numa analogia aproximada com um paralelogramo de forças. [...] O resultado do conflito é, dessa forma, que, em vez da imagem que se justificaria pelo acontecimento original, produziu-se uma outra que foi associativamente *deslocada* da primeira. E, como os elementos da experiência que provocaram objeção eram justamente os elementos importantes, a recordação que foi posta no lugar necessariamente perderá esses elementos importantes e, em conseqüência, muito provavelmente nos parecerá trivial (*SE*, 3:306-307).

No sonho da "privada ao ar livre", Freud explicava que o "conteúdo ambíguo do sonho" e o "colorido afetivo indiferente" eram produzidos pela "inibição mútua [...] de impulsos contrários", e as lembranças encobridoras são construídas de modo idêntico. Essa brilhante demonstração de que a natureza aparentemente "trivial" das lembranças encobridoras é, de fato, o resultado de um conflito não-resolvido entre "duas forças psíquicas" – uma "tentando recordar" um determinado acontecimento, a outra produzindo uma "resistência" contra a recordação – contém, na verdade, o núcleo da concepção psicanalítica do funcionamento da mente.

A centralidade das "Lembranças Encobridoras" para a teoria psicanalítica equipara-se à sua posição exemplar na auto-análise de Freud. O incidente da infância relatado na seção intermediária do texto, como já observado, é o "defloramento" simbólico de Pauline por Freud e John. Aqui, eu gostaria de me concentrar no modo como nossa leitura do texto é modificada drasticamente por nosso conhecimento de que a recordação que Freud atribui a "um homem de formação universitária, com a idade de trinta e oito anos" (*SE*, 3:309) é, na realidade, uma de suas próprias recordações. Esse conhecimento, de fato, cria uma cisão entre o que poderia ser chamado de audiência "privada" e audiência "pública" das "Lembranças Encobridoras". Para o leitor "público" e não-iniciado – isto é, virtualmente todos, até a publicação da descoberta de Bernfeld – Freud aparece na seção intermediária, elaborada na forma de um diálogo, simplesmente no papel do analista. Mas para o leitor "privado", que tem conhecimento da dimensão autobiográfica do texto, Freud assume simultaneamente os disfarces de paciente e de analista. Esse conhecimento esotérico da dupla identidade de Freud nas "Lembranças Encobridoras" é, em suas repercussões, comparável à revolução provocada em nossa leitura de *A Interpretação dos Sonhos* pelo acesso à correspondência com Fliess.

Na época de sua publicação, somente uma pessoa, além de Freud, possuía o segredo de "Lembranças Encobridoras". Como destinatário das cartas íntimas de Freud, Fliess devia reconhecer as alusões que escapavam aos que não tinham conhecimento dos detalhes do passado de Freud. Assim, num certo sentido, Fliess era a audiência visada por "Lembranças Encobridoras", assim como pelas cartas de Freud. Se uma leitura de "Lembranças Encobridoras", "privada" e contemporânea a Freud, desloca Freud do papel de analista para o de paciente, ela igualmente apresenta Fliess ocupando a posição do analista, deixada vaga. O fato de que, hoje em dia, qualquer pessoa, e não somente Fliess, pode localizar as referências pessoais veladas de "Lembranças Encobridoras" salienta a inversão irônica pela qual – após sua morte – nós nos tornamos analistas de Freud.

Os meios pelos quais Freud tenta disfarçar sua identidade são de interesse considerável. Em sua capacidade de analista, ele apresenta ao leitor seu paciente que, embora sua profissão "esteja num campo muito diferente" da psicologia, se interessou por questões psicológicas "desde que consegui livrá-lo de uma leve fobia por meio da psicanálise" (*SE*, 3:309). O leitor informado imediatamente reconhecerá essa "leve fobia" como a "ansiedade com relação a viagens" relatada por Freud. E seu paciente imaginário prossegue dizendo: "Eu me lembro de duas pequenas ocorrências durante a viagem de trem; elas, como você deve se lembrar, vieram à tona durante a análise de minha fobia" (*SE*, 3:310). Sem dúvida, essas "duas pequenas ocorrências" são o fato de Freud ver a mãe nua na viagem de Leipzig a Viena e sua reação de medo aos "jatos de vapor", em Breslau, e Fliess os teria identificado como tais. Freud parece se dirigir diretamente a Fliess com as palavras "você deve se lembrar" que remetem a suas cartas anteriores, como se fossem sessões de análise – e, de fato, elas o eram.

Quando vamos das cartas a Fliess – tendo passado por "Lembranças Encobridoras" – para *A Interpretação dos Sonhos*, podemos observar uma correlação entre as tentativas cada vez mais vigorosas de Freud de abandonar seu papel de paciente e o aumento das distorções em suas recordações autobiográficas. As "duas pequenas ocorrências" são mencionadas explicitamente em duas diferentes cartas a Fliess, são mencionadas de modo velado em "Lembranças Encobridoras" e, em *A Interpretação dos Sonhos*, o vislumbrar da *matrem nudam* e o medo do inferno desaparecem totalmente, exceto pelo fato de que Freud tem seu sonho de "Hollthurn" enquanto viaja fisicamente num trem. A atenuação progressiva dessas duas recordações encontra paralelo no modo como Freud conscientemente encobre sua identidade como paciente sob a máscara de um personagem *fictício*, em "Lembranças Encobridoras", mas o faz *inconscientemente* por meio de seu paciente *real* do sonho de "Hollthurn", em *A Interpretação dos Sonhos*. Paradoxalmente, no entanto, embora os esforços de Freud de auto-ocultamento tornem-se progressivamente mais veementes, o mesmo acontece com suas auto-revelações, e é uma verdade curiosa que *A Interpretação dos Sonhos* seja, de fato, mais íntima em suas revelações – relativas, por exemplo, às ambições de Freud de ser nomeado para uma cadeira de professor – que as cartas relativamente francas a Fliess.

Freud atribui a seu interlocutor fictício de "Lembranças Encobridoras" a idade de trinta e oito anos. Mas quando ele próprio, na época, tinha quarenta e três anos. Mas, como mostrou Bernfeld, essa discrepância de cinco anos é carregada de significado para Freud:

> Esse "número redondo" expressa [...] um desejo direto e explícito de Freud, que escreve, em *A Interpretação dos Sonhos*, antes de 1899: "O que são cinco anos [...] isso não é tempo algum para mim". Essa observação refere-se aos cinco longos anos do período de noivado que ele teve de esperar, por não ter escolhido uma profissão mais trivial[32].

Com propriedade, Bernfeld chama a atenção para os cinco anos de noivado de Freud como uma das determinantes de sua escolha aparentemente aleatória da idade do paciente. Mas há outros fatores em ação. A passagem citada de *A Interpretação dos Sonhos* é extraída do sonho de "1851 e 1856" – o mesmo sonho "absurdo" que "obstinadamente promete o final do tratamento de E.". Assim, a diferença de cinco anos pode se referir à duração da análise de E. e reforça a identificação subterrânea de Freud com esse "paciente persistente" que, lembramos, partilha de suas fantasias de defloração.

Mas, embora Freud pareça ter-se inspirado em E. quanto à idade e à vida de fantasias de seu duplo em "Lembranças Encobridoras", na passagem em que esse duplo é descrito como "um homem de formação universitária", a semelhança é principalmente com o paciente com "tendências homicidas", "de moral e educação igualmente altas"[33]. Assim como na carta inicial a Fliess, de 31 de outubro de 1895, e assim como na base da preocupação de Freud com a cena primal no sonho de "Hollthurn", aqui, em "Lembranças Encobridoras", os dois pacientes

---

32. Bernfeld, "An Unknown Autobiographical Fragment", p. 28.
33. Em *A Psicopatologia da Vida Cotidiana*, Freud introduz sua discussão do ato falho do *"aliquis"* dizendo que, no último verão, "eu retomei minha amizade com um certo jovem de formação universitária" (*SE*, 6:8-9). A convicção de Swales de que esse equívoco seja realmente de Freud ganha apoio na medida em que essas palavras repercutem a descrição do paciente fictício em "Lembranças Encobridoras" como "um homem de educação universitária". Com sua afirmação de que "retomei" essa amizade, Freud parece estar espirituosamente se referindo a seu auto-retrato camuflado anterior.

que aparecem de modo tão proeminente na auto-análise de Freud, mais uma vez, não podem ser imediatamente diferenciados. Ambos parecem ser nada mais que projeções de facetas do próprio Freud. Mesmo a afirmação de que a profissão de seu analisado imaginário "fica em um campo muito diferente do seu próprio, o que Bernfeld simplesmente descarta como 'pura mentira' "[34], pode, numa conjectura a título de hipótese, ser uma alusão à paixão persistente de Freud pela arqueologia. Freud compara seu empolgamento diante da descoberta de "uma cena primal de [E.]" com Schliemann, "mais uma vez escavando Tróia", e é sedutor especular que ele considerava seu *alter ego* composto como um especialista nesse domínio apenas aparentemente distante da psicanálise[35].

O empenho de Freud em suprimir indícios de seu próprio papel como paciente vai além de *A Interpretação dos Sonhos*. Na segunda de suas duas obras mais importantes, os *Três Ensaios sobre a Teoria da Sexualidade*, ele comenta a viagem de trem como um dos estimulantes da sexualidade infantil:

> Esse tipo de ligação compulsiva entre viagem de trem e sexualidade origina-se claramente no caráter-agradável das sensações de movimento. Em caso de uma repressão, que transforma tantas preferências infantis em seu oposto, esses mesmos indivíduos, quando adolescentes ou adultos, reagirão ao embalo ou balanço com sensações de náusea, se sentir-se-ão terrivelmente exaustos com uma viagem de trem e proteger-se-ão da repetição da experiência aflitiva pelo medo de viagens de trem (*SE*, 7:242).

Para o leitor que acompanhou as alusões do próprio Freud ao "medo de viagens de trem" em duas de suas cartas a Fliess, passando pelas "Lembranças Encobridoras", até o sonho de "Hollthurn" em *A Interpretação dos Sonhos*, essa elucidação ostensivamente impessoal da "ligação compulsiva [...] entre a viagem de trem e a sexualidade", claramente pertencerá à mesma série. Além disso, em "Sobre o Início do Tratamento" (1913), Freud emprega a metáfora da viagem de trem, quando aconselha seus colegas analistas a explicar a seus pacientes a regra da associação livre:

> Assim, diga tudo que vier à sua mente. Aja como se, por exemplo, você fosse um viajante sentado à janela de um vagão de trem, descrevendo para alguém dentro do vagão as mudanças na paisagem que você vê lá fora (*SE*, 12:135).

Esse conselho técnico aparece já na carta de Freud a Fliess, de 27 de outubro de 1897, na qual ele escreve sobre o modo como seu trabalho de auto-análise "me arrasta pelo passado numa rápida associação de idéias; e meu humor muda como paisagem vista por um viajante num trem" (*Origins*, p. 225). Da mesma forma que na janela do famo-

---

34. Bernfeld, "An Unknown Autobiographical Fragment", p. 27.
35. Cf. S. C. Bernfeld, "Freud and Archaelogy".

so sonho do Homem-Lobo, a "paisagem" que Freud afirma estar vendo lá fora pode ser interpretada como uma projeção da atividade que está ocorrendo no interior do compartimento do trem[36].

A importância paradigmática das "Lembranças Encobridoras" para uma leitura de Freud provém das inversões dialéticas pelas quais ele oscila entre os papéis de analista e de paciente e, ao mesmo tempo, preenche-os com outras pessoas (reais ou imaginárias). Uma explicação teórica sobre a que está ocorrendo é sugerida em *Instintos e suas Vicissitudes* (1915), onde Freud explora os "instintos componentes" do sadomasoquismo e do voyeurismo-exibicionismo. Como esses dois pares de instintos ou pulsões (*Triebe*) se situam no limite entre a sexualidade e o ego, eles envolvem tanto as relações sujeito-objeto que caracterizam o ego quanto o impulso no sentido da satisfação libidinal. Essas duas pulsões, afirma Freud, acarretam o "voltar-se [...] contra o próprio eu do sujeito", uma vez que o "masoquismo é, na verdade, o sadismo voltado contra o próprio ego do sujeito" e o "exibicionismo inclui olhar para o próprio corpo" (*SE*, 14:127). Na época da escrita de *Instintos e suas Vicissitudes*, Freud acreditava que o sadismo precedia o masoquismo, embora em "O Problema Econômico do Masoquismo" (1924), ele mudasse de idéia e afirmasse a existência de um masoquismo primário. Mas o ponto crucial está precisamente na impossibilidade de atribuir prioridade quer ao pólo ativo quer ao pólo passivo desses "instintos componentes", uma vez que existe um "estágio preliminar" do instinto escopofílico, no qual o corpo do próprio sujeito é o objeto da escopofilia"(*SE*, 14:132). A partir desse "estágio preliminar". ou "formação narcísica", um indivíduo pode desenvolver tanto as tendências ativas do sadismo ou voyeurismo quanto as tendências passivas do masoquismo ou exibicionismo, colocando "um outro ego exterior", no primeiro caso, no lugar do "objeto narcísico", e no segundo, no lugar do "sujeito narcísico" (*SE*, 14:132).

Como um embate no qual as pulsões de curiosidade e de agressão são vigorosamente postas em ação, a situação analítica é eminentemente suscetível às vicissitudes do "voltar-se contra o sujeito" e "reversão da atividade para a passividade" (*SE*, 14:130). Embora numa análise convencional envolvendo dois indivíduos, tanto o ambiente físico quanto a transferência de dinheiro não deixem dúvidas de quem é o paciente e quem o analista, essa divisão do trabalho deve ser vista como derivada da "formação narcísica" original da auto-análise. Nesse sentido, as "Lembranças Encobridoras" representam o "estágio preliminar" ideal que revela a base auto-analítica de todos os escritos de Freud – constituindo, de certa forma, o ponto intermediário entre as cartas a Fliess e *A Interpretação dos Sonhos* – uma vez que é nas "Lembranças Encobridoras" que ele assume simultaneamente as funções de

---

36. Cf. Lewin, "The Train Ride", pp. 72 e 82.

analista ("sujeito narcísico") e paciente ("objeto narcísico") e atribui ambas a "um outro ego exterior".

Em certa medida, essa cisão da mente em sujeito e objeto, ou analista e paciente, ocorre em toda situação de análise. Richard Sterba deu o nome de "dissociação terapêutica do ego" ao esforço do analista no sentido de trazer parte do ego do paciente "para seu lado e colocá-lo em oposição à outra parte, que, na transferência, encontra-se investida com energia libidinal ou influenciada pelo lado do inconsciente"[37]. O protótipo genético dessa dissociação terapêutica do ego é a divisão que o superego produz no interior do próprio ego. Apesar de ser "em sua própria essência um sujeito", escreve Freud em *Novas Conferências Introdutórias*, o ego "pode tomar a si mesmo como objeto, pode tratar a si mesmo como outros objetos, pode observar a si mesmo, criticar-se [...]. Nisso, uma parte do ego está se colocando contra o resto" (*SE*, 23:58). O superego, em outros termos, pode servir como um analista no interior do paciente, e o analista nada mais é que uma personificação da porção dissociada do ego do próprio paciente. Em conseqüência dessa interação entre sujeito e objeto, toda psicanálise é, em última instância, uma auto-análise, e é impossível traçar uma nítida linha demarcatória entre a realidade *intrapsíquica* e a *interpessoal* ou a realidade interior e exterior.

3.5. FREUD E HAMLET

Tanto em sua carta a Fliess, de 15 de outubro de 1897, quanto em *A Interpretação dos Sonhos*, Freud vincula suas observações sobre *Édipo Rei* a observações sobre *Hamlet*. Embora uma justaposição dessas duas obras seja hoje em dia lugar-comum na análise crítica, em Freud ela tem origem numa discussão profunda, relativa à distinção entre a tragédia-antiga e a moderna. Ele escreve, em *A Interpretação dos Sonhos*:

> Uma outra das grandes criações da poesia trágica, o *Hamlet*, de Shakespeare, tem suas raízes no mesmo solo do *Oedipus Rex*. Mas a mudança no tratamento do mesmo material revela toda a diferença na vida mental dessas duas épocas da civilização consideravelmente separadas: o avanço secular da repressão na vida emocional da espécie humana. No *Oedipus*, a fantasia do desejo da criança, que está por trás do drama, é trazida à cena e realizada como se fosse num sonho. Em *Hamlet*, ela permanece reprimida; e – assim como no caso de uma neurose – nós apenas temos conhecimento de sua existência por meio de suas conseqüências inibidoras (*SE*, 4:264).

Enquanto, na tragédia grega, a fantasia subjacente do incesto e do parricídio "é trazida à cena", devido ao "avanço da repressão" na cons-

---

[37]. Sterba, "The Fate of the Ego in Analytic Therapy", p. 121.

ciência humana, o complexo de Édipo do herói moderno só pode ser conhecido "por meio de suas conseqüências inibidoras".

Por mais esclarecedoras que sejam as observações de Freud sobre *Hamlet*, elas se tornam ainda mais esclarecedoras quando aplicadas à sua própria relação com o mito de Édipo. Freud, que reconhecia ser sua "ansiedade com relação a viagens" uma fobia, também vivenciou o complexo de Édipo unicamente numa forma "reprimida" e inferiu sua existência por meio de suas "conseqüências inibidoras". Jacques Lacan chamou a atenção para a modo como o *Hamlet* define o que está envolvido em todo reencenamento moderno do mito de Édipo:

> O próprio Freud indicou, talvez de um modo *fin de siècle*, que, por alguma razão, quando vivenciávamos o drama edípico, isso estava destinado a ser numa forma distorcida e, sem dúvida, há um reflexo disso no *Hamlet*[38].

Além de comentar o problema em termos teóricos, Freud literalmente "vivenciou o drama edípico", e a "forma distorcida" pela qual essa repetição se manifesta em sua própria vida faz dele o duplo do herói moderno arquetípico de Shakespeare. Mas, uma vez que a neurose do tipo hamletiano de Freud é, ela própria, uma réplica da neurose do paciente com "tendências homicidas" por meio do qual ele descobriu o complexo de Édipo, há uma sintonia entre as vias de pesquisa literária e biográfica.

Embora seus comentários em *A Interpretação dos Sonhos* revelem primordialmente sua afinidade com o caráter de Hamlet, Freud também se identifica com Shakespeare como dramaturgo. Apoiando-se em Georg Brandes, *William Shakespeare: A Critical Study* (1896), Freud apresentou a tese de que o "*Hamlet* foi escrito imediatamente após a morte do pai de Shakespeare (em 1601), isto é, impacto imediato de sua perda e, podemos supor, enquanto seus sentimentos de infância sobre seu pai acabavam de ser reencenados" (*SE*, 4:265). Em vista dos comentários de Freud com relação à "outra importância subjetiva" de *A Interpretação dos Sonhos* como uma resposta à morte do próprio pai, "podemos muito bem supor" que ele via *Hamlet* como ocupando na vida de Shakespeare o mesmo lugar simbólico que sua grande obra ocupava em sua própria vida[39]. O caráter dual da semelhança de Freud com Hamlet, como personagem, e com Shakespeare, como autor, corresponde a seu papel duplo como herói e autor de *A Interpretação dos Sonhos*.

O fascínio de Freud por Shakespeare não cessou em 1900. Durante toda a sua vida, ele fez citações, livre e espontaneamente, das

---

38. Lacan, "Desire and the Interpretation of Desire in *Hamlet*", p. 44.
39. Cf. os comentários de Jean Starobinski citados em Anzieu, *L'auto-analyse de Freud*, 1:329-330 e Green, "Shakespeare, Freud et le parricide".

peças de Shakespeare e, em "O Tema dos Três Escrínios" (1913) e em *Alguns Tipos de Caráter Encontrados no Trabalho Psicanalítico*, ele apresentou leituras do *Rei Lear* e de *Macbeth*. Mas, sem dúvida, o aspecto mais notável do interesse de Freud por Shakespeare está em sua conversão, com base em um livro do malfadadamente chamado J. T. Looney, à opinião de que as peças teriam, na verdade, sido escritas pelo conde de Oxford[40]. Dado o caráter absolutamente indefensável dessa posição, que ele expôs pela primeira vez em público ao receber o Prêmio Goethe em 1930, a suscetibilidade de Freud a ela só pode ser considerada um sintoma neurótico, mais uma prova de sua persistente ambivalência quanto a ser "um muito grande homem" tanto quanto da permanente incompletude de sua auto-análise. Uma manifestação análoga do não-resolvido complexo de herói de Freud está em sua tentativa, em *Moisés e o Monoteísmo*, de negar que Moisés fosse judeu, de "privar um povo do homem do qual ele deve se orgulhar como o maior de seus filhos" (*SE*, 23:7). Mas, embora a identificação de Freud com Shakespeare assumisse esse caráter bizarro no final de sua vida, há uma continuidade direta entre sua aberração final e sua idéia inicial, e mais justificada, de uma afinidade entre Shakespeare e ele próprio, em *A Interpretação dos Sonhos*.

3.6. "*SIE IST EINGEKASTELT*"

Na carta a Fliess, de 15 de outubro de 1897, na qual são anunciadas pela primeira vez suas interpretações de *Édipo Rei* e de *Hamlet*, Freud inclui uma recordação de sua mais tenra infância, que ainda não mencionamos. Essa recordação entrelaça vários fios de sua história pessoal e serve como emblema final da fatalidade que liga seu destino ao de Édipo. Quando Freud estava com dois anos e meio de idade, ocorreram dois fatos decisivos: sua babá foi denunciada como ladra e demitida, por instigação de seu meio-irmão Philipp, e sua mãe deu à luz uma menina, Anna, depois de Julius, a primeira irmã dos mesmos pais de Freud. Após sugerir que devia ter guardado alguma lembrança do desaparecimento de sua babá, Freud menciona e imediatamente interpreta a seguinte cena:

> Eu berrava a plenos pulmões, porque não podia encontrar minha mãe em lugar algum. Meu irmão Philipp (que é vinte anos mais velho que eu) abria para mim um armário [*Kasten*], e quando vi que minha mãe não estava lá, comecei a chorar ainda mais, até que ela entrou pela porta, magra e bonita. O que pode significar isso? Por que meu irmão abriria o armário para mim, sabendo que minha mãe não estava lá dentro e que, portanto, abri-lo não iria me acalmar? Então, subitamente, eu compreendi. Devo ter pedido a ele que abrisse o armário. Quando não consegui encontrar minha mãe,

---

40. Cf. Trosman, "Freud and the Controversy over Shakespearean Authorship".

fiquei com medo de que ela tivesse desaparecido da mesma forma que minha babá, não muito tempo antes; devo ter ouvido falar que a senhora idosa havia sido trancafiada, ou melhor "encaixotada" [*eingekastelt*], porque meu irmão Philipp, que hoje tem sessenta e três anos, gostava desses trocadilhos, e até hoje ainda gosta. O fato de que recorri a ele mostra que eu estava bastante consciente de seu papel no desaparecimento de minha babá (*Origins*, pp. 222-223).

Da mesma forma que no incidente em "Lembranças Encobridoras", onde Freud dota a conceito de "defloração" do significado literal de "arrancar-lhe as flores", essa recordação gira em torno da construção de uma charada. A referência equívoca de Philipp à prisão da babá – "*sie ist eingekastelt*" – é compreendida pelo jovem Freud como significando literalmente que ela foi colocada no armário. Da mesma forma que um sonho tenta encontrar equivalentes visuais para expressões verbais, a ambigüidade semântica da observação de Philipp recebe uma forma plástica na lembrança de Freud.

A verdade em torno do desaparecimento da babá de Freud é extremamente difícil de se determinar. Na carta imediatamente precedente, de 3 de outubro, onde a babá é designada como seu "originador primário" da neurose, Freud afirma que não era ela, mas ele próprio, que roubava moedas da mãe, por instigação da babá. Somente após verificar a recordação com sua mãe, que lhe contou sobre o papel de Philipp na prisão da babá, é que Freud apresenta a Fliess uma versão revisada do episódio. Marie Balmary, em seu reexame tendencioso do passado de Freud, lançou dúvidas sobre todo o episódio da prisão da babá por roubo, sustentando que tanto o desaparecimento imposto à babá quanto a partida da família de Freud de Freiberg foram tentativas de eliminar provas do misterioso *segundo* casamento de Jakob Freud com uma mulher chamada Rebekka[41]. Mas não é preciso adotar a posição de Balmary para concordar em que a discrepância entre os dois relatos é significativa e que as fantasias originais de Freud são mais importantes que a versão dos fatos elaborada subseqüentemente, com base nos relatos da mãe[42].

Ao ter conhecimento das recordações da mãe quanto aos fatos, Freud explica a Fliess como ele podia ter facilmente se enganado:

41. Cf. Balmary, *Psychoanalyzing Psychoanalysis*, e as observações de advertência na nota 26, acima. Em *Freud and his Father*, além disso, Krüll faz a prudente observação de que "se Jakob realmente quisesse ocultar sua aliança com Rebekka, ele, para começo de conversa, certamente não teria se mudado com Amalie para Freiberg" (p. 136). Krüll, no entanto, contribui com teorias implausíveis sobre uma má conduta sexual envolvendo a família de Freud, ao sugerir que o meio-irmão de Freud, Philipp, tinha um relacionamento íntimo com Amalie, a mãe de Freud, e que uma das razões de Jakob enviar seu filho mais velho para a Inglaterra teria sido separar Philipp e Amalie (pp. 124-128). Krüll não dá uma resposta conclusiva à questão das razões por que a família Freud teria deixado Freiberg, a princípio negando e, depois, admitindo a possibilidade de um motivo econômico (p. 144).
42. Cf. Swan, "*Mater* and Nannie", p. 42.

Eu escrevi a você que ela me induzia a roubar *Zehners* (moedas de dez Kreuzer) e dá-las a ela. Na verdade, o sonho significava que ela mesma as roubava [...]. A interpretação correta é: eu = ela (Masson, p. 271).

Independentemente de ser o próprio Freud ou a babá o verdadeiro ladrão, o ponto-chave está na permutabilidade dos dois como agressores contra a mãe: "eu = ela". A tendência inconsciente de Freud de dirigir tanto violência quanto amor contra as mulheres, que vem à tona em seu "atentado contra a velha senhora" no momento de sua descoberta do complexo de Édipo, bem como em seu tratamento "cruel" juntamente com John, de Pauline, na infância, encontra aqui um protótipo na transgressão anterior de Freud contra sua mãe. O próprio Freud aponta para as ramificações desse episódio, ao vincular esses *Zehners* de sua infância aos pensamentos do "dinheiro de Martha para as despesas de casa" e do dinheiro que ele recebe de suas pacientes pelo "mau tratamento" (*Origins*, p. 221). Mãe, esposa e pacientes – especificamente Emma Eckstein – estão próximas entre si como vítimas dos impulsos ou ações hostis de Freud. Ao mesmo tempo, no entanto, seu "mau tratamento" das mulheres ocorre por meio da identificação com uma mulher, e a equação "eu = ela" mostra, dessa forma, que os atos misóginos de agressão de Freud são igualmente dirigidos contra sua própria parte feminina.

Ao lado de sua constelação familiar incomum, da morte de Julius e da mudança da família de Freiberg, o fato de Freud possuir duas mães durante seus tenros anos de infância é um quarto e crucial determinante biográfico de seu destino heróico. Na verdade, a presença da babá na residência da família é um aspecto da estrutura de parentesco em três gerações de Freud, uma vez que, como Jones (*LW*, 1:10) assinala, isso tornou possível sua fantasia de colocar a babá num par com seu pai de meia-idade e de colocar a mãe num par com seus meios-irmãos, que eram contemporâneos cronológicos dela. Essa duplicação das figuras paternas é uma característica básica dos mitos heróicos, inclusive dos de Édipo e de Moisés; e Leonardo da Vinci, um outro dos modelos reverenciados por Freud, tinha, igualmente, duas mães[43]. Além de se adequar a esse padrão mítico, a polarização de Freud da imagem da mãe em "*mater*" e "babá", tem peso direto sobre sua descoberta do complexo de Édipo. Nas palavras de Jim Swan:

---

43. Cf. Gedo, "Freud's Self-Analysis and his Scientific Ideas", p. 301. De fato, como assinala Krüll (*Freud and his Father*, p. 108), Freud na realidade linha *três* figuras maternas na tenra infância, se contarmos com a esposa de Emmanuel, Maria. Mas é a cisão em duas da imagem da mãe que parece ter deixado efeito mais profundo sobre a imaginação de Freud, como a "mulher-camponesa" e a "babá", em "Lembranças Encobridoras", ou a formação de uma família com as duas irmãs Martha e Minna Bernays.

O fato de ter essas duas mães, e tendo a sorte de ter a mãe feia e "má" banida de sua vida, quando tinha apenas dois anos e meio de idade, permite a Freud manter uma cisão segura entre as mães internalizadas boa e má. Isso também lhe permite preservar seu relacionamento próximo com sua mãe real e extremamente idealizada, que, por sua vez, idealiza seu primeiro e único filho[44].

Com o desaparecimento de sua vida da babá, que, como mãe "má", constitui uma precursora do pai punidor e castrador, Freud tem condições de banir também seus ressentimentos contra a mãe e consolidar a imagem idealizada dela puramente como o objeto de desejo que forma a base para o complexo de Édipo "positivo".

Freud voltou a abordar essa recordação da mãe no armário num acréscimo, feito em 1907, ao capítulo sobre "Lembranças de Infância e Lembranças Encobridoras", em *A Psicopatologia da Vida Cotidiana*. Nesse relato público posterior, ele esclarece que considerava Philipp como responsável pelo confinamento da mãe durante o nascimento da irmã, assim como fora ele o responsável pela prisão da babá: "Quando minha mãe se ausentou, pouco mais depois, suspeitei que meu malvado irmão tivesse feito com ela o mesmo que havia feito para a babá, por isso o forcei a abrir o armário [*Kasten*] para mim" (*SE*, 6:51). Mas, num exemplo notável da ação "*a posteriori*", é somente numa nota de rodapé, acrescentada em 1924, que Freud explicitamente conecta sua recordação à gravidez da mãe com Anna:

> O menino, não ainda com três anos de idade, compreendera que a pequena irmã, que chegara pouco tempo antes, tinha crescido dentro de sua mãe. Ele estava longe de aprovar esse acréscimo à família, e estava cheio de desconfiança e ansiedade de que o interior da mãe pudesse ocultar ainda outras crianças. O guarda-roupas ou armário era para ele um símbolo do interior da mãe. Assim, ele insistiu em olhar dentro do armário, voltou-se para o grande irmão, que (como fica claro por outros materiais) havia tomado o lugar do pai como rival da criança. Além da suspeita bem-fundada de que o irmão tinha "encaixotado" a babá, havia ainda outra suspeita contra ele – isto é, a de que ele havia, de algum modo, introduzido o bebê recém-nascido dentro de sua mãe. Dessa forma, a sensação de desapontamento diante da descoberta de que o armário estava vazio provinha da motivação superficial do pedido da criança. Quanto ao curso *mais profundo* de seus pensamentos, a sensação era equivocada. Por outro lado, sua grande satisfação pela magreza da mãe só pode ser plenamente compreendida à luz dessa camada mais profunda (*SE*, 6:51-52).

A "desconfiança e ansiedade" de Freud de que o nascimento da irmã pudesse ser seguido por mais outros rivais no amor da mãe associa essa recordação ao ciúme e culpa sentidos por ele com o nascimento e morte de Julius. O que Freud chama de "camada mais profunda" de pensamentos – "sua grande satisfação pela magreza da mãe" – está ligado a seu ressentimento pela gravidez dela, enquanto sua emoção de

---

44. Swan, "*Mater* and Nannie", p. 34. Cf. também Grigg, "All Roads Lead to Rome".

desolamento ostensivamente "superficial" se origina em suas ansiedades relativas à separação. O modo como os cursos de pensamentos conflitantes fazem a "sensação de desapontamento" parecer "equivocada" é explicado em seu comentário, em *A Interpretação dos Sonhos*, de que "o trabalho do sonho está livre para separar, nos pensamentos oníricos, uma sensação de suas conexões e introduzi-la em algum outro ponto escolhido do sonho manifesto" (*SE*, 5:465). A crença inconsciente de Freud de que havia sido Philipp que introduzira "o bebê recém-nascido dentro de sua mãe" reflete o impacto de sua constelação familiar nessa lembrança encobridora. Como sabemos, seus atos falhos com relação ao pai de Aníbal e os deuses gregos, em *A Interpretação dos Sonhos*, revelam seu desejo de ser filho de Emmanuel, mas aqui, da mesma forma que em sua escolha do nome de Alexandre, é o solteiro Philipp que toma "o lugar do pai como rival da criança". Assim, dos dois meios-irmãos, pode-se dizer que Emmanuel, de quem Freud sempre gostou, assumiu a tendência idealizadora e afetuosa dos sentimentos de Freud com relação ao pai, enquanto o "malvado" Philipp herdou os componentes hostis do complexo de Édipo[45].

Freud interpreta o armário como "um símbolo do interior da mãe". Mas, assim como a "caixa" na qual a babá está aprisionada, o útero da mãe é, ao mesmo tempo, um túmulo ou caixão. O enigma com que se defronta a criança que inspeciona o armário vazio é, ao mesmo tempo, o do nascimento e da morte. Em *A Interpretação dos Sonhos*, Freud afirma que, para crianças pequenas, o desaparecimento é indistinguível da morte:

> Para crianças [...] estar "morto" significa aproximadamente o mesmo que ter "ido" – não mais preocupando os sobreviventes. Uma criança não faz distinção de como essa ausência se produz [...]. Se, durante o período pré-histórico de uma criança, sua babá foi despedida e se, pouco depois, sua mãe morre, os dois acontecimentos se sobrepõem um ao outro, numa série única em sua memória, tal como revela a análise (*SE*, 4:254-455).

A mãe de Freud não morreu literalmente durante seu "período pré-histórico", mas ela de fato desapareceu por ocasião do nascimento de Anna, quando sua babá foi "despedida", e não há dúvida de que essa passagem é um comentário autobiográfico de como o próprio Freud "sobrepôs" as perdas de suas duas mães, na tenra infância.

Exatamente essa colisão entre nascimento e morte, entre o útero de Jocasta e o túmulo de Antígona, está no âmago do ciclo do Édipo de Sófocles. Quando, com a idade de dois anos e meio, Freud inspecionou o armário aberto pelo meio-irmão, ele se deparou com um enigma não menos assustador que o da Esfinge, por cuja solução ele seria homenageado em seu qüinquagésimo aniversário como aquele "que decifrava os enigmas famosos e era um homem muito poderoso".

---

45. Cf. McGrath, *Freud's Discovery of Psychoanalysis*, p. 63 e Krüll, *Freud and his Father*, p. 123.

Parte II: A História Intelectual

> *Quem de nós é o Édipo aqui? Quem a Esfinge? É um encontro, parece, de perguntas e pontos de interrogação.*
>
> NIETZSCHE, *Para Além do Bem e do Mal*

4. Sófocles Desacorrentado

"Nosso imaginário historiador da literatura mostraria que há um inexorável desenvolvimento lógico que vai do Romantismo alemão, a principal origem de tantas correntes na literatura moderna, até as obras de Sigmund Freud"[1]. Nossa tarefa, na segunda parte deste livro, será a de documentar essas palavras de Erich Heller. Na primeira parte, procurei empregar a teoria psicanalítica para situar a descoberta de Freud do complexo de Édipo no contexto de sua própria vida, criando, dessa forma, um "círculo da compreensão", no qual o método de investigação está em convergência com seu objeto; mas, agora, passo da biografia para a história intelectual, a fim de estudar o momento culminante da auto-análise de Freud, não como um fenômeno pessoal, mas sim cultural.

Um exame das obras de um grande escritor ou pensador, tomadas num todo autônomo, produz inevitavelmente uma impressão muito diferente de uma abordagem que compare esse personagem com seus predecessores e contemporâneos. A primeira perspectiva naturalmente ressalta a especificidade do escritor, enquanto a segunda tende a minimizá-la. Assim, na discussão que se segue, procuro compensar um desequilíbrio implícito, ao reconhecer que o pensamento de Freud deve ser visto em relação a seus antecedentes. Mas isso não significa abandonar o ponto de vista psicanalítico. Ao contrário, um número demasiado grande de histórias intelectuais da psicanálise, inclusive a erudita

1. Heller, "Observations on Psychoanalysis and Modern Literature", pp. 188-189.

obra *The Discovery of the Unconscious*, de Henry Ellenberger, se revelou equivocado, exatamente porque esses trabalhos não reconheceram sua especificidade, isto é, a ruptura epistemológica introduzida por Freud[2]. Por outro lado, sem o impulso oferecido pela descoberta de Freud, a história que vamos aqui descrever não teria nenhum significado. Como escreve Nietzsche, em *A Gaia Ciência* (1882):

> Todo grande ser humano exerce uma força retroativa: graças a ele, toda história é recolocada mais uma vez na balança, e mil segredos do passado rastejam, saindo de seus esconderijos – até *sua* luz solar[3].

Cada uma das figuras com as quais iremos nos ocupar é suficientemente grande para exercer a "força retroativa" a que Nietzsche se refere, mas é a de Freud, em particular, que dá origem à presente investigação.

Além de fazer um balanço das continuidades e descontinuidades, há o problema adicional de se decidir em que tradição intelectual devemos situar Freud. Sem dúvida, do vasto e ricamente complexo corpo das obras de Freud, pode-se extrair provas que justificam colocá-lo em relação com todo tipo de heranças antagônicas. Não se trata, portanto, de argumentar que haja apenas uma forma válida ou verdadeira de se olhar para Freud. Ao mesmo tempo, pode-se perceber que algumas abordagens são mais elucidadoras que outras, e nosso presente estudo pretende mostrar que Freud é mais bem compreendido, não em relação à "tradição positivista internacional"[4] de seus mentores, Brücke ou Helmholtz, ou mesmo como o elo de ligação entre Darwin e a sociobiologia[5], mas, ao contrário, como o herdeiro dos movimentos do Romantismo alemão e da filosofia idealista[6].

Como estabeleceu recentemente William McGrath, o papel mais decisivo na constituição da perspectiva filosófica de Freud foi desempenhado por Franz Brentano: Freud matriculou-se em cinco dos cursos que ele promoveu na Universidade de Viena, entre 1874 e 1876[7]. Em resumo, Brentano, um católico que abandonou o sacerdócio, por

---

2. Cf. Ellenberger, *The Discovery of the Unconscious*. A recusa de Ellenberger em se defrontar com "a especificidade da descoberta psicanalítica" é criticada por Anzieu, *L'auto-analyse de Freud*, 1:12.
3. Nietzsche, *A Gaia Ciência*, sec. 34 (o livro V de *A Gaia Ciência* foi acrescentado em 1887).
4. Gay, *Freud, Jews, and Other Germans*, p. 33.
5. Cf. Sulloway, *Freud: Biologist of the Mind*.
6. Sobre essa concepção de Freud, cf., além do ensaio de Heller citado na nota 1, Trilling, "Freud and Literature", e os dois ensaios fundamentais de Thomas Mann, "A Posição de Freud na História da Cultura Moderna" (1929), e "Freud e o Futuro" (1936).
7. Cf. McGrath, *Freud's Discovery of Psychoanalysis*, pp. 111-127. Também útil é Barclay, "Franz Brentano and Sigmund Freud", que defende a influência de Brentano sobre Freud diante da prova decisiva estabelecida pela publicação parcial da

se recusar a aceitar a doutrina da infalibilidade papal, influenciou Freud, ao insistir no caráter dos atos mentais como dotados de propósito, ou "intencionalidade", e ao procurar reconciliar a psicologia com as ciências naturais, por meio de um estudo disciplinado do que ele denominava "percepção interna". Sua principal obra, *Psicologia de um Ponto de Vista Empírico*, foi publicada em 1874. Sob a influência de Brentano, Freud abandonou o materialismo extremo, defendido pela escola de Helmholtz, em favor de uma concepção que via os fenômenos físicos e mentais como parte de um contínuo ininterrupto.

Mas, embora o vínculo com Brentano fosse suficiente para tirar Freud de uma tradição puramente positivista, ela não vai muito longe no sentido de situá-lo no contexto do Romantismo ou da filosofia idealista. Pois Brentano, cujo vínculo mais fundamental era com os empiristas ingleses, era um crítico persistente de Hegel e de outros pensadores idealistas. Nisso, além do mais, ele foi seguido por Freud, que atacava com igual energia tanto a psicologia de Wilhelm Wundt, que identificava a vida mental com a consciência, quanto a escola da *"Naturphilosophie"*, fundada por Schelling, cuja defesa do inconsciente ele considerava como totalmente anticientífica. Em "A Pretensão da Psicanálise ao Interesse Científico" (1913), Freud faz um resumo do que ele considera serem as duas posições adotadas pelos filósofos com relação ao inconsciente:

> Ou seu inconsciente era algo místico, algo intangível e indemonstrável, cuja relação com a mente permanecia obscura, ou eles identificavam o mental com o consciente, e inferiram, a partir dessa definição, que o que é inconsciente não pode ser mental ou um objeto para a psicologia (*SE*, 13:178).

É à luz dessas observações que devemos avaliar uma declaração como a que encontramos na carta de Freud a Fliess, de 1º de janeiro de 1896:

> Vejo que você está seguindo o caminho indireto da medicina, para atingir seu grande ideal, a compreensão fisiológica do homem, enquanto eu secretamente acalento a esperança de atingir, pelo mesmo caminho, meu próprio objetivo original, a filosofia. Pois essa era minha ambição original, antes mesmo de saber o que eu estava destinado a fazer no mundo (*Origins*, p. 141).

Quando Freud afirma que a filosofia era seu "objetivo original", ele muito provavelmente não tem em mente o tipo de filosofia praticada por Hegel, ou mesmo Nietzsche, mas sim a fusão do conhecimento filosófico com a psicologia empírica, a exemplo de Brentano.

Assim, devemos admitir que a argumentação relativa aos ancestrais intelectuais de Freud, que serão aqui apresentados, são, em gran-

---

correspondência com Silberstein. Para uma judiciosa discussão complementar sobre Brentano, à luz das atitudes de Freud com relação à filosofia, cf. Herzog, "The Myth of Freud as Anti-Philosopher".

de parte, argumentos que ele mesmo não teria admitido. Como justificativa parcial, podemos argumentar que Brentano, apesar de ser a antítese de Wundt em muitos aspectos, concordava com ele, ao negar a existência de um inconsciente físico; e que a defesa dessa idéia por Freud o alinha à tradição romântica, apesar de seus próprios protestos. Mais radicalmente, no entanto, eu afirmaria que é a partir do exemplo da própria psicanálise, sobretudo da forma como ela se apresenta na própria auto-análise de Freud, que devemos buscar o verdadeiro sentido de sua natureza. Assim, os repúdios freqüentes de Freud à tentativa de se equiparar a psicanálise à literatura e à filosofia não podem ignorar o domínio comum formado pelo interesse compartilhado por essas disciplinas com relação à natureza humana e às questões do autoconhecimento. Como afirma, com propriedade, Jürgen Habermas, o "conhecimento psicanalítico pertence à categoria da auto-reflexão", porque, assim como a hermenêutica filosófica, ele "extrai sua função no processo da gênese da autoconsciência"[8].

Tomando como ponto de partida a descoberta de Freud do complexo de Édipo, vou mostrar, nesta segunda parte, como uma verdadeira obsessão com o mito de Édipo – e com o drama sofocliano no qual ele recebe sua representação literária definitiva – impregna a literatura e o pensamento alemães do século XIX. Concentrarei a análise em dois pontos: os três principais escritores românticos – Schiller, Hölderlin e Kleist – e a tradição filosófica que vai de Hegel a Nietzsche. No capítulo final, examinarei as interpretações do século XX do mito de Édipo elaboradas por Heidegger e Lévi-Strauss. Ao documentar a centralidade de *Édipo Rei* para o pensamento crítico europeu desde a Revolução Francesa, espero mostrar que estes últimos duzentos anos poderiam, justificadamente, ser chamados "a era de Édipo".

Um projeto, em muitos aspectos paralelo ao presente, foi recentemente desenvolvido por George Steiner. Em *Antigones*, Steiner explorou, com paixão e erudição, tanto a vida posterior dessa antiga lenda do pensamento ocidental quanto o mistério da tragédia original de Sófocles. Mas, o esquema da história intelectual que Steiner emprega baseia-se em um equívoco fundamental. Ele acredita que, desde por volta da década de 1790 até o início do século XX, *Antígona* ocupava uma "posição ímpar na avaliação literária e filosófica", "mas, após 1905, e sob o impacto da referência freudiana, o foco crítico e interpretativo se deslocou para o *Oedipus Rex*"[9]. Meu ponto de vista, ao contrário, é de que a elucidação do complexo de Édipo por Freud, a partir do *Édipo Rei*, se, de um lado, é um divisor de águas na história das idéias, deve,

---

8. Habermas, *Knowledge and Human Interests*, p. 228. Para um ataque veemente à abordagem hermenêutica da psicanálise e ao estatuto científico da teoria psicanalítica, cf. Grünbaum, *The Foundations of Psychoanalysis*.

9. Steiner, *Antigones*, p. 6.

ela própria, ser vista como o clímax de uma preocupação cultural de longa data com essa peça. É evidente que não é preciso negar a importância de uma tragédia de Sófocles para estabelecer a de outra, e o interesse generalizado tanto por *Édipo Rei* quanto por *Antígona*, é, ele próprio, parte do fenômeno mais amplo, irreversivelmente denominado por E. M. Butler de "a tirania da Grécia sobre a Alemanha"[10]. Mas, Steiner, para impor seu argumento unilateral da centralidade de *Antígona*, é levado a subestimar autores (Schiller, Kleist) para os quais *Édipo Rei* é obviamente preeminente, e a ignorar o quanto, mesmo nos pensadores de mentalidade poética que ele aborda extensamente (Hegel, Hölderlin e Heidegger), a reflexão sobre *Antígona* é inseparável da de *Édipo Rei*.

Se fôssemos tentar relatar toda a história da influência de Sófocles, desde a publicação por Aldus Manutius da *editio princeps*, em Veneza em 1502, até hoje, estaríamos, na verdade, mapeando a história intelectual do Ocidente desde o Renascimento[11]. Felizmente, podemos fazer alguns recortes aqui. Minha tese, em resumo, é a seguinte: até aproximadamente a década de 1790, a admiração pelo *Édipo Rei*, de Sófocles, estava quase sempre contaminada por interferências externas, sobretudo o exemplo pernicioso de Sêneca (c. 4 a.C.-65 d.C.). Somente quando os escritores e filósofos do Romantismo alemão, na esteira de Lessing, conseguiram eliminar as excrescências neoclássicas e as provenientes de Sêneca, e lançar um novo olhar ao drama de Sófocles, vendo nele uma tragédia do autoconhecimento, é que entramos propriamente na "era de Édipo", que atinge seu apogeu com Freud.

A falha incurável do *Édipo* de Sêneca é dilacerar o tecido apurado da trama de Sófocles, e apoiar-se, em lugar dele, nos mais grosseiros efeitos da linguagem espetacular e bombástica – exemplificados, em especial, na narração da invocação do fantasma de Laio – para assombrar a audiência. Ao mesmo tempo, o alcance metafísico da peça de Sófocles é reduzido a uma moralização compadecida dos perigos de se "exceder aos limites concedidos"[12]. O Tirésias de Sêneca, ao contrário do de Sófocles, não traz consigo o conhecimento perturbador da culpa de Édipo; tornando necessário o apelo necromântico a Laio, essa mudança também elimina a luta entre o rei e o profeta, como "videntes cegos" dialeticamente opostos. De modo análogo, enquanto Sófocles

---

10. Cf. Butler, *The Tyranny of Greece over Germany*.
11. Há informações úteis sobre Sófocles por todo o trabalho de Sandys, *A History of Classical Scholarship*. Sobre a representação do *Édipo Rei*, na tradução de Giustiniani, com os coros musicados por Gabrielli, na inauguração do Teatro Olimpico do Palladio, em Vicenza, em 1585, cf. Schrade, *La répresentation d'Edipo Tiranno au Teatro Olimpico*. Entre as primeiras versões do *Édipo*, além das discutidas no texto, estão as peças de Anguillara (1565) e Tesauro (1643).
12. Sêneca, *Oedipus*, verso 909. Os números dos versos subseqüentes serão dados entre parênteses no texto.

cria uma ironia dramática, ao fazer Édipo declarar, no início, para os tebanos em assembléia: "doentes como estão vocês, não há ninguém / cuja doença se iguale à minha"[13], o Édipo de Sêneca está apreensivo, porque "essa pestilência, / tão mortal à raça de Cadmo, tão disseminada em sua destruição, / *poupa* apenas a mim" (versos 29-31; itálicos nossos). Os exemplos podem ser multiplicados, mas essa supressão do reconhecimento, por parte de Édipo, de sofrer com os efeitos da peste é típica do modo como a peça de Sêneca – sejam quais forem suas outras virtudes – deixa de ser uma tragédia da auto-análise.

Na vanguarda da revolta tanto contra Sêneca quanto contra o neoclassicismo francês, como mencionei, estava Lessing, a quem Freud tanto admirava por seu estilo em prosa, quanto venerava, por abraçar a causa da tolerância aos judeus[14]. O próprio Lessing apoiava-se e reagia contra a obra de Winckelmann, o historiador da arte que foi, sozinho, o maior responsável pelo fascínio da imaginação alemã pela Grécia antiga[15]. Lessing foi, inicialmente, instigado a escrever seu famoso tratado *Laocoonte* (1766) por um dos primeiros textos de divulgação de Winckelmann, *Pensamentos sobre a Imitação das Obras Gregas na Pintura e na Escultura* (1755), e deu a essa obra seu título e forma final, seguindo a publicação da obra de Winckelmann, *História da Arte* (1764). No *Laocoonte*, Lessing empenha-se em refutar a equiparação de Winckelmann da poesia com as artes visuais, e defende a superioridade do meio temporal da língua. Apesar de discordar dos pressupostos teóricos de Winckelmann, Lessing, no entanto, compartilha com seu antagonista da convicção de que o personagem Filoctetes constitui um pináculo da realização estética e, por extensão, também partilha de sua admiração irrestrita por Sófocles.

No capítulo 4 do *Laocoonte*, Lessing apresenta uma comparação devastadora entre a dramaturgia de Sófocles e as "assim chamadas tragédias de Sêneca". Atribuindo a degeneração da tragédia romana ao modo como "os espectadores aprendiam, nos sangrentos anfiteatros, a captar erroneamente toda a natureza", ele continua:

> O mais trágico dos gênios, acostumando-se a essas cenas artísticas de morte, só podia cair na linguagem bombástica e na fanfarronada. Mas, do mesmo modo que essas fanfarronadas não podem inspirar um verdadeiro heroísmo, também as queixas de Filoctetes não podem tornar ninguém fraco [...]. Ele é o que de mais alto a sabedoria pode produzir, e a arte, imitar[16].

Em sua *Dramaturgia de Hamburgo* (1769), a ira de Lessing se dirige, não contra Sêneca, e sim contra o neoclassicismo francês, mas

---

13. Sófocles, *Édipo Rei*, versos 60-61.
14. Cf. Schönau, *Sigmund Freuds Prosa*, pp. 42-48. Assim como Freud, Hegel foi também influenciado de modo decisivo por Lessing. Cf. Kaufmann, *Hegel: A Reinterpretation*, pp. 41-45.
15. Cf. Butler, *The Tyranny of Greece Over Germany*, pp. 58-59.
16. Lessing, *Werke*, 6:38.

o impacto de suas observações é quase idêntico. No número 81, ele destila sua atitude com relação ao drama neoclássico, sintetizado na figura de Corneille. Ele condena o drama clássico com um sutil elogio, recusando-se a atribuir-lhe o nome de tragédia:

"Várias tragédias francesas são obras instrutivas e de altíssima qualidade, que acredito merecerem todos os elogios, exceto que elas não são tragédias"[17]. De modo ainda mais notável, Lessing equipara Shakespeare com os tragedistas gregos, em contraste com os que se autoproclamam imitadores dos antigos:

> Seus autores podiam ser nada mais que excelentes intelectos [...] somente que eles não são poetas trágicos; somente que seu Corneille e Racine, seu Crebillon e Voltaire têm pouco ou nada de tudo que faz de Sófocles, Sófocles, de Eurípides, Eurípides, de Shakespeare, Shakespeare. Estes últimos raramente estão em contradição com as exigências essenciais de Aristóteles, enquanto os primeiros costumam estar, com a máxima freqüência[18].

A admissão, generalizada hoje em dia, de que Shakespeare compartilha com os antigos tragedistas gregos de um vínculo essencial de parentesco, que é ainda mais notável por ser independente de influência direta, tem sua origem na fecunda crítica de Lessing"[19].

A pertinência básica das críticas de Lessing pode ser confirmada pelo exame das peças escritas por Corneille (1659) e Voltaire (1719) sobre o tema de Édipo[20]. Como predecessoras do Romantismo alemão, além disso, as obras desses literatos franceses põem em grande relevo a inovação dos escritores que estamos abordando com destaque. Tanto Corneille quanto Voltaire são autores de ensaios críticos que contêm comentários sobre Édipo que podem nos ajudar na compreensão de seus dramas. Em seu *Discurso sobre a Tragédia* (1660), uma extensa reflexão sobre a *Poética* de Aristóteles e o segundo de seus principais tratados, Corneille considera as observações de Aristóteles sobre o tema da compaixão e do medo, e cita o exemplo de Édipo, para sustentar sua própria concepção de que essas emoções não são necessariamente inseparáveis:

> A crer [em Aristóteles], [Édipo] tem todas as condições necessárias de uma tragédia; entretanto, sua tristeza nos inspira apenas compaixão, e não creio que quem quer que o veja representado possa imaginar a si mesmo tomado pelo medo de matar o pai ou de se casar com a mãe[21].

---

17. *Idem*, 4:609.
18. *Idem*, 4:609-610.
19. Lessing foi, além disso, o autor da influente obra *Vida de Sófocles* (1760).
20. Embora minha ênfase muitas vezes divirja da de Mueller, sou devedor, em meu exame das imitações de Sófocles, à sua obra: Mueller, *Children of Oedipus*. Uma análise do Édipo neoclássico por Dryden e Lee (1678) poderia facilmente ser assimilada às de Corneille e Voltaire apresentadas no texto.
21. Corneille, *Oeuvres Complètes*, p. 832.

Tomando como ponto de partida a convicção de que Édipo não teria cometido "erro algum", Corneille apresenta aqui, profeticamente, uma interpretação do *Édipo Rei* diametralmente oposta à afirmação de Freud de que o "destino de Édipo nos comove porque poderia ter sido o nosso – porque o oráculo colocou a mesma maldição tanto sobre nós, antes de nosso nascimento, quanto sobre ele" (*SE*, 4:262) – e, com isso, ignora a essência da tragédia de Sófocles.

O distanciamento entre Corneille e Sófocles é salientado pelo *Exame* (1660) introdutório, que ele acrescentou em seu próprio *Édipo* e no qual ele relata as dificuldades que enfrentou, por escolher um tema reconhecido como "a obra-prima da Antigüidade":

> Não vou esconder que, após ter escolhido esse tema, confiando [...] em que os pensamentos de Sófocles e de Sêneca, que o abordaram em suas línguas, facilitar-me-iam o caminho para o êxito, eu tremi, ao considerá-lo mais de perto[22].

A justaposição entre Sófocles e Sêneca feita por Corneille, sem qualquer senso de sua incomensurabilidade, comprova sua pouca compreensão da tragédia grega e, igualmente, dá sustentação ao diagnóstico de Lessing, de uma infeliz semelhança entre o neoclassicismo francês e a "linguagem espetacular e bombástica" de Sêneca. Para piorar as coisas, Corneille lamenta em seu *Exame* que "não tendo o amor nenhuma parte nessa tragédia, ela estava despida dos principais ornamentos necessários para se obter a aprovação do público"[23], e promete corrigir esse problema em sua própria peça.

O *Édipo* de Corneille é, na verdade, exatamente o que se poderia esperar de suas críticas – uma mescla de Sófocles e Sêneca, na qual o centro de interesse não é a busca de autoconhecimento por parte de Édipo, mas uma intriga de amor entre Teseu e Dirce, uma filha nascida do casamento de Laio e Jocasta, e na ameaça que representa Dirce à legitimidade da pretensão de Édipo ao trono de Tebas. Típico da ignorância de Corneille com relação às questões essenciais para Sófocles é sua eliminação do personagem Tirésias; além disso, seguindo Sêneca, ele dá ao velho pastor o nome de Forbas, e inclui (ato 2, cena 3) um relato sanguinário da invocação do fantasma de Laio. Corneille busca conciliar sua convicção filosófica da doutrina do livre-arbítrio com certas imposições inevitáveis do mito, mas somente consegue romper o padrão sofocliano de retorno progressivo ao passado, que é a alma do *Édipo Rei*. O Édipo de Corneille fica sabendo por Forbas, no Ato 4, que é ele o assassino de Laio, e, separadamente, no ato 5, pelo embaixador de Corinto, aqui chamado Ificrates, e por Forbas, que ele é filho de Jocasta e irmão de Dirce. A sugestão de um eventual casamento

---

22. *Idem*, p. 567.
23. *Idem, ibidem*.

entre Teseu e Dirce permanece abafada no final. Na verdade, a característica mais engenhosa desse *Édipo* é a alusão, no início da peça, à possibilidade de incesto entre irmão e irmã, quando Teseu finge ser o irmão de Dirce, para atrair contra si a maldição pela qual um descendente de Laio devia ser sacrificado em expiação por seu assassinato.

O *Édipo* de Voltaire, sua primeira peça, é merecidamente obscurecido pelas sete *Cartas sobre Édipo*, que ele publicou juntamente com o drama. Delas, a mais importante é, manifestamente, a terceira, "Contendo a Crítica do *Édipo* de Sófocles". A avaliação de Sófocles por Winckelmann ou Lessing não converge com a de Voltaire; ao contrário, a terceira Carta de Voltaire é a condenação neoclássica definitiva do *Édipo Rei*, comparável em sua mordacidade, à anatomia do *Otelo*, por Rymer, ou à dos poetas metafísicos pelo Dr. Johnson. Voltaire afirma não conhecer "termo algum para expressar o absurdo" de Édipo não investigar as circunstâncias da morte de seu predecessor; ele ridiculariza Sófocles por "esquecer que a vingança da morte de Laio é o tema da peça", já que Édipo não se preocupa em perguntar ao pastor sobre o assassinato de Laio, assim que descobre o segredo de sua identidade; ele observa que, assim que Tirésias confirma as suspeitas de Édipo de sua ilegitimidade, "você percebe que a peça está encerrada, no início do segundo ato"[24], e assim por diante. Da mesma forma que nas análises de outros autores neoclássicos, as objeções de Voltaire se dirigem contra os temas mais cruciais de *Édipo Rei*, mas, ao mesmo tempo, revelam sua total falta de sintonia com as premissas da arte de Sófocles.

A baixa opinião de Voltaire sobre Sófocles tem como contrapartida sua alta consideração por Corneille. Sem dúvida, "tenho muito maior respeito por esse tragedista francês que pelo grego", declara ele na Carta 4. Voltaire reconhece, com sagacidade, que, na peça de Corneille, "a paixão de Teseu constitui todo o tema da tragédia, e que o infortúnio de Édipo não passa de um episódio"[25], mas ele considera as falhas tanto no *Édipo* de Corneille quanto no seu próprio – comentadas na Carta 5 – como devidos à inevitável pobreza e implausibilidade do tema. Assim como Corneille, Voltaire introduz uma trama romântica subsidiária, envolvendo um romance secreto entre o personagem emprestado a Corneille, Filoctetes, e Jocasta, que é retratada como tendo se casado sem entusiasmo tanto com Laio quanto com Édipo. Voltaire copia também de Corneille sua forma de mesclar Sófocles com Sêneca, eliminando o personagem Tirésias e, sobretudo, separando a solução do assassinato de Laio da descoberta por Édipo do mistério de seu próprio nascimento. Uma indicação concreta da fraqueza da estrutura no *Édipo* de Voltaire está no fato de que o Pastor

24. Voltaire, *Oeuvres Complètes*, 2:19, 21.
25. *Idem*, 2:28.

Forbas aparece – a primeira vez (Ato 4, cena 2) como testemunha do assassinato de Laio, e a segunda (Ato 5, cena 3), após a revelação do Mensageiro de que Édipo não é filho do rei e da rainha de Corinto – para confirmar a verdade com relação a seu parentesco. Voltaire se mostra não menos obtuso que Corneille com relação a *Édipo Rei*, mas enquanto Corneille substituiu o drama sofocliano de auto-análise por afirmações relativas ao livre-arbítrio e à magnanimidade heróica, Voltaire prenuncia sua carreira como livre-pensador com ocasionais ataques à superstição religiosa e aos privilégios da hereditariedade.

Mas, embora Voltaire faça o melhor que pode para fugir aos temas do incesto e do parricídio, ele não pode escapar inteiramente à força deles. Como sugeriu Otto Rank, é, sem dúvida, significativo que Filoctetes, além de ser amado por Jocasta, seja também acusado de assassinar Laio, tornando-se assim uma espécie de duplo deslocado de Édipo, da mesma forma que Cláudio realiza as fantasias inconscientes de Hamlet[26]. Além disso, Voltaire pode muito bem ter sido atraído pelo mito de Édipo como tema para sua primeira peça por motivos biográficos profundos, já que se sabe que ele próprio não acreditava ser filho do marido de sua mãe, o oficial de impostos François Arouet, mas sim, de um escritor e mosqueteiro fanfarrão chamado Rochebrune. Mais notável ainda é o fato de que foi em 1718, o ano de sua composição de *Édipo*, que Arouet, então com vinte e dois anos de idade, assinou pela primeira vez o nome escolhido por ele mesmo, Voltaire[27]. Assim, do mesmo modo que Freud abandonou o nome de Sigismund e adotou Sigmund, no momento de sua decisão de seguir a carreira de medicina, em vez do direito, também Voltaire selava sua entrada no mundo da literatura com um ato de autocriação, justamente ao optar por escrever uma peça com o tema de Édipo.

Apesar dessas considerações biográficas, no entanto, tanto em Corneille quanto em Voltaire, o ponto crucial permanece sendo a corrupção do paradigma sofocliano por elementos exteriores provenientes de Sêneca e de uma trama romântica. Como figura intelectual, Voltaire é um dos grandes representantes da Ilustração, mas, em seus ideais estéticos, ele permanece ligado ao neoclassicismo de seus predecessores no teatro. Nessa perspectiva, é somente com a reação de Lessing contra o drama neoclássico francês e na esteira de Sêneca – sua recusa de que essas formas alcancem o verdadeiro caráter sublime da tragédia – que se torna possível a obsessão romântica com o *Édipo Rei*, que se seguirá.

Além de Lessing, um segundo representante da Ilustração teve um papel de transição decisivo nessa história: trata-se de Diderot. Seu *O Sobrinho de Rameau*, uma obra em que se pode observar a consciên-

---

26. Cf. Rank, *Incest-Motif*, p. 240.
27. Cf. Besterman, *Voltaire*, pp. 20-22 e 76.

cia moderna dando à luz a si mesma, distingue-se por ter exercido uma influência duradoura sobre, entre outros, Hegel e Freud[28]. Escrito entre 1761 e 1774, mas jamais publicado durante a vida Diderot, a obra chegou ao público europeu por meio da tradução alemã de Goethe, em 1805. Goethe assumiu esse projeto por instigação de Schiller, embora este último não tenha vivido para ver sua conclusão. Freud citou o diálogo, pela primeira vez, na Conferência 21 de suas *Conferências Introdutórias sobre Psicanálise* (1916-1917), e o faria mais duas vezes novamente. Em cada caso, a passagem escolhida é sempre uma passagem em que o personagem Diderot descreve os impulsos que dominam a mente de uma criança pequena:

> Se o pequeno selvagem fosse deixado a si mesmo, preservando toda sua insensatez e, acrescentando-se ao pouco senso de uma criança no berço, as violentas paixões de um homem de trinta anos, ele iria estrangular o pai e deitar-se com a mãe (*SE*, 16:338).

Não é difícil perceber por que uma declaração tão direta dos pontos essenciais da doutrina do complexo de Édipo atrairia Freud tão fortemente. Hegel, em contrapartida, que se deparou com *O Sobrinho de Rameau* na tradução de Goethe, quando estava escrevendo a *Fenomenologia do Espírito* (1807), cita a obra três vezes na seção sobre "O Espírito Alienado a Si Mesmo", e celebra o personagem paradoxal do Sobrinho como uma encarnação da autoconsciência moderna. Na ausência de toda evidência de que Freud tenha sido diretamente influenciado por Hegel, o fato de que ambos tenham empregado *O Sobrinho de Rameau* para ilustrar aspectos cruciais de seu pensamento é uma comprovação de que ambos participam de uma mesma herança intelectual.

A justaposição entre o conceito de Hegel de espírito autoconsciente e o conceito de Freud de complexo de Édipo com relação a *O Sobrinho de Rameau* capta a essência do que está em jogo na preocupação do romantismo com o mito de Édipo. No período que se seguiu à Revolução Francesa e se empenhou em se livrar do passado, mas resultou, ao contrário, em uma drástica intensificação do peso da história, o problema filosófico presente em tudo era como equacionar e superar as barreiras entre consciência e natureza, entre sujeito e objeto, erigidas na filosofia de Kant. As respostas individuais dos pensadores – Schiller, Fichte, Schelling, Hegel e outros – diferem um pouco na ênfase, mas todas buscam empreender uma "odisséia da consciência" para superar a condição de exílio da natureza ou de auto-alienação. Charles Taylor deu o nome de "antropologia expressivista" ao "novo

---

28. Cf. Trilling, *Sincerity and Authenticity*, pp. 27-28, onde também é observada a influência de *O Sobrinho de Rameau* sobre Marx.

conceito de autoconsciência" que se configurou de diversas formas, nas últimas décadas do século XVIII:

> Ao ver a vida humana como expressão, ele rejeita a dicotomia do significado em contraposição ao ser; ele opera, novamente, com a moeda aristotélica das causas finais e dos conceitos holísticos. Mas, sob outro ponto de vista, ele é basicamente moderno: pois incorpora a idéia de subjetividade autodefinidora. A compreensão de sua essência é a auto-realização do sujeito; assim, aquilo em relação ao que ele define a si próprio não é uma ordem ideal, situada além dele, mas, ao contrário, algo que se desdobra a partir dele próprio, em sua própria compreensão, e torna-se pela primeira vez determinado nessa compreensão[29].

A explicação de Taylor da "subjetividade autodefinidora" resume concisamente o projeto comum não só a Hegel e seus contemporâneos, mas também a Nietzsche e Freud. Em contrapartida, a gravitação de poetas e filósofos, de Schiller a Freud, em torno do *Édipo Rei* deve-se à sua preeminência como drama do autodesdobrar-se, no qual (nas palavras de Habermas) a "gênese da autoconsciência" é incomparavelmente encenada.

As concisas *Lições de Arte Dramática e de Literatura* (1808), de A. W. Schlegel, embora não muito notáveis pelo brilho de uma concepção original, são extremamente úteis como expressão dos lugares-comuns do pensamento romântico. Em sua comparação das "criações sublimes" dos tragedistas gregos com as criações de Sêneca, por exemplo, ele reitera enfaticamente as concepções de Lessing:

> O estado de violência constante em que Roma era mantida por uma sucessão de tiranos sedentos de sangue, deu um caráter artificial até mesmo para a retórica e a poesia [...]. Mas, qualquer que seja o período que tenha dado origem às tragédias de Sêneca, elas são, além de toda descrição, bombásticas e frias, artificiais tanto no caráter quanto na ação [...]. Elas não têm nada em comum com as antigas tragédias, as sublimes criações do gênio poético dos gregos, exceto o nome, a forma externa, e os materiais mitológicos; e no entanto, elas parecem ter sido compostas com a finalidade óbvia de suplantá-las; tentativa na qual elas têm tanto êxito quanto uma hipérbole vazia teria em uma competição com a mais apaixonada verdade[30].

Toda a discussão de Schlegel sobre a tragédia grega se funda no esquema histórico de Winckelmann, em que Ésquilo encarna o drama em seus inícios austeros, Sófocles, seu apogeu de perfeição harmoniosa, e Eurípides o abrandamento rumo à decadência. Esse mesmo es-

---

29. Taylor, *Hegel*, pp. 17-18.
30. Schlegel, *Lectures on Dramatic Art and Literature*, p. 211. As referências de página, a seguir, serão dadas entre parênteses no texto. O mais talentoso irmão de Schlegel, Friedrich, também via na tragédia "a mais excelente das artes poéticas gregas" e afirmava que Sófocles "alcançou a meta mais alta da poesia grega". Cf. as observações sobre Sófocles em seu tratado fundamental *Über das Studium der Griechischen Poesie* (1797), pp. 296-301.

quema evolutivo persiste virtualmente inalterado em *O Nascimento da Tragédia* (1872), de Nietzsche.

Em seu exame das obras de Sófocles, na Lição 7, Schlegel recusa-se a privilegiar uma única peça, afirmando que "todas as tragédias de Sófocles são individualmente primorosas com seus méritos peculiares" (p. 100). Mas, embora não se concentre particularmente no *Édipo Rei*, Schlegel faz a importante observação de que "o caráter grandioso e terrível" de seu drama deve-se a uma

circunstância que, no entanto, é em grande parte negligenciada: a de que, para o próprio Édipo, que resolveu o enigma da Esfinge relativo à vida humana, sua própria vida devesse permanecer por tanto tempo um enigma insondável, que seria elucidado de uma forma tão terrível, quando tudo estava irremediavelmente perdido (p. 101).

As implicações dessa percepção serão avaliadas mais profundamente por Nietzsche, assim como as da observação de Schlegel de que, apesar da "conclusão inclemente" do *Édipo Rei*, "nós estamos tão reconciliados com ela [...] que nossos sentimentos não se revoltam em absoluto diante de um destino tão horrível" (p. 101). Ao defender a proposição de que "uma análise mais detalhada da peça evidenciará a absoluta propriedade e significado de cada parte dela" (p. 102), Schlegel também chama a atenção para aspectos da peça que provocaram o escárnio de Voltaire – como o fato de Édipo não buscar se informar sobre a morte de Laio – e descarta as objeções a eles com um toque do romantismo: "Mas, os antigos não produziram suas obras de arte para mentes prosaicas e calculistas" (p. 102). Embora muito menos incisiva que a crítica de Voltaire, a avaliação entusiasmada de Schlegel chega, de fato, mais próximo de capturar o espírito da tragédia sofocliana.

Uma característica marcante da história intelectual da Alemanha desse período é o contato pessoal direto entre muitas das grandes figuras. Como bem sabemos, Hegel, Schelling e Hölderlin moraram juntos durante seus anos de formação no seminário em Tübingen, entre 1790 e 1793[31]. Um vínculo particularmente estreito entre A. W. Schlegel e Schelling se estabelece pelo fato de que, em 1803, a esposa de Schlegel, Caroline, divorciou-se dele para se casar com Schelling[32]. Desde então, a "força retroativa" de Hegel terminou por eclipsar, em grande parte, a reputação de Schelling, mas, em seu próprio tempo, o prolífico Schelling, apesar de ser cinco anos mais jovem que Hegel, inicialmente parecia ser o pensador que mais se sobressairia dentre os dois. Em essência, ao marcar uma transição entre o idealismo completamente

---

31. Sobre esse nexo, cf. Staiger, *Der Geist der Liebe und das Schicksal*, pp. 15-30; Nauen, *Revolution, Idealism, and Human Freedom*, pp. 1-26; e Montgomery, *Hölderlin and the German Neo-Helenic Movement*, parte 1, pp. 200-221.

32. Cf. Kaufmann, *Hegel: A Reinterpretation*, p. 313.

subjetivo de Fichte e o sistema dialético de Hegel, Schelling é elogiado na primeira obra filosófica publicada de Hegel – *A Diferença entre os Sistemas de Filosofia Fichtiano e Schellingiano* (1801), publicada após ele se juntar a Schelling na Universidade de Jena – por sustentar a tese de que o dinamismo da natureza possuía um aspecto autodeterminante, semelhante ao encontrado na consciência, com isso revelando a unidade subjacente entre sujeito e objeto, manifestada em ambas as esferas. No Prefácio à *Fenomenologia do Espírito*, no entanto, Hegel criticaria Schelling em tudo, exceto no nome, por tratar o conceito de Absoluto como uma fórmula estática e não como um processo infinitamente autodiferenciador, e uma ruptura entre os dois se seguiria[33].

Assim como Schlegel, Schelling é relevante, no presente contexto, por representar atitudes generalizadas no período romântico. Sobretudo em seus pronunciamentos sobre a tragédia, encontrados na décima e última de suas *Cartas Filosóficas sobre o Dogmatismo e o Criticismo* (1795) e nas seções relativas ao tema, em sua obra publicada postumamente, *Filosofia da Arte* (1802-1803), Schelling assinala como o *Édipo Rei* pode ser visto como uma tragédia da autoconsciência. Dirigida a um correspondente não designado pelo nome, que com quase toda certeza era Hölderlin[34], as *Cartas Filosóficas* mostram Schelling em um estágio inicial de seu pensamento, defendendo seu conceito de liberdade espiritual, que resultava numa completa rejeição do mundo exterior, em oposição à visão de que a liberdade seria mais bem concebida nos termos da condição do herói trágico. Mas, embora considere as soluções da arte, em última análise inaceitáveis, as percepções de Schelling sobre a tragédia são extremamente sugestivas. Reconhecendo que, "como em tudo mais, a arte grega é também aqui uma *regra*", ele observa:

> Pergunta-se com freqüência: como a razão grega podia suportar as contradições de sua tragédia. Um mortal – que o destino ordena tornar-se um criminoso, lutando ele próprio *contra* o destino e, mesmo assim, horrivelmente punido pelo crime, que foi uma obra do destino![35]

A fonte dessa contradição na tragédia grega, de acordo com Schelling, está no "conflito entre a liberdade humana e a potência do mundo objetivo", e ele afirma ser um "*grande* pensamento, o de deliberadamente carregar também a punição por um crime *inevitável*".

Com a *Filosofia da Arte*, Schelling afastava-se de sua insistência fichtiana na autonomia da consciência e, no *Sistema do Idealismo Transcendental* (1801), ele assumiria a concepção de que a reconciliação entre sujeito e objeto se revela melhor não na filosofia, mas na arte.

---

33. Cf. Serber, Introdução a Hegel, *Difference Between the Fichtean and Schellingian Systems*, pp. xxi-xxii.
34. Cf. Nauen, *Revolution, Idealism, and Human Freedom*, p. 41.
35. Schelling, *Werke*, Buchner *et al.* (orgs.), vol. 1, parte 3, pp. 106-107.

Assim, quando aborda a tragédia em "Sobre a Tragédia", na *Filosofia da Arte*, Schelling retoma e amplia suas observações anteriores, mas sem as restrições que as acompanhavam. Além disso, ele explicita o que podia facilmente ser inferido de sua discussão anterior, em especial dada a sua origem no debate com Hölderlin: que ele tomava como exemplo paradigmático da tragédia o *Édipo Rei*, de Sófocles.

Mais uma vez, Schelling começa pela premissa de que a essência da tragédia é "uma luta efetiva entre a liberdade no sujeito e a necessidade na medida em que objetiva", cujo resultado é "ambas aparecerem vitoriosas e derrotadas, em completa indiferença"[36]. A concepção de Schelling da tragédia como uma colisão de forças opostas, na qual nenhuma delas conquista a supremacia, é inquestionavelmente uma fonte da teoria, muito mais conhecida, de Hegel. Não menos prenunciador é o comentário de Schelling – retomado aqui a partir das *Cartas Filosóficas* – de que "a personagem trágica é *necessariamente* culpada de um crime (e quanto maior a culpa, como a de Édipo, tanto mais trágica e complexa)" (p. 695), uma vez que essa mesma ênfase na inevitável criminalidade do herói trágico perpassa também os escritos de Nietzsche. Além disso, assim como Nietzsche e Schlegel, Schelling avalia o enigma da "causa da reconciliação e harmonia que se encontram" (p. 697) na tragédia grega, e oferece sua própria solução para o paradoxo pelo qual a "liberdade absoluta é, ela própria, uma necessidade absoluta" (p. 699). E, se Schelling prefigura Hegel e Nietzsche, ele também antecipa Freud, ao afirmar que a ação da tragédia deve ser "não meramente externa, mas, antes, interna, contida no interior da própria mente. [...] Para os maus poetas, basta manter apenas externamente a ação em laboriosa continuidade" (p. 703). A distinção feita por Schelling entre a boa e a má dramaturgia está em paralelo exato com a distinção feita por Freud, em *A Interpretação dos Sonhos*, entre a "voz dentro de nós, pronta a reconhecer a força imperiosa do destino em *Édipo*" e a arbitrariedade da maioria das "modernas tragédias do destino" (*SE*, 4:262). A mediação de *O Sobrinho de Rameau*, necessária para forjar um elo entre Freud e Hegel é, além disso, supérflua no caso de Schelling, pois é diretamente de Schelling que Freud deriva sua definição predileta do "estranho" como *"tudo que deveria ter permanecido [...] secreto e oculto, mas veio à luz"* (*SE*, 18:224).

A discussão de Schelling sobre a tragédia tem sido tratada com uma severidade surpreendente por críticos recentes. M. S. Silk e J. P. Stern escrevem:

> O herói trágico do *Édipo Rei*, de Sófocles, para escolher o próprio exemplo de Schelling, dificilmente seria o herói protestante tal como Schelling o interpreta. Não é o

---

36. Schelling, *Sämtliche Werke*, 5:693. As referências de página, a seguir, serão incluídas entre parênteses no texto.

destino exterior, mas, ao contrário, sua própria determinação em buscar a verdade, que provoca sua ruína [...]. Sobretudo, não há nenhuma "honra" especial, ligada a ele como indivíduo, que diga respeito a seu esforço "livre", mas "sem esperança", de lutar contra seu destino. A honra que lhe cabe é a honra devida à sua condição de rei[37].

Mas, ao tentar denegrir Schelling, Silk e Stern revelam apenas os limites de sua própria concepção da tragédia. Pois, sem dúvida, eles estão errados em negar que o "destino exterior" – seja ele simbolizado pela peste, seja pelo oráculo – não desempenha papel algum na ruína de Édipo. A contribuição de Schelling é precisamente a de enfatizar a relação dialética entre o destino e o livre-arbítrio no *Édipo Rei*, onde esses dois princípios de explicação, que aparentemente se excluem mutuamente, podem ambos operar simultaneamente. Nisso, ele faz um ataque decisivo contra Corneille, cuja insistência na inocência de Édipo registra apenas metade da equação. Silk e Stern estão longe de entender a questão, ao reduzir a dignidade de Édipo meramente ao fato social de sua condição de rei. Apesar de cometer o mais impensável dos crimes, e sejam quais forem suas falhas de caráter, Édipo impõe admiração por sua determinação em buscar a verdade a todo custo e por sua luta contra seu próprio destino pelo qual ele é condenado, e foi a essa dimensão metafísica de seu heroísmo que Schelling respondeu de modo tão profundo.

A única outra fonte importante de inspiração intelectual para a tríade Hegel, Hölderlin e Schelling foi a poesia e os escritos filosóficos de Schiller[38]. Nascido em 1759 e, dessa forma, apenas onze anos mais velho que Hegel e Hölderlin, Schiller oferecia um modelo para os jovens estudantes seminaristas, tanto em seu empenho em ir além da dualidade entre razão e natureza consagrada pelo kantismo quanto em seu entusiasmo pelo ideal de uma sensibilidade indivisa, encarnada na arte e vida gregas. Tratarei de Schiller com mais detalhes no capítulo 5, mas, por ora, gostaria apenas de mencionar que, além de seu fascínio, no geral, pela cultura grega, ele abriu o caminho para a geração seguinte, também em sua particular devoção por *Édipo Rei*. Já em 1788, Schiller acalentava a idéia de tentar escrever uma tragédia à maneira grega, mas seria somente em sua carta a Goethe, de 2 de outubro de 1797, que ele declararia abertamente sua ambição de recapturar o espírito de Sófocles:

> Tenho estado muito ocupado estes dias, em busca do material para uma tragédia, que seguiria o padrão do *Édipo Rei* e forneceria as mesmas vantagens ao poeta. Essas vantagens são imensas. [...] Para isso, contribui o fato de que o que aconteceu, na medida em que inalterável, é, por sua natureza, muito mais terrível, e o medo de que

---

37. Silk e Stem, *Nietszche on Tragedy*, p. 309.
38. Cf. Nauen, *Revolution, Idealism, and Human Freedom*, p. 4. Quanto às influências helenistas sobre o pensamento alemão durante esse período, cf. também, entre outros, Taminiaux, *La Nostalgie de la Grèce*, e Rehmn, *Griechentum und Goethezeit*.

algo possa t*er acontecido* afeta a mente de modo completamente diferente do medo de que algo possa acontecer.

> *Édipo* é, de certa forma, apenas uma análise trágica. Tudo já está lá, resta apenas revelá-lo. [...]
>
> Mas, temo que o *Édipo* seja seu próprio gênero, e que a ele não pertençam espécies subordinadas. Menos ainda, seria possível encontrar uma contrapartida a ele, provinda de épocas menos lendárias. O oráculo desempenha um papel na tragédia, e não pode, em absoluto, ser substituído por nada mais; e se se quisesse preservar a substância da própria trama, mas modificando-se personagens e épocas, o que agora é terrível iria se tornar ridículo[39].

Essa carta marca o ápice do desacorrentamento de Sófocles, que traçamos, desde a reação de Lessing contra Voltaire e Corneille, até o período romântico. A definição sucinta de Schiller de *Édipo Rei* como uma "análise trágica", na qual "tudo já está lá, resta apenas revelá-lo", suprime todos os elementos periféricos relativos ao amor bem como os provenientes de Sêneca e transplantados para a peça pelo neoclassicismo francês, e antecipa Freud de modo impressionante. O vínculo entre Schiller e Freud torna-se ainda mais notável quando se observa que a carta de Schiller a Goethe, de 2 de outubro de 1797, antecipa em quase exatamente um século a carta de Freud a Fliess, de 15 de outubro de 1897, anunciando sua memorável interpretação de *Édipo Rei*. Dessa forma, torna-se possível considerar a descoberta de Freud do complexo de Édipo como uma "reação de aniversário" cultural, completando um movimento que se iniciara com a carta de Schiller, cem anos antes.

Para reforçar o paralelo, devemos nos lembrar de que o pai de Freud morreu em 23 de outubro de 1896, cerca de um ano antes da decisiva carta a Fliess. De modo análogo, o pai de Schiller morreu em 7 de setembro de 1796, pouco mais de um ano antes de sua carta a Goethe. Assim, não apenas a descoberta de Freud de "amor pela mãe e ciúme com relação ao pai também em meu próprio caso" (*Origins*, p. 223) é um "fantasma do passado" cultural da referência de Schiller ao *Édipo Rei* como uma "análise trágica", mas é plausível supor que o envolvimento de Schiller com o mito de Édipo, da mesma forma que o de Freud, representa literalmente uma reação de aniversário à morte do pai. Não é necessário prosseguir nessa linha de pesquisa em cada caso, mas considerações biográficas são, pelo menos implicitamente, relevantes em todo estudo psicanalítico da literatura. Dessa forma, nossa investigação da história intelectual permanece, em parte, uma aventura na esfera da biografia intelectual, e a complexa história de Édipo no pensamento do século XIX constitui, em dois sentidos, uma genealogia do complexo de Édipo.

39. Schiller, *Werke: Nationalausgabe*, 29:141-142.

5. Três Estudos de Caso na Geração Romântica

5.1. SCHILLER

A carreira de Schiller merece estudo tanto por sua importância intrínseca como escritor, quanto por sua vasta influência sobre seus contemporâneos e sucessores. Protótipo do classicismo alemão, que também pode ser considerado o instigador do movimento romântico, Schiller enfrentou e venceu o desafio de estabelecer uma relação positiva com Goethe – uma tarefa que se mostrou impossível a seus rivais Hölderlin e Kleist. Afligido pela primeira vez pelos dolorosos ataques de pleurisia, aos quais sucumbiria em 1805, Schiller triunfou sobre seu mal físico debilitante, ao exemplificar em sua vida o equilíbrio espiritual celebrado em seus escritos.

O gênio multifacetado de Schiller expressou-se na poesia lírica e em ensaios sobre estética, mas era sobretudo o drama que o interessava, e é igualmente para suas peças que devemos nos voltar, a fim de documentar seu envolvimento com Sófocles e o mito de Édipo[1]. O ano de 1788 representa um ponto de virada no desenvolvimento artístico de Schiller. Já autor de quatro peças – *Os Assaltantes* (1781), *Fiesko* (1784), *Intriga e Amor* (1784) e sua grande tragédia nos moldes do neoclassicismo francês, *Don Carlos* (1787) –, em 1788, Schiller caiu sob o fascínio de *Ifigênia em Tauris*, de Goethe, e concebeu a idéia de expe-

---

1. Cf. Prader, *Schiller und Sophokles*; Gerhard, *Schiller und die griechische Tragödie*; e Wittrich, *Sophocles' "König Ödipus" und Schillers "Braut von Messina"*.

rimentar uma tragédia moderna nos moldes gregos. Não existem vestígios de influências clássicas nos trabalhos de Schiller antes dessa data, mas ele ficou tão arrebatado pela sua descoberta da Grécia que isso resultou em um intervalo de mais de dez anos em seus escritos para o teatro, que somente seria interrompido em 1799, com a trilogia *Wallenstein*. Em 1788, Schiller dava expressão lírica a um lamento pelo desaparecimento da Antigüidade em "Os Deuses da Grécia", lia freneticamente traduções dos autores clássicos e, apesar de conhecer muito pouco o grego, tentou ele próprio fazer traduções de *Ifigênia em Áulis* e dos primeiros 627 versos de *As Mulheres Fenícias*.

Parece ter sido apenas gradualmente que o interesse de Schiller pela tragédia grega em geral se cristalizou, concentrando-se em Sófocles e, em particular, em *Édipo Rei*, o que ele revela em sua carta a Goethe, de 2 de outubro de 1797. Numa carta a J. W. Sürvern, datada de 26 de julho de 1800, Schiller novamente confessa sua "absoluta admiração" pelas tragédias de Sófocles, mas também o receio de que "elas seriam um fenômeno de sua própria época, que não poderia ressurgir"[2]. Traços maiores ou menores dessa "admiração absoluta" por *Édipo Rei* podem ser percebidos nos dramas posteriores de Schiller. Na trilogia *Wallenstein*, ele procurou combinar a suntuosidade e a amplitude das peças históricas de Shakespeare com a técnica sofocliana de colocar muitos acontecimentos cruciais na pré-história da ação e somente mostrar o desdobramento da catástrofe. Uma fusão análoga de Shakespeare com Sófocles encontra-se na magistralmente construída *Maria Stuart* (1800), na qual, nas palavras de E. M. Butler, "o destino toma a forma de uma sentença de morte pronunciada contra a heroína, antes de se iniciar a ação" e "os próprios passos tomados por Maria Stuart e os que a apóiam para evitar a catástrofe, na verdade, só aceleram sua concretização", tudo "está próximo da técnica de *Édipo Tirano*, o suficiente para mostrar de onde vem a inspiração de Schiller"[3]. Em *Demetrius*, da mesma forma, um fragmento deixado incompleto com a morte de Schiller e potencialmente sua maior peça, a trama se centraliza em um pretendente ao trono da Rússia imperial – ele mesmo incerto quanto a suas origens – que se torna "inocentemente culpado", ao constatar que ele, de fato, não é o herdeiro por direito, mas que, no entanto, é compelido a continuar a impor sua reivindicação, para não decepcionar os que o apóiam.

A influência do *Édipo Rei* sobre Schiller é ainda mais aparente em dois outros dramas. Do mesmo modo que *Demetrius*, o primeiro

---

2. Schiller, *Werke: Nationalausgabe*, 30:177. Cf. também "O Símbolo do Véu", onde E. H. Gombrich (p. 93) cita a segunda das *Cartas Filosóficas de Schiller* (1786): "Nossa filosofia é a fatal curiosidade de Édipo, que nunca cessou de perguntar até que o terrível oráculo foi resolvido: 'que você nunca descubra quem você é' ".

3. Butler, *The Tyranny of Greece over Germany*, p. 194.

desses dramas, *Narbonne*, ou *As Crianças da Casa*, permaneceu um fragmento, iniciado em 1799 e extensivamente reescrito em esboços datados de 1804 e 1805[4]. A trama, em resumo, é a história de Louis Narbonne, que secretamente faz com que seu irmão Pierre seja morto pelo Capitão Raoul, a fim de se apossar da herança da família. Acredita-se que os dois filhos de Pierre, Saintfoix, o menino, e Adelaide, a menina, tenham perecido num incêndio, mas, na realidade, eles foram salvos por Madelon, fiel servidora de Narbonne, e criados por uma cigana, sem ter conhecimento de sua própria origem. As duas crianças fogem da cigana e retornam à sua cidade natal, onde Saintfoix é acolhido pela família do aparentemente respeitável e virtuoso Narbonne. No início da peça, Narbonne, que deseja preservar sua linhagem casando-se com Victoire, a rica e bela filha do oficial de justiça, está preocupado com o desaparecimento de uma jóia de família, uma peça com a qual ele pretende presentear sua prometida.

A trama se desencadeia quando Narbonne, apesar dos avisos de Madelon de que ele aceite a perda, insiste em chamar a polícia para investigar o roubo da jóia. O jovem Saintfoix, suspeito do crime, tenta fugir, acompanhado por Adelaide, por quem ele sente uma misteriosa afinidade. Trazida diante do oficial de justiça, Adelaide está usando uma outra antiga jóia que pertenceu à sua mãe e, pela primeira vez, Narbonne teme que essas crianças possam ser os filhos do irmão assassinado. Ele, além disso, encontra Saintfoix numa cena de amor com Victoire, que sempre se retraía diante dele (Narbonne) com um pavor inexplicável. No desenvolvimento seguinte, a cigana é presa como possível culpada; mas – numa inversão semelhante à do Mensageiro de Corinto em *Édipo Rei*, que inicialmente entra para anunciar a morte de Políbio, mas termina descobrindo que ele não era o verdadeiro pai de Édipo – ela revela que Saintfoix e Adelaide são irmão e irmã. Madelon, numa situação equivalente à do velho Pastor da peça de Sófocles, reconhece a cigana como a mulher à qual ela ilicitamente vendera as crianças, mas é assassinada por Narbonne, antes de poder contar o que sabe. A peça chega a seu ponto alto com o aparecimento do Capitão Raoul, que prova ter roubado a jóia para se vingar de Narbonne, que é desmascarado por ele como o assassino do irmão. Saintfoix e Victoire são unidos em matrimônio, enquanto Narbonne recebe sua merecida condenação.

A síntese acima é suficiente para evidenciar como Schiller moldou sua trama de modo muito próximo ao *Édipo Rei*. Schiller descreve a situação de *Narbonne* com as seguintes palavras: "Nêmesis leva um homem a começar e impetuosamente perseguir investigações contra um inimigo, até que, com isso, seu próprio crime, há muito esquecido,

---

4. Meu resumo de *Narbonne* segue o apresentado em Prader, *Schiller und Sophokles*, pp. 37-55.

é trazido à luz"⁵. Narbonne difere de Édipo pelo fato de procurar suprimir a investigação de um crime que ele sabe que cometeu, em vez de expor uma ação da qual ele é o culpado involuntário, e a ambientação que Schiller dá à peça, numa cidade francesa de província, igualmente, carece da ressonância metafísica da Tebas de Sófocles. A ênfase na ligação irmão-irmã, ao mesmo tempo sexual e espiritual, é reminiscente de *Antígona* e mais uma característica romântica do *Narbonne*. Apesar desses contrastes, o desmascaramento da hipocrisia burguesa, feito por Schiller, no século dezenove, permanece uma recunhagem dramática potencialmente excepcional de *Édipo Rei*.

Das obras completas de Schiller, a tentativa de reproduzir "o padrão de *Oedipus Rex*" culminou em *A Noiva de Messina* (1803), a última de suas peças, exceto por *Guilherme Tell* (1804). Configurando um equivalente moderno do coro grego, a peça é precedida por um curto ensaio, "Sobre o Uso do Coro na Tragédia", cuja definição do coro como uma "muralha viva" contra o naturalismo artístico é citada, com aprovação, por Nietzsche em "*O Nascimento da Tragédia*" (a teoria de A. W. Schlegel do coro como um "espectador ideal", no entanto, recebeu uma estrondosa condenação por parte de Nietzsche). Com o subtítulo *Os Irmãos Inimigos*, *A Noiva de Messina* combina os temas do incesto e do poder do destino de *Édipo Rei*, com o tema da rivalidade fratricida de *As Mulheres Fenícias*, de Eurípides.

O equivalente do oráculo que Schiller, em sua carta a Goethe de 2 de outubro de 1797, achou tão difícil visualizar, é apresentado nessa peça por uma maldição sobre a família dos príncipes de Messina, Don Manuel e Don César, provocada por seu pai, já morto, que prejudicara seu próprio pai, tomando-lhe a mulher a que ele aspirava como noiva. O Coro entoa, perto do final do Primeiro Ato:

> Roubo foi também, como todos sabemos,
> Quando a noiva do antigo Príncipe foi trazida
> A um leito nupcial pecaminoso, há muito tempo atrás,
> Pois ela era a noiva que seu pai buscava.
> E o fundador da família, feroz em sua ira,
> Lançou horríveis maldições sobre ele,
> Cobrindo o leito nupcial com sementes do crime⁶.

Essa maldição, destinada a ser cumprida na atual geração, toma a forma de um conflito entre os dois irmãos, abafado durante a vida do pai, mas renovado após sua morte. Sua mãe, Donna Isabella, consegue reconciliá-los por algum tempo, porque ambos haviam se apaixonado pela mesma mulher, que se revelará como sua irmã, por muito tempo

---

5. Citado em *idem*, p. 38.
6. Schiller, *A Noiva de Messina*, versos 961-967. Os números dos versos a seguir serão dados entre parênteses no texto.

desaparecida, Beatrice. Como Édipo, Beatrice, ainda criança, tivera sua morte ordenada pelo pai, em decorrência de um sonho que ele tivera e que profetizava que "Ela se tornaria a assassina de ambos / Os seus filhos e aniquilaria sua raça" (versos 2351-2352), mas foi poupada e mantida escondida pela mãe, que acreditava numa predição contrária, de que "Em amor ardente ela iria algum dia unir / Os corações de meus dois filhos" (versos 2366-2367). No final, Don César mata Don Manuel, ao descobri-lo nos braços de Beatrice, e então se mata, ao descobrir que ela é sua irmã, dessa forma cumprindo ambas as metades da profecia paradoxal.

As falhas de "*A Noiva de Messina*" foram penetrantemente expostas por Martin Mueller. Ao contrário da intenção de Schiller, sustenta Mueller, "O destino está longe de ser uma causa suficiente da catástrofe e parece, a um exame mais atento, ser a conseqüência de ações moralmente culpáveis. Nem também o procedimento da peça é genuinamente analítico"[7]. A peça não é "analítica" porque, em vez de revelar os acontecimentos passados por meio de um processo de investigação, esses acontecimentos passados provocam suas conseqüências destrutivas, ao interagir com as circunstâncias do presente. Quanto à questão da culpa moral, enquanto Édipo comete suas transgressões do incesto e do parricídio sem o saber, *A Noiva de Messina* assemelha-se a *Narbonne* no fato de que sua ação central é "um crime sob todo e qualquer padrão", uma vez que Don César reivindica a posse de Beatrice "sem mesmo pedir a permissão dela" e então mata o irmão "sem mesmo considerar se esse homem tem direitos sobre a mulher que poderiam ser mais fortes que os seus próprios direitos"[8].

Essas objeções são fortes, assim como a da dependência da peça de coincidências arquitetadas, mas uma perspectiva psicanalítica restaura a considerável grandeza de *A Noiva de Messina*, ao mostrar o quanto profundamente Schiller explora as raízes na infância do incesto e da rivalidade entre irmãos. Donna Isabella tenta apaziguar a inimizade entre os filhos, contando-lhes que eles próprios não têm conhecimento de sua causa:

> Lembrem-se do que primeiramente dividiu vocês dois,
> Vocês não sabem, e se vocês um dia o descobrirem,
> Seu rancor infantil os fará corar de vergonha (versos 414-416).

Longe de diminuir sua importância, no entanto, essa aparente falta de motivo para o "rancor infantil" é, como observa Rank, "característica do ódio incestuoso, cuja origem efetiva está, na verdade, reprimida"[9]. Que o conflito entre os irmãos por causa de Beatrice remonte

---

7. Mueller, *Children of Oedipus*, pp. 137-138.
8. *Idem*, p. 142.
9. Rank, *Incest-Motiv*, p. 564.

ao desejo de posse exclusiva da mãe é algo que a peça também salienta. Beatrice prefere o irmão mais velho, Don Manuel, embora ambos os irmãos se sintam atraídos por ela por uma emoção "vinda dos dias iluminados pela aurora da tenra infância" (verso 702); e, após ter assassinado Don Manuel, Don César fica absolutamente magoado, porque a mãe se refere ao irmão como seu favorito:

> Ela nunca me amou. Finalmente, seu coração.
> Traiu-a, lá, quando sua dor o abriu.
> Seu melhor filho, ela o chamou! Ela praticou
> A dissimulação toda a sua vida! – E vocês
> São tão falsos quanto ela! (versos 2556-2560).

Além de retratar a rivalidade sexual com relação à irmã/amada Beatrice como uma repetição do relacionamento dos irmãos com a mãe, Schiller também sugere que esse conflito fratricida é um deslocamento e reencenamento da transgressão edípica original do pai morto.

Antes de 1788, como observei, não há qualquer traço de influências sofoclianas nos dramas de Schiller. Há, no entanto, algumas notáveis continuidades temáticas entre as primeiras e as últimas obras. A primeira peça de Schiller, *Os Assaltantes*, publicada quando ele tinha apenas vinte e dois anos, está muito próxima de *A Noiva de Messina*. Entrelaçando a rivalidade entre irmãos e o conflito pai-filho, a peça *Os Assaltantes* aborda o tema do filho virtuoso, mas pródigo, Karl Moor, exilado do lar, devido às maquinações de seu maldoso irmão Franz, seu antagonista com relação ao amor da prima Amália. Da mesma forma, *Don Carlos*, a quarta e última peça de Schiller antes do intervalo de dez anos, tem como núcleo o amor do herói, filho do rei espanhol, por sua madrasta, que – numa inversão do padrão de *A Noiva de Messina* – havia-lhe sido prometida antes de ser conseguida pelo pai por direito de preferência. Carlos confidencia ao marquês de Posa, na cena de abertura:

> Um filho que ama a mãe: – um uso comum em todo o mundo,
> A ordem da natureza, e as leis de Roma
> Condenam essa paixão. Também, meu direito está
> Em horrível conflito com os direitos de meu pai.
> Eu sinto isso, mas, mesmo assim, continuo amando[10].

Os temas edípicos em *Don Carlos* são tão pronunciados, embora os desejos incestuosos estejam deslocados da mãe natural para uma madrasta, que Rank coloca a peça ao lado de *Édipo Rei* e de *Hamlet* como constituindo o terceiro estágio distinto da evolução do mito de Édipo na literatura ocidental[11].

---

10. Schiller, *Don Carlos*, versos 276-280.
11. Cf. Rank, *Incest-Motiv*, p. 43.

Mas, se não de Sófocles, de onde deriva a preocupação de Schiller com os conflitos edípicos? Sem dúvida, outras fontes literárias podem ter desempenhado um papel. Mas, de modo significativo, nessas peças fratricidas que se situam imediatamente após *Os Assaltantes*, o *Julius de Taranto*, de Leisewitz (1776), e *Os Gêmeos*, de Klinger (1776), a mulher amada pela qual lutam entre si os irmãos em hostilidade, ao contrário de Amália, não é uma parente consangüínea[12]. Embora objeto de controvérsia entre alguns críticos[13], é inevitável a conclusão de que o fascínio de Schiller tanto com os temas edípicos quanto com *Édipo Rei* de Sófocles é, assim como o de Freud, em grande parte resultado de determinantes biográficas individuais.

Seria fácil fazer objeções a uma análise biográfica das obras de Schiller que, apesar de retratar recorrentemente a rivalidade entre irmãos, sendo o segundo filho entre quatro crianças, não tinha irmãos. Como sustenta Rank, no entanto, "não devemos nos deixar enganar" por essa circunstância, uma vez que "pela explicação do complexo relativo a irmãos por meio do complexo relativo ao pai, o ódio entre irmãos em Schiller se revelará como um deslocamento, permitido pela imaginação, de um complexo relativo ao pai acentuado pela culpa"[14]. Além disso, há provas decisivas que mostram a intensidade do apego de Schiller a sua irmã, Christophine, dois anos mais velha que ele. Em 1784, o mesmo ano em que um pretendente à mão dela se apresentou na pessoa de seu amigo Reinwald – vinte anos mais velho que *ela* – Schiller insistiu em que Christophine fosse para Mannheim administrar sua casa. Após o casamento dela com Reinwald, ao qual Schiller veementemente se opunha e que se revelaria um casamento infeliz, os dois irmãos mantiveram uma correspondência clandestina, às ocultas do ciumento cunhado do poeta[15].

Um vínculo direto entre Schiller e Freud surge do fato de que, como relata Freud, em *A Interpretação dos Sonhos* (*SE*, 5:424), quando, na adolescência, seu sobrinho John retornou da Inglaterra, em visita a Viena, os dois meninos representaram os papéis de César e Brutus numa cena de *Os Assaltantes*. E mais, podemos ler em *A Psicopatologia da Vida Cotidiana* (*SE*, 6:23-24) o relato de um lapso de memória, no qual Freud não consegue lembrar o nome de um amigo – muito provavelmente, Friedrich Eckstein, o irmão da desafortunada paciente de Freud, Emma – e só consegue se lembrar dos nomes de Daniel e

---

12. Cf. Passage, "Introduction" a Schiller, *The Bride of Messina*, p. vii.
13. Frederick Ungar, por exemplo, escreve que "forças eróticas dificilmente desempenham algum papel criativo na vida de Schiller" (*Schiller: An Anthology for Our Time*, p. 100). De modo análogo, Gilbert J. Jordan defende que a "carreira excepcionalmente produtiva" de Schiller "dificilmente revela uma nota de experiência pessoal" (Schiller, *Guilherme Tell*, p. xi).
14. Rank, *Incest-Motiv*, p. 562.
15. Cf. *idem*, p. 576.

Franz, ambos personagens de *Os Assaltantes* (Daniel sendo um servidor fiel da família Moor). Freud explica essa confusão pela coincidência de que tanto ele quanto o amigo têm mães com o nome Amalia, assim como a heroína da peça de Schiller[16]. Por fim, como observa Freud em *A Interpretação dos Sonhos*, "Parece que vim ao mundo com um tal emaranhado de cabelos pretos, que minha jovem mãe declarou que eu era um pequeno Moor" ["pântano", em alemão] (*SE*, 4:337). Assim, em muitos aspectos, é evidente que o interesse de Freud por Schiller, e por *Os Assaltantes*, em particular, é condicionado por fatores pessoais.

Uma outra dimensão da relação subjetiva entre Freud e Schiller aparece em certas correspondências notáveis entre as vidas dos dois. Em 1773, com a idade de catorze anos, Schiller foi recrutado compulsoriamente para uma academia militar pelo tirânico duque Karl Eugen, de Württemberg. Quando, em 1782, fugiu de sua guarnição em Stuttgart, Schiller encontrou refúgio na propriedade rural de Henriette von Wolzogen, mãe de um de seus colegas de estudo. Lá, o jovem autor se apaixonou por uma das filhas, Charlotte, mas também pela mãe, Henriette, na qual, como explica Rank, "ele viu reunidas a mãe e a amada"[17]. Essa experiência duplica a do adolescente Freud em sua visita a Freiberg, quando ele se apaixonou simultaneamente por Gisela Fluss e a mãe dela. Em sua juventude, Schiller regularmente se via atraído por mulheres casadas ou então de caráter maternal. Louise Vischer, a Laura de seus primeiros poemas, era uma viúva; e Charlotte von Kalb, que aparece com proeminência tanto na vida de Goethe quanto na de Hölderlin por razões semelhantes, estava casada havia apenas seis meses quando Schiller a conheceu e se apaixonou por ela, em maio de 1784 – tanto que ele insistiu com ela que se divorciasse do marido e se casasse com ele. Da mesma forma, quando, em 1788, Schiller conheceu Charlotte von Lengefeld, com quem se casaria dois anos mais tarde, ele estava a princípio apaixonado por sua irmã casada, Karoline, que vivia um casamento desastroso. Após o casamento, ele acalentava o desejo de manter uma família com ambas as irmãs simultaneamente, como Freud faria com Martha e Minna Bernays. Essas afinidades salientam os motivos psicológicos que impeliam tanto Schiller quanto Freud a seu envolvimento com o mito de Édipo.

Em muitos aspectos, o próprio Schiller está na origem das correntes intelectuais que vão do romantismo alemão até Freud. Numa passagem acrescentada em 1909 a *A Interpretação dos Sonhos*, Freud cita

---

16. Cf. McGrath, *Freud's Discovery of Psychoanalysis*, pp. 67-77, onde ele também comenta sobre *Os Assaltantes*: "O retrato que o drama faz da bela e jovem Amália cuidando do velho pai oferecia um quadro no qual Freud podia facilmente encaixar sua própria história familiar de um velho pai com uma jovem esposa muito desejada pelos irmãos" (p. 69).

17. Rank, *Incest-Motiv*, p. 92.

uma passagem de uma carta de 1788 (para a qual Rank chamara sua atenção), para ilustrar a semelhança entre sua própria técnica de associação livre em *A Interpretação dos Sonhos* e o "relaxamento da vigilância diante das portas da Razão" (*SE*, 4:103) que Schiller considera necessário para a criação poética. Sobretudo, os dois tratados de Schiller, as *Cartas sobre a Educação Estética do Homem* (1793) e *Sobre a Poesia Ingênua e a Poesia Sentimental* (1795-1796), são de importância fundamental para o pensamento subseqüente. Neste último trabalho, Schiller busca se confrontar com sua enorme admiração tanto por Goethe quanto pelos gregos, colocando-os na categoria do "ingênuo", e a si próprio, na do "sentimental", ou poeta moderno reflexivo. Falando por esses indivíduos distantes, Schiller afirma: "nós vemos na natureza irracional apenas uma irmã mais feliz, que ficou na casa materna, da qual fugimos na arrogância de nossa liberdade"[18]. Essa passagem, com sua imagética do poeta homem buscando, com ambivalência, romper seu vínculo com a natureza, sua "irmã mais feliz", e escapar da "casa materna", funde os temas edípicos com a preocupação típica do romantismo com relação ao peso da autoconsciência. As reflexões de Schiller prefiguram as que Freud menciona no Capítulo 2 de *O Futuro de uma Ilusão*, onde a tarefa da "educação para a realidade" é definida em termos de "uma criança que deixou a casa dos pais, onde se sentia tão aquecida e confortável". Schiller, mais uma vez, prenuncia a psicanálise, ao reconhecer que nosso amor pela natureza está "estreitamente vinculado ao sentimento com o qual nós pranteamos a idade perdida da infância" (p. 103), mas partilha sobretudo da convicção de Hegel de que o poeta "sentimental", que não mais "funciona como uma unidade sensorial indivisa", pode agora "expressar-se apenas como uma [...] que *luta furiosamente*" (p. 111; grifo nosso) em busca de unidade. Na verdade, ele critica formas literárias como o idílio, precisamente porque elas "colocam essa meta *atrás* de nós, quando, ao contrário, deveriam nos conduzir *rumo* a ela, e, dessa forma, elas nos imbuem apenas de um triste sentimento de perda, e não de alegres sentimentos de esperança" (p. 149).

A gravitação em torno do mito de Édipo no pensamento do século XIX está regularmente acompanhada por uma predileção pelos modos de análise dialéticos ou dualistas. Schiller escreve no início da Sexta Carta, na *Educação Estética*:

<blockquote>Assim, pela interação entre dois impulsos opostos e pela associação de dois princípios opostos, vimos a origem do Belo, cujo ideal mais alto deve, dessa forma, ser buscado na mais perfeita possível união e equilíbrio entre a realidade e a forma[19].</blockquote>

---

18. Schiller, *Sobre a Poesia Ingênua e Poesia Sentimental*, p. 100. As referências de página serão, a seguir, dadas entre parênteses no texto.
19. Schiller, *Educação Estética*, p. 81. A seguir, as referências de página serão dadas entre parênteses no texto.

Essa definição do belo como resultado da "interação entre dois impulsos opostos" pode ser justaposta à enunciação de Freud de sua hipótese relativa à formação dos sonhos, no primeiro parágrafo de *A Interpretação dos Sonhos*:

> Também vou procurar elucidar os processos aos quais se devem a estranheza e obscuridade dos sonhos e deduzir desses processos a natureza das forças físicas de cujas ações concorrentes ou reciprocamente opostas se originam os sonhos (*SE*, 4:1).

Nietzsche, de modo análogo, escreve na sentença de abertura de *O Nascimento da Tragédia*:

> Será um grande ganho para a ciência da estética, conseguirmos perceber [...] que o desenvolvimento contínuo da arte está ligado à dualidade Apolíneo e Dionisíaco – assim como a procriação depende da dualidade dos sexos, envolvendo um conflito perpétuo com reconciliações que intervêm apenas periodicamente [20].

Não apenas essa passagem de Nietzsche é, em termos gerais, de espírito schilleriano, mas sua "dualidade Apolíneo e Dionisíaco" provém diretamente da oposição schilleriana entre o "ingênuo" e o "sentimental". Nos festivais gregos de Dionísio, afirma Nietzsche, "a natureza parece revelar um traço sentimental: é como se ela estivesse suspirando diante de seu desmembramento em indivíduos" (seção 2), enquanto "onde encontramos o 'ingênuo' na arte, devemos reconhecer os efeitos mais altos da cultura apolínea" (seção 3). É também uma confirmação da dimensão da influência de Schiller o fato de que o primeiro emprego do termo "supressão" (*Aufhebung*), tão central no pensamento de Hegel, em seu sentido técnico-filosófico aparentemente remonta à Carta Dezoito da *Educação Estética*[21].

Da mesma forma que Schiller definia a beleza como a "união e equilíbrio entre a realidade e a forma", também Nietzsche se empenhou, durante toda sua carreira, em reconciliar sua devoção à pretensão de liberdade com o reconhecimento da necessidade do dever e da autoridade legítima. Ele observa na Carta Quatro da *Educação Estética*: "O homem pode se encontrar em conflito consigo mesmo de dois modos: ou como um selvagem, se seus sentimentos comandam seus princípios, ou como um bárbaro, se seus princípios destroem seus sentimentos" (p. 34). Em termos psicanalíticos, Schiller nos adverte que o ego deve aprender a mediar entre as exigências conflitantes e excessivas tanto do id quanto do superego. Há um desenvolvimento direto da caracterização, em *Os Assaltantes*, de seus desejos igualmente inten-

---

20. Nietzsche, *O Nascimento da Tragédia*, seção 1. As referências dos números de seção a seguir serão dadas entre parênteses no texto.
21. Cf. a nota do organizador da edição em: Schiller, *Aesthetic Education*, pp. 88-89.

sos tanto de se rebelar contra a autoridade paterna quanto de conseguir reconciliar-se com ela – personificada, em sua juventude, pelo intolerável duque Karl Eugen – até o equilíbrio entre o desafio e a aceitação da potência impessoal do destino, evidente em suas tragédias da maturidade. O homem, reconhece Schiller em sua Carta Três, encontra-se constrangido de várias maneiras por uma necessidade sobre a qual ele não tem controle, e se defronta com o desafio de "remodelar a obra da necessidade numa obra da livre escolha". Ao imaginar a perspectiva de uma realidade diferente, continua ele, o homem "retraça artificialmente sua infância em sua maturidade [...] e prossegue, então, exatamente como se estivesse começando de novo e substituindo a condição de contrato pela condição de independência, com visão clara e livre decisão" (p. 28). Além de inaugurar a época que tornou possível a descoberta de Freud do complexo de Édipo, Schiller, nessa passagem, oferece uma definição idealizada das metas e aspirações da terapia psicanalítica.

5.2. HÖLDERLIN

Um dos momentos mais dolorosamente irônicos da história da literatura alemã é registrado por Heinrich Voss, filho do grande tradutor de Homero de mesmo nome, numa carta a um amigo, datada de 29 de outubro de 1804, na qual ele descreve seu próprio divertimento, de Goethe e de Schiller às custas de Hölderlin:

> O que você acha do Sófocles de Hölderlin? O homem está delirando ou só fingindo? E seu Sófocles é uma sátira disfarçada dos maus tradutores? Outro dia, quando me sentava junto com Schiller na casa de Goethe, eu os diverti com essas perguntas. Lemos o quarto coro de *Antígona* – você devia ver como Schiller ria. Ou o verso 20 de *Antígona* [...]. Eu recomendei essa passagem a Goethe como contribuição para sua ótica[22].

É inequívoca a vaidade mesquinha de Voss, mas a tragédia real dessa zombaria está na atitude de Goethe e Schiller, que voltavam as costas para o romantismo que eles haviam ajudado a desabrochar. Durante muito tempo mantendo à distância o vulnerável Hölderlin, eles viam sua poesia com condescendência injustificada. Hölderlin, no entanto, tem sua vingança póstuma, pois suas traduções de Sófocles, das quais Schiller se ria poucos meses antes de sua morte, resistiram ao teste do tempo muito melhor que *A Noiva de Messina* ou suas outras tentativas mais ou menos concluídas de dar uma roupagem moderna a *Édipo Rei*.

---

22. Hölderlin, *Sämtliche Werke*, vol. 7, parte 2, pp. 303-304.

Pertencendo à segunda geração romântica, Hölderlin vivenciou de modo ainda mais agudo que Schiller os dilemas gêmeos da autoconsciência do artista e do afastamento do ideal perdido da antiga Grécia. A encarnação do poeta visionário, Hölderlin, com sua descida agonizante rumo à loucura literal, na qual viveu os últimos quarenta anos de sua vida, encontra-se igualmente em nítido contraste com a serenidade despreocupada mantida por Schiller diante da deterioração física.

A obsessão de Hölderlin com Sófocles, que culmina com suas traduções de *Édipo Rei* e de *Antígona*, deve ser vista no contexto de sua própria "Concepção do Desenvolvimento do Herói". Já em "Minha Decisão", escrita com a idade de dezessete anos, Hölderlin expressa sua consciência de que sua vocação poética o condena ao isolamento até mesmo de seus amigos mais próximos[23]. Ele declara na segunda estrofe:

> Eu fujo ao suave aperto de suas mãos, evito
> O toque espiritual, feliz, dos lábios de um irmão.
> Não se irritem, amigos, perdoem-me! –
> Olhem para meu eu mais interior, e então julguem-me!

Essa idéia de um chamado poético é elaborada por Hölderlin em *Empédocles*, sua tragédia, nunca terminada, de um libertador fracassado, em seu magnífico romance *Hipérion*, em suas odes e hinos poéticos, bem como em suas traduções de Sófocles e de Píndaro. Na segunda versão do *Empédocles* (1799), Hölderlin elogia seu herói: "Ele, que viu coisas mais altas que jamais viu o olho mortal, / Agora, atingido pela cegueira, trôpego, segue seu caminho" (Hamburger, p. 289). Assim como em "O Cantor Cego" (1801), a "cegueira" de Empédocles não é literal, mas sim uma referência figurada ao ser privado da luz do sol e do acesso à natureza como fontes da inspiração poética, mas, sem dúvida, a exploração de Hölderlin do paradoxo da agudez de espírito e da cegueira é inspirada, pelo menos em parte, pelo precedente do Édipo de Sófocles.

Freud, cujas lealdades literárias estão com a tradição alemã clássica de Goethe e Schiller, não faz em sua obra qualquer alusão a Hölderlin. Nesse aspecto, ele é a antítese de Nietzsche, que, com a idade de dezessete anos, afirmava, em um ensaio escrito em 1861, que Hölderlin era seu poeta favorito. Dando a esse ensaio a forma de uma carta a um amigo imaginário, Nietzsche critica seu correspondente pela opinião de que "essas afirmações vagas e meio malucas sobre uma

---

23. Cf. Hamburger, "Introduction" a *Hölderlin, Poems and Fragments*, p. 3. A menos que indicado em contrário, as traduções das poesias de Hölderlin serão extraídas dessa edição bilíngüe, com as referências de página indicadas entre parênteses no texto pela abreviação "Hamburger".

mente perturbada e incapacitada somente dava uma impressão triste e às vezes repulsiva", e o relembra de que Hölderlin escreveu mais do que apenas poesia:

> Então você não conhece seu *Empédocles*, esse fragmento dramático extremamente importante, em cujos tons melancólicos reverbera o futuro desse infeliz poeta, seu sepulcro de uma longa loucura, e não, como você diz, numa linguagem obscura, mas na mais pura linguagem sofocliana e com uma plenitude inexaurível de idéias profundas (*SL*, p. 5).

Esse testemunho precoce é excepcionalmente tocante, pois, ao discernir no *Empédocles* indicações do "sepulcro da longa loucura" na qual Hölderlin terminou sua vida, Nietzsche, sem o saber, profetiza, nas palavras de Ronald Hayman, "o modo como o [seu] próprio desenvolvimento viria a se colocar em paralelo com o do poeta louco"[24]. Além disso, a observação de Nietzsche sobre a "linguagem sofocliana mais pura" de *Empédocles*, salienta a centralidade, tanto para ele próprio quanto para Hölderlin, de uma identificação com Édipo na compreensão de si próprios como heróis trágicos.

Profundamente entranhado na experiência pessoal de Hölderlin, *Hipérion* é o destilamento mais puro dos temas helenistas do romantismo, da autoconsciência e do conflito edípico. Um primeiro esboço fragmentário do romance foi publicado no periódico de estudos schillerianos, *Thalia*, em 1794; o primeiro volume foi finalmente publicado em 1797, e o segundo somente em 1799. Em termos filosóficos, *Hipérion* revela os esforços de Hölderlin em se confrontar com o idealismo radical de Fichte, cujas palestras em Jena ele freqüentara no inverno de 1794-1795, e, dessa forma, é um complemento das *Cartas Filosóficas* de Schelling, escritas nessa mesma época. Numa das passagens mais famosas da obra, o protagonista *Hipérion*, um grego do século XVIII lutando para resgatar o espírito do passado clássico de seu país, lamenta com seu amigo Belarmino:

> Oh, o homem é um deus, quando sonha, um mendigo, quando pensa; e quando a inspiração se vai, ele fica parado, como o filho imprestável que o pai expulsou de casa, e olha para as miseráveis moedas que a piedade lhe deu para seguir pela estrada[25].

Essa descrição da imaginação no exílio, com sua inversão gritante da parábola do filho pródigo, une a imagética da família com o problema da consciência no que parece ser uma reformulação ampliada da caracterização de Schiller do poeta "sentimental" como aquele que desertou a natureza "na casa materna, da qual fugimos na arrogância de nossa liberdade".

---

24. Hayman, *Nietzsche: A Critical Life*, p. 42.
25. Hölderlin, *Hyperion*, p. 23. No vol. 3 da edição de Beissner das *Sämtliche Werke*, há uma tabela analítica comparando os textos das várias versões de *Hipérion*.

A nota pessoal em *Hipérion* é articulada pelo retrato que Hölderlin faz de Schiller como Adamas, tutor do protagonista, e, sobretudo, por sua transformação de seu amor malfadado por Susette Gontard na paixão de Hipérion por Diotima:

> Após isso, nunca consegui ver Diotima a sós. Havia sempre uma terceira pessoa se intrometendo entre nós, separando-nos, e o mundo ficava entre ela e eu como um vazio sem limites[26].

Além de suas origens biográficas, no entanto, *Hipérion* possui um proeminente predecessor literário tanto por sua forma epistolar quanto por sua exploração do tema do amor proibido em *Os Sofrimentos do Jovem Werther*, de Goethe (1774). O desalento de Hipérion diante da intrusão de uma terceira pessoa entre ele e Diotima pode ser comparado com a carta de Werther a Lotte, pouco antes de cometer o suicídio:

> Oh, eu sabia que você me amava, eu soube disso quando pela primeira vez encontrei seu olhar emocionado, com o primeiro toque de sua mão, e, mesmo assim, quando eu estava longe de você, quando eu via Albert ao seu lado, eu voltava a me desesperar, numa febre de dúvidas[27].

O paralelo estreito entre as situações do *Werther*, de Goethe, e as do "Werther grego", de Hölderlin, não invalida a tentativa de compreender em termos biográficos a escolha de um tema por Hölderlin – ou, na verdade, por Goethe –, mas, ao contrário, assinala as relações perenialmente complementares entre a história individual e a história da cultura.

Hölderlin nasceu em 1770, na cidade de Lauffen junto ao Neckar, onde seu pai administrava propriedades pertencentes à igreja luterana. Após a morte do pai em 1772, nascia uma irmã. A mãe de Hölderlin casou-se novamente em 1774, e a família se mudou para Nürtingen, onde o novo padrasto era prefeito. Em 1776, nascia um meio-irmão mas, em 1779, Hölderlin perdia um pai pela segunda vez, com a morte do padrasto. Como já vimos no caso de Schiller, a história pessoal de Hölderlin tem certos pontos de semelhança notáveis com a de Freud. A partida de Hölderlin do local onde nasceu com a idade de quatro anos tem analogias com a saída de Freud de Freiberg, com a idade de três anos; e, mais importante ainda, a experiência precoce de Freud com a morte de Julius, que intensificou sua posterior reação de culpa com relação à morte do pai, encontra uma contrapartida mais radical na conjunção entre as mortes prematuras do pai e do padrasto de Hölderlin.

---

26. Hölderlin, *Hipérion*, p. 82.
27. Goethe, *Os Sofrimentos do Jovem Werther*, p. 121.

As conseqüências para Hölderlin da repetida realização traumática de desejos de morte edípicos inconscientes podem ser percebidas tanto em sua amizade com Schiller quanto em seu amor trágico por Susette Gontard. Hölderlin conheceu Schiller no outono de 1793, ao ser entrevistado por Schiller para o cargo de tutor particular do filho de Charlotte von Kalb, uma antiga paixão de Schiller. Já em Tübingen, Hölderlin reverenciava Schiller e buscava, com assombroso êxito, imitar sua poesia; e depois de se conhecerem, Hölderlin tinha consciência de se sentir filialmente dependente de Schiller. De Jena, ele escrevia a sua mãe, em 22 de fevereiro de 1795, após deixar seu cargo junto à família von Kalb em Waltershausen: "Schiller realmente se interessa tão paternalmente por minhas preocupações que eu recentemente tive de confessar a esse grande homem que não compreendo como vim a merecer que ele se interessasse tanto por mim"[28]. Mas, da mesma forma que o apego transferencial de Freud com relação a Fliess, o pólo negativo de um tal fascínio não poderia ser reprimido indefinidamente. Isso encontra expressão na carta de Hölderlin a Schiller, de 30 de junho de 1798:

> Assim, devo confessar a você que às vezes me sinto numa luta secreta com seu gênio, para poder garantir minha liberdade com relação a ele, e que o temor de ser completamente dominado por você freqüentemente me impedia de me aproximar de você com calma[29].

Devido a seus temores infantis de abandono, a devoção de Hölderlin com relação a Schiller possuía um caráter extremamente destrutivo, em razão do qual, se não pudesse ser tudo para seu ídolo, ele se acreditava ser absolutamente nada. Em conseqüência, Hölderlin se via dilacerado entre as alternativas intoleráveis de permanecer próximo a Schiller ou afastar-se dele[30].

Na medida em que foi Schiller que apresentou Hölderlin à família von Kalb, uma situação com características inequivocamente edípicas se manifesta nas relações de Hölderlin com a ainda atraente Charlotte, acentuada pelo casamento insípido desse espírito livre com um oficial militar reformado. Além disso, a pesquisa recente documentou que, enquanto em Waltershausen, Hölderlin envolveu-se afetivamente com Wilhelmine von Kirms, dama de companhia de Charlotte, uma viúva (como a mãe dele) e cerca de dez anos mais velha que ele, relacionamento que resultou no nascimento clandestino, em julho de 1795, de uma filha, que morreu de varíola no ano seguinte. Se a atração de

---

28. Hölderlin, *Sämtliche Werke*, vol. 6, parte 1, p. 157.
29. *Idem*, p. 173.
30. Cf. Laplanche, *Hölderlin et la question du père*, p. 55. Embora o estudo psicobiográfico de Laplanche seja um modelo em sua espécie, é curioso que seu exame da "questão do pai" não aborde o envolvimento de Hölderlin com o mito de Édipo.

Hölderlin por Charlotte von Kalb forma, de certo modo, a trama principal, e sua ligação física com Wilhelmine von Kirms, a trama secundária desse drama doméstico em Waltershausen, um último desdobramento é acrescentado pelo fato de que as dificuldades pedagógicas que Hölderlin usou como desculpa para deixar seu cargo tinham como motivo sua incapacidade de controlar ou tolerar as atividades masturbatórias de seu aluno – um equivalente externalizado de suas próprias transgressões fálicas em fantasia e na realidade[31].

O grande significado desse período em Waltershausen está em oferecer um preâmbulo ao envolvimento posterior de Hölderlin com Susette Gontard. Apenas um ano mais velha que Hölderlin, Susette era casada com um comerciante consideravelmente mais velho, conhecido por sua irascibilidade, e mãe de quatro crianças. A estrutura edípica dessa disposição da família na qual Hölderlin mais uma vez trabalhou como tutor, de dezembro de 1795 até o outono de 1798, é, dessa forma, transparente. O fato de que ele e Susette jamais tenham consumado seu amor parece apenas ter aumentado sua intensidade, pois ele é imortalizado no *Hipérion* como uma verdadeira comunhão de almas.

Em dezembro de 1801, mais de um ano após seu afastamento final de Susette Gontard e seis meses após uma carta não respondida a Schiller, pedindo apoio para seu projeto de ida para Jena como professor de literatura grega, Hölderlin seguiu numa viagem solitária para o sul da França. Num dos primeiros poemas, o "Sófocles" (1799), Hölderlin havia definido concisamente o paradoxo da serenidade trágica do dramaturgo grego: "Muitos tentaram, mas em vão, expressar com alegria o mais alegre; / Aqui, por fim, com tristeza profunda, eu o encontro expresso por completo" (Hamburger, p. 71). Mas são sobretudo os grandes poemas desse período tardio, inclusive o "Pão e Vinho", o "Germânia" e "O Único", que revelam os obstáculos com que se defrontava Hölderlin em seu projeto de ressuscitar a antiga Grécia, bem como a tensão crescente em sua tentativa de reconciliar sua devoção aos deuses gregos com as exigências imperativas de Cristo. As exigências do cristianismo eram personificadas na vida de Hölderlin por sua mãe, da qual ele buscava guardar o segredo de seu paganismo, ao qual ele, por fim, capitulou[32]. Os primeiros sinais pronunciados de sua desordem mental incipiente manifestaram-se após seu retorno de Bordeaux, onde ele acreditava que as ruínas e o povo "atlético" o haviam colocado em contato com o espírito da Grécia. Uma carta escrita no outono de 1802 a Casimir Ulrich von Böhlendorff indica que o início da loucura de Hölderlin foi acompanhado por um aprofundamento de sua concepção de si próprio como um herói trágico:

---

31. Cf. *idem*, p. 29.
32. Cf. Butler, *The Tyranny of Greece over Germany*, pp. 225-234.

O elemento poderoso, o fogo do céu e o silêncio do povo, sua vida na natureza, seu confinamento e seu contentamento, impeliam-me continuamente, e, como se costuma dizer dos heróis, posso muito bem dizer sobre mim mesmo que Apolo me atingiu[33].

Como no *Empédocles* e em "O Cantor Cego", Hölderlin novamente descreve a si mesmo como metaforicamente cegado pelo "fogo do céu", somente que, agora, em conseqüência de ser atingido por Apolo, numa jornada demasiado literal rumo à loucura.

Entre os últimos trabalhos literários completados por Hölderlin antes de sua insanidade, estão as traduções de *Édipo Rei* e de *Antígona*, que foram publicadas juntamente com curtos ensaios críticos sobre cada uma das peças, em 1804. "Nós chamamos esse trabalho de tradução", escreve Karl Reinhardt, "mas deve ficar claro que estamos interessados em algo situado a mundos de distância de toda realização meramente humanístico-literária"[34]. Iniciadas já em 1796 e, além do *Hipérion*, as únicas de suas obras que Hölderlin viu publicadas, essas traduções de Sófocles são tanto os principais documentos da autobiografia espiritual de Hölderlin quanto um testemunho representativo da centralidade do mito de Édipo para o período do romantismo alemão como um todo.

Em suas "Observações" ("*Anmerkungen*") críticas, obscuras até mesmo no alemão, Hölderlin amplia sua consideração da tragédia, previamente exposta no "Argumento em favor de *Empédocles*" (1799), como sendo baseada no conflito entre a simultânea necessidade de separação e de fusão entre deus e o homem, e, mais uma vez, se debate com o problema de renunciar à sua lealdade aos deuses gregos em favor de Cristo. Além de sua importância intrínseca, os comentários de Hölderlin têm interesse histórico, na medida em que apresentam uma ponte entre a interpretação sofocliana de Schelling e a de Hegel. Quando, por exemplo, Hölderlin afirma que a tragédia de *Antigona* depende do fato de que "entre Creonte e Antígona, entre o formal e o anti-formal, o equilíbrio é mantido com extrema igualdade"[35], há nisso um vínculo imediato tanto com a formulação de Schelling, em sua *Filosofia da Arte*, do mesmo período, de que, na tragédia, a liberdade e a necessi-

---

33. Citado em Hamburger, "Introdução" a Hölderlin, *Poems and Fragments*, p. 13.
34. Reinhardt, "Hölderlin und Sophokles", p. 287. Uma defesa apaixonada das traduções de Hölderlin, como "o ato mais violento e deliberadamente extremo de perspicácia e apropriação hermenêuticas de que temos conhecimento", é apresentada por Steiner em *After Babel*, pp. 322-333. Cf. também Steiner, *Antigones*, 66-103; Harrison, *Hölderlin and Greek Literature*, pp. 160-192; e Binder, "Hölderlin und Sophokles". Uma avaliação crítica das traduções de Hölderlin está em Schadewaldt, "Hölderlins Übersetzung des Sophokles".
35. Hölderlin, *Sämtliche Werke*, 5:272. As referências subseqüentes ao volume e página de *Anmerkungen zum Oedipus* e de *Anmerkungen zur Antigonae* serão indicadas entre parênteses no texto. Cf. também Schrader, *Hölderlins Deutung des "Oedipus" und der "Antigone"*.

dade "aparecem ambas vitoriosas e derrotadas, em total indiferença", quanto com a leitura de Hegel da peça, onde o impasse entre Creonte e Antígona serve para mostrar que "ambos estão igualmente certos e, dessa forma, em sua oposição (que se manifesta através da ação) estão igualmente errados" (*PM*, p. 743). O recurso a Sófocles para expor uma visão fundamentalmente dialética é comum a todos os três estudantes do seminário de Tübingen, mas a inflexão dada por Hölderlin ao que ele chama de a "mais alta imparcialidade dos dois personagens opostos", em *Antígona*, é condicionada exclusivamente por sua experiência em sua prática como poeta.

Além disso, como poeta e não como filósofo, Hölderlin, cujo conhecimento do grego era muito maior que o de Schiller, está excepcionalmente sintonizado com a linguagem de Sófocles[36]. Hölderlin possui num grau sem paralelo a convicção do poeta do poder das palavras de dar vida e lidar com a morte. "A palavra *trágico-grega tem eficácia de morte*", escreve ele oracularmente nas "Observações sobre a *Antígona*", "porque o corpo que ela toma realmente mata" (5:269). Complementando sua sensibilidade lingüística está a tentativa de Hölderlin, em ambos os comentários, de especificar com precisão virtualmente científica os meios pelos quais um efeito trágico é produzido. Falando dos benefícios prestados à tragédia antiga por "cálculos com base na lei e outras técnicas" que "sempre podem ser repetidos com segurança", Hölderlin, em "Observações sobre o *Édipo*" traça uma analogia profunda entre a função de uma cesura nos versos individuais do poema e as "interrupções contra-rítmicas" (5:196), marcadas, em ambas as peças, por Tirésias, cujas intervenções sancionadas pela divindade servem como eixo de equilíbrio entre duas unidades desiguais da ação. Esse foco sobre as leis da arte trágica põe Hölderlin em relação com Freud, que, da mesma forma, buscava compreender intelectualmente a "força avassaladora" do *Édipo Rei*, em vez de apenas vivenciá-la passivamente[37].

A identificação de Hölderlin com os heróis trágicos de Sófocles traz um senso de urgência a suas exegeses tanto do *Édipo Rei* quanto da *Antígona*. Em relação a *Antígona*, ele escreve:

> É um grande expediente da alma que trabalha secretamente o fato de que, na mais alta consciência, ela escape à consciência e, antes que o deus atual realmente a capture, ela o receba com palavras ousadas e de blasfêmia e, dessa forma, preserve o sagrado, deixando a possibilidade do espírito (5:267).

Butler, sem dúvida, está certo em ver nessa passagem uma reflexão de Hölderlin sobre sua própria loucura se apoderando dele, e em

---

36. Cf. Else, "Sophokles the Elusive", p. 127.
37. Cf. Green, *The Tragic Effect*, pp. 225-226. O título francês do livro de Green, *Un oeil en trop*, é extraído de "Em Azul Adorável"; ele também oferece uma discussão penetrante (pp. 225-230) das reflexões de Hölderlin sobre a tragédia.

sugerir, com base nisso, que "alguma experiência dilacerante teria precedido seu colapso, e ele teria quase conscientemente buscado refugiar-se dela na insanidade"[38]. Em "Observações sobre o *Édipo*", Hölderlin explica magnificamente que a derrocada de Édipo ocorre porque ele "*interpreta* o oráculo de modo *demasiadamente infinito*", e, com isso, "é tentado *à enormidade*" (5:197). Ele localiza essa interpretação "de modo demasiadamente infinito" no momento em que Édipo pergunta, "em particular", sobre a instrução do oráculo de que purificasse a terra e, com isso, fica sabendo sobre o assassinato de Laio. De acordo com Hölderlin, *Édipo Rei* revela que o "conhecimento, quando rompe suas barreiras, [...] instiga a si mesmo a saber mais do que pode suportar ou compreender" (5:198); e, ao perceber, dessa forma, uma ligação entre o conhecimento excessivo e a insanidade, ou "enormidade" (*nefas*), Hölderlin, assim como Schelling, prenuncia Nietzsche.

Mesmo durante o período de sua insanidade, a maior parte da qual – de 1807 até sua morte em 1843 – passou sob os cuidados benevolentes de um carpinteiro chamado Zimmer, em Tübingen, Hölderlin continuou a escrever, ocasionalmente revelando lampejos de seu antigo gênio. O trabalho mais surpreendente composto por Hölderlin em sua última fase é o poema em prosa "Em Azul Adorável" (1823), que se encerra:

> Se alguém olha num espelho, um homem, e nele vê uma imagem, como se fosse de uma semelhança pintada; ela se assemelha ao homem. A imagem do homem tem olhos, enquanto a lua tem luz. O rei Édipo talvez tenha um olho em demasia. Os sofrimentos desse homem, eles parecem indescritíveis, impronunciáveis, inexprimíveis. Se o drama representa algo desse tipo, é esse o motivo. Como riachos, me arrebata o fim de algo que se expande como a Ásia. Naturalmente, essa aflição, também Édipo tem. [...] E a imortalidade em meio à inveja desta vida, partilhar dela é também uma aflição. Mas também é uma aflição, um homem que está coberto de pintas ficar totalmente coberto com muitas manchas! O belo sol faz isso: pois ele faz crescer todas as coisas. Ele conduz os homens jovens ao longo de seu percurso com o fascínio de seus raios, como se com rosas. As aflições que Édipo suportou parecem-se com as do homem pobre que se queixa de que há algo que lhe falta. Filho de Laio, pobre estrangeiro na Grécia! A vida é morte, e a morte é uma espécie de vida (Hamburger, pp. 603-605).

Numa voz vinda de trás, "seu sepulcro de uma longa loucura", Hölderlin definitivamente comenta aqui a "aflição" de sua vocação poética com a qual ele se engalfinhou durante toda a sua vida criativa. Hölderlin vê nos sofrimentos "indescritíveis, impronunciáveis, inexprimíveis" de Édipo um "espelho" de seu próprio destino, e sua alusão a "um olho em demasia" remete às "Observações", onde ele diz que Édipo precipita sua própria destruição por atos de interpretação "demasiado infinitos". As "pintas" deixadas pelo "belo sol" que "conduz os homens jovens ao longo de seu percurso com o fascínio de seus

---

38. Butler, *The Tyranny of Greece over Germany*, p. 235.

raios, como se com rosas", de modo análogo, claramente evocam o "fogo do céu", pelo qual, na carta a Böhlendorff, Hölderlin afirma ter sido atraído, bem como a "cegueira" figurada sofrida por Empédocles por ter visto "coisas mais altas que jamais viu o olho mortal". E, se, além disso, o "você" na pergunta "Mas, o que acontece comigo quando penso em você agora?" só pode ser sua Diotima, toda a passagem de Hölderlin estranhamente mescla os temas do amor proibido e da introspecção trágica inerente ao mito de Édipo.

Quando Wilhelm Waiblinger, um dos primeiros biógrafos de Hölderlin, visitou o poeta pela primeira vez em 1822, ele anotou em seu diário que Hölderlin, "quando o que diz é inteligível, sempre fala de sofrimento, de Édipo e da Grécia"[39]. Anotadas pouco antes da escrita de "Em Azul Adorável", as observações de Waiblinger condensam os temas não apenas desse poema em prosa, mas da carreira poética de Hölderlin como um todo. Em "Observações sobre *Édipo*", Hölderlin medita em termos autobiográficos sobre a luta de Édipo, "a luta desesperadora para voltar a si, a luta brutal, quase desavergonhada, para tornar-se mestre de si próprio, a luta absurdamente selvagem em busca de uma consciência" (5:199), e é ele próprio o eternamente romântico "filho de Laio, pobre estrangeiro na Grécia".

5.3. KLEIST

Heinrich von Kleist suicidou-se, com a idade de trinta e quatro anos, num horrível duplo suicídio, no qual ele atirou no coração de sua companheira afetada de doença terminal, Henriette Vogel, antes de atirar na própria boca. No dia de sua morte, 21 de novembro de 1811, Kleist escrevia a sua prima Marie:

> Por esta minha vida, a mais atormentada que alguém já viveu, eu posso agora, por fim, agradecer a Ele, uma vez que ele torna boa a mais gloriosa e sensual das mortes. Ah, se ao menos houvesse algo que eu pudesse fazer para mitigar a amarga dor que vou causar a você. [...] Poderá talvez servir de consolo a você o fato de que eu nunca teria trocado você por essa mulher, se ela tivesse querido nada mais que viver comigo? [...] A decisão a que ela chegou em sua alma, de morrer comigo, atraiu-me, não posso lhe dizer com que inexprimível e irresistível força, para seu peito. [...] Um tumulto de felicidade, jamais experimentado antes, tomou conta de mim, e não posso esconder de você que o túmulo dela é mais precioso para mim que os leitos de todas as imperatrizes deste mundo[40].

Esse acontecimento dramático, que nos faz lembrar da lembrança encobridora de Freud da gravidez da mãe e de sua babá sendo "encai-

---

39. Hölderlin, *Sämtliche Werke*, vol. 7, parte 3, p. 5.
40. *Um Abismo Suficientemente Profundo*, pp. 205-206. As subseqüentes referências de página a esse volume serão indicadas entre parênteses pela abreviação *Abyss*.

xotada" no cruzamento dos opostos do "leito" e do "túmulo", oferece um ponto privilegiado a partir do qual a vida e a arte de Kleist podem ser compreendidas retrospectivamente[41]. Ele aponta para a existência de uma profunda fixação incestuosa, que, por sua vez, ilumina a preocupação com o mito de Édipo presente em sua obra dramática.

O suicídio de Kleist é tanto o reverso quanto a contrapartida do refúgio de Hölderlin na loucura. Não menos trágico que o de Hölderlin, o fim de Kleist difere do fim desse poeta lírico por sua violência e caráter deliberado. A autodestruição dos dois escritores mais jovens forma um contraste gritante com o otimismo incansável de Schiller e, mais ainda, com o afastamento olímpico cultivado por Goethe, no final de sua vida.

Embora Hölderlin e Kleist não pareçam ter tido consciência da existência um do outro, um paralelo notável entre suas carreiras é constituído pela luta de ambos com o sábio de Weimar. A natureza infeliz das relações de Hölderlin com Goethe é simbolizada pelo fato de que, em seu primeiro encontro, em novembro de 1794, Hölderlin não conseguiu reconhecer o grande homem ao qual ele era apresentado[42]. Em 21 de agosto de 1797, Goethe escrevia a Schiller, após um encontro com Hölderlin: "Recomendei a ele, em especial, que escrevesse poemas curtos"[43]. Como vimos, o papel de Schiller na vida de Hölderlin foi decisivo e, por fim, catastrófico, mas não se pode dizer que Goethe tenha-lhe dado muito incentivo.

Enquanto a dolorosa timidez e embaraço exibidas por Hölderlin em seu relacionamento com Goethe prenunciam sua insanidade futura, o fim sangrento de Kleist acompanha passo a passo seu desafio frontal a Goethe, expresso em seu juramento de 1803, "Vou arrancar-lhe a coroa da testa!"[44]. Kleist sem dúvida era um indivíduo extremamente problemático, e infligia a Goethe o peso ambivalente de sua admiração ilimitada e intenso ciúme, mas Goethe, por seu lado, era injusto em seu tratamento de Kleist. Lançando o *Kate de Heilbronn* (1806), de Kleist, ao fogo, ele o chamou de personificação de uma "perversi-

---

41. Em "The Dismantling of a Marionette Theater", Erich Heller focaliza os excessos de um recente trabalho de crítica literária psicanalítica de Kleist para desqualificar o próprio método. O polêmico ensaio de Heller, no entanto, não leva em conta a longa tradição de importantes textos psicanalíticos sobre Kleist, a começar pela monografia biográfica de Isidor Sadger, *Heinrich von Kleist* (1910). Uma parte da pesquisa de Sadger foi apresentada à Sociedade Psicanalítica de Viena, onde encontrou uma recepção entusiasmada, mas de forma alguma acrítica. Cf. *Minutas*, 2:220-226. Cf. também o texto de Ernest Jones de 1911, inspirado no trabalho de Sadger, "On 'Dying Together'"; e Kaiser, "Kleists 'Prinz von Homburg' ".

42. Cf. a carta de Hölderlin a Neuffer, de novembro de 1794, em *Sämtliche Werke*, vol. 6, parte 1, p. 140.

43. *Idem*, vol. 7, parte 2, p. 109.

44. *Kleists Lebensspuren*, p. 103. Para uma discussão ampla do relacionamento de Kleist com Goethe, cf. Mommsen, *Kleists Kampf mit Goethe*.

dade maldita" (*Abyss*, p. 177); quando aceitou a sublime comédia metafísica de Kleist, *A Bilha Quebrada* (1806), para o teatro de Weimar, Goethe a arruinou, dividindo a ação continuamente fluida em três partes distintas; e, ao receber *Pentesiléia* (1807), que, em sua violência e furor, hoje nos parece assombrosamente próxima do espírito da tragédia grega, Goethe rejeitou-a com o insulto de que teria ficado "mais contente em receber algo vindo do coração" (*Abyss*, p. 180). Como observou Philip B. Miller, Goethe, o "freqüente campeão da segura terceira categoria, era notavelmente consistente em rejeitar os melhores da nova geração", e há "mais que uma indicação de um indigno ciúme profissional" em seu desdém não apenas de Hölderlin e Kleist, mas também de Caspar David Friedrich, hoje considerado o melhor pintor do período, cujas telas Goethe recomendou que fossem "arrebentadas contra uma mesa" (*Abyss*, p. 177).

Da mesma forma que com relação a Hölderlin, a ausência de interesse da parte de Freud na obra de Kleist é contrabalançada por sua admiração apaixonada por Nietzsche. E assim como Nietzsche designava Hölderlin seu poeta favorito, na idade de dezessete, foi também em antecipação a seu décimo-quinto aniversário que ele confiou a seu diário que gostaria de receber uma edição de Kleist[45]. O mais longo comentário de Nietzsche sobre Kleist encontra-se em *Schopenhauer como Educador* (1874), a terceira de suas *Considerações Extemporâneas*, onde ele o associa a Hölderlin: "Nossos Hölderlin e Kleist, e muitos outros como eles, foram destruídos por sua anormalidade e não puderam suportar o clima da assim-chamada cultura alemã"[46].

A sensibilidade de Nietzsche com relação a figuras marginais como Hölderlin e Kleist, numa época em que a reputação dos dois escritores era muito mais baixa que hoje, aponta para o fato de que sua própria "anormalidade" tornava-lhe acessíveis domínios da experiência que estavam além do alcance de Freud, de temperamento mais convencional. Na verdade, o significado da própria identificação de Freud com Goethe assume uma nova dimensão à luz dos encontros posteriores com Hölderlin e Kleist. Pois Freud, assim como Goethe, apresentava sua parcela de "ciúme profissional", ao lidar com colegas e discípulos: ele encontrou seu próprio Kleist na figura de Victor Tausk, um de seus alunos mais brilhantes e instáveis, que também deu fim à própria vida com uma pistola, num suicídio pelo qual Freud – não menos que Goethe no caso de Kleist – teve responsabilidade pelo menos indireta[47].

Como bem se sabe, a carreira de Kleist como escritor se iniciou em resposta ao que Nietzsche, que o compara nesse aspecto a Schope-

---

45. Cf. *Kleists Nachruhm*, p. 153.
46. Nietzsche, *Schopenhauer como Educador*, p. 20.
47. Sobre Freud e Tausk, cf., além das obras citadas na parte 1, cap. 2, nota 12, a resposta de Roazen a Eissler, "Reflections on Ethos and Authenticity in Psychoanalysis"; e Roustang, *Dire Mastery*, pp. 76-106.

nhauer, designa como a "devastação e o desespero de toda a verdade [...], vivenciados como um efeito da filosofia kantiana"[48]. O próprio Kleist revela a essência de sua "crise de Kant" numa famosa carta, de 22 de março de 1801, à sua noiva Wilhelmine von Zenge:

> Se todos vissem o mundo através de lentes verdes, eles seriam forçados a julgar que tudo que viam *era* verde, e nunca poderiam estar seguros de que seus olhos vêem as coisas como elas realmente são, ou se não estariam acrescentando algo de si próprios ao que vêem. E o mesmo acontece com nosso intelecto. Nunca podemos estar seguros de que o que chamamos Verdade é realmente Verdade, ou se apenas parece sê-lo para nós. Se apenas parece, então a Verdade que adquirimos aqui *não* é Verdade após nossa morte, e tudo é uma luta em vão por uma posse que talvez jamais siga conosco até o túmulo (*Abyss*, p. 95).

Assim como o confronto com o legado kantiano era o problema constitutivo dos diversos defensores da "antropologia expressivista" do período romântico, também o próprio caráter extremo do colapso de Kleist torna sua situação representativa, bem como suas subseqüentes obsessões com o problema da autoconsciência e o mito de Édipo.

Uma vez iniciada sua carreira como escritor, o projeto mais importante de Kleist era sua tragédia *Robert Guiscard*. Iniciada em 1802, partes de *Robert Guiscard* foram, em 1803, lidas em voz alta por Kleist a Christoph Martin Wieland, o eminente poeta e romancista, então com setenta anos de idade. O quanto Wieland ficou impressionado com o trabalho não terminado de Kleist fica claro em sua carta a Wedekind, de 10 de abril de 1804:

> Se os espíritos de Ésquilo, Sófocles e Shakespeare viessem a colaborar na criação de uma tragédia, o resultado seria equivalente a *A Morte de Guiscard, o Normando*, de Kleist – se o trabalho completo se revelar igual ao que ele então leu para mim. Desse momento em diante, ficou claro para mim que Kleist nasceu para preencher a grande lacuna de nossa literatura dramática que, pelo menos em minha opinião, nem Goethe nem Schiller conseguiram preencher[49].

É compreensível que Kleist reverenciasse o homem que o acreditava capaz de reviver o espírito da autêntica tragédia na Alemanha, quando Schiller e Goethe não o haviam conseguido. Também merece ser notada a caracterização que Wieland faz de *Robert Guiscard* como uma mistura entre Shakespeare e os gregos, pois essa fusão alquimista havia sido a meta de Schiller em *Wallenstein* e em outros dramas históricos, e fora originalmente recomendada na crítica de Lessing.

Tanto provas internas quanto externas confirmam que o *Robert Guiscard* foi composto sob a influência imediata de *Édipo Rei*[50]. Em

---

48. Nietzsche, *Schopenhauer como Educador*, p. 24.
49. Citado em Maass, *Kleist: A Biography*, p. 80.
50. Cf. von Wädenswil, *Kleist und Sophokles*, pp. 25-47; e Stahl, "Guiscard and Oedipus".

junho de 1803, Kleist, que não conhecia o grego, consultou na biblioteca de Dresden um volume das tragédias de Sófocles, traduzidas, inclusive *Édipo Rei*[51]. *Robert Guiscard*, do qual chegaram até nós apenas as dez primeiras cenas, é ambientado no século XI, durante o sítio de Constantinopla pelos normandos, liderados por Guiscard. Não apenas – da mesma forma que em *Édipo Rei* – uma peste devasta o acampamento normando, mas o próprio Guiscard está contaminado, embora tente ocultar esse fato a seus soldados, ansiosos. No início, Guiscard sente-se confiante de sobreviver à peste, provavelmente devido a uma profecia de que ele morreria em Jerusalém, mas é provável que Kleist pretendesse formular uma ironia sofocliana com base na revelação de que o lugar onde os normandos levantaram seu acampamento era antigamente denominado Jerusalém. Guiscard, além disso, havia chegado ao poder muitos anos antes, ao depor seu irmão, e um tema que evidentemente deveria ser desenvolvido no decorrer da peça seria o da rivalidade entre o filho de Guiscard, Robert, e seu sobrinho, Abelard, que buscaria impor seu direito legítimo ao trono.

Em julho de 1803, Wieland escrevia a Kleist palavras de incentivo: "Nada é impossível para a musa sagrada que inspira você. Você *deve* completar seu *Guiscard*, mesmo que todo o Cáucaso e o monte Atlas estejam pesando sobre você" (*Abyss*, p. 151). Mas justamente porque identificava sua ambição poética tão completamente com o *Robert Guiscard*, Kleist foi incapaz de concluí-lo. Em vez de arrancar a coroa da testa de Goethe, ele se viu obrigado a confrontar-se com sua própria humilhação. O desespero de Kleist é revelado numa carta, de 3 de outubro de 1803, à sua meia-irmã Ulrike:

> Trabalhei arduamente durante quinhentos dias consecutivos, inclusive a maioria das noites, com um único propósito: conquistar mais uma coroa da fama e colocá-la ao lado das muitas já conquistadas por nossa família: agora nossa santa deusa guardiã me diz: Basta! [...] Foi o inferno que me deu esse meu talento pela metade: o céu ou o concede inteiro ou não concede nenhum (*Abyss*, pp. 151-152).

Após reconhecer o fracasso, Kleist seguiu numa viagem precipitada para Paris, e tentou, sem êxito, juntar-se a um grupo de recrutas, para lutar na guerra contra Napoleão e, por fim, sofreu um dos prolongados colapsos nervosos que o acometeriam no decorrer de sua curta vida.

Mas o fracasso de Kleist com *Robert Guiscard* foi, pelo menos em parte, contrabalançado por *A Bilha Quebrada* e *Pentesiléia*, duas peças que ele conseguiu terminar, e ambas podem ser consideradas como reações ao fracasso de seu *opus magnum*. O vínculo entre *Robert Guiscard* e *A Bilha Quebrada* é especialmente claro, porque, da mesma forma que a tragédia, a comédia foi iniciada em 1802, sob o fascínio

---

51. Cf. *Kleists Lebensspuren*, p. 96.

de Kleist por *Édipo Rei*[52]. Kleist teve a idéia para *A Bilha Quebrada* em resposta a uma competição literária com vários amigos, cujo objetivo era explicar uma cena de uma gravação numa placa de cobre com esse mesmo título, feita por Jean-Jacques Le Veau, que retratava o tribunal de justiça de uma aldeia. Em seu Prefácio, acrescentado apenas a uma versão manuscrita da peça, Kleist declara explicitamente ter visto nesse quadro aparentemente inócuo alusões a *Édipo Rei*:

> Via-se nele, em primeiro lugar, um juiz sentado solenemente no assento a ele reservado; diante dele estava uma velha mulher, que segurava uma bilha quebrada; [...] o acusado, um jovem camponês; [...] uma garota, que provavelmente estava envolvida na questão; [...] e o funcionário do tribunal (que talvez tivesse inquirido a garota alguns momentos antes), que, desconfiado, olhava de soslaio para o juiz, como Creonte fez com Édipo numa ocasião semelhante [quando a pergunta era: quem matou Laio?][53].

A dívida com relação a *Édipo Rei* indicada no Prefácio de *A Bilha Quebrada* é amplamente confirmada pela própria peça. A comédia de Kleist assemelha-se a um trabalho não terminado de Schiller, o *Narbonne*, ao retratar a auto-incriminação involuntária de um réu sabidamente culpado, mas o que Nietzsche diz, em *O Nascimento da Tragédia*, sobre o desígnio de Sófocles em *Édipo*, poderia, com igual justiça, ser aplicado à habilidade artística de Kleist: "Como poeta, ele primeiramente nos mostra o nó magnificamente atado de um julgamento, aos poucos desatado pelo juiz, pedaço por pedaço, para sua própria ruína" (seção 9). Em outras palavras, em *A Bilha Quebrada*, Kleist conseguiu o que Schiller não conseguira realizar em *A Noiva de Messina*: uma trama genuinamente "analítica", onde "tudo já está lá, e só resta desdobrá-lo".

Para simbolizar sua identificação com Édipo, o protagonista de Kleist, o juiz Adão, tem um pé torto – o esquerdo, tradicionalmente associado com o pecado. O crime do qual Adão é culpado é a tentativa de sedução de uma garota camponesa, Eva, sob o pretexto de um documento forjado que afirma que o noivo dela, Ruprecht, deverá ser enviado para o serviço militar na Indonésia, se Eva não atender às solicitações de Adão de favores sexuais. Durante a visita ao quarto de

---

52. Cf. von Wädenswil, *Kleist und Sophokles*, pp. 54-89; Schadewaldt, "Der 'Zerbrochene Krug' und 'König Ödipus'"; von Gordon, *Dramatische Handlung*; e Mueller, *Children of Oedipus*, pp. 115-128.

53. Kleist, *Der zerbrochene Krug*, em *Dramen Zweiter Teil*, p. 5. As palavras entre colchetes foram acrescentadas por Kleist e depois riscadas. A menos que indicado em contrário, as traduções subseqüentes das obras dramáticas de Kleist serão extraídas de Hinderer (org.), *Plays*, com o ato, cena e número dos versos indicados entre parênteses no texto. Esse volume contém: *A Bilha Quebrada*, na tradução de Swan; *Anfitrião*, na tradução de Passage; *Pentesiléia*, na tradução de Trevelyan; e *O Príncipe de Homburg*, na tradução de Sherry. Em *A Bilha Quebrada*, alterei as traduções de Swan do alemão *Licht* de "Link" (Ligação) para "Luz".

Eva, na noite anterior, Adão havia pendurado sua peruca numa bilha que pertencia à mãe de Eva, a senhora Martha, mas a bilha se quebrou, quando Adão foi forçado a escapar às pressas por uma janela, quando Ruprecht irrompeu no quarto, e assim a bilha se torna objeto de litígio nos procedimentos do tribunal, no dia seguinte. O próprio Ruprecht é o principal suspeito, tendo sido encontrado no quarto Eva, e o nome de um antigo pretendente, Cobbler Letrecht, também é trazido à tona, mas Eva não consegue revelar a verdade, com medo da vingança de Adão. A peça se inicia na manhã seguinte à fuga de Adão, e seu desmascaramento final se deve tanto às suspeitas do funcionário do tribunal, Luz, o Creonte de Adão, que cobiça seu cargo, quanto à chegada do juiz regional, Walter, cujo nome em alemão sugere "poder" ou "Senhor", o qual se recusa a tolerar as tramóias de Adão.

Kleist salienta a analogia de controle entre *A Bilha Quebrada* e *Édipo Rei* de diversas formas engenhosas. Da mesma forma que em *Robert Guiscard*, onde ele provavelmente pretendia empregar o dispositivo de uma profecia inesperadamente cumprida, Kleist cria aqui um efeito de ironia dramática por meio do sonho que Adão relata a Luz, pouco antes da entrada de Walter:

> Hum. Eu sonhei o seguinte: um queixoso me capturou
> E me arrastou até o tribunal, e lá eu fiquei em pé
> E, ao mesmo tempo, eu estava sentado como juiz
> No banco, fazendo reprimendas, xingando
> Meu outro eu – então me sentenciou aos grilhões (3:269-273).

Esse sonho, o equivalente do oráculo em *Édipo Rei*, prenuncia para o espectador o que irá ocorrer; e sua imagética é retomada próximo ao final da peça, quando Adão desavergonhadamente tenta condenar Ruprecht – "Seu pescoço duro eu aqui sentencio a usar / Grilhões" (11:1876es.) – apenas para ter sua vilania finalmente exposta por Eva, que exorta o amado: "Mereça seus grilhões, Ruprecht! Vá. Ponha-o fora / Deste tribunal" (11:1898es.). Numa paródia do exílio de Édipo em Tebas, Adão finalmente é visto fugindo pelo campo, ocorrendo, assim, uma purificação ritual da pestilência que impera no tribunal.

Um momento central da ação do drama é a chegada da senhora Bridget, uma contrapartida kleistiana ao Mensageiro da tragédia de Sófocles. Da mesma forma que o Mensageiro de Corinto, em *Édipo Rei*, como observou Martin Mueller, a senhora Bridget "desempenha duas funções", pois ela é "convocada a testemunhar sobre a identidade de um homem que ela viu no jardim com Eva", mas, quando aparece, "ela carrega consigo uma peruca encontrada sob a janela de Eva"[54], que, evidentemente, pertence ao juiz Adão. Além disso, a teoria da senhora Bridget de que a bilha teria sido quebrada pelo diabo, da mes-

---

54. Mueller, *Children of Oedipus*, p. 118.

ma forma que o anúncio do Mensageiro a Édipo da morte de Políbio, é para Adão, a princípio, uma fonte de alívio, embora a prova que ela traz venha depois a contribuir para sua ruína final. Por fim, da mesma forma que em *Édipo Rei*, para exasperação de Voltaire, a revelação da identidade de Édipo faz com que a questão do assassinato de Laio seja posta em segundo plano, também, no final de *A Bilha Quebrada*, o desmascaramento da perfídia de Adão leva a um esquecimento geral do inquérito sobre a bilha, exceto pela senhora Martha, que, nos últimos versos da peça, jura ir buscar justiça no grande tribunal de Utrecht.

Mas, embora *A Bilha Quebrada* seja uma brilhante transposição de *Édipo Rei* para o registro cômico, o simbolismo dos nomes deixa claro que Kleist igualmente pretende que a peça seja um comentário espirituoso do mito da Queda. A ação tem início com Adão e Luz trocando uma série rápida de trocadilhos sobre o idéia de cair, quando Adão busca explicar, de modo a suprimir as ofensas cometidas, sua aventura ilícita, numa cena onde Kleist explora plenamente o recurso à tipologia bíblica, e igualmente – por meio de referências ao pé torto de Adão – equipara-o tanto com o personagem bíblico do qual recebe o nome quanto com Édipo. No final da peça, no entanto, o pérfido Adão é identificado mais com Satã, e Ruprecht, cuja recusa em acreditar inquestionavelmente na pureza de Eva é retratada como uma forma de cegueira moral, assume o papel do decaído Adão, enquanto Walter faz por merecer seu nome como o "Senhor", ao expulsar o miserável juiz Adão de seu refúgio edênico. O entrelaçamento que Kleist faz entre os mitos de Édipo e da Queda é um *tour de force* estético, mas se baseia na compreensão filosófica de que ambos os paradigmas de explicação são assimilados no período romântico aos trabalhos da consciência.

Em *Pentesiléia*, Kleist toma como seu subtexto clássico, não o *Édipo Rei*, mas sim *As Bacantes*, de Eurípides. No entanto, não menos que *A Bilha Quebrada*, essa história do confronto mortal entre Aquiles e a rainha das amazonas é, nas palavras de Philip Miller, "de um modo alusivo, *sobre* a impossibilidade de completar *Guiscard*" (*Abyss*, p. 1), bem como uma dramatização do confronto de Kleist com Goethe[55]. Ambas as questões de importância crucial para Kleist são reunidas no desabafo de Pentesiléia à sua companheira Prothoe:

> Deveria eu – seria loucura só pensar nisso –
> Cessar de persegui-lo? Eu, que ainda por cinco
> Longos dias de árduo trabalho e suor busquei sua queda? [...]
> Quê! Não devo completar assim grandiosamente
> O que começou tão bem? Não devo tomar
> A coroa de louros que paira sobre minha cabeça? (5:707-709, 713-715).

---

55. Cf. Mommsen, *Kleists Kampf mit Goethe*, pp. 42-48.

Não menos que seu criador, Pentesiléia deseja "completar assim grandiosamente / O que começou tão bem" e a referência a "cinco / Longos dias de árduo trabalho" remete claramente aos "quinhentos dias consecutivos" durante os quais, Kleist lamenta a Ulrike, ele trabalhou sobre *Robert Guiscard*. A aspiração de Pentesiléia de "tomar / A coroa de louros", da mesma forma, alude diretamente à "coroa da fama" mencionada na mesma carta e a afirmação pretensiosa de Kleist de que, com *Robert Guiscard*, ele iria "arrancar a coroa" da testa de Goethe.

Pentesiléia é um drama que toma literalmente a equiparação metafórica entre eros e o instinto de morte. Da mesma forma que Agave com relação a Pentheus, em *As Bacantes*, Pentesiléia mata e estraçalha o corpo de seu amado Aquiles, enquanto em estado de fúria dionisíaca, e somente depois chega à compreensão dilacerante do que fez. "Literalmente mordido? Mordido até morrer?" Ela lamenta a Prothoe, "Não beijado até morrer?"[56]. Ela continua:

> Então foi um engano. Beijos [*Küsse*], mordidas [*Bisse*],
> Rimam; e quem quer que ame do fundo do coração,
> Pode facilmente tomar um pelo outro (p. 284).

Esse "rimar" entre beijar e morder expressa a fusão que Kleist faz entre violência e amor, e a diferença entre os dois não passa de um "engano" (*Versehn*), ou lapso freudiano. Ajoelhada diante do corpo de Aquiles, Pentesiléia recrimina-se ainda mais pelo ato falho cometido:

> Oh querido, doce noivo, perdoe-me.
> Por Diana, eu me expressei mal,
> Pois não tenho domínio sobre estes lábios imprudentes.
> Agora vou dizer claramente a você o que quero dizer:
> Era isso, amado, e nada mais (p. 284).
> *Ela o beija.*

A palavra que Pentesiléia usa para "me expressei mal" (*versprochen*) ecoa o prefixo "*ver*" de "*Versehn*", também repetidamente usado por Freud no subtítulo de *A Psicopatologia da Vida Cotidiana*, *Esquecer* [*Vergessen*], *Lapsos de Linguagem* [*Versprechen*], *Ações Equivocadas* [*Vergreifen*], *Superstições e Erros*. Quando Pentesiléia declara "não tenho domínio sobre estes lábios imprudentes", sua linguagem equívoca refere-se simultaneamente à sua incapacidade de exprimir claramente o que pensa e à confusão que a faz "tomar" (*greifen*) morder por beijar.

---

56. Kleist, *Dramen Zweiter Teil*, p. 284. Aqui e na discussão que se segue, sigo o texto de uma versão manuscrita de *Pentesiléia*, incluída nessa edição. As referências de página subseqüentes serão dadas entre parênteses no texto.

Com o benefício da percepção tardia, a união de Pentesiléia com Aquiles na morte assume a qualidade macabra de um ensaio do duplo suicídio com o qual Kleist deu fim à sua vida. A semelhança entre os destinos do personagem e do autor atinge seu apogeu nos versos de Pentesiléia para seu amado inimigo morto:

> Por Júpiter! Quero morrer achando
> Que meus beijos sangrentos eram mais caros a você
> Que os beijos molhados pelo prazer de qualquer outra mulher (p. 285).

Da mesma forma que Kleist prefere o "túmulo" de Henriette Vogel aos "leitos de todas as imperatrizes deste mundo", também Pentesiléia quer que seus "beijos sangrentos" sejam "mais caros" a Aquiles que "os beijos molhados pelo prazer de qualquer outra mulher". Tanto a vida quanto a arte de Kleist são marcadas pela junção violenta de antíteses. Sua existência é a "mais atormentada" que alguém já conheceu, mas ela é redimida pela "*mais* gloriosa e sensual das mortes". Foi, Kleist diz a Marie, *porque* queria morrer com ele que ele se sentiu irresistivelmente atraído para ela. Em termos psicanalíticos, como explicou Hellmuth Kaiser, o "tumulto de felicidade" sentido por Kleist no cruzamento entre a morte e o amor deve-se à convicção inconsciente de que "o túmulo é precisamente o substituto para o leito e, com isso, também para o corpo da mãe"[57]. Ao morrer com Henriette – que, para compor o simbolismo, sofria de câncer no útero – Kleist junta o leito nupcial com o leito de morte e, assim como Édipo, reentra no corpo da mãe.

Embora nossa preocupação primária seja com os dramas de Kleist, o modo como uma violação inconsciente do tabu do incesto subjaz à sua ligação estética de opostos pode ser resumidamente ilustrado por seu famoso romance *A Marquesa d'O...* (1807). Essa história de inexplicável riqueza, que flutua entre a alegoria religiosa e a pornografia, contém, perto do final, uma curta cena de reconciliação entre a marquesa e seu pai, o comandante, narrada da perspectiva da mãe da marquesa:

> Por fim, ela abriu a porta e deu uma espiada – e seu coração saltou de alegria: sua filha estava quieta nos braços do pai, a cabeça jogada para trás e os olhos fechados, enquanto ele se sentava na poltrona, com os olhos brilhando e cheios de lágrimas, imprimia longos, quentes e ávidos beijos em sua boca: como se ele fosse seu amante! [...] Ele se inclinou sobre ela como se ela fosse seu primeiro amor, segurou sua boca e a beijou[58].

Aparentemente de modo periférico à ação principal, que se concentra nos sentimentos ambivalentes da marquesa com relação ao con-

---

57. Kaiser, "Kleists 'Prinz von Homburg' ", p. 236.
58. Kleist, *A Marquesa d'O...*, em *The Marquise of O– and Other Stories*, p. 79.

de, que é tanto um "demônio" quanto um "anjo", essa epifania erótica revela que o incestuoso é, de fato, o núcleo da história obsessiva de Kleist[59].

Na primeira das duas séries de poemas publicados em seu malfadado jornal de artes, o *Phoebus* (1808-1809), Kleist inclui uma reflexão sobre "O *Édipo* de Sófocles":

> Horror, do qual o sol se esconde! Da mesma mulher
> Ser ao mesmo tempo filho e marido, e irmão de seus próprios filhos[60].

O poema que se segue imediatamente, "O Areópago" é evidentemente autobiográfico, e ganha força particular, quando lido como um comentário a *Pentesiléia*:

> Que seu coração cansado tenha sua vontade satisfeita! Do Reino da
> Putrefação ele alegremente chama por flores da beleza.

A seguir, Kleist apresenta uma reflexão satírica sobre a possível cumplicidade da marquesa em sua própria violação:

> Este romance não é para você, minha filha. Na inconsciência!
> Bufonaria desavergonhada! Somente ela, eu sei, manteve os olhos fechados.

Tomados como uma seqüência de associações livres, esses três poemas mostram a conexão na mente de Kleist entre a representação explícita do incesto no *Édipo Rei* e os paradoxos e inversões em sua própria *Pentesiléia* e em *A Marquesa d'O...* .

É notável que Kleist retrate sua própria autobiografia imaginária em *Pentesiléia* por meio de uma identificação com a personagem da heroína amazona. Da mesma forma que seu ato de atirar em Henriette torna literal o ataque mortal à parceira sexual simbolicamente encenado por Freud, tanto na infância quanto no momento da descoberta da "aplicação humana universal do mito de Édipo", Kleist também vivencia abertamente a experiência de atração homossexual que se oculta por trás de todo complexo de Édipo "positivo". Em 7 de janeiro de 1805, ele escreve nostalgicamente a Ernst von Pfuel, seu amigo do serviço militar, que, em 1848, tornou-se primeiro-ministro da Prússia:

> Você restaurou a era dos gregos em meu coração: eu poderia ter dormido com você, meu caro rapaz; tão completamente minha alma o abraçou! Muitas vezes, eu, ao

---

59. Para uma concepção diferente, cf. Greenberg, "Introduction" a *idem*, p. 35. Sobre as conexões entre *A Marquesa d'O...* e o *Édipo Rei*, cf. von Wädenswil, *Kleist und Sophokles*, p. 46; e Aichele, "Kleist's Tragic Roots".

60. Esse e os dois poemas que se seguem são citados a partir de Kleist, *Sämtliche Werke*, 1:22.

olhar você entrando no lago, em Tuhm, contemplei seu belo corpo com sentimentos quase de mulher (*Abyss*, p. 159).

Esses "sentimentos quase de mulher" manifestam-se em *Pentesiléia*, e, ao completar a peça, ele escreve a Marie von Kleist, no final no outono de 1807, que "são as mulheres as culpadas pelo total declínio de nosso teatro" e que "a concepção grega de teatro jamais poderia ter se desenvolvido se as mulheres não tivessem sido excluídas dele" (*Abyss*, p. 175). As referências à Grécia, tanto na carta a Pfeul quanto na carta a Marie, assinalam até que ponto as próprias inclinações homossexuais de Kleist se encaixam numa tradição que, desde o espalhafatoso Winkelmann, constituiu um componente mais ou menos subterrâneo da "tirania da Grécia sobre a Alemanha"[61].

Pouco se conhece sobre os primeiros anos da vida de Kleist, mas mesmo os simples fatos de sua história familiar nos ajudam a preencher um certo retrato psicanalítico do artista. Seu pai, assim como muitos outros ancestrais do poeta, era um oficial militar prussiano de alta patente, que morreu em 1788, quando Kleist tinha onze anos de idade. Antes de se casar com a mãe de Kleist, ele fora casado com uma mulher muito mais jovem, com a qual teve duas filhas, inclusive a favorita de Kleist, Ulrike. O próprio Kleist era o terceiro de cinco irmãos, e o primeiro menino. A morte da mãe ocorreu em fevereiro de 1793, e foi essa perda, mais que a do pai, que parece ter afetado Kleist mais profundamente. Ele escreve a sua tia, Auguste von Massow, em março de 1793, agradecendo-lhe por assumir o papel de mãe substituta:

> Tudo isso, dor e alegria, é natural logo após um acontecimento assim infeliz: o melhor consolo para todo sofrimento, o tempo, irá aos poucos também me consolar, mas não vou esquecer jamais a causa dele (*Abyss*, p. 17).

Uma carta posterior, de 28-29 de julho de 1801, a Adolphine von Werdeck, uma dama da corte real prussiana, em cuja casa Kleist havia sido recebido como convidado seis anos antes, nos permite especular que é, em última análise, sua separação do seio materno que ele não vai "esquecer jamais":

> Ah, o amor nos separa de suas alegrias, como uma mãe besuntando o seio com absinto. E, no entanto, mesmo a lembrança do amargor é doce. Não, não é uma desgraça perder uma alegria; só é uma desgraça não mais se lembrar dela (*Abyss*, p. 117).

As duas cartas, à tia e a Adolphine von Werdeck, apresentam a fusão de opostos – "dor e alegria", o "amargor é doce" – que tipifica a arte de Kleist e sua experiência erótica. A hipótese de que Kleist é impelido mais profundamente pela necessidade de recuperar o seio

---

61. Cf. Marcus, *Freud and the Culture of Psychoanalysis*, p. 73.

materno recebe corroboração na carta de suicídio a Marie von Kleist, onde ele declara que a decisão de Henriette de morrer com ele o atraiu, "não posso lhe dizer com que inexprimível e irresistível força, *para seu peito*" (*an ihre Brust*). Quando se acrescenta que, muito provavelmente, Kleist jamais consumou um relacionamento sexual com uma mulher, e que seus laços emocionais mais estreitos eram, primeiro, com sua meia-irmã, Ulrike, e, depois, com sua prima pelo casamento, Marie, quinze anos mais velha que ele, parece-nos isenta de qualquer controvérsia a conclusão de que Kleist permanece dominado por vínculos incestuosos – a lembrança do amor de uma mãe que ele finalmente resgatou na constância perfeita de sua morte com Henriette.

A orientação homossexual de Kleist torna possível definir sua vida em termos de suas principais amizades com outros homens: Christoph Ernst Martini, seu tutor até a idade de onze anos, ao qual, numa carta de 18 de março de 1799, confidenciava sua decisão de abandonar a profissão militar e perseguir a "virtude ideal" (*Abyss*, p. 21) como um estudante; Ludwig Brockes, seu companheiro durante a viagem para Würzburg, em 1800; o pintor Heinrich Lohse, que Kleist conheceu em Dresden, em 1801; Pfeul e Otto Ruhle von Lilienstern, este último também colega do regimento militar em Potsdam, que prosseguiu na carreira militar até se tornar o Inspetor Geral das Escolas Militares Prussianas; e Adam Müller, seu colaborador em suas atividades editoriais, a partir de 1807. Freqüentemente, a mudanças de direção na vida de Kleist podem ser correlacionadas com mudanças em suas lealdades emocionais, como quando seu abandono da carreira acadêmica coincide com a suplantação de Martini por Brockes[62]. Mesmo a viagem para Würzburg – um acontecimento não menos envolto em mistério que a suposta viagem de Nietzsche a um bordel em Colônia, onde ele teria contraído sífilis – que foi explicada como uma missão secreta de espionagem, mas que mais provavelmente tinha o objetivo de corrigir um problema médico (talvez fimose) que impedia seu casamento, pode simplesmente ter tido como motivo principal a necessidade de manter a companhia íntima de um idealizado amigo mais velho, tal como Brockes. A famosa "crise de Kant", por sinal, pode muito bem ter sido precipitada pela partida forçada de Brockes, de Berlim, em 1801[63].

Mas, embora a dimensão erótica das relações de Kleist com homens seja muitas vezes explícita, ele, assim como Freud, regularmente funde na mesma pessoa um "amigo íntimo" e um "inimigo odiado". "E você acha que eu poderia amar uma mulher? E não posso nem mesmo manter um amigo?" (*Abyss*, p. 140), Kleist protesta a Lohse, após uma violenta discussão. Essa mistura de emoções antitéticas não é menos explosiva em suas relações com as mulheres. "Você, por exemplo, mi-

---

62. Cf. Sadger, *Heinrich von Kleist*, pp. 30-31.
63. Cf. *idem*, p. 62.

nha cara, minha excelente Ullrique", escreve Kleist à sua meia-irmã, em 12 de janeiro de 1802, "como eu poderia amar você tão intensamente e, muitas vezes, ao mesmo tempo, ferir seus mais delicados sentimentos?" (*Abyss*, p. 142). Mais pronunciadamente bissexual do que Freud, Kleist confirma o ensinamento psicanalítico de que a atração e a hostilidade com relação a membros de ambos os sexos são inerentes à estrutura triangular do complexo de Édipo.

De um modo mais instável, Kleist também partilha com Freud do traço de caráter de uma ambição propulsora, com suas oscilações entre os extremos dos "delírios de inferioridade" e a "megalomania". Ele também partilha da mania de auto-ocultamento que freqüentemente acompanha o complexo de herói. Kleist constantemente atormenta Wilhelmine com insinuações sobre a finalidade real de sua viagem a Würzburg, mas nunca satisfaz sua curiosidade (após o rompimento de seu longo noivado com Kleist, Wilhelmine von Zenge casou-se com Wilhelm Traugott Krug, o sucessor na cadeira de filosofia ocupada por Kant, em Königsberg). A repetida destruição por Freud de seus registros pessoais tem seu paralelo na queima por Kleist do manuscrito de *Robert Guiscard* e na completa destruição de seus documentos, tanto pessoais quanto literários, antes de seu suicídio[64].

Se o segredo ao mesmo tempo ocultado e revelado pela tentativa de Freud de eliminar os traços de seu passado é o do complexo de Édipo, o mesmo vale para Kleist, cuja vida é pontilhada por envolvimentos em situações triangulares[65]. A intensidade dos conflitos de Kleist com Lohse é, em grande parte, explicada pelo fato de que ele estava profundamente atraído tanto pela noiva do pintor, Caroline von Schlieben, quanto por sua irmã mais nova, Henriette. Há o relato de uma ocasião em que, em profunda depressão pelo fato de seu amado não conseguir escrever, Caroline declarou a Kleist: "Se a situação não mudar, vou enlouquecer", ao que ele respondeu: "Muito bem, essa é a melhor coisa que você poderia fazer, e se você recuperar sua sanidade, pego uma pistola e mato a nós dois. Isso eu posso fazer por você" (*Abyss*, p. 104). Um outro relato, apócrifo, mas altamente plausível, é o de uma briga entre Kleist e Adam Müller por causa de Sophie von Haza, que, após obter seu divórcio de um outro homem, em 1808, casou-se com Müller. Relata-se que, quando passeava com uma senhora no Terraço Brüll, em Dresden, Kleist teria gritado: "Tenho de ter a mulher de Müller; se ele se recusar a se afastar, vai ter de mor-

---

64. Cf. Maass, *Kleist: A Biography*, p. 270. Apesar de sua utilidade como crônica da vida de Kleist, a biografia de Maass está viciada por sua antipatia pela análise psicológica.

65. Aqui, assim como em todo este livro, ao chamar a atenção para os padrões edípicos, não pretendo negar a importância de questões pré-edípicas, que são especialmente proeminentes na vida e obra de Kleist.

rer!'". Mais tarde, nesse mesmo dia, continua a história, Kleist teria encontrado Müller na ponte sobre o Elba e teria ameaçado jogá-lo no rio[66]. Uma das satisfações eróticas do suicídio de Kleist estava no fato de que em Henriette Vogel ele encontrou uma mulher que, como escreveu a Marie von Kleist, "por mim, está preparada para deixar um pai que a adora, um marido generoso o suficiente para desistir dela em meu favor, uma criança tão adorável quanto o sol da manhã, e ainda mais adorável" (*Abyss*, p. 203). Esse triunfo edípico completo é composto pelo fato de que a própria Marie deve ter sentido, nas palavras de Joachim Maass, "um ódio verdadeiramente feminino da companheira dele na morte"[67].

O Príncipe de Homburg (1810), a última e maior das peças de Kleist, teria desaparecido na conflagração geral anterior a seu suicídio, se uma cópia manuscrita não tivesse sido afortunadamente enviada por Kleist a Marie. Com seus temas implicitamente edípicos, esse drama psicológico de um soldado com a alma de um poeta completa o círculo iniciado com *Robert Guiscard* e traz a seu ponto máximo a autobiografia literária de Kleist[68]. A peça se abre com o jovem herói, que está a serviço do Eleitor de Brandenberg, andando no jardim em estado de sonambulismo, na noite anterior a uma grande batalha contra os suecos. A continuidade entre essa obra e a carreira anterior de Kleist é evidenciada pelo fato de que, enquanto em estado de sonambulismo, o Príncipe está "tecendo sua própria e esplêndida coroa da fama" (1.1) com as folhas de um loureiro. A fim de testá-lo, o Eleitor – assim como Aquiles, um fantasma do passado, o de Goethe – remove a coroa das mãos do Príncipe e a dá a Natalie, por quem o Príncipe está secretamente apaixonado. Quando isso acontece, o Príncipe sussurra dormindo: "Natalie! Minha adorada donzela! Minha noiva!" e também se refere ao Eleitor, na verdade, seu primo, como "meu pai!" e à esposa do Eleitor como "minha mãe". Assustado com os devaneios do Príncipe, o Eleitor conclui a cena com as palavras: "Para o vazio com você, senhor Príncipe de Homburg! / De volta à escuridão!"

O ponto crucial da ação ocorre no Ato 2, quando o Príncipe, apesar das ordens explícitas em contrário, ataca o exército dos suecos, antes de receber o sinal, e obtém uma vitória esmagadora. E mais, ao que parece, o Eleitor morreu na batalha, o que permite ao Príncipe declarar seu amor a Natalie:

---

66. Cf. Maass, *Kleist: A Biography*, p. 182.
67. *Idem*, p. 291.
68. Em minha interpretação de *O Príncipe de Homburg*, sigo de perto a interpretação de Kaiser. Sobre a permanente preocupação de Kleist com Goethe nessa peça, cf. Mommsen, *Kleists Kampf mit Goethe*, pp. 167-205.

Oh Senhora! Vou ficar a seu serviço!
Ficarei, um anjo com uma espada flamejante,
Ao lado de seu trono órfão! (2.6)

Subseqüentemente, no entanto, descobre-se que o Eleitor não foi morto, notícia à qual o Príncipe responde com uma expressão equívoca tanto de alegria quanto de tristeza: "Como ouro, sua palavra cai pesada em meu coração" (2.8). No Ato 3, o Príncipe, apesar de ser condenado à morte por desobediência, mantém a convicção confiante de que o Eleitor não lhe fará nenhum mal:

Tenho certeza disso! Eu sou caro a ele, eu sei disso,
Querido como um filho. [...]
Não sou tudo o que sou por meio dele? (3.1)

É somente quando seu companheiro, o Conde de Hohenzollern, pergunta se ele poderia ter "feito algo, / Seja de propósito seja inconscientemente", que tenha ofendido o Eleitor, e após ficar sabendo que Natalie foi prometida em casamento ao rei sueco Karl Gustav, que o Príncipe é tomado de terror diante de sua execução iminente. Ao fazer o Príncipe tomar consciência de sua interferência nos planos do Eleitor para Natalie, a pergunta de Hohenzollern o força também a se confrontar com as determinantes inconscientes de sua conduta anterior – o desejo da morte de seu pai substituto e a usurpação de suas pretensões ao objeto proibido de amor. Como perceptivamente escreveu Kaiser:

O herói tomou para si a culpa não meramente por *uma* ofensa, mas por duas – uma delas manifesta, a insubordinação na batalha, e uma outra secreta, a ação de Édipo. [...] Enquanto para o Príncipe a questão está limitada apenas à ofensa oficial, ele se sente, embora culpado de acordo com os preceitos da lei, inocente diante de sua própria consciência e, dessa forma, pode encarar o futuro com a consciência tranqüila. [...] Assim como a consciência de seu próprio amor pelo Eleitor sustenta a crença no amor paternal do Eleitor, também o despertar da consciência do ódio paterno ameaça o ego do herói com a ameaça de perder o amor do pai[69].

Tanto a força de *O Príncipe de Homburg* quanto a veemência das oscilações emocionais do Príncipe só podem ser compreendidas à luz desse drama familiar "secreto" subjacente à preocupação "manifesta" com a justiça militar.

À medida que a ação se desdobra, o Príncipe vai se reconciliando cada vez mais com seu destino – em grande parte, porque consegue obter do Eleitor a promessa de não casar Natalie com o rei sueco – e ele até mesmo ratifica sua própria sentença de morte, quando lhe é apresentada uma oferta de clemência. A cena final do drama é uma imagem invertida da primeira. O Príncipe anda pelo jardim, de olhos vendados,

---

69. Kaiser, "Kleists 'Prinz von Homburg' ", p. 225.

aguardando a rajada de metralhadora que o transportará para a imortalidade, sem saber que foi poupado pelo Eleitor. "É chegada minha última hora de dor?" (5.11), pergunta-se ele, com palavras que equiparam a morte com a realização de suas alegrias. "Chegou! Salve, e Deus o abençoe! Você é valoroso!", responde o capitão Stranz, e tira a venda dos olhos do Príncipe; quando, então, Natalie coloca a coroa de louros sobre sua cabeça, ele cai desmaiado. "Céus! Ele vai morrer de felicidade!", exclama Natalie, com palavras que nos fazem lembrar o quanto estreitamente *O Príncipe de Homburg*, não menos que *Pentesiléia*, prefigura o próprio suicídio de Kleist. O Príncipe, assim como Freud no incidente do medalhão, está "destroçado pelo êxito", quando o drama chega ao fim, com uma gratificação real de todas as fantasias expressas durante a cena inicial de sonambulismo. Em resultado dessa realização em massa de desejos, a fronteira entre sonho e vigília, entre o mundo interior e mundo exterior, fica completamente obliterada. Ao grito o Príncipe: "Não, diga-me! É um sonho?", o coronel Kottwitz responde: "Um sonho, o que mais?", com isso induzindo a audiência a participar da confusão do Príncipe entre fantasia e realidade.

Além das configurações edípicas dessa trama, *O Príncipe de Homburg* antecipa a psicanálise em sua descrição de processos mentais inconscientes. O uso de Kleist do tema do sonambulismo torna-lhe possível revelar à audiência os pensamentos do Príncipe não disponíveis à sua mente consciente. Após o Príncipe acordar de seu transe, além disso, ele descobre que o nome de Natalie "fugiu de minha mente" (1.4), um lapso que evidentemente serve para indicar a natureza ilícita de sua paixão por ela. Uma notável confirmação da descoberta pré-freudiana de Kleist do inconsciente é fornecida por seu ensaio "Sobre a Fabricação Gradual dos Pensamentos enquanto se Fala" (1805):

> Sempre que você buscar saber algo e não conseguir descobrir por mediação, eu aconselho você, meu caro e muito inteligente amigo, a falar sobre isso com a primeira pessoa que você encontrar. Ela não precisa ser especialmente brilhante, e eu não estou sugerindo que você a *interrogue*; não, *fale* com ela sobre isso (*Abyss*, p. 218).

Kleist, cujas observações sobre esse tópico são sem dúvida influenciadas pelo fato de que ele próprio sofria de uma deficiência na fala, recomenda aqui a técnica terapêutica da fala espontânea, à qual Freud daria o nome de associação livre. Que Kleist sugira a seu amigo dirigir sua conversa não premeditada à "primeira pessoa que você encontrar" corresponde à sugestão de Freud de que o analista cultive um certo anonimato, a fim de facilitar a formação de uma transferência pelo paciente. Quando Kleist escreve, mais adiante, que "não somos *nós* que 'sabemos'; é, antes, uma certa condição, na qual acontece de estarmos, que 'sabe' " (*Abyss*, p. 222), fica igualmente claro que o conceito de Freud do id (*das Es*), que ele herdou de Nietzsche via Georg Groddeck, é-lhe familiar em tudo, exceto no nome.

Enquanto *O Príncipe de Homburg* leva a seu ponto máximo a preocupação com *Édipo Rei*, evidente desde as primeiras obras de Kleist, "Sobre o Teatro de Marionetes" (1810), agora reconhecido como um documento central do pensamento romântico, destila suas reflexões sobre a autoconsciência, a outra questão de interesse fundamental para Kleist na década que se seguiu à sua "crise de Kant"[70]. Elaborado na forma de um diálogo entre o autor e o principal membro de uma companhia de dança, "Sobre o Teatro de Marionetes", assim como *A Bilha Quebrada*, é uma alegoria do "primeiro estágio da cultura humana", relatado no "terceiro capítulo do Livro do Gênesis" (*Abyss*, p. 214). De acordo com o interlocutor de Kleist, a conseqüência da Queda é a de que a humanidade se encontra atormentada por uma autoconsciência que a coloca acima da harmonia do mundo natural, ao mesmo tempo em que a impede de atingir a perfeição da divindade. A maldição do fingimento, diz o dançarino, "aparece quando a alma (*vis motrix*) se coloca em algum ponto que não o centro de gravidade de um movimento" (*Abyss*, p. 213), e é porque os marionetes são "incapazes de fingimento" que eles apresentam uma agilidade paradoxalmente superior à dos artistas humanos. O próprio personagem Kleist conta a anedota – um notável exemplo da teoria de Lacan de que o ego é formado por meio de um "estágio espelhar"[71] – de um jovem rapaz dotado de "maravilhosa graça", que, numa ocasião, foi recordado por "um olhar num grande espelho" de sua própria semelhança com a estátua de Espinário. Mas, quando buscou, sem êxito, duplicar a ilusão da remoção de um espinho de seu pé, ele passou por uma "inconcebível transformação", com o resultado de que uma "rede de ferro" para sempre passou a interferir no "jogo livre de seus gestos" (*Abyss*, pp. 214-215).

Mas, embora o homem tenha sido banido pelo autoconhecimento de uma condição de pura espontaneidade, Kleist se junta a Schiller na afirmação de que a única alternativa é insistir numa "busca de unidade". "O Paraíso está fechado e selado e o Querubim está às nossas costas", observa o dançarino. "Temos de fazer uma viagem de volta ao mundo, para ver se talvez uma porta foi deixada aberta" (*Abyss*, pp. 213-214). Tendo "atravessado o infinito", elabora ele, a graça "vai voltar a nós mais uma vez, e assim aparecer do modo mais puro naquela forma corpórea que ou não tem consciência ou tem uma consciência infinita, o que significa dizer: ou no boneco ou em um deus" (*Abyss*, p. 216). A isso, a personagem do autor responde com humor: "Isso significa que teríamos de comer da árvore do conhecimento uma segunda vez, para cair novamente no estado de inocência". Kleist –

---

70. Sobre as interpretações do mito da Queda pelo movimento romântico, cf. Abrams, *Natural Supernaturalism*; e Hartman, "Romanticism and Anti-Self-Consciousness".

71. Cf. Lacan, "O Estágio Espelhar como Função Formadora do Ego" (1936).

para quem o mito de Édipo é intercambiável com o da Queda – ao avaliar que o único modo de recuperar o paraíso é a repetição do conhecimento proibido, assinala os paralelos convergentes entre a "viagem de volta ao mundo" da consciência exigida pela psicanálise e a exigida pela filosofia hegeliana.

6. Hegel

Como atestam tanto a ampla influência de Schiller quanto a associação pessoal entre Hegel, Hölderlin e Schelling em Tübingen, é impossível separar a filosofia da literatura no período do Romantismo alemão. Dessa forma, ao deslocar para Hegel a atenção que dedicamos a esses três escritores imaginativos no capítulo anterior, estamos deslocando também o foco de nossa investigação, mas não seu tema essencial. Apesar de seus conflitos com as tendências anti-racionalistas do romantismo[1], Hegel permanece incontestavelmente como não apenas o mais influente, mas também o mais representativo pensador de sua época.

É sobretudo o problema da autoconsciência que se encontra no centro da filosofia hegeliana. Uma vez que encerramos nosso estudo sobre Kleist observando a convergência dos mitos de Édipo e da Queda em sua obra, é apropriado iniciar nosso exame de Hegel com a seguinte passagem extraída de sua *Estética* (1835), publicada postumamente:

> Com essa solução do enigma em sua própria pessoa, ele [Édipo] perdeu sua felicidade, da mesma forma que Adão, quando chegou ao conhecimento do bem e do mal. O vidente, agora, cega a si mesmo, renuncia ao trono, auto-exila-se de Tebas, da mesma forma que Adão e Eva foram expulsos do Paraíso, e sai vagando como um velho em total indigência[2].

1. Cf. Pöggeler, *Hegels Kritik der Romantik*.
2. Hegel, *Aesthetics*, 2:1219.

Não menos explicitamente que Kleist em *A Bilha Quebrada*, Hegel justapõe as figuras de Adão e Édipo, e nossa investigação sobre o papel do mito de Édipo em seu pensamento é, de fato, uma tentativa de compreender a inevitabilidade dessa justaposição.

Na *Lógica Menor* (1817), que constitui a primeira parte de sua *Enciclopédia das Ciências Filosóficas*, Hegel oferece um extenso comentário da história da Queda. Combatendo a convicção típica do romantismo de que "o único modo de se reconciliar e resgatar a paz é abandonar toda pretensão a pensar e a conhecer", Hegel argumenta que "o passo para o oposto, o despertar da consciência, provém da própria natureza do ser humano"[3]. Nessa reinterpretação radical, o desafio de Adão à proibição de Deus de que se coma da Árvore do Conhecimento, longe de ser pecaminoso, é o início heróico da odisséia humana universal da consciência. Um paralelo direto com relação à crítica de Schiller ao idílio, por fazer retroceder em vez de avançar, vem à tona, quando Hegel declara:

> A harmonia da infância é uma dádiva provinda das mãos da natureza: a segunda harmonia deve provir do trabalho e do cultivo de espírito. E, assim, as palavras de Cristo: "A menos que vocês *se tornem* criancinhas" etc., estão longe de nos dizer que devemos permanecer sempre crianças (*Logic*, p. 43).

E, assim como a preferência de Hegel pela "segunda harmonia" do espírito é congruente com a defesa que Schiller faz de um "esforço em busca da unidade", também o modo como Hegel sugere que a divisão de si mesmo pode ser superada ecoa a recomendação de Kleist:

> Mas essa posição da vida cindida tem, por sua vez, de ser suprimida, e o espírito tem de, por sua própria ação, conquistar seu caminho para a volta à concordância. A concordância final é espiritual; isto é, o princípio da restauração deve ser encontrado no pensamento. A mão que inflige o ferimento é também a mão que o cura (*Logic*, p. 43).

Uma vez que "a mão que inflige o ferimento" é, neste caso, especificamente a que colhe o fruto proibido, a solução de Hegel para a "vida cindida" ocasionada pela Queda coincide com a convicção de Kleist de que "deveríamos comer da árvore do conhecimento uma segunda vez, para retornar ao estado de inocência".

O helenismo de que Hegel partilha com tantos de seus contemporâneos era, sem dúvida, acentuado por sua amizade com Hölderlin e Schelling, mas suas raízes remontam a antes de sua chegada ao seminário em Tübingen, em 1788, à sua formação baseada, por completo, nos clássicos, adquirida no ginásio de Stuttgart[4]. Durante o verão des-

---

3. Hegel, *Logic*, p. 42. As referências a essa obra serão indicadas entre parênteses pela palavra *Logic*.
4. Sobre Hegel e a Grécia antiga, cf. Janicaud, *Hegel et le destin de la Grèce*;

se ano, Hegel estudou *Édipo em Colona*, de Sófocles. Nas palavras de seu primeiro biógrafo, Karl Rosenkranz:

> Por vários anos, inquebrantável, ele continuou a leitura de Sófocles. Ele também traduziu-o para o alemão e, mais tarde, provavelmente sob a influência de sua amizade com Hölderlin, tentou traduzir metricamente, não apenas os diálogos, mas também os coros, porém não foi particularmente bem-sucedido. Como mostram as traduções que chegaram até nós, ele se ocupou principalmente com *a Antígona* que, para ele, representava, da forma mais perfeita, a beleza e a profundidade do espírito grego[5].

Apesar de sua vocação como filósofo, Hegel extraiu sua concepção da Grécia antiga sobretudo da tragédia; e, como sugerem os comentários de Rosenkranz, nesse reverenciamento da tragédia, Sófocles inevitavelmente receberia uma posição privilegiada.

A admiração de Hegel pela tragédia grega, revelada em seus esforços juvenis de tradução, é salientada numa série de ensaios teológicos radicais, escritos entre 1793 e 1799, mas só publicados após sua morte[6]. No primeiro deles, os fragmentos sobre *Religião Popular e Cristianismo* (1793), Hegel contrasta desfavoravelmente os que buscam consolo para seu infortúnio na crença numa vida após a morte com a aceitação superior do destino, por parte dos gregos: "O que pode Édipo exigir como recompensa por seus sofrimentos não-merecidos, uma vez que ele próprio acreditava estar servindo sob o domínio do destino?" (*HTJ*, p. 70). Num espírito análogo, ele escreve em *A Positividade da Religião Cristã* (1795) que:

> em tudo que é grande, belo, nobre e livre, eles [os pagãos] são tão superiores a nós que nós quase não podemos fazer deles nossos exemplos, mas devemos, ao contrário, voltar nosso olhar para cima, para olhá-los como uma espécie diferente, diante de cujas realizações nós podemos apenas nos maravilhar (*ETW*, p. 153).

Como observou Dominique Janicaud, o encontro de Hegel com as grandes obras do passado clássico é permeado pelo paradoxo de que "mesmo sendo fundamentalmente superiores aos gregos, devemos reconhecer o que eles tinham que é insuperável"[7], e nessa relação

---

Gray, *Hegel's Hellenic Ideal*; Wolff, "Hegel und die griechische Welt"; Sichirollo, "Hegel und die griechische Welt"; Pöggeler, "Hegel und die griechische Tragödie"; Heidegger, "Hegel und die Griechen"; e Gadamer, "Hegel and the Dialectic of the Ancient Philosophers".

5. Citado em Kaufmann, *Hegel: A Reinterpretation*, p. 10. Sobre a atitude inicial de Hegel com relação aos clássicos, cf. também seu texto "Über einige charakteristiche Unterschiede der alten Dichter [von den neueren]" (1788).

6. Uma coletânea completa desses textos encontra-se em: *Hegels theologische Jugendschriften*; a maioria deles encontra-se também em Hegel, *Early Theological Writings*. As referências das páginas desses volumes serão indicadas, respectivamente, pelas abreviações *HTJ* e *ETW*. Cf. também Pöggeler, "Hegel und die griechische Tragödie", pp. 286-287.

7. Janicaud, *Hegel et le destin de la Grèce*, p. 13.

ambivalente com a Antigüidade, a situação de Hegel é essencialmente a mesma dos poetas épicos cristãos, como Dante ou Milton.

A persistência da veneração pelos gregos antigos no pensamento maduro de Hegel recebe expressão definitiva em seu discurso de 1809: "Sobre os Estudos Clássicos", pronunciado por ocasião de sua posse como diretor do ginásio de Nurenberg. Falando da Grécia e de Roma, Hegel afirma: "Enquanto o primeiro paraíso foi o da *natureza* humana, este é o segundo, o paraíso superior do *espírito* humano" (*ETW*, p. 325). Da mesma forma que é necessário superar a "vida cindida" ocasionada pela Queda pela persistência na busca do conhecimento, nosso alienamento do "segundo paraíso" do mundo clássico só pode ser superado por um estudo cada vez mais rigoroso nos antigos:

> Esse mundo nos separa de nós mesmos, mas, ao mesmo tempo, ele nos concede os meios cardeais para retornarmos a nós mesmos: nós nos reconciliamos com ele e, com isso, nós nos encontramos novamente nele, mas o eu que nós então encontramos é o que se harmoniza com o tom e a essência universal da mente (*ETW*, p. 328).

No modelo de Hegel, o indivíduo moderno, interiormente dividido, retorna da jornada ao mundo antigo com suas próprias experiências em sintonia com a "essência humana universal", exatamente como Freud, que completou um círculo hermenêutico ao encontrar sua própria condição espelhada na de Édipo.

Há um deslocamento pronunciado da atitude de Hegel com relação ao cristianismo, desde *A Positividade da Religião Cristã* até *O Espírito do Cristianismo e Seu Destino* (1799). Enquanto, na primeira obra, Hegel atacava o cristianismo como uma religião institucional, que ele achava deficiente quando comparado tanto com a "religião popular" dos gregos quanto com a doutrina ética de Kant, no último ensaio ele passava a considerar os ensinamentos de Jesus como encarnação de uma beleza moral congruente com o espírito grego, enquanto o legalismo, tanto da filosofia kantiana quanto do judaísmo se tornavam alvo de seu escárnio[8]. No entanto, apesar de sua reavaliação do cristianismo, com a concomitante depreciação do judaísmo, em *O Espírito do Cristianismo*, Hegel continua a manter a tragédia grega como padrão permanente de valor: "A grande tragédia do povo judeu não é uma tragédia grega; ela não pode despertar nem terror nem compaixão [...] ela só pode despertar horror" (*ETW*, pp. 204-205).

Uma discussão exploratória da tragédia em *O Espírito do Cristianismo e seu Destino* surge com o contraste que Hegel faz entre os con-

---

8. Cf. Taylor, *Hegel*, pp. 51-64; e Kroner, "Introduction" a Hegel, *Early Theological Writings*, pp. 8-11. Menos regular em sua abordagem é Kaufmann, "The Young Hegel and Religion", que caracteriza amplamente os primeiros escritos de Hegel como "antiteológicos" (p. 63) e também (pp. 72-74) nega qualquer afinidade entre Hegel e o Romantismo.

ceitos de punição e destino. Segundo Hegel, a punição é a forma de retribuição infligida especificamente pela *lei*, que sempre permanece em relação de exterioridade com o transgressor, com o resultado de que, dela, não se pode seguir uma genuína reconciliação. O destino, por outro lado, ocorre no interior da "órbita da vida", e dessa forma a "vida pode curar seus ferimentos de novo; a vida cindida, hostil, pode retornar a si mesma e anular os efeitos desestruturadores de uma transgressão" (*ETW*, p. 230). Na noção de Hegel da vida "curando seus ferimentos de novo" está implícito, mais uma vez, o modelo da Queda, no qual "o passo para o oposto" é, em última análise, superado. Como a vida existe dentro de cada indivíduo, a pena exigida, por prescrição do destino, para uma ofensa, é a "igual reação à própria ação do transgressor, de uma força que ele próprio armou, de um inimigo feito inimigo por ele mesmo" (*ETW*, p. 230). A ênfase de Hegel na "igual reação" da vida a um crime o traz muito perto da idéia de Freud do fantasma do passado. Com referência, em particular, ao assassinato, Hegel afirma: "A destruição da vida não é a anulação da vida, mas sim, seu destroçamento, e a destruição consiste na transformação num inimigo", o que significa, como explica T. M. Knox numa nota, que "o assassino pensa que matou sua vítima. Mas ele apenas transformou a vida num inimigo, apenas criou um fantasma para aterrorizá-lo" (*ETW*, p. 229). Um vislumbre idêntico do fantasma do passado, tão relevante para a vida de Freud quanto para a teoria psicanalítica, é expresso de modo mais ou menos direto por Nietzsche, em *Aurora* (1881): "Aquele que pretende matar seu inimigo deve considerar se isso não é exatamente o modo de tornar seu inimigo imortal para si"[9].

Em sua análise das obras do destino, Hegel cita o exemplo de Macbeth e o fantasma de Banquo e, como fará novamente na *Fenomenologia do Espírito*, discerne uma conexão entre o herói vil de Shakespeare e a tragédia grega. Embora não mencione pelo nome, é Édipo que Hegel tem em mente quando começa a elaborar sua distinção entre o destino e a punição.

> Mas o destino tem domínio mais amplo que a punição. Ele é atiçado, mesmo pela culpa sem crime, e, dessa forma, é implicitamente mais severo que a punição. Sua severidade parece muitas vezes chegar à mais clamorosa injustiça, quando se manifesta, mais terrível que nunca, contra a mais exaltada forma de culpa, a culpa da inocência (*ETW*, pp. 232-233).

A evocação de Édipo por Hegel em termos da "mais exaltada forma de culpa, a culpa da inocência", reelabora a formulação de Schelling, quatro anos antes, em suas *Cartas Filosóficas sobre o Dogmatismo e o Ceticismo*, relativa ao mortal "terrivelmente punido pelo

---

9. Nietzsche, *Aurora*, seção 406.

crime, que foi uma obra do destino". Mas, mesmo travando diálogo com seu prodigioso colega de Tübingen, Hegel antecipa o rumo de seu próprio pensamento futuro, ao prosseguir insistindo em que "a honra de uma alma pura é tanto maior quanto mais conscientemente ela injuriou a vida, a fim de manter os valores supremos" (*ETW*, p. 233). Aqui, Hegel inquestionavelmente tem em mente *Antígona*; e, embora avalie o heroísmo de Antígona como superior ao de Édipo, é importante notar que, nas duas tragédias, ele define o poder do destino em termos complementares.

Da mesma forma que *A Interpretação dos Sonhos* para Freud, a *Fenomenologia do Espírito* marca para Hegel o surgimento de sua filosofia madura. Mas, assim como o caminho real de Freud até o inconsciente passa por suas cartas pessoais a Fliess, o caminho de Hegel até o espírito absoluto está enraizado em seus primeiros escritos teológicos, publicados postumamente. A semelhança das posições desses dois textos, que constituem marcos na carreira de seus autores, enfatiza a inevitabilidade de se escolher a *Fenomenologia do Espírito* como ponto central de uma comparação entre a filosofia hegeliana e a psicanálise[10]. O que está em jogo nessa justaposição foi indicado por Jean Hyppolite:

> Reler, dessa forma, a *Fenomenologia*, consistiria em focalizar a totalidade dessa obra, difícil e sinuosa, como a verdadeira tragédia de Édipo do espírito humano em sua totalidade, talvez com a diferença de que a revelação final – o que Hegel chama de "conhecimento absoluto" – permanece ambígua e enigmática[11].

Assim como a descoberta de Freud do complexo de Édipo está inextricavelmente ligada à compreensão de que a ação de *Édipo Rei* "pode ser comparada ao trabalho de uma psicanálise" (*SE*, 4:262), as alusões de Hegel a *Édipo Rei* e a *Antígona* são indicações do modo como a forma de sua obra como um todo revela "a verdadeira tragédia de Édipo do espírito humano na íntegra". Como a própria *Fenomenologia do Espírito* é, no mais alto grau, um texto auto-analítico, ele pode ser lido como um comentário temático da viagem de introspecção pela qual Freud chegou ao complexo de Édipo.

Sobretudo no Prefácio da *Fenomenologia*, Hegel faz uso explícito da metáfora da viagem, também empregada por Kleist em "Sobre o Teatro de Marionetes": "Para se alcançar o estágio de conhecimento

---

10. As citações da tradução de Baillie de *The Phenomenology of Mind* [*Fenomenologia do Espírito*] foram confrontadas com Hegel, *Phänomenologie des Geistes*. Os itálicos foram mantidos conforme a edição alemã.
11. Hyppolite, "Phénoménologie de Hegel et Psychanalyse," p. 18. Sobre a relação de Hegel com a psicanálise, cf. também Ricoeur, *Freud and Philosophy*, pp. 375-418, 459-483; Vergote, "L'intérét philosophique de la psychanalyse freudienne"; e de Waelhens, "Réflexions sur une problématique husserlienne".

genuíno, ou produzir o elemento no qual é encontrada a ciência – a concepção pura da própria ciência –, deve-se empreender uma longa e árdua viagem" (*PM*, p. 88). Para defender a necessidade dessa "longa e árdua viagem" para atingir o "conhecimento genuíno", Hegel antecipa Freud, ao atacar os que oferecem um atalho para o processo analítico. Deve-se, diz Hegel, obter "o resultado junto com o processo de se chegar a ele" (*PM*, p. 69); os filósofos que buscam captar o absoluto pela intuição, sem os esforços da razão, buscam "não tanto *conhecimento* quanto *edificação*" (*PM*, p. 72); e de modo absolutamente amplo:

> A meta a ser alcançada é a compreensão da mente do que é o conhecimento. A impaciência pede o impossível, quer alcançar a meta sem os meios de chegar até ela. A *extensão* da viagem tem de ser suportada, pois cada momento é necessário; e, além disso, temos de fazer uma *parada* a cada estágio (*PM*, p. 90).

Paul Ricoeur corretamente observou que a busca de Hegel envolve uma "teleologia", devido a seu movimento progressivo rumo ao futuro, enquanto a de Freud é uma "arqueologia", definida por uma escavação regressiva do passado; mas, uma vez que o passado e o futuro existem numa relação dialética, podemos "encontrar em Freud uma imagem invertida de Hegel"[12]. A "extensão da viagem" é a mesma em ambos os casos; "deve-se parar a cada estágio", quer ou não os denominemos pelo nome psicanalítico de "pontos de fixação"; e Freud e Hegel estão unidos em sua oposição aos negociantes do consolo, que proclamam "o triunfo da terapêutica"[13].

A concepção de Hegel da *Fenomenologia do Espírito* em termos de uma viagem está diretamente vinculada à estrutura auto-analítica da obra. Ao escrever, no Prefácio, que "tudo depende de se captar a verdade última, não como *Substância* mas também como *Sujeito*" (*PM*, p. 80), Hegel está articulando uma verdade fundamental, não apenas de sua filosofia, mas também da psicanálise. Ler as obras de Freud sem uma consciência de seu componente autobiográfico é eliminar da teoria psicanalítica a dimensão do "sujeito". Como o Prefácio da *Fenomenologia* foi escrito somente após o restante de a obra ter sido completado, ele se coloca – embora numa dimensão muito mais ampla – na mesma relação com o corpo do texto que o Prefácio à segunda edição com relação ao próprio texto de *A Interpretação dos Sonhos*, no qual Freud comenta retrospectivamente sobre a "outra importância subjetiva" de seu livro como "uma parte de minha própria auto-análise". Contendo a essência do que virá a seguir, o Prefácio à *Fenomenologia* tanto abre quanto encerra o círculo hermenêutico que, muito antes de Heidegger, Hegel nos ensina ser a forma da compreensão: "ela [a verda-

---

12. Ricoeur, *Freud and Philosophy*, p. 461.
13. Cf. Rieff, *The Triumph of the Therapeutic*.

deira realidade] é o processo de seu próprio vir-a-ser, o círculo que pressupõe seu fim como meta, e que tem por começo seu fim" (*PM*, p. 81).

Não menos que a auto-análise de Freud, o drama da *Fenomenologia do Espírito* consiste na descoberta do que já se conhece. Freud, que, como vimos na primeira parte, só podia se "analisar por meio de conhecimento objetivamente adquirido (como se eu fosse um estranho)", estava cheio de "pressentimentos" e consciente "antecipadamente" de suas descobertas e, em geral, se encontrava "naquele estranho estado da mente em que, ao mesmo tempo, sabe-se e não se sabe uma coisa". Exatamente essa condição paradoxal de conhecimento e ignorância simultâneos é inerente ao empreendimento de Hegel. Mais uma vez, as afinidades entre seu pensamento e a psicanálise são mais bem descritas por Hyppolite:

> O filósofo não deve se pôr no lugar da consciência comum [...], mas sim, *acompanhá*-la em suas experiências teóricas e práticas [...] até o ponto em que, no que Hegel chama de conhecimento absoluto, a consciência finalmente diga: "Mas o que você acaba de descobrir – eu sabia o tempo todo" (um pouco como Édipo, que diz isso no final da imensa busca que conduz a resultados tão trágicos). Somente quando a consciência comum reconhece a si mesma na consciência filosófica, e a consciência filosófica, na consciência comum, é que a psicanálise será alcançada, que a ciência estará viva, e a consciência comum será científica[14].

Essa unidade da "consciência comum" com a "consciência filosófica" ocorre para Édipo no momento em que ele se percebe como filho de Laio e Jocasta, e é revivenciada por Freud no ponto máximo de sua auto-análise, quando ele descobre "amor pela mãe e ciúmes com relação pai, também em meu próprio caso", e chega ao "conhecimento absoluto" do complexo de Édipo.

A expressão "também em meu próprio caso" como comentei, remete especificamente ao paciente anônimo com "tendências homicidas" por meio do qual Freud veio a mergulhar na "aplicação humana universal do mito de Édipo". Que ele chegue a esse conhecimento por meio da identificação com um "estranho" que é um segundo eu é um tema que Hegel comenta de modo soberbo: "um eu que tenha conhecimento *puramente* de si na antítese absoluta de si mesmo [...] é conhecimento *na forma universal* (*PM*, p. 86). Dessa forma, justamente ao defender uma circularidade de construção que é própria da teoria de Freud, Hegel corrobora sua reivindicação de universalidade:

> A tarefa de conduzir a mente individual de seu ponto de vista não-científico até o da ciência teve de ser assumida em seu sentido geral; nós tivemos de contemplar o desenvolvimento formador do indivíduo universal, do espírito autoconsciente (*PM*, p. 89).

14. Hyppolite, "The Structure of Philosophic Language", p. 165.

Assim como Freud, Hegel funde ontogenia com filogenia e se apóia, ao recorrer à noção de "indivíduo universal", no precedente do Édipo de Sófocles. As "longas e árduas viagens" tanto de Hegel quanto de Freud assemelham-se, além disso, ao *Édipo Rei* pelo fato de girar em torno de experiências de inversão e de frustração. Hegel refere-se, numa famosa expressão do Prefácio de *Fenomenologia*, ao "trabalho do negativo" (*PM*, p. 81) e, igualmente, confronta o poder da morte: "Mas a vida do espírito não é uma vida que evita a morte e preserva-se livre da destruição; ela resiste à morte e preserva seu ser na morte" (*PM*, p. 93). Numa linguagem que pertence a Freud tanto quanto a Hegel, Habermas caracteriza o modo como o avanço em *Fenomenologia do Espírito* ocorre por meio de "destruições da falsa consciência":

> Como revelado na área-protótipo da experiência na história da vida, as experiências a partir das quais se aprende são negativas. A inversão da consciência significa a dissolução de identificações, a quebra de fixações e a destruição de projeções[15].

Não apenas a auto-análise de Freud surge em resposta à morte do pai, mas o acontecimento em torno do qual ela gira – o abandono da teoria da sedução – foi, na verdade, uma *peripeteia*, ou "inversão da consciência". A célebre dialética de Hegel do senhor e do escravo origina-se, justamente por isso, "numa luta de vida e morte" (*PM*, p. 232), e seu resultado inesperado é a supremacia definitiva do escravo sobre o senhor.

Hegel não é normalmente pensado como um filósofo do inconsciente[16], mas, sem dúvida, a *Fenomenologia do Espírito* aproxima-se especialmente da psicanálise na medida em que reconhece um domínio no interior do qual a mente não está diretamente acessível à consciência. Mais uma vez no Prefácio, Hegel escreve:

> O que é "conhecido com familiaridade" não é *apropriadamente conhecido* pela simples razão de que é "familiar". Quando envolvido no processo de conhecimento, a forma mais comum de auto-engano, e também do engano de outras pessoas, está em assumir algo como familiar e dar seu assentimento a ele justamente por essa razão. Um conhecimento desse tipo, com tudo que ele diz, jamais sai do lugar, mas não tem nenhuma idéia de que é assim que acontece (*PM*, p. 92).

Essa declaração de que o que é "conhecido com familiaridade" (*das Bekannte*) pode não ser "apropriadamente conhecido" (*erkannt*) irá se tornar um dos lugares-comuns recorrentes na filosofia alemã no século XIX. A mesma idéia está por trás da exploração que Freud faz da falência da distinção entre o "estranho" e o "familiar" em "O Estra-

---

15. Habermas, *Knowledge and Human Interests*, p. 18
16. Cf., entretanto, Masullo, "Das Unbewußte in Hegels Philosophie".

nho". A meta das odisséias da consciência, empreendidas tanto pela psicanálise quanto pela filosofia hegeliana, pode, dessa forma, ser definida indiferentemente tanto como um processo de "desfamiliarização" quanto como um processo de tornar consciente o que é inconsciente.

Hegel, além disso, vincula o conceito de inconsciente ao de repressão dinâmica, ao descrever a "fuga do mundo real" buscada pela fé: "essa fuga do domínio do presente é, dessa forma, diretamente em sua própria natureza, um estado dual da mente" (*PM*, p. 513). A referência à "fuga do domínio do presente" prefigura o aforismo de Breuer e Freud, em *Estudos sobre a Histeria*, de que os "histéricos sofrem principalmente de reminiscências" (*SE*, 2:7), e, em *Inibições, Sintoma e Ansiedade* (1926), Freud especificamente equipara repressão a fuga. Devido à estrutura em espiral da *Fenomenologia do Espírito*, o que ocorre a qualquer estágio dado do desenvolvimento é reencenado de incontáveis formas; e pode-se tomar como representativa do "estado dual da mente" a análise de Hegel de como a busca de um indivíduo por satisfação puramente pessoal entra em conflito com a necessidade.

> A consciência, dessa forma, por meio de experiência pela qual sua verdade deveria ter sido revelada, tornou-se, ao contrário, um enigma para si mesma; as conseqüências de suas ações não são realmente para ela suas próprias ações (*PM*, p. 388).

Para Hegel, não menos que para Freud, a busca em vista da revelação da verdade é inseparável do "enigma" do autocegamento ou da repressão, e é somente a partir dessas "inversões da consciência" sofoclianas que se pode conquistar um nível mais alto de consciência.

Embora fique claro pelas citações acima, que a *Fenomenologia do Espírito* inspira-se de ponta a ponta num paradigma edípico, é quando Hegel volta sua atenção para a tragédia que sua antecipação a Freud fica mais nitidamente em foco. Hegel discute a tragédia em dois pontos-chave da *Fenomenologia* – primeiramente, na parte da seção sobre o "Espírito" denominada "Ação Ética", e depois, próximo ao final da obra, na subdivisão da seção sobre a "Religião" dedicada à "Obra de Arte Espiritual". No sistema maduro de Hegel, deve-se reconhecer, a arte se encontra no mais baixo dos três domínios (os outros dois sendo a religião e a filosofia) nos quais o "espírito absoluto" se manifesta. É verdade, igualmente, que a Grécia passa a desempenhar um papel mais subordinado que em seus primeiros tratados não-publicados[17]. É representativa da concepção desse período tardio, a afirmação de Hegel de que o pensamento do universal "não alcançaria seu pleno reconhecimento até o advento do cristianismo. Os gregos, tão adiantados em outros aspectos, não conheciam nem Deus nem mesmo o homem

---

17. Cf. Janicaud, *Hegel et le destin de la Grèce*, pp. 327-328.

em sua verdadeira universalidade" (*Logic*, p. 227). No entanto, apesar dessa revisão teórica, Hegel permaneceu constante em seu apego emocional tanto à arte – cuja mais alta forma ele acreditava ser a tragédia – quanto à cultura gregas, e a matriz sofocliana de seu pensamento continua inequívoca.

A interpretação de Hegel da tragédia apóia-se de modo decisivo sobre o caráter equívoco da palavra alemã *Geist*, que torna possível traduzi-la tanto por "mente" quanto por "espírito". Já em sua discussão sobre o destino em *O Espírito do Cristianismo*, onde fala da "igual reação da ação do transgressor", Hegel corrói a diferença entre o que ocorre na "mente" no indivíduo transgressor e o que ocorre no "espírito" da força cósmica fora dele. Essa ambigüidade é recorrente na *Fenomenologia*, como se pode observar no paralelo que Hegel traça da cisão entre realidade interna e externa:

> Surge, dessa forma, na consciência a oposição entre *o que é conhecido* e *o que não é conhecido*, assim como, no caso da substância, havia uma oposição entre o *consciente* e o *inconsciente* (*PM*, p. 486).

Essa cisão, explica Hegel, é produzida meramente pela *ação* – o passo para a autoconsciência – e, dessa forma, é o mesmo que a Queda do Homem:

> Pois esta última [a autoconsciência], na medida em que ela é si mesma para si e passa à ação, eleva-se do estado de *imediatez simples* e põe, ela própria, a *cisão em dois*. Por essa ação, ela abandona o caráter específico da vida ética, o de ser certeza pura e simples da verdade imediata. [...] Pela ação, ela se torna, assim, *Culpa*. Pois a ação é seu agir, e esse agir é sua natureza mais própria. E a *Culpa* adquire também o significado de *Crime* (*PM*, p. 488).

W. H. Auden observou sobre Freud que ele "difere tanto de Rousseau, que negava a Queda, [...] quanto da doutrina teológica que faz da Queda o resultado de uma escolha deliberada, o homem sendo, dessa forma, moralmente responsável"[18]. Essas palavras podem ser aplicadas, sem qualquer modificação, a Hegel, cuja reinterpretação da Queda, tanto na *Fenomenologia* quanto na *Lógica*, gira precisamente em torno da insistência em que "o passo para o oposto, o despertar da consciência, provém da própria natureza do ser humano".

A análise de Hegel da "cisão em dois" promovida pela autoconsciência serve para salientar a conexão em seu pensamento entre os mitos de Édipo e da Queda. A equiparação que ele estabelece entre ação, culpa e crime é uma elaboração da afirmação de Schelling de que "a pessoa trágica é *necessariamente* culpada de um crime", embora na revisão de Hegel dessa leitura, Adão, assim como Édipo, seja

---

18. Auden, "Psychology and Art To-day", p. 69.

considerado como portador da forma "mais exaltada" de "culpa da inocência". Como para Hegel a essência da ação está em substituir "a imediatez simples" por uma "dupla forma" (*PM*, p. 488), a conseqüência de toda ação é, de certo modo, criar um domínio "reprimido", no interior do universo, que, no devido tempo, recairá sobre o perpetrador. Como deixam claro as alusões de Hegel ao "que não é conhecido" (*das Nichtgewußten*) e ao "inconsciente" (*Bewußtlosen*), seu conceito de autoconsciência é, na verdade, a "imagem invertida" do postulado psicanalítico do inconsciente; e é como herói representante da "autoconsciência ética" (*PM*, p. 489) que ele retrata a figura de Édipo.

Hegel prefacia sua interpretação do *Édipo Rei* com uma elaboração de sua teoria geral sobre o que está em jogo em toda decisão para a tomada de uma ação:

> A decisão, no entanto, é *por natureza*, algo negativo, que coloca um "outro" em oposição a ela, algo que é alheio à decisão, que é conhecimento claro. A realidade efetiva, dessa forma, mantém oculto dentro de si esse outro aspecto alheio ao conhecimento claro e não se revela à consciência da forma como ela é, plena e verdadeiramente (*PM*, p. 490).

No texto alemão que se segue, mais uma vez, Édipo não é citado pelo nome, mas sua oposição exemplar como encarnação da "consciência" iludida se torna simplesmente mais eloqüente por essa elipse de Hegel:

> [Na história de Édipo] o filho não vê seu próprio pai na pessoa do homem que o insultou e que ele mata, nem sua mãe, na da rainha que ele torna sua esposa. Desse modo, uma força oculta, que foge da luz do dia, espreita a autoconsciência ética, uma força que irrompe somente depois que a ação é cometida e apodera-se daquele que a cometeu. Pois a ação realizada é a supressão da oposição entre o eu que sabe e a realidade que lhe faz face [...]. Nessa verdade, portanto, a ação vem à luz – é algo em que um elemento consciente está ligado ao que é inconsciente, o que é peculiarmente próprio a si mesmo com o que é alheio e exterior: – é uma realidade essencial dividida numa cisão, da qual a consciência vivencia um outro aspecto que ela descobre ser um aspecto também dela própria, mas como uma força violada por sua ação e instigada à hostilidade contra ela (*PM*, p. 490; acrescentado o conteúdo dos colchetes).

Nessa passagem, todos os paralelos entre Hegel e Freud chegam ao seu ponto máximo. O não-reconhecimento da mãe e do pai pelo Édipo de Hegel provoca "uma força oculta, que foge da luz do dia" (*eine lichtscheue Macht*), para se apossar dele, e a ação da tragédia retrata a "supressão da oposição entre o eu que sabe e a realidade que lhe faz face". Mais uma vez, Hegel reconhece explicitamente a existência do "que é inconsciente" (*das Unbewußte*), e sua análise da convergência entre "o que é peculiarmente próprio a si mesmo" (*dem Sein*) e "o que é alheio e exterior" (*das Nichtseiende*) captura a essência do estranho. Na verdade, sua descrição do modo como a consciência descobre o "outro aspecto" da realidade como "um aspecto também dela própria", mas agora, como força "instigada à hostilidade contra ela", essa descrição é totalmente congruente com o modelo psicanalítico do "retorno do que foi reprimido".

Como havia feito em *O Espírito do Cristianismo*, Hegel vincula sua exegese do *Édipo Rei* à da *Antígona*. Ele virtualmente repete sua afirmação anterior de que "a honra de uma alma pura é ainda maior" se ela escolhe conscientemente "injuriar a vida", ao escrever na *Fenomenologia*:

> Mas a consciência ética é mais completa, sua culpa é mais pura, se ela *conhece de antemão* a lei e a força às quais ela se opõe, se ela as toma por pura violência e injustiça (*PM*, p. 491).

Antígona é diferente de Édipo no caráter deliberado de sua violação da "realidade essencial". Mas o problema das "cisão em dois" está presente em ambos os casos, mesmo se a colisão trágica em *Antígona* se dê entre dois personagens distintos – Antígona e Creonte, enquanto no *Édipo Rei* ela se situa na mente do próprio Édipo. Em "A Obra de Arte Espiritual", Hegel afirma que a dualidade dos sexos corresponde às "duas forças" da "substância ética":

> a substância ética dividida em seu próprio princípio, em termos de seu próprio *conteúdo*, em duas forças – que foram definidas com o a lei *divina* e a lei *humana*, a lei do mundo inferior e a lei do mundo superior, uma, a *família*, a outra, a *soberania do estado*, a primeira portando a marca e o *caráter da mulher*, a outra, a *do homem* (*PM*, p. 739).

Antígona, como representante do "mundo inferior", da "lei divina" e da "família", coloca-se em oposição a Creonte, o porta-voz do "mundo superior", da "lei humana" e da "soberania do estado". Que essa polaridade pode ser redefinida com uma polaridade entre "o inconsciente" e "o consciente" se torna inequívoco, quando Hegel escreve:

> O direito superior e o inferior passam a significar, nesse contexto, a força que se conhece e revela-se à consciência, e a força que se oculta e espreita na obscuridade (*PM*, p. 740).

Mas, embora a espécie feminina, "a ironia permanente na vida da comunidade" (*PM*, p. 496), encarne o inconsciente da anterioridade masculina, devido à "forma dupla" da realidade, mesmo a nobreza de Antígona é tingida pela "unilateralidade" (*PM*, p. 487). Em conseqüência, não menos que de Édipo, pode-se dizer tanto dela quanto de Creonte, que "quem age se encontra, com isso, na oposição entre o conhecer e o não-conhecer" (*PM*, p. 739).

Da mesma forma que com relação a Antígona, Hegel traça os destinos de Etéocles e Polinice na órbita de Édipo. Qualquer dos dois filhos de Édipo poderiam, a seus olhos, "como igual direito, tomar posse da comunidade" (*PM*, p. 493), mas, como a "alma singular" do governo "não admite dualidade", os rivais entram em conflito, e "seu igual direito ao poder do estado é destrutivo para ambos, pois eles estão igualmente errados" (*PM*, p. 439). O "igual direito" e "igual injustiça" de Etéocles e Polinice são uma outra versão do mesmo direito que Hegel atribui a Antígona e a Creonte, e estes dois, por sua vez, são uma variante da "culpa da inocência" de Édipo.

A reflexão de Hegel sobre a psiquê humana vincula-se à sua consciência profunda das duplicidades inerentes à linguagem. Em "A Obra de Arte Espiritual", Hegel retorna à sua associação entre Édipo e Macbeth de *O Espírito do Cristianismo* e, num ímpeto de sincretismo, cita também Orestes e Hamlet como heróis trágicos, que se vêem confrontados pelo "caráter equívoco e de ambigüidade" (*PM*, p. 740) dos pronunciamentos do oráculo. O Fantasma, em *Hamlet*, as Feiticeiras, em *Macbeth*, e o enigma da Esfinge, em *Édipo Rei*, são "em nada diferentes" do oráculo de Delfos:

> Mas as ordens do deus que fala a verdade e o que ele proclama como o que *é* são realmente enganosos e falaciosos. Pois, esse conhecimento é, em seu princípio mesmo, diretamente, não-conhecimento, porque, na ação, a *consciência* é inerentemente essa oposição (*PM*, p. 740).

Apolo é um "deus que fala a verdade", que encarna o "aspecto da luz" (*PM*, p. 740), mas ele imediatamente se torna "enganoso e falacioso" quando entra no domínio da linguagem. Esse paradoxo, uma demonstração da "forma dupla" da realidade, prenuncia a afirmação de Nietzsche da inseparabilidade entre Apolo e Dionísio. E, da mesma forma que a psicanálise distingue, ao interpretar os sonhos, entre o conteúdo "manifesto" e o conteúdo "latente", também Hegel, ao compreender que a repressão conduz a uma condição em que o "conhecimento é [...], diretamente, não-conhecimento" (*Wissen ist [...] unmittelbar das Nichtwissen*), adverte contra o ser enganado pelo "significado manifesto e óbvio" (*PM*, p. 740) da linguagem como um todo.

Embora as afinidades de Hegel com a psicanálise sejam mais evidentes nas duas seções em que ele aborda a tragédia sofocliana, podemos encontrar antecipações importantes de Freud por toda a *Fenomenologia do Espírito*. Para Hegel, assim como para Freud, a "autoconsciência é o estado do *Desejo* em geral" (*PM*, p. 220), e é o destino do desejo que desempenha um papel decisivo na evolução da cultura[19]. Hegel igualmente se defronta com a inevitabilidade do conflito na vida humana, e sua concepção é fundamentalmente dualista:

> Com relação a esse jogo de forças, no entanto, vimos que sua peculiaridade está em que a força que é *posta em ação* por uma outra força é, justamente por isso, a *ação*

---

19. Cf. Ricoeur, *Freud and Philosophy*, p. 465.

propulsora para essa outra força que, com isso, somente então, se torna, ela própria, uma força propulsora (*PM*, p. 194).

Essa passagem, que poderia ser tomada como extraída da teoria psicanalítica dos instintos, faz parte da tradição do pensamento dialético cujos contornos já delineamos de Schiller a Freud. Na verdade, o próprio termo "*aufheben*" – tomado de empréstimo, lembramos, a Schiller – na medida em que constitui a mola-mestra do sistema hegeliano, tem um "significado duplo", uma vez que "superar é, ao mesmo tempo, *negar* e *preservar*" (*PM*, pp. 163-164), e, dessa forma, ilustra a tese de Freud de que as "palavras primais" possuem "significados antitéticos".

Como exemplifica vividamente o mito primordial de Hegel da luta entre senhor e escravo, toda a *Fenomenologia do Espírito* é, em essência, um drama vivido por dois personagens. E, mais importante, é em última análise impossível determinar se esses personagens em constante metamorfose são dois indivíduos separados ou dois aspectos de uma única psiquê[20]. Como escreve Hegel em "Domínio e Servidão":

> Esse processo da autoconsciência em relação a uma outra autoconsciência foi, desse modo, representado como *a ação de uma única*. Mas, essa ação da parte de uma tem, ela própria, o significado duplo de ser, de uma só vez, *sua própria ação* e também *a ação da outra* (*PM*, p. 230).

O embaçamento da linha de demarcação entre realidade interior e exterior corresponde à noção freudiana de "formação narcísica", na qual o indivíduo pode, em sua própria fantasia, colocar "um outro ego alheio" tanto no papel do sujeito quanto no do objeto (*SE*, 14:132). Uma vez que, como sustentei no capítulo 3, a "formação narcísica" oferece um modelo teórico para a situação de análise, que eleva a auto-análise a uma primazia ontológica como o "estágio preliminar" de uma análise envolvendo duas pessoas, a dramatização de Hegel da permutabilidade entre experiência *interpessoal* e experiência *intrapsíquica* confirma o estatuto da *Fenomenologia* como – da mesma forma que "Lembranças Encobridoras" – um texto exemplar de auto-análise.

Enquanto a *Fenomenologia do Espírito* delineia o processo da viagem de introspecção de Hegel, a *Lógica* apresenta os resultados da análise, numa forma sistemática. Dessa forma, é instrutivo ver como muitos dos pontos de contato entre Hegel e Freud, na *Fenomenologia*, são encontrados reafirmados de modo apodítico na *Lógica*. A convicção, expressa no Prefácio da *Fenomenologia*, de que o conhecimento tem uma estrutura circular, é reiterada na Introdução à *Lógica*:

---

20. Cf. Kelly, "Notes on Hegel's 'Lordship and Bondage' ", p. 195. O ensaio de Kelly busca salientar a dimensão subjetiva ou fenomenológica da dialética do senhor e do escravo, atenuada na fundamental *Introduction to the Reading of Hegel*, de Kojève.

O próprio ponto de vista que originalmente é tomado apenas em sua própria evidência deve, no curso da ciência, ser convertido num resultado – o resultado último, no qual a filosofia retorna a si mesma e alcança o ponto em que começou. Desse modo, a filosofia tem a aparência de um círculo que se fecha em si, e ela não se inicia da mesma forma que as outras ciências (p. 23).

Na medida em que a *Lógica* partilha com a *Fenomenologia* da tentativa de "alcançar o ponto em que começou", Hegel, mais uma vez, sustenta que o conhecimento é uma questão de se tornar genuinamente consciente do que é ostensivamente "familiar":

Mas as coisas assim familiares são geralmente os maiores estranhos. Ser, por exemplo, é uma categoria do pensamento puro: mas fazer de "é" um objeto de investigação jamais nos ocorre (*Logic*, p. 40).

E, justamente ao mesclar o "estranho" e o "familiar", Hegel justifica o procedimento pelo qual nós fizemos a psicanálise se voltar contra o próprio Freud:

As formas do pensamento devem ser estudadas em sua natureza essencial e desenvolvimento completo: elas são, ao mesmo tempo, o objeto da pesquisa e a ação desse objeto. Dessa forma, elas se auto-examinam: em sua própria ação, elas devem determinar seus limites e assinalar seus defeitos (*Logic*, p. 66).

Entendida apropriadamente, a psicanálise, assim como a filosofia de Hegel, é, "ao mesmo tempo, o objeto da pesquisa e a ação desse objeto". Ao admitir uma dimensão auto-analítica das obras de Freud, nós vimos que elas, de fato, "se auto-examinam" e "determinam seus limites". Se a "força retroativa" de Freud faz com que vejamos em Hegel um precursor da psicanálise, na medida em que explicita os princípios da investigação psicanalítica, Hegel nos faz lembrar que Freud poderia muito bem ser incluído em seu próprio sistema.

Uma das mais célebres passagens da *Lógica* é a afirmação de Hegel da relação entre a contingência e a necessidade:

De tais circunstâncias e condições surgiu, dizemos, uma coisa totalmente diferente, e é por essa razão que chamamos esse processo de necessidade cega. Se, ao contrário, consideramos a ação teleológica, temos, no final da ação, um conteúdo que já é pré-conhecido. Essa atividade, dessa forma, não é cega, mas sim capaz de ver [...]. A necessidade é cega somente enquanto não é compreendida (p. 209).

O uso por Hegel da metáfora da cegueira e da visão repercute nuances sofoclianas. Que essa discussão da "ação teleológica" na verdade se enraíza em Sófocles é confirmado nas *Lições de Filosofia da Religião* (1832), publicadas postumamente. Reconhecendo que a "justiça moral" do destino é "expressa em sua forma mais nobre nas tragédias de Sófocles", Hegel prossegue: "O destino dos indivíduos é representado como algo incompreensível, mas a necessidade não é uma justiça cega; ao contrário, ela é reconhecida como a verdadeira justiça"[21]. Para Édipo, que tateia na ignorância, na tentativa de encontrar o assassino de Laio, a ação de seu drama, sem dúvida, pareceria "incompreensível", mas para o espectador que observa o desdobramento de um resultado "pré-conhecido", o mesmo processo revela a mão que guia a "verdadeira justiça". Devido a essa lógica espiritual que se manifesta nas tragédias de Sófocles, Hegel as denomina "os padrões ou modelos eternos da idéia moral" (p. 264).

Além de ampliar a metáfora da cegueira presente na *Lógica*, o exame que Hegel faz de Sófocles nas *Lições de Filosofia da Religião* revela a coerência com que ele adere à interpretação do mito de Édipo apresentada na *Fenomenologia do Espírito*. Começando pelo tema da colisão em *Antígona*, onde Antígona e Creonte "terminam ambos na injustiça exatamente porque são unilaterais, embora, ao mesmo tempo, também obtenham justiça", Hegel passa para o *Édipo Rei*:

> Temos um outro exemplo de colisão no caso de Édipo, por exemplo. Ele matou o pai, é manifestamente culpado, mas culpado porque sua capacidade moral é unilateral; isto é, ele comete inconscientemente essa ação terrível. No entanto, ele é o homem que solucionou o enigma da Esfinge; ele é o homem distinguido por seu conhecimento, e, assim, uma espécie de equilíbrio é introduzido na forma de uma Nêmese. Ele, que é tão dotado de conhecimento, está em poder do que é inconsciente, assim, ele cai numa culpa que é profunda em proporção à altura em que ele se encontra. Aqui, portanto, temos a oposição das duas forças, a da consciência e a da inconsciência (p. 265).

Assim como Schlegel e Nietzsche, Hegel vincula a solução do enigma da Esfinge por Édipo ao cometimento dos crimes de incesto e parricídio. O padrão de repetição pelo qual Édipo "cai numa culpa que é profunda em proporção à altura em que ele se encontra" é o corolário temporal de uma lei dos duplos significados, uma vez que Édipo é simultaneamente "distinguido por seu conhecimento" e está "em poder do que é inconsciente". Hegel mais uma vez prenuncia a psicanálise, ao dividir a mente na "oposição de duas forças, a da consciência e a da inconsciência". Como ele assinala na *Estética*, com relação a Édipo: "era o que era desconhecido que era a ação real e essencial, isto é, o assassinato do próprio pai[22].

Dentre todos os ciclos de cursos publicados após sua morte, o da *Filosofia da História* (1837) é o mais útil para se mapear o resultado da preocupação de Hegel, durante toda sua vida, com Édipo. Já na *Fenomenologia do Espírito*, Hegel tinha tentado "dar conta do desenvolvimento formador do indivíduo universal, do espírito autocons-

---

21. Hegel, *Lectures on the Philosophy of Religion*, 2:264. As referências a essa obra serão indicadas entre parênteses no texto. A tradução para o inglês segue a edição revisada das *Lectures*, publicada em 1840.
22. Hegel, *Aesthetics*, 1:214.

ciente", e essa tarefa é transferida para o palco da história, na *Filosofia da História*. Além disso, da mesma forma que na *Fenomenologia*, as alusões específicas à figura de Édipo reforçam o projeto mais amplo da *Filosofia da História* como "a verdadeira tragédia de Édipo do espírito humano em sua totalidade".

A predileção de Hegel pelo pensamento circular, que observamos tanto na *Fenomenologia* quanto na *Lógica*, aparece ainda uma vez na Introdução teórica da *Filosofia da História*:

> O que eu disse provisoriamente, e o que ainda terei a dizer, mesmo com referência a nosso ramo da ciência, não deve ser considerado como hipotético, mas como uma visão sumária do todo; o resultado da investigação que estamos por realizar; um resultado que incidentalmente *me* é conhecido, porque eu abordei esse campo inteiro[23].

Tendo chegado ao ponto de vista da "consciência filosófica", Hegel informa à "consciência comum" de seu leitor ou ouvinte sobre "o resultado da investigação que estamos por realizar". É como se Tirésias estivesse falando a Édipo, ou, mais precisamente, com se Édipo, ao descobrir sua identidade, estivesse falando para si próprio, como fazia no início da peça. A circularidade de Hegel é, dessa forma, uma função da dimensão *retrospectiva* de sua investigação, uma dimensão mais bem formulada na famosa metáfora do Prefácio da *Filosofia do Direito* (1821):

> Como pensamento do mundo, ela [a filosofia] aparece somente quando a efetividade já está cortada e seca, após seu processo de formação ter-se completado. [...] A coruja de Minerva abre suas asas somente com a chegada do crepúsculo[24].

A "coruja de Minerva" de Hegel preside também os esforços de Freud, cujas intervenções analíticas tipicamente ocorrem após o "processo de formação ter-se completado". Embora Hegel acrescente que a filosofia "sempre entra em cena demasiado tarde" para poder ensinar[25], essa atitude pode ser considerada não tanto como a antítese das finalidades curativas da análise, mas como a contrapartida ao pessimismo terapêutico também encontrado nos últimos escritos de Freud.

Da mesma forma que a orientação de Hegel para o passado, na *Filosofia da História*, está de acordo com a teoria psicanalítica, também está de acordo com essa teoria sua compreensão da relação do passado com o presente.

---

23. Hegel, *Philosophy of History*, p. 10. As referências a essa obra serão indicadas entre parênteses pela abreviação *PH*. Confrontei a tradução de Sibree, e com freqüência eliminei as maiúsculas, com a edição Hegel, *Vorlesungen über die Philosophie der Geschichte*. A tradução de Sibree segue a terceira edição de 1843.
24. Hegel, *Philosophy of Right*, pp. 12-13.
25. *Idem*, p. 12.

ao abordar o passado – por mais amplos que sejam seus períodos – só temos a ver com o que é *presente*; pois a filosofia, na medida em que se ocupa com o verdadeiro, tem a ver com o eternamente presente. Nada no passado está perdido para ela, pois a idéia está sempre presente; o espírito é imortal; com ele, não há passado, não há futuro, mas um agora essencial. Isso necessariamente implica que a forma presente do espírito compreenda em si todos os passos anteriores (*PH*, p. 79).

O psicanalista, assim como o filósofo hegeliano, "ao abordar o passado", só tem "a ver com o que é presente", uma vez que a narrativa do paciente de suas experiências anteriores deve ser interpretada à luz da *transferência* que se manifesta na situação analítica atual. Freud, que falava da "atemporalidade" do inconsciente, sem dúvida concordaria com Hegel em que a "forma presente" da personalidade de um indivíduo "compreende de em si todos os passos anteriores". Essa compreensão de que "nada no passado está perdido", articulada teoricamente tanto por Freud quanto por Hegel, é parte integrante de *Édipo Rei*, onde, no momento de "conhecimento absoluto", o passado de Édipo retorna para tragar o presente.

Da mesma forma que na *Fenomenologia do Espírito*, a "longa e laboriosa viagem" narrada na *Filosofia da História* é concebida em termos de uma busca por autoconhecimento:

> Mas para o espírito, a conquista mais alta é o autoconhecimento; um avanço não apenas rumo à intuição, mas rumo ao pensamento – a concepção clara de si mesmo. Isso, ele deve realizar, e também está destinado a realizar; mas a realização é, ao mesmo tempo, sua dissolução, e o surgimento de um novo espírito, um novo povo na história mundial, uma outra época na história universal (*PH*, p. 71).

A ironia pela qual a "realização" de uma cultura "é, ao mesmo tempo, sua dissolução", como observou Hayden White, caracteriza de imediato "o enigma da existência humana como um enigma" e é "ainda um outro modo de indicar a natureza essencialmente Cósmica de toda investigação histórica"[26]. Hegel se referia anteriormente à "*astúcia da razão*" para descrever o modo como o processo histórico "põe as paixões a trabalhar para si próprio, enquanto aquilo que desenvolve sua existência por meio de um tal impulso recebe a punição e sofre a perda" (*PH*, p. 33). Uma outra versão da afirmação de que a "necessidade é cega somente enquanto não é compreendida", a noção de "astúcia da razão", torna possível a Hegel reconciliar seu projeto de apresentar "uma teodicéia [...] de tal forma que o mal que é encontrado no mundo possa ser compreendido" (*PH*, p. 15) com seu reconhecimento inabalável de que "a história do mundo não é o palco da felicidade. Períodos de felicidade são páginas em branco nele" (*PH*, p. 26). Como o indivíduo pego no fluxo da história dificilmente perceberá a relação

---

26. White, *Metahistory*, p. 130.

entre suas buscas egoístas e o desígnio da providência, a realidade, mais uma vez, oculta um "aspecto alheio à consciência clara"; ou, como Hegel nessa ocasião enuncia seu argumento do inconsciente, em toda ação "pode estar envolvido algo mais do que o que está presente na intenção e na consciência daquele que age" (*PH*, p. 28).

A convicção de Hegel de que "a conquista mais alta é o autoconhecimento" vincula-o, não apenas a Freud, mas também a Nietzsche. Um vínculo não menos forte entre esses três pensadores está na devoção à idéia do herói, de que os três partilham. "Mas, por meu amor e esperança, eu imploro", o Zaratustra de Nietzsche exorta o jovem nobre, "não jogue fora o herói em sua alma!" (*VPN*, p. 156). Em *Moisés e o Monoteísmo: Três Ensaios*, ao reconhecer a tendência moderna à explicação dos acontecimentos históricos em termos de "fatores gerais e impessoais", Freud argumenta, imperturbável, que a ascendência do monoteísmo entre os judeus deve-se à "influência transcendente de uma única personalidade" (*SE*, 23:107-108). Exatamente nesse mesmo espírito, Hegel proclama, na *Filosofia da História*:

> Os homens da história mundial – os heróis de uma época – devem, dessa forma, ser reconhecidos como homens dotados de perspicácia; suas ações, suas palavras, são as melhores dessa época. Grandes homens criaram propósitos para satisfazer a si mesmos, não aos outros. [...] Seus contemporâneos, dessa forma, seguem esses líderes de almas; pois eles sentem a força irresistível de seu próprio espírito interior assim encarnado (*PH*, pp. 30-31).

Como essa ênfase, de que partilham Hegel, Nietzsche e Freud, na força dinâmica da personalidade individual provém, ela própria, de sua própria estatura como "homens da história mundial", o que cada um deles tem a dizer sobre o herói aplica-se, implicitamente, aos outros dois. Assim, quando escreve que o herói é movido por "um impulso inconsciente que provocou a realização daquilo para o que o tempo estava maduro" (*PH*, p. 30), Hegel está elucidando o modo como os incidentes da história pessoal de Freud convergiram com as condições históricas do século XIX, para dar nascimento à psicanálise.

Os temas sofoclianos da *Filosofia da História* são explicitados no início da obra propriamente dito, onde Hegel recorre à imagética da cegueira:

> A imaginação muitas vezes retratou para si as emoções de um homem cego, de repente se tornando dotado de visão, olhando para o brilho luminoso da Aurora, a luz crescente e a glória flamejante do sol se elevando (*PH*, p. 103).

Não é de surpreender que Hegel evocasse o trajeto do sol para simbolizar "o curso da história, a grande obra diurna do espírito" (*PH*, p. 103). O que é inesperado é ele tornar o quadro mais complexo, ao incluir a descrição de "um homem cego, de repente se tornando dotado de visão". Essa "inversão da consciência" é acompanhada de mais uma outra, pois Hegel prossegue, traçando um contraste entre o sol físico e o sol intelectual:

> A história do mundo viaja do Oriente para o Ocidente, pois a Europa é absolutamente o fim da história, a Ásia, o início. [...] Nesta, se eleva o sol físico exterior e, no Ocidente, ele se põe: neste, simultaneamente, se eleva o sol da autoconsciência, que difunde uma luminosidade mais nobre (*PH*, pp. 103-104).

A "luminosidade mais nobre" desse "sol da autoconsciência", que se eleva no Ocidente, onde o "sol físico exterior" se põe, faz lembrar a descrição da Grécia e Roma antigas como "o paraíso mais alto do *espírito* humano", feita por Hegel em "Sobre os Estudos Clássicos". Foi, ele reitera na *Filosofia da História*, entre os gregos – o primeiro povo europeu – que o "espírito se tornou introspectivo, triunfou sobre a particularidade e, com isso, se auto-emancipou" (*PH*, p. 222).

Embora reconheça que "a transição *histórica* tem lugar quando o mundo persa entra em contato com o grego", Hegel relata a "transição para o interior, ou ideal" (*PH*, p. 221), da civilização oriental para a grega, de um modo mais poético. Enquanto "o espírito dos egípcios se apresentou à sua consciência na forma de um *problema*", explica ele:

> O grego Apolo é sua solução; seu pronunciamento é "*Homem, conhece a ti mesmo*". Nessa afirmação, não há a intenção de um auto-reconhecimento que considere as especificidades das próprias fraquezas e defeitos; não é o indivíduo que é intimado a se familiarizar com sua idiossincrasia, mas a humanidade *em geral* que é chamada ao autoconhecimento (*PH*, p. 220).

Num momento posterior da discussão, Hegel afirma – como fará novamente na *Lógica* – que os gregos, "na medida em que não haviam alcançado uma concepção intelectual de si mesmos, ainda não compreendiam o espírito em sua universalidade" (*PH*, p. 250); mas essa negação é contradita pela afirmação de que, na exortação de Apolo, a "humanidade *em geral* é chamada ao autoconhecimento".

Tendo estabelecido que a "transição para o interior, ou ideal", do Oriente para o Ocidente é simbolizada pela relação do Egito com a Grécia, Hegel passa a oferecer uma ilustração especificamente mitológica desse deslocamento do autoconhecimento, do "problema" para a "solução":

> De modo admirável deve, então, nos surpreender a lenda grega que relata que a Esfinge – o grande símbolo egípcio – apareceu em Tebas, pronunciando as palavras: "O que é que de manhã anda sobre quatro pernas, ao meio-dia, sobre duas, e, ao entardecer, sobre três?". Édipo, dando a solução, o *Homem*, lançou a Esfinge rocha abaixo (*PH*, p. 220).

Já, na *Fenomenologia do Espírito*, Hegel havia introduzido sua interpretação da Esfinge, logo antes de abordar a religião grega, sob a rubrica "Religião na Forma de Arte", como um artefato no qual a autoconsciência está a ponto de descobrir a si mesma:

> O artífice, dessa forma, combina ambos [o ser exterior e o ser interior], misturando as formas da natureza e da autoconsciência; e esses seres ambíguos, um enigma para si mesmos – a luta consciente com o que não tem consciência, o interior simples com o exterior multiforme, a escuridão do pensamento combinada com a clareza de expressão – esses seres irrompem na linguagem de uma sabedoria que é obscuramente profunda e difícil de compreender (*PM*, p. 707).

Quando essas passagens são examinadas em conjunto, fica claro que, tanto na *Fenomenologia do Espírito* quando na *Filosofia da História*, Hegel equipara a solução do enigma da Esfinge com o advento de uma cultura grega e, dessa forma, vê Édipo como o herói que eleva a humanidade rumo à autoconsciência. Steven Marcus observou sobre a auto-análise de Freud que, nela, "a instrução clássica de conhecer a ti mesmo foi colocada em uma conjunção histórica e momentosa com o *Édipo Rei*"[27], mas essa "conjunção histórica e momentosa" já pode ser encontrada na auto-análise de Hegel do espírito humano.

A "solução e libertação" por Édipo "desse espírito oriental" encarnado na Esfinge significa que o "ser interior da natureza é o pensamento, o qual tem existência somente na consciência humana". Mas Hegel não ignora as vicissitudes do destino de Édipo:

> Mas essa solução dada por Édipo – que, dessa forma, se revela dotado de conhecimento – vincula-se a uma terrível ignorância quanto ao caráter de suas próprias ações. O emergir da iluminação espiritual na antiga casa real é degradado pelo vínculo com abominações, o resultado da ignorância; e essa realeza primeva deve – a fim de alcançar o verdadeiro conhecimento e a clareza moral – primeiramente ser conduzida a uma forma bem definida e ser posta em harmonia com o espírito do belo, pelas leis civis e pela liberdade política (*PH*, pp. 220-221).

Assim como em suas *Lições de Filosofia da Religião*, Hegel retrata Édipo como, ao mesmo tempo, "dotado de conhecimento" e em "terrível ignorância quanto ao caráter de suas próprias ações", o que significa dizer que ele discerne o vínculo entre sua vitória sobre a Esfinge e o cometimento não-deliberado das "abominações" do incesto e do parricídio. O avanço da "antiga casa real" a partir desses inícios impronunciáveis até o "verdadeiro conhecimento e clareza moral", que culmina no *Édipo em Colona*, é, para Hegel, um paradigma da história do mundo, que "nada mais é que o desenvolvimento da idéia de liberdade" (*PH*, p. 456).

Em seu sexagésimo aniversário, em 1830, Hegel recebeu de seus alunos uma medalha que trazia numa das faces seu retrato e, na outra, uma representação alegórica: à esquerda, uma figura masculina senta-

---

27. Marcus, *Freud and the Culture of Psychoanalysis*, p. 17.

da, lendo um livro, atrás da qual uma coruja se empoleira sobre um pilar; à direita, uma mulher segurando firme uma cruz no alto; e, entre os dois, voltado para figura sentada, um gênio nu, com um braço apontando para a cruz no alto[28]. Essa medalha poderia ser considerada como um emblema de tudo que separa Hegel de Freud. Sobretudo, a reconciliação entre a filosofia e a teologia, sugerida pelo gênio que liga a coruja e a cruz, reflete com exatidão até onde o sistema maduro de Hegel é religioso em sua intenção, ou, em suas próprias palavras, uma "verdadeira *teodicéia*, a justificação de Deus na história" (*PH*, p. 457). O universo de Freud, ao contrário, é absolutamente sem transcendência, e ele – assim como os filósofos da hermenêutica, em outros aspectos tão profundamente influenciados por Hegel – teria pouca paciência com a idéia de um "conhecimento absoluto". Mas, essas diferenças, embora reais, não suprimem as continuidades mais importantes entre ambos. Da mesma forma que, para Freud, a tentativa de revelar as origens sempre se depara com o "suplemento" de Derrida, também para Hegel o "conhecimento absoluto" sempre permanece um ideal sempre se esquivando, na prática (nas palavras de Hyppolite), "ambíguo e enigmático". Nós podemos definir a relação entre Freud e Hegel, dizendo que, embora seja impossível imaginar Freud recebendo a medalha de Hegel, Hegel poderia muito apropriadamente ter sido homenageado com a medalha presenteada a Freud em seu qüinquagésimo aniversário – com o desenho de Édipo respondendo à Esfinge, acompanhado da inscrição "Que decifrava os enigmas famosos e era um homem muito poderoso".

---

28. Cf. Löwith, *From Hegel to Nietzsche*, pp. 14-17.

7. Entre Hegel e Nietzsche

Sándor Ferenczi inicia seu texto de 1912, "A Representação Simbólica dos Princípios do Prazer e da Realidade no Mito de Édipo", com uma extensa citação de uma carta de Schopenhauer a Goethe, datada de 11 de novembro de 1815, da qual a seguinte parte está impressa em itálico:

> É a coragem de ir até o fim diante de todo e qualquer obstáculo que faz o filósofo. Como o Édipo de Sófocles, que, buscando uma elucidação sobre seu terrível destino, persegue sua investigação infatigável, mesmo quando suspeita que um horror aterrorizador está à sua espera na resposta. Mas a maioria de nós traz no coração a Jocasta, que suplica a Édipo pelo amor de Deus que não prossiga em sua busca; e nós cedemos a ela, e é essa a razão por que a filosofia está como está[1].

Como sugere o título, o principal objetivo do texto de Ferenczi é integrar a definição de Schopenhauer do filósofo com o trabalho então recente de Freud, "Formulação sobre os Dois Princípios do Funcionamento Mental" (1911), a fim de apresentar a tese de que Édipo "representa o princípio de realidade na mente humana", enquanto Jocasta "é a personificação do princípio de prazer que, sem considerar a verdade objetiva, busca nada mais que poupar da dor o ego" (p. 221). Ferenczi leva sua comparação entre Édipo e Jocasta à sua conclusão lógica, ao fazer a generalização misógina de que "na mulher, a tendência à re-

---

1. Ferenczi, "Symbolic Representation", pp. 214-215. A seguir, as referências de páginas serão dadas entre parênteses no texto.

pressão [...] prevalece; nos homens, a capacidade de julgamento objetivo e de tolerância a percepções dolorosas" (p. 222).

O texto de Ferenczi nos interessa aqui, porque ele assinala de modo exemplar o cruzamento de três vias de investigação: em primeiro lugar, ao mencionar a alusão de Schopenhauer a Édipo, ele faz uma contribuição à história intelectual da psicanálise; em segundo, ele elabora as idéias teóricas de Freud; e, em terceiro, ele apresenta um comentário psicanalítico de *Édipo Rei*. O texto de Ferenczi é o primeiro a apresentar as interpretações, que agora são padrão, de que o significado do nome de Édipo, "Pé Inchado", está ligado ao falo e de que o ato de cegar-se é uma castração simbólica. Esses três aspectos do ensaio de Ferenczi não são, é evidente, radicalmente distintos. A misoginia presente em seu próprio pensamento, por exemplo, é inegavelmente uma das heranças legadas à psicanálise por filósofos do século XIX como Schopenhauer e, na verdade, pode estar enraizada no sexismo profundamente arraigado na cultura grega antiga, tal como expresso na tragédia de Sófocles.

Das três facetas de "A Representação Simbólica dos Princípios do Prazer e da Realidade no Mito de Édipo", é o primeiro – relativo à história intelectual – o mais relevante para nosso presente propósito. O que proponho neste capítulo é apresentar uma ponte entre minhas abordagens mais extensas de Hegel e de Nietzsche por meio de uma rápida discussão, primeiro, de Schopenhauer e, depois, de duas figuras de transição – Eduard von Hartmann e J. J. Bachofen. Também vou considerar o que vem "entre" Hegel e Nietzsche, em termos da própria atitude de Nietzsche com relação a Hegel como um precursor e com relação à história da filosofia em geral. Seguindo nosso fio condutor edípico pelo labirinto do pensamento alemão do século XIX, teremos ocasião de observar algo que, afinal, não é uma descoberta que deva nos surpreender. Uma vez que, como ficamos sabendo com Harold Bloom, a "ansiedade de influência" que governa tanto a história intelectual quanto a literária é, ela própria, estruturada pelo complexo de Édipo[2], freqüentemente acontece de o ônus da dívida dos escritores com relação a seus precursores ser exibido com particular intensidade no decorrer de suas exegeses do mito de Édipo.

Um exemplo desse fenômeno aparece na tentativa de Ferenczi de determinar por que "o mito de Édipo ocorreu imediatamente a Schopenhauer quando ele quis ilustrar com uma analogia a correta atitude psíquica do cientista" (p. 218). Desenvolvendo argumentos biográficos, ele observa que o que deu ocasião à carta foi o fato de que, em 1815, Schopenhauer, então com vinte e sete anos de idade, viu-se pela primeira vez reconhecido "por um homem da grandeza e reputação de Goethe" (p. 219). Em conseqüência, a carta se inicia com uma

2. Cf. Bloom, *The Anxiety of Influence*.

nota de gratidão e deferência absolutamente não-característica do jovem filósofo "orgulhoso e autoconfiante". A relação de Schopenhauer com Goethe, acrescenta Ferenczi, é inevitavelmente uma relação filial, uma vez que "heróis do espírito" como Goethe se tornam " '*fantasmas do passado*' do pai de um sem-número de homens, que transferem a eles todos os sentimentos de gratidão e respeito que uma vez manifestaram com relação a seu pai físico" (p. 220) (o argumento de Ferenczi é reforçado quando observamos que o pai de Schopenhauer, ligado a atividades comerciais, havia morrido em 1805, provavelmente em conseqüência de suicídio). A referência subseqüente ao mito de Édipo, dessa forma, "pode muito bem ter sido uma reação inconsciente contra essa – talvez um tanto extravagante – expressão de gratidão com relação ao pai" (p. 220). O elemento de hostilidade da ambivalência de Schopenhauer aparece no final de sua carta. Bruscamente dirigindo-se ao venerável Goethe "como um igual", Schopenhauer "coloca uma ênfase elogiosa no valor incomum de seu livro" (p. 220), *O Mundo como Vontade e Representação* (1818), e insiste que, se Goethe não responder imediatamente à sua solicitação de ajuda, ele vai procurar em outro lugar, em seu esforço de encontrar um editor.

Assim, na análise de Ferenczi, a própria alusão de Schopenhauer a Édipo é a manifestação de uma dinâmica edípica, de cuja plena dimensão ele próprio não tem consciência. Embora Schopenhauer reconheça que as resistências à busca da verdade não sejam primordialmente "de natureza intelectual, mas sim afetiva" (p. 216), e sua associação com o herói de Sófocles revele sua "percepção inconsciente" de que a maior dessas resistências provém de uma "fixação de infância em tendências hostis contra o pai e em tendências incestuosas com relação à mãe" (p. 218), a compreensão explícita dessa verdade brutal estava além até mesmo de seu discernimento. Ao escrever a carta a Goethe, conclui Ferenczi, Schopenhauer "estava, ele próprio, dominado [...] por sentimentos que teriam bloqueado sua compreensão" (p. 219).

A base edípica do encontro de Schopenhauer com Goethe fica ainda mais manifesta em suas relações com Hegel, seu poderoso adversário na filosofia alemã do século XIX. A natureza de seu relacionamento pode ser mais bem ilustrada por meio de um relato anedótico. Quando, em 1820, Schopenhauer – cuja obra *O Mundo como Vontade e Representação* atraíra muito pouca atenção na época de sua publicação – começou a ensinar filosofia na Universidade de Berlim, ele escolheu dar suas aulas exatamente na mesma hora do curso mais popular oferecido por Hegel, nesse momento no ápice de seu renome[3]. O implacavelmente teimoso Schopenhauer dava suas aulas para uma sala

---

3. Cf. Hollingdale, "Introduction" a Schopenhauer, *Essays and Aphorisms*, p. 24. As referências de páginas desse volume serão dadas entre parênteses pela abreviação *EA*.

vazia, quando, diante da escolha entre mudar seu horário ou cancelar o curso, decidiu, em vez disso, renunciar a seu cargo de professor na universidade!

Mas, embora tivesse unicamente desdém pelo otimismo e pelo pensamento teológico de Hegel, Schopenhauer estava, em certos aspectos, mais próximo de seu antagonista do que gostaria de admitir. Ele escreve em *Parerga e Paralipomena* (1851):

> Os dois principais requisitos para se filosofar são: em primeiro lugar, ter a coragem de não calar nenhuma pergunta; e, em segundo, alcançar consciência clara de tudo que *é auto-evidente*, para poder compreendê-lo como um problema (*EA*, p. 117).

Uma clara retomada de sua definição do filósofo na carta a Goethe, a afirmação de Schopenhauer, de que se deve aprender a "compreender como um problema" o que é "auto-evidente", é uma reafirmação do *topos* hegeliano de que "o que é 'conhecido com familiaridade' não é *propriamente conhecido*, pela simples razão de que é 'familiar' ". Em sua concepção do filósofo como um Édipo dotado da "coragem de ir até o fim diante de todo e qualquer obstáculo", além disso, Schopenhauer alinha-se igualmente com Hegel e Freud. Assim como Hegel realizou na *Fenomenologia do Espírito* um mapeamento da "verdadeira tragédia de Édipo do espírito humano em sua totalidade", e Freud, desde sua juventude, via-se como um Édipo decidido a fazer a natureza (ou a Esfinge) "trair seu segredo", também Schopenhauer insiste:

> E, finalmente, [observe-se] o poeta, e mais ainda o filósofo, no qual o pensamento atingiu tal grau que, negligenciando os fenômenos individuais *na* existência, ele se põe, admirado, diante da *própria existência*, diante dessa poderosa esfinge, e faz dela seu problema (*EA*, p. 173).

O fato de Hegel e Schopenhauer serem antípodas intelectuais apenas salienta o significado da emulação, feita por ambos independentemente, do mesmo protótipo sofocliano, e corrobora a hipótese de que todo o período da filosofia pós-kantiana na Alemanha constitui uma "era de Édipo".

Ninguém mais que Nietzsche foi tão consciente das afinidades subterrâneas entre Schopenhauer e Hegel. Ao discutir a tradicional inimizade entre as concepções inglesa e alemã da filosofia, ele escreve em *Para Além do Bem e do Mal* (1886):

> em sua luta contra a estupidificação mecanicista inglesa do mundo, Hegel e Schopenhauer tinham uma concepção em comum (com Goethe) – esses *dois* hostis gênios irmãos na filosofia, que se afastavam rumo a pólos opostos do espírito alemão e, nesse processo, se injuriavam mutuamente, como apenas irmãos se injuriam mutuamente[4].

---

4. Nietzsche, *Para Além do Bem e do Mal*, seção 252. As referências subseqüentes aos números de seção serão dadas entre parênteses no texto.

Walter Kaufmann comenta, numa nota de rodapé a essa passagem, que "Hegel, que na época era muito famoso e influente, jamais injuriou Schopenhauer, que era jovem, desconhecido e deliberadamente provocador; mas Schopenhauer atacava Hegel após sua morte com os termos mais fortes, em seus trabalhos publicados". Embora exata em termos fatuais, a observação de Kaufmann ignora o ponto relevante da caracterização que Nietzsche faz de Hegel e Schopenhauer como "hostis gênios irmãos", que é retratar a história intelectual como uma estrutura entrelaçada de rivalidades edípicas e entre irmãos, e simultaneamente reconstituir sua própria genealogia filosófica.

Um retrato análogo de Hegel e Schopenhauer como "pólos opostos" com "uma concepção em comum" encontra-se na importante seção "Sobre o Antigo Problema: 'O que é Alemão?' ", do Livro 5 de *A Gaia Ciência*. Em um esboço resumido da história da filosofia alemã, Nietzsche primeiramente evoca Leibniz e Kant, antes de se voltar para Hegel, a quem ele elogia por ter sido o primeiro a introduzir "na ciência o decisivo conceito de 'desenvolvimento' ":

> Nós os alemães, somos hegelianos, mesmo que jamais houvesse um Hegel, na medida em que nós (ao contrário dos latinos) instintivamente atribuímos um significado mais profundo e um valor maior ao devir e ao desenvolvimento que ao que "é"[5].

Imediatamente após esse tributo a Hegel, no entanto, Nietzsche passa a citar Schopenhauer como o quarto grande filósofo alemão, cuja grande realização foi reconhecer o "caráter desdeificado da existência":

> Como filósofo, Schopenhauer *foi* o primeiro ateu confesso e inexorável entre nós alemães: essa foi a base de sua inimizade contra Hegel (*idem*).

Mais uma vez, Kaufmann faz uma intervenção editorial, com a observação: "Essa explicação parece pouco plausível". Mas, da mesma forma que na passagem de *Para Além do Bem e do Mal*, os escrúpulos históricos de Kaufmann o levam a ignorar a verdade mais profunda de que Nietzsche está usando de "força retroativa" para criar o mito de uma história intelectual, na qual ele próprio aparece como o herdeiro tanto de Hegel quanto de Schopenhauer. Quando, à beira da loucura, avaliava retrospectivamente, no *Ecce Homo* (1888), seu *O Nascimento da Tragédia*, Nietzsche concluía que seu primeiro livro "tem um cheiro ofensivamente hegeliano, e o perfume cadavérico de Schopenhauer adere apenas a umas poucas fórmulas"[6]. Embora nesse

---

5. Nietzsche, *A Gaia Ciência*, seção 357. As referências subseqüentes aos números de seção serão dadas entre parênteses no texto.
6. Nietzsche, *Ecce Homo*, "O Nascimento da Tragédia", seção I. As referências subseqüentes ao *Ecce Homo* por título do capítulo e número de seção serão incluídas entre parênteses no texto. O *Ecce Homo* foi publicado postumamente, em 1908.

momento deseje repudiar totalmente sua dívida, Nietzsche mais uma vez assinala as origens de seu pensamento nos dois filósofos dominantes da geração anterior.

Há, no entanto, uma diferença pronunciada na natureza da relação de Nietzsche com Schopenhauer e com Hegel. Como o tributo em *Schopenhauer como Educador* deixa claro, Nietzsche considerava Schopenhauer com um sentimento de reverência pessoal. Escrevendo em 1874, nove anos depois de seu encontro com *O Mundo como Vontade e Representação* em uma livraria de Leipzig, Nietzsche continua sob o domínio de sua admiração: "eu estou entre os leitores de Schopenhauer que sabem com total clareza, após a leitura da primeira página, que lerão cada página e vão prestar atenção em cada palavra que ele tem a dizer"[7]. Após lamentar que em Schopenhauer "só encontrei um livro, e isso foi uma grande falta", Nietzsche continua:

> E assim, fiz um esforço ainda maior para ver além do livro e imaginar o homem vivo cujo grande testamento eu tinha de ler, o homem que prometeu fazer seus herdeiros somente aqueles que o desejassem ser e que fossem capazes de ser mais que apenas seus leitores: isto é, seus filhos e discípulos (p. 17).

Como demonstram vividamente essas passagens, o apego de Nietzsche a Schopenhauer é transferencial no rigoroso sentido psicanalítico, isto é, regido por um modelo filial e orientado por "idéias antecipadoras inconscientes". Da mesma forma que a amizade, desse mesmo tipo, de Freud com Fliess, Jung e outros, a subserviência inicial de Nietzsche com relação a Schopenhauer seria, no final, substituída por uma revolta contra sua autoridade; mas, mesmo depois de sua emancipação intelectual com relação a Schopenhauer, Nietzsche continuou a respeitá-lo como o ideal encarnado de um filósofo que "*voluntariamente toma para si a dor da autenticidade*" (p. 43).

Nada que se compare a essa profundidade de sentimentos com relação a Schopenhauer, o "homem vivo", se encontra na atitude de Nietzsche com relação a Hegel. É, dessa forma, muito mais paradoxal que, em termos da história da filosofia, seja Hegel, e não Schopenhauer, que deva ser considerado como seu principal precursor. Como R. J. Hollingdale observa, de modo sugestivo, embora se possa dizer que Nietzsche "vem depois" de Schopenhauer, no sentido cronológico,

seria mais adequado dizer que Nietzsche veio depois que Hegel, na medida em que Hegel sintetizou e levou à sua completude uma tradição que durou dois milênios, e foi essa tradição que constituiu seu real "predecessor"[8].

---

7. Nietzsche, *Schopenhauer como Educador*, p. 13. As referências subseqüentes a essa obra serão dadas entre parênteses no texto.
8. Hollingdale, *Nietzsche*, p. 73.

Mas, embora o elemento pessoal esteja ausente, a dinâmica edípica presente no fascínio e desilusão final de Nietzsche com relação a Schopenhauer não é menos forte em seu confronto com a tradição filosófica sintetizada na figura de Hegel.

No Livro 5 de *A Gaia Ciência*, Nietzsche inicia um ataque dirigido inequivocamente contra Hegel, ao escrever: "Aqui está um filósofo que fantasiou o mundo como 'conhecido', após tê-lo reduzido à 'idéia' ". E sua crítica prossegue:

> Como se satisfazem facilmente esses homens de conhecimento! Basta olhar para seus princípios e soluções para o enigma do mundo, tendo isso em mente! [...] Pois "o que é familiar é conhecido": nisso eles concordam. [...] O erro dos erros! O que é familiar é aquilo com que estamos acostumados; e aquilo com que estamos acostumados é extremamente difícil de se "conhecer" – isto é, vê-lo como um problema; isto é, vê-lo como estranho, como distante, como o "fora de nós" (seção 355).

É uma ironia sinalizadora o fato de que as mesmas palavras que Nietzsche emprega para denunciar Hegel – "o que é familiar é conhecido" (*"was bekannt ist, ist erkannt"*) – são, elas próprias, um eco inconsciente da declaração de Hegel no Prefácio da *Fenomenologia do Espírito* de que o que é "conhecido com familiaridade" (*das Bekannte*) não é "propriamente conhecido" (*erkannt*), em virtude de sua própria familiaridade[9]. Assim como Schopenhauer, Nietzsche repete essa percepção central da filosofia alemã do século XIX, sem perceber que ela o conduz para a órbita de Hegel. Tendo, sem dúvida, reprimido sua lembrança de ter lido a famosa passagem hegeliana, o próprio Nietzsche vivencia a confusão entre o "estranho" e o "familiar", que é a essência do estranho. O modo pelo qual a crítica implícita de Nietzsche a Hegel é subvertida pela presença, em seu próprio texto, do fragmento, oculto em sua memória, da passagem de Hegel, mostra-nos Nietzsche sujeito à lei do ato falho: "onde um erro aparece, está por trás uma repressão – ou, mais corretamente, uma insinceridade, uma distorção, que, em última análise, está enraizada em material reprimido" (*SE*, 6:218).

A ansiedade de influência exibida por Nietzsche em resposta a Hegel se transpõe para sua atitude com relação a Eduard von Hartmann. Embora pouco lido e conhecido hoje em dia, em sua época von Hartmann foi uma celebridade. Sua principal obra, *Filosofia do Inconsciente* (1868), publicada quando von Hartmann tinha apenas vinte e seis anos de idade, tornou-se um *best-seller*; em 1882, já estava em sua nona edição apenas na Alemanha, tinha sido traduzida para o francês

---

9. Esse eco é observado por Kaufmann em seu comentário, mas sua sugestão de que Nietzsche "não era um estudioso de Hegel" e "pode não ter compreendido" que havia sido antecipado na *Fenomenologia do Espírito* é, mais uma vez, desapontadoramente trivial.

e, em 1884, era traduzido para o inglês[10]. O impulso dominante do pensamento de von Hartmann é a tentativa de reconciliar a visão otimista de Hegel da história, como o desdobramento de um plano racional, com a insistência pessimista de Schopenhauer no predomínio da vontade na natureza humana, que agora recebia o nome de "inconsciente". A convicção de von Hartmann de que, na expressão de Stanley Hall, "este é o melhor dos mundos possíveis, mas, ao mesmo tempo, o pior que nenhum outro"[11], é intelectualmente confusa; mas a própria falta de clareza é uma indicação da centralidade de von Hartmann como um condutor das principais correntes do pensamento filosófico do século XIX.

A atitude de Nietzsche com relação a von Hartmann é consistentemente depreciativa. Em "Sobre o Antigo Problema: 'O que é Alemão?'", em *A Gaia Ciência*, Nietzsche condena von Hartmann, juntamente com dois outros contemporâneos obscuros, por sua trivialização do legado do pessimismo de Schopenhauer:

> Nem Bahnsen nem Mainländer, sem falar em Eduard von Hartmann, dão-nos uma prova clara para a questão de se o pessimismo de Schopenhauer – seu perscrutar horrorizado de um mundo vez desdeificado que se tornara estúpido, cego, louco e questionável, seu horror *honesto* – não seria meramente um caso excepcional em meio aos alemães, mas sim um acontecimento alemão (seção 357).

A desqualificação de von Hartmann por Nietzsche é compreensível por razões intelectuais, mas é plausível sugerir que essa animosidade com relação a ele era acentuada pelo fato de que Nietzsche via em von Hartmann uma paródia equivocada de seu próprio empreendimento filosófico. Com relação a Hegel e Schopenhauer, von Hartmann escreve em A *Filosofia do Inconsciente*:

> O quanto os dois filósofos estão ligados fica evidente pela coincidência involuntária de que as principais obras de ambos foram publicadas no ano de 1818, se, ao mesmo tempo, lembramo-nos da afirmação de Hegel: "quando vários filósofos aparecem sincronicamente, eles representarão diferentes aspectos de uma única alma".
>
> Tão certamente quanto Schopenhauer era incapaz de compreender Hegel, Hegel, por seu lado, se o tivesse conhecido, certamente teria dado de ombros com relação a Schopenhauer; ambos estavam tão longe um do outro, que cada ponto de contato carecia de reconhecimento mútuo[12].

Nessas passagens, von Hartmann prenuncia a visão de Nietzsche quanto a Hegel e Schopenhauer como "hostis gênios irmãos" e "pólos

---

10. Cf. Whyte, *The Unconscious before Freud*, p. 163.
11. Hall, *Founders of Modern Psychology*, p. 194.
12. Von Hartmann, *Philosophy of the Unconscious*, 3:150. As referências de páginas a essa obra por volume e número de página serão indicadas entre parênteses pela abreviação *PU*.

opostos" com "uma atitude em comum", e apresentando, assim, um esquema idêntico da história da filosofia alemã, ele implicitamente põe em questão a originalidade de Nietzsche. Como figura de um momento culminante da filosofia romântica alemã, e um dos primeiros a expor o conceito de inconsciente, seria de se esperar que von Hartmann atraísse a atenção Freud. Mas, assim como Nietzsche, Freud não acolhia seus duplos intelectuais e virtualmente ignorou a obra de seu predecessor[13]. No entanto, um estudo da *Filosofia do Inconsciente* nos permite vislumbrar o estado do pensamento europeu sobre o inconsciente, antes da mudança revolucionária provocada por Freud.

Em muitos aspectos, as antecipações são realmente impressionantes. E, mais importante, tanto para von Hartmann quanto para Freud, a aceitação do inconsciente envolve o corolário de que o autoconhecimento é pelo menos tão problemático, se não mais, quanto o conhecimento que temos de outras pessoas. Nas palavras de von Hartmann:

> Até aqui, no entanto, vimos [...] que essa essência peculiar que nós mesmos somos está ainda mais distante de nossas consciências e do ego sublimado da pura autoconsciência do que tudo mais em nós; e que podemos chegar mais facilmente a conhecer esse núcleo mais profundo de nós mesmos da mesma forma que conhecemos os outros homens, isto é, por meio de interferências a partir da ação (*PU*, 1:264).

O mesmo postulado anticartesiano é expresso dessa mesma forma por Freud em *A Psicopatologia da Vida Cotidiana*:

> Pode-se dizer, de modo geral, que todos estão continuamente praticando a análise psíquica sobre seu próximo e conseqüentemente os conhecem melhor que a si mesmos. A via cuja meta é observar o preceito γνῶδι σεαυτόν ["conhece a ti mesmo"] corre *viâ* o estudo de nossas próprias ações e omissões aparentemente acidentais (*SE*, 6:211).

O que essas "inferências a partir da ação" revelam como "esse núcleo mais profundo de nós mesmos" é indicado pela enumeração de von Hartmann dos enganos praticados pelo inconsciente em nossa avaliação consciente de nosso comportamento e motivos:

---

13. Na primeira edição de *A Interpretação dos Sonhos*, Freud cita uma curta passagem da *Filosofia do Inconsciente*, para mostrar que von Hartmann "está provavelmente muito distante da teoria da realização dos desejos" (*SE*, 4:134) nos sonhos. Numa nota de rodapé, acrescentada em 1913 ao capítulo 7 de sua obra (*SE*, 5:528-529), Freud refere-se a um texto de 1912 de N. E. Pohorilles, que revela a semelhança entre sua própria concepção das idéias inconscientes guiadas por propósitos e as defendidas por von Hartmann. No entanto, Freud nunca examinou de perto as relações entre a psicanálise e a filosofia de von Hartmann, e sua declaração em "As Resistências à Psicanálise" (1925) de que "a maioria esmagadora dos filósofos considera como mental somente os fenômenos da consciência" (*SE*, 19:216) ignora os muitos pensadores, inclusive von Hartmann, para os quais não é assim. Cf. também Ellenberger, *The Discovery of the Unconscious*, pp. 208-210, 311-312 e 542.

Que com muita freqüência não sabemos o que realmente queremos [...] todos provavelmente terão tido a oportunidade de observar em si mesmos e nos outros. Nesses casos em que existe a dúvida, nós, com freqüência, ingenuamente acreditamos que queremos o que nos parece bom e louvável, por exemplo, que um parente doente do qual seremos herdeiros não morra, ou que, num conflito entre o bem-estar comum e nosso bem-estar individual, preferimos a primeira alternativa, ou que um compromisso que estabelecemos anteriormente seja mantido, ou que nossa convicção racional, e não nossa inclinação e paixão, possa prevalecer. Essa crença pode ser tão forte que, mais tarde, se a decisão terminar sendo contrária ao que supostamente era nossa vontade e, mesmo assim, não tristeza, mas sim, alegria, tomar conta de nós, não conseguimos evitar nossa perplexidade com relação a nós mesmos, porque estamos agora, de súbito, conscientes da desilusão e descobrimos que inconscientemente queríamos o contrário do que imaginávamos (*PU*, 1:252-253).

O perspicaz cinismo de von Hartmann lhe dá uma percepção intuitiva da noção de ambivalência. Podemos comparar seu catálogo de conflitos entre nossos desejos "supostos" e "verdadeiros" com a ilustração que Freud dá à tendência universal de "esquecer o que é desagradável", mais uma vez em *A Psicopatologia da Vida Cotidiana*:

Encontrar defeitos em sua mulher, uma amizade que se transformou em seu oposto, um erro no diagnóstico de um médico, uma má-acolhida por parte de alguém com interesses análogos, tomar de empréstimo as idéias de uma outra pessoa – dificilmente seria acidental que uma série de exemplos de esquecimento, selecionados ao acaso, devesse exigir que eu entre em temas tão desagradáveis de ser explicados (*SE*, 6:144).

O caráter fortemente autobiográfico dos "temas desagradáveis", supostamente "selecionados ao acaso" por Freud sugere que pode haver também uma dimensão pessoal nos exemplos enumerados por von Hartmann, e ambos os autores usam a hipótese do inconsciente para remover o véu da ilusão e desmascarar os impulsos fundamentalmente egoístas que governam toda conduta humana.

A *Filosofia do Inconsciente* é dividida em três grandes seções: "As Manifestações do Inconsciente na Vida Corpórea", "O Inconsciente na Mente Humana" e "Metafísica do Inconsciente". Von Hartmann se aproxima de Freud mais estreitamente na segunda seção, onde ele relaciona os dados empíricos para comprovar a existência de uma região inconsciente na mente. Mas, na "Metafísica do Inconsciente", ele dá rédea solta à especulação mística, ao abordar o fim da história humana. Para von Hartmann, o apocalipse consiste numa "superação" do "instintivo desejo de viver" (*PU*, 3:138), num "fim temporal do processo-do-mundo", que é, ao mesmo tempo, "a completa vitória do lógico sobre o não-lógico" (*PU*, 3:131). Essa convocação ao suicídio racional em massa é o resultado absurdo do amálgama que von Hartmann faz entre Hegel e Schopenhauer. Mas, embora essas fantasias escatológicas não devam ser levadas a sério pela psicanálise, vale a pena observar que von Hartmann evoca a figura do velho Édipo, do *Édipo em Colona*, para presidir sua visão da senilização da humanidade:

Existe apenas uma diferença entre ela e o indivíduo. A humanidade encanecida não terá *nenhum herdeiro* a quem legar sua riqueza acumulada, nem filhos nem netos, cujo amor pudesse perturbar a clareza de seu pensamento. Pois ela irá, imbuída da sublime melancolia que geralmente se encontra em homens de gênio, ou mesmo em homens idosos altamente intelectuais, pairar, como um espírito glorificado, sobre seu próprio corpo, por assim dizer, e, assim como Édipo em Colona, irá, na paz antevista da não-existência, sentir as dores da existência como se elas lhe fossem *alheias*, não mais *paixão*, mas apenas auto-*compaixão* (*PU*, 3:117).

Como a medalha dada a Hegel em seu sexagésimo aniversário, o Édipo de von Hartmann serve como medida da distância entre ele próprio e Freud. E, no entanto, permanece o fato de que von Hartmann precedeu Freud, tanto na exploração do inconsciente quanto em seu uso do mito de Édipo para exemplificar sua teoria, assim como também antecipou a afirmação de Nietzsche de ser o herdeiro filosófico de Hegel e Schopenhauer. Assim, não menos que a referência a Édipo na carta de Schopenhauer a Goethe, essa epifania de Édipo, próximo ao final da *Filosofia do Inconsciente*, pode ser tomada como um emblema dos paradigmas que dão forma ao peso da influência em todas as formas de empreendimento criativo.

Se a hostilidade de Nietzsche com relação a von Hartmann é atribuível, pelo menos em parte, a uma rivalidade intelectual, essa mesma explicação vale para a ausência de toda e qualquer menção em sua obra a J. J. Bachofen, o jurista suíço e historiador do direito romano, mais conhecido como teorizador do matriarcado. A natureza tendenciosa do silêncio de Nietzsche com relação a Bachofen é confirmada por diversas linhas de argumento convergentes. Em primeiro lugar, ao chegar a Basiléia, em 1869, Nietzsche chegou a conhecer Bachofen pessoalmente, e, nos anos seguintes, seria um convidado freqüente na casa de Bachofen[14]. Bachofen, além disso, nascera em 1815, apenas dois anos depois do nascimento do prematuramente morto pai de Nietzsche. Mais importante, Bachofen parece ser a fonte imediata, mesmo que não reconhecida como tal, da célebre polaridade que Nietzsche estabelece entre Apolo e Dionísio[15]. Em 18 de junho de 1871, quando completava seu *O Nascimento da Tragédia*, Nietzsche consultou na biblioteca da Basiléia a primeira grande obra de Bachofen, *Ensaio sobre o Simbolismo Mortuário Antigo* (1859), que proclama "os vínculos estreitos entre Dionísio e Apolo"[16], e onde ele deve ter lido que Dionísio:

---

14. Cf. Baeumler, "Bachofen und Nietzsche", p. 231.
15. Cf. Silk e Stern, *Nietzsche on Tragedy*, pp. 212-214. Para uma documentação completa sobre os antecedentes de Nietzsche no uso dessas categorias, cf. Baeumer, "Nietzsche and the Tradition of the Dionysian".
16. Bachofen, *Ancient Mortuary Symbolism, in Myth, Religion and Mother Right*, p. 29. A menos que indicado o contrário, todas as traduções das obras de

Reconduz tudo à unidade, paz e *philia* da vida primal. Tanto escravos quanto homens livres participam em todos os mistérios, e todas as barreiras caem diante do deus da luxúria material, barreiras que, com o tempo, a vida política iria levantar a alturas cada vez maiores[17].

Em *O Nascimento da Tragédia*, Nietzsche descreve os efeitos do arrebatamento dionisíaco:

Agora, o escravo é um homem livre; agora estão rompidas todas as barreiras rígidas e hostis que a necessidade, o capricho ou a "convenção impudente" fixaram entre homem e homem. Agora, com o evangelho da harmonia universal, cada um se sente não apenas unido, reconciliado e fundido com seu próximo, mas como um só junto com ele, como se o véu de māyā tivesse sido rasgado e não estivesse meramente esvoaçando em pedaços diante da misteriosa unidade primordial[18].

A terminologia hindu empregada por Nietzsche é de inspiração schopenhaueriana, mas essa passagem é, de resto, uma paráfrase muito próxima do *Simbolismo Mortuário Antigo*. Numa carta de 6 de abril de 1867, a Carl von Gersdorff, Nietzsche declarava que via os livros como "tantas tenazes que apertam o nervo do pensamento independente" (*SL*, p. 22), e essa aversão a uma leitura que poderia pôr em risco sua própria originalidade recebe expressão concreta em sua apropriação encoberta das idéias de Bachofen.

Da mesma forma que com relação a von Hartmann, há uma paralelo estreito entre Nietzsche e Freud no fato de ambos deixarem de mencionar Bachofen. Na verdade, a presença de Bachofen na obra de Freud é tão obscura, que Henri Ellenberger afirma, incorretamente, que Freud "nunca menciona Bachofen"[19]. Mas, em *Totem e Tabu*, após falar do tabu do incesto introduzido pelo clã de irmãos, após o assassinato do pai primal, Freud acrescenta: "Aqui, também, pode talvez estar o germe da instituição do matriarcado, descrita por Bachofen, que, por sua vez, foi substituído pela organização patriarcal da família" (*SE*, 13:114). Apesar dessa referência, Freud – cuja psicologia em geral ignora a mãe em favor do pai – manifestamente se sente desconfortável com a tese de Bachofen relativa à prioridade do matriarcado. Algumas páginas adiante, ele admite: "Não posso sugerir a que ponto desse processo de desenvolvimento pode-se encontrar um lugar para a grande deusa-mãe, que em geral talvez tenha precedido os deuses-pais" (*SE*, 13:149).

Bachofen serão extraídas de seu volume de textos selecionados, com as referências de página incluídas entre parênteses no texto. Quando necessário, os títulos das obras serão indicados pelas seguintes abreviações: *Direito Materno* = *MR*; *O Mito de Tanaquil* = *MT*.

17. Citado em Baeumer, "Nietzsche and the Tradition of the Dionysian", p. 187.
18. Nietzsche, *O Nascimento da Tragédia*, seção I. Os números de seção a seguir serão indicados entre parênteses no texto.
19. Ellenberger, *The Discovery of the Unconscious*, p. 542.

Uma segunda alusão, desta vez implícita, a Bachofen ocorre em *Moisés e o Monoteísmo*, onde Freud invoca a *Orestíada*, de Ésquilo, para sustentar que a mudança do matriarcado para o patriarcado representa "um avanço na civilização, uma vez que a maternidade é provada pela evidência dos sentidos, enquanto a paternidade é uma hipótese, baseada numa inferência e num pressuposto" (*SE*, 23:114). Bachofen, que apresenta uma extensa discussão da *Orestíada*, em sua principal obra, *Direito Materno* (1861), afirma, na Introdução, que, enquanto o "vínculo da mãe com a criança é baseado num relacionamento material" e "é acessível à percepção dos sentidos" o do pai "jamais pode, mesmo na relação conjugal, eliminar um certo caráter fictício", do que ele conclui: "o triunfo do patriarcado traz consigo a libertação do espírito das manifestações da natureza, uma purificação da existência humana com relação às leis da vida material" (p. 109). Assim como em *Totem e Tabu*, em *Moisés e o Monoteísmo*, Freud, sem sombra de dúvida, inspira-se nas idéias de Bachofen; mas, assim como Nietzsche, não enfrenta as implicações de sua dívida com ele.

O pensamento do próprio Bachofen é de origem nitidamente hegeliana. Na Introdução de sua última grande obra, *O Mito de Tanaquil* (1870), Bachofen se apoia no conceito de dialética para explicar o movimento da história:

> Um extremo só pode ser explicado em termos de um oposto que lhe oferece resistência; um extremo heterismo engendra um puritanismo não menos extremo. Não se trata de um paradoxo, mas de uma grande verdade corroborada por toda a história, que a cultura humana avança pelo choque de opostos (p. 227).

A ênfase de Bachofen no "choque de opostos" como a força dinâmica da cultura o alinha à grande tradição do século XIX da análise dialética. Aplicando esse ponto de vista às relações entre os sexos, Bachofen escreve em *Direito Materno*:

> O domínio da idéia pertence ao homem, o domínio da vida material à mulher. Na luta entre os dois sexos, que em última análise termina com a vitória do homem, cada grande ponto decisivo está vinculado a um exacerbamento do sistema precedente (p. 150).

Essa equiparação dos dois sexos com princípios éticos em conflito – o "domínio da idéia" sendo o domínio masculino e a "vida material", o feminino – é manifestamente derivada de Hegel. A insistência de Bachofen em que a batalha dos sexos "termina com a vitória do homem", indica, no entanto, uma tensão importante em sua atitude com relação ao matriarcado. De um lado, ele descreve apaixonadamente e com eloqüência os méritos dessa fase mais antiga da civilização; mas, de outro, ele abraça a convicção de que a superação do matriarcado pelo patriarcado não foi apenas necessária, mas desejável. A própria convicção de Bachofen de que a humanidade está inserida em uma "viagem triunfal, elevando-se das profundezas da noite da matéria para a luz de um princípio espiritual-celestial" (*MR*, p. 175) é profundamente hegeliana. Embora sua perspectiva teleológica tenha muito pouca atratividade para o leitor atual, suas insuficiências não invalidam o que existe de valor permanente no conceito de dialética.

Em *Direito Materno*, Bachofen apresenta uma interpretação detalhada do mito de Édipo para corroborar sua tese de que a raça humana está avançando rumo a "um princípio espiritual-celestial". No esquema de Bachofen, Édipo representa "o estágio intermediário do desenvolvimento humano", isto é, o vínculo matrimonial, ou matriarcado propriamente, situado entre a "paternidade sem o casamento" e o "direito paterno pelo casamento" (p. 179). Aos leitores de Hegel, não será uma surpresa que a abordagem de Bachofen do mito de Édipo se encontre no capítulo "Egito", ou que ele considere Édipo como um herói cuja experiência define o momento decisivo da história humana:

> Édipo marca o avanço rumo a um estágio superior de existência. Ele é uma das grandes figuras, cujo sofrimento e tormento conduzem a uma civilização humana superior, figuras que, elas próprias ainda enraizadas no antigo estado de coisas, representam a última grande vítima dessa situação e, por isso mesmo, são as fundadoras de uma nova era (pp. 181-182).

Assim como Hegel, Bachofen concentra-se no encontro de Édipo com a Esfinge como o momento crucial dessa transição para "uma civilização humana superior". Bachofen considera a Esfinge como "uma encarnação da maternidade telúrica [...], o direito feminino da terra em seu aspecto sombrio como a inexorável lei da morte", e observa que, no enigma que ela propõe, o "homem é considerado apenas em seu aspecto transitório, a mortalidade" (p. 181). Em Édipo, "o princípio masculino assume significado independente, lado a lado com o princípio feminino" (p. 182), mas, como a derrota da Esfinge também conduz a uma nova dignidade da mulher, sob a proteção do casamento, Édipo é reverenciado "como o instituidor da condição superior dela" e se torna "seu benfeitor, seu redentor" (p. 183).

Bachofen tem pouco a dizer sobre os problemas da identidade individual e, como reconheceram os praticantes da psicologia analítica, está mais próximo, em espírito, de Jung que de Freud[20]. Como Jung, Bachofen afirma que a religião é "uma poderosa alavanca de toda a civilização" (*MR*, p. 85), e não – como sustentava Freud – o equivalente coletivo de uma neurose individual. Por isso mesmo, quando Bachofen declara que "a dependência dos diferentes estágios da vida sexual com relação aos fenômenos cósmicos não é um paralelo

---

20. Cf., por exemplo, o uso feito por Bachofen em Neumann, *The Origins and History of Consciousness*.

construído ao acaso, mas um fenômeno histórico, uma idéia concebida pela própria história" (*MR*, p. 115), ele mais uma vez está adotando um ponto de vista místico, alheio ao da psicanálise, que, ao contrário, veria os "fenômenos cósmicos" dos mitos como projeções da "vida sexual" humana. No entanto, apesar desses contrastes, Bachofen e Freud pertencem à mesma tradição, e muitas vezes não é necessário mais que uma mudança de ênfase para tornar as duas concepções compatíveis[21]. A equiparação entre o nome e a identidade de Édipo como "Pé Inchado" e o pênis ereto, por exemplo, que Ferenczi interpreta psicologicamente em termos sexuais, é apresentada por Bachofen como prova das "idéias religiosas subjacentes à figura mítica de Édipo": "O pé inchado que lhe dá o nome mostra-o como a encarnação do princípio fecundador masculino, que, em seu aspecto telúrico-posseidônico, não raramente está associado ao pé ou ao sapato" (*MR*, p. 180).

Em termos mais gerais, Bachofen partilha com Freud da convicção de que o "mito deve constituir o ponto de partida de toda investigação séria da história antiga" (*MR*, p. 75). Em *O Mito de Tanaquil*, ele prefigura o argumento de Freud de que a verdade "histórica" (ou psicológica) pode ser tão válida quanto a verdade "material" (ou exterior):

> Mas, negar a historicidade de uma lenda não a despoja de valor. O que não pode ter acontecido foi, no entanto, pensado. A verdade exterior é substituída pela verdade interior. Em vez de fatos, encontramos ações do espírito (p. 213).

Quando Bachofen passa à comparação entre as transformações sofridas por um mito no decorrer do tempo e as alterações num monumento antigo e sugere que "sua forma original jamais é completamente ocultada, as rachaduras e fendas jamais podem ser completamente preenchidas de modo a frustrar toda percepção de seu caráter original" (*MT*, p. 216), ele está recorrendo à mesma metáfora arqueológica regularmente empregada por Freud para lançar luz sobre o processo de reconstrução do passado, empreendido na terapia psicanalítica.

Também Nietzsche proclama, em *O Nascimento da Tragédia*, que "todo o domínio do mito" pertence à "verdade dionisíaca" (seção 10). Essa assimilação do mito à categoria do dionisíaco leva Nietzsche a afirmar que, antes de Eurípides, "todas as figuras célebres do palco grego – Prometeu, Édipo etc. – são meras máscaras do herói original, Dionísio" (seção 10). Bachofen não apenas precede Nietzsche em seu respeito pelo mito, mas também oferece um precedente para sua equiparação entre Édipo e Dionísio. Em *Direito Materno*, Bachofen salienta o incesto que Édipo comete, não com Jocasta, mas com a Mãe Terra:

---

21. Cf. Turel, *Bachofen-Freud*.

Nesse estágio do princípio natural, como mostram muitos mitos, a mãe é vista também como esposa, e mesmo como filha do homem que a fecunda; cada geração de homens, por sua vez, fecunda a matéria materna da terra. O filho se torna marido e pai, a mesma mulher primordial é, hoje, engravidada pelo avô, amanhã pelo neto (p. 180).

A fusão dos papéis reprodutivos atribuídos aqui a Édipo é uma variante do papel atribuído por Bachofen a Baco (ou Dionísio) em *Simbolismo Mortuário Antigo*:

> O deus fálico lutando em busca da fertilização da matéria não é o dado original: ao contrário, ele próprio salta da escuridão do útero da mãe. Ele aparece como o filho da matéria feminina. [...] A matéria, a mãe que o deu a essa luz, agora se torna sua esposa. Baco é tanto filho quanto marido de Afrodite. Mãe, esposa, irmã se fundem em uma só. A matéria assume todos esses atributos sucessivamente (p. 30).

Tanto Édipo quanto Dionísio são para Bachofen encarnações do "princípio fecundador masculino", ou "deus fálico", que assumem alternadamente as identidades de "filho e marido" ou "marido e pai" com relação à "matéria materna da terra".

Assim como von Hartmann, que também se inspira na filosofia de Schopenhauer, Bachofen estabelece conexões entre o pensamento de Hegel e o de Nietzsche. No entanto, a suposição de que, nas palavras de Gilles Deleuze, "não há meio-termo possível entre Hegel e Nietzsche"[22], é uma das devoções convencionais da vida intelectual moderna. Da mesma forma que em minha justaposição entre Hegel e Freud, não pretendo ignorar as diferenças reais entre Nietzsche e Hegel. Hegel, afinal, afirmava que o real é o racional, era de ponta a ponta sistemático, tentou reconciliar a teologia com a filosofia e, na época de sua morte, em 1831, era um membro aclamado da faculdade na Universidade de Berlim. Nietzsche, ao contrário, negava que a existência tivesse qualquer propósito racional, desconfiava dos sistemas, proclamava seu ateísmo e abandonou seu cargo na universidade da Basiléia para se tornar um eremita em Sils Maria. Na verdade, pode-se com justiça, falar de uma ruptura epistemológica introduzida por Nietzsche – não menos que por Freud – e atribuir-lhe, como fez Heidegger, o início da "subversão" da tradição metafísica da qual Hegel é o último grande expoente[23]. Apesar dessas importantes considerações, no entanto, a insistência de Deleuze em que não há pontos de comparação entre Hegel e Nietzsche é uma simplificação polemizadora que não resiste a um escrutínio cuidadoso.

Além dos vínculos indiretos forjados por figuras mediadoras, tais como von Hartmann e Bachofen, há a questão mais decisiva com rela-

---

22. Deleuze, *Nietzsche e a Filosofia*, p. 195. Para outras perspectivas sobre a relação de Nietzsche com Hegel, cf., entre outros, Beerling, "Hegel und Nietzsche"; Pautrat, *Versions du soleil*, pp. 213-241; e Kaufmann, *Nietzsche*, pp. 235-246.

23. Cf. Heidegger, "A Palavra de Nietzsche: 'Deus está Morto' " (1952).

ção ao impacto de Hegel sobre o pensamento de Nietzsche. Nós já observamos como o desdém de Nietzsche com relação a Hegel por supor que "o que é familiar é conhecido" volta-se contra ele próprio. Uma segunda possível ocorrência da amnésia de Nietzsche relativa a sua leitura de Hegel ocorre na seção 9 de *O Nascimento da Tragédia*. Essa seção, que contém a mais extensa interpretação elaborada por Nietzsche do mito de Édipo, é precedida por uma discussão geral da natureza do herói na tragédia sofocliana. Para evocar as profundezas dionisíacas por sob a lucidez apolínea dos personagens de Sófocles, Nietzsche imagina "um fenômeno que é exatamente o oposto de um fenômeno ótico familiar":

> Quando, após uma tentativa intensa de fitar o sol, nós nos afastamos, cegados, vemos escuros pontos coloridos diante dos olhos, como uma cura, por assim dizer. Inversamente, as projeções da imagem brilhante do herói de Sófocles – em resumo, o aspecto apolíneo da máscara – são efeitos necessários de um olhar para o interior e para os terrores da natureza; de certa forma, pontos luminosos para curar olhos prejudicados pela noite aterrorizante.

Hayden White comenta que a "brilhante inversão de figuras" operada por Nietzsche nessa passagem faz lembrar "a metáfora do sol, no início da *Filosofia da História*, de Hegel"[24]. Mas, se a metáfora ótica de Nietzsche faz lembrar Hegel, não pode ela também ser um eco direto dele? Na *Filosofia da História*, devemos lembrar, Hegel não apenas retrata "as emoções de um homem cego que, de súbito, passa a ser dotado de visão" mas vincula essa imagem a sua própria "inversão brilhante" do "sol da autoconsciência" que se eleva no ocidente. Essa preocupação com a visão e a cegueira é implicitamente sofocliana na *Filosofia da História*, e se torna explicitamente sofocliana na reinterpretação de Nietzsche. Se é possível falar aqui da presença reprimida de Hegel no texto de Nietzsche, então esse empréstimo inconsciente ilustra os mecanismos da ansiedade de influência num contexto especificamente edípico.

A polêmica mais persistente de Nietzsche contra a filosofia da história de Hegel, bem como contra von Hartmann, encontra-se em *Sobre a Utilidade e Desvantagem da História para a Vida* (1874), a terceira de suas *Considerações Extemporâneas*. Nietzsche dirige sua ira sobretudo contra a presunção inerente ao modelo teleológico de Hegel do desenvolvimento da história, e muitas de suas investidas são absolutamente devastadoras. Ele observa com perspicácia que "para Hegel, o apogeu e o fim da história coincidia com sua própria existência em Berlim" e zomba: "A personalidade e o processo do mundo! O processo do mundo e a personalidade de um gorgulho!"[25]. Em suas

---

24. White, *Metahistory*, p. 339.
25. Nietzsche, *Sobre a Utilidade e a Desvantagem da História*, pp. 47 e 49.

atitudes com relação à história, mais que em qualquer outra questão, deve ser possível admitir a existência de uma absoluta incompatibilidade entre Hegel e Nietzsche.

A dificuldade, no entanto, está em que nem todas as afirmações de Nietzsche sobre a teleologia podem ser facilmente reconciliadas com as que se encontram em *Sobre a Utilidade e Desvantagem da História para a Vida*. Em *O Crepúsculo dos Ídolos* (1888), de fato, ele revela uma compreensão da relação entre "a personalidade e o processo do mundo" que não é menos autocentrada que a de Hegel. Numa parábola filosófica de "Como o 'Mundo Verdadeiro' Finalmente se Tornou uma Fábula", Nietzsche usa a metáfora do sol nascendo e se elevando, para mapear, em seis estágios, a "História de um Erro". É no sexto estágio que a narrativa atinge seu ponto máximo, quando Zaratustra abole a ficção metafísica de um "mundo verdadeiro": "Meio-dia, o momento da mais curta sombra; fim do mais longo dos erros; ponto culminante da humanidade; INCIPIT ZARATHUSTRA" (*VPN*, p. 486). Essa equiparação da progressão histórica com o movimento do sol, mais uma vez, faz lembrar a *Filosofia da História* de Hegel; e, como observou Werner Dannhauser, implícita na vinheta de Nietzsche está a noção de que Zaratustra "é um verdadeiro ensinamento porque ele aparece num momento privilegiado do tempo, quando a verdade se torna possível"[26]. A persistência, no próprio pensamento de Nietzsche, da crença na teleologia que ele havia condenado em Hegel, traída em seu uso da linguagem figurativa, salienta a continuidade de sua dependência com relação à tradição filosófica que constitui seu "real 'predecessor'".

No início de *Para Além do Bem e do Mal*, Nietzsche estigmatiza "*a fé em valores opostos*" como a "fé fundamental dos metafísicos", e responde colocando em dúvida "se existem realmente opostos" (seção 2). Tomando como base essa passagem, Deleuze argumenta que "a dialética se desenvolve por meio de opostos porque não tem consciência de mecanismos muito mais sutis e subterrâneos" e que, "onde os dialéticos sempre vêem antíteses ou opostos", Nietzsche mostra que "há diferenças mais sutis a ser descobertas"[27]. É incontestável que Nietzsche freqüentemente critica a dialética. O problema, mais uma vez, no entanto, está em que ele próprio exibe uma dependência de "valores opostos" que é tão incurável quanto a de qualquer metafísico. As dicotomias de Nietzsche aparecem numa variedade de disfarces – a moralidade do senhor e a moralidade do escravo, Dionísio e o Crucificado, formas dionisíacas e formas românticas de sofrimento – mas todas elas revelam uma tendência com relação a "antíteses e oposições". No que continua sendo o estudo psicológico mais penetrante de Nietzsche, Lou Andreas-Salomé sugere de modo extremamente con-

---

26. Dannhauser, *Nietzsche's View of Socrates*, p. 227.
27. Deleuze, *Nietzsche e a Filosofia*, pp. 112 e 157.

vincente que ele "descreve seu próprio ego" na moralidade do escravo de *Sobre a Genealogia da Moral* (1887) e delineia seu "antítipo" ideal na "alegre, instintivamente confiante e despreocupada"[28] moralidade do senhor. Diante da própria dependência de Nietzsche com relação a polaridades, mesmo quando ele pergunta "se existem realmente opostos", pode-se com justiça aplicar com relação a ele o que ele próprio diz de sua personificação como Zaratustra no *Ecce Homo*: "Em toda palavra, ele contradiz, [...] nele, todos os opostos são fundidos numa nova unidade" (*"Zaratustra"*, seção 6).

A dificuldade em se distinguir claramente entre Hegel e Nietzsche se torna ainda mais acentuada quando perguntamos qual dos dois é mais idealista ou materialista. Hegel, naturalmente, é convencionalmente considerado como o defensor de um idealismo, cuja dialética receberia uma revisão materialista nas mãos de Marx e Engels. E, no entanto, é Nietzsche, e não Hegel, que lança a seguinte ressonante defesa do idealismo em *O Crepúsculo dos Ídolos*:

> Vamos nos livrar de um preconceito aqui: a idealização não consiste, como se afirma comumente, em subtrair-se ou descontar o baixo e inconseqüente. O que é decisivo é, ao contrário, uma tremenda propensão a revelar as principais características, de modo que as outras desapareçam no processo (*VPN*, p. 518).

A essa afirmação, que poderia servir de justificativa ao procedimento de Hegel na *Filosofia da História*, podemos contrastar a própria insistência de Hegel, na Introdução a essa obra, na base empírica de seu método histórico:

> Devemos proceder historicamente – empiricamente. Entre outras precauções, devemos tomar cuidado para não ser enganados pelos historiadores professos, que [...] são culpados desse mesmo procedimento de que eles acusam o filósofo – introduzindo suas próprias invenções *a priori* nos registros do passado[29].

Da mesma forma que é impossível estabelecer a diferença entre Hegel e Nietzsche em termos de idealismo e materialismo também é altamente questionável qual dos dois devemos chamar de otimista ou de pessimista. Poderíamos supor que Hegel, cujo sistema inteiro é explicitamente uma "verdadeira teodicéia", deve ser o mais otimista, exceto pelo fato de que ele dá pleno peso ao "trabalho do negativo", tanto na experiência individual quanto na história. Nietzsche, por outro lado, que defende um "pessimismo tenaz" que equivale a um profundo otimismo, parece ser positivamente hegeliano em sua declaração em *A Gaia Ciência*: "Quero aprender cada vez mais a ver como belo o que é necessário nas coisas. [...] *Amor fati*: que esse seja meu amor doravan-

---

28. Andreas-Salomé, *Nietzsche in seinen Werken*, p. 175.
29. Hegel, *Filosofia da História*, p. 10.

te!" (seção 276). Em resumo, assim como Hegel, Nietzsche afirma a virtude da necessidade e chega a uma perspectiva da comédia, ao assimilar e ir além das verdades da tragédia[30]. Em suas próprias palavras na Gaia Ciência: "a curta tragédia sempre cedeu reiteradamente e retornou à eterna comédia da existência" (seção 1).

Minha tentativa de documentar as continuidades entre Hegel e Nietzsche serve a um projeto mais amplo de situar Freud no contexto do pensamento do século XIX. Um dos elementos mais importantes da perspectiva comum a Hegel, Nietzsche e Freud, como observamos no capítulo precedente, é uma ênfase no "homem da história-do-mundo", ou herói. A dimensão da afinidade entre eles é salientada por uma alusão literária que é recorrente em todos os três autores. Ao descrever o modo como os sonhos têm como base não apenas os desejos recentes, mas também os do passado distante, Freud diz destes últimos, em *A Interpretação dos Sonhos*: "Eles não estão mortos em nosso senso do mundo, mas apenas são como as sombras na *Odisséia*, que despertavam para algum tipo de vida, tão logo provassem sangue" (*SE*, 4:242). Ele a seguir emprega a mesma comparação para se referir à "indestrutibilidade" (*SE*, 5:553) das recordações inconscientes. Com essa analogia, Freud equipara a descoberta psicanalítica da "atemporalidade" do inconsciente com a descida de Odisseu ao mundo inferior, no Livro 11 da *Odisséia*.

Numa discussão sobre a poesia épica, Hegel, na *Fenomenologia do Espírito*, invoca o mesmo tema, ao trabalhar na teoria das conseqüências da ação:

> A *ação* perturba a paz da substância e desperta o ser essencial; e, ao fazê-lo, sua simples unidade se divide em partes, e abre-se para o mundo diversificado de potências naturais e forças éticas. O ato é a violação da terra pacífica; é a trincheira que, vitalizada pelo sangue dos viventes, invoca os espíritos dos que se foram, que estão sedentos de vida, e que a recebem na ação da autoconsciência (*PM*, p. 733).

Hegel reitera aqui sua tese de que a própria ação constitui a "divisão em dois" primordial, que é representada mitologicamente pela Queda. Tanto para Hegel quanto para Freud, o "sangue dos viventes" é habitado pelos "espíritos dos que se foram". Da mesma forma que o entusiasmo de que ambos partilham por *O Sobrinho de Rameau*, a ilustração de Hegel da "ação da autoconsciência" – empregando a mesma passagem da *Odisséia* que mais tarde será utilizada por Freud, para explicar os mecanismos do inconsciente – exemplifica a convergência das concepções da mente em sua filosofia e psicanálise.

Entre Hegel e Freud, Nietzsche, em *Máximas e Opiniões Dispersas* (1879), menciona duas vezes o mesmo *topos* homérico, com vistas

---

30. Cf. White, *Metahistory*, pp. 94 e 357.

a seus propósitos específicos. Na primeira ocorrência, Nietzsche admite que, quando são interpretados segundo o espírito da época posterior, os textos antigos são inevitavelmente distorcidos, mas sustenta que essas leituras ativas e distorcidas são preferíveis à aridez de uma erudição puramente "histórica".

> Essas obras somente podem sobreviver se lhes dermos nossa alma, e somente nosso sangue permite a elas falar para *nós*. O discurso "histórico" real emitiria uma fala fantasmagórica para fantasmas. Nós reverenciamos os grandes artistas menos pela árida timidez, que deixa cada palavra, cada nota, como ela é, que por esforços incisivos no sentido de insuflar-lhes continuamente uma nova vida[31].

No último aforismo desse volume, Nietzsche dá um significado mais pessoal ao tema da jornada de Odisseu ao Hades, usando-o para falar de seus encontros com os pensadores que mais o influenciaram:

> Eu também estive no mundo inferior, assim como Odisseu, e ainda voltarei para lá muitas vezes; e não foram apenas cordeiros que sacrifiquei para poder falar com alguns dos mortos, eu não poupei meu próprio sangue (*VPN*, p. 67).

Ao contrário de Freud, para o qual os fantasmas do passado são primordialmente as experiências de infância, ou de Hegel, para o qual eles são "potências naturais e forças éticas", os fantasmas de Nietzsche são os escritores imortais de sua herança cultural. Mas essas três concepções do "mundo inferior" são, em última análise, intercambiáveis, pois o confronto de Nietzsche com os filósofos anteriores é parte integrante de sua busca de autoconhecimento, as próprias "forças éticas" de Hegel resultam em "uma oposição entre o consciente e o inconsciente", e a busca de Freud pelo tempo perdido se faz por meio de sua identificação com os heróis clássicos como Édipo e Odisseu.

O desprezo de Nietzsche pela "árida timidez" da erudição convencional e sua luta em defesa da leitura das obras antigas à luz de preocupações contemporâneas é uma defesa de seu próprio procedimento em *O Nascimento da Tragédia*. Seu principal adversário na controvérsia que se seguiu à publicação dessa obra foi o grande estudioso dos clássicos, Ulrich von Wilamowitz-Moellendorff, que defendia o ideal da objetividade na interpretação. Ainda em 1908, quando Wilamowitz apresentou uma palestra em Oxford sobre a "Historiografia Grega", ele ainda "acertava velhas contas" com Nietzsche, pois seu próprio uso do tema da *Odisséia* é um ataque direto, embora levemente velado, contra Nietzsche, por meio de uma revisão do primeiro de seus dois aforismos:

> Pode ser que o sr. Seco-como-pó [isto é, a erudição sóbria] não seja uma companhia muito agradável, mas ele é indispensável. É a maldição da historiografia antiga tê-

---

31. Citado em Silk e Stern, *Nietzsche on Tragedy*, p. 102.

lo ignorado. Muita gente famosa tentou fazê-lo, em nossos dias. [...] Sabemos que fantasmas não podem falar enquanto não tiverem bebido sangue; e os espíritos que nós evocamos exigem o sangue de nossos corações. Nós o damos com prazer; mas se eles então toleram nossa pergunta, algo de nós entrou neles, algo alheio, que deve ser eliminado em nome da verdade![32]

O vínculo entre a psicanálise e a tradição da filosofia do século XIX é sintetizado na oposição a Wilamowitz, da qual partilham Hegel, Nietzsche e Freud. Para Wilamowitz, como filólogo, o problema está em exorcizar as distorções introduzidas pelo "sangue de nossos corações", a fim de poder compreender com exatidão os textos antigos. Para Freud e os filósofos seus precursores, por outro lado, para os quais o estudo do mundo antigo não é um fim em si, mas um meio para atingir o autoconhecimento, a ênfase é precisamente o inverso: a impossibilidade de banir os fantasmas do passado que continuam a viver no sangue do presente. Quer ele venha do passado pessoal quer do passado cultural, todos os três "heróis do espírito" da modernidade reconhecem que o fantasma do passado é "algo alheio" e que não pode jamais ser "eliminado" da própria vida.

---

32. *Idem, ibidem.*

8. Nietzsche

Em dois encontros da Sociedade Psicanalítica de Viena, em 1908, Freud declarava que o "grau de introspecção" alcançado por Nietzsche "jamais foi alcançado por ninguém, nem tem probabilidade de sê-lo novamente", mas, também, que ele "não conhece" a obra de Nietzsche, pois suas "tentativas ocasionais de lê-la foram abafadas por um excesso de interesse"[1]. Juntas, essas duas declarações aparentemente contraditórias definem o paradoxo fundamental da relação de Freud com Nietzsche. Embora fosse de se esperar que a admiração de Freud pela profundidade do autoconhecimento de Nietzsche o conduzisse a uma leitura de Nietzsche com cuidado especial, ela, ao contrário, oferece um motivo para Freud *não* se familiarizar com a obra de Nietzsche. Como deixa claro a extraordinária frase "abafadas por um excesso de interesse", é justamente porque Nietzsche apresenta uma ameaça tão séria à sua própria originalidade que Freud se vê compelido a evitar sua influência por um esforço extremo de repressão[2].

---

1. *Minutes*, 2:31; 1:359.
2. Em *Um Estudo Autobiográfico* (1925), Freud afirma que Nietzsche, assim como Schopennhauer, "foi por um longo tempo evitado por mim", devido a suas antecipações das descobertas da psicanálise, e acrescenta que "Eu estava menos preocupado com a questão da prioridade que em manter minha mente desembaraçada" (*SE*, 20:60). A afirmação de Freud de uma falta de interesse na "questão da prioridade" não pode ser levada a sério. Cf. também *A História do Movimento Psicanalítico* (1914), *SE*, 14:15-16.

O reconhecimento de Freud de que ele "não conhece" os textos de Nietzsche pode, além disso, ser colocado em questão por uma série de vínculos entre ele e Nietzsche, que podem ser todos comprovados[3]. Pela correspondência, na adolescência, entre Freud e seu amigo Eduard Silberstein, sabe-se que em 1873, durante seu primeiro ano na Universidade de Viena, Freud, então com dezessete anos, havia lido a obra publicada de Nietzsche, que nessa época já incluía *O Nascimento da Tragédia* e, provavelmente, também as duas primeiras *Considerações Extemporâneas*.

Enquanto na universidade, lembremo-nos, Freud estudou filosofia com Franz Brentano, e, nesse mesmo período, entrou para o Grupo de Leitura dos Estudantes Alemães de Viena (Lesenverein der deutschen Studenten Wiens), uma sociedade radical, que tomava Schopenhauer, Nietzsche e Wagner como seus líderes inspiradores[4]. Durante os três primeiros meses de 1884, o amigo de Freud, Josef Paneth – que, mais tarde, seria imortalizado como o falecido "amigo e adversário" do sonho "*non vixit*" e com o qual ele freqüentava as aulas de Brentano – tornou-se uma estreita relação de Nietzsche em Nice e mantinha Freud informado sobre suas impressões. Em 1900, Freud, mais uma vez, voltava seus pensamentos para Nietzsche, pois escrevia para Fliess, em 1º de fevereiro, "acabo de adquirir o Nietzsche, no qual espero encontrar palavras para muitas coisas que permanecem caladas em mim, mas ainda não o abri" (Masson, p. 398).

Freud deve ter "aberto" seu Nietzsche antes das duas reuniões da Sociedade Psicanalítica de Viena, em 1908, dedicadas especialmente a *Sobre a Genealogia da Moral* e ao *Ecce Homo*, pois dificilmente seria possível discutir essas obras sem tê-las lido. E durante a própria reunião da Sociedade de Viena, na qual Freud professou sua ignorância de Nietzsche, ele revelou seu conhecimento, quando, em resposta à observação de Paul Federn de que "Nietzsche se aproximou tanto de nossas concepções que só podemos perguntar 'Onde ele não se aproximou?' ", Freud respondeu que "Nietzsche não conseguiu reconhecer o infantilismo nem também o mecanismo do deslocamento"[5].

Quatro anos mais tarde, em 1912, Lou Andreas-Salomé chegava a Viena para estudar psicanálise, e, com isso, forjava aquilo a que, quase no fim da vida, Freud se referia como "o único vínculo real entre Nietzsche e ele mesmo" (*LW*, 3:213). Apesar de incorreta, a afir-

---

3. Os parágrafos que se seguem são inspirados no excelente artigo de Anderson, "Freud, Nietzsche". Anderson discute em detalhes a apropriação de Freud de *Sobre a Genealogia da Moral* em *O Mal-Estar da Civilização*. Cf. também Holmes, "Freud, Evolution, and the Tragedy of Man"; Mazlish, "Freud and Nietzsche"; e Assoun, *Freud et Nietzsche*.

4. Para um estudo detalhado sobre a *Leseverein*, cf. McGrath, *Dionysian Art and Populist Politics*.

5. *Minutes*, 1:360.

mação de Freud efetivamente sugere até onde a presença de Andreas-Salomé oferece o componente feminino do triângulo edípico envolvendo Nietzsche e ele próprio. E, em 1926, quando consumou sua dolorosa ruptura com Freud, Otto Rank enviou como presente a seu ex-mentor, em seu septuagésimo aniversário, um conjunto elegantemente encadernado das obras de Nietzsche – ao mesmo tempo, uma expressão de gratidão por tudo que Freud havia feito por ele, mas também um lembrete desafiador da dívida não reconhecida de Freud para com seu precursor filosófico[6]. Finalmente, em 1934, quando Arnold Zweig revelou sua intenção de escrever um romance baseado na vida de Nietzsche, idéia que lhe ocorreu "porque, em você, eu reconheci o homem que empreendeu tudo o que Nietzsche originalmente sonhara", Freud levantou numerosas objeções, inclusive a admissão de que "talvez a relação que você estabelece entre Nietzsche e eu também desempenhe um papel em minhas razões"[7].

A luta edípica de Freud, no esforço de resistir à influência de Nietzsche, ganha um significado mais amplo à luz da própria identificação que Nietzsche faz de si com Édipo como o herói exemplar do autoconhecimento[8]. Num ensaio sobre Nietzsche, não menos incisivo que seus dois estudos sobre Freud, Thomas Mann escreve que, nas primeiras obras de Nietzsche, "o jovem pensador [...] lança vislumbres proféticos, de antecipação de seu próprio destino, que parece ficar à sua frente como um livro de tragédia aberto"[9]. Uma contrapartida exata da própria antecipação de Nietzsche de que nos "tons melancólicos" e na "linguagem sofocliana mais pura" de *Empédocles*, de Hölderlin, "reverbera o futuro do infeliz poeta", a observação de Mann recebe sua confirmação mais veemente na interpretação do mito de Édipo que Nietzsche apresenta em *O Nascimento da Tragédia*:

> É essa percepção que vejo expressa na horrível tríade dos destinos de Édipo: o mesmo homem que soluciona o enigma da natureza – essa Esfinge de duas espécies – também deve violar as mais sagradas ordens naturais, assassinando o pai e casando-se com a mãe. Na verdade, o mito parece nos sussurrar que a sabedoria, e em especial a sabedoria dionisíaca, é uma abominação antinatural; que aquele que, por meio de seu conhecimento, mergulha a natureza no abismo da destruição também deve sofrer a dissolução da natureza em sua própria pessoa[10].

---

6. Cf. Roazen, *Freud and his Followers*, p. 412.
7. *As Cartas de Freud e Zweig*, pp. 74 e 78.
8. Cf. Strong, "Oedipus as Hero: Family and Family Metaphors in Nietzsche". Apesar do título promissor, o ensaio de Strong defende, de modo pouco convincente, que "da tirania do passado edipalizado Nietzsche escapou" (p. 325) e "rompeu com as amarras de Édipo" (p. 329).
9. Mann, "Nietzsche's Philosophy in the Light of Contemporary Events", p. 361.
10. Nietzsche, *O Nascimento da Tragédia*, seção 9. Os números de seção dessa obra serão a seguir dados entre parênteses no texto. Para a edição original em alemão dos textos de Nietzsche, recorri a Schlechta (org.), *Werke*.

Como Édipo, que ao solucionar o enigma da Esfinge, "mergulha a natureza no abismo da destruição", apenas para descobrir que ele encarna em si próprio o enigma, assim também Nietzsche oferece, em seu primeiro livro, uma análise intelectual do significado do destino de Édipo, cuja plena verdade ele compreenderá, ao vivenciar a "dissolução da natureza" por meio de sua própria jornada trágica rumo à da loucura.

Virtualmente, cada detalhe da interpretação de Nietzsche pode ser relacionado com a filosofia precedente do século XIX. Sua percepção da conexão entre a solução de Édipo do enigma da Esfinge e seus crimes do incesto e do parricídio traz à mente os comentários análogos tanto de A. W. Schlegel quanto de Hegel. Em particular, a insistência de Nietzsche em que a solução do "enigma da natureza" (*das Rätsel der Natur*) provoca a violação das "mais sagradas ordens naturais" (*die heiligsten Naturordnungen*) associa a repetição na esfera temporal a uma lei de significados antitéticos exatamente da mesma forma que a referência de Hegel a Édipo, nas *Lições de Filosofia da Religião*, como simultaneamente "distinguido pelo conhecimento" e "sob o poder do que é inconsciente". Não menos hegeliana é a afirmação de Nietzsche de que "a contradição no coração do mundo", revelada na tragédia, é a de "um choque de mundos diferentes, isto é, entre um mundo divino e um mundo humano, no qual cada um, tomado individualmente, tem razão, de seu lado, mas, mesmo assim, tem de sofrer por sua individuação, sendo meramente um indivíduo isolado, ao lado de outro" (seção 9). A convicção de Nietzsche de que a sabedoria dionisíaca é uma "abominação antinatural", além disso, insere-se diretamente na tradição tanto da observação de Hölderlin de que Édipo é "tentado à enormidade" por sua interpretação "demasiado infinita" da instrução do oráculo de purificar Tebas quanto da afirmação de Schelling, aplicada especificamente a Édipo, de que a "pessoa trágica é *necessariamente* culpada de um crime".

A consciência de Nietzsche dos duplos significados e da repetição vincula-o também à psicanálise, mas ele antecipa Freud de modo mais estreito na atenção que ele dá à centralidade do incesto no mito de Édipo. Na verdade, ele prefacia suas observações sobre "a horrível tríade dos destinos de Édipo", evocando "uma crença popular extremamente antiga [...] de que o mago sábio só pode ser nascido do incesto", que ele então faz valer "na solução do enigma e no casamento de Édipo com a mãe", para concluir que "onde forças mágicas e proféticas quebraram a magia do passado e do futuro, [...] algum acontecimento enormemente sobrenatural – como o incesto – deve ter ocorrido antes, como causa" (seção 9). Na verdade, sem dúvida, o incesto de Édipo segue-se – e não precede – à descoberta da Esfinge; mas, ignorando a cronologia, Nietzsche salienta a idéia de que a "abominação antinatural" de Édipo tem prioridade "como causa" de sua capacidade de solucionar o "enigma da natureza".

A discussão de Nietzsche da "figura mais dolorosa do palco grego, o infeliz Édipo", na seção 9 de *O Nascimento da Tragédia*, situa-se no contexto de sua elucidação da síntese dos princípios apolíneo e dionisíaco, que caracteriza a tragédia grega em seu apogeu[11]. Embora ele afirme que Édipo e outros heróis são "meras máscaras" (seção 10) de Dionísio, deve-se notar que as análises mais extensas que Nietzsche faz da tragédia são dedicadas a *Édipo Rei* e a *Édipo em Colona*. Além disso, apesar da lealdade de Nietzsche a Wagner, que se via como o segundo Ésquilo, levá-lo a adotar em teoria a concepção de que Ésquilo encarnava a forma mais pura da tragédia grega, em *O Nascimento da Tragédia* o comentário sobre o *Prometeu Acorrentado* está na verdade subordinado ao das duas peças sobre Édipo[12]. Em 1879, três anos após sua ruptura com Wagner, Nietzsche escrevia a Peter Gast, o jovem compositor sobre o qual ele colocava expectativas irrazoavelmente altas: "Depois de Ésquilo, veio Sófocles! Não pretendo dar a você uma indicação mais clara de minhas esperanças" (*SL*, p. 170). Essa analogia, na qual o jovem Gast, como Sófocles, excede seu predecessor Wagner-Ésquilo, revela como a própria identificação de Nietzsche com Sófocles o afasta, em *O Nascimento da Tragédia*, de sua devoção oficial ao Ésquilo de Wagner.

A principal finalidade polêmica da reflexão de Nietzsche sobre Édipo é a de combater a idéia equivocada da "serenidade grega" que tem origem, em última análise, em Winckelmann. Apesar de sua atitude crítica, no entanto, Nietzsche, na verdade, está muito próximo de Schelling e outros comentadores, ao tentar explicar a extraordinária harmonia que acompanha – e mitiga – o sofrimento na tragédia sofocliana. Nessa perspectiva, Nietzsche faz o comentário que citamos anteriormente em referência a *A Bilha Quebrada*, de Kleist, de que, "como poeta, [Sófocles] em primeiro lugar nos mostra um nó magnificamente atado de uma investigação, que é lentamente desatado pelo juiz, pedaço por pedaço, para sua própria ruína". Sua exegese em *O Nascimento da Tragédia* continua:

> O deleite genuinamente helênico diante dessa solução dialética é tão grande que introduz um traço de serenidade superior em toda a obra, em toda parte atenuando as pontas agudas dos pressupostos terríveis desse processo (seção 9).

As observações de Nietzsche com relação à "serenidade superior" induzida pela "solução dialética" de *Édipo Rei* têm uma semelhança notável com a digressão de Freud em sua carta a Fliess de 3 de outubro

---

11. Para um útil panorama da estrutura de *O Nascimento da Tragédia*, cf. Dannhauser, *Nietzsche's View of Socrates*, p. 49.

12. Em *Nietzsche on Tragedy*, Silk e Stern sustentam que "os constrangimentos de Nietzsche com relação a Ésquilo o inibem de desenvolver sua fórmula para a tragédia em seu solo sofocliano natural" (pp. 257-258). Minha formulação inverte essa ênfase.

de 1897: "Você vê como a antiga apreciação se manifesta mais uma vez. Não posso dar a você nenhuma idéia da beleza intelectual da obra" (*Origins*, p. 220). Porque a própria auto-análise de Freud reencena o *Édipo Rei*, a interpretação da peça por Nietzsche – assim como a "longa e laboriosa jornada" de Hegel na *Fenomenologia do Espírito* – também pode ser lida como um comentário sobre a descoberta de Freud do complexo de Édipo. Nietzsche vai além de Freud na atenção que ele dedica à "contrapartida divina da dialética", no *Édipo em Colona*, e à dimensão religiosa da tragédia grega, no geral, mas não há dúvida de que *O Nascimento da Tragédia* oferece um elo fundamental vinculando a psicanálise com as explorações anteriores do mito de Édipo no pensamento do século XIX.

O interesse que Nietzsche revela por Édipo em *O Nascimento da Tragédia* tem continuidade em seus escritos subseqüentes. Desde sua publicação póstuma, "Sobre Verdade e Mentira no Sentido Extramoral" (1873) ganhou destaque principalmente como uma exposição da filosofia da linguagem de Nietzsche, mas o texto também contém uma de suas declarações mais apaixonadas sobre a dificuldade do autoconhecimento:

> O que, na verdade, o homem conhece sobre si mesmo! Seria ele sequer capaz de perceber a si próprio completamente, como se estivesse exposto numa vitrine iluminada? A natureza não esconde dele a maior parte, mesmo sobre seu corpo, para exilá-lo e confiná-lo numa consciência orgulhosa e charlatã [...]? Ela jogou a chave fora, e ai da fatal curiosidade que apenas uma vez foi capaz de espiar por uma fresta na câmara da consciência e, olhando lá de cima, entrever que o homem repousa sobre o impiedoso, o ávido, o insaciável, o assassino, na indiferença de sua ignorância – como que pendente em sonhos sobre o dorso de um tigre. Diante disso, de onde em todo o mundo surge o impulso à verdade? (*VPN*, p. 44).

A referência de Nietzsche à "fatal curiosidade que apenas uma vez foi capaz de espiar por uma fresta na câmara da consciência" ecoa a metáfora de *O Nascimento da Tragédia* de "um *vislumbre* nas entranhas e nos terrores da natureza" bem como a admiração por Schopenhauer, em *A Gaia Ciência*, por seu "*olhar* horrorizado num mundo desdivinizado que se tornara estúpido, cego, louco e questionável"[13]. Embora Édipo não seja mencionado pelo nome, o recurso de Nietzsche a imagens óticas sugere que ele tem em mente o herói de Sófocles, ao evocar os perigos de um desenfreado "impulso à verdade".

Por sua descrição da humanidade como "pendente em sonhos [...] sobre o dorso de um tigre", essa passagem, carregada de impacto, de "Sobre Verdade e Mentira" prenuncia o aforismo "Sonhos e Responsabilidade", de *Aurora*, uma obra representativa do período "intermediário" e positivista de Nietzsche. Ele exorta seus leitores:

---

13. Nietzsche, *A Gaia Ciência*, seção 357. Os números de seção dessa obra serão a seguir indicados entre parênteses no texto.

Vocês querem assumir responsabilidade por tudo! Exceto por seus sonhos! [...] Nada pertence *mais* a vocês mesmos que seus sonhos! [...] E é precisamente aqui que vocês rejeitam e se envergonham de vocês mesmos, e até mesmo Édipo, o sábio Édipo, obteve consolo com o pensamento de que não podemos evitar o que sonhamos! Disso, concluo que a grande maioria da humanidade deve estar consciente de ter sonhos abomináveis. [...] Tenho de acrescentar que o sábio Édipo estava certo, que nós realmente não somos responsáveis por nossos sonhos – mas também não por nossa vida desperta, e que a doutrina do livre-arbítrio tem o orgulho humano e a sensação de poder como seu pai e mãe? Talvez eu diga isso freqüentemente demais, mas fazê-lo, pelo menos, não transforma isso em erro[14].

Se "Sobre Verdade e Mentira" revela que Nietzsche, assim como Freud, está envolvido numa descida ao inconsciente, esse aforismo de *Aurora* confirma que ele igualmente prenunciava que o caminho real até o inconsciente passa pelos sonhos. Nietzsche alude precisamente aos versos do *Édipo Rei* em que Jocasta tenta reconfortar Édipo de que "muitos homens até hoje mesmo em sonhos / se deitaram com sua mãe"[15] – versos que mais tarde Freud citaria, em *A Interpretação dos Sonhos*, para dar sustentação à sua afirmação de que "a lenda de Édipo teve origem em algum material-sonho primordial" (*SE*, 4:263). Ao insistir em que nada pertence "mais a nós mesmos" que nossos "sonhos abomináveis", Nietzsche se aproxima extraordinariamente de Freud; mas sua ênfase final – de que não somos responsáveis nem mesmo por nossa vida desperta – excede Freud na radicalidade de seu ataque ao "livre-arbítrio".

A contínua preocupação de Nietzsche com Édipo recebe sua elaboração mais incisiva em sua obra-prima *Assim Falava Zaratustra*[16]. No "Prefácio de Zaratustra", que precede a primeira parte da obra, há um incidente envolvendo um malabarista da corda-bamba, que tem influência direta sobre o destino subseqüente de Zaratustra. Quando o malabarista chega ao "meio exato do caminho", um "bufão" de repente o segue na corda. "Avante, pé-coxo!", grita o bufão, até que por fim:

ele soltou um grito diabólico e saltou sobre o homem que estava em seu caminho. Esse homem, no entanto, vendo seu rival triunfar, perdeu a cabeça e a corda, jogou fora sua vara, e mergulhou no vazio ainda mais rápido, num redemoinho de braços e pernas (*VPN*, p. 131).

A identificação pelo bufão do malabarista da corda bamba como um "pé-coxo" é inequivocamente edípica. O bufão prefigura o anão que representa o "espírito de peso" que Zaratustra deve vencer no episódio central de "A Visão e o Enigma", na parte 3. Aqui, o bufão "saltando sobre" o malabarista representa a derrota inicial do aspiran-

---

14. Nietzsche, *Aurora*, seção 128.
15. Sófocles, *Édipo Rei*, versos 981-982.
16. Em minha interpretação de *Assim Falava Zaratustra*, sou em grande parte

te ao além-do-homem, pela perda da luta especificamente edípica por prioridade. O "mergulho no vazio" do malabarista dramatiza a ameaça do abismo que acompanha Zaratustra – e Nietzsche – em sua busca de autoconhecimento.

A segunda parte de *Assim Falava Zaratustra* começa com "A Criança e o Espelho", em que Zaratustra, após "meses e anos" de solidão, sente um desejo renovado de partilhar seus ensinamentos com a humanidade. Ele é "abalado" pelo sonho com uma criança carregando um espelho, pois, ao olhar no espelho, "não foi a mim mesmo que vi, mas a careta do diabo e uma risada desdenhosa" (*VPN*, p. 195). A "careta do diabo e uma risada desdenhosa" simbolizam primariamente as distorções que põem em risco o ensinamento de Zaratustra, mas a criança pode também personificar tanto a própria regressão de Zaratustra a um estado infantil quanto o espírito do futuro em direção ao qual ele deseja conduzir a humanidade. A aflição de Zaratustra ao olhar no espelho, assim como o incidente do jovem que fantasiou sua semelhança com o Espinário, em "Sobre o Teatro de Marionetes", de Kleist, é compatível com a teoria de Lacan de um "estágio do espelho" na formação do ego, que sustenta que o ego é, desde o início, constituído por um senso de auto-alienação exemplificado na criança que contempla seu próprio reflexo num espelho. Após o sonho, não mais assustado, Zaratustra salta "como um vidente e cantor que é movido por um espírito" (*VPN*, p. 195). A junção das palavras "vidente" e "cantor" parece ecoar *Édipo Rei*: a peça está repleta da imagética da visão, e, no verso 36, a Esfinge é designada como "cantora cruel". Esse importante episódio preparatório, dessa forma, combina uma sensibilidade a processos mentais estudados mais formalmente pela teoria psicanalítica com ressonâncias obsessivas com o texto de Sófocles.

Zaratustra quase chega a proclamar a doutrina do eterno retorno que, por fim, será revelada em "Sobre a Visão e o Enigma", no final da segunda parte, em "Sobre a Redenção". Sua meditação sobre a relação da vontade de tempo é, com justiça, famosa:

> Redimir aqueles que viveram no passado e recriar todo "foi" num "assim eu o quis" – somente isso, eu chamaria de redenção. Vontade – esse é o nome do libertador e mensageiro da alegria; assim eu ensinei a vocês, meus amigos. Mas, agora, aprendam também isto: a própria vontade é ainda prisioneira. O querer liberta: mas como se chama o que acorrenta até mesmo o libertador? "Foi" – esse é o nome do ranger de dentes e a mais solitária aflição da vontade. Impotente contra o que está feito, ela é uma espectadora irada de tudo que é passado. A vontade não pode querer retroativamente; e não poder violar o tempo e a avidez do tempo, essa é a aflição mais solitária da vontade (*VPN*, p. 260).

devedor de um texto não-publicado de meu aluno Michael J. McNulty, "Nietzsche, his Zarathustra, and the Discovery of Oedipus in the Unconscious". As partes 1 e 2 de *Assim Falava Zaratustra* foram publicadas em 1883; a parte 3, em 1884; e a parte 4, em 1885.

Embora Heidegger tenha argumentado que "a vingança é a aversão da vontade ao tempo, e isso significa deixar de ser, sua transitoriedade"[17], essa interpretação deve ser rejeitada. Nietzsche não está incomodado pela transitoriedade do tempo, mas, especificamente, pela fixidez e imutabilidade do passado.

Devido à impossibilidade de se "querer retroativamente", a própria vontade está "acorrentada" e é presa da "aflição mais solitária". Esse senso de impotência e de ausência de sentido da existência, no entanto, é superado de uma só vez, pela doutrina do eterno retorno, que envolve o simples mas miraculoso expediente de realizar o que acabava de ser considerado impossível – "recriar todo 'foi' num 'assim eu o quis'". Apesar das afirmações de Nietzsche, no entanto, a idéia do eterno retorno está longe de ser uma hipótese científica, ao contrário, ela é um esforço desesperadamente defensivo no sentido de negar a opressividade do passado pelo exercício da "vontade criativa". Como lucidamente explicou Stephen Donadio:

> Confrontado com a perspectiva insuportável [isto é, a impossibilidade da vontade retroativa], o que Nietzsche, de modo característico, passa a fazer é inverter os termos da situação, passar de um estado de coisas à sua antítese implícita: pois, no lugar do homem que é totalmente impotente, ele coloca o homem que é plenamente potente[18].

Nesse ponto de *Assim Falava Zaratustra*, não se ouve a advertência de precaução de *Aurora* de que "a doutrina do livre-arbítrio tem o orgulho humano e o sentimento de poder por pai e mãe". Uma vez que o que Nietzsche busca é recriar seu próprio passado, o projeto é, em última análise, o projeto edípico de se tornar seu próprio pai e gerar a si mesmo.

As implicações edípicas do conceito nietzschiano de eterno retorno são plenamente explicitadas em "Sobre a Visão e o Enigma", cujo próprio título ecoa a identificação, já feita anteriormente, de Zaratustra com o vidente Tirésias e a Esfinge. Zaratustra relata sua batalha com o "espírito de peso", descrito como "meio-anão, meio-toupeira, coxo e tornando coxo" (*VPN*, p. 268), que está diante dele junto a um portal com a inscrição "Momento" (*VPN*, p. 270). Assim como na cena anterior com o bufão e o andarilho da corda bamba, o fato de que o anão é mencionado como "pé-coxo" (*VPN*, p. 270) destaca a natureza edípica do encontro. O anão, que também é designado como "meu demônio e arquiinimigo" (*VPN*, p. 270) não é um ser independente, mas uma porção externalizada da própria psiquê de Zaratustra, uma encarnação da "careta do demônio" que ele vira anteriormente, ao olhar no espelho da criança, no sonho.

---

17. Heidegger, "Quem é o Zaratustra de Nietzsche?" (1961), p. 73.
18. Donadio, *Nietzsche, Henry James, and the Artistic Will*, p. 36.

O portal do momento presente é descrito como uma encruzilhada. "Veja esse portal, anão!" – exclama Zaratustra. "Ele tem dois rostos. Dois caminhos se encontram aqui; ninguém até agora seguiu nenhum deles até o fim" (*VPN*, p. 269). O enigma do tempo posto pelos "dois caminhos" do passado e do futuro dá ao portal o caráter enigmático da Esfinge; mas, da mesma forma que no mito de Édipo, a encruzilhada também pode ser interpretada como os órgãos genitais maternos, onde o filho e o pai se encontram numa luta por prioridade. Zaratustra grita: "Pare, anão! É você ou eu! Mas eu sou o mais forte dos dois: você não conhece meu pensamento abissal. *Isso* você não poderia suportar!" (*VPN*, p. 269). O conflito entre o tempo e a vontade, expresso abstratamente em "Sobre a Redenção", é aqui encenado de forma plástica, com Zaratustra, ou a vontade, insistindo em que é "mais forte" que a força paterna do passado encarnada no anão.

Como Zaratustra formula sua doutrina do eterno retorno do momento presente, a força avassaladora da ação ganha intensidade. "E essa lenta aranha, que rasteja ao luar, e o próprio luar, e você e eu no portal", ele pergunta, "não devemos retornar eternamente?" (*VPN*, p. 270). De repente, à medida que Zaratustra vai ficando com medo dos "pensamentos por trás de meus pensamentos" (*VPN*, p. 271), ele ouve o uivo de um cão, e então relembra de quando ouviu um uivo semelhante no passado: "Sim, quando eu era uma criança, na infância mais distante: foi quando ouvi um cão uivar assim". Foi, ele acrescenta, "na mais silenciosa meia-noite", quando "a lua cheia, silenciosa como a morte, passou por sobre a casa [...] como se sobre a propriedade de um outro" que o cão uivou de terror, "pois os cães acreditam em ladrões e fantasmas" (*VPN*, p. 271).

O encontro de Zaratustra com a figura paterna no presente leva a uma associação com uma recordação de sua "infância mais distante". Essa recordação pode, num sentido psicanalítico, ser designada como uma "lembrança encobridora" e, especificamente, uma recordação da cena primal. O uivo terrificado do cão é uma projeção da resposta da criança, ao presenciar o espetáculo noturno da relação sexual dos pais. A referência à lua "como se sobre a propriedade de um outro" descreve a recordação angustiada da criança do conflito entre seu próprio desejo pela mãe e a prerrogativa sexual do pai. Mesmo a afirmação de Zaratustra de que a lua ficou "silenciosa" pode ser considerada como uma mudança para seu oposto do movimento violento da cena, da mesma forma que Freud interpreta a "imobilidade" dos lobos na árvore, no sonho do Homem-Lobo, como a representação de uma transformação desse tipo (*SE*, 17:35)[19].

---

19. Nesse contexto, a aranha sobre a qual Zaratustra concentra sua atenção pode ser interpretada como um símbolo dos órgãos genitais maternos. Cf. Abraham, "The Spider as a Dream Symbol" (1922).

Essa regressão à "infância mais distante" é seguida por uma outra ocorrência alucinatória no presente. Zaratustra, agora sozinho, "entre penhascos selvagens [...] sob o luar mais desolado", mais uma vez ouve um cão uivando e vê um homem deitado diante de si: "Um jovem pastor, eu vi, contorcendo-se, engasgando, convulsionado, seu rosto distorcido, e uma pesada serpente negra pendendo de sua boca" (*VPN*, p. 271). Como fica claro na importante seção "O Convalescente", na parte 3, o próprio pastor é um duplo externalizado de Zaratustra. Que o pastor pareça estar "adormecido" quando a serpente "rastejava para dentro de sua garganta" indica que a cena é uma continuação da lembrança encobridora anterior, e a descrição da serpente como "pesada" associa-a ao "espírito de peso" da autoridade paterna. A serpente é, em particular, um símbolo do pênis do pai, que Zaratustra deseja tanto incorporar quanto decepar. Tomado por "nojo e pálido horror", Zaratustra grita para o pastor: "Morda! Corte fora a cabeça!" (*VPN*, p. 271). Em "O Convalescente", Zaratustra interpreta a serpente como uma expressão de seu "grande fastio pelo homem", mas ele também oferece corroboração para uma explicação de sua "náusea" como uma resposta à cena primal:

> Nus eu os vi ambos uma vez, o maior dos homens e o menor dos homens. [...] E o eterno retorno também do menor – esse foi meu nojo por toda a existência. Ai! Nojo! Nojo! Nojo! (*VPN*, p. 331).

Como observou H. Miles Groth, a recordação de Zaratustra de ter visto o "maior dos homens e o menor dos homens" refere-se tanto ao "pai quanto ao jovem a Zaratustra, mas também ao pênis grande do pai em comparação com o órgão menor do menino, quando o menino presenciou a nudez do pai"[20]. A reação Zaratustra (ou de Nietzsche) a esse trauma da infância é transmutada na doutrina filosófica do eterno retorno.

Tomados juntos, o pastor, o cão e Zaratustra constituem o clã fraterno que realiza a castração do pai primal. Após morder, arrancar e cuspir a cabeça da serpente, o pastor explode numa risada triunfante: "Não mais pastor, não mais homem – um transfigurado, radiante e, como ele *ria*! Nunca ainda na terra riu um homem como ele ria" (*VPN*, p. 272). Essa vitória coletiva do "espírito de peso", encarnado primeiro pelo anão e depois pela serpente fálica, é recebida com uma risada antinatural, que marca a vitória da "vontade criativa" e o êxito da fantasia de Zaratustra de autogeração.

Em *Para Além do Bem e do Mal*, Nietzsche buscou apresentar de modo mais sistemático as doutrinas do além-do-homem e do eterno-retorno, que ele havia apresentado em *Assim Falava Zaratustra*. Assim,

---

20. Groth, "Nietzsche's Zarathustra", p. 13.

não é de surpreender que os temas edípicos implícitos na imagética de *Assim Falava Zaratustra* apareçam em combinação com referências abertas a Édipo em *Para Além do Bem e do Mal*. A obra se inicia com uma investigação da "vontade de verdade" que caracteriza a filosofia até a própria época de Nietzsche. Insistindo em que "nós devemos finalmente aprender com a Esfinge a fazer perguntas, também", Nietzsche prossegue com a defesa de um possível valor para a "inverdade":

> O problema do valor da verdade chegou até nós – ou fomos nós que chegamos até o problema? Quem de nós é o Édipo aqui? Quem a Esfinge? É um encontro, parece, de perguntas e pontos de interrogação[21].

O estilo interrogativo de Nietzsche de "perguntas e pontos de interrogação" manifesta muito bem a ruptura com a filosofia clássica assinalada por seu desejo de pôr em questão o "valor da verdade". Mas, até onde mesmo sua rejeição da metafísica permanece no interior da tradição da busca do autoconhecimento, é o que revela sua evocação de Édipo na seção de abertura de sua obra.

Além de sua identificação com Édipo, como observamos no capítulo anterior, Nietzsche via a descida de Odisseu ao mundo inferior como um protótipo de sua missão filosófica. Os dois heróis, Édipo e Odisseu, são colocados juntos numa passagem crucial de *Para Além do Bem e do Mal*:

> Retraduzir o homem em natureza; tornar-se senhor das muitas vãs e excessivamente exaltadas interpretações e conotações que até agora foram rabiscadas sobre esse texto básico e eterno do *homo natura*; fazer com que o homem doravante se coloque frente ao homem, tal como endurecido na disciplina da ciência, ele hoje já se coloca frente ao *resto* da natureza, com intrépidos olhos de Édipo e ouvidos tapados de Odisseu, surdo às canções de sereia dos velhos caçadores de pássaros metafísicos, que têm estado tocando para ele por tempo demais, "você é mais, você é superior, você tem uma outra origem!" – essa pode ser uma *tarefa* insana e estranha, mas é uma tarefa – quem negaria isso? (seção 230).

Diante da eloqüência de Nietzsche, parece quase falta de generosidade assinalar que seu apelo por uma leitura "endurecida" desse "texto básico e eterno do *homo natura*" contém um erro fatual: na *Odisséia*, Odisseu tem seus ouvidos não-tapados, enquanto, amarrado no mastro, ouve as canções das sereias. Esse lapso, sem dúvida provocado por uma associação das sereias com o personagem de Papageno em *A Flauta Mágica*, de Mozart, reflete o desejo de Nietzsche de que o homem se torne "surdo" aos atrativos dos "velhos caçadores de pássaros metafísicos". Mas ele não diminui a força de seu reconhecimento, que faz lembrar o olhar através da "fresta na câmara da consciência"

---

21. Nietzsche, *Para Além do Bem e do Mal*, seção 1. Os números de seção a seguir serão indicados entre parênteses no texto.

em "Sobre Verdade e Mentira", de que os "intrépidos olhos de Édipo" e os "ouvidos tapados de Odisseu" são pré-requisitos indispensáveis para sua "tarefa insana e estranha" como filósofo. A pergunta de Nietzsche, "Qual de nós é o Édipo aqui? Qual a Esfinge?" ecoa um refrão recorrente em sua obra. Já em *O Nascimento da Tragédia*, ele havia comentado que Édipo, que "mergulha a natureza no abismo da destruição", deve estar preparado para pagar com "a dissolução da natureza em sua própria pessoa". A mesma equiparação entre herói e antagonista é assinalada em *Assim Falava Zaratustra* pelo uso do termo "pé-coxo" (*Lahmfuß*) para se referir tanto ao malabarista da corda bamba quanto ao anão. Em eco direto com *O Nascimento da Tragédia*, Nietzsche escreve em *Para Além do Bem e do Mal*: "Quem quer que combata monstros deve tomar cuidado para não se tornar um monstro. E quando você olha demoradamente para um abismo, o abismo também olha para você" (seção 146). O ponto máximo desse tema, e também o fim do interesse de Nietzsche por Édipo, encontra-se no *Ecce Homo*, que se abre com as seguintes palavras:

> A boa fortuna de minha existência, seu caráter único talvez, está em sua fatalidade: eu já estou, para expressá-lo na forma de um enigma, morto como meu pai, enquanto, como minha mãe, estou ainda vivo e envelhecendo[22].

Nessa passagem, escrita pouco antes de cair no "abismo" da loucura, Nietzsche vivencia as conseqüências de sua identificação edípica, pois ele transforma a "fatalidade" de sua vida numa versão do enigma da Esfinge.

Num determinado nível, a afirmação de Nietzsche de que ele já está "morto como meu pai, enquanto, como minha mãe, estou ainda vivo e envelhecendo" é simplesmente um relato fatual das circunstâncias de sua vida em 1888. Mas, se essa "boa fortuna" for submetida a uma interpretação psicanalítica, o "enigma" de Nietzsche pode ser tomado como uma confissão de sua cumplicidade inconsciente nos crimes de incesto e parricídio. Por outro lado, a configuração pai ausente e mãe dominante sugere também o padrão do complexo de Édipo "negativo", encontrado em homens cuja constituição sexual é predominantemente homossexual. Em ambos os casos, é evidente que o envolvimento de Nietzsche com o mito de Édipo exige ser colocado no contexto de sua história pessoal.

Em nossa era pós-estruturalista, Nietzsche é, muito freqüentemente, considerado como tendo ajudado a tornar impossível falar sobre o "autor" de um texto filosófico ou literário. E, no entanto, em setembro de 1822, quando Lou Salomé escreveu a Nietzsche propon-

---

22. Nietzsche, *Ecce Homo*, "Esperto", seção 1. As referências por título do capítulo e número de seção do *Ecce Homo* serão dadas a seguir entre parênteses no texto.

do "a redução dos sistemas filosóficos a registros pessoais de seus autores", Nietzsche recebeu isso como "verdadeiramente a idéia de uma alma irmã"[23]. Ele mais tarde se apropriaria da idéia em *Para Além do Bem e do Mal*: "Aos poucos foi ficando claro para mim o que toda filosofia foi até agora: a confissão pessoal de seu autor e uma espécie de autobiografia involuntária e inconsciente" (seção 6). Ao sancionar explicitamente o modo biográfico da exegese que também é inerente aos pressupostos da psicanálise, Nietzsche convida-nos a buscar as raízes genéticas da preocupação com Édipo revelada por sua "autobiografia involuntária e inconsciente".

A autodefinição de Nietzsche, na forma de um enigma, que ele nos oferece no *Ecce Homo*, apresenta sua filosofia, de fato, como uma busca pelo pai morto. Para Freud, como sabemos, a morte do pai foi "o mais importante acontecimento, a perda mais dolorosa" de sua vida, e o impulso por trás de sua auto-análise. Como já foi demonstrado de diversas formas, assim como em Schiller, Hölderlin e Kleist, também em Nietzsche o uso do mito de Édipo tem em sua base alguns paralelos notáveis com a vida de Freud. Seu vínculo comum de uma perda filial é reforçado por uma segunda semelhança crucial: assim como Freud, a resposta de Nietzsche à morte do pai tem como componente a morte prematura de um irmão.

O pai de Nietzsche, um pastor luterano, morreu aos trinta e seis anos de idade, em 1849, quando o jovem Fritz tinha apenas quatro anos de idade. A morte do irmão de Nietzsche, Joseph, seguiu-se cerca de seis meses depois, em janeiro de 1850. Uma certa indicação da disposição mental de Nietzsche é oferecida por um sonho desse período registrado num esboço autobiográfico, escrito na idade de catorze anos.

> Ouvi o órgão da igreja tocando como num funeral. Quando olhei para ver o que estava acontecendo, um túmulo se abriu de repente, e meu pai se levantou dele, numa mortalha. Ele avança para a igreja e logo volta com uma criança pequena nos braços. A pedra do túmulo volta a se abrir, ele sobe novamente, e a pedra volta a cobrir a abertura. O barulho crescente do órgão pára de repente, e eu acordo. De manhã, eu conto o sonho a minha mãe. Logo depois, o pequeno Joseph subitamente fica doente. Ele entra em convulsões e morre em poucas horas[24].

Um fato a observar sobre esse sonho é que ele ocorreu antes da morte do irmãozinho. Dessa forma, o destino de ser "destroçado pelo êxito" pelo cumprimento de desejos infantis de morte, também encontrado na resposta de Freud à morte de Julius, é até mesmo mais proe-

---

23. Citado em Hayman, *Nietzsche: A Critical Life*, p. 251.
24. Citado em *idem*, p. 18. Cf. também Klossowski, "La consultation de l'ombre paternelle", em *Nietzsche et le cercle vicieux*, pp. 253-284, que registra e discute a existência de uma segunda versão desse sonho, anotada por Nietzsche na idade de dezessete anos.

minente no caso de Nietzsche. Mas, além de revelar uma hostilidade inconsciente com relação ao pai e ao irmão, o sonho de Nietzsche indica a existência de um complexo de Édipo negativo, por meio de um senso de identificação com um irmão que está unido ao pai amado e ausente.

Assim como a reação intensamente ambivalente de Freud à morte do pai pode ser em grande parte explicada pelo substrato infantil do "germe das recriminações" deixado pela morte precoce Julius, é também a conjunção entre as mortes do pai e do irmão de Nietzsche que abre o caminho de sua identificação com Édipo (a história de experiências repetidas com a morte na infância coloca Nietzsche em uma relação ainda mais próxima com seu "poeta favorito", Hölderlin, que, com a idade de dois anos, perdeu o pai e, sete anos mais tarde, o padrasto). Ao contrário de Freud, no entanto, Nietzsche não tinha quarenta, mas *quatro* anos, por ocasião da morte do pai, e essa discrepância ajuda a explicar um contraste fundamental de caráter entre os dois homens. Freud, apesar de seus traços neuróticos, era inquestionavelmente são, enquanto Nietzsche, mesmo antes de seu colapso final, revela uma mente à beira da psicose. Na comparação da vida e do pensamento de Freud e Nietzsche, surge um paralelo de notável consistência: Nietzsche duplica as tendências de Freud, mas de uma forma mais *exagerada*, que indica uma detenção num estágio de desenvolvimento mais *primitivo*, provocado pelas mortes primeiro do pai e depois do irmão, no ponto máximo de sua fase edípica.

Após as mortes do pai e do irmão, Nietzsche ficou numa casa ocupada inteiramente por mulheres. Além de sua mãe, o jovem Fritz estava cercado pela avó, duas tias solteiras, uma empregada idosa e sua irmã, Elizabeth, cerca de dois anos mais nova que ele. Esse crescimento num ambiente matriarcal sem dúvida contribuiu para uma preponderância de componentes homoeróticos na constituição sexual sublimada de Nietzsche: não se sabe se ele consumou algum relacionamento com um membro de qualquer dos sexos. Em particular, a ligação estreita entre Nietzsche e a irmã, que mais tarde viria a exercer uma influência tão perniciosa sobre sua vida e reputação, era evidente já muito cedo, uma vez que Elizabeth, com seis anos de idade, já revelava a tendência a guardar tudo o que Fritz, com oito anos de idade, confiava ao papel, em sua "gaveta do tesouro"[25]. Pouco depois da morte do irmão, Nietzsche e sua família mudaram-se da pequena cidade de Röcken, onde o pai fora pastor, para a cidade-diocese de Naumburg. Essa seqüência é estreitamente análoga à migração da família de Freud, de Freiberg para Leipzig e para Viena, e à da família de Hölderlin, de Lauffen, na região do Neckar, para Nürtingen; e, também no caso

---

25. Cf. Hayman, *Nietzsche: A Critical Life*, p. 21.

de Nietzsche, isso deve ter tido o efeito de preservar suas primeiras lembranças (as reveladas em *Assim Falava Zaratustra*) com clareza máxima.

Entre 1858 e 1864, Nietzsche freqüentou a famosa escola interna em Pforta, e, durante esse período, os sinais de seu subseqüente destino heróico começaram a se manifestar. Em outubro de 1861, Nietzsche escrevia sua profética carta a um amigo imaginário, expressando sua admiração por Hölderlin. A isso se seguiu, em março de 1862, seu primeiro ensaio "filosófico", "Destino e História", que contém o reconhecimento:

> Ousar lançar-se ao mar da dúvida, sem bússola ou timoneiro é morte e destruição para cabeças não-desenvolvidas; a maioria é abatida por tempestades, pouquíssimos descobrem novos países. Do meio desse imensurável oceano de idéias, muito freqüentemente se ansiará estar de volta à terra firme[26].

A proclamação de Nietzsche de sua disposição de "lançar-se ao mar da dúvida sem bússola ou timoneiro" prenuncia todas as suas afirmações subseqüentes com relação a sua tarefa "estranha e insana" como filósofo. Durante o período em Pforta, Nietzsche, em 1864, escreveu um ensaio especificamente dedicado ao *Édipo Rei*, no qual ele prenuncia *O Nascimento da Tragédia*, argumentando que "em sua concepção, o *Édipo Rei* necessariamente requer o completamento e reconciliação do *Édipo em Colona*"[27]. Em 1870, após assumir a cadeira de professor de filologia básica na Basiléia, Nietzsche deu uma série de palestras para o curso de graduação sobre *Édipo*, embora as notas para essas aulas ainda não tenham sido publicadas[28]. Dessa forma, assim como a de Freud, a "Concepção do Desenvolvimento do Herói" de Nietzsche, centrada em Édipo, é composta por numerosos "suplementos" que antedatam seu aparecimento de sua obra publicada.

A maior crise intelectual do início da fase adulta de Nietzsche foi seu abandono do cristianismo, que ocorreu gradualmente, durante seus anos em Pforta, e tornou-se irreversível com sua recusa em tomar a comunhão na Páscoa de 1865. Após essa decisão, Nietzsche escrevia, em 11 de junho de 1865, numa famosa carta à sua irmã:

> A fé não oferece o menor apoio para uma prova da verdade objetiva. Aqui se separam os caminhos dos homens: se você quer buscar a paz de espírito e o prazer, então creia; se você quer ser um devoto da verdade, então investigue (*VPN*, p. 30).

O contraste nessa carta entre os "devotos da verdade" e os que desejam "paz de espírito e prazer" está em paralelo com o contraste

---

26. Citado em Hollingdale, *Nietzsche*, p. 49.
27. Nietzsche, *Werke und Briefe*, 2:369.
28. Cf. Silk e Stern, *Nietzsche on Tragedy*, p. 45.

desenvolvido em "Destino e História", entre os "pouquíssimos" que "descobrem novos países" e as "cabeças não-desenvolvidas". Mais notável, a distinção de Nietzsche entre indivíduos heróicos e não-heróicos também é congruente com a que Freud faz, com certa condescendência, em sua carta a Emil Fluss, de 17 de março de 1873, entre sua própria experiência "edificante" do *Édipo Rei* e outros clássicos latinos e gregos em suas línguas originais e a "confortadora jovialidade" do amigo. Tanto para Freud quanto para Nietzsche, como, na verdade, para Hölderlin em "Minha Resolução", uma consciência de seus destinos excepcionais está vinculada a um "esplêndido isolamento" auto-imposto com relação aos mortais inferiores.

A crise de fé de Nietzsche era intensificada pelo fato de que seu pai fora um pastor. Como inteligentemente observou R. J. Hollingdale, renunciar à fé numa vida após a morte "pode, se seu pai está morto, tornar-se uma espécie de parricídio"[29], em particular, se ele foi um pastor. Em outras palavras, tendo perdido o pai (e o irmão) uma vez na tenra infância, Nietzsche simbolicamente matou-o uma segunda vez, negando-lhe a imortalidade. O senso de perigo associado em sua mente com o "impulso à verdade" surge diretamente das questões pessoais em jogo em seu repúdio do cristianismo.

Em 1864, Nietzsche se matriculou como estudante de teologia em Bonn, mas no ano seguinte transferiu-se para Leipzig e, na esteira de sua recusa à comunhão, mudou seu campo da teologia para a filologia. Ambas as decisões profissionais foram feitas sob a influência do eminente filólogo Albrecht Ritschl, ao qual Nietzsche seguiu para Leipzig. Coincidentemente, duas semanas após sua chegada, em outubro de 1865, Nietzsche se deparava com *O Mundo como Vontade e Representação*, de Schopenhauer, numa livraria, e se sentiu misteriosamente compelido a levá-lo para casa. Embora publicado em 1818, *O Mundo como Vontade e Representação* somente passou a ser amplamente conhecido na década de 1850, após a reação pessimista contra as tendências dominantes da filosofia hegeliana e neo-hegeliana. Como vimos, a única queixa de Nietzsche em sua descoberta de Schopenhauer foi que, em *O Mundo como Vontade e Representação*, ele encontrou "somente um livro, e essa foi uma grande falha". Precisamente essa deficiência foi remediada quando, em novembro de 1868, dois meses antes de receber a notícia inesperada de sua nomeação para a cadeira de professor na Basiléia, Nietzsche conheceu Richard Wagner.

Se os efeitos da transferência são manifestos na veneração de Nietzsche por Schopenhauer, em sua adoração por Wagner eles são esmagadores. Na verdade, em *O Nascimento da Tragédia*, Nietzsche se inspira na filosofia de Schopenhauer para glorificar as realizações de Wagner na música, em detrimento de sua própria disciplina na

---

29. Hollingdale, *Nietzsche*, p. 47.

filologia, com isso diminuindo a si mesmo com relação a ambas as figuras paternas simultaneamente. Como argumentou Ronald Hayman:

> Embora, conscientemente, ele estivesse satisfeito em reconhecer Wagner como um modelo perfeito do gênio artístico, superior a todos os seus contemporâneos, forças edípicas estavam em jogo. [...] Com relação a Wagner, Nietzsche não estava consciente de sentir inveja, apenas uma admiração apaixonada, mas ele havia sacrificado suas ambições artísticas no altar da filologia e tornara-se impotente como compositor, enquanto Wagner ainda estava no apogeu de suas capacidades. [...] Para Nietzsche não havia possibilidade de se colocar como um rival de seu pai substituto. No máximo, ele podia aspirar a uma maestria das palavras comparável à maestria de Wagner na música, mas, em vez disso, depreciava masoquistamente suas palavras, como um inferior[30].

As "forças edípicas" despertadas em Nietzsche por suas relações com Wagner eram reforçadas pela coincidência de que Wagner nascera em 1813, o mesmo ano do nascimento do pai de Nietzsche. Sobretudo, no entanto, em Tribschen, onde Nietzsche se tornou um freqüente convidado da casa, o compositor, então com cinqüenta e seis anos de idade, vivia com Cosima von Bülow, filha ilegítima de Franz Liszt, que estava então com trinta e um anos de idade e que já tivera dois filhos com Wagner e, em 1869, estava grávida de uma terceira criança, embora não tivesse ainda conseguido se divorciar do marido, o regente Hans von Bülow. A dinâmica edípica inerente ao ciúme de Nietzsche com relação às realizações de Wagner era reforçada pela presença de Cosima, que completava o triângulo. Durante quase toda a sua vida, Nietzsche conseguiu reprimir sua atração por Cosima. Somente em janeiro de 1889, após a manifestação de sua loucura, ele declararia sua paixão. Ele escreveu, então, numa carta a Cosima: "Ariadne, amo você. Dionísio"; e no hospício em Jena, ele diria em 27 de março de 1889: "Minha esposa, Cosima Wagner, trouxe-me aqui"[31].

A antiortodoxia de Nietzsche em *O Nascimento da Tragédia* provocou a reprovação de quase todo o mundo dos estudos clássicos. Em particular, sua defesa da causa de Wagner o conduziu a um afastamento com relação a seu ex-mentor Ritschl. Quando Ritschl não escreveu após a publicação de seu livro, Nietzsche, em 30 de janeiro de 1872, escreveu-lhe uma carta, na qual afirmava que seu "manifesto [...] sem dúvida [...] desafia a tudo, menos a manter silêncio", e acrescentava: "Eu acreditava que se você viesse a encontrar algo promissor em sua

---

30. Hayman, *Nietzsche: A Critical Life*, p. 122.
31. Citado em Kaufmann, *Nietzsche*, p. 32. Como observa Kaufmann, ao equiparar Cosima a Ariadne, Nietzsche estava identificando Wagner com o Teseu por ela abandonado, e a si próprio com o vitorioso Dionísio (embora na lenda seja Teseu que abandona Ariadne). Ao afirmar a identidade de sua divindade preferida, além disso, Nietzsche estava invertendo a situação de 1872, quando Hans von Bülow, tendo sido rejeitado por Cosima, visitou Nietzsche e comparou a si mesmo com Teseu, Cosima com Ariadne, e Wagner com Dionísio.

vida, seria esse livro". Ao receber essa comunicação, Ritschl perspicazmente escreveu em seu diário: "Surpreendente carta de Nietzsche (= megalomania)" (*SL*, p. 93). Parece inevitável que Ritschl devesse ser, nas palavras de Silk e Stern, "o primeiro destinatário surpreso" da "nova abertura"[32] de Nietzsche, uma vez que sua exagerada transferência positiva com relação a Wagner só deixava sentimentos negativos por Ritschl, que por ele era suplantado. Que fosse Willamowitz quem liderava o ataque ortodoxo contra Nietzsche acentua os padrões edípicos da história intelectual, uma vez que, aos vinte e quatro anos, ele era quatro anos mais novo que Nietzsche, e havia seguido seus passos como aluno de destaque nos estudos clássicos em Pforta; e, quando Nietzsche se matriculou em Leipzig, sob a orientação de Ritschl, Willamowitz permaneceu em Bonn, com Otto Jahn, inimigo de Ritschl[33]. É curioso que um dos poucos filólogos que defenderam *O Nascimento da Tragédia* fosse Jacob Bernays, ele próprio um discípulo de Ritschl e tio da esposa de Freud, Martha.

O triângulo formado por Nietzsche, Wagner e Cosima tem uma contrapartida muito próxima no triângulo que, durante apenas os últimos seis meses de 1882, envolvia Nietzsche, Paul Rée, um filósofo moralista judeu cinco anos mais novo que ele, e Lou Salomé, então com vinte e um anos de idade, exceto pelo fato de que Nietzsche estava agora na posição dominante. Nessa "Trindade", como Lou a chamava, não menos que no triângulo anterior, poderosas correntes homo-eróticas desempenhavam seu papel – como atesta a famosa fotografia de Lou empunhando um chicote sobre os dois homens, que puxavam um carro – mas, em última análise, cada um queria Lou para si próprio. Após, de fato, ceder Lou a Rée, em novembro de 1882, Nietzsche escrevia numa carta: "Tão logo passamos a amar algo totalmente, o tirano em nós (que estamos simplesmente muito dispostos a chamar 'nosso eu superior') diz 'Sacrifique justamente isso a mim'. E nós o fazemos, mas é tortura, assim como ser tostado sobre fogo lento"[34]. A reação de Nietzsche nessa ocasião – rendição externa acompanhada do voltar a agressão contra o eu – repete a que ele manifestara durante sua revolta contra Wagner, em 1876, quando, como observa Walter Kaufmann, "Em vez de vir à tona, sua aversão primeiramente se manifestou com ataques de enxaqueca e vômito que serviram a Nietzsche como desculpa para ficar longe de Wagner, após ele se mudar para Bayreuth"[35].

Nietzsche ficou sabendo da morte de Wagner no mesmo dia, em fevereiro de 1883, em que enviou a primeira parte de *Assim Falava*

---

32. Silk e Stern, *Nietzsche on Tragedy*, p. 93.
33. Cf. *idem*, pp. 104-105.
34. Citado em Hayman, *Nietzsche: A Critical Life*, p. 253.
35. Kaufmann, *Nietzsche*, p. 37.

Zaratustra para impressão. Mais uma vez, sua "primeira reação foi de mal-estar físico: ele ficou de cama por vários dias. Sua segunda reação foi de alívio – inequivocamente filial"[36]. Em *Para Além do Bem e do Mal*, Nietzsche prenuncia a teoria de Freud da compulsão à repetição: "se uma pessoa tem caráter, ela tem também sua própria experiência típica, que recorre repetidamente" (seção 70). O masoquismo revelado na "experiência típica" sempre recorrente de Nietzsche confirma a justeza da afirmação de Andreas-Salomé de que sua celebração da moralidade do senhor é uma compensação por sua própria identificação com o ponto de vista do escravo.

Além de suas outras dificuldades, o envolvimento de Nietzsche com Lou Salomé provocou ciúmes da parte da irmã e conflitos abertos com a mãe, que o chamava de "uma desgraça para o túmulo do pai"[37]. Esse insulto atingia Nietzsche na região mais vulnerável de sua psiquê, e a cisão que se abriu entre ele e a mãe e a irmã jamais voltou a se fechar completamente. A irmã agravou as dificuldades com seu envolvimento cada vez maior com o anti-semita Bernhard Förster, com quem ela se casou em 1885. Nietzsche, mais uma vez vítima de uma situação triangular e, nas palavras de Hayman, "perdendo a única mulher com relação à qual poderia existir a expectativa de que dedicasse sua vida a ele"[38], recusou-se até mesmo a comparecer à cerimônia. A morte de Wagner, ocorrida no período entre a escrita das duas partes de *Assim Falava Zaratustra*, igualmente fazia reviver todos os conflitos edípicos de Nietzsche, e seus efeitos, sobrepostos aos acontecimentos de 1882, estão registrados no aprofundamento dos conflitos com o "espírito de peso", nas últimas partes da obra.

Como o mais importante objeto de transferência de Nietzsche, Wagner desempenha em sua vida um papel comparável ao de Fliess na auto-análise de Freud. Em "Sobre o Amigo", na primeira parte de *Assim Falava Zaratustra*, uma meditação implícita sobre seus vínculos atravessados por conflitos tanto com Wagner quanto com Rée, Nietzsche escreve:

> Nossa fé nos outros trai o aspecto em que nós gostaríamos de ter fé em nós mesmos. Nosso anseio por um amigo é nosso traidor. E, muitas vezes, o amor é apenas um dispositivo para superar a inveja. [...] Num amigo deveríamos ter nosso melhor inimigo. [...] O que é o rosto de um amigo, afinal? É seu próprio rosto num espelho rústico e imperfeito (*VPN*, p. 168).

Essa passagem nos faz lembrar o sonho "*non vixit*" de *A Interpretação dos Sonhos*, no qual Freud admite que muitas vezes conseguiu reproduzir a "situação ideal da infância", na qual o "amigo íntimo" e o

---

36. Hayman, *Nietzsche: A Critical Life*, pp. 260-261.
37. Citado em *idem*, p. 251.
38. *Idem*, p. 285.

"inimigo odiado" se encontravam num "único indivíduo" (*SE*, 5:483). De acordo com a tendência de Nietzsche de ir a extremos maiores que Freud, no entanto, Wagner permaneceu uma obsessão por toda sua vida, de um modo que não acontecia no caso de Fliess com relação a Freud. Sendo literalmente velho o suficiente para ser pai de Nietzsche, e um compositor de renome mundial, Wagner era, na realidade, uma figura muito mais impressionante que Fliess, que (assim como Julius) era um pouco mais jovem que Freud. Mas, da mesma forma que a idade de Fliess não constituía uma barreira para ele assumir o lugar do pai na neurose de transferência de Freud, Wagner, como figura paterna e como o "melhor inimigo" de Nietzsche, também podia ser visto simultaneamente como um amigo, e mesmo um substituto, do irmão morto, Joseph.

Em sua discussão do sonho "non vixit", Freud cita como precedente literário de sua experiência de emoções antitéticas com relação a uma pessoa individual, o relacionamento entre Brutus e César, no *Júlio César*, de Shakespeare. Ele acrescenta, como vimos no capítulo 5, que "de fato uma vez desempenhara o papel de Brutus" (*SE*, 5:424), durante a adolescência, quando ele e seu sobrinho mais velho, John – que havia ele próprio se tornado um fantasma do passado, ao retornar a Viena vindo da Inglaterra, em visita – representaram uma cena, não na da peça de Shakespeare, mas de *Os Assaltantes*, de Schiller, diante de uma platéia infantil. É mais que uma coincidência Nietzsche igualmente ter tomado Brutus como modelo para seu confronto com Wagner. Declarando que "Shakespeare se prostrava diante de toda a compostura e virtude de Brutus", Nietzsche elabora em *A Gaia Ciência*:

> Independência da alma! – é isso que está em jogo aqui. Nenhum sacrifício pode ser grande demais para isso: por ela, deve-se ser capaz de sacrificar o amigo mais caro, mesmo que ele seja também o mais soberbo ser humano, um ornamento do mundo, um gênio sem igual – se se ama a liberdade, entendida como liberdade das grandes almas, e ele ameaça esse tipo de liberdade (seção 98).

Inspirado nessa passagem, Kaufmann cunhou a expressão "crise de Brutus"[39] para se referir às repetidas tentativas de Nietzsche de "garantir independência da alma", rebelando-se contra homens e pensadores que ele antes havia admirado. Aqui, Nietzsche claramente imputa a Shakespeare sua própria "prostração" diante de Brutus, ao ver em César um retrato de Wagner, o "mais querido amigo" e "gênio sem igual", que ele havia "sacrificado" para preservar sua própria "liberdade".

O paralelo entre as identificações com Brutus tanto de Nietzsche quanto de Freud torna-se ainda mais notável quando é colocado no

---

39. Cf. Kaufmann, *Nietzsche*, pp. 392 e 398.

contexto de uma terceira alusão ao relacionamento Brutus-César. Também Schiller passou por uma "crise de Brutus", pois ele descreve seus sentimentos ambivalentes com relação a Goethe, cuja confiança ele não havia ainda ganho, na carta a Gottfried Körner, de 2 de fevereiro de 1789, nos seguintes termos:

> Foi uma mistura absolutamente surpreendente de ódio e amor que ele despertou em mim, um sentimento não inteiramente diferente daquele que Brutus e Cassius devem ter tido com relação a César. Eu poderia matar seu espírito e depois amá-lo novamente com todo coração[40].

Como autor de *Os Assaltantes*, no qual Freud literalmente "desempenhou o papel de Brutus", Schiller está diretamente por trás do sonho "*non vixit*", como também está por trás de boa parte do pensamento do século XIX. A continuidade entre a "mistura de ódio e amor" vivenciada por Schiller, Nietzsche e Freud com relação a seus respectivos Césares ilustra simultaneamente os antecedentes intelectuais da psicanálise e a universalidade das leis da vida mental codificadas por Freud. A dialética incessantemente recorrente entre a arte e a vida – e entre os relacionamentos filiais e entre irmãos – revelada pelos "suplementos" ao tema de Brutus remonta ao período clássico. Esse padrão se completa quando nos lembramos que o próprio César – que em sua juventude compôs uma tragédia que não chegou até nós, intitulada *Édipo* – considerava Brutus como um filho natural, e que se relatava que teria gritado em grego, ao ser apunhalado por seu protegido: "Até tu, meu filho?"[41].

À excentricidade da leitura de Nietzsche do *Júlio César* prepara-nos para o fato de que, assim como Freud, ele também chegou a duvidar de que Shakespeare fosse o autor das peças. Nietzsche difere de Freud apenas na atribuição dos lauréis, não ao conde de Oxford, mas a Bacon. "E eu gostaria de confessar", escreve ele no *Ecce Homo*, que "sinto-me instintivamente seguro e certo de que lorde Bacon foi o criador, o auto-atormentador dessa mais estranha espécie de literatura" ("Esperto", seção 4). Assim como o de Freud, o ceticismo de Nietzsche quanto à identidade de Shakespeare é uma avaliação sem base estudiosa ponderada. Ou antes, assim como suas identificações com Brutus, as dúvidas dos dois homens representam um sintoma neurótico que resulta de seus estranhamente semelhantes complexos de herói. Quando Nietzsche proclama no *Ecce Homo*: "Disseram-me que é impossível deixar de lado qualquer um de meus livros – que eu até mesmo perturbo o repouso noturno" ("Livros", seção 3), novamente ele nos faz lembrar de Freud, que em *A História do Movimento Psicanalítico*

---

40. Schiller, *Werke: Nationalausgabe*, 25:193-194.
41. Cf. Rank, *Incest-Motiv*, pp. 237-238.

(1914) também se identificava, nas palavras de Hebbel, como "um dos que 'perturbam o sono do mundo' " (*SE*, 14:21).

Uma das características constitutivas da identidade de Freud, como tentei mostrar, é a drástica flutuação de sua auto-avaliação, que oscila entre os "delírios de inferioridade" e a "megalomania". Uma versão ainda mais instável da mesma tensão é exibida por Nietzsche. Já em 1872, Ritschl detectava sinais de "megalomania", e, antes de seu colapso, Nietzsche regularmente tendia a afirmações como a de *Ecce Homo* "Não sou homem, sou dinamite" ("Destino", seção 1). O oposto desses rompantes maníacos era a depressão, evidente numa carta escrita no dia de Natal de 1882, a Franz Overbeck: "Minha falta de confiança é agora imensa – tudo que ouço me faz sentir que as pessoas me desprezam" (*SL*, p. 199). Também Freud inegavelmente encarava as circunstâncias de sua origem – sua origem judaica, sua cidade natal, Viena – com emoções fortemente mescladas, mas Nietzsche levava seu "romance familiar" à dimensão delirante de negar sua própria identidade alemã. "Considere meu nome: meus antepassados eram aristocratas poloneses", escreve ele, em dezembro de 1882, a Heinrich von Stein, e continua com despreocupação apenas aparente: "Quanto a 'o herói': eu não o tenho em tão alta conta quanto você o faz. De qualquer modo, é a forma mais aceitável de existência humana, em particular quando não se tem qualquer outra escolha" (*SL*, p. 197). Numa linguagem que mescla Nietzsche e Freud, Lou Andreas-Salomé observa que "os elementos heróicos e por demais humanos ficam estreitamente juntos, em especial, para o psicanalista", e é ela que rende os tributos mais merecidos à conexão entre o gênio e a neurose dos dois homens: "Confrontados com um ser humano que nos impressiona como grande, não deveríamos nos sentir comovidos mais do que desiludidos pelo conhecimento de que ele possa ter atingido sua grandeza apenas por meio de sua fragilidade?"[42].

Como resultado de sua luta por se libertar da influência de Schopenhauer e, em especial, de Wagner, Nietzsche envolveu-se numa meditação contínua do problema do ser discípulo. Embora nunca tenha abandonado a concepção, expressa em *Schopenhauer como Educador*, de que "somente aquele que primeiro deu seu coração a algum grande homem recebe o *primeiro batismo da cultura*"[43], ele se tornou cada vez mais consciente da necessidade do discípulo de deixar para trás seu antigo mestre e seguir a si mesmo. Mais importante, assim como se recusou a restringir sua própria "independência da alma", Nietzsche também estendeu a mesma liberdade a seus próprios admiradores. Em sua mais famosa declaração sobre essa atitude, no final da

---

42. *O Diário de Freud de Lou Andreas-Salomé*, p. 163.
43. Nietzsche, *Schopenhauer como Educador*, p. 163.

primeira parte de *Assim Falava Zaratustra*, Zaratustra exorta seus seguidores, que se comportam com excesso de deferência:

> Retribui-se mal a um professor quando se permanece como nada além de um discípulo. E por que vocês não querem desfolhar minha coroa?
> Vocês me veneram; mas, e se um dia sua veneração cair por terra? Cuidado para que uma estátua não os esmague.
> Vocês dizem que acreditam em Zaratustra? Mas que importa isso a Zaratustra? Vocês são meus fiéis – mas em que importam todos os fiéis? Vocês não haviam ainda buscado a vocês mesmos: e vocês me encontraram. Assim fazem todos os fiéis; é por isso que toda fé resulta em tão pouco.
> Agora, ordeno a vocês que me percam e encontrem a si mesmos; e somente quando vocês me tiverem negado é que voltarei a vocês (*VPN*, p. 190).

A importância dessa passagem, cuja imagética faz lembrar o tema do "arrancar a coroa", que percorre obsessivamente as obras de Kleist, é atestada pelo fato de que Nietzsche escolhe reimprimi-la no início do *Ecce Homo*. Por meio de Zaratustra, Nietzsche reconhece que o jovem filósofo deve ter a permissão de passar pelo que a psicanálise chamaria de uma "dissolução da transferência", a fim de poder se tornar mestre de direito próprio.

Se há uma analogia entre o apego ambivalente de Freud com relação a Fliess e o de Nietzsche com relação a Wagner, há uma réplica ainda mais próxima do vínculo Nietzsche-Wagner no encontro de Freud com Jung, exceto pelo fato de que Freud, como o homem consideravelmente mais velho, está agora no papel inibidor de Wagner. Há, em conseqüência, uma ironia devastadora no fato de que, às vésperas de sua ruptura, Jung, em sua carta de 3 de março de 1912, citasse a Freud justamente essa passagem da primeira parte do *Assim Falava Zaratustra*, acompanhada da admissão: "Eu nunca teria ficado a seu lado, para começo de conversa, se a heresia não corresse em meu sangue" e "Isso é o que você me ensinou com a psicanálise. Como alguém que é verdadeiramente seu discípulo, devo ser um cabeça-dura, inclusive com relação a você" (*F/J*, pp. 491-492).

Na carta em que responde à citação de Nietzsche por Jung, sobre a necessidade de independência intelectual, Freud cometeu um revelador lapso de escrita. Ele professa estar de "pleno acordo" com Jung, mas prossegue: "Mas se uma terceira pessoa lesse a passagem, ela se perguntaria *por que* eu tentei tiranizá-lo intelectualmente, e eu teria de dizer: não sei" (*F/J*, p. 492)[44]. O "por que" de Freud, como observa o organizador da edição, é um lapso manifesto, no lugar de "quando", mas é precisamente o mistério de sua necessidade de "tiranizar intelectualmente" os outros que Freud era incapaz de compreender. Apesar de viver uma vida muito mais atormentada que a de Freud,

---

44. Restaurei e coloquei em itálico o original de Freud "por que".

Nietzsche, mesmo assim, conseguiu alcançar uma generosidade de espírito que Freud não podia igualar. Fosse um melhor nietzschiano, Freud, por sua vez, poderia ter advertido a seus próprios discípulos: "Retribui-se mal a um professor quando se permanece como nada além de um discípulo", em vez de ouvir a advertência lançada contra si como uma recriminação de seu discípulo mais promissor. E mesmo ao nos apoiar nos ensinamentos de Freud para compreender Nietzsche, vamos, da mesma forma, igualmente observar a advertência de Nietzsche quanto aos perigos da veneração, cuidado – com a confusão entre um envolvimento intelectual com a psicanálise e uma idolatria com relação a Freud – para que uma estátua não nos esmague.

9. Depois de Freud

A finalidade desta parte foi situar Freud num contexto intelectual pelo exame das abordagens do mito de Édipo na literatura e na filosofia alemãs do século XIX. Uma vez que se trata de um estudo dos antecedentes de Freud, está além do âmbito deste trabalho uma avaliação das numerosas dramatizações sobre o tema de Édipo feitas no século XX – de *Édipo e a Esfinge*, de Hugo Hofmannstahl (1905), a *A Máquina Infernal*, de Jean Cocteau (1934), e outras, escritas após a psicanálise começar a exercer seu impacto sobre a cultura moderna.

No entanto, mesmo me concentrando nas origens intelectuais da psicanálise, dois comentários do mito de Édipo no século XX exigem uma consideração a título de conclusão. O primeiro deles, o de Heidegger, é manifestamente pertinente, uma vez que, em muitos aspectos, Heidegger representa o ponto máximo da tradição que teve início com Hegel, Hölderlin e Nietzsche e que tracei até aqui. O segundo, o de Lévi-Strauss, é a mais famosa interpretação pós-freudiana do mito de Édipo, e coloca numa forma econômica a questão das relações entre o estruturalismo e a psicanálise.

9.1. HEIDEGGER

Martin Heidegger é provavelmente o mais importante filósofo do século XX. Em sua obra, inicialmente um prolongamento da fenomenologia de Husserl, o idealismo é transformado numa filosofia existencial, uma meditação sobre o ser. O estudo de Heidegger se torna mais complexo em razão da famosa "virada" em seu pensamento, depois de *Ser e Tempo* (1927), após a qual ele buscou se emancipar completamente dos pressupostos da metafísica. Em nossa época presente, Derrida definiu seu próprio projeto de desconstrução, em grande parte, em termos de uma revolta contra Husserl e Heidegger, e pode-se dizer que a era pós-moderna começa nesse movimento para além de Heidegger.

É evidente que não será possível fazer justiça às complexidades do pensamento de Heidegger apenas numa rápida discussão. O que tentarei fazer, no entanto, é integrar a exegese de Heidegger do *Édipo Rei* às de Freud e seus precursores no século XIX. Minha atenção se concentrará em *Introdução à Metafísica* (1935), uma obra que marca a transição entre o primeiro e o último pensamento de Heidegger.

Como vimos em toda a segunda parte, o estudo do mito de Édipo está vinculado ao problema da "ansiedade" de influência, isto é, a luta de um escritor contra o peso da tradição. Esse problema é particularmente agudo no caso de Heidegger, porque ele insiste veementemente em sua própria originalidade. Em *Introdução à Metafísica*, por exemplo, ele afirma que "em *Ser e Tempo* a questão do significado do ser é posta e desenvolvida *como uma questão* pela primeira vez na história da filosofia"[1]. Como princípio geral, a psicanálise nos ensina a ser céticos quanto à própria idéia de uma "primeira vez", e a afirmação de Heidegger parece particularmente questionável quando nos lembramos de que, na *Lógica*, Hegel *efetivamente* faz do ser uma questão: "Ser [...] é uma categoria do pensamento puro, mas fazer do 'é' um objeto de investigação jamais nos ocorre". Hegel, além disso, antecipa a doutrina de Heidegger da estrutura circular do conhecimento. Essa e outras questões devem ser avaliadas em confronto com as transformações genuínas produzidas por Heidegger em seu uso de conceitos herdados da tradição, mas elas sem dúvida servem para minar os exageros de Heidegger quanto a seu próprio caráter único[2].

É, em última análise, a linguagem de Heidegger – o que Adorno denominou seu "jargão da autenticidade"[3] – que mais veementemente depõe contra ele. Proclamando, numa passagem típica, que sua filosofia marca "um novo começo", que "é possível", Heidegger continua:

---

1. Heidegger, *Introdução à Metafísica*, p. 84. As referências de página a essa obra serão dadas entre parênteses no texto, indicadas, onde necessário, pela abreviação *IM*.

2. Em "The Poet and the Owl", Hoy convincentemente observa que "a noção de Heidegger de história da metafísica como unificada pelo progressivo esquecimento do ser (*Seinsvergessenheit*) é tão abrangente quanto o Absoluto de Hegel e sua noção de razão na história" (p. 405).

3. Cf. Adorno, *O Jargão da Autenticidade*.

Mas nós não repetimos um começo, ao reduzi-lo a algo passado e agora conhecido, que meramente precisa ser imitado; não, o começo deve ser novamente começado, mais radicalmente, com toda a estranheza, obscuridade e insegurança de um verdadeiro começo. A repetição, como nós a compreendemos, é tudo, menos uma continuação melhorada dos velhos métodos do que foi até agora (*IM*, p. 39).

Implícita nessa declaração, está o abandono da consciência histórica, que é o legado mais vital do pensamento do século XIX. Como escreveu Hans-Georg Gadamer sobre a Revolução Francesa:

A tentativa radical da Revolução de fazer da fé da Ilustração na razão a base da religião, do estado e da sociedade teve como efeito trazer para a consciência geral a relatividade da história e o poder da história; pois foi a história que contestou de modo decisivo os excessos pretensiosos do "novo começo" da Revolução[4].

No final da época que examinamos, Heidegger repete a doutrina do "novo começo" que a Revolução Francesa promulga, em seus primórdios. E, da mesma forma que a história pôs em xeque os "excessos pretensiosos" da Revolução na esfera política, ela também moderou a hipérbole da retórica filosófica de Heidegger da originalidade.

A convicção de Heidegger de que a repetição é um fenômeno prospectivo e não retrospectivo o vincula inequivocamente a Kierkegaard[5]. Em *Repetição* (1843), Kierkegaard, recorrendo a seu pseudônimo Constantine Constantius, traça uma distinção fundamental entre recordação e repetição:

Quando os gregos diziam que todo conhecimento é recordação, eles estavam dizendo que tudo que é foi; quando se diz que a vida é uma repetição, está-se afirmando que a existência que foi, agora vem-a-ser. [...] A recordação é a concepção de vida pagã, a repetição é a concepção de vida moderna; a repetição é o *interesse* da metafísica e, ao mesmo tempo, o interesse no qual a metafísica soçobra[6].

A definição de Kierkegaard de repetição como "o interesse no qual a metafísica soçobra" é um ataque conta a aparente impessoalidade de Hegel, do ponto de vista de seu envolvimento com uma subjetividade radical. E, no entanto, não menos que a "teologia" de Hegel, a concepção progressiva de Kierkegaard da repetição é a "imagem invertida" de Freud. Como um filósofo do século XIX obcecado pelo autoconhecimento, Kierkegaard tem seu próprio lugar na história que busquei traçar. Ele escreve em *Doença até à Morte* (1849):

A lei do desenvolvimento do eu com relação ao conhecimento, na medida em que é verdade que o eu se torna si mesmo, é esta: que o grau crescente de conhecimento

---

4. Gadamer, "Hegel e Heidegger", p. 104.
5. Cf. Spanos, "Heidegger, Kierkegaard, and the Hermeneutic Circle". Para uma aplicação do pensamento heideggeriano à crítica literária, cf. Bové, *Destructive Poetics*.
6. Kierkegaard, *Repetição*, pp. 52-53.

corresponde ao grau de autoconhecimento, que quanto mais o eu conhece, mais ele conhece a si mesmo[7].

Mas, embora compreenda perfeitamente a "concepção de vida pagã", Kierkegaard difere das outras figuras que examinamos, na medida em que era, nos termos de Arnold, um adepto do hebraísmo mais do que do helenismo. Dessa forma, ele está, de certo modo, no mundo intelectual que estamos explorando, mas não pertence a ele. E, no entanto, como veremos na parte 3, sua interpretação de *Antígona* no volume 1 de *E/Ou* (1843) é injustamente obscurecida pela mais bem conhecida interpretação dada à peça por Hegel.

Apesar de seus próprios protestos no sentido contrário, Heidegger leva avante as tradições idealistas e românticas do século XIX. Um de meus argumentos centrais foi o de que, antes de Schiller poder definir *Édipo Rei* como uma "análise trágica", foi necessário "desacorrentar Sófocles", libertando a tragédia grega dos acréscimos neoclássicos e inspirados em Sêneca, um processo iniciado por Lessing e levado avante por uma gama de escritores. Deve-se observar que Heidegger partilha de uma antipatia pelos modelos latinos não menos veemente que a de Lessing ou de A. W. Schlegel:

> O que aconteceu nessa tradução do grego para o latim não foi algo acidental ou inócuo; esse acontecimento marca o primeiro estágio do processo pelo qual nós nos apartamos e alienamo-nos da essência original da filosofia grega (*IM*, p. 13).

Heidegger se refere especificamente às distorções introduzidas quando os termos filosóficos gregos foram convertidos em seus supostos equivalentes latinos, mas ele poderia estar definindo a metamorfose da tragédia de inspiração sofocliana para a tragédia inspirada em Sêneca.

Essa analogia pode ser levada mais longe: na medida em que foram os termos latinos e não os termos gregos que entraram, via cristianismo, na grande tradição da filosofia ocidental, foi predominantemente por meio do espelho distorcedor das cópias romanas que, nesses dois milênios, o conhecimento da tragédia grega foi transmitido à posteridade. Com um fervor quase místico, Heidegger sustenta que "juntamente com a língua alemã, o grego é (com relação a suas possibilidades para o pensamento) ao mesmo tempo a mais poderosa e a mais espiritual das línguas" (*IM*, p. 57). Seja qual for a validade da afirmação de Heidegger sobre as línguas grega e alemã enquanto tese metafísica, ela registra com precisão a afinidade entre essas duas culturas, da qual sua própria obra é uma manifestação claramente tardia. Ao mesmo tempo em que busca resgatar "a essência original da filoso-

---

7. Kierkegaard, *Doença até a Morte*, p. 164.

fia grega", em particular tal como representada pelos pré-socráticos Parmênides e Heráclito, Heidegger discerne uma unidade dialética entre a filosofia e a tragédia:

> Esse pensar poético forma um só corpo com o aspecto contrário, a poesia pensante dos gregos e, particularmente, a poesia na qual o ser e o (estreitamente vinculado) ser-aí dos gregos foi criado no sentido mais verdadeiro: a tragédia (*IM*, pp. 144-145).

Exatamente como seus predecessores na literatura e na filosofia do século XIX, quando Heidegger busca exemplificar o "ser-aí dos gregos", a "poesia pensante" para a qual ele se volta é preeminentemente a de Sófocles.

Se Heidegger, tanto quanto Hegel e outros, concentra sua atenção na tragédia grega, ele igualmente mescla seu interesse no mito de Édipo com o paradigma de uma odisséia da consciência. *Ser e Tempo* se inicia pelo anúncio de que sua tarefa é essencialmente a de uma autoanálise: "Somos nós mesmos os seres a ser analisados. O Ser de uma tal entidade é *em cada caso meu*"[8]. Em *Introdução à Metafísica*, Heidegger está menos preocupado com "seres" particulares que com o fundamento do "Ser", mas ele permanece "envolvido na grande e longa aventura de demolir um mundo que envelheceu e reconstruí-lo autenticamente de novo" (*IM*, pp. 125-126). Em contraste com as outras ciências, nas quais o objeto "de certo modo está sempre presente", a filosofia, "para começar, não tem objeto" e é "um processo que deve, a cada vez, realizar o ser [...] de novo" (*IM*, p. 85). A definição de Heidegger da filosofia como um processo autogerador de destruição e recriação está em sintonia tanto com a abordagem psicanalítica quanto com a concepção de Hegel de que "a substância" não pode ser separada do "sujeito". Da mesma forma que muitas das obras de Heidegger, *Introdução à Metafísica* foi originalmente apresentada na forma de palestras, e Heidegger – dirigindo-se à sua audiência como se seus membros encarnassem a "consciência comum", e ele, a "consciência absoluta" hegeliana – chama a atenção para esse fato, ao insistir em que "o ouvinte tome os diferentes passos no processo, após e junto com o palestrante" (p. 85).

Não menos que a de Hegel e Kleist, a "grande e longa aventura" de Heidegger é uma transposição secularizada do mito da Queda. Paradoxalmente, o próprio Heidegger se empenha laboriosamente em negar esse vínculo. Em *Ser e Tempo*, ele se recusa a "considerar a queda do *Dasein* como uma 'queda' de uma 'condição primal' superior e mais pura" (p. 220). Apesar dessa negação, com justiça, George Steiner sustentou que o esforço de Heidegger em resgatar o homem da

---

8. Heidegger, *Ser e Tempo*, p. 67. As referências de página dessa obra serão dadas entre parênteses no texto.

existência inautêntica para a existência autêntica é, sem dúvida, compatível com o modelo teológico:

> A "positividade da queda" na análise de Heidegger é uma contrapartida exata do paradoxo da *felix culpa*, a doutrina que vê na "queda feliz" de Adão a precondição necessária para o ministério de Cristo[9].

De um modo autenticamente romântico e hegeliano, Heidegger começa por reconhecer que o homem existe numa condição de "vida cindida", e que somente a "mão que inflige o ferimento" pode resgatar a completude. Mais uma vez, os protestos de Heidegger não devem obscurecer a verdade de que – assim como Nietzsche – sua maior realização é dar prosseguimento à grande tradição clássica do auto-escrutínio sistemático.

Heidegger inicia sua busca em *Introdução à Metafísica* colocando a questão: "Por que existem entes, por que afinal existe alguma coisa, e não antes o nada?" (p. 1). Essa pergunta, que é para Heidegger a "primeira", embora "não no sentido cronológico" (p. 1), por sua vez, "se depara com a busca por seu próprio por quê" (p. 5). Assim como para Édipo, para quem a solução do enigma do homem no abstrato, proposto pela Esfinge, conduz ao enigma seguinte de sua própria identidade e origem, a questão única de Heidegger "repercute [...] sobre si mesma" e se torna dupla: "por que o por quê?" (p. 5). Para Heidegger, somente as perguntas para as quais não há respostas finitas valem a pena ser perguntadas, e ele continua expondo o que significa realmente inaugurar a questão do ser:

> uma tentativa ousada de esgotar essa pergunta inesgotável e, pelo desvelamento daquilo que ela nos impõe perguntar, levar nosso questionamento até o fim. Onde ocorre uma tentativa desse tipo, existe filosofia (p. 8).

A definição de Heidegger da filosofia como uma disposição a "levar nosso questionamento até o fim" o revela claramente como um herdeiro de Édipo.

Uma notável característica do pensamento de Heidegger é a ausência de toda e qualquer discussão sobre a sexualidade[10]. Do ponto de vista psicanalítico, essa omissão sugere que temas sexuais devem estar presentes, embora sob forma reprimida. Em um brilhante artigo, Theodor Thass-Thienemann mostrou como a preocupação de Heidegger com o contraste entre os "entes" e o "nada" pode ser retraçado

---

9. Steiner, *Martin Heidegger*, p. 98.
10. Compare-se ao reconhecimento de Merleau-Ponty na *Fenomenologia da Percepção* (1945): "Assim, o significado da psicanálise não é tanto o de tornar a psicologia biológica quanto descobrir um processo dialético nas funções consideradas como 'puramente corporais', e reintegrar a sexualidade ao ser humano" (p. 158).

até suas raízes na infância[11]. Heidegger escreve em *"Que é Metafísica?"* (1929):

> Onde vamos procurar o Nada? Onde vamos encontrar o Nada? Para encontrar algo, não devemos saber antes que ele existe? De fato, devemos! Primeiro e sobretudo, só podemos buscar se tivermos antecipado a presença de uma coisa a ser buscada[12].

A essa passagem, Thass-Thienemann justapõe a passagem de Freud em "A Organização Genital Infantil" (1923):

> Nós sabemos como crianças [do sexo masculino] reagem a suas primeiras impressões da ausência de um pênis. Elas negam o fato e acreditam que *efetivamente* vêem um pênis, assim mesmo. [...] e elas então lentamente chegam à conclusão emocionalmente significativa de que, afinal de contas, o pênis pelo menos havia estado lá e teria sido removido depois (*SE*, 19:143-144).

Uma vez que a palavra "nada" simbolicamente e etimologicamente representa "um aspecto muito concreto dos órgãos genitais femininos vinculados à noção de que há algo faltando"[13], o questionamento incansável de Heidegger pode ser considerado como uma expressão sublimada da descoberta da diferenciação sexual, aliada às fantasias de castração que a acompanham.

Da mesma forma que na *Fenomenologia do Espírito* de Hegel, o paradigma edípico de *Introdução à Metafísica* está implícito na estrutura da obra como um todo, mas emerge com particular destaque quando Heidegger volta sua atenção diretamente para a tragédia. Não é acidental que, em sua seção sobre *"Ser e Aparência"*, onde Heidegger busca explorar a "unidade e conflito" dessas potências no pensamento grego primitivo, ele declare: "Vamos considerar o *Édipo Rei* de Sófocles" (p. 106). Baseando sua discussão em grande parte no *Sófocles*, de seu discípulo Karl Reinhardt (1933), Heidegger expõe:

> No início, Édipo é o salvador e senhor do estado, que vive numa aura de glória e favor divino. Ele é despojado dessa aparência, que não é meramente sua visão subjetiva de si mesmo, mas o meio no qual seu ser-aí aparece; seu ser como assassino do pai e profanador da mãe é levado ao desvelamento (p. 106).

Não menos que Schelling, Nietzsche, ou Freud, Heidegger ignora o fato social do parentesco de Édipo para se concentrar no processo

---

11. Cf. Thass-Thienemann, "Oedipus and the Sphinx".
12. Heidegger, "Que é Metafísica?", p. 362.
13. Thass-Thienemann, "Oedipus and the Sphinx", p. 27. Com relação ao uso de Heidegger da palavra *aletheia* para denotar "verdade" ou "realidade", Thass-Thienemann observa que a palavra "propriamente significa 'o descoberto', derivando de lanthano, 'estar oculto', 'esquecido'. É, de resto, a nudez oculta que pode ser descoberta" (p. 24).

de "desvelamento" na tragédia. Na verdade, uma vez que ele insiste em que a identidade de Édipo é de fato a do "assassino do pai e profanador da mãe", a análise de Heidegger de *Édipo Rei* como um drama que descreve o "desvelamento do ser" está, em substância, de acordo com as pressuposições da psicanálise[14].

Heidegger prossegue, comentando a investigação de Édipo do assassinato de Laio:

> Com a paixão de um homem que está na evidência da glória e é um grego, Édipo dispõe-se a revelar esse segredo. Passo a passo, ele deve avançar até o desvelamento, o que ele, no final, só pode suportar perfurando os próprios olhos, isto é, subtraindo-se a toda luz, deixando o manto da noite cair a seu redor, cego, suplicando às pessoas que abram todas as portas para que um homem possa se revelar a elas como o que ele *é* (*IM*, pp. 106-107).

Crucial para a visão psicanalítica da mente é o reconhecimento da tensão entre os impulsos de auto-ocultamento e de auto-revelação. Heidegger mostra com grande impacto como Édipo encarna essa dialética, uma vez que seu inconsciente "movimento rumo ao desvelamento" o leva fatalmente a perfurar "os próprios olhos", o quê, por sua vez, leva a um outro desvelamento, o de abrir as portas do palácio para "que um homem possa se revelar [...] como o que ele *é*". Da mesma forma que as exegeses bipolares de Hegel e de Nietzsche, a leitura de Heidegger de *Édipo Rei* também ilumina questões fundamentais que estão em jogo na auto-análise de Freud.

Heidegger não conclui sua meditação sobre o caráter sombrio do autocegamento de Édipo. Ele nos lembra o heroísmo destemido de Édipo:

> Mas não podemos considerar Édipo apenas como o homem que encontra sua ruína; nós devemos vê-lo como a encarnação do ser-aí grego, que mais radical e furiosamente afirma sua paixão fundamental, a paixão pelo desvelamento do ser, isto é, a luta pelo ser em si mesmo (*IM*, p. 107).

Na medida em que para Heidegger é na tragédia que o "ser-aí dos gregos foi criado no sentido mais verdadeiro", é em Édipo que ele encontra "a encarnação do ser-aí grego". Esse reconhecimento do estatuto paradigmático de Édipo confirma o lugar de Heidegger no ponto máximo da tradição que vai de Schiller a Freud. Sua descrição de Édipo como o homem que "mais radical e ferozmente" exemplifica a "paixão fundamental" dos gregos pelo conhecimento, além disso, ecoa sua própria decisão anterior "de levar nosso questionamento até o fim" e reforça, dessa forma, a identificação de Heidegger com Édipo. Dentre todos seus grandes predecessores do século XIX, foi de Hölderlin

---

14. Cf. Halliburton, *Poetic Thought*, p. 122.

(seguido por Nietzsche) que Heidegger se sentiu mais próximo, e ele invoca a referência ao "olho em demasia" de Édipo de "Em Azul Adorável": "Esse olho em demasia é a condição fundamental de todo grande questionamento e conhecimento e também seu único fundamento metafísico" (*IM*, p. 107). Heidegger dá testemunho de sua própria posse de um "olho em demasia" em seu "grande questionamento" em *Introdução à Metafísica* e em *Ser e Tempo*.

Dando prosseguimento à sua interpretação de *Édipo Rei*, Heidegger examina em termos mais gerais as relações entre ser, não-ser e aparência. Ele propõe que "o homem que se atém ao ser, à medida que ele se abre à sua volta, e cuja atitude com relação ao ente é determinada por sua adesão ao ser, deve tomar três caminhos" (*IM*, p. 110). Tendo situado a filosofia na encruzilhada, Heidegger, mais uma vez, equipara implicitamente o filósofo a Édipo, que se defronta com a necessidade de fazer uma escolha: "O pensamento, no início da filosofia, era a abertura e o desdobramento desses três caminhos" (*IM*, p. 110). Uma vez que "é com essa decisão que a história tem início", esse momento inaugural também assume algumas conotações da Queda: "Desse modo, decisão não significa aqui um julgamento e uma escolha, mas uma cisão no, acima mencionado, estar-junto do ser, desvelamento, aparência, e não-ser" (*IM*, p. 110). No entanto, em vista da interpretação dos três domínios, "o homem verdadeiramente sábio é, dessa forma, não aquele que cegamente persegue uma verdade, mas somente aquele que sempre tem conhecimento de todos os três caminhos, o do ser, o do não-ser, e o da aparência" (*IM*, p. 113). Quer intencionalmente quer não, a distinção de Heidegger entre o homem "que cegamente persegue uma verdade" e sua contrapartida "verdadeiramente sábia", que "sempre tem conhecimento de todos os três caminhos", registra precisamente a evolução de Édipo de *Édipo Rei* a *Édipo em Colona*.

Uma ilustração complementar sobre o modo como o discurso de Heidegger parece dar continuidade a um comentário sobre Sófocles, mesmo na ausência de uma menção aberta a suas peças, aparece na seção *"Ser e Pensar"*. Nessa seção, no contexto de uma discussão sobre Heráclito e Parmênides, Heidegger enuncia três postulados que orientam sua investigação filosófica:

1. A determinação da essência do homem *nunca* é uma resposta, mas, essencialmente, uma pergunta.
2. O enunciar dessa pergunta e a decisão sobre ela são acontecimentos históricos, e não apenas num sentido geral: não, essa pergunta é a própria essência da história.
3. A pergunta sobre o que é o homem deve sempre ser tomada em seu vínculo essencial com a pergunta sobre como ele se depara com o ser. A questão do homem não é uma questão antropológica, mas uma questão historicamente meta-física (*IM*, p. 140).

Traduzidas nos termos do mito de Édipo, as três proposições de Heidegger podem ser reformuladas do seguinte modo: 1) a solução para o enigma da Esfinge conduz, não a uma resposta, mas a um novo enigma; 2) a busca de Édipo é uma investigação sobre suas próprias origens; e 3) a universalidade do destino de Édipo "não é uma questão antropológica", mas depende, em última análise, da prova "historicamente meta-física" do círculo hermenêutico. Da segunda afirmação de Heidegger, de que a questão do ser "é a própria essência da história" fica claro que suas declarações ocasionais em favor de um "novo começo" apocalíptico não esgotam o tema.

Chama atenção o fato de que as observações de Heidegger sobre a *Antígona* são mais célebres que as sobre *Édipo Rei*. Na verdade, uma ampla exegese sobre o sublime primeiro *stásimon* (a "ode ao homem"), inserida como um parêntese em uma meditação mais ampla sobre uma máxima de Parmênides relativa à identidade do ser e do pensar, a leitura da *Antígona* inquestionavelmente mostra Heidegger no ápice de suas capacidades literárias, mas, ainda assim, ela não pode ser subtraída ao arcabouço geral oferecido pelo mito de Édipo. Nessa equiparação entre Antígona e Édipo, como sugeri em oposição a Steiner, Heidegger segue o precedente de Hegel e Hölderlin.

Embora Heidegger limite sua discussão da *Antígona* ao primeiro *stásimon*, a própria exegese é, em grande parte, centrada nos dois primeiros versos:

polla ta deina, k'ouden anthropou
deinoteron pelei[15].

Existem muitas coisas estranhas, mas nada
que ande é mais estranho que o homem.

"Nesses dois primeiros versos, o poeta anuncia", comenta Heidegger, "o que se seguirá". "Ele passará o resto do poema defrontando-se consigo mesmo" (*IM*, p. 148). Esse desdobrar dos dois primeiros versos, por fim, concentra-se numa única palavra *deinon* ("estranho"), e, tal como aplicada ao homem, *ouden deinoteron* ("nada mais estranho"): "O homem, numa palavra, é *deinotaton*, o mais estranho. Essa única palavra abrange os limites extremos e os abismos abruptos de seu ser" (*IM*, p. 149).

Traduzido inicialmente por Hölderlin como "*Gewaltge*", e depois como "*Ungeheuer*" ("*Ungeheuer ist viel. Doch nichts / Ungeheuerer, als der Mensch*"), *deinon* é traduzido por Heidegger como "*unheimlich*". Essa – observar isso dá completude à questão – é também a palavra que Freud emprega para o que em nossa língua conhecemos como o "estranho". Ecoando suas observações anteriores sobre o destino de Édipo, Heidegger escreve:

---

15. Sophocles, *Antígona*, versos 332-333.

Em toda parte, o homem se abre caminhos, ele se aventura em todos os domínios do ente, da força que o sobrepuja, e, ao fazê-lo, ele se vê lançado para fora de todos os caminhos. Nisso se revela toda a estranheza dessa mais estranha de todas as criaturas (*IM*, p. 151).

Heidegger não se limita à concepção psicológica de Freud do estranho, mas busca defini-lo como "o traço básico da essência humana" (*IM*, p. 151), mas isso é apenas prolongar, e não repudiar, Freud. O cruzamento entre o "estranho" e o "familiar" é o mesmo em ambos os casos: "a estranheza dessas duas potências reside em sua aparente familiaridade" (*IM*, p. 156). Heidegger, de fato, parece mais próximo de Hegel em sua reformulação do tropo-do-senhor da estranheza do ostensivamente familiar, assim como também em seu tratamento da cisão no domínio da aparência:

> A automanifestação do aparente pertence imediatamente ao ser e, ainda assim, (fundamentalmente) não pertence a ele. Assim, o aparecer deve ser exposto como mera aparência, e isso reiteradamente (*IM*, p. 113).

Aqui, a noção do inconsciente, forjada na linguagem, não do idealismo mas do existencialismo, lembra as observações de Hegel sobre o modo pelo qual a "autoconsciência ética" é assediada por "uma potência oculta que se furta à luz do dia" e de que "o agente se encontra, com isso, preso na oposição entre o conhecer e o não conhecer". E assim como Heidegger funde alquimicamente Freud e Hegel, também sua declaração, "E ainda assim a verdade é que cada um de nós está o mais distante de si mesmo" (*IM*, p. 70), é um empréstimo inconsciente de *A Gaia Ciência*, de Nietzsche: "Todos nós estamos o mais distante – de nós mesmos"[16].

Em um luminoso ensaio posterior "...Poeticamente o Homem Habita..." (1954), cujo título é extraído de "Em Azul Adorável", Heidegger retorna à imagem de Hölderlin do "olho em demasia" de Édipo, sobre a qual ele havia meditado na *Introdução à Metafísica*:

> Pois habitar pode ser não-poético somente porque é, em sua essência, poético. Para um homem ser cego, ele deve permanecer um ser dotado, por natureza, de visão. Um pedaço de madeira jamais pode ficar cego. Mas quando o homem fica cego, sempre permanece a questão de se sua cegueira deriva de algum defeito e perda ou se ela repousa numa abundância e excesso. No mesmo poema em que medita sobre a medida para toda medida, Hölderlin diz: "O rei Édipo talvez tenha um olho em demasia". Assim pode ser que nosso habitar não-poético, sua incapacidade de tomar a medida, derive de um curioso excesso de frenética medição e cálculo[17].

É em si mesmo uma "medida" da "virada" do pensamento de Heidegger o fato de que, vinte anos depois de *Introdução à Metafísica*,

---

16. Nietzsche, *A Gaia Ciência*, seção 335.
17. Heidegger, "...Poeticamente o Homem Habita...", p. 273.

ele agora cite o "olho em demasia" de Édipo, não como uma precondição para "todo grande questionamento e conhecimento e também seu único fundamento metafísico", mas como um estigma que trai "um curioso excesso de frenética medição e cálculo". Mas como somente um homem pode vivenciar a contradição entre habitar "poeticamente" e "não-poeticamente", a referência de Heidegger à segunda visão de Édipo – ao mesmo tempo cegueira e capacidade visionária – para se referir tanto ao "defeito e perda" quanto à "abundância e excesso" não é tanto uma rejeição de sua concepção celebratória anterior quanto seu necessário completamento. Como se para ilustrar seu próprio princípio de que "um pedaço de madeira jamais pode ficar cego", Heidegger combina sua sublime auto-interrogação em *Introdução à Metafísica* com o endosso jamais retirado da "verdade interior e grandeza" (p. 199) do movimento do nacional-socialismo. Em sua encarnação da dualidade paradoxal da condição humana, Heidegger vivencia as "mais estranhas" conseqüências de sua identificação com o herói de Sófocles, e marca o encerramento da "era de Édipo".

9.2. O ÉDIPO ESTRUTURALISTA

Heidegger e Lévi-Strauss representam os antípodas do pensamento do século XX. Heidegger, o fenomenólogo de *Ser e Tempo*, é o herdeiro de Lessing, em sua insistência no horizonte irredutível da temporalidade na experiência humana. Lévi-Strauss, em contrapartida, se autoproclama um "arqueólogo do espaço"[18], e acolhe a música e a mitologia como "instrumentos para a obliteração do tempo"[19]. E, no entanto, assim como Hegel e Schopenhauer num período anterior, esses "hostis gênios irmãos" da análise temporal e espacial se unem por afinidades subterrâneas. Tanto Heidegger quanto Lévi-Strauss, por exemplo, definem suas posições por meio de cáusticas controvérsias com Sartre[20]. Ambos elaboram críticas à concepção metafísica tradicional do sujeito. E, no entanto, assim como Heidegger, o próprio Lévi-Strauss passa por uma avaliação incisiva por parte de Derrida, que vê o estruturalismo, não menos que a fenomenologia, enredado no interior de uma "metafísica da presença"[21]. Assim, a entrada na era pós-estruturalista inevitavelmente implica também um avanço para além de Lévi-

---

18. Lévi-Strauss, *Tristes Tropiques*, p. 33. As referências de página a essa obra serão dadas entre parênteses no texto, indicadas pela abreviação *TT*.
19. Lévi-Strauss, *O Cru e o Cozido*, p. 16. As referências de página a essa obra serão dadas entre parênteses no texto, indicadas pela abreviação *RC*.
20. Cf. Heidegger, "Carta sobre o Humanismo"; e Lévi-Strauss, "História e Dialética", em *O Pensamento Selvagem*, pp. 245-269.
21. Cf. Derrida, *Gramatologia*, pp. 101-140.

Strauss, que se alinha a Heidegger como um último porta-voz da "era de Édipo".

Num aspecto importante, o interesse de Lévi-Strauss pelo mito de Édipo difere do interesse de todas as figuras que estudamos. Pois, ao contrário da tradição alemã que vai de Schiller a Heidegger, ele se concentra, não na tragédia *Édipo Rei* de Sófocles, mas no *mito* de Édipo num sentido geral. Na verdade, Lévi-Strauss rejeita especificamente a tentativa de canonizar a versão sofocliana – ou, na verdade, qualquer outra – do mito. Ele escreve em "A Estrutura do Mito" (1955) que os estudos mitológicos foram prejudicados pela "busca da *verdadeira* versão, ou a mais antiga", e propõe, em lugar disso, que "nós definamos o mito como consistindo em todas as suas versões; ou, para dizer de uma outra forma, um mito permanece o mesmo enquanto é sentido como tal"[22]. Assim, "não apenas Sófocles, mas o próprio Freud, deve ser incluído entre as versões registradas do mito de Édipo, par a par com as mais antigas ou aparentemente mais 'autênticas' versões" (*SSM*, p. 217).

Muito do que, de um ponto de vista psicanalítico, pode-se objetar a Lévi-Strauss está condensado nessas afirmações. Pois, como vimos, é a *forma* auto-analítica de *Édipo Rei* que oferece um precedente decisivo para a descoberta de Freud do complexo de Édipo – e isso é parte integrante da grandeza da tragédia. Não pode ser uma circunstância acidental, o fato de que, como observou Alister Cameron, as peças sobre Édipo de Sêneca, Voltaire e outros, sejam mencionadas pelos nomes de seus autores, enquanto "há apenas um *Édipo*"[23]. De modo análogo, argumentei que a "força retroativa" do reencenar e recontar de Sófocles por Freud, no complexo de Édipo, confere a sua versão uma prioridade imaginativa, se não temporal, que torna possível a essa versão ser legitimamente chamada de "verdadeira" ou "autêntica". Ironicamente, o próprio Lévi-Strauss atesta a autoridade de Freud e Sófocles no próprio ato de negar que seus relatos devam receber um estatuto especial. Meu próprio exame de Sófocles e do complexo de Édipo não pretende sugerir que não haja nada a ser aprendido sobre o mito com outros poetas e filósofos. Mas afirma que um estudo comparativo dos materiais lendários não deve ser confundido com a convicção igualizadora de que nenhuma das versões pode ser considerada melhor ou mais definitiva que uma outra[24].

---

22. Lévi-Strauss, "A Estrutura do Mito", pp. 216-217. As referências às páginas desse ensaio serão dadas entre parênteses no texto, indicadas pela abreviação "*SSM*". Esse ensaio foi originalmente publicado em inglês.
23. Cameron, *The Identity of Oedipus the King*, p. vii.
24. Curiosamente, poderia parecer que Freud dá sustentação à posição que estou atacando. Em *A Interpretação dos Sonhos*, ele pergunta por que o *Édipo Rei* continua a nos comover, enquanto as "modernas tragédias do destino" não o fazem. Ele responde que "seu impacto não está no contraste entre o destino e a vontade humana, mas

Na verdade, Lévi-Strauss interpretou o mito de Édipo em textos publicados em apenas duas ocasiões: em "A Estrutura do Mito" e, mais uma vez, sucintamente, em "O Campo da Antropologia" (1960), sua aula inaugural, ao assumir a cadeira de antropologia social no Collège de France. Mas a importância dessas referências não pode ser avaliada por sua freqüência. "A Estrutura do Mito" – inquestionavelmente o ensaio mais conhecido de Lévi-Strauss, e com justiça, uma vez que o texto contém sua única análise sistemática de um mito com o qual os estudantes da cultura ocidental em geral estão familiarizados, além de apresentar sucintamente muitas das teses cardeais de seu pensamento[25]. Assim, uma avaliação da leitura de Lévi-Strauss do mito de Édipo conduz diretamente a uma avaliação do estruturalismo como um todo.

Lévi-Strauss está numa relação oblíqua com a tradição do pensamento idealista alemão. Em sua narrativa autobiográfica *Tristes Trópicos* (1955), ele explica seu interesse e sua abordagem da antropologia em termos da influência formadora de três disciplinas aliadas – a psicanálise, o marxismo, e (apenas inicialmente surpreendente nessa companhia) a geologia:

> Todas as três demonstram que compreender consiste em reduzir um tipo de realidade a outro, que a realidade verdadeira nunca é a mais óbvia; e que a natureza da verdade já está indicada no cuidado com que ela teima em permanecer esquiva (*TT*, p. 50).

A lição que Lévi-Strauss extrai desses modos de conhecimento, de que "a realidade verdadeira nunca é a mais óbvia", faz do estruturalismo o herdeiro de Freud e Marx, ao estabelecer uma oposição fundamental entre conteúdo *latente* e *manifesto* em todo e qualquer corpo de

deve ser buscado na natureza particular do material sobre o qual esse contraste é exemplificado (*SE*, 4:262). Mas, se a força da peça de Sófocles reside na "natureza particular do material", é na verdade difícil ver como uma versão do mito de Édipo pode ser julgada superior a outra. Mas essa objeção ignora o fato de que a afirmação de Freud foi feita com finalidades polêmicas – para diferençar o *Édipo* de Sófocles das inferiores "tragédias do destino" contemporâneas, com relação às quais ele parece ter uma semelhança. Se Freud quisesse contrastar a peça de Sófocles com a de Voltaire ou de Sêneca, ele sem dúvida teria ido além dos temas do incesto e do parricídio para considerar os méritos artísticos de cada obra. Na verdade, como vimos, Freud efetivamente chama a atenção para as "demoras hábeis e tensão sempre crescente" da trama de Sófocles, e compara a ação de *Édipo Rei* ao "trabalho de uma psicanálise" (*SE*, 4:262). Diante dessa receptividade à forma do drama de Sófocles, não será útil transformar Freud num estruturalista *avant la lettre*, que inadvertidamente sanciona a concepção de que o mito de Édipo "consiste em todas as suas versões".

25. Sobre a interpretação de Lévi-Strauss do mito de Édipo, cf. Turner, "Oedipus: Time and Structure"; Carroll, "Lévi-Strauss on the Oedipus Myth"; Vickers, *Towards Greek Tragedy*, pp. 192-199; Kirk, *Myth*, pp. 42-83; e Pucci, "Lévi-Strauss and Classical Culture". Entre os bons estudos de caráter geral estão Leach, *Lévi-Strauss*, e Steiner, "Orpheus with his Myths".

dados que esteja sob observação (para Marx, a distinção poderia ser entre a ordem econômica de uma nação e suas instituições políticas, e para Freud, entre um significado sexual encoberto e o sonho aparentemente inócuo de um indivíduo, mas o princípio é o mesmo em ambos os casos). Como declara Lévi-Strauss, ele procura descobrir o "sentido supremo, que pode ser obscuro, mas do qual cada um dos outros é uma transposição parcial ou distorcida" (*TT*, p. 48). Ele critica a fenomenologia precisamente porque, em vez de aceitar uma ruptura entre superfície e profundidade, ela postula "uma espécie de continuidade entre experiência e realidade" (*TT*, p. 50). Um exemplo concreto do método hermenêutico de Lévi-Strauss é oferecido em seu exame do mito de Édipo, no qual, após dispor seus "mitemas" ou unidades narrativas em grupos temáticos, ele declara:

> Nós podemos agora ver o que isso significa. O mito exprime a incapacidade, para uma cultura que professa a crença de que a humanidade é autóctone [...], de encontrar uma transição satisfatória dessa teoria para o reconhecimento de que os seres humanos são, na verdade, nascidos da união entre o homem e a mulher (*SSM*, p. 216).

Existe, manifestamente, um grande risco de arbitrariedade e simplificação numa busca como essa de um "sentido supremo" abrangendo tudo, mesmo admitindo-se, em teoria, a utilidade da distinção entre conteúdo latente e conteúdo manifesto; e os desconstrutivistas iriam além: eles diriam que a convicção de Lévi-Strauss numa Verdade oculta é a última ilusão metafísica.

Como deixa claro o reconhecimento de Lévi-Strauss do precedente da psicanálise, ele tem bom conhecimento dos textos de Freud. Na verdade, muitas vezes parece que o propósito de Lévi-Strauss com o estruturalismo é o de reformular os ensinamentos da psicanálise num nível mais abstrato de generalidade. Sua antropologia, por exemplo, é a mais vigorosa reafirmação pós-freudiana da "presença universal do tabu do incesto"[26], que Lévi-Strauss considera marcar a passagem da natureza para a cultura. Com referência ao mito de Édipo, Lévi-Strauss sugere que a interpretação de Freud pode ser incluída na sua própria, uma vez que se trata "ainda do problema de compreender como podemos nascer de dois: como é que nós não temos apenas um procriador, mas uma mãe, e mais um pai?" (*SSM*, p. 217). Ao colocar a questão

---

26. Lévi-Strauss, "Análise Estrutural", p. 46. A abordagem mais abrangente da proibição do incesto por Lévi-Strauss está em seu primeiro grande tratado, *As Estruturas Elementares do Parentesco Elementares* (1949). Para uma recente reavaliação das teorias psicanalítica e estruturalista do tabu do incesto, que critica Lévi-Strauss tanto por enfatizar a função "classificatória" ou intelectual do totemismo, em detrimento de sua função "interditadora", ou afetiva, e por confundir o ato sexual do incesto com a exogamia como regra governando a instituição do casamento, cf. Fox, *The Red Lamp of Incest*.

dessa forma, Lévi-Strauss nos permite perceber, em sua afirmação de que o mito de Édipo responde à questão "nascido de um ou nascido dos dois?" (*SSM*, p. 216), tanto seu próprio método de análise binária – aplicado às categorias de "autoctonia *versus* reprodução bissexuada" (*SSM*, p. 217) – quanto o modelo de Freud do complexo de Édipo como a descoberta da diferença sexual pela forma masculina ou feminina de ansiedade de castração.

Numa linha semelhante de análise, Lévi-Strauss argumenta, numa nota de rodapé, que a Esfinge constitui "a personificação de um ser feminino com inversão do sinal", e é, dessa forma, "uma mãe fálica por excelência" (*SSM*, p. 231) – com isso se alinhando à interpretação psicanalítica da Esfinge originalmente apresentada por Otto Rank[27]. Ao propor que todo mito pode ser expresso em termos de uma fórmula algébrica complexa, Lévi-Strauss acrescenta que a fórmula ganha em significado porque "Freud considerava que são necessários *dois traumas* (e não um, como tão comumente se afirma) para gerar o mito individual no qual consiste uma neurose" (*SSM*, p. 228). Ao mesmo tempo em que se apropria do conceito psicanalítico de ação "*a posteriori*", Lévi-Strauss define a relação recíproca entre ele próprio e Freud, uma vez que, se a neurose é um "mito individual", isso significa que o mito ou a religião é – como diria Freud – uma "neurose coletiva".

Sendo o marxismo um herdeiro do hegelianismo, Lévi-Strauss está, por meio de seu estudo de Marx, indiretamente em contato com todo o idealismo alemão. De modo surpreendente, no entanto, em nenhuma parte ele (que eu saiba) discute seu vínculo com Hegel, o filósofo cujo pensamento – exceto por sua concepção teleológica da história – mais estreitamente antecipa o seu próprio. A abordagem de Lévi-Strauss do mito em termos de oposições binárias e de sua mediação é, em todos os seus pontos essenciais, uma retomada da dialética de Hegel. Ele escreve:

> Nós precisamos apenas supor que dois termos opostos sem qualquer intermediário sempre tendem a ser substituídos por dois termos equivalentes que admitem um terceiro como mediador; depois, um dos termos polares e o mediador são substituídos por uma nova tríade, e assim por diante (*SSM*, p. 224).

Além de oferecer um guia para a *Fenomenologia do Espírito*, Lévi-Strauss inesperadamente converge com Hegel em sua análise das relações de parentesco. Segundo Lévi-Strauss, existem três exigências mínimas para a formação de uma "*unidade de parentesco*":

> Para que exista uma estrutura de parentesco, devem estar sempre presentes três tipos de relações familiares: uma relação de consangüinidade, uma relação de afinida-

---

27. Cf. Rank, *Incest-Motiv*, p. 267.

de, e uma relação de descendência – em outras palavras, uma relação entre irmãos, uma relação entre esposos, e uma relação entre pai e filho[28].

Na *Fenomenologia*, Hegel explora as pretensões rivais exatamente desses três "três tipos de relacionamentos":

> Entre os três relacionamentos, no entanto, entre marido e mulher, pais e filhos, irmãos e irmãs, o relacionamento entre marido e mulher [...] não é inerentemente completo em si mesmo; da mesma forma, o segundo relacionamento, a devoção reverente dos pais e filhos entre si [...]. Uma forma intransitiva e não-misturada de relacionamento, no entanto, ocorre entre irmão e irmã (*PM*, p. 474).

Como deixa claro a referência de Hegel ao relacionamento "intransitivo e não-misturado" entre irmão e irmã, por trás de sua anatomia dos vínculos de parentesco paira a lembrança da *Antígona*. Essa evocação de Sófocles é apenas um exemplo do modo como uma comparação entre Lévi-Strauss e seus precursores permanece ancorada no mito de Édipo.

Enquanto, no século XX, os predecessores mais imediatos de Lévi-Strauss são Durkheim e Mauss, no século XIX, ele está mais próximo de Ferdinand de Saussure. Da lingüística estrutural de Saussure, ele toma de empréstimo tanto a noção da natureza arbitrária do signo quanto a distinção entre *langue* – a estrutura da língua – e *parole* – a língua da forma como ela é efetivamente falada: "a *langue* pertencendo a um tempo reversível, a *parole* sendo irreversível" (*SSM*, p. 209). Com ousadia característica, Lévi-Strauss afirma que "o mito pertence à mesma categoria que a língua", isto é, que o "tempo mitológico [...] é tanto reversível quanto não-reversível, tanto sincrônico quanto diacrônico" (*SSM*, pp. 210 e 211).

Juntamente com sua ênfase nas oposições, esse recurso à dicotomia binária entre *langue* e *parole*, ou entre aspectos sincrônicos e aspectos diacrônicos do significado, está no centro do método de análise estrutural de Lévi-Strauss. Ele também tem sido o principal alvo daqueles que atacam ou modificam suas teorias. Como afirma Terence S. Turner, "O problema básico do conceito de Lévi-Strauss de estrutura do mito está em que ele emprega um modelo fonológico para uma estrutura sintática" e, além disso, que "a sincronia termina por eclipsar completamente a diacronia"[29]. O lembrete de Turner de que precisamos prestar mais atenção à dimensão diacrônica do mito e de que "o padrão seqüencial da narrativa, embora seja uma forma irreversível da organização temporal, não é 'diacrônico' no sentido de um tempo histórico [caótico]"[30], é sem dúvida justificado. Mas, podemos contrapor em

---

28. Lévi-Strauss, "Structural Analysis", p. 46.
29. Turner, "Oedipus: Time and Structure", pp. 31 e 32. Cf. também Pucci, "Lévi-Strauss and Classical Culture", p. 110.
30. Turner, "Oedipus: Time and Structure", p. 32.

defesa de Lévi-Strauss que, em primeiro lugar, o contraste entre a leitura sincrônica e a diacrônica retém sua utilidade e que, em segundo lugar, sua concepção do mito como simplesmente um fenômeno lingüístico de ordem mais alta assinala a importância da língua como modelo para, nos termos de Lacan, a ordem Simbólica como um todo.

As generalizações de Lévi-Strauss são postas à prova quando ele se volta para o exemplo específico do mito de Édipo. É preciso admitir que sua interpretação não se sustenta muito bem, sob um escrutínio cuidadoso. Em seu famoso diagrama, que é por demais conhecido para exigir uma reprodução aqui, Lévi-Strauss dispõe o que ele considera ser os incidentes ou detalhes mais importantes do mito em quarto colunas verticais (a ordem diacrônica ou cronológica é obtida desconsiderando-se as colunas e lendo-se as linhas horizontais da esquerda para a direita e de cima para baixo). Um inconveniente imediato está em que três dos onze acontecimentos citados por Lévi-Strauss referem-se ao personagem de Cadmo, um ancestral de Édipo e, dessa forma, são externos, não somente ao drama de Sófocles, mas até mesmo, pode-se sustentar, à história de Édipo[31]. Mais importante, como observou Brian Vickers, a clara disposição do mito por Lévi-Strauss em quatro colunas simétricas somente é obtida por exclusão de "sessões inteiras do mito" – a exposição de Édipo, seu resgate, a adoção, a fuga de Corinto, e detalhes desse tipo – "ele suprime detalhes cruciais quanto a conhecimento, intenções, e motivos"[32]. Há, por fim, uma circularidade viciosa em todo o procedimento de Lévi-Strauss, uma vez que, ao escrever que "todas as relações que pertencem à mesma coluna exibem uma característica em comum, que é nossa tarefa descobrir" (*SSM*, p. 215), ele, de certa forma, usou cartas marcadas, ao pressupor os resultados que desejava obter.

Lévi-Strauss define suas quatro colunas nos seguintes termos: 1) "*relações de sangue superestimadas*"; 2) "*relações de sangue subestimadas*"; 3) "*recusa da origem autóctone do homem*"; e 4) "*persistência da origem autóctone do homem*" (*SSM*, pp. 215, 216). Como mostraram seus críticos, existe um grande número de dificuldades com o esquema classificatório de Lévi-Strauss. Por exemplo, sob o título "relações de sangue superestimadas", Lévi-Strauss inclui tanto o casamento de Édipo com sua mãe Jocasta quanto o enterro, em violação à lei, que Antígona dá a Polinice (bem como a busca de Cadmo por sua irmã Europa, raptada por Zeus). Mas, ao contrário do casamento incestuoso de Édipo com Jocasta, onde os vínculos de parentesco são reconhecidamente "mais íntimos do que deveriam ser" (*SSM*, p. 215), tanto o enterro que Antígona dá ao irmão quanto a busca de Cadmo por sua irmã podem ser considerados simplesmente como "afirma-

---

31. Cf. Carroll, "Lévi-Strauss on the Oedipus Myth", p. 810.
32. Vickers, *Towards Greek Tragedy*, p. 193.

ções de obrigações comuns de parentesco diante dos esforços de terceiros de miná-las ou 'subestimá-las' "[33].

De modo análogo, a terceira coluna, "recusa da origem autóctone do homem", relaciona dois "mitemas": Cadmo matando o dragão e Édipo matando a Esfinge (mesmo aqui, há um pequeno erro fatual, mas sugestivo, uma vez que a Esfinge não é morta por Édipo, mas, ao contrário, comete suicídio). Várias objeções podem ser levantadas. Turner pergunta, por exemplo, por que "a destruição de monstros autóctones pelos homens deveria ser interpretada como significando a 'recusa da origem autóctone do *homem*'?"[34]. Além do mais, tanto o dragão morto por Cadmo quanto a Esfinge, ostensivamente símbolos das origens do homem como nascido da terra, não são "seres autóctones, uma vez que o nascimento de cada um deles é resultado da união entre macho e fêmea"[35]. No sentido inverso, Lévi-Strauss dá apoio à sua categoria da "persistência da origem autóctone do homem", não por meio de episódios extraídos do mito, mas por uma análise etimológica dos nomes de Lábdaco (= manco), Laio (= torto) e Édipo (= pé inchado) que, todos eles, se "referem a *dificuldades no andar ereto e no ficar em pé*" (*SSM*, p. 215). Mas, mesmo aceitando-se as etimologias de Lévi-Strauss, o problema está em que o andar manco ou aleijado são encontrados em um grande número de outros heróis gregos (por exemplo, Filoctetes, Aquiles e Jasão) que nada têm a ver com autoctonia[36]. Lévi-Strauss afirma que "é uma característica universal" da mitologia que os homens nascidos da terra "ou não podem andar ou andam com dificuldade" (*SSM*, p. 215); mas, na ausência de provas provenientes de fontes gregas, ele menciona apenas dois exemplos provenientes da mitologia dos índios norte-americanos para atestar essa suposta "característica universal".

Todos esses desafios específicos à análise de Lévi-Strauss do mito de Édipo têm como base a *arbitrariedade* de seu método. Ele próprio parece ser suscetível à advertência relativa à lingüística estrutural que ele articula em *O Pensamento Selvagem* (1962):

Ela identifica pares de opostos constituídos por fonemas, mas o *espírito de cada oposição permanece em grande parte hipotético*; é difícil evitar um certo impressionismo

---

33. Turner, "Oedipus: Time and Structure", p. 32. Cf. também Carroll, "Lévi-Strauss on the Oedipus Myth", pp. 806-807; e Vickers, *Towards Greek Tragedy*, p. 193. Como será visto no capítulo 11, eu de fato partilho da convicção de Lévi-Strauss de que o enterro dado a Polinice por Antígona apresenta um "excesso de relações consangüíneas" vinculadas ao incesto de Édipo. Mas, como Lévi-Strauss não oferece provas em apoio a sua afirmação, deve-se reconhecer a força da argumentação dos que o criticam.
34. Turner, "Oedipus: Time and Structure", p. 30.
35. Carroll, "Lévi-Strauss on the Oedipus Myth", p. 807.
36. Cf. Turner, "Oedipus: Time and Structure", p. 30; e Carroll, "Lévi-Strauss on the Oedipus Myth", pp. 808-809.

nos estágios preliminares, e várias soluções possíveis para o mesmo problema permanecem em aberto por um longo tempo[37].

Para que a tentativa de Levi-Strauss de nos dizer "o que significa" seja realmente convincente, ele deve demonstrar que seu agrupamento sincrônico de elementos da trama depende de algo menos "hipotético" que o "impressionismo" do intérprete individual.
Apesar dos resultados desapontadores no caso do mito de Édipo, no entanto, seria um equívoco descartar completamente a teoria estruturalista. Em particular, assim como a distinção entre significado diacrônico e significado sincrônico permanece indispensável, independentemente de sua aplicação questionável em casos particulares, o mesmo também vale para o modelo de Lévi-Strauss da análise binária. A justificação mais decisiva da perspectiva de Lévi-Strauss é oferecida por Edmund Leach:

> As oposições binárias são intrínsecas ao processo de pensamento humano. Toda descrição do mundo deve discriminar categorias na forma *"p é o que não-p não é"*. Um objeto está vivo ou não está vivo, e não se pode formular o conceito "vivo" exceto como o converso de seu par "morto". Assim também os seres humanos são macho ou não-macho, e as pessoas do sexo oposto são parceiros sexuais disponíveis ou não disponíveis. Em termos universais, essas são as oposições mais fundamentalmente importantes em toda a experiência humana[38].

Sem dúvida, as formas assumidas pelas oposições binárias podem variar em diferentes culturas, pode haver outros modos mais elaborados de processar informações, mas a afirmação de Leach de que as "oposições binárias são intrínsecas ao processo de pensamento humano" permanece empiricamente verdadeira e relevante em termos teóricos. Sua sugestão de que "as oposições mais fundamentalmente importantes" são as oposições entre vida e morte, macho e fêmea, e entre parceiros sexuais potenciais que estão sujeitos e não estão sujeitos ao tabu do incesto é igualmente convincente.

A fórmula de Leach tem a virtude de recolocar Lévi-Strauss na tradição dialética da qual, como vimos, ele faz parte. A discussão de Lévi-Strauss da mediação nos mitos conduz a uma explicação do "caráter ambíguo e equívoco" dos *"tricksters"* – representados nas histórias dos índios norte-americanos pelo coiote ou pelo corvo – em termos de sua "posição intermediária entre dois termos polares" (*SSM*, p. 226). Neste caso, a tentativa de Lévi-Strauss de generalizar com base numa mostra limitada é completamente persuasiva:

> Não apenas podemos explicar o caráter ambíguo do *trickster*, mas também podemos entender uma outra característica das figuras míticas de todo o mundo, isto é, o

---

37. Lévi-Strauss, *O Pensamento Selvagem*, p. 277. Itálicos acrescentados por nós.
38. Leach, "Genesis as Myth", pp. 9-10.

fato de o mesmo deus ser dotado de atributos contraditórios – por exemplo, ele pode ser *bom* e *mau* ao mesmo tempo (*SSM*, p. 227).

A concepção de Lévi-Strauss do mito como servindo para oferecer "um modelo lógico capaz de superar uma contradição" (*SSM*, p. 229) o conduz a uma compreensão de conceitos-chave da psicanálise, tais como a ambivalência e a formação de compromisso numa perspectiva complementar à de Freud. Édipo, consagrado e amaldiçoado, estranho a Tebas e filho nativo dela, é sem dúvida "dotado de atributos contraditórios" e "bom e mau ao mesmo tempo".

Além de ignorar a tragédia de Sófocles em favor de uma investigação mais ampla do mito de Édipo, Lévi-Strauss difere de Freud num segundo aspecto importante. Enquanto Freud vê o homem como uma criatura dominada por instintos e impulsos, Levi-Strauss – de um modo tipicamente francês ou cartesiano – salienta a importância da racionalidade e do intelecto. "Ao contrário do que Freud sustentava", afirma ele em *Totemismo* (1962), "as imposições sociais, quer positivas quer negativas, não podem ser explicadas, quer em sua origem quer em sua persistência, como efeitos de impulsos ou emoções"[39]. Para o crítico psicanalítico, a concentração de Lévi-Strauss exclusivamente na "operação intelectual" em detrimento das "pulsões emocionais e não articuladas" (*SSM*, p. 207) é uma falha grave. Mas, embora Lévi-Strauss rejeite Freud, não é necessário que a psicanálise exclua o estruturalismo, uma vez que a concepção de Lévi-Strauss do mito como impelido por uma tendência a "superar a contradição" investe seu sistema de um tema dinâmico implícito, comparável ao princípio do prazer em Freud.

Mas, embora muito menos conhecida que a interpretação presente em "A Estrutura do Mito", a interpretação de Lévi-Strauss do mito de Édipo em "O Campo da Antropologia" evita muitas das armadilhas desse primeiro texto e vai além dele, ao abordar o papel da proibição do incesto na narrativa[40]. Começando, de modo característico, com um relato aparentemente sem qualquer relação, o relato dos índios norte-americanos do incesto entre irmão e irmã, no qual, "as precauções tomadas para evitar o incesto tornam o incesto, na verdade, inevitável" (p. 21), Lévi-Strauss vincula essa primeira semelhança com o mito de Édipo a um segundo fato, o de que o irmão no relato iroquês tem "personalidade dupla", da mesma forma que Édipo é "pensado como morto e no entanto vivo, como criança condenada e herói triunfante" (pp. 21-22). Por essas duas razões, Lévi-Strauss conclui que "o incesto entre irmão e irmã" no mito iroquês constitui "uma permuta do incesto edípico entre mãe e filho" (p. 21).

---

39. Lévi-Strauss, *Totemismo*, p. 69.
40. Lévi-Strauss, "O Campo da Antropologia". As referências de página serão dadas entre parênteses no texto.

Para estabelecer essa comparação, no entanto, Lévi-Strauss precisa encontrar no relato iroquês um análogo do episódio da Esfinge, e ele o encontra na figura de uma feiticeira, a "senhora das corujas", uma vez que as corujas são conhecidas por "propor enigmas que o herói tem de responder sob pena de morte" (pp. 21 e 22). Tendo documentado que "a mesma correlação entre enigma e incesto" existe em duas culturas completamente heterogêneas, Lévi-Strauss estranhamente menciona Parsifal como um "Édipo invertido", uma vez que – em vez de cometer o incesto e solucionar enigmas – ele tanto se abstém de relações sexuais quanto "sequer sabe fazer perguntas" (pp. 22-23). Assim, ele chega a uma fórmula geral:

> Entre a solução do enigma e o incesto, existe uma relação, não externa e de fato, mas interna e de razão. [...] Assim como o enigma solucionado, o incesto une o que deve permanecer separado: o filho é unido com a mãe, o irmão com a irmã, *da mesma forma que a resposta consegue, contra todas as expectativas, se unir à pergunta* (p. 23).

Mais uma vez, assim como em sua interpretação da Esfinge como uma "mãe fálica", a definição de Lévi-Strauss de Parsifal como um "Édipo invertido" ecoa, sem que ele o perceba, comentários já emitidos por Rank[41]. Sobretudo, no entanto, o reconhecimento de Lévi-Strauss de que o casamento de Édipo "com Jocasta não se segue arbitrariamente à vitória sobre a esfinge" (p. 24) endossa as conclusões do mesmo tipo a que chegaram Schlegel, Hegel e Nietzsche.

No ensaio espirituosamente intitulado "Se Édipo Tivesse Lido seu Lévi-Strauss", Anthony Burgess escreve:

> Se Édipo tivesse lido seu Lévi-Strauss, ele teria sabido [após resolver o enigma da Esfinge] que o incesto estava a caminho. O homem que resolve o enigma insolúvel perturbou, simbolicamente, a natureza. Como o incesto é a suprema perversão da natureza, a natureza está chocada até a morte. Para a mente "primitiva", o enigma e o tabu sexual têm um fator essencial em comum – o nó que é perigoso desatar, uma vez que, ao desatá-lo, você está magicamente desatando o nó que mantém coesa a ordem natural[42].

Ainda mais diretamente que a passagem acima citada de "O Campo da Antropologia", que Burgess parece estar parafraseando, essa sua síntese aponta para um notável paralelo entre a concepção de Lévi-Strauss do vínculo entre "enigma e incesto" e o comentário de Nietzsche sobre "a horrível tríade dos destinos de Édipo" em *O Nascimento da Tragédia*: "o mesmo homem que soluciona o enigma da natureza – essa Esfinge de duas espécies – também deve romper as mais sagradas ordens naturais, ao assassinar o pai e se casar com a mãe"[43].

41. Cf. Rank, *Incest-Motiv*, p. 265.
42. Burgess, "If Oedipus Had Read his Lévi-Strauss", p. 259.
43. Nietzsche, *O Nascimento da Tragédia*, seção 9.

O pleno impacto da descrição de Nietzsche dessa "Esfinge de duas espécies" (*jener doppelgearteten Sphinx*) vem à tona quando colocada num contexto, simultaneamente, estruturalista e psicanalítico. Em termos literais, naturalmente, Nietzsche se refere à composição híbrida da Esfinge com cabeça e busto de mulher e corpo de leão (muitas vezes com asas e uma curta cauda). Mas se o mito de Édipo responde à questão "nascido de um ou nascido de dois?", essa descrição do "enigma da natureza" como uma criatura ambígua corrobora a preocupação de Lévi-Strauss com as oposições binárias. De uma perspectiva psicanalítica, no entanto, a fusão na Esfinge da parte superior do corpo de mulher com a parte posterior de animal reflete não simplesmente uma "operação intelectual" mas também "pulsões emocionais inarticuladas". Como explica Thass-Thienemann, a "criança pequena está familiarizada com a cabeça e os seios da mãe, mas a parte interior do corpo, sempre mantida coberta, representa o mistério do Desconhecido"[44]. Assim, a expressão "duas espécies" da Esfinge admite, ao mesmo tempo, uma leitura estruturalista do mito de Édipo em termos de "autoctonia *versus* reprodução bissexuada" e uma leitura psicanalítica em termos de diferença sexual e ansiedade de castração.

Considerada ainda de um ponto de vista levemente diferente, a "justaposição de componentes heterogêneos num único corpo" na Esfinge é considerada por Turner como uma imagem espelhar da condição anômala de Édipo no interior do "corpo social da família"[45], no qual ele une vínculos de parentesco incompatíveis. Por fim, se deslocamos nossa atenção da composição da Esfinge para seu enigma, é impossível ignorar a especulação do antropólogo psicanalista Géza Róheim, que interpreta o "estar com um número indefinido de pernas" delineado no enigma como uma manifestação do "corpo combinado", vislumbrado pela criança na relação sexual dos pais, "pai e mãe em uma pessoa"[46]. Dessa forma, além de todos os seus outros significados, "essa Esfinge de duas espécies" é uma encarnação simbólica da cena primal.

Se, para Lévi-Strauss, os mitos e seus heróis possuem "um caráter ambíguo e equívoco" em resultado da tentativa de fazer a mediação entre categorias conflitantes, o mesmo pode ser dito do próprio estruturalismo. De um lado, Lévi-Strauss às vezes busca alinhar o estruturalismo à ciência e afirma que "o progresso na mitologia comparada depende da cooperação dos matemáticos" (*SSM*, p. 219). No entanto, mais freqüentemente, ele ridiculariza pretensões científicas desse tipo, ao afirmar que suas tentativas de interpretação devem ser consideradas como as de um "vendedor ambulante, cuja meta não é atingir um resultado concreto, mas sim explicar, tão sucintamente quanto pos-

---

44. Thass-Thienemann, "Oedipus and the Sphinx", p. 29.
45. Turner, "Oedipus: Time and Structure", p. 49.
46. Róheim, *The Riddle of the Sphinx*, p. 8.

sível, o funcionamento do dispositivo mecânico que ele está tentando vender aos que o observam" (*SSM*, p. 213). A caracterização de Lévi-Strauss de si mesmo como um "vendedor ambulante", e do estruturalismo como um "dispositivo mecânico", prenuncia seu elogio do "*bricoleur*", ou "faz-tudo", em *O Pensamento Selvagem*.

Da mesma forma que considero que o mais valioso da psicanálise não está em seus vínculos com o positivismo e com a biologia do século XIX, mas sim em sua participação nas tradições do Romantismo e da filosofia idealista, também acredito que as contribuições imperecíveis de Lévi-Strauss estão em seus vislumbres de inspiração poética e em sua reabilitação da análise dialética. Na "Abertura" de *O Cru e o Cozido* (1964), Lévi-Strauss reitera sua afirmação de que os "mitos são eles próprios baseados em códigos de segunda ordem", em isomorfia com os códigos da linguagem, e acrescenta que seu trabalho pretende ser "um esboço experimental de um código de terceira ordem", isto é, um "mito da mitologia" (*RC*, p. 12). Para Lévi-Strauss, assim como para Hegel, na *Lógica*, as "formas do pensamento" a serem examinadas pela filosofia e pela antropologia estruturalista são "ao mesmo tempo o objeto da pesquisa e a ação desse objeto".

O Cru e o Cozido é o primeiro dos quatro volumes da *Introdução a uma Ciência da Mitologia*, de Lévi-Strauss. Dessa forma, como uma síntese introdutória de um tratado enciclopédico, a "Abertura" de *O Cru e o Cozido* está em paralelo com o Prefácio da *Fenomenologia do Espírito*. Lévi-Strauss poderia igualmente estar descrevendo tanto a *Fenomenologia* quanto sua própria obra, ao se referir à sua forma como a de uma "espiral", que "retornará às descobertas anteriores e incorporará novos objetos somente na medida em que seu exame puder aprofundar o conhecimento que existia previamente apenas de forma rudimentar" (*RC*, p. 4). De temperamento não menos hegeliano é a admissão de Lévi-Strauss de que buscou "atingir um nível no qual uma espécie de necessidade se torna manifesta e subjacente aos delírios de liberdade" (*RC*, p. 10). Tanto Freud quanto Hegel, além disso, sem dúvida concordariam com Lévi-Strauss em que "o ponto de partida da análise deve inevitavelmente ser escolhido ao acaso, uma vez que os princípios organizadores [...] estão contidos nela e somente vêm à tona à medida que a análise avança" (*RC*, p. 3). A contrapartida da compreensão da arbitrariedade do ponto de partida é a aceitação de que a tarefa de interpretação jamais pode se completar:

> E assim vemos que a análise dos mitos é uma tarefa sem-fim. Cada passo à frente cria uma nova esperança, cuja compreensão depende de uma nova dificuldade. A comprovação jamais se completa (*RC*, p. 5).

Assim como seus precursores no estudo de Édipo, Lévi-Strauss está envolvido em "uma longa e laboriosa viagem", um confronto com modos alheios de pensamento, que é, ao mesmo tempo, uma auto-análise interminável[47].

Assim como a antropologia estruturalista é um "mito da mitologia", também seu fundador é um herói consumado, ou "*trickster*". Lévi-Strauss relata em *Tristes Trópicos* como, ao tentar emigrar da França para os Estados Unidos durante a Segunda Guerra Mundial, ele era suspeito de ser traidor tanto pelo governo de Vichy quanto pelas autoridades americanas – sem dúvida uma ilustração de um "caráter ambíguo e equívoco". Comparando sua descoberta tardia da América com a dos antigos viajantes, Lévi-Strauss lamenta: "estou sujeito a uma dupla enfermidade: tudo que percebo me ofende, e eu constantemente me recrimino por não ver tanto quanto deveria" (*TT*, p. 34). Uma idêntica "dupla enfermidade" acompanha Édipo em sua busca por autoconhecimento. Ao retraçar seu passado, Lévi-Strauss, assim como Édipo, acaba por compreender que "acontecimentos sem qualquer conexão aparente [...] de repente se cristalizam numa espécie de edifício que parece ter sido concebido por um arquiteto mais sábio que minha história pessoal" (*TT*, p. 34). E Lévi-Strauss revela a dimensão subjetiva de sua compreensão da ação "*a posteriori*", ao escrever: "foram necessários vinte anos de esquecimento, para que eu pudesse estabelecer comunicação com minha experiência antiga, a qual eu perseguira por todo o mundo, sem compreender seu significado ou apreciar sua essência" (*TT*, p. 39).

Em suas viagens antropológicas, Lévi-Strauss literaliza a metáfora do romantismo de uma "viagem ao redor do mundo" da consciência. Mas enquanto, ao escrever "Este mundo nos separa de nós mesmos, mas, ao mesmo tempo, nos concede os meios cardeais para retornarmos a nós mesmos", Hegel está se referindo ao mundo *antigo*, Lévi-Strauss atravessa seu processo de auto-alienação e de auto-salvação nas mãos de sociedades primitivas do Novo Mundo. Esse contraste está de acordo com sua ênfase no estudo comparativo das versões do mito de Édipo, em oposição à concentração exclusiva de Freud e seus predecessores no *Édipo Rei*. Mas assim como Hegel e Freud retornaram de suas odisséias intelectuais à Grécia antiga com um eu "que concorda com o tom e a essência universal da mente", assim também Lévi-Strauss considera a antropologia como um meio de se "ligar, em extremidades opostas, à história mundial e à minha própria história pessoal" e, com isso, revelar "a racionalidade comum a ambas" (*TT*, p. 51). Que a viagem de Lévi-Strauss igualmente conduz ao estranho esvaziamen-

---

47. Em sua polêmica contra Sartre, em *O Pensamento Selvagem*, Lévi-Strauss ridiculariza as "verdades pretensamente auto-evidentes da introspecção" e a "armadilha da identidade pessoal" (p. 249). No entanto, como deixam claro em especial os *Tristes Trópicos*, os componentes subjetivos e auto-analíticos do próprio texto de Lévi-Strauss não podem ser ignorados.

to da distinção entre o "estranho" e o "familiar", entre o eu e o outro, fica claro quando ele reflete sobre os "motivos ocultos por trás da curiosidade étnica" em *O Pensamento Selvagem*:

> O fascínio exercido sobre nós por costumes aparentemente muito distantes dos nossos, os sentimentos contraditórios de proximidade e estranheza com os quais eles nos afetam, têm origem talvez no fato de que esses costumes estão muito mais próximos dos nossos próprios do que parece, e estão presentes a nós com uma imagem enigmática que precisa ser decifrada[48].

Não menos que a dos peregrinos da tradição do Romantismo alemão, a "curiosidade étnica" de Lévi-Strauss é impelida em última análise por um desejo de desfazer a Queda, de curar o "ferimento" da consciência, resgatando o estado de inocência. Ele nos deixa com uma imagem final das obsessões gêmeas do pensamento do século XIX – Édipo no Jardim do Éden.

---

48. Lévi-Strauss, *O Pensamento Selvagem*, p. 209.

Parte III: A Tragédia Grega

Ah! Três caminhos e um vale escondido,
bosque de carvalhos e passagem estreita de três caminhos entre as montanhas,
que beberam meu próprio sangue – o de meu pai –
derramado por minhas mãos, vocês ainda se lembram
dos crimes que cometi diante de vocês, e, depois, vindo para cá,
os que cometi aqui? Casamentos, casamentos,
vocês me geraram, e após gerar,
enviaram mais uma vez a mesma semente, e tornaram conhecidos
pais, irmãos, filhos – culpa pelo sangue –
noivas, esposas, mães, e todo tipo de crimes
são os mais vergonhosos entre a humanidade.

SÓFOCLES, *Édipo Rei*

10. De Freud a Sófocles

Uma enorme publicidade recentemente envolveu as acusações de Jeffrey M. Masson de que "a atual esterilidade da psicanálise em todo o mundo"[1] pode ser atribuída ao abandono por parte de Freud de sua teoria original da sedução em favor do complexo de Édipo. Embora tenham atraído muito menos atenção, hipóteses semelhantes foram propostas independentemente por Marie Balmary e Marianne Krüll[2]. Mas, enquanto Balmary e Krüll explicam o repúdio de Freud à teoria da sedução em termos de uma necessidade de Freud de se escudar de supostas transgressões sexuais de seu pai Jakob, Masson o atribui ao desejo de Freud de eximir Fliess de sua culpa pela operação desastrada do nariz de Emma Eckstein e, secundariamente, de resgatar a aprovação da instituição médica vienense.

Essas tentativas de desafiar o complexo de Édipo reabilitando a teoria da sedução são aqui relevantes porque, ao voltar-se para a questão crucial da auto-análise de Freud, elas nos convidam a refletir tam-

---

1. Masson, *The Assault on Truth*, p. 48
2. Cf. Balmary, *Psychoanalyzing Psychoanalysis*; e Krüll, *Freud and His Father*, pp. 100-101. Balmary acredita que a má conduta sexual de Jakob Freud tem como eixo seu misterioso segundo casamento com Rebekka. Krüll, que, por outro lado, não se convence da realidade desse casamento, propõe vagamente possíveis atos de adultério, masturbação e o mero fato de ele ter se casado com uma mulher muito mais jovem, Amalie, como causa da suposta culpa sexual de Jakob. Não há provas concretas para nenhuma dessas duas concepções incompatíveis. Cf. também o capítulo 1, nota 21; e o capítulo 3, nota 41.

bém sobre a tragédia de Sófocles. Tendo focalizado a relação dinâmica entre Freud e Édipo nas Partes I e II, nas perspectivas complementares da biografia e da história intelectual, resta-nos agora examinar a peça grega que ocupa lugar central tanto na teoria psicanalítica quanto no pensamento do século XIX. Espero já ter mostrado até onde a autoanálise de Freud constitui-se, em sua estrutura, como uma repetição de *Édipo Rei*. No presente capítulo, proponho inverter o vetor da investigação e considerar como a descoberta de Freud do complexo de Édipo ilumina a tragédia de Sófocles. No final desta parte, tentarei integrar minhas leituras de *Édipo Rei* numa interpretação – apoiada em princípios teóricos tanto do estruturalismo quanto da psicanálise – do ciclo do *Édipo* de Sófocles como um todo.

Uma falha óbvia do livro de Masson está em que, em seu zelo em explicar a mudança teórica de Freud em termos do episódio Eckstein, ele em momento algum menciona o fato de que o pai de Freud morreu em outubro de 1896. Todo o contexto da auto-análise de Freud é, dessa forma, deixado de lado pela discussão de Masson quanto aos méritos da teoria da sedução relativamente ao complexo de Édipo. Na verdade, sob a influência de sua especulação de que Fliess pode ter abusado sexualmente de seu filho Robert, Masson escreve:

> Freud era como um tenaz detetive na pista de um grande crime, comunicando seus palpites e aproximações e, por fim, sua descoberta final [isto é, a teoria da sedução] a seu melhor amigo, que pode na verdade ter sido o criminoso[3].

Exposta dessa maneira, a acusação de Masson a Freud parece uma inábil paródia da trama de *Édipo Rei* que culminasse com a compreensão de Édipo de que, não ele, mas, digamos, Creonte, seria o assassino de Laio.

As especulações de Krüll e Balmary de que a adoção por Freud da teoria do complexo de Édipo visava a afastar a culpa de seu ostensivamente licencioso pai não são menos artificiais que a teoria de Masson de uma estratégia para proteger Fliess[4]. Essas autoras, no entanto, vão além de Masson, ao levar sua discordância com Freud até um debate sobre a interpretação da lenda de Édipo. Em seu capítulo de abertura, "Édipo Tem Ainda Mais a nos Ensinar", Balmary chama a atenção para detalhes da pré-história de *Édipo Rei* que talvez sejam pouco

---

3. Masson, *The Assault on Truth*, p. 142.
4. Em "Freud's Self-Analysis and the Nature of Psychoanalytic Criticism", Efron sustenta que, em sua descoberta do complexo de Édipo, com sua ênfase na vida de fantasia endopsíquica da criança, Freud "bloqueou de sua consciência os aspectos que ameaçavam se desdobrar numa crítica radical do autoritarismo paterno, e mesmo do próprio princípio de autoridade" (p. 255). Ao criticar as formulações extremas de Masson, Balmary, e Krüll, não estou dizendo que não haja nelas um núcleo de verdade, sucintamente afirmado por Efron.

conhecidos, exceto para especialistas. Em particular, ela salienta o incidente no qual Laio, tendo buscado refúgio, após a morte do pai junto ao rei Pélops, raptou e cometeu estupro homossexual contra o filho de Pélops, Crísipo. É esse crime que, segundo a tradição mitológica, traz a maldição para a casa de Lábdaco. Argumentando que a desatenção que Freud às "bases do mito edípico" está vinculada às atividades do pai como um "Don Juan secreto", Balmary faz a seguinte pergunta retórica: "Ele poderia não ter percebido no mito o que ele não conseguiu perceber em sua própria família?", e ainda: "O que fez Freud reter menos de Édipo do que Sófocles?"[5].

A validade da mudança da ênfase de Freud na sedução sexual efetiva na infância para a ênfase nas fantasias infantis inconscientes pode ser defendida em termos puramente psicológicos. Meu interesse aqui, no entanto, é meramente demonstrar que Balmary se equivoca seriamente, ao acreditar que a perspectiva de Freud do mito de Édipo difere da de Sófocles. Pois, como mostrou E. R. Dodds num ensaio clássico, enquanto a trilogia de Ésquilo sobre o tema de Édipo – que consiste nas peças *Laio*, *Édipo*, e *Sete contra Tebas*, acompanhadas da peça satírica *A Esfinge* (das quais apenas *Sete contra Tebas* chegou até nós intacta) – é organizada em torno do tema da maldição herdada, a originalidade de Sófocles, em *Édipo Rei*, está justamente em ter *suprimido* um princípio de explicação desse tipo[6]. Em outras palavras, todo o material relativo ao rapto de Crísipo e o "crime secreto" de Laio é obtido por Balmary de manuais de mitologia e de informações provenientes de outras fontes gregas, mas *não* da própria tragédia de Sófocles.

O fato de Sófocles excluir o tema da maldição herdada é de interesse fundamental. De um lado, isso pode estar vinculado ao fato de ele abandonar a forma da trilogia em favor de peças individuais, autônomas, o que, por sua vez, favorece o surgimento de heróis individuais, livres dos padrões englobantes da providência ou do inferno, que encontramos em Ésquilo[7]. Mais decisiva do ponto de vista psicanalíti-

---

5. Balmary, *Psychoanalyzing Psychoanalysis*, pp. 6, 27 e 37. Também Krüll cita um manual mitológico do século XIX, para sustentar sua afirmação de que Freud "eliminou [da lenda de Édipo] o prelúdio de Laio", por um desejo de proteger seu pai (*Freud and his Father*, p. 62). As ramificações do episódio de Crísipo são discutidas, numa linha análoga à de Balmary e Krüll, num artigo extremamente sugestivo de Devereux, "Why Oedipus Killed Laius".
6. Cf. Dodds, "On Misunderstanding the *Oedipus Rex*". Uma resposta pouco convincente a Dodds é oferecida por Lloyd-Jones, *The Justice of Zeus*, que afirma (pp. 104-128) que o tema da maldição familiar é tão importante no *Édipo Rei* quanto na *Antígona* ou no *Édipo em Colona*. O próprio Dodds conclui que a ausência de uma maldição herdada demonstra a "inocência moral essencial de Édipo" (p. 42), uma concepção da qual eu em grande parte discordo.
7. Cf. Knox, *The Heroic Temper*, pp. 2-3.

co, no entanto, é a compreensão de que, ao deslocar a atenção da culpa de Laio – que é, especificamente, a culpa por um ato de *sedução paterna* simbólica – para a busca de Édipo de suas próprias origens, Sófocles antecipa a rejeição de Freud da teoria da sedução em favor do complexo de Édipo. Se, como sustentei, a "era de Édipo" somente poderia ter início quando o romantismo alemão se rebelou contra Sêneca e o neoclassicismo francês e defendeu a primazia de *Édipo Rei*, a própria grandeza do drama de Sófocles deve-se, em grande medida, a ele ter suprimido como irrelevantes as escapadas de Laio e *reelaborado o mito de Édipo do ponto de vista do filho, como uma tragédia do autoconhecimento*[8].

Muitos aspectos da maestria de Sófocles em *Édipo Rei* podem ser relacionados com a supressão fundamental do tema da maldição herdada. Com relação aos oráculos, por exemplo, enquanto em *Sete contra Tebas* (versos 742-749) a profecia dada por Apolo a Laio assume uma forma *condicional* – se você deseja salvar a cidade, então morra sem filhos – a profecia no *Édipo Rei*, dada tanto a Laio (versos 711-714) quanto a Édipo (versos 787-793) está na forma *incondicional* – é o destino do pai ser morto pelo filho, e do filho matar o pai e casar-se com a mãe, sem qualquer alternativa possível[9]. Dessa forma, quando, em Ésquilo, Laio sucumbe ao desejo sexual e tem relação sexual com Jocasta, ele associa seu assédio a Crísipo com uma *segunda* "transgressão" (*parbasian*) (verso 743) e, com isso, faz com que sua culpa moral seja herdada por seus descendentes. Ao eliminar toda sugestão de uma contingência ou erro humano de seu drama, Sófocles transforma o conflito fatal entre pai e filho, na encruzilhada, numa necessidade inelutável e, com isso, confere ao tema do parricídio uma universalidade genuína.

O caráter coerente das inovações de Sófocles em *Édipo Rei* é revelado por três detalhes aparentemente incidentais, que têm, todos eles, o efeito de acentuar o papel de Apolo na história de Édipo. Em primeiro lugar, o único fragmento do *Édipo* de Ésquilo – a segunda peça de sua trilogia – que chegou até nós permite-nos saber que ele situou a encruzilhada na qual Édipo mata Laio próximo a Pótnias, uma região

---

8. Cf. Versényi, "Oedipus: Tragedy of Self-Knowledge"; e Opstelten, *Sophocles and Greek Pessimism*: "As inovações de Sófocles, aqui, concentram toda nossa atenção na auto-análise do herói" (p. 102).

9. Em minhas traduções do grego, busquei a precisão literal, quando necessário, em detrimento da melhor solução para as traduções. Os números dos versos citados das obras de Ésquilo e de Sófocles serão incluídos entre parênteses no texto. Para minha leitura das peças tebanas de Sófocles na parte III, consultei as edições de Campbell e Jebb, bem como os comentários de Kamerbeek sobre o *Édipo Tirano* e a *Antígona*. Minha compreensão do *Édipo Rei* tem também uma dívida para com a tradução e edição de Gould. Minha leitura dos *Sete contra Tebas* foi acompanhada do valioso *Commentaire* de Lupas e Petre.

da Beócia consagrada às Fúrias[10]. Em *Édipo Rei*, por outro lado, Jocasta responde à pergunta de Édipo sobre o local do assassinato de Laio: "A terra é chamada Fócida, e um caminho / dividido conduz de Delfos para Dáulis" (versos 733-734). Isto é, Sófocles transpõe a encruzilhada para um local próximo ao oráculo de Delfos, do qual Édipo retornava e para o qual Laio seguia, na ocasião de seu encontro. Assim, ao substituir as Fúrias por Apolo como a divindade que domina a encruzilhada, em sua tragédia, Sófocles está sintetizando sua metamorfose da ênfase de Ésquilo numa maldição familiar para sua própria preocupação com o autoconhecimento.

De modo análogo, as versões anteriores da vida de Édipo retratavam seu abandono quando criança como ocorrendo ou no sul da Beócia em Sícion, uma cidade associada às Fúrias, onde ele teria sido encontrado e criado por pastores. Em *Édipo Rei*, no entanto, Édipo é deixado para morrer no monte Citéron, onde ele é dado pelo Pastor Tebano ao Pastor de Corinto que, por sua vez, o leva para o rei e a rainha de Corinto, que se tornam seus pais adotivos. Com esse "leve distanciamento de suas autoridades", como observou F. J. H. Letters, Sófocles "não apenas produz dois fios distintos de provas a ser atados, à medida que a peça se desenvolve, mas também elimina a sombra esquiliana da maldição herdada, simbolizada pelas Eumênides"[11]. Por fim, parece altamente provável que, segundo a tradição, a Esfinge era enviada a Tebas por ordem de Hera, que desejava punir Laio por sua violação da hospitalidade de Pélops. Mas, em Sófocles, a Esfinge, nas palavras de Alister Cameron, torna-se inequivocamente uma "criatura de Apolo", porque o enigma da identidade humana que ela propõe a Édipo "é o mandamento délfico do 'conhece a ti mesmo', sob uma outra forma"[12].

Desse modo, a auto-análise de Freud oferece um ponto de partida privilegiado para a compreensão de *Édipo Rei*, porque sua *peripeteia* central – o abandono da teoria da sedução – salienta o que há de mais original no tratamento que Sófocles dá ao mito. Mas a convergência entre as perspectivas de Freud e Sófocles não terminam aí. Um dos paradoxos mais importantes da psicanálise, como vimos no capítulo 3, está em que, enquanto Freud, até 1923, consistentemente formulava a tese do complexo de Édipo em termos do amor do menino "pela mãe e

---

10. Cf. Cameron, *The Identity of Oedipus the King*, p. 10. O primeiro capítulo do trabalho de Cameron, "The Maker and the Myth", pp. 3-31, é uma excelente discussão da relação de Sófocles com as abordagens anteriores do mito de Édipo.
11. Letters, *The Life and Work of Sophocles*, p. 204.
12. Cameron, *The Identity of Oedipus the King*, p. 21. Deve-se ressaltar que o significado da instrução délfica é "saiba que você é um homem, e não um deus" (p. 21). Como observa Cameron, tanto a ordem délfica quanto o enigma da Esfinge "são sobre a força e a fraqueza do homem" (p. 21). A peste, que, no início da peça, assola Tebas e é enviada por Apolo, é uma outra inovação de Sófocles, não encontrada em versões anteriores do mito de Édipo.

ciúme com relação ao pai", a prática efetiva que lhe permitiu chegar à compreensão da "aplicação humana universal do mito de Édipo", ao "cometer violência contra 'a senhora idosa' ", isto é, por cometer inadvertidamente uma ação hostil (ao confundir a morfina com a loção para os olhos) contra uma paciente idosa, que é uma substituta simbólica da mãe. Eu vinculei esse incidente crucial com outras manifestações da tendência inconsciente de Freud à misoginia, inclusive sua "defloração" de Pauline, junto com John, na tenra infância, seu (ou de sua babá) roubo de dinheiro da mãe, nesse mesmo período "pré-histórico", e sua conduta com pacientes como Emma Eckstein, Dora e Sabina Spielrein.

Édipo, naturalmente, é conhecido como o homem que matou o pai e casou-se com a mãe, assim emprestando seu nome ao complexo estudado por Freud. Uma leitura cuidadosa de *Édipo Rei*, no entanto, mostra que Sófocles dotou Édipo de um complexo de Édipo "completo" que é uma assombrosa réplica da ambivalência de Freud. Em diversos pontos, próximo ao início da peça, Édipo afirma sua solidariedade com o rei morto, Laio, cujo trono ele ocupa e com cuja esposa ele se casou, e faz a promessa: "Assim, eu sou esse aliado / com a divindade [Apolo] e com o homem morto" (versos 244-245). No sentido inverso, à medida que a seqüência de revelações dolorosas se aproxima de seu ponto culminante, Édipo é abatido pela revelação do Pastor de que foi sua *mãe* que o abandonou na infância: "Pois *ela* o deu a você?" (verso 1173). Ao encaixar em seu lugar essa última peça do enigma de sua história pessoal, que confirma que ele é filho de Laio e Jocasta, Édipo corre para o palácio.

O que acontece em seguida é contado no *rhesis* do Segundo Mensageiro – o ponto culminante de toda a peça. Em primeiro lugar, ele descreve como Jocasta correu para o leito conjugal chamando por Laio; e então passa a falar sobre Édipo:

> Ele corre desnorteado, gritando para que lhe demos uma espada,
> onde ele poderá encontrar sua esposa e não-esposa, o duplo
> campo materno dele e de seus filhos (versos 1255-1257).

O detalhe decisivo aqui o pedido de Édipo de uma espada, pois não há dúvida de que ele queria usá-la para *matar Jocasta*, em resposta ao conhecimento de que ela tentara destruí-lo na infância[13]. Somen-

---

13. Cf. Harshbarger, *Sophocles' Oedipus*, p. 19. Ensaios psicanalíticos que comentam a agressão de Édipo contra Jocasta incluem Kanzer, "The Oedipus Trilogy"; van der Sterren, "The 'King Oedipus' of Sophocles"; e Faber, "Self-Destruction in *Oedipus Rex*", e "*Oedipus Rex*: A Psychoanalytic Interpretation". Faber salienta que a decisão de Sófocles de especificar Jocasta, e não Laio, como quem expôs Édipo na infância representa um afastamento com relação a suas fontes. São úteis as bibliografias

te quando ele descobre que ela já se enforcou, é que Édipo toma os broches do vestido de Jocasta e fura os próprios olhos. Assim, embora Édipo de fato cometa os dois crimes pelos quais seu nome é proverbial, no decorrer da peça ele efetivamente revela seu *amor pelo pai* e tenta *matar a mãe*, da mesma forma que Freud começou sua auto-análise no sonho "feche os olhos", ao se identificar com o pai morto, e defrontou-se com seu próprio complexo de Édipo por meio de uma agressão a uma mãe substituta.

Para concluir essa analogia, queremos indicar que a explicação da dinâmica dos complexos de Édipo "completos", encontrados tanto em Freud quanto em Édipo, é virtualmente a mesma em ambos os casos. Freud, lembremo-nos, teve como um dos acidentes biográficos que contribuíram com seu destino heróico a presença em sua família, até a idade de dois anos e meio, de duas mães – sua jovem mãe biológica, Amalie, e sua babá tcheca. Como sua "babá" foi expulsa da família quando Freud tinha uma tão tenra idade, ele também pôde banir seus ressentimentos contra a imagem da "mãe má", e preservar sua *"mater"* como o ideal imaculado do puro objeto de desejo vinculado ao complexo de Édipo positivo. Somente a história das relações de Freud com as mulheres nos permite ver que esses sentimentos hostis não foram completamente banidos, assim como é o componente manifestamente libidinal de muitos de seus relacionamentos com homens – amigos, colegas, pacientes – que melhor documenta a inadequação da noção do pai simplesmente como o rival no amor da mãe.

Assim como Freud, Édipo teve duas mães – e aqui eu não me refiro ao par substituto Pólibo e Mérope, em Corinto, mas a Jocasta e a Esfinge. Pois a Esfinge, como vimos em nossa discussão de Lévi-Strauss, pode ser considerada como a mãe fálica, ou "má". Nas palavras de Mark Kanzer, ela exemplifica

uma alegoria dos problemas apresentados pela sexualidade feminina. Uma mulher completa, com seios, na parte superior, uma leoa, na parte inferior, ela combina os aspectos amados de temidos da feminilidade, que o menino deve reconciliar, a fim de alcançar potência genital[14].

E se a Esfinge é a "mãe má" de Édipo, Jocasta personifica a "mãe boa", idealizada. A identidade subjacente dessas figuras, por outro lado, é confirmada pelo fato de que o suicídio de Jocasta constitui uma repetição do suicídio da Esfinge. O mecanismo de defesa da cisão, responsável por esse padrão, foi claramente percebido por H. A. van der Sterren:

---

de Caldwell, "Selected Bibliography on Psychoanalysis and Classical Studies", e Edmunds e Ingber, "Psychoanalytic Writings on the Oedipus Legend".

14. Kanzer, "The Oedipus Trilogy", p. 562.

A Esfinge, dessa forma, é a criatura ameaçadora, perigosa, e Jocasta, a mulher atraente, afetuosa. Mas, por trás disso, Jocasta também aparece como perigosa e hostil, e Édipo é seu inimigo. No sentido inverso, a Esfinge é também a sedutora, pois o fato de que, diariamente, um jovem de Tebas tinha de aparecer diante dela para solucionar o enigma só pode significar que eles eram seduzidos por ela e não podiam ignorá-la[15].

De particular valor aqui é a observação de van der Sterren de que "a Esfinge é também a sedutora", pois também Freud se referia à sua babá como sua sedutora, ou "originador primário" da neurose. Dessa forma, assim como a "babá" foi afastada da vida de Freud na tenra infância, também a Esfinge foi eliminada por Édipo na pré-história da peça. Mas os sentimentos ostensivamente positivos pelas "mães boas" que permanecem – *"mater"* e Jocasta – são desmentidos por atos de agressão que revelam uma ambivalência com relação às mulheres que não encontra solução por parte de nenhum dos dois heróis.

A cena relatada pelo Segundo Mensageiro, na qual Édipo corre para o palácio e cega a si mesmo, está repleta de simbolismos. Ela representa o ponto alto do processo pelo qual Édipo retorna a suas próprias origens e, como tal, encena uma reentrada no útero de Jocasta. Essa afirmação é corroborada por indicações tanto literárias quanto psicológicas. Édipo, que, no primeiro verso, se dirige ao povo tebano reunido, referindo-se a ele como *"filhos"* (*tekna*), é, ele próprio, chamado de "filho" (*pai, teknon*) pelo Mensageiro de Corinto (versos 1008, 1030), na segunda metade da peça. Nessa inversão do papel de pai para o de filho estão destiladas todas as ironias com as quais Édipo, inicialmente o detetive ou analista, vê-se exposto como o perene criminoso ou paciente. A passagem de Édipo da atividade para a passividade, além disso, é afirmada por Sófocles por meio de três metáforas entrelaçadas – timoneiro, lavrador e caçador – extraídas da "ode ao homem", no primeiro stásimon da *Antígona*[16].

Mas que Édipo, além de se tornar uma criança, especificamente reentre o útero materno é sugerido por Sófocles por meio de um simbolismo anatômico. Édipo, de fato, chega até Jocasta em dois estágios: primeiro (verso 1252), ele irrompe pelas portas do palácio e, em seguida (verso 1261), ele passa pelas portas do quarto que fora fechado, com violência, por Jocasta. O que ocorre aqui, tanto em suas implicações imediatas quando em suas implicações mais amplas, foi interpretado de modo sugestivo por John Hay:

> Pode-se afirmar, com o risco de parecer por demais clinicamente exato, que as duas portas pelas quais [Édipo] passa [...] simbolizam tanto a entrada vaginal quanto a

---

15. Van der Sterren, "The 'King Oedipus' of Sophocles", p. 347.
16. Cf. Knox, *Oedipus at Thebes*, pp. 107-116. Para uma discussão complementar sobre as inversões imagéticas do *Édipo Rei*, cf. Musurillo, "Sunken Imagery in Sophocles' *Oedipus*".

entrada cervical, respectivamente, e, dessa forma, *o quarto simboliza precisamente o útero*. Édipo está simbolicamente retraçando a rota de sua própria semente incestuosa, e a de seu pai antes dele, até o útero homospórico (semeado pelo mesmo) para lá se confrontar com seu começo; para lá morrer; para lá ser concebido novamente; e, dessa forma, renascer e de lá sair, mais uma vez pelas mesmas portas, transfigurado[17].

Em sua obra-prima *Thalassa* (1923), que descreve a vida humana como sendo motivada pela compulsão de retorno ao útero, Sándor Ferenczi enumera o "modo triplo" pelo qual essa regressão ocorre no homem durante o ato sexual:

todo o organismo atinge essa meta por meios puramente aleatórios, um pouco como no sono; o pênis, com o qual o organismo como um todo se identifica, o consegue parcialmente ou simbolicamente; enquanto somente a secreção sexual possui a prerrogativa, como representante do ego e seu duplo narcísico, o órgão genital, de atingir *na realidade* o útero da mãe[18].

Como sabemos, foi o próprio Ferenczi, em "A Representação Simbólica dos Princípios de Prazer e de Realidade no Mito de Édipo", que pela primeira vez propôs as interpretações, agora psicanaliticamente canônicas, do autocegamento de Édipo como um ato de castração deslocado, e de seu nome, "Pé Inchado", como uma alusão ao pênis ereto. Se Ferenczi está de fato correto, nesse ensaio, em sugerir que "o mito identifica completamente com um falo o homem que realizou a monstruosa façanha de uma relação sexual com a mãe"[19], é apenas seguir a evolução de seu pensamento até sua obra *Thalassa* afirmar que Édipo – ao reentrar o palácio e o quarto – passa a se identificar também com a "secreção sexual" e exerce sua "prerrogativa" de "atingir *na realidade* o útero da mãe". Na fala decisiva que Édipo emite, quando Jocasta, que já percebeu a verdade com o Mensageiro de Corinto, foge para o palácio, ele decide:

Grite o que quiser! Por menor que seja,
Irei ver minha semente (*sperm' idein boulesomai*) (*vers*os 1076-1077).

A segunda sentença dessa passagem é traduzida por Jebb: "Seja minha raça nunca tão baixa, devo ansiar sabê-lo". Jebb tem razão em pôr em cena o tema da linhagem, e em traduzir "pequeno" (smikron) por "baixa", pois é por acreditar ser de nascimento baixo que Édipo equivocadamente recrimina Jocasta. Mas Édipo diz literalmente diz que irá "ver minha semente", e é isso que ele faz, quando retorna ao útero "homospórico" de Jocasta.

---

17. Hay, *Oedipus Tyrannus*, p. 103.
18. Ferenczi, *Thalassa*, p. 18. Cf. também Hay, *Oedipus Tyrannus*, pp. 120-122.
19. Ferenczi, "Symbolic Representation", p. 222.

Um simbolismo anatômico, semelhante ao simbolismo subjacente à cena da reentrada de Édipo no palácio, pode ser encontrado no tema central da encruzilhada. O pioneiro psicanalítico a quem somos devedores, neste caso, é Karl Abraham, que, em 1922, publicou " 'A Trifurcação do Caminho' no Mito de Édipo"[20]. Seguindo uma observação de Freud, Abraham assinala que o encontro de Édipo com Laio é descrito como ocorrendo numa "passagem estreita", e num "caminho dividido". Para Abraham, não há dificuldade em deduzir que "a passagem estreita é o símbolo dos órgãos genitais femininos" (p. 83), mas o significado do "caminho dividido", ou "trifurcação" é mais difícil de se interpretar. Com base no sonho de um paciente, entretanto, Abraham tem condições de fazer uma interpretação: "Os dois caminhos que se juntam para formar o caminho maior são as duas coxas que se juntam no tronco. A junção é o local dos órgãos genitais" (p. 85). Ele chega então à conclusão de que "a trifurcação tem o mesmo significado que a passagem estreita. A primeira simboliza o local dos órgãos genitais femininos; a segunda, sua forma" (p. 85). E mais, Abraham estabelece a elucidadora distinção de que, enquanto a trifurcação, "o local de intenso tráfego, claramente representa a mãe como uma prostituta", a versão da passagem estreita "dá expressão a uma outra fantasia, a de encontrar o pai dentro do corpo da mãe, antes do nascimento; a fantasia de observar o coito de dentro do útero" (p. 85). A dupla interpretação que Abraham dá à encruzilhada captura exatamente o modo como a reentrada de Édipo no palácio retrata simbolicamente tanto sua própria relação sexual com Jocasta quanto "a fantasia de observar o coito de dentro do útero", uma vez que Jocasta acaba de se atirar no leito nupcial e de chamar o há muito morto Laio.

Assim como funde o simbolismo do renascimento físico e espiritual com o da relação sexual, a cena do autocegamento de Édipo com os broches de Jocasta também une os opostos da morte e do amor. Com relação à descrição que o Mensageiro faz do vazamento dos olhos de Édipo "como uma chuva / negra e um jato de granizo sangrento" (versos 1278-1279), Kanzer observou que "nessa fantasia do coito e do orgasmo, o ato sexual é descrito como um ataque sádico e castrador vindo do falo materno. Os broches de Jocasta são uma outra versão das garras da Esfinge"[21]. Como Édipo deve ser imaginado como perfurando ambos os olhos simultaneamente, além disso, os "alfinetes / de ouro" (versos de 1268-1269) de Jocasta também lembram as "duas pontas" (verso 809) do aguilhão com o qual Laio golpeou a cabeça de

---

20. Cf. Abraham, " 'The Trifurcation of the Road' ". As referências de página serão dadas entre parênteses no texto. Para a correspondência entre Freud e Abraham, cf. *A Psycho-Analytic Dialogue*, pp. 324-326.

21. Kanzer, "The Oedipus Trilogy", p. 564.

Édipo na encruzilhada[22]. O autocegamento, na verdade, é uma repetição atroz, não apenas do incesto de Édipo, mas também de seu parricídio. No violento cruzamento entre *eros* e *thanatos*, a consumação final de Édipo com Jocasta é uma união necrófila, que oferece um protótipo para a confusão de Kleist do "leito" com o "túmulo" em seu duplo suicídio com Henriette Vogel e, mais imediatamente, para a *Liebestod* subterrânea de Hémon e Antígona, na *Antígona*.

Abraham focaliza a discrepância entre as referências à encruzilhada como uma "passagem estreita" e um "caminho dividido". Seth Bernardete concentra-se na questão a isso vinculada sobre se esse "caminho dividido" ou "trifurcação" é de fato duplo ou triplo:

> Édipo diz que encontrou Laio no caminho triplo, mas Jocasta chama o encontro dos caminhos de Dáulis e Delfos como caminho dividido (733, 800 ss., cf. 1399). Um τριπλὴ ὁδός ("caminho triplo") é o mesmo que um σχιστὴ ὁδός ("caminho dividido"). Dois é o mesmo que três. Se estamos andando por um caminho e chegamos a uma ramificação dele, só há dois caminhos pelos quais podemos seguir, pois o terceiro é o que se acabou de trilhar. Para quem, ao contrário, não está andando, mas simplesmente olhando o mapa dessa ramificação, vai parecer haver três caminhos a seguir. A ação vê apenas dois caminhos, a contemplação vê três[23].

O comentário de Benardete de que, na encruzilhada, "dois é o mesmo que três" chama a atenção para um tema recorrente em *Édipo Rei*. No início da peça, quando o Coro timidamente se refere ao assassinato de Laio, "A segunda melhor das coisas que me parecem boas, eu diria", Édipo completa: "E se houver uma terceira, não deixem de dizer" (versos 282-283). E, durante a conversa fatídica entre o Mensageiro de Corinto, o Pastor Tebano e Édipo, o Mensageiro assegura a Édipo que seu relutante interlocutor irá se lembrar dos tempos passados no monte Citéron:

> ele, com dois rebanhos, eu, com um,
> estava perto desse homem [o Pastor] por três
> estações inteiras de seis meses, da primavera até setembro (versos 1135-1137).

Mais uma vez, o Mensageiro enfatiza o fato de que o Pastor tinha "dois rebanhos" e que eles passaram juntos "três / estações inteiras". A oposição entre *dois* e *três*, no entanto, é aqui contraposta à oposição entre *um* e *dois* no número de rebanhos sob os cuidados dos dois pastores. Esta última antítese binária, tomada junto com a ênfase na alternância de "estações de seis meses" e a sugestão de uma hostilidade entre os dois antigos servidores, parece trazer consigo uma alusão

---

22. Cf. Harshbarger, *Sophocles' Oedipus*, p. 33; e o comentário de Gould ao verso 809, em sua edição da peça.
23. Benardete, "Sophocles' Oedipus Tyrannus", p. 117.

ao tema do duplo governo, encontrado em outros momentos do mito de Édipo, na inimizade entre os irmãos Etéocles e Polinice[24].

Da mesma forma que o simbolismo anatômico do quarto palacial e da encruzilhada, o simbolismo numérico das peças tebanas de Sófocles é por demais pronunciado para ser descartado como acidental. A confirmação mais decisiva do significado da ambigüidade na descrição da encruzilhada como "dupla" e como "tripla" é dada pela figura da Esfinge. Como sabemos por Nietzsche e Lévi-Strauss, a Esfinge é de *"duas* espécies" – mulher, na parte superior, e animal, na parte inferior. Por outro lado, o enigma da identidade humana que ela propõe é elaborado numa forma tripartida: o que anda sobre quatro pernas de manhã, duas à tarde e três à noite? O jogo entre *dois* e *três* na dramatização de Sófocles do mito remonta, dessa forma, ao encontro primordial de Édipo com a "Esfinge que canta enigmas" (verso 130).

O uso que Sófocles faz do enigma da Esfinge, por sua vez, indica um terceiro aspecto importante – depois da supressão da maldição herdada e da caracterização de um complexo de Édipo "negativo" subjacente – no qual sua abordagem do mito de Édipo prefigura a de Freud. Quando, numa nota de rodapé acrescentada aos *Três Ensaios sobre a Teoria da Sexualidade*, em 1920, Freud passou a designar o complexo de Édipo como "a pedra de toque que distingue os defensores da psicanálise de seus adversários" (*SE*, 7:226), era em particular o reconhecimento da *universalidade* do destino de Édipo que ele estava reivindicando. Eu defendi, na parte 1, que a melhor defesa da tese de Freud está, não na controvérsia antropológica ou sociológica, mas no conceito filosófico de círculo hermenêutico, com sua oscilação entre os pólos do sujeito e do objeto, do eu e do outro. Resta observar, aqui, que Sófocles precede tanto Freud quanto Hegel na consideração de Édipo como um "um indivíduo universal". Após seu auto-reconhecimento, Édipo é expressamente considerado pelo Coro como um "paradigma" (*paradeigm*) (verso 1193) da condição humana[25]. Mas é sobretudo por inscrever a história ontogenética de Édipo no interior do padrão filogenético do enigma da Esfinge que Sófocles afirma o estatuto "paradigmático" de Édipo.

A Esfinge enigmaticamente define o homem em termos do andar e do número de pés. O nome Édipo significa, mais simplesmente, "Pé Inchado", e, porque teve os tornozelos perfurados na infância, ele justifica o nome recebido e tem dificuldades no andar. Como diz Géza Róheim, em sua interpretação do enigma da Esfinge como uma representação da cena primal, "Na verdade somente 'Pé Inchado' pode so-

---

24. Cf. Fry, *"Oedipus the King"*, p. 181. Para a alternância entre *dois* e *três*, pode-se comparar a seqüência de batidas na cena do Porteiro (2.3), e o aparecimento do Terceiro Assassino (3.3), no *Macbeth*.
25. Cf. Knox, *Oedipus at Thebes*, pp. 48-49, 98, 137-138.

lucionar esse enigma dos pés: pois ele é o herói vitorioso da tragédia de Édipo de toda a humanidade"[26]. Não menos importante para a relação entre Édipo e a Esfinge é a forma tripartida do enigma. Édipo, de modo apropriado, mata Laio no local em que os *três* caminhos se encontram, uma vez que é seu próprio destino tornar-se a encruzilhada de *três* gerações. Isso acontece, como vimos em nossa comparação das estruturas de parentesco de Freud e de Édipo no capítulo 1, porque o efeito do incesto de Édipo com Jocasta é deter a passagem do tempo e fazer dele um contemporâneo tanto da geração de seus pais quanto da geração de seus filhos. Além disso, a duplicação dos vínculos de parentesco de Édipo, como "filho e marido" de Jocasta e "irmão e pai" de seus filhos, faz com que ele duplique em sua própria pessoa não apenas a forma tripartida do enigma da Esfinge, mas também as "duas espécies" da própria Esfinge. Assim, a confusão entre *dois* e *três*, que encontramos tanto na encruzilhada quanto na Esfinge, espelha-se no próprio Édipo; e, como tão profundamente reconheceu Nietzsche, Édipo se revela, em última análise, indistinguível do enigma que ele respondeu.

Sófocles, é verdade, de fato não cita o enigma da Esfinge no texto do *Édipo Rei*. No entanto, não pode haver dúvida de que ele o supunha como familiar a seu público e de que o enigma está profundamente entranhado na ação dramática. Em sua súplica inicial a Édipo, em favor do povo tebano, o Sacerdote declara:

> você nos vê, e nossas idades, nós que vimos até aqui,
> a seus altares: alguns não tendo ainda força
> para longos vôos; outros pesados pela idade,
> sacerdotes, eu um de Zeus; e ainda outros escolhidos
> entre os solteiros (versos 15-19).

A divisão tripartida que o sacerdote faz da população de acordo com a idade – crianças, velhos e solteiros – confronta Édipo, desde início, com uma nova marca do enigma da Esfinge, mas ele é incapaz de ver que é isso que ele tem diante de si[27]. De modo análogo, pode-se dizer que, no decorrer de *Édipo Rei*, o próprio Édipo recapitula o enigma da Esfinge de uma forma distorcida: ele inicia a peça nos primórdios da idade adulta, retorna à infância e termina a peça como um homem velho e cego[28]. De um modo mais óbvio, ao provocar Édipo com o enigma de suas origens – "Esse dia vai gerá-lo e vai destruí-lo" (verso 438) – Tirésias deixa claro que a ação da peça deve mostrar Édipo desvendando em seu próprio ser o enigma da identidade humana apresentado em abstrato e na forma impessoal pela Esfinge.

---

26. Róheim, *The Riddle of the Sphinx*, p. 8.
27. Cf. Benardete, " 'Sophocles' *Oedipus Tyrannus*", p. 106.
28. Cf. Segal, *Tragedy and Civilization*, p. 216.

Benardete salientou de modo bastante interessante um sentido no qual pode-se pensar Édipo como situado fora do enigma da Esfinge. Devido ao ferimento de seu pé, acredita ele, Édipo anda com um bordão – isto é, sobre três pernas – mesmo estando na meia-idade; mas esse defeito, "ao colocá-lo fora da característica da espécie, permitiu-lhe ver a característica da espécie"[29]. Se Édipo de fato precisa de um bordão para ajudá-lo a andar é algo difícil de determinar a partir do texto da peça. Mas a observação de Benardete, em todo caso, ganha em complexidade com uma consideração adicional. No próprio enigma da Esfinge, da forma como ele chegou da Antigüidade até nós, as idades dos homens não são, como seria de esperar, dadas na seqüência cronológica:

> Sobre dois pés, mas também, sobre quarto, e sobre três,
> Anda pela terra uma criatura de um nome.
> Sozinha ela muda a forma de tudo que anda
> Sobre a terra ou voa no ar ou nada no mar.
> Mas quando ela vai apoiada sobre quatro pés,
> Então a velocidade é a mais fraca em suas pernas[30].

A sugestão de que a natureza anômala de Édipo foi o que "permitiu-lhe ver a característica da espécie" não necessariamente diminui sua posição como um homem representativo. Mas, na verdade, mesmo essa qualificação é desnecessária, uma vez que a ruptura que Édipo introduz no tempo linear – tanto em seu ser individual quanto na ação da peça – corresponde à ruptura encontrada no enigma da Esfinge. Dessa forma, confirma-se, mais uma vez, a conclusão de que, quando Freud afirma a universalidade do destino de Édipo, ele está meramente retraçando e tornando explícito o círculo hermenêutico estabelecido por Sófocles em *Édipo Rei*.

A descoberta de Freud do complexo de Édipo, como vimos, ocorreu por meio de um erro quase fatal que revelou que o médico que ministrava uma injeção numa senhora idosa era, ele próprio, um paciente que necessitava de análise. A interminabilidade inerente ao trabalho analítico é confirmada pelos vários lapsos inconscientemente motivados de *A Interpretação dos Sonhos*, que exigiram ser interpretados em *A Psicopatologia da Vida Cotidiana*. Essas características constituintes da auto-análise de Freud têm suas contrapartidas simbólicas no *Édipo Rei*. Além de seu significado primário de "Pé Inchado", (*oidos* = inchado; *pous* = pé), a primeira sílaba do nome de Édipo também sugere a palavra grega *oida* ("eu sei"), e, dessa forma, a combinação também pode ser traduzida por "conhece-pé". Toda a tragédia de Édipo está resumida no duplo significado de seu nome, no qual suas preten-

---

29. Benardete, "Sophocles' *Oedipus Tyrannus*", p. 111.
30. Citado em Turner, "Oedipus: Time and Structure", p. 44.

sões ao conhecimento são ridicularizadas pela lembrança de sua identidade como criança abandonada[31]. Mesmo o significado "inchado" sugere o tema do conhecimento, tanto quanto o da sexualidade, uma vez que, como assinalou Theodore Thass-Thienemann:

> O verbo grego oidao "inchar, ficar inchado", denota o intumescimento físico, mas também se refere ao traço característico específico de "ser inflado", "fermentar", "ser incômodo". [...] Édipo, o solucionador de enigmas, está inflado e enfatuado por seu "conhecimento", mas esse conhecimento "se estufa", dizia o apóstolo Paulo (1 *Coríntios* 8, 1-3). A conseqüência lógica desse enfatuamento é tropeçar e errar[32].

O significado do coxear de Édipo, assim como o dos lapsos de Freud, está em que um certo "tropeçar e errar" deve inevitavelmente acompanhar – e barrar – o herói "inflado" em sua busca de autoconhecimento[33].

Uma das manifestações do "tropeçar", ou da repressão na autoanálise de Freud, lembremo-nos, é o deslocamento na temporalidade, em conseqüência do qual ele está tanto vagamente consciente "por antecipação" de suas descobertas quanto vivencia seu pleno impacto só tardiamente, por meio da ação "*a posteriori*". Sófocles criou uma tensão desse tipo entre o ritmo de aceleramento e de adiamento da trama de *Édipo Rei*. Próximo ao final de sua segunda fala, Édipo expressa sua impaciência por Creonte não ter ainda retornado do oráculo de Apolo:

> E já quando o dia é medido pelo tempo,
> me inquieto com o que ele faz; pois além do provável
> ele se foi, mais que o tempo apropriado (versos 73-75).

No entanto, justamente quando Édipo acaba de falar, o Sacerdote anuncia que Creonte se aproxima: "Mas você falou de modo oportuno: esses homens agora mesmo / estão me fazendo sinal de que Creonte se aproxima" (versos 78-79). De modo análogo, quando o Coro insiste em que Édipo consulte Tirésias, ele responde: "Nem deixei essa questão entre as coisas que negligenciei" (verso 287). E logo após a declaração de Édipo, "E durante todo esse longo tempo, fico imaginando por que ele não está aqui" (verso 289), o Coro saúda a chegada do vidente "no qual / somente entre os homens a verdade é nativa" (versos 298-299). Essas hesitações imperceptíveis, nas quais se percebe que uma ação anunciada já ocorreu, exemplificam o modo como tanto o presente quanto o futuro são tragados pelo passado em toda a peça.

A tensão entre movimentos antitéticos de aceleramento e adiamento é uma expressão direta da estrutura auto-analítica de *Édipo Rei*,

---

31. Cf. Vernant, "Ambigüidade e Inversão", p. 483.
32. Thass-Thienemann, "Oedipus and The Sphinx", p. 11.
33. Cf. Hay, *Oedipus Tyrannus*, p. 108.

na qual a busca de Édipo por si mesmo é, simultaneamente, uma fuga de si mesmo. Enquanto Édipo, o tempo todo, deseja levar avante sua investigação, Tirésias, em sua primeira entrada, revela um temor subterrâneo diante da descoberta iminente:

> Ai de mim, como é terrível ter a sabedoria quando ela não traz benefício algum a quem é sábio! Pois eu sei bem dessas coisas, mas eu as esqueci, ou então não teria vindo aqui (versos 316-318).

O mesmo contraste entre o incansável movimento de avanço de Édipo e a apreensão de Tirésias reaparece, num nível social mais baixo, no encontro entre o Mensageiro de Corinto e o Pastor Tebano, os dois que salvaram Édipo na infância[34]. O Mensageiro espontânea e loquazmente fornece as informações, ignorando seu significado verdadeiro; o Pastor tem de ser pressionado para revelar a verdade, de cujo horror ele está por demais consciente. A luta que surge no intercâmbio entre Édipo e os vários personagens que buscam retardar sua investigação – Tirésias, Jocasta e o Pastor – pode ser mais bem compreendida como uma representação externalizada da divisão existente no interior de sua mente. Que se trata disso fica especialmente claro no caso de Tirésias, que, como um "vidente cego", num sentido oposto ao de Édipo, é seu estranho oposto[35]. A inversão pela qual, ao cegar a si mesmo, Édipo se torna indistinguível de Tirésias está incluída no padrão mais amplo pelo qual ele se revela como encarnação do enigma da Esfinge.

Como a ação de *Édipo Rei* consiste na solução por Édipo do enigma da Esfinge uma segunda vez, toda a peça é estruturada por meio de uma ação "*a posteriori*". O tema da repetição é elaborado por Sófocles com sutileza extraordinária[36]. Se Tirésias pode ser assimilado não apenas à Esfinge, mas também ao oráculo de Delfos, que mandou Édipo embora "desonrado" (*atimon*) (verso 789), quando ele procurou conhecer a verdade sobre seus pais, então a disputa com Creonte, que imediatamente se segue, se torna um reencenamento do assassinato original de Laio por Édipo, após sua consulta frustrada ao oráculo. Se, além disso, aceitamos a idéia de que a peça encena a regressão de

---

34. Cf. Knox, *Oedipus at Thebes*, p. 96; e Reinhardt, *Sophocles*, p. 122.

35. Sobre Édipo e Tirésias, cf. Róheim, "Teiresias and Other Seers", p. 315; e Rado, "*Oedipus the King*", p. 228. Para um detalhamento da equiparação de Róheim entre Édipo e Tirésias, cf. o artigo exploratório de Caldwell, "The Blindness of Oedipus".

36. Para os diversos exemplos de repetição citados neste parágrafo, cf. Cameron, *The Identity of Oedipus the King*, p. 125; Kanzer, "The Oedipus Trilogy", p. 565; Segal, *Tragedy and Civilization*, p. 223; e Turner, "Oedipus: Time and Structure", p. 50. Sobre as afinidades entre Laio e a Esfinge, cf. Reik, "Oedipus and the Sphinx", pp. 321-322; e Turner, "Oedipus: Time and Structure", p. 45.

Édipo até sua infância e de que sua volta do palácio, após o autocegamento, é um renascimento simbólico, do útero materno, então seu pedido de ser exilado para o Monte Citéron (versos 1451-1454) é o de um reencenamento da expulsão de Tebas que ele sofrera na infância. Mesmo o confronto com Laio na encruzilhada, onde Laio dá o primeiro golpe, pode ser considerado como uma repetição da violência contra Édipo na infância. A peste que assola Tebas no início da peça – uma maldição de esterilidade provindo da união incestuosa entre Édipo e Jocasta – duplica o assolamento anterior da cidade imposto pela Esfinge, a punição, de Laio e Jocasta, pelo crime de tentativa de infanticídio. E, na medida em que a ação de cegar a si próprio funde o simbolismo do incesto com o do parricídio, ela lembra a derrota da Esfinge, que encarna aspectos tanto de Laio quanto de Jocasta. Devido ao processo interminável de adiamento e antecipação em *Édipo Rei*, nunca se está meramente num único ponto da ação, mas cada momento remete a um outro ponto anterior ou posterior do mito.

O reconhecimento de que Tirésias e Édipo encarnam duas metades de uma única psiquê irá nos permitir tomar uma posição quanto à questão delicada sobre se Édipo tem consciência de ter cometido os crimes do incesto e do parricídio. O defensor mais veemente da resposta afirmativa é Philip Vellacott, que sustenta que Sófocles elaborou uma "peça oculta" para leitores ou espectadores particularmente astutos, na qual um Édipo que se reconhece culpado, mas mesmo assim magnânimo, decide que o melhor modo de salvar a cidade é "fazer com que a verdade seja revelada aparentemente por acidente, em resultado de uma investigação iniciada por ele próprio"[37]. Apresentada assim toscamente, a tese de Vellacott é pouco convincente e, merecidamente, recebeu condenação geral. No entanto, ela contém um núcleo de verdade, que muitas vezes é ignorado por aqueles que a desqualificam completamente.

Para revelar esse núcleo de verdade, é necessário apenas substituir a pressuposição de Vellacott de um Édipo deliberadamente se auto-incriminando numa "peça oculta" esotérica com a tese psicanalítica de um conhecimento inconsciente. Em outras palavras, da mesma forma que Freud no decorrer de sua auto-análise, o Édipo de Sófocles possui a "cegueira do olho que vê" e está no "estranho estado mental no qual ao mesmo tempo se sabe e não se sabe de uma coisa" (*SE*, 2:117). Sem dúvida, após a entrevista com Tirésias, que explicitamente lhe diz: "Eu digo que você é o assassino que você está tentando encontrar" (verso 362), Édipo está, pelo menos num nível, de posse da verdade que ele continua a buscar. Mas, se Tirésias fala com a voz do próprio inconsciente de Édipo, é plausível sugerir que a consciência reprimida de Édipo de sua condição está com ele desde o início da peça.

---

37. Vellacott, *Sophocles and Oedipus*, p. 137.

Essa linha de argumentação foi veementemente contestada por Brian Vicker. De acordo com ele, o "deslocamento da cronologia" introduzido na peça por Sófocles – relativo à suposta morte de Édipo quando criança, a própria convicção de Édipo de que ele é o filho de Pólibo e Mérope, e o relato de que Laio foi morto por um bando de ladrões – "não apenas torna impossível a Édipo inferir corretamente quem ele é, e por que, mas também lhe garante a inocência"[38]. Mas, embora Vickers esteja certo em chamar a atenção para as "suposições falsas" que orientam o comportamento de Édipo e de Jocasta, a conclusão que ele extrai quanto à inevitabilidade da ignorância de Édipo não se segue necessariamente. Ao contrário, essas suposições equivocadas são vistas mais corretamente como o que Freud chamava de "conexões falsas", que fazem parte da formação dos sintomas neuróticos, como uma fachada de auto-engano que gradualmente é destruída pelo trabalho analítico da peça[39].

Em particular, o segundo desses "deslocamentos" – a convicção de Édipo de que ele é o filho de Pólibo e Mérope – não resiste a um exame cuidadoso. Em sua narrativa a Jocasta (versos 779-799), Édipo diz que ele foi levado a consultar o oráculo de Delfos devido a uma acusação feita por um bêbado, que lhe dissera que ele não era filho verdadeiro de Pólibo. Mas, ao chegar ao oráculo de Delfos, Édipo recebe apenas a profecia de que ele iria matar o pai e se casar com a mãe, mas *não* recebe a informação de quem seriam seus pais. Assim, sua decisão de fugir o mais longe possível de Corinto desmente a incerteza que o havia inicialmente conduzido até o oráculo, e revela uma brecha na fachada de sua ignorância[40]. É esse o momento da peça que mais corretamente justifica as afirmações de Freud em *Uma Breve Descrição da Psicanálise* (1940):

> A ignorância de Édipo é uma representação legítima do estado inconsciente no qual, para os adultos, caiu toda a experiência; e o poder coercitivo do oráculo, que torna ou deveria tornar o herói inocente, é o reconhecimento da inevitabilidade do destino que condena todo filho a vivenciar o complexo de Édipo (*SE*, 23:191-192).

Mesmo para Édipo, "toda a experiência" do incesto e do parricídio caiu num "estado inconsciente", e as profecias do oráculo são, dessa forma, projeções externalizadas de seus próprios desejos inadmissíveis.

---

38. Vickers, *Towards Greek Tragedy*, p. 541, nota 9.
39. Sobre o conceito de Freud de "falsas conexões" e seu uso inicial para descrever os mecanismos da transferência na análise, cf. *Estudos sobre a Histeria*, *SE*, 2:67-70, 302-303.
40. Cf. Kaplan, "Dream at Thebes", p. 13; e Vellacott, *Sophocles and Oedipus*, p. 115. Para uma negação pouco convincente de que essa inconsistência possua um significado psicológico, cf. Vernant, "Oedipe sans complexe", pp. 92-93.

Sugerir que os próprios desejos de Édipo de incesto e parricídio existem numa forma reprimida pode parecer paradoxal diante do fato de que ele efetivamente cometeu esses atos. Na verdade, em *A Interpretação dos Sonhos*, Freud coloca como base de seu contraste entre *Édipo Rei* e *Hamlet* a observação de que, no *Édipo Rei*, "a fantasia do desejo da criança a ele subjacente é trazida à tona e realizada como aconteceria num sonho", enquanto em *Hamlet*, "ela permanece reprimida; e – como acontece no caso de uma neurose – nós apenas ficamos sabendo de sua existência a partir de suas conseqüências inibidoras" (*SE*, 4:264). O argumento de Freud relativo ao aumento da repressão, como sabemos, é levado adiante por Rank, que via em *Don Carlos*, de Schiller, uma terceira representação, ainda mais atenuada, de fantasias edípicas subjacentes.

O contraste de Freud entre *Édipo Rei* e *Hamlet* sem dúvida possui validade considerável. Hamlet, afinal, ao contrário de Édipo, não matou efetivamente o pai nem se casou com a mãe. No entanto, como indica até mesmo a referência de Freud aos sonhos, é impossível manter uma distinção rígida entre as peças de Sófocles e de Shakespeare. Assim como os sintomas neuróticos, os sonhos são formações conciliadoras, nas quais os desejos ilícitos que buscam se manifestar são bloqueados pela força da censura, e não experiências inequívocas de gratificação (de modo curioso, o próprio Freud reconhece que, da mesma forma que os "dois sonhos típicos" da história de Édipo, quando sonhados por adultos, são acompanhados por sentimentos de repulsa, também a lenda deve incluir horror e autopunição" (*SE*, 4:264), mas as implicações dessa percepção não estão integradas ao resto de sua discussão). Em *Édipo Rei*, aliás, a peça mantém um equilíbrio entre os impulsos de defesa e de desejo porque Édipo é descrito como tendo cometido suas ações do incesto e do parricídio *involuntariamente* e porque são suas próprias tentativas de evitar seu destino que provocam sua concretização[41]. A auto-análise de Édipo, em resumo, já é um fenômeno *secundário*, e – longe de ser "trazida à tona" – a dinâmica psicológica aí em ação se manifesta unicamente de forma distorcida.

Numa aplicação reveladora do conceito de ação "*a posteriori*" ao *Édipo Rei*, tomando o assassinato de Laio como a "primeira cena" na formação do trauma e a descoberta de Édipo de sua culpa como a "segunda cena", Cynthia Chase escreve: "A pessoa que efetivamente encena o parricídio e o incesto ignora totalmente a experiência – até depois do fato, quando o parrincesto está inscrito como um palimpsesto e pode pela primeira vez ser lido"[42]. A fórmula de Chase permanece inalterada, quer definamos a "primeira cena", como fizemos, como a solução do enigma da Esfinge, quer a definamos como o assassinato

---

41. Cf. van der Sterren, "The 'King Oedipus' of Sophocles", pp. 343-345.
42. Chase, "Oedipal Textuality", p. 58.

de Laio. Em ambos os casos, é possível concluir que Édipo, além de *ser* o inconsciente, se revela, no decorrer de sua peça, como também *tendo* um inconsciente.

A questão da consciência de Édipo de sua própria condição em *Édipo Rei* está vinculada à persistente controvérsia quanto a sua culpa ou inocência. Evidentemente, assumindo a posição de que se deve atribuir a Édipo um conhecimento inconsciente de seus crimes, não posso aceitar os pontos de vista desses críticos – que remontam a Corneille – que insistem em sua total inocência[43]. Muito mais satisfatória é a noção paradoxal de Hegel de uma "culpa da inocência" de Édipo. Embora Édipo sem dúvida não pretendesse cometer suas transgressões contra a família, e seja apresentado como um governante dedicado ao bem-estar de sua cidade, não se deve ignorar que ele domina a ação a cada momento. Assim, a nêmesis que o atinge também nos atinge, não como algo arbitrariamente imposto de fora, mas antes – nas palavras de Hegel – como "a igual reação à ação do próprio transgressor"[44]. A culpa de Édipo é salientada pela ira selvagem que ele dirige contra Tirésias e Creonte, bem como pelo ceticismo que ele e Jocasta manifestam com relação aos oráculos divinos[45]. Dizer isso não é negar que a suspeita de Édipo de uma conspiração entre Tirésias e Creonte tenha alguma plausibilidade, especialmente diante de sua convicção de que está sendo acusado injustamente, mas o caráter excessivo de sua ira é uma indicação de que Édipo está menos confiante em sua inocência do que poderia parecer e comportando-se irracionalmente. Talvez o comentário mais profundo quanto à falsidade da posição de Édipo seja o de Paul Ricoeur:

> No início da peça, Édipo invoca maldições contra a pessoa desconhecida que é responsável pela peste, mas exclui a possibilidade de que a pessoa possa de fato ser ele próprio. Todo o drama consiste na resistência e queda final dessa suposição. [...] Assim, Édipo torna-se culpado precisamente devido a sua pretensão de excluir a si próprio de um crime de que, em termos éticos, ele de fato não é culpado[46].

A análise de Ricoeur captura de forma magnífica o modo como Édipo pode ser considerado inocente e culpado ao mesmo tempo, e revela como é a estrutura da ação "*a posteriori*" em *Édipo Rei* que torna Édipo culpado no decorrer da investigação de um crime do qual ele era originalmente inocente.

---

43. Para essa concepção, cf., além de Dodds, "On Misunderstanding the *Oedipus Rex*", Whitman, *Heroic Humanism*, pp. 122-145, e o extenso ensaio em três partes de Gould, "The Innocence of Oedipus".
44. Hegel, *O Espírito do Cristianismo*, em *Early Theological Writings*, p. 230.
45. Para uma discussão equilibrada da natureza culpada do ceticismo de Édipo e Jocasta, cf. Winnington-Ingram, *Sophocles: An Interpretation*, pp. 179-204. Sobre "a força cegante da impetuosidade e autoconfiança de Édipo" na cena com Creonte, cf. Kirkwood, *A Study of Sophoclean Drama*, p. 172.
46. Ricoeur, *Freud and Philosophy*, p. 516.

Os julgamentos equivocados mais críticos de *Édipo Rei* são devidos a um desequilíbrio excessivo para um lado ou outro de uma equação dialética. Assim como é necessário ver Édipo tanto como inocente quanto como culpado, também suas ações são tanto livres quanto determinadas pelos deuses. Os erros complementares são os de, por um lado, C. M. Bowra, que afirma que "a peça mostra o poder dos deuses, a cada momento importante de seu desenvolvimento, e não deixa qualquer dúvida quanto às intenções teológicas do poeta"[47], e, por outro lado, os de Cedric Whitman, que sustenta que "a própria ação da peça [...] é motivada pelo livre-arbítrio do herói" e que Édipo jamais é "considerado [...] moralmente culpado"[48] por Sófocles. Mas a verdade é que, recorrendo aqui a uma adaptação das observações de Hegel sobre a *Antígona*, tanto o Sófocles "teológico" de Bowra quanto o Sófocles "heróico-humanista" de Whitman estão corretos, na medida em que articulam uma verdade parcial, e incorretos, na medida em que excluem um o ponto de vista do outro. Entre os românticos alemães, Schelling, de modo típico, tocou o ponto certo, ao afirmar ousadamente sobre *Édipo Rei* que a "liberdade absoluta é, ela própria, necessidade absoluta", um paradoxo que recebe uma reformulação mais branda no reconhecimento de Bernard Knox de que "na peça que Sófocles escreveu, o arbítrio do herói é absolutamente livre, e ele é totalmente responsável pela catástrofe", e no entanto, "a peça é uma afirmação aterradora da verdade da profecia"[49].

Nos próprios termos de Sófocles, *Édipo Rei* é um profundo drama religioso. Uma leitura psicanalítica da peça, no entanto, deve concentrar-se no homem e não nos deuses. Atribuindo a história de Édipo a uma "reação da imaginação a esses dois sonhos típicos" do incesto e do parricídio, Freud vê a dramatização de Sófocles do mito como "uma revisão secundária, e equivocadamente concebida, do material, que buscou explorá-lo com finalidades teológicas" (*SE*, 4:264). Mas, embora Freud simplesmente descarte as dimensões religiosas de *Édipo Rei*, acredito que seja mais produtivo e mais equilibrado afirmar que as percepções apreendidas de um modo pela psicanálise podem ser formuladas de modo um pouco diferente por outros métodos de investigação. Com relação ao funcionamento da ironia dramática na peça, por exemplo, Jean-Pierre Vernant observa que "a linguagem de Édipo aparece, dessa forma, como o lugar em que dois discursos diferentes se entretecem e se confrontam reciprocamente na mesma linguagem: um discurso humano, um discurso divino"[50]. A afirmação de Vernant é

---

47. Bowra, *Sophoclean Tragedy*, p. 175.
48. Whitman, *Heroic Humanism*, pp. 141 e 124.
49. Knox, *Oedipus at Thebes*, pp. 5 e 43.
50. Vernant, "Ambigüidade e Inversão", p. 478. Cf. também Dimock, "Oedipus: The Religious Issue".

válida em seus próprios termos e pode nos lembrar das teorias de Hölderlin relativas à natureza da tragédia, mas não é necessária nenhuma modificação violenta para se reconciliar o que ele diz sobre a estrutura dos enigmas com as categorias psicanalíticas do conhecimento consciente e inconsciente. De modo análogo, quando Karl Reinhardt afirma que *Édipo Rei* se concentra na descrição da "ilusão e verdade como as forças opostas entre as quais o homem está atado"[51], é, mais uma vez, fácil correlacionar a definição heideggeriana das "forças em oposição" da vida com as dualidades de Freud. Compreendidas de modo apropriado, as perspectivas teológica, existencial e psicanalítica são todas sensíveis à qualidade dialética de *Édipo*, e devem salientar-se, e não diminuir-se, reciprocamente.

Além de abordar a peça como um drama da auto-análise, no entanto, a contribuição da psicanálise está em insistir na importância irredutível do tema do incesto na arte de Sófocles. A duplicação dos vínculos de parentesco, que resulta da união incestuosa de Édipo com Jocasta, é refletida no princípio de "condensação" que governa a estrutura da peça como um todo[52]. Pois, não apenas Jocasta é tanto esposa quanto mãe de Édipo, mas o Mensageiro de Corinto, que a princípio entra em cena para trazer a Édipo notícias da morte de Pólibo, se revela também como o homem que deu Édipo a Pólibo e Mérope, na infância. De modo análogo, o Pastor Tebano, originalmente chamado por ter sido a única testemunha sobrevivente do assassinado de Laio, é também o homem que levou Édipo de Jocasta e o entregou ao Mensageiro. Essa função dupla dos personagens secundários, tanto no presente quanto no passado, serve aos fins de economia da obra, mas também carrega a verdade psicológica de que, para Édipo, que é ao mesmo tempo "filho e marido", o presente *é* o passado.

A doutrina do complexo de Édipo afirma que a mulher com quem o indivíduo (homem) comum escolhe se casar será *parecida* com sua mãe. Mas Édipo, devido ao princípio de "condensação" que controla seu destino, transforma a semelhança em identidade e se casa com a mulher que *é* sua mãe. Isto é, Édipo não possui a diferença compensadora criada pela passagem do tempo e, dessa forma, vivencia a compulsão à repetição, não de modo figurado, mas como uma verdade literal. Mas, como acontece com a incapacidade de Freud de fugir à "situação ideal da infância", a mesma compulsão que torna trágico o destino de Édipo também o torna heróico, pois ele vivencia e estabelece o padrão que o restante de nós reproduz apenas de uma forma atenuada.

---

51. Reinhardt, *Sophocles*, p. 134.
52. Sobre a aplicação do conceito freudiano de "condensação" ao *Édipo Rei*, cf. Hartman, "The Voice of the Shuttle", pp. 347-348.

11. Incesto e Enterro

Todo estudo das interrelações entre as peças tebanas de Sófocles deve começar pelo reconhecimento de que elas não formam uma trilogia. *Antígona*, a primeira na ordem de composição, foi provavelmente elaborada em 442 a.C., e *Édipo Rei*, por volta de 425, durante a peste, no sexto ano da Guerra do Peloponeso; *Édipo em Colona*, escrita em 406, pouco antes da morte de Sófocles aos noventa anos de idade, foi representada pela primeira vez postumamente, em 402[1]. As dificuldades de interpretação devem-se também ao fato de que nada se sabe com certeza sobre as outras duas peças que eram representadas junto com cada uma dessas peças, e que podiam ou não ter seu tema relacionado com o delas. Deve-se ter em mente, além disso, que cada uma das três peças forma um todo independente, sem necessidade de ser relacionada a uma seqüência mais ampla[2].

1. A numeração dos versos para todas as citações de Ésquilo e de Sófocles será dada entre parênteses no texto. Sobre a datação de *Antígona*, cf. Ehrenberg, *Sophocles and Pericles*, pp. 135-136; e sobre a de *Édipo Rei*, cf. Knox, "The Date of the Oedipus Tyrannus". Sobre *Édipo em Colona*, sigo Jebb, na Introdução a *The Plays and Fragments*, 2:xxxix-xl.

2. Sobre o abandono da forma da trilogia por Sófocles, cf., além de Knox, *The Heroic Temper*, pp. 2-3; Lesky, *Greek Tragic Poetry*, pp. 187-188. Esse desenvolvimento torna provável que as peças perdidas que acompanhavam cada uma das peças tebanas *não* fossem tematicamente dependentes e, dessa forma, justifica a remoção das três obras que estamos abordando de seus contextos individuais, para poder considerá-las juntas. Minha discussão da unidade do ciclo de Édipo se beneficiou da leitura de Mangan, "From Progression to Pattern".

Apesar dessas considerações importantes, gostaria de salientar a unidade do ciclo de Édipo. Sem dúvida, existem inconsistências de pequena monta de uma peça para outra: a morte "abominável e vergonhosa" (verso 50) atribuída a Édipo por Ismene, em *Antígona*, contradiz o relato miraculoso de sua morte em *Édipo em Colona*; e, em *Antígona*, Creonte elogia o Coro (versos 168-170) por sua lealdade aos filhos de Édipo, após a morte do pai e pede que ele agora o apóie, enquanto em *Édipo Rei*, Creonte assume o poder imediatamente, e não há qualquer reivindicação por parte de Etéocles e Polinice.

Mas essas discrepâncias são sobrepujadas pela comprovação das continuidades ligando as três peças. Em *Édipo em Colona*, sobretudo, fica claro que Sófocles buscou estabelecer vínculos com *Édipo Rei*. Num sentido amplo, a trama de *Édipo em Colona* constitui uma inversão e reversão da anterior: em vez de um movimento da força para a fraqueza, há um movimento da fraqueza para a força; e Édipo, em vez de tentar escapar às predições dos oráculos, agora se alinha às forças que buscam seu cumprimento[3]. Os paralelos entre *Édipo Rei* e *Édipo em Colona* são anunciados já na primeira palavra, uma vez que a palavra com que o velho Édipo se dirige à sua filha Antígona, *teknon* ("filha"), lembra a que o orgulhoso rei dirige a seu povo reunido, *tekna* ("filhos"). Além disso, as falas de Édipo, na abertura de ambas as peças, têm, cada uma, treze versos e estão divididas em unidades de oito e cinco versos, marcados pela transição *alla* ("mas")[4]. Mais significativo, Sófocles, em *Édipo em Colona*, faz com que Édipo aluda (versos 87-95) à sua visita ao oráculo de Delfos, relatada em *Édipo Rei* (versos 788-793), na qual havia sido feita a predição de que ele mataria o pai e se casaria com a mãe, só que, agora, Édipo revela pela primeira vez um novo aspecto da profecia – que ele encontraria seu lugar de descanso final no arvoredo das Fúrias, de onde se tornaria uma bênção para seus amigos e uma maldição para seus inimigos. Essa referência direta a *Édipo Rei*, em *Édipo em Colona*, e a transposição do destino de Édipo para um novo registro, sintetiza a continuidade entre as duas peças. Por fim, deve-se notar que em *Édipo em Colona*, Sófocles tenta atenuar as discrepâncias anteriores entre os relatos da sucessão ao trono tebano, uma vez que Ismene explica (versos 367-373) que os dois filhos – que, afinal de contas, eram meninos à época da queda de Édipo – haviam *a princípio* concordado em renunciar ao trono em favor de Creonte, apenas para mudar de idéia e lutar entre si, ao se tornarem mais velhos. Seja nosso veredito de que o esforço de Sófocles em obter coerência foi habilidoso inábil, isso não é tão importante quanto o fato de que ele faz esse esforço, pois o mero empenho revela seu desejo de preservar a unidade do ciclo de Édipo.

---

3. Cf. Adams, "Unity of Plot in the *Oedipus Coloneus*", p. 139.
4. Cf. Burian, "Suppliant and Savior", p. 429, nota 48.

Se em *Édipo em Colona* Sófocles retoma em *Édipo Rei*, ele também não ignora a *Antígona*. Após seu vão apelo de apoio de Édipo, Polinice implora a Antígona e Ismene (versos 1409-1410) que o enterrem, caso ele morra em sua iminente expedição contra Tebas. *Édipo em Colona* termina, da mesma forma, com o pedido de Antígona a Teseu (versos 1767-1772) de que a envie junto com Ismene de volta à "antiga Tebas", para tentar impedir o iminente derramamento de sangue entre seus dois irmãos. Os paralelos temáticos entre *Édipo Rei* e *Antígona* são estabelecidos primordialmente por meio da personagem de Tirésias, na medida em que o recurso explícito à metáfora da cegueira, no caso de Édipo, torna seu confronto com o profeta um reencenamento de caráter mais profundo do confronto com Creonte na peça anterior. Ambos os governantes usam a palavra *kerdos* ("lucro") para contestar os motivos de Tirésias e, assim, são mostrados por Sófocles como esquecendo-se de seu próprio benefício espiritual[5]. *Édipo em Colona* é o nó que unifica o ciclo de Édipo, mas é provável que Sófocles pretendesse que seus espectadores se lembrassem de *Antígona*, ao ver *Édipo Rei* representado no Teatro de Dionísio; e a magnitude de sua realização é salientada com impacto quando se observa que esse entrelaçamento entre peças escritas a intervalos tão grandes é um fenômeno único entre as tragédias gregas que chegaram até nós[6].

Na verdade, o caráter notável dos vínculos entre as peças tebanas de Sófocles pode ser mais bem apreciado por nós – leitores modernos de posse de textos escritos – que por seus contemporâneos, numa cultura predominantemente oral. Pois, conhecendo, como nós conhecemos, a seqüência na qual as peças foram compostas, bem como fato de que elas narram uma história contínua, somos impelidos a lê-las simultaneamente em *dois* arranjos diferentes: a ordem da composição (*Antígona*, *Édipo Rei* e *Édipo em Colona*) e a ordem do desdobramento da trama (*Édipo Rei*, *Édipo em Colona* e *Antígona*). Segue-se disso que a peça central em qualquer discussão do ciclo de Édipo como um todo é *Antígona*, uma vez que pode ser considerada tanto como o início quanto como o fim. Um outro corolário está no fato de que o ciclo de Édipo possui dois finais – *Antígona* e *Édipo em Colona* – que determinam e reagem um ao outro. Isso reformulado em termos mais teóricos significa que a conseqüência do duplo arranjo das peças tebanas está em que elas nos convidam a uma leitura ao mesmo tempo *sincrônica* e *diacrônica*. O uso do termo "ciclo de Édipo" parece extremamente

---

5. Cf. Reinhardt, *Sophocles*, pp. 99-100. Sobre o uso da metáfora da visão e da cegueira para contrapor o encontro de Édipo com Tirésias ao encontro de Creonte na *Antígona*, cf. Kirkwood, *A Study of Sophoclean Drama*, p. 130. A palavra *kerde* ("lucros") reaparece nos versos 92 e 578 do *Édipo em Colona*, onde Édipo fala dos benefícios que trará para os que o receberem. Sobre os significados antitéticos dados a *kerdos* por Antígona e Creonte em *Antígona*, cf. Segal, "Sophocles' Praise of Man".

6. Cf. Rosenmeyer, "The Wrath of Oedipus", pp. 92-93.

apropriado, pois a palavra "ciclo" é derivada do termo grego *kuklos*, que significa "círculo". O duplo estatuto de *Antígona* como peça inicial tanto quanto peça final – e a necessidade de ter-se em mente a seqüência tanto da composição quanto da fábula – distingue significativamente o trabalho de Sófocles de uma trilogia típica como a *Orestíada*.

O caráter apropriado de uma leitura tanto sincrônica quanto diacrônica justifica o recurso ao estruturalismo para uma abordagem do ciclo de Édipo. Mas há uma segunda justificativa para o recurso à análise estruturalista que reforça a justificativa derivada de nosso conhecimento das datas em que as peças foram escritas. Como já observamos sob vários pontos de vista, a conseqüência do incesto de Édipo é a duplicação dos vínculos de parentesco, que congela a passagem do tempo e torna Édipo contemporâneo tanto da geração de seus pais quanto da geração de seus filhos. Uma vez que os filhos de Édipo são, de certa forma, indistinguíveis dele mesmo, o que *Antígona* nos dá é uma representação externalizada do significado do próprio destino de Édipo. Em virtude das condições especiais criadas pelo tema puramente intrínseco do incesto, uma leitura sincrônica do ciclo de Édipo torna-se não meramente possível, mas obrigatória, e os perigos do "impressionismo" e da excessiva arbitrariedade de interpretação que põem em risco a aplicação de Lévi-Strauss de seu próprio método são, com isso, proporcionalmente reduzidos.

O próprio Édipo não é, naturalmente, um personagem de *Antígona*. Mas, na medida em que a peça encena os desdobramentos de seu destino, ele exerce, mesmo após sua morte, uma influência determinante sobre a ação. Essa é a idéia expressa no que considero ser a interpretação mais penetrante de *Antígona* no século XIX – a de Kierkegaard, no volume I de *Ou/Ou*:

> O que no sentido grego confere interesse trágico é que o triste destino de Édipo ecoa, mais uma vez, na infeliz morte do irmão, no conflito da irmã com uma simples proibição; são, de certa forma, os efeitos posteriores, o destino trágico de Édipo se desdobrando em cada ramificação de sua família. [...] Dessa forma, quando Antígona, desafiando a proibição do rei, resolve enterrar o irmão, nós vemos nisso não tanto uma ação livre da parte dela, quanto uma necessidade do destino, que vinga nos filhos os pecados dos pais. Na verdade, há nisso suficiente liberdade de ação para nos fazer amar Antígona por seu afeto fraterno, mas, na necessidade do destino, há também, de certo modo, uma imposição de nível mais alto, que envolve não apenas a vida de Édipo mas também toda sua família[7].

---

7. Kierkegaard, *Ou/Ou*, 1:154. Não posso abordar aqui as ironias resultantes do uso feito por Kierkgaard de personagens fictícias e contextos literários. Curiosamente, no entanto, ele afirma que "na tragédia grega, Antígona não está de forma alguma preocupada com o destino infeliz do pai" (p. 153).

O principal mérito do comentário de Kierkegaard está em reconhecer a centralidade para, *Antígona*, do tema da maldição da família. Embora admitindo uma certa "liberdade de ação" no enterro que Antígona dá a Polinice, Kierkegaard justificadamente argumenta que o aparecimento da liberdade deve estar subordinado à "necessidade do destino" e que esse destino envolve, em particular, "os efeitos posteriores, o destino trágico de Édipo se desdobrando em cada ramificação de sua família".

Como acontece em boa parte do pensamento de Kierkegaard, sua leitura de *Antígona* implicitamente desafia as idéias dominantes de Hegel. De acordo com Hegel, naturalmente *Antígona* é fundamentalmente um drama político, no qual Antígona e Creonte, como representantes da oposição entre "a lei *divina* e a lei *humana*, a lei do mundo inferior e a lei do mundo superior, uma a *família*, a outra a *soberania do estado*" (*PM*, p. 739), são retratados por Sófocles com igual simpatia. A crítica mais recente tem contestado a afirmação de Hegel de que existe um equilíbrio entre Creonte e Antígona, e desenvolveu-se o consenso de que a balança moral pende nitidamente a favor de Antígona[8]. Kierkegaard vai mais além, no entanto, ao questionar a pressuposição de Hegel de que *Antígona* é mais bem compreendida como uma tragédia política.

A sugestão de que *Antígona* é governada pelo tema da maldição herdada ganha credibilidade a partir dos vínculos entre a peça de Sófocles e a trilogia labdácida de Ésquilo, que lhe conquistou o primeiro prêmio, em 467 a. C. Embora a autenticidade dos últimos cem versos de *Sete contra Tebas* tenha sido posta em questão[9], essa controvérsia não afeta o fato de que a última peça da trilogia de Ésquilo se encerra com a morte de Etéocles e Polinice nas mãos um do outro, durante a bem sucedida expulsão tebana da invasão argiva, incidentes ocorridos logo antes do início de *Antígona*. No primeiro verso de *Antígona*, ela se dirige a Ismene como *autadelphon* ("verdadeira irmã"), uma palavra aparentemente cunhada por Ésquilo, no verso 718 de *Sete contra Tebas*, para descrever a relação entre Etéocles e Polinice[10]; e, no verso 511, Antígona declara que não há desgraça em honrar *tous homosplanchous* ("os do mesmo útero"), uma palavra para

---

8. Cf., por exemplo, Vickers, *Towards Greek Tragedy*, pp. 526-546; Knox, *The Heroic Temper*, p. 113; Reinhardt, Sophocles, p. 77; Funke, "ΚΡΕΩΝ ΑΠΟΔΙΣ"; e Santirocco, "Justice in Sophocles' Antigone".
9. O defensor mais resoluto da autenticidade do final é Lloyd-Jones, "The End of *Seven against Thebes*". Para uma resposta, cf. Dawe, "The End of *Seven against Thebes*". Como corretamente observaram Lupas e Petre, uma avaliação sobre a autenticidade dos versos 1005-1078 "não é, em última análise, uma demonstração filológica, mas sim um veredito de ordem estética" (*Commentaire*, p. 282). Minha convicção pessoal é de que os versos são genuínos.
10. Cf. Willis, "ΑΥΤΑΔΕΔΦΟΣ in the Antigone and The Eumenides", p. 556.

a qual o único outro uso registrado está no verso 890 de *Sete contra Tebas*. Mais instrutiva é a semelhança entre o segundo *stásimon* (versos de 720-791) de *Sete contra Tebas*, no qual Ésquilo recapitula a ação de toda sua trilogia, e o segundo *stásimon* (versos 582-625) de *Antígona*, onde o Coro relata a história da desditosa casa de Lábdaco, usando a metáfora idêntica de uma praia atingida por sucessivas ondas do mar; e tanto o pensamento de Sófocles quanto sua linguagem são diretamente emprestadas de Ésquilo[11].

Em minha análise de *Édipo Rei*, dei grande ênfase ao fato de que Sófocles havia suprimido o tema tradicional da maldição herdada e construído o drama a partir do ponto de vista de Édipo. Em *Antígona*, no entanto, vemos Sófocles apoiando-se em grande parte nessa concepção de Ésquilo da tragédia. Uma comparação entre as duas peças sugere, em primeiro lugar, que é em *Édipo Rei* que Sófocles – embora já nos seus cinqüenta anos de idade e um artista maduro na época em que escreveu *Antígona* – expressa sua própria visão da tragédia de modo mais característico. Mas, ainda mais relevante para a presente discussão é a conclusão complementar de que, se as transgressões de Laio não são relevantes para *Édipo*, mas as de Édipo são essenciais para *Antígona*, então o personagem de Édipo constitui o eixo central em todas as três peças do ciclo de Édipo. Deve-se observar que, sempre que Ismene e Antígona lamentam os desdobramentos da maldição da família em *Antígona*, elas se referem ao casamento incestuoso de Édipo com Jocasta, e *não* a alguma nêmesis mais antiga e na qual Laio tivesse incorrido[12]. A conseqüência da manipulação por Sófocles do tema da maldição herdada, em resumo, é a de fazer sua perspectiva de todo o mito *centrar-se em Édipo* e, dessa forma, alinhar-se projetivamente com a de Freud.

A interpretação de Hegel de *Antígona* em termos dos princípios conflitantes do "mundo superior" e do "mundo inferior" está solidamente fundamentada em provas textuais. Na fala em que Tirésias condena Creonte por seu crime duplo de negar enterro a Polinice e destinar Antígona em vida ao túmulo, ele proclama:

> pois você antes de tudo lançou lá embaixo um dos deste mundo,
> e sem honra deu sepultura a uma alma viva,
> enquanto mantém neste mundo um que pertence aos deuses lá embaixo,
> um corpo insepulto, ultrajado, profanado (versos 1068-1071).

---

11. Cf. Lloyd-Jones, *The Justice of Zeus*, p. 113.
12. Cf. Gould, "The Innocence of Oedipus", parte 3, p. 489. O único traço em Sófocles do tema do rapto de Crísipo por Laio aparece em *Édipo em Colona*, quando Édipo insiste em que os deuses fizeram com que ele cometesse involuntariamente seus crimes de incesto e parricídio: "Talvez eles tenham alguma raiva antiga contra nossa raça" (verso 965). Mas, ao mesmo tempo em que confirma a familiaridade de Sófocles com o material do mito de Crísipo, o caráter oblíquo da alusão mostra como ele é de fato periférico ao ciclo de Édipo.

Num momento anterior da peça, quando Antígona oferece a Creonte sua justificativa filosófica por desobedecer suas ordens, ela afirma:

> Pois não foi Zeus que proclamou essas coisas para mim,
> nem a Justiça que habita com os deuses lá embaixo
> estabeleceu essas leis entre os seres humanos (versos 450-452).

Com relação a esses versos, Karl Reinhardt observou que " 'Zeus' e 'Dike' [a Justiça] são dois termos de uma expressão, aqui, polar", e o que Antígona invoca é, dessa forma, "o que tudo envolve, o todo do qual essa ação dela é uma parte"[13]. Uma "expressão polar" análoga é encontrada na imprecação de Tirésias a Édipo, em *Édipo Rei*:

> Você sabe de quem você vem? E você ignora que é odiado
> pelos de seu próprio sangue sob ou sobre a terra (versos 415-416).

Mais uma vez, o comentário de Reinhardt é extremamente pertinente:

> "Sob" e "sobre a terra" são dois extremos polares que representam toda a gama de parentescos de sangue, como na profecia de *Antígona* [1068-1073], na qual a totalidade de toda a natureza é expressa pelas expressões "este mundo" e "abaixo", "vivo" e "um cadáver"[14].

Ao nos remeter à acusação que Tirésias faz a Creonte, em *Antígona*, Reinhardt indica a recorrência da oposição entre os domínios da vida e da morte em todo o ciclo de Édipo.

Mas é precisamente o vínculo temático de *Antígona* com *Édipo Rei* que revela, não a inexatidão, mas a incompletude da leitura hegeliana. Pois, se "expressões polares" de um tipo análogo persistem nas outras peças tebanas de Sófocles, uma análise estruturalista sugere imediatamente que esses "pares de opostos" devem ser vistos como parte de um sistema único. E basta apenas uma simples transição do estruturalismo para a psicanálise, para se notar que esses cruzamentos binários entre vida e morte remontam todos à confusão primordial das categorias no incesto.

O autocegamento de Édipo com os broches de Jocasta, em *Édipo Rei*, sustentei anteriormente, torna explícita por meio de um reencenamento a equiparação entre amor e morte que é inerente ao ato original do incesto. Além da polaridade entre "este mundo" e "os deuses lá embaixo", uma confusão entre os opostos da morte e da sexualidade

---

13. Reinhardt, *Sophocles*, p. 76.
14. *Idem*, p. 109. Alterei as traduções dos termos citados para deixá-los em conformidade com minhas próprias traduções.

impregna toda *Antígona*. Ao seguir para sua cripta subterrânea, Antígona diz: "Oh, sepultura, oh, câmara nupcial" (verso 891), e o Coro alude ao aprisionamento de Dánae numa "câmara nupcial sepulcral" (verso 947). De modo análogo, o tributo do Coro às realizações do homem que inspiram reverência, na "ode ao homem", caracteriza-se apenas – e completamente – pelo fato de que "Do Hades somente / ele não sabe como fugir" (versos 361-362); mas, no terceiro stásimon, é do amor (verso 787) que não há como fugir[15]. Se, como acredito, essas "expressões polares" não podem ser adequadamente compreendidas sem uma referência ao incesto, a atenção de Hegel aos temas políticos dá conta apenas do nível do "conteúdo manifesto" e precisa ser complementada pelo reconhecimento kierkegaardiano e psicanalítico de que a obsessão com o enterro, na peça, é determinada em termos do "conteúdo latente" pela "necessidade do destino, que vinga nos filhos os pecados dos pais".

Ambas as minhas hipóteses – de que a permutabilidade do tema do enterro é uma conseqüência do retorno proibido de Édipo ao útero de Jocasta e de que a própria Antígona é motivada por impulsos incestuosos – provavelmente irão se deparar com um considerável ceticismo por parte de alguns setores. Um protesto veemente é o de A. J. A. Waldock:

> Eu gostaria de sugerir que podemos descartar todas as idéias de Antígona como anormais. [...] Se a categorizamos como submetida a uma fixação, isso ocorre principalmente, acredito, porque estamos presos a uma fantasia por tais fixações e por um desejo, por princípio, de encontrá-las[16].

Mas a objeção de Waldock a uma abordagem psicológica de Antígona é suplantada pela prova de que ela é impelida a enterrar Polinice, em grande parte, por um anseio pela morte. No início da peça, quando Creonte adverte o Coro para que não preste conforto aos que cometeram o ato traiçoeiro do enterro, o Coro responde: "Ninguém é tolo a ponto de amar morrer" (verso 220). Inadvertidamente, ao descartar a idéia de uma pessoa que possa "amar morrer", o Coro toca na verdadeira explicação para a conduta de Antígona[17]. Em todo o prólogo, Ismene busca dissuadir Antígona de seu empreendimento insensato, dizendo-lhe: "Você tem um coração quente para coisas frias" (verso 88). Mais uma vez, o diagnóstico é inteiramente exato, pois o "coração quente" de Antígona é sua paixão, e as "coisas frias", o im-

---

15. Cf. Santirocco, "Justice in Sophocles' *Antigone*", p. 191. Sobre o "tema da morte-como-um-casamento" na peça, cf. também Goheen, *The Imagery of Sophocles' Antigone*, pp. 37-41.
16. Waldock, *Sophocles the Dramatist*, p. 109.
17. Cf. Benardete, "A Reading", parte 1, p. 176. Minha própria interpretação de *Antígona* deve muito ao extenso comentário em três partes de Benardete.

possível, que é um outro nome para a morte. A própria Antígona repetidamente confirma que pertence aos mortos, como acontece no diálogo em versos métricos alternados que se segue, no qual ela repele o pedido de Ismene de que lhe seja permitido partilhar a responsabilidade por sua ação:

> Alegre-se! Você está viva, mas minha alma morreu
> há muito tempo, para poder servir aos mortos (versos 559-560).

O enterro de Antígona em vida perpetua sua condição ambígua de morta-em-vida, e sua afirmação de que "morreu / há muito tempo" indica que sua condição crepuscular tem início no leito nupcial de sua mãe.

Como seria de se esperar, por razões teóricas, o que pode ser designado como tema necrofílico da peça está entrelaçado, a cada momento, com o tema do incesto. Temos apenas de aceitar o significado manifesto das palavras usadas por Antígona para falar a seu "mais querido irmão" (*adelphoi philtatoi*) (verso 81) Polinice:

> É belo para mim morrer fazendo isso.
> Como alguém querida eu deitarei, com ele como alguém querido,
> não me detendo por nada, para fazer ações sagradas (versos 72-74).

R. P. Winnington-Ingram comentou com sensibilidade as nuances da fala de Antígona:

> Polinice era o irmão dela (21, 45), de seu sangue – e assim um *philos*. A palavra pode, mas não precisa, conotar um afeto profundo; o superlativo *philtatos* sem dúvida deve fazê-lo. [...] Não pode ser acidental que, quando fala de seu estado na morte (73), ela deva usar uma linguagem [...] apropriada a amantes[18].

Exatamente como o termo equivalente "deitarei", o original grego (*keisomai*) oscila entre os significados do sono do amor e do sono da morte; e nessa equivocidade estão registradas as bases eróticas dos motivos da ação de Antígona.

A fala de autojustificação de Antígona para Creonte, onde ela vincula "Zeus" e a "Justiça" numa "expressão polar", tem continuidade com a famosa invocação das "leis não-escritas e perenes dos deuses", que "não são de hoje ou de ontem, mas vivem / para sempre, e ninguém sabe quando surgiram" (versos 453-454, 456-457). Mais uma vez, esses versos de *Antígona* ressoam em todas as peças tebanas. As "leis não escritas e perenes" de Antígona são idênticas às "sublimes leis estabelecidas",

---

18. Winnington-Ingram, *Sophocles: An Interpretation*, p. 130. Contraste-se com a nota de Kamerbeek aos versos 73-75: "É sem dúvida absurdo ler nessas palavras uma intenção incestuosa".

veneradas pelo Coro em *Édipo Rei*, no qual "grande é o deus, e ele também não envelhece" (versos 865-866, 871). Em *Édipo em Colona*, de modo análogo, Édipo informa a Teseu que "aos deuses somente / a idade não acontece, e eles também jamais morrem" (versos 608-609); e, posteriormente, ele lança suas maldições contra Polinice:

> Assim, elas suplantam sua súplica e seus tronos,
> se realmente existe a Justiça de que se fala desde tempos antigos,
> sentada junto às antigas leis de Zeus (versos 1380-1382).

A recorrência, na censura de Édipo a Polinice, da mesma "expressão polar" usada trinta e cinco anos antes por Antígona é uma outra prova veemente da unidade do ciclo de Édipo. Além disso, a impossibilidade de desvencilhar dos desdobramentos da justiça divina a raiva por demais humana de Édipo para com seu ímpio filho sugere que uma fusão análoga de determinantes subjetivas e objetivas está em ação na resistência de Antígona a Creonte. Como pertinentemente observou Seth Benardete, os versos nos quais Antígona fala das leis que "não são de hoje ou de ontem" e que ordenam o enterro "podiam igualmente servir para caracterizar a proibição do incesto"[19]. Mas esse vínculo inicialmente implícito, entre a encarnação de Antígona da lei divina do enterro e suas próprias origens incestuosas somente se torna plenamente articulado nas defesas de sua conduta, que ela faz subseqüentemente.

Nenhuma das partes de *Antígona* gerou mais controvérsias que a fala contendo os versos (versos 904-920) em que a heroína declara que não teria violado a ordem de Creonte contra o enterro nem por um filho nem por um marido, mas somente por um irmão. Essa passagem está na base da proclamação de Hegel do vínculo "intransitivo e sem mistura" entre irmão e irmã:

> O irmão, no entanto, é, aos olhos de uma irmã, um ser cuja natureza não é perturbada pelo desejo e é eticamente semelhante à dela própria; o reconhecimento dele por parte dela é puro e não misturado com qualquer vínculo sexual. [...] A perda de um irmão é, dessa forma, irreparável para a irmã, e seu dever com relação a ele é o mais alto (*PM*, p. 477).

Mas, embora a concepção de Hegel do parentesco se origine numa sensibilidade aguda com relação à tragédia de Sófocles, seu argumento se apóia na suposição insustentável de que o amor entre irmãos é "não misturado com qualquer vínculo sexual". Um dos primeiros a desafiar essa concepção foi Goethe, em sua conversa com Eckermann, de 28 de março de 1827:

> "Eu pensaria", respondia Goethe, "que o amor de uma irmã por uma irmã é ainda mais puro e mais assexuado! Pois teríamos de ignorar que se têm encontrado

---

19. Benardete, "A Reading", parte 2, p. 12.

inúmeros casos em que se tem verificado uma inclinação sensual quer consciente quer inconsciente"[20].

A percepção pré-freudiana de Goethe da dimensão incestuosa do apego entre irmãos ganha autoridade com o fato de que exatamente uma tal revelação constitui o desdobramento da trama de *Os Anos de Aprendizado de Wilhelm Meister* (1795-1796). Ironicamente, o próprio Goethe perde de vista essa idéia, ao atribuir os versos centrais da fala de Antígona a uma "falha" e exprimir a esperança de que eles possam revelar-se uma interpelação, mas, ao desfazer a idealização de Hegel do amor entre irmãos, ele indica o caminho para uma avaliação mais justa de *Antígona*.

Embora o desejo de Goethe de provar o caráter espúrio dos versos 904-920 conquistasse no passado um grande número de adeptos de renome, poucos estudiosos defenderiam hoje sua exclusão[21]. Há, em primeiro lugar, uma considerável quantidade de comprovação histórica em favor da autenticidade da passagem. Como bem se sabe, a fala de Antígona é citada por Aristóteles na *Retórica* (1417a) como exemplo de como apresentar um argumento implausível; assim, se há corrupção no texto, ela teria de ter ocorrido no período – de menos de um século – entre Sófocles e Aristóteles. Além disso, o fato de que os versos são inspirados num incidente relatado nas histórias de Heródoto (3.119) igualmente tende a confirmar sua autenticidade, uma vez que a obra de Sófocles contém empréstimos freqüentes de seu amigo Heródoto (a objeção de que, em Heródoto, a mulher que implora ao rei Dario é forçada a escolher qual de seus parentes vivos ela deseja salvar, enquanto Antígona avalia ser seu dever enterrar os mortos, somente reflete a transposição desse tema da escolha para o mundo da tragédia de Sófocles). A fala, por fim, contém um exemplo delicado de composição circular de uma forma característica a Sófocles, uma vez que sua parte central é envolvida por versos que começam pelas palavras "de qual lei [...]" (*tinos nomou*) (verso 908) e "Por essa [...] lei" (*toiode* [...] *nomoi*) (versos 913 e 914).

Mas, para reforçar esses argumentos contextuais e formais, uma leitura psicanalítica justifica, em bases temáticas, a aparente extravagância da lealdade de Antígona ao irmão. Nos versos mais controversos – os que estão situados entre a composição circular – Antígona diz:

---

20. Eckermann, *Gespräche mit Goethe*, pp. 518-519.
21. Argumentos decisivos sobre a autenticidade dessa passagem encontram-se em Agard, "*Antigone*, 904-920". Os comentários de Agard são examinados com aprovação por Wilson em "The Wound and the Bow", p. 239. O primeiro estudioso a questionar a autenticidade desses versos, apenas alguns anos antes de Goethe expressar o desejo de vê-los suprimidos, foi A. Jacob, em 1821; o mais famoso foi Jebb, em sua edição da obra. É irônico que Waldock, após condenar as tentativas de considerar Antígona "anormal", rejeite esses versos, garantindo-nos, com confiança, que eles "não se encaixam" em seu personagem (*Sophocles the Dramatist*, p. 142).

Se, por um lado, meu marido morresse, haveria um outro,
e um filho de um outro homem, se eu perdesse o primeiro;
mas, por outro lado, com minha mãe e meu pai cobertos no Hades,
não há irmão que possa jamais nascer (versos 909-912).

Jebb, que rejeita essa fala como obra de um interpolador, faz uma objeção, em sua nota ao verso 910: "Por que se supõe que o primeiro marido morreu antes, ou junto, com o filho? As duas hipóteses de perda deveriam ser mantidas separadas". Não parece que Sófocles – ou seu imitador – cometeu um erro? Mas uma resposta elegante, e altamente plausível, à pergunta de Jebb é oferecida por Benardete. Antígona, ele assinala, "supõe que, se seu filho morresse, ela precisaria de um outro marido para ter um outro filho; e somente uma condição tornaria isso inevitável: se seu filho fosse seu marido. Antígona está se imaginando uma outra Jocasta"[22]. Pelo simples acompanhamento da lógica do texto de Sófocles, Benardete mostra que essa falha ostensiva oculta uma complexidade temática, uma complexidade que vincula esses versos a todo o ciclo de Édipo.

A idéia de pesar o grau comparativo de intimidade dos vários vínculos de parentesco pode ser estranha aos leitores modernos. Walter Kaufmann, por exemplo, ao comentar a paráfrase de Hegel ao argumento de Antígona, escreve: "Se tomarmos essas generalizações pelo que elas parecem ser, elas serão tolas. Não se pode classificar os relacionamentos humanos dessa forma"[23]. Mas, embora Kaufmann rejeite esse empenho como "tolo", para os atenienses do século V a.C., o problema de "classificar os relacionamentos humanos" era suficientemente urgente para ser debatido na tragédia. O dilema central de *Orestíada*, de Ésquilo (458 a.C.), refere-se à ordem dada a Orestes de se vingar do assassinato do pai, Agamenon, matando a mãe Clitemnestra. Em *Eumênides*, Orestes é absolvido da acusação de matricídio e libertado da perseguição das Fúrias com a justificativa de que matar o marido é mais abominável do que matar a mãe e de que, além disso, apenas o pai, e não a mãe, é o verdadeiro progenitor da criança. Ésquilo, cuja trilogia é um mito teleológico justificando a fundação da alta corte ateniense do Areópago e uma glorificação do estado de direito, assume a concepção de que o relacionamento contratual de casamento é superior ao vínculo entre mãe e filho. Na terminologia de Lévi-Strauss, ele concede prioridade à *afinidade* sobre a *descendência*. Sófocles, ao contrário, como cabe a um drama dominado pelo incesto, descreve em *Antígona* um mundo no qual a *consangüinidade* é de importância suprema. Ao fazê-lo, ele mostra estar operando no âmbito da tradição, não apenas da trilogia labdácida de Ésquilo, mas também de *Orestíada*, e

---

22. Benardete, "A Reading", parte 3, p. 152.
23. Kaufmann, *Hegel: A Reinterpretation*, p. 127.

estar deliberadamente retornando a uma visão arcaica que havia sido superada por seu precursor[24].

A síntese mais abrangente do entrelaçamento dos temas da morte, do incesto e da maldição herdada ocorre no *kommos* – ou diálogo lírico – anterior de Antígona com o Coro. Em resposta ao julgamento impiedoso do Coro,

> Ao chegar à mais completa audácia
> contra o alto pedestal da Justiça
> você tombou de repente, filha.
> E paga por algum crime paterno (versos 853-856),

Antígona emite sua fala mais apaixonada:

> Você tocou
> minha inquietação mais dolorosa –
> a sorte três vezes repetida de meu pai
> e o destino
> de todos nós
> os ilustres labdácidas.
> Ah, as calamidades maternas
> do leito de núpcias e dos enlaces
> auto-engendrados de minha mãe com meu pai de destino funesto –
> de tais como esses fui engendrada desditosa em mente
> até eles maldita, sem núpcias, assim
> vou, uma estranha.
> Ah, irmão de destino infausto,
> você conseguiu seu casamento,
> morrendo, você matou-me ainda em vida[25] (versos 857-871).

Embora Antígona rejeite a acusação do Coro de que sua punição seja justa, ela aceita sem reservas sua sugestão de que seus sofrimentos têm origem em seu pai, e a menção a ele desencadeia nela uma torrente de emoções.

A linguagem das passagens do Coro é, em geral, mais compacta e em elipse que a dos diálogos em trímetro jâmbico, mas os versos de Antígona em métrica lírica se tornam especialmente ambíguos em sua tentativa de comunicar os complexos desdobramentos do incesto. Na expressão que traduzi por "enlaces / auto-engendrados" (*koimemata t' autogennet'*) é impossível determinar se as palavras se referem em primeiro lugar a Jocasta e significam "relacionamento sexual com aquele que ela deu à luz", ou a Édipo e significam "relacionamento sexual com ela que o deu à luz". Essa indeterminação semântica corresponde

---

24. Cf. Knox, *The Heroic Temper*, pp. 78-79; e Segal, *Tragedy and Civilization*, p. 184.

25. Nessa passagem, sigo Campbell, preferindo a leitura do manuscrito Laurentino no verso 865, δυσμόρῳ ματρός, à leitura de Pearson δυσμόρου ματρός.

à indeterminação produzida pela união incestuosa entre mãe e filho. No verso seguinte, as palavras – que traduzi por "de tais como esses" (*hoion* [...] *poth'*), tomando-as como pessoais e regidas por "mãe" e "pai" – podem facilmente ser construídas como "de enlaces como esses", se a palavra *hoion* for lida como neutro e não no masculino plural. Isto é, a origem de Antígona é constituída tanto pelo fato do incesto quanto pelas identidades individuais dos pais.

Mas talvez a ambigüidade mais notável seja a dos três últimos versos, nos quais Antígona invoca seu "irmão de destino infausto", que conseguiu seu casamento, mas, na morte, destrói a vida de Antígona. Qual é o irmão de que fala Antígona? Em primeira instância, trata-se inquestionavelmente de Polinice, que conseguiu o comando da expedição argiva contra Tebas, casando-se com Argia, filha do rei Adrasto e, com isso, selou a própria morte de Antígona. Embora não seja mencionada no texto de *Antígona*, a história do casamento de Polinice com Argia faz parte do material lendário que sem dúvida devia ser familiar à platéia de Sófocles. Mas pode Antígona também estar pensando em Édipo? Jebb rejeita por completo tal idéia: "Não Édipo. Uma tal alusão seria aqui por demais repulsiva"[26].

O moralismo de Jebb não apresenta qualquer argumento contra a possibilidade de que Antígona esteja se referindo tanto a Édipo quanto a Polinice, mas, para justificar essa interpretação, é necessária uma maior comprovação a seu favor. Uma corroboração desse tipo será mais bem garantida pelo desdobramento de nossa tentativa de situar *Antígona* no contexto do ciclo de Édipo. Sobretudo, é relevante observar que Édipo explicitamente caracteriza a si próprio como irmão de suas filhas, tanto em *Édipo Rei* quanto em *Édipo em Colona*. "Venham / para essas minhas mãos fraternas" (versos 1480-1481), implora ele a suas filhas, após a descoberta de sua identidade em *Édipo Rei*. Em *Édipo em Colona*, Édipo tem com o Coro o seguinte diálogo angustiado sobre a questão de suas filhas:

ÉDIPO: Minhas duas filhas, e maldições [...]
CORO: Zeus!
ÉDIPO: Elas surgiram do parto de uma mesma mãe.
CORO: Elas são sua prole e –
ÉDIPO: Sim, irmãs consangüíneas de seu pai (versos 532-535).

---

26. Compare-e com Benardete: "a própria Antígona talvez não pudesse nos dizer se sua exclamação quanto ao malfadado casamento do irmão se refere a Édipo ou a Polinice" ("A Reading", parte 2, p. 53). É notável que, no caso análogo dos versos 756-757 de *Sete contra Tebas*, "A loucura une / os há pouco casados em frenesi", seja impossível ter-se certeza sobre se o casal em questão é Laio e Jocasta ou Édipo e Jocasta, e um escoliasta chegou a sugerir uma referência ao casamento de Polinice com Argia. Cf. Lupaș & Petre, *Commentaire*, p. 238.

Ao compreender a natureza dupla de seu vínculo com seus filhos, Édipo confirma a verdade da profecia de Tirésias em *Édipo Rei*:

> Ele será revelado como sendo, de seus próprios filhos,
> ao mesmo tempo irmão e pai, e da mulher
> da qual ele nasceu, filho e marido, e de seu pai,
> aquele que partilha da mesma semente e o assassino (versos 457-460).

Diante da insistência que permeia a obra de Sófocles na identidade de Édipo tanto como irmão quanto como pai de Antígona, o equilíbrio das probabilidades inclina-se mais em direção à inclusão que à exclusão de uma menção a Édipo, que estaria subjacente à referência manifesta a Polinice no apelo de Antígona a seu "irmão de destino infausto".

O ponto máximo da denúncia de Tirésias contra Édipo é uma das passagens mais galvanizantes de *Édipo Rei*. No original grego, o impacto é muito mais forte que na tradução, uma vez que as palavras "e pai", "e marido", "e assassino" se situam exatamente na mesma posição em seus versos respectivos. Sófocles reitera a palavra *kai* ("e") em toda a fala para constituir, num crescendo, a descrição da duplicação que atormenta as relações de Édipo com seus filhos, sua mãe e seu pai. O que fui obrigado a traduzir por meio de uma perífrase como "aquele que partilha da mesma semente" é expresso no grego por uma única palavra, *homosporos*. O uso da palavra por Tirésias é especialmente carregado de impacto, pois ecoa uma fala anterior, na qual Édipo explica, com mais verdade do que ele próprio pode saber, seus motivos para perseguir o assassino de Laio:

> Tenho o poder que ele tinha antes,
> e também tenho seu leito nupcial e sua esposa partilhando da mesma semente,
> e seriam gerados vínculos em comum de filhos em comum,
> não tivesse sua raça má sorte (versos 259-262).

Quando Édipo alude aos infortúnios encontrados pela "raça" de Laio, ele está dizendo que Laio morreu sem deixar filhos e, assim, impediu os dois governantes de Tebas de ter filhos com a mesma mulher. Mas Laio, naturalmente, não morreu sem deixar descendentes; e a palavra para "raça" (*genos*) pode igualmente significar "descendente". Dessa forma, é com consumada ironia dramática que Sófocles faz Édipo, sem o saber, falar de si próprio, sua "má sorte" sendo precisamente *não* ter morrido. De modo análogo, quando especifica que sua ligação com Laio consiste em ambos possuírem em Jocasta uma esposa "partilhando da mesma semente" (*homosporon*), Édipo pretende dizer apenas que ela se casou tanto com seu predecessor quanto com ele próprio. Mas o significado normal de *homosporos* é "descendente da mesma semente" e, assim, nos lábios de Tirésias, a palavra ganha sua plena força para revelar que Édipo tanto é o assassino do pai quanto se equipara incestuosamente a ele no útero materno que ambos inseminaram[27].

Não se deve ignorar, na afirmação de Édipo de solidariedade com relação a Laio, sua consideração do que ele acredita ser a possibilidade hipotética de que ele e Laio poderiam ter partilhado de "vínculos em comum de filhos em comum" (*koinon te paidon koin' av*). Crucial aqui é a interação das formas de *koinos*, pois a mesma palavra se encontra nos versos de 533 e 535 do diálogo de Édipo com o Coro em *Édipo em Colona*, no qual eu a traduzi por "mesma" e "consangüíneas". Quando se acrescenta que *koinos* é justamente a primeira palavra da Antígona – Antígona se dirige a Ismene como *o koinon autadelphon Ismenes kara* ("Oh, consangüínea verdadeira irmã fronte de Ismene") – fica evidente que ela contém uma referência subterrânea ao incesto de Édipo e que ela toca um ponto central para todo o ciclo de Édipo[28].

Podemos apresentar uma última consideração com relação ao apelo de Antígona a seu "irmão de destino infausto". Na fala decisiva do Segundo Mensageiro, em *Édipo Rei*, como vimos, ficamos sabendo do suicídio de Jocasta. Arrancando os cabelos e "se lançando ao / leito nupcial" (versos 1242-1243),

> ela chama o há muito morto Laio de antes,
> lembrando as antigas semeaduras, das quais
> ele próprio morreu, e deixou-a como a mãe
> de seus próprios descendentes como a que deu à luz filhos de infeliz nascimento.
> E ela pranteou o leito, no qual, desgraçada, duplamente
> ela deu à luz um marido de seu marido e filhos de seu filho (versos 1245-1250).

Como na lembrança de Antígona dos "enlaces / auto-engendrados" pelos quais ela foi procriada, a recordação de Jocasta das "antigas semeaduras" funde o ato sexual com os filhos que são seu produto. A palavra que traduzi por "semeaduras", *spermaton*, significa literalmente "sementes" e, dessa forma, se refere a coitos efetivos, mas é freqüentemente empregada no sentido de "descendente". De modo análogo, as simples palavras "das quais" podem ser construídas tanto impessoalmente quanto pessoalmente; neste último caso, elas estariam no masculino e não no neutro plural, e significariam "pelo qual". Isto é, Laio é morto de modo sobredeterminado tanto por seu filho Édipo quanto pela atividade sexual no leito nupcial que é, ele próprio, uma encruzilhada.

Mais notável ainda, entretanto, é o simples fato de que, no momento de sua morte, Jocasta pense, não em Édipo, mas no primeiro marido, Laio. É como se, com a compreensão de Jocasta de ser a mãe

---

27. Cf. Vernant, "Ambigüidade e Inversão", pp. 492-493.
28. Cf. Benardete, "A Reading", parte 1, p. 148.

de Édipo, toda a ação da peça subitamente retrocedesse uma geração no tempo. Diante da sincronicidade do ciclo de Édipo, é compreensível que Antígona – no momento de sua morte em sua própria peça – também confundisse as gerações e permitisse a seus pensamentos voltar-se para o irmão que é também seu pai, do qual os "efeitos posteriores" de seu casamento destruíram a vida dela.

12. As Oposições Binárias e a "Unidade de Parentesco"

Em "Análise Estrutural na Lingüística e na Antropologia", o ensaio no qual define os vínculos de consangüinidade, afinidade e descendência como requisitos mínimos para a formação da "unidade de parentesco", Lévi-Strauss seleciona o "tio materno" como a "precondição necessária para a existência da estrutura"[1]. O papel do tio materno – o homem que dá a noiva para o marido – é indispensável nos sistemas de parentesco, porque Lévi-Strauss considera a sociedade como fundada num processo de intercâmbio, no qual "um homem deve obter uma mulher de outro homem que lhe dá uma filha ou uma irmã" (embora ele reconheça a "possibilidade teórica" de que as mulheres possam realizar o intercâmbio de homens, Lévi-Strauss sustenta sobre "bases empíricas" que "são os homens que fazem o intercâmbio de mulheres, e não vice-versa"). Essa teoria do intercâmbio de mulheres entre homens em relação exogâmica está na base da defesa antropológica de Lévi-Strauss da "presença universal de um tabu do incesto".

Assim como os desafios de Masson, Balmar e Krüll ao complexo de Édipo nos indicaram o caminho de nossa leitura de *Édipo Rei*, também a ênfase de Lévi-Strauss no avunculado abre uma valiosa perspectiva crítica a *Antígona*. Pois Creonte, como irmão de Jocasta, está na posição de tio materno com relação a Édipo. Neste capítulo, proponho ampliar minha hipótese anterior de que o tema do enterro na *Antígona* retrata o desdobramento da confusão entre vida e morte –

1. Lévi-Strauss, "Análise Estrutural", p. 46.

útero e túmulo – inerente ao ato original do incesto. Em particular, sustento que, por baixo do conflito político "manifesto" entre Antígona e Creonte, a peça está estruturada por uma luta "latente" entre Creonte e o espírito de Édipo pelo controle da família.

A importância da identidade de Creonte como tio materno de Édipo deve, no entanto, ser colocada em relação com uma segunda característica crucial da peça, compatível com a análise estruturalista – sua preocupação obsessiva com as oposições binárias. Esse tema se revela sobretudo no fato de que do casamento de Édipo com Jocasta nascem *dois* filhos e *duas* filhas. Isto é, a duplicação dos vínculos de parentesco que resulta do crime do incesto de Édipo, é reproduzida mimeticamente na "terceira" geração de sua família por essa distribuição binária dos descendentes[2]. Minha afirmação anterior de que *Antígona* retrata um desdobramento do significado do destino de Édipo é corroborada por um reconhecimento de que essa duplicação dos filhos e filhas não é um acontecimento aleatório, mas uma conseqüência direta de seu próprio incesto. Se, além disso, a ação da peça for controlada for uma maldição herdada – originada, em Sófocles, com Édipo – essa maldição tem o efeito de criar uma *identidade* entre os dois filhos de Édipo e uma *diferença* entre suas duas filhas. Creonte, no entanto, ao conceder enterro a Etéocles, mas não a Polinice, busca impor uma *diferença* entre os irmãos; e, ao jurar punir tanto Ismene quanto Antígona pelo crime do enterro, tenta estabelecer uma *identidade* entre as irmãs. Essa tentativa de Creonte de desfazer e inverter o padrão binário de identidade e diferença imposto pelo destino de Édipo constitui o antagonismo subjacente de *Antígona*[3].

A distribuição simétrica de filhos e filhas em *Antígona* carrega consigo um vislumbre revelador da história prévia da lenda de Édipo. Pois, nas alusões dispersas a Édipo presentes nos épicos de Homero e Hesíodo, há muitas divergências importantes com relação às versões canônicas da história com que estamos familiarizados por meio da tragédia do século V. Especificamente, quando Odisseu desce ao mundo inferior no livro 11 da *Odisséia*, ele encontrara a mãe de Édipo – aqui chamada Epicasta – que relata (versos 271-281) que seu casamento

---

2. Cf. Zeitlin, "Language, Structure, and the Son of Oedipus": "Na lógica do mito grego, o incesto [...] ou não produz descendentes (esterilidade) ou, como no caso de Édipo e Jocasta, reproduz sua própria redundância, gerando uma descendência dupla" (p. 554). Em sua afirmação de que nenhuma outra tragédia além de *Sete contra Tebas* "eleva especificamente a tarefa de fazer e desfazer oposições binárias no nível de uma ação crucial e explícita do drama" (p. 561), no entanto, Zeitlin não considera adequadamente até onde isso também é verdade no caso de *Antígona*.

3. Em *Tragedy and Civilization*, Segal também discute a luta entre Antígona e Creonte com relação aos dois irmãos como envolvendo a afirmação de "identidade" e "diferença" (p. 186), mas não estende isso até as duas irmãs nem estabelece um antagonismo subjacente entre Creonte e Édipo.

incestuoso foi conhecido "imediatamente" pelos deuses e que Édipo, embora perseguido pelas fúrias maternas, continuou a ocupar o trono de Tebas. A palavra "imediatamente" (*aphar*) tem causado dificuldades pelo menos desde a época de Pausânias (século II), que ficava intrigado (9.5.11) sobre como a verdade poderia ter sido conhecida *aphar*, se Édipo teve quatro filhos com Epicasta. Ele explica que eram filhos de um *segundo* casamento, com Eurigane, citando como prova a desaparecida *Edipodéia* do Ciclo Épico[4]. Na época de Ésquilo, no entanto, esse segundo casamento havia sido suprimido, e os filhos eram atribuídos ao casamento de Édipo com Jocasta. Assim, embora a existência e mesmo o número desses filhos pudessem ser conhecidos na tradição épica, somente com a transição para a tragédia é que seu arranjo binário adquire vínculo com o incesto. Em conjunção com outros desenvolvimentos narrativos – a introdução do autocegamento que simboliza a consciência de Édipo de sua corrupção moral e a transformação de seu combate com a Esfinge do plano físico para o intelectual – esse significado carregado de novo teor para seus dois pares de descendentes é uma precondição essencial para a entrada de Édipo no mundo da tragédia.

As oposições binárias são recursos usados pela moderna análise estruturalista, mas nem por isso estão excluídas da arte de Sófocles. Na conversa inicial entre as irmãs, que abre *Antígona*, as palavras *um* e *dois* ecoam como um refrão tangendo tristes dobres. À pergunta de Antígona sobre se ela aprendeu com os últimos infortúnios ocorridos em sua família, Ismene responde:

A mim nenhuma palavra daqueles que nos são caros, Antígona,
nem doce nem dolorosa, chegou desde a época
em que nós duas fomos privadas de nossos dois irmãos
que morreram em um mesmo dia por duplo autor[5].

Além da antítese entre "doce" e "dolorosa" e entre "um mesmo dia" e "duplo autor", Sófocles explora o recurso especificamente grego o número duplo ("nós dois", "dois irmãos") para expressar a solidariedade entre os irmãos de ambos os sexos[6]. Devido à ordem de Creonte, no entanto, essa paridade entre os irmãos foi rompida, um fato indica-

---

4. Cf. Baldry, "The Dramatization of the Theban Legend", pp. 25-27; e de Kock, "The Sophoklean Oedipus and its Antecedents", pp. 15-16. Em sua obra clássica, *Oedipus*, Robert argumenta, de modo pouco convincente (1:110), contra a hipótese de dois casamentos e afirma que Eurigane é meramente um outro nome de Epicasta. Também fundamental sobre a história pré-sofocliana da lenda de Édipo, é Delcourt, *Oedipe ou la légende du conquérant*.
5. Sophocles, *Antígona*, versos 11-14. Os números para as citações de Sófocles a seguir serão incluídos entre parênteses no texto.
6. Uma abordagem proveitosa das formas duais no Prólogo é Jäkel, "Die Exposition in der Antigone". Jäkel erra, no entanto, ao afirmar (p. 40) que o primeiro

do por Antígona numa outra locução caracteristicamente grega – o contraste entre *ton men* ("o um") e *ton d'* ("o outro"):

> Por que, Creonte não deixou nossos dois irmãos numa mesma sepultura o um preferido, o outro desonrado? (versos 21-22).

A tentativa de Creonte de transformar a *identidade* dos dois irmãos em *diferença* é indicada na passagem de Antígona da forma dual ("dois irmãos"), no verso 21, para a construção antitética ("o um", "o outro"), no verso 22. Além disso, é extremamente significativo o fato de que, embora as duas irmãs falem de si mesmas de modo dual por sete vezes nos primeiros sessenta e três versos da peça, a forma não seja mais usada com referência a elas, após Ismene recusar-se a se aliar a Antígona no enterro de Polinice[7].

A consciência do relacionamento avuncular entre Creonte e Édipo lança luz sobre o difícil problema da caracterização de Creonte em todo o ciclo de Édipo. Mas, uma vez que se coloque a tensão inerente ao vínculo de parentesco entre os dois homens em primeiro plano, as variações na descrição de Creonte por Sófocles nas três peças irão parecer de menor monta em comparação com o tema recorrente de seu conflito com Édipo[8]. No final de *Édipo Rei*, Édipo confia Ismene e Antígona aos cuidados de seu "parente consangüíneo" (verso 1506), Creonte, e efetivamente o designa como guardião delas. Mas essa rendição retorna para assombrar Édipo, em *Édipo em Colona*, quando Creonte (verso 830) justifica sua trama de tomar as filhas de Édipo, afirmando sua custódia legal sobre elas. Essa disputa aberta entre Creonte e Édipo, em *Édipo em Colona*, traz à superfície o conflito que ficava implícito na *Antígona*.

Mesmo nos detalhes, a coerência do retrato que Sófocles faz de Creonte é inequívoca. Em *Antígona*, Creonte busca fugir à responsabilidade pela morte de Antígona por meio de um detalhe técnico – o fato de deixar uma porção de alimento ritual em seu túmulo (versos 775-776). Essa conduta se encaixa com sua alegação de um pretexto legalista para mascarar seu rapto de Ismene e Antígona, em *Édipo em Colona*, no qual ela aparece em contraste com a devoção genuína de Teseu, que interrompe seus sacrifícios a Poseidon para ir em auxílio de Édipo. Também não é inteiramente verdadeiro dizer, como faz F. J. H. Letters, que, em *Édipo em Colona*, Creonte é "simplesmente o político inescrupuloso", enquanto, em *Antígona*, ele "pelo menos acreditava

---

uso que Ismene faz do dual ocorre no verso 50, uma vez que diversas formas duais estão presentes no verso 13.

7. Cf. Knox, *The Heroic Temper*, pp. 79-80.

8. Para uma defesa da coerência do personagem de Creonte nas três peças, mas que o coloca sob uma luz demasiado favorável, cf. Peterkin, "The Creon of Sophocles".

honestamente estar certo"⁹. Pois, mesmo em *Édipo em Colona*, Creonte insiste (versos 832 e 880) no caráter justo de sua causa; e, embora ele seja claramente condenado pela ação da peça, nem por isso se segue que ele não esteja persuadido de suas próprias racionalizações.

Em *Édipo Rei*, Creonte não apresenta a vilania manifesta de *Édipo em Colona* e de *Antígona*, mas ela está, mesmo assim, latente. Sua superficialidade e a ausência de uma "têmpera heróica"¹⁰ são características comuns a todas as três peças. Parte de sua disputa com Édipo, em *Édipo em Colona* (versos 755-758), está na exigência da volta de Édipo a Tebas para ocultar sua impureza. De modo análogo, no final de *Édipo Rei* (versos 1424-1429), ele insiste em que Édipo se esconda no palácio o mais rápido possível. A mesma preocupação com as aparências se manifesta no início da peça, quando, ao retornar de Delfos, Creonte pergunta a Édipo (versos 91-92) se ele deve revelar as palavras do oráculo diante de todo o povo, ou se os dois homens devem se retirar para dentro do palácio, claramente sugerindo sua preferência pela segunda alternativa.

Em *Édipo Rei*, não menos que em *Édipo em Colona*, há um conflito intenso entre Édipo e Creonte. Embora as suspeitas de Édipo de uma conspiração entre Creonte e Tirésias não tenham fundamento, o protesto de auto-satisfação de Creonte, de que estaria contente em meramente ser o segundo em comando, é sofístico e pouco convincente. Ele declara:

> Eu mesmo certamente não desejo tanto
> ser um tirano quanto fazer coisas tirânicas,
> nem ninguém mais que saiba pensar sensatamente (versos 587-589).

A falsidade no raciocínio de Creonte é revelada por seu abuso do verbo *sophronein* ("pensar sensatamente") para justificar uma insidiosa preferência pela substância aos sinais exteriores da tirania, em vez de reconhecer que aquele que tem a verdadeira *sophron* iria simplesmente abjurar a tirania. Nessa dissimulação estão as sementes da vontade de poder de Creonte, que só será plenamente exposta em *Édipo em Colona* e em *Antígona*. Apesar de ser escrito posteriormente a *Antígona*, *Édipo Rei* revela Creonte num estágio anterior de sua biografia; mas essa capacidade de se deslocar tanto para trás quanto para frente no tempo é intrínseca à maestria artística de Sófocles no ciclo de Édipo.

Nosso conhecimento do personagem de Creonte nos ajuda na elucidação de um verso desconcertante no final de *Édipo Rei*. Quando

---

9. Letters, *The Life and Work of Sophocles*, p. 303.
10. Cf. Knox, *The Heroic Temper*, p. 68 e *passim*, sobre a natureza não-heróica de Creonte em *Antígona*.

pressionado por Édipo a atender sua solicitação de imediato exílio de Tebas, Creonte responde: "Sobre as coisas que não penso, não gosto de falar em vão" (verso 1520). A dificuldade está em se determinar se Creonte concede ou recusa o pedido de Édipo, pois o mesmo verbo que traduzi por "não penso" (*me phrono*) poderia igualmente ser traduzido por "não compreendo". Neste segundo caso, a resposta seria uma recusa sob o pretexto de que a questão estaria nas mãos dos deuses. Essa é, na verdade, a construção dada às palavras em *Édipo em Colona*, quando Édipo – numa outra referência direta a *Édipo Rei* – apresenta (versos 765-771) como um de seus ataques mais duros contra Creonte a recriminação de que ele não teria concedido a bênção do exílio, quando ela fora pela primeira vez solicitada, mas somente mais tarde, depois de Édipo ter-se reacostumado com a vida em Tebas. A percepção da hostilidade irreconciliável entre Creonte e Édipo impede nossa leitura da resposta de Creonte como uma aceitação pura e simples, ou mesmo ver sua conduta, na última cena da peça, como totalmente caridosa; mas sem dúvida é compatível com o personagem de Creonte considerar o significado do verso como sendo sua construção equívoca, seu adiamento pragmático da necessidade de dar uma resposta definitiva num sentido ou no outro.

O relacionamento de Édipo com Creonte não escapa à duplicação presente em todos os seus vínculos de parentesco. Pois, na superfície, os dois homens são cunhados; a ligação avuncular entre eles depende do fato não-revelado de Jocasta ser mãe de Édipo. Terence Turner sugeriu, de modo instigante, que o comportamento ambivalente de Creonte e Édipo entre si tem origem nessa ambigüidade estrutural, uma vez que, em geral, "o relacionamento avuncular é, em termos de gerações, assimétrico e dotado de uma dimensão protetora, enquanto o relacionamento entre cunhados, tende a ser, em termos de gerações, simétrico e crivado de conflitos". Nessa perspectiva, Creonte generosamente oferece a Édipo a mão de Jocasta em casamento, caso ele possa derrotar a Esfinge; mas, uma vez o casamento consumado, Creonte "como irmão da esposa, torna-se um rival e adversário latente de Édipo"[11]. O esforço de Turner no sentido de correlacionar os pólos positivo e negativo do relacionamento entre Édipo e Creonte com seus aspectos avuncular e fraterno é talvez demasiado direto, mas sem dúvida tem a vantagem de permitir demonstrações de amizade, ao mesmo tempo em que reconhece seu antagonismo fundamental. Além disso, devido ao entrelaçamento entre temas familiares e políticos em todo o ciclo de Édipo, pode-se inferir que a disputa recorrente entre a natureza não-heróica de Creonte e o heroísmo inquebrantável de Édipo se concentra totalmente em torno do trono de Tebas, ao qual ambos aspiram, e na mulher Jocasta,

---

11. Turner, "Oedipus: Time and Structure", p. 57.

que simboliza esse trono e serve como meio de intercâmbio entre eles[12].

Assim como nossa perspectiva estruturalista nos permite oferecer uma interpretação coerente do personagem de Creonte nas três peças tebanas, ela também nos permite tomar uma posição quanto ao difícil problema do personagem de Antígona em sua peça. Embora poucos críticos cheguem ao extremo de condená-la por possuir uma "falha trágica"[13], é impossível negar que, nas palavras de C. M. Bowra, ela "parece inatingível e hostil", em particular em seu relacionamento com Ismene, e que "seu senso do dever parece ter drenado todos os seus sentimentos humanos, exceto o amor pelo irmão"[14]. Na verdade, quando Ismene se recusa a tomar parte no enterro de Polinice, como corretamente observa R. P. Winnington-Ingram, Antígona "usa palavras de inimizade, de ódio. Ismene está do lado de Creonte, e aí, para Antígona, ela permanece"[15]. Como observamos, nenhuma das duas irmãs emprega mais formas duais após o recuo de Ismene, e a linguagem de Antígona se torna cada vez mais injuriosa:

> Eu não insistiria, caso você ainda viesse a querer
> agir, nem apreciaria que você se juntasse a *mim* (versos 69-70).

Quando Ismene se oferece para pelo menos guardar silêncio, Antígona responde:

> Ah, fale sem hesitar! Você será muito mais detestável ainda
> Se ficar em silêncio e não proclamar essas coisas a todos (versos 86-87).

Antígona insulta Ismene ligando-a a Creonte, pois o verbo "proclamar" (*keruxes*) é a forma básica do substantivo "proclamação" (*kerugma*), que ela anteriormente usara (verso 8) para se referir à ordem de Creonte. A explosão mais violenta de Antígona no prólogo, após Ismene lhe implorar que não tentasse o impossível, ocorre na fala final:

> Se falar essas coisas, você será odiada por mim,
> e com justiça será odiada pelos mortos (versos 93-94).

---

12. A hipótese de que se pode encontrar em *Édipo Rei* uma rivalidade entre Édipo e Creonte com relação a Jocasta é proposta no importante ensaio psicanalítico de Anzieu, "Oedipe avant le complexe", p. 695; e contestada em Vernant, " 'Oedipe' sans complexe", pp. 96-97.
13. Cf. Flickinger, *The ἁμαρτία of Sophocles' "Antigone"*. Assim como a hipótese de Vellacott de uma culpa consciente e auto-incriminadora de Édipo, em *Édipo Rei* (cf. capítulo 10, nota 37), o argumento de Flickinger relativo à "falha" na personagem de Antígona é um exagero e contém uma verdade distorcida.
14. Bowra, *Sophoclean Tragedy*, pp. 80 e 82.
15. Winnington-Ingram, *Sophocles: An Interpretation*, p. 134.

Essa reação parece ser demasiado excessiva, mais do que o justificado pelos brandos esforços de Ismene no sentido de dissuadi-la, e, a partir do prólogo somente, seria difícil dizer que a peça pretende que nossas simpatias estejam com Antígona.

A aspereza do personagem de Antígona fica, se é que é possível, ainda mais em evidência no segundo *epeisodion*, quando ela rejeita o pedido de Ismene de partilhar da responsabilidade e, dessa forma, da punição por sua ação:

> Mas a justiça não permitirá isso a você, uma vez que
> você não estava querendo, nem eu fiz uma causa em comum (versos 538-539).

Mais sugestivo nessa alusão à recusa anterior de Ismene, nos versos 69-70, é a insistência de Antígona em que ela não fez "uma causa em comum" (*'koinosamen*) com Ismene, pois isso significa que Ismene não é mais sua irmã "consangüínea" (koinon) como acontecia no primeiro verso da peça. A mesma palavra aparece na arremetida verbal de Antígona, alguns versos adiante: "Você não morre em comum (*koina*) comigo, nem torna suas / as coisas que você não toca" (versos 546-547). Ao lamento de Ismene de que não poderá viver sozinha, Antígona responde: "Ame Creonte! Pois você é a protetora dele" (verso 549). Mais uma vez, da mesma forma que em seu uso anterior do verbo "proclamar", Antígona enfatiza seu ponto de vista por meio de uma associação verbal, uma vez que a palavra para "protetora" (*kedemon*) é normalmente empregada para se referir aos cuidados dedicados aos doentes ou mortos e, dessa forma, sugere que Ismene cuide de Creonte do modo como deveria ter feito com o corpo de Polinice[16]. As palavras de Antígona devem ser levadas a sério, quando ela prossegue explicando: "Pois você, de um lado, escolheu viver, mas eu, de outro, morrer" (verso 555); e, à luz de seu tom cáustico em todo esse diálogo, é impossível ler sua exortação a Ismene "alegre-se!" (verso 559) como outra coisa além de uma ácida ironia.

O caminho para uma correta interpretação do personagem de Antígona não é ignorar ou recusar suas características mais cruéis, mas buscar compreender sua inevitabilidade. Winnington-Ingram acerta em cheio, ao afirmar de que, para Antígona, Ismene está "do lado de Creonte". Do ponto de vista de meu próprio modelo de explicação, uma vez que o destino de Édipo exige que haja uma *diferença* entre suas duas filhas, Antígona deve resistir a toda tentativa de Ismene de transferir sua lealdade de Creonte para Édipo. Isto é, somente Antígona é escolhida como a herdeira da "têmpera heróica" do pai, e é o destino de Ismene – tanto quanto o de Etéocles e Polinice – ser relegada à insignificância.

---

16. Cf. Knox, *The Heroic Temper*, p. 176.

Minha análise talvez fique mais clara com a ajuda de uma notação algébrica simples. Do ponto de vista de Édipo, a maldição imposta a Etéocles e Polinice torna ambos os filhos idênticos e negativos (- -). Da mesma forma, Ismene é, para Édipo, aliada de Creonte e adversária de Antígona, a única a reconhecer as prerrogativas absolutas da consangüinidade, que vão além de Polinice até seu pai/irmão, Édipo. Assim, Ismene deve receber um sinal negativo e somente Antígona um sinal positivo (- +). Mas, esse padrão é, como sustentei, invertido por Creonte, que busca impor uma diferença entre os dois irmãos – favorecendo com o enterro o leal Etéocles, mas não o traidor Polinice (+ -). De modo análogo, ele transforma a *diferença*, do ponto de vista de Édipo, entre as duas irmãs numa *identidade negativa*, ao se empenhar em punir a inocente Ismene tanto quanto a genuinamente culpada Antígona (- -). Os sinais negativos que se ligam não apenas a Etéocles e Polinice, mas também a Ismene exemplificam, na perspectiva de Édipo, o fato de que todos os três filhos não-heróicos estão, na verdade, "do lado de Creonte", apesar dos esforços infrutíferos de Creonte no sentido de distinguir entre os dois irmãos inimigos. Para nossa leitura do prólogo, esse modelo estruturalista sugere que, embora pareça que Ismene pudesse ter optado por juntar-se a Antígona na realização do enterro proibido, na realidade, sua decisão já estava previamente determinada. É exatamente essa mistura entre liberdade manifesta e necessidade subjacente que Kierkegaard captura em sua avaliação de que, no enterro que Antígona dá a Polinice, "não vemos [...] tanto uma ação livre da parte dela quanto uma necessidade do destino", e em sua afirmação de que a ação de toda a peça está envolvida pela "imposição de nível mais alto" do "triste destino de Édipo".

O Coro reconhece até onde Antígona é a autêntica filha de seu pai, quando ele a designa como "a descendente selvagem de um pai selvagem" (verso 471)[17]. É um paradoxo curioso que Antígona, que declara a Creonte num de seus versos mais famosos, "Não é de minha natureza juntar-me no ódio (*sunechthein*), mas no amor (*sumphilein*)" (verso 523), tenha de demonstrar uma tal hostilidade a sua irmã bem-intencionada. Mas é pertinente lembrar que Édipo, que na conclusão absolutamente comovente de *Édipo em Colona* assegura a suas filhas:

> Mas somente uma palavra
> dissolve todas essas fadigas.
> Pois de amor [*philein*] não há ninguém de quem
> vocês receberão mais do que de mim, na privação de quem
> vocês devem agora passar o resto de suas vidas (versos 1615-1619),

---

17. Retenho aqui a leitura do manuscrito Laurentino, τὸ γέννημ' ὠμὸν, em vez da conjectura de Blaydes adotada por Pearson, τὸ γουν λημ' ὠμὸν ("pelo menos o espírito selvagem").

é o mesmo homem que anteriormente desfechou violentas torrentes de fúria contra Creonte e Polinice. Na verdade, Édipo, em sua feroz acusação contra Creonte, condena as adulações de Creonte como "nobres na palavra, mas maldosas nas ações" (verso 782), uma antítese que reaparece nas acusações de Antígona contra Ismene: "Não posso amar alguém, cuja estima esteja nas palavras" (verso 543). Mas, o paralelo entre Antígona, em *Antígona*, e Édipo, em *Édipo em Colona*, equipara-se ao paralelo entre Ismene e Creonte; e, em *Antígona*, Ismene manifestamente partilha da convicção de Creonte na inferioridade natural das mulheres com relação aos homens (cf. versos 61-62, 679-680). Além de confirmar a "necessidade do destino" no fato de Ismene ficar do lado de Creonte, esse entrelaçamento entre as peças anteriores e posteriores, mais uma vez, assinala a unidade indissolúvel da concepção de Sófocles do ciclo de Édipo.

Uma aceitação de que o comportamento "selvagem" de Antígona com relação a Ismene é motivado por sua prerrogativa como a única herdeira do heroísmo de Édipo – com sua capacidade para os extremos tanto do ódio quanto do amor – imediatamente esclarece um paradoxo presente nos últimos versos da peça. Dirigindo-se ao Coro, ela diz, ao ser levada para fora do palco:

> Vejam, chefes de Tebas,
> a única filha real que resta,
> as coisas que sofro vindas de que homens,
> por reverenciar a reverência (versos 940-944).

Em sua nota a essa passagem, J. C. Kamerbeek comenta: "Em minha opinião, o fato de Ismene ser ignorada permanece estranho. [...] Sinto-me inclinado a supor a existência de uma séria corruptela nesses versos, de muito antiga data". Kamerbeek está certo em chamar a atenção para o caráter estranho da negação de Antígona da existência de Ismene, mas sua reação – "supor a existência de uma séria corruptela nesses versos, de muito antiga data" – duplica o equívoco dos que suprimiriam os versos em que Antígona declara que não teria violado a ordem de Creonte contra o enterro, exceto por um irmão. Minha hipótese de trabalho, ao contrário, assume a integridade do texto que chegou até nós e busca fazer com que suas aparentes anomalias nos abram possibilidades radicais no domínio da interpretação. Nesse caso, a inferência deveria ser a de que Antígona pretende dizer exatamente o que está dizendo – que Ismene, tendo ficado do lado de Creonte, não é mais filha de Édipo.

A mesma confiança na lógica interna da peça torna possível assumir uma posição não menos firme, no que consiste, após os versos 904-920, na segunda característica mais problemática do texto de *Antígona* – o fato de que Antígona em parte alguma se refere a seu noivado com Hémon. Para remediar essa aparente deficiência, os organizadores das edições – a começar por Aldus, em 1502, seguido por Jebb e outros até hoje – ignoraram a autoridade dos manuscritos e modificaram o locutor do verso 572, "Caríssimo Hémon, como seu pai o insulta!", de Ismene para Antígona. De modo análogo, o verso 574, "Mas você privará seu filho dessa donzela?", é freqüentemente atribuído ao Coro em vez de a Ismene. Um exemplo negativo é oferecido aqui por H. D. F. Kitto, que, defendendo a autenticidade dos versos 904-920, escreve: "Em termos artísticos, a peça, sem dúvida, faz pleno sentido da forma que está, de modo que não precisamos de uma explicação que exija sua reconstrução"[18]. Infelizmente, ao buscar fazer a atribuição do verso 572, ele viola sua própria e excelente máxima, pois afirma sobre Hémon e Antígona que "esses dois jovens estão realmente apaixonados um pelo outro", mas "falta a afirmação subentendida da própria Antígona"[19].

Num padrão familiar, a crítica que faz emendas justificadamente chama a atenção para uma peculiaridade inegável da peça – aqui, o silêncio de Antígona com relação a Hémon – mas, incorretamente, responde a ela modificando o texto para se adequar a suas concepções prévias, em vez de tentar determinar qual poderia ser a finalidade artística da aparente anomalia de Sófocles. Ironicamente, além disso, assim como a autenticidade dos versos emprestados a Heródoto é de certo modo mais segura que a maior parte do restante da peça, já que eles são citados por Aristóteles, também a mudança da atribuição dos versos 572 e 574 é questionável por razões tanto formais quanto temáticas, já que eles aparecem no decorrer de um diálogo em versos métricos alternados entre Ismene e Creonte, o que seria rompido com a introdução de personagens extrínsecos.

O caráter deliberado da omissão de Antígona em mencionar seu amor por Hémon se torna perceptível quando compreendemos que, na versão desaparecida de *Antígona*, por Eurípides, Hémon ajuda sua amada no enterro de Polinice, casa-se com ela, e lhe dá um filho[20]. A razão para o que Richmond Lattimore apropriadamente chamou de "a história rejeitada dos amantes desafortunados"[21] na peça de Sófocles está simplesmente no fato de que, uma vez que Antígona deu tudo à consangüinidade, nada lhe restou para a afinidade. Na verdade, na própria força do apelo de Ismene ao "Caríssimo Hémon" – muitas vezes

---

18. Kitto, *Form and Meaning in Drama*, p. 144.
19. *Idem*, p. 163. Em "Les fiançailles d'Haimon et d'Antigone", Roussel assinala que o verso 570, de Ismene, "Não como as coisas são estabelecidas entre ela e ele", não sugere um acordo romântico entre Hémon e An gona, mas simplesmente um noivado formal (p. 66). Von Fritz, "Haimons Liebe zu Antigone", defende, de modo pouco persuasivo, que a morte e a disputa de Hémon com Creonte não são motivadas por amor de Antígona. Von Fritz não discute o silêncio de Antígona com relação a Hémon.
20. Cf. Webster, *The Tragedies of Euripides*, p. 163.
21. Lattimore, *Story Patterns in Greek Tragedy*, p. 57.

citado como argumento para justificar a atribuição dos versos a Antígona – encontra-se uma razão decisiva de por que Antígona não pode ser a locutora, uma vez que ela já havia usado o mesmo superlativo (*philtath'*), no verso 81, para se referir a Polinice. No desejo de Eurípides e de alguns críticos e organizadores das edições de criar um romance entre Hémon e Antígona – chegando até mesmo a salvar a vida de Antígona – pode-se encontrar uma contrapartida da reescrita por Nahum Tate do *Rei Lear*, na qual Cordélia é preservada da morte e se casa com Edgar. As tramas mais austeras de Sófocles e Shakespeare também têm em comum o fato de que as mortes trágicas de Antígona e Cordélia remontam, em última análise, à sua incapacidade de escapar às fixações incestuosas dos monarcas seus pais[22].

A equiparação entre o "túmulo" e a "câmara nupcial" é, como sabemos, feita pela própria Antígona, e é central para a estrutura do drama de Sófocles. Esse tema atinge seu ponto máximo na fala do Mensageiro, que relata como Creonte e seu grupo vindo em resgate de Antígona, mas chegando tarde, encontraram Hémon no túmulo de Antígona:

> No fundo no túmulo,
> vimos claramente uma pendendo pelo pescoço,
> presa por um nó de fino linho,
> e o outro caído ao lado dela, abraçando sua cintura,
> chorando, desesperado, a destruição de sua noiva que se foi para baixo,
> e os atos de seu pai e as núpcias malfadadas (versos 1220-1225).

A imagética sexual se torna ainda mais explícita na descrição do suicídio de Hémon com a espada:

> E respirando pesado ele lança um vívido jorro
> de sangue sobre o pálido rosto dela.
> Corpo sobre corpo ele jaz, tendo conseguido
> os tristes ritos de enterro entre as muralhas do Hades (versos 1238-1241).

Essa consumação do amor na morte – a contrapartida da cena do autocegamento de Édipo com os broches de Jocasta, em *Édipo Rei* – sugere imediatamente o análogo shakespeariano de *Romeu e Julieta*,

---

22. Na cena de abertura do *Rei Lear*, Cordélia responde ao pedido de Lear de uma declaração de amor com palavras que fazem lembrar os votos nupciais: "Obedecer você, amar você, e honrar você acima de tudo" (verso 98). Mas, embora prossiga dizendo que "Felizmente, quando eu casar, / Esse senhor cuja mão deve tomar meu consentimento irá levar / Metade de meu amor com ele, metade de meu cuidado e dever" (versos 100-102), na verdade, o marido de Cordélia, France, retorna a seu país natal, deixando-a para lutar, apoiada pelos exércitos dele, por Lear. A ligação irresistível entre pai e filha recebe expressão consumada na fala de Lear "pássaros na gaiola" (5.3.8) e é representada iconograficamente numa *pietá* invertida, quando Lear entra com Cordélia morta em seus braços.

bem como a morte conjunta de Kleist e Henriette Vogel, na vida real. Mas uma diferença crucial separa a *Liebestod*, em *Antígona*, desses dois últimos exemplos. Pois, embora Hémon claramente se mate por ódio do pai e amor por Antígona, não há provas de que a própria morte dela, enforcando-se, tenha alguma relação com *ele*. Ao contrário, Sófocles continua com sua "supressão do desenvolvimento de uma subtrama erótica"[23] até o fim, contrapondo a ilusão de Hémon de um casamento na morte à indiferença de Antígona, um sentimento nascido de sua ligação avassaladora com os do seu sangue, Polinice e Édipo.

Vários problemas de interpretação correlacionados se concentram na figura de Creonte. No início, quando Creonte é confrontado com a admissão inesperada de Antígona de sua própria culpa, ele decide sumariamente punir também Ismene:

> ela e sua consangüínea não podem escapar
> ao pior dos destinos: pois eu acuso igualmente a última
> de ter planejado esse enterro (versos 488-490).

No entanto, mais tarde na peça, após seu acerbo diálogo com Hémon, Creonte subitamente muda de idéia, e diz ao Coro que condenará apenas uma das irmãs: "Não, a que não tocou; pois você fala bem" (verso 771). Essa observação ecoa os versos 546-547, nos quais Antígona adverte Ismene a não reivindicar "as coisas que você não tocou". Embora a mudança de Creonte seja em grande parte motivada em termos naturalistas, pois pode ser vista como um enfraquecimento interior em resposta ao desafio do filho, ela tem também uma explicação estrutural. O modo repentino com que ele emite a notícia de que pretende poupar Ismene indica que ele está simplesmente cedendo a um *fait accompli*, cuja origem está no que prescreve o destino de Édipo: a existência de uma *diferença* entre suas duas filhas.

No entanto, as coisas são diferentes no caso da segunda mudança por que passa Creonte. Pois, da mesma forma que, após seu encontro com Hémon, ele perdoa Ismene, também a cena com Tirésias aterroriza Creonte e leva-o a tentar libertar Antígona. Mas uma curiosa incoerência interfere nas ações de Creonte. O Coro implora a ele:

> Vá, liberte, de um lado, a moça da câmara
> subterrânea, construa na outra um túmulo para o que jaz morto (versos 1100-1101).

Mas, quando, por fim, Creonte vai executar as instruções do Coro, ele o faz na ordem *inversa*, parando primeiro para cremar e dar sepultura ao corpo de Polinice e só depois seguindo para o túmulo de Antígona. Em resultado disso, ele chega tarde demais, encontrando

---

23. Goheen, *The Imagery of Sophocles' "Antigone"*, p. 138.

Antígona já enforcada e Hémon num acesso de fúria assassina. Mais uma vez, o catastrófico fracasso de Creonte em se ater à seqüência dos acontecimentos ordenada pelo Coro pode ser explicado por diferentes modos complementares. Em primeiro lugar, sua motivação é naturalista, se admitimos que Creonte reconhece que o enterro de Polinice é a ação mais importante, uma vez que o corpo não-enterrado é a fonte da impureza original da cidade. Em segundo lugar, Creonte se revela submetido a uma lei talismânica, que dita que os nós devem ser desatados na ordem em que foram atados. Ele próprio alude a esse princípio na declaração aforística: "Eu mesmo atei e, estando presente, libertarei" (verso 1112), o que conjuga seu aprisionamento literal de Antígona com sua violação da ordem cósmica. Por fim, a incapacidade de Creonte de salvar Antígona pode, mais uma vez, simplesmente ser atribuída a um padrão pré-ordenado de que deve haver uma *diferença* entre as duas irmãs. Assim, da mesma forma que sua decisão anterior de libertar Ismene nada mais faz que ratificar uma exigência imposta pela estrutura da peça, pela mesma razão, a decisão de redimir Antígona de sua escolha da morte está destinada ao fracasso.

Um terceiro desvio da intenção original por parte de Creonte também pode ser mais bem explicado em termos estruturalistas. Ao mesmo tempo em que se abranda com relação a Ismene, Creonte modifica o meio de punição de Antígona (versos 773-780) da morte por apedrejamento à prisão numa câmara subterrânea. Além de elevar Antígona ao estatuto anômalo de morta-em-vida, essa mudança torna sua morte tematicamente vinculada à confusão, no caso Polinice, entre "mundo superior" e "mundo inferior" e permite que o destino de ambos os irmãos seja visto como conseqüência do incesto de Édipo.

Tanto as hesitações contínuas de Creonte quanto sua demora em chegar ao túmulo de Antígona refletem-se caricaturalmente no caráter do Guarda. Em sua primeira entrada (versos 223 ss.), o Guarda se desculpa por ter demorado tanto para trazer a notícia do enterro de Polinice e, na conversa que se segue, consegue apenas exasperar Creonte, com os volteios com que ele transmite a mensagem. Como assinala Benardete, o Guarda "confessa, sem razão, o crime imaginário do atraso", porque Creonte fica sabendo dele "somente por meio de sua própria admissão"[24]. O Guarda, sem dúvida uma das poucas figuras cômicas na tragédia grega, assemelha-se aos palhaços de Shakespeare no modo como sua tagarelice divertida e aparentemente irrelevante conduz diretamente a questões centrais para a peça[25]. Pois, ao se convencer de seu próprio atraso, o Guarda funciona como um duplo de Creonte, que irá repetir seu "crime do atraso" de modo trágico.

---

24. Benardete, "A Reading", parte 1, p. 177.
25. Cf. Santirocco, "Justice in Sophocles' *Antigone*", p. 186.

De modo idêntico, quando Creonte despacha o Guarda, com sua vida, após seu primeiro diálogo, o Guarda declara: "Não há como você ver-me vir aqui" (verso 329). No entanto, apenas uns quinze versos adiante, o Guarda entra novamente, acompanhado por Antígona capturada, e admite: "Oh senhor, não cabe a um homem mortal negar um juramento, / pois mudar de idéia falsifica o julgamento" (versos 388-389). Essa declaração do subordinado aplica-se igualmente ao senhor, pois, no decorrer do drama, também Creonte se vê forçado a abjurar cada um de seus juramentos. Na verdade, essas mudanças são sintomas do que poderia ser chamado o grupo do interesse pessoal – encabeçado por Creonte, mas do qual Ismene e o Guarda também fazem parte – ao contrário da devoção inabalável de Antígona só sabe perseverar teimosamente no curso de ação que ela originalmente escolheu.

O personagem do Guarda está inextricavelmente ligado a mais uma outra dificuldade interpretativa em *Antígona* – os "dois enterros" de Polinice. Como freqüentemente acontece, dificuldades desnecessárias surgiram quando os críticos ignoraram as indicações do próprio texto de Sófocles. A sugestão de que o primeiro enterro, relatado pelo Guarda, pudesse ter sido realizado por Ismene[26] não tem fundamento algum e é contradito por tudo que acontece na peça. A segunda teoria não-ortodoxa, inicialmente proposta por S. M. Adams e retomada por Marsh McCall[27], de que, não Antígona e sim os deuses teriam realizado o primeiro enterro, embora não possa ser inteiramente descartada, também exige modificações à luz de comprovação. Pois a afirmação do Guarda (versos 427-428) de que Antígona amaldiçoou os que desenterraram o corpo não faz sentido, a menos que tenha sido ela própria quem realizou o primeiro enterro[28].

No entanto, é inegavelmente verdade que uma aura divina envolve não apenas o primeiro enterro de Polinice, mas também o segundo. Quando a notícia do primeiro enterro é anunciada pelo Guarda e o culpado é misteriosamente descrito como sendo "sem um sinal" (verso 252), o Coro deixa Creonte furioso, ao exprimir o pensamento: "Oh senhor, uma profunda meditação por muito tempo deliberava em mim, / se esse ato não é afinal algo enviado pelos deuses" (versos 278-279). Subseqüentemente, após o corpo de Polinice ter sido novamente exposto por ordem de Creonte, a intervenção sobrenatural é inequívoca na tempestade de poeira – chamada pelo Guarda de "flagelo celeste" (verso 418) e de "doença divina" (verso 421) – que chega para envolver Antígona, quando ela volta para o corpo uma segunda vez. Ao

---

26. Cf. Rouse, "The Two Burials in *Antigone*".
27. Cf. Adams, "The *Antigone* of Sophocles"; e McCall, "Divine and Human Action in Sophocles".
28. Cf. Winnington-Ingram, *Sophocles: An Interpretation*, p. 125; e Knox, *The Heroic Temper*, p. 176, nota 3.

mesmo tempo em que Antígona está em poder da maldição da família e é impelida por lealdades intensamente pessoais, ela é a agente da lei e justiça divinas; e o efeito da sanção sobrenatural sobre suas ações é mostrar que esses dois níveis de significação são, em última análise, intercambiáveis.

Além de suas dimensões religiosas, o tema do duplo enterro oferece a Sófocles algumas vantagens puramente dramáticas. Como observa Kitto, ao permitir a Creonte descobrir o fato do enterro de Polinice antes de ter conhecimento da identidade do transgressor, Sófocles cria "um intervalo de conhecimento parcial"[29], que acentua o efeito da revelação final da culpa de Antígona. Em termos psicanalíticos, essa demora estratégica está de acordo com a teoria da ação "*a posteriori*", com sua suposição de que deve haver uma conjunção entre a "primeira cena" e a "segunda cena" na formação de um trauma. Na verdade, o próprio significado do enterro de Polinice pode ser pensado como residindo na necessidade de sua repetição, dado que *Antígona* é uma peça atravessada por duplicações e oposições binárias. Mas, deve-se acrescentar que Polinice é, na verdade, enterrado, não duas, mas três vezes, pois ele finalmente é posto em descanso por Creonte, no final da peça. Embora os ritos funerais realizados por Antígona presumivelmente fossem suficientes para permitir à alma de Polinice passar para o mundo inferior, Creonte tinha suas próprias razões para realizar o enterro, por devia tentar expiar por suas transgressões anteriores. Ao fazê-lo, ele restabelece a *identidade* violada entre os dois filhos de Édipo.

Há, por fim, um caráter de acentuado descuido nos enterros realizados por Antígona. Como observa Jebb, em sua nota ao verso 80:

> Ela fala como se esperasse dar-lhe uma sepultura normal. Isso é, no final, feito por ordem de Creonte (verso 1203), enquanto os ritos que a própria Antígona realiza são apenas simbólicos (225, 429).

Quando relata pela primeira vez o enterro de Polinice, o Guarda especifica: "pois ele sumiu de vista, não enterrado, / mas poeira fina estava sobre ele, como se por alguém fugindo de uma maldição" (versos 256-257). O cumprimento "apenas simbólico" de Antígona da obrigação de dar sepultura a Polinice cobrindo seu corpo com "poeira fina" encontra sua contrapartida estrutural na tentativa igualmente "simbólica" de Creonte de escapar à responsabilidade pela morte de Antígona, deixando uma porção ritual de alimento em seu túmulo. Mas, examinado no contexto da peça inteira, é o destino de Polinice, Ismene e de todos os que estão "do lado" de Creonte, que não vai além do mera-

---

29. Kitto, *Form and Meaning in Drama*, p. 156. Cf. também Reinhardt, *Sophocles*, p. 76.

mente "simbólico", enquanto Antígona partilha com Édipo do que pode ser chamado de um destino de proporções heróicas em sua "plena dimensão".

Se *Antígona*, assim como *Rei Lear*, descreve um mundo dividido em "lados" rivais, que – apesar do equilíbrio estrutural entre Antígona e Creonte – são, em termos morais, aproximadamente os do bem e mal, surge então a pergunta: de que lado está Hémon? Pois Hémon apresenta tanto a capacidade de mudança que caracteriza o "grupo do interesse pessoal" quanto a devoção inabalável que poderia alinhá-lo a Antígona. Em outras palavras, ele fica preso entre seus papéis conflitantes de filho e noivo. Em sua primeira entrada na peça, quando Creonte exige sua obediência inquestionável, Hémon promete: "Pai, sou seu" (verso 635). Na cena seguinte, no entanto, Hémon aos poucos começa a hesitar, ao relatar a convicção disseminada do povo de que Antígona tem "valor para conseguir a honra mais brilhante" (verso 699), e termina numa inversão de 180 graus de sua posição inicial. "Então ela vai morrer, e morrendo destruirá um outro" (verso 751), ameaça ele, de modo ambíguo, com palavras que Creonte supõe serem dirigidas contra si, mas com as quais Hémon pretende se referir ao próprio suicídio iminente.

Mas, embora Hémon faça a mediação entre Creonte e Antígona, vários versos do argumento convergem no sentido de mostrar que ele permanece na órbita do pai. Quando o Mensageiro descreve a cena de carnificina no túmulo, ele o faz numa linguagem altamente constrangida. "Hémon (*Haimon*) pereceu; por suas próprias mãos ele se ensangüentou (*haimassetai*)" (verso 1175). Por meio de um trocadilho etimológico, o Mensageiro liga o nome de Hémon com a palavra grega para sangue (*haima*), dessa forma, anunciando como Creonte é aniquilado pelo próprio princípio de consangüinidade que ele buscou negar[30]. Há mais uma equivocidade no verso do Mensageiro, pois a palavra *autocheir* ("por suas próprias mãos") poderia igualmente significar "pelas mãos de um parente de sangue", esses conceitos não sendo

---

30. Cf. Santirocco, "Justice in Sophocles' *Antigone*", p. 184. Na verdade, muitos dos nomes no mito de Édipo são carregados de significado etimológico. Creonte (*Kreon*) é um termo genérico significando "governante"; Eurídice (Eurudike), "justiça ampla", faz por merecer seu nome como Rainha dos Mortos; o nome Polinice contém um trocadilho duplo: "muitas brigas" (neikos = briga) e "muitos cadáveres" (*nekus* = cadáver) (cf. versos 26, 110-111); o nome de Polinice ser justaposto a de Etéocles (*Eteokles*), "glória genuína" (*kleos* = glória) e "pranto genuíno" (*klaio* = eu choro). No caráter enigmático de seus nomes, ambos os filhos seguem a tradição do pai, pois Édipo, como vimos, significa tanto "sabe-pé" quanto "pé-inchado". Menos familiar é o fato de que Antígona (*Antigona*) significa literalmente "gerada no lugar de outro" ou "antigeração". Sobre vários desses nomes, cf. Segal, *Tragedy and Civilization*, p. 180; Santirocco, "Justice in Sophocles' *Antigone*", pp. 191 e 193; Vernant, "Ambiguity and Reversal", p. 483; Zeitlin, "Language, Structure and the Son of Oedipus", p. 560; e Benardete, "A Reading", parte 2, p. 156.

lexicalmente distinguíveis no grego. Assim, o Coro é forçado a pedir um esclarecimento gramatical: "Pelas mãos do pai, ou por suas próprias mãos?" (verso 1176), para poder compreender exatamente o que ocorreu. Assassinato e suicídio, para Sófocles não menos que para Freud, nada mais são que dois produtos de uma mesma "formação narcísica", na qual sujeito e objeto são embaralhados num ato de violência que é, ao mesmo tempo, *intrapsíquico* e *interpessoal*. Na verdade, Hémon, em sua fúria, primeiro tenta (versos 1231-1234) matar o pai, antes de voltar a espada contra si próprio. Dessa forma, encerrando *Antígona* com o que, na verdade, é o assassinato de um filho pelo pai, Sófocles completa o padrão que foi iniciado no começo do ciclo de Édipo com o assassinato de um pai pelo filho, na pré-história de *Édipo Rei*.

Creonte confirma sua responsabilidade pelas mortes tanto de Hémon quanto de sua esposa Eurídice, em sua fala final na peça:

> Vocês, povo, levem para longe daqui um homem inútil,
> que matou você, meu filho, sem o querer,
> e também você [Eurídice] diante de mim, ai de mim, infeliz! (versos 1339-1341).

A atenção à questão da atribuição da culpa ajuda a esclarecer uma anomalia quanto ao final da peça, à qual freqüentemente se faz alusão e que está em paralelo com o silêncio de Antígona com relação a Ismene em sua última fala: o fato de, nos últimos cem versos, ao lamentar as mortes da mulher e do filho, Creonte não mencionar Antígona. De acordo com nosso princípio de levar a sério aparentes anomalias no texto, essa omissão pode ser interpretada simplesmente como uma indicação de que Creonte está genuinamente livre de culpa no caso de Antígona, que tirou a própria vida e, mais importante, está sob o império de Édipo. Já na primeira fala da peça, Antígona diferencia entre os "males derivados de Édipo" (verso 2) e os "males para os que nos são caros, provenientes de nossos inimigos [isto é, Creonte]" (verso 10), e essa distinção é preservada no decorrer de toda *Antígona*. Dessa forma, ironicamente, o recurso hipócrita de Creonte de deixar uma porção simbólica de alimento no túmulo *efetivamente* é suficiente para libertá-lo e libertar a cidade da culpa pela morte de Antígona. Da mesma forma, a declaração inicial de Hémon, "Pai, sou seu" está carregada de uma inesperada força oracular, apesar de suas mudanças subseqüentes, e ela ajuda indiretamente a explicar o modo como Hémon é completamente ignorado por Antígona até o momento de sua morte. Mesmo Ismene, que "escolheu viver" quando Antígona escolheu a morte, recebe seu destino literalmente, pois ela não é mais mencionada na peça após a declaração de Creonte, no verso 771, de que foi poupada.

Eurídice não faz mais que uma rápida aparição em *Antígona*. Ela fala somente nove versos, e é claramente introduzida por Sófocles para intensificar o *pathos* vivenciado por Creonte no final. Como muitas vezes acontece, no entanto, essa explicação naturalista do aparecimento de Eurídice é compatível com uma explicação oferecida pela análise estruturalista – neste caso, a necessidade de criar uma simetria entre as famílias de Creonte e de Édipo. Pouco antes de ser conduzida à câmara de pedras, Antígona emite uma imprecação contra Creonte:

> Então, se essas coisas [isto é, a punição dela] são belas aos olhos dos deuses,
> por meio do sofrimento, poderíamos reconhecer que erramos;
> mas se esses homens erram, que eles não sofram males maiores
> que os que eles injustamente me infligem (versos 925-928).

A súplica de Antígona de que Creonte não sofra "males maiores" que os que ela própria está sofrendo encontra eco notável em *Édipo em Colona*, quando Édipo, cego, amaldiçoa Creonte por tentar raptá-lo:

> Dessa forma, a você mesmo e aos de sua raça
> que o deus Hélio, que tudo vê, conceda um dia
> envelhecer na vida da mesma forma que eu (versos 868-870).

Tanto as ameaças de Antígona quanto as de Édipo se realizam de modo assombrosamente literal. Assim como o Coro em *Édipo Rei* "conta [Édipo] como igual / mesmo aos que não estão vivos" (versos 1186-1188) após sua queda, também Creonte, no final de *Antígona*, refere a si mesmo como aquele que não é "mais que nada" (verso 1325). De modo análogo, o Mensageiro chama Creonte de um "corpo respirando" (verso 1167), com isso discernindo nele a mesma confusão entre vida e morte que ele infligiu a Antígona[31]. A homologia entre os destinos de Creonte e de Édipo é reforçada pelo fato de que ambos perdem suas esposas pelo suicídio. Na verdade, a partida fatidicamente silenciosa de Eurídice (versos 1244-1245) em *Antígona* relembra – ou prefigura – a de Jocasta (verso 1072) em *Édipo Rei*.

Sófocles acentua a interpenetração entre as famílias de Édipo e de Creonte por meio de mudanças repercutidas na palavra *autocheir*, apropriadamente qualificada por Kamerbeek, em sua nota ao verso 52, como "uma palavra-chave dessa peça". Nesse verso, Ismene enfaticamente relembra a Antígona o modo como seu pai feriu os olhos "ele próprio, com uma mão auto-infligidora" (*autos autourgoi cheri*). Subseqüentemente, a palavra é usada por Creonte (verso 172) para descrever as mortes simultâneas de Etéocles e Polinice e, em sua advertência ao Guarda de que encontre o "verdadeiro autor" (verso 306) do enterro de Polinice; ela é também pronunciada por Antígona (verso 900), quando ela exprime seu orgulho por ter realizado os ritos funerais, não apenas por seus dois irmãos, mas também por seu pai e mãe (em *Édipo*

---

31. Cf. Knox, *The Heroic Temper*, p. 116.

Rei, além disso, Édipo aplica o termo *autocheir* ao assassino de Laio [versos 231, 266] e a seu autocegamento [verso 1332]). Assim, quando o Mensageiro relata (verso 1175) que Hémon pereceu *autocheir*, ou menciona-se (verso 1315) que Eurídice perfurou o próprio fígado da mesma forma, o que está manifestamente sendo sugerido, como escreveu Charles Segal, é que "a casa de Creonte duplica seu oposto caótico, a casa de Édipo"[32].

Ao contrário da casa "caótica" de Édipo, no entanto, a casa de Creonte não é lançada em confusão por incesto. Em resultado disso, os vínculos de parentesco em torno de Creonte não têm a incessante duplicação que prevalece na família Édipo. Antes de morrer, Eurídice amaldiçoa Creonte (verso 1303), não apenas pela morte de Hémon, mas também pela morte de seu outro filho, *Megareu*, que, segundo a lenda, voluntariamente sacrificou a própria vida para cumprir a profecia de que, somente pela morte de um descendente de um dos espartanos originais, Tebas teria êxito em repelir a invasão argiva[33]. Por outro lado, essa alusão a Megareu confirma a semelhança entre Creonte e Édipo no fato de ambos sofrerem a perda de dois filhos. Por outro lado, como Megareu é uma figura totalmente obscura na peça, e como não há vínculo entre sua morte e a de Hémon, permanece verdadeiro que o que ocorre de modo singular na casa de Creonte é, de certa forma, retratado em duplicata na de Édipo.

Para Lévi-Strauss, o relacionamento avuncular entre cunhados é "o eixo necessário em torno do qual a estrutura de parentesco é construída", mas é somente por meio do nascimento dos filhos que é validado "o caráter dinâmico e teleológico do passo inicial, que estabelece o parentesco com base no casamento e por meio dele". Ele continua:

> O desequilíbrio inicial produzido numa geração entre o grupo que dá a mulher e o grupo que a recebe só pode ser estabilizado por meio de contraprestações nas gerações seguintes. Assim, mesmo a estrutura de parentesco mais elementar existe tanto sincronicamente quanto diacronicamente[34].

No ciclo de Édipo, os "grupos" envolvidos no intercâmbio são personificados individualmente por Creonte e Édipo, e, devido às complicações provocadas pelo incesto, não é possível, em última análise, diferenciar entre as gerações. Mas, sem dúvida, é verdadeiro que as três peças de Sófocles devem ser lidas "tanto sincronicamente quanto

---

32. Segal, *Tragedy and Civilization*, p. 190.
33. Esse episódio é preservado em *As Mulheres Fenícias*, de Eurípides, onde, no entanto, o filho de Creonte chama-se Meneceu. Isso parece ser também sugerido nos versos 993-995 da *Antígona*, onde Creonte lembra a Tirésias que ele dera ouvidos a seus conselhos anteriormente.
34. Lévi-Strauss, "Análise Estrutural", pp. 46 e 47.

diacronicamente" e que a restauração do "equilíbrio" por meio das "contraprestações" entre Édipo e Creonte, envolvendo seus dois filhos e suas duas filhas, nascidos de seu casamento com Jocasta, constitui a ação que envolve toda a *Antígona*.

13. A Heroicização de Édipo

No final de *Édipo Rei*, quando Édipo implora a Creonte que o abandone por uma segunda vez no monte Citéron, ele muda de repente de idéia:

> E, ainda assim, pelo menos isso eu sei, que nem a doença
> nem nada mais poderiam me destruir; pois eu nunca
> teria sido poupado da morte, a menos que para algum mal terrível[1].

A nuance exata dessa passagem depende do significado que se atribui às duas últimas palavras, *deinoi kakoi*, que traduzi por "mal terrível". *Deinos*, lembremo-nos, é a mesma palavra de significado difícil de fixar, empregada para descrever o homem no primeiro *stásimon* de *Antígona* e que Hölderlin traduz para o alemão como "*Ungeheuer*", e Heidegger como "*unheimlich*", e para a qual o campo semântico em nossa língua abrange os significados: "estranho", "assombroso" e "terrível". *Kakon*, como substantivo, normalmente tem o sentido mais direto de "mal" ou "calamitoso". Jebb, no entanto, traduz a expressão por "estranho destino" e comenta, numa nota, que "o poeta de Colona dá a Édipo o pressentimento de que seu fim não deverá ser como o de todos os homens"[2].

---

1. Sófocles, *Édipo Rei*, versos 1455-1457. A numeração dos versos para as citações do texto de Sófocles, será a seguir, incluída entre parênteses no texto.
2. Para uma defesa da tradução de Jebb como "estranho destino", cf. Howe, "Taboo in the Oedipus Theme", p. 139.

Talvez Jebb esteja indo longe demais, ao abrandar o tom de desespero que seria apropriado para as emoções que atravessam a mente de Édipo, em seu ponto mais baixo em *Édipo Rei*, no entanto, ele está certo em chamar a atenção para o "pressentimento" de *Édipo em Colona*, no final da peça anterior. Somente no decorrer de *Édipo em Colona*, no qual ele revela a plena dimensão da profecia que lhe foi feita por Apolo, é que Édipo compreende que o destino para o qual ele foi poupado não é um "mal terrível", mas um "estranho destino" que não é menos, e sim mais, grandioso que o dos outros homens. Mas, assim como *Édipo em Colona* revê e amplia o significado de *Édipo Rei* como um todo, também as peças anteriores se projetam nessa sua continuação, e a unidade de toda a concepção de Sófocles nas peças tebanas fica mais uma vez em plena evidência.

Assim, em *Édipo em Colona*, Sófocles completa e, ao mesmo tempo, traz à existência o ciclo de Édipo. Mas, esse fechamento do "círculo" (*kuklos*) tem dois aspectos interrelacionados. De um lado, Sófocles encerra a história de Édipo; de outro, ele coloca as bases dos acontecimentos que se seguirão em *Antígona*. Na medida em que *Édipo em Colona* envolve o destino individual de seu herói, ela é a peça final; mas, na medida em que envolve toda a família de Édipo, ela dá os antecedentes de uma tragédia escrita quarenta anos antes. Essa dupla perspectiva de *Édipo em Colona* como uma peça tanto "intermediária" quanto "final" é estabelecida pela tensão sem igual entre a seqüência narrativa e a ordem de composição do ciclo de Édipo.

Para uma apreciação dessa qualidade híbrida de *Édipo em Colona*, será esclarecedor examiná-lo em sua relação com Ésquilo. Em *Antígona*, como vimos, Sófocles inicia o ciclo de Édipo sob forte influência de Ésquilo, em particular no tema da maldição da família, que ele toma de empréstimo em *Sete contra Tebas*; em segundo lugar, sustentei, ele revê a *Orestíada*, substituindo a ênfase de Ésquilo na relação contratual do casamento por sua própria insistência nos vínculos mais primitivos da consangüinidade. Em *Édipo Rei*, no entanto, Sófocles se afasta radicalmente de seu predecessor, ao suprimir o tema da maldição herdada e tornar Édipo um herói representativo do autoconhecimento. Mas, em *Édipo em Colona*, Sófocles reverte outra vez a um modo marcadamente esquiliano e, assim como em *Antígona*, inspira-se tanto na trilogia labdácida quanto na *Orestíada*.

Como seria de se esperar, o impacto de *Sete contra Tebas* se revela de modo mais vívido no ressurgimento do tema da maldição da família, que liga *Édipo em Colona* a *Antígona*. No decorrer da peça, Édipo se purifica da mancha do incesto e do parricídio, mas pronuncia uma terrível maldição contra Creonte, seus dois filhos e a cidade de Tebas. Em eco direto com o segundo *stásimon* (versos 730-734) de *Sete contra Tebas*, que é igualmente uma fonte do relato das mortes de Etéocles e Polinice nas mãos um do outro, em *Antígona* (versos 143-146), Édipo informa a Creonte sobre o legado que deixou a seus dois filhos:

e para meus filhos há de minha terra
somente conseguir onde morrer (versos 789-790).

A mesma passagem crucial em Ésquilo – já evocada numa descrição paralela da casa amaldiçoada de Lábdaco, em *Antígona* – é mais uma vez imitada por Sófocles, quando o Coro compara as aflições por que passa Édipo, na velhice, com "uma praia do norte, que de todos os lados / é agitada pelas ondas no inverno" (versos 1240-1241)[3].

Mas, enquanto o precedente de *Sete contra Tebas* entra em jogo na representação de Sófocles da "Tebas primeva" (versos 1769-1770) e da nêmesis que atinge a linhagem de Cadmo, o da *Orestíada* encontra-se na glorificação de Atenas e nos desdobramentos do destino de Édipo como indivíduo. De modo mais profundo, assim como a *Orestíada* começa em *Agamenon*, na cidade de Argos, com uma maldição contra a casa de Atreu, mas conclui-se em *As Eumênides*, com essa maldição transformada numa bênção para a cidade de Atenas, também *Édipo em Colona* retrata um movimento de Tebas para Atenas, que resulta na purificação de Édipo[4]. O papel das Fúrias na última peça da trilogia de Ésquilo é relembrado por sua função como guardiãs do arvoredo no qual Édipo perambula, no início de *Édipo em Colona*[5]. Em termos gerais, tanto a *Orestíada* quanto *Édipo em Colona* são mitos teleológicos destinados a confirmar o cuidado providencial concedido à cidade em que eles eram representados: a fundação do Areópago por meio da conclusão do julgamento de Orestes, na *Orestíada*, é o equivalente da proteção especial concedida a Atenas em conseqüência do enterro de Édipo em Atenas. Mas essa semelhança ostensiva recebe um enorme *pathos* pelo fato de que, enquanto a *Orestíada* vem na esteira do triunfo de Atenas nas guerras pérsicas, no início do século V, *Édipo em Colona*, escrito pouco mais de cinqüenta anos depois, é, na verdade, uma elegia à cidade, às vésperas de sua derrota final por Esparta, na guerra do Peloponeso[6].

Dessa forma, na dupla natureza da dívida de Sófocles com relação a Ésquilo, há um emblema apropriado da visão bipartida na própria *Édipo em Colona*. Assim como as críticas equivocadas a *Édipo Rei* são em geral devidas a um achatamento de seu caráter dialético, também as críticas a *Édipo em Colona* muitas vezes têm origem no

---

3. Cf. Segal, *Tragedy and Civilization*, p. 366.
4. Cf. *idem*, p. 405.
5. Cf. Winnington-Ingram, *Sophocles: An Interpretation*, p. 264; e Whitman, *Heroic Humanism*, pp. 201-202. Uma valiosa discussão sobre a relação entre Édipo e as Fúrias encontra-se em Edmunds, "The Cults and the Legend of Oedipus"; e Henrichs, "The 'Sobriety' of Oedipus".
6. Para uma comovente comparação entre o "velho Édipo", de *Édipo em Colona*, e a "cansada e abatida Atenas dos últimos anos da guerra", cf. Knox, *The Heroic Temper*, pp. 143-144.

fato de se ignorar seu lugar no ciclo de Édipo como um todo. O exemplo mais patente desse erro aparece na declaração de C. M. Bowra: "No final de *Édipo em Colona* não permanecem desacordos sem solução, nenhum mistério exige uma resposta"[7]. Mas o modo como Bowra ignora o *kommos* final (versos 1670-1750) e a saída final (versos 1751-1759), que nos colocam novamente na perspectiva terrena e atravessada pela dor de Antígona e Ismene, é, com justiça, criticado por R. P. Winnington-Ingram, que assinala que "Antígona sai diretamente da peça para encontrar sua morte trágica em *Antígona*"[8]. Em outras palavras, o fato de *Édipo em Colona* fazer parte de um projeto mais amplo, que está expressamente vinculado por Sófocles a *Antígona*, priva a peça da conclusão que ela teria, se fosse lida de modo totalmente independente e como vinculada exclusivamente ao destino de Édipo.

Embora alguns críticos[9] não o admitam, deve-se reconhecer que *Édipo em Colona* é fundamentalmente um drama sagrado. O foco central do mistério na peça – a morte de Édipo – nunca foi tão bem descrito quanto nas palavras do amigo de Nietzsche, Erwin Rohde:

> Um e apenas um é arrebatado pela graça divina, livre do destino humano da aniquilação, e, no Arvoredo das Erínias, Édipo, traspassado pela dor, é arrebatado de sua vida terrena, sem ver a morte. Para esse poeta da fé antiga, a convicção de que o milagre divino do arrebatamento sem a morte é uma verdade literal de realidade tão viva, que ele está pronto a fazer essa estranha circunstância servir como única meta e propósito de todo um drama: um milagre, que todas as outras cenas servem não tanto para preparar, mas sim, para simplesmente adiar e, dessa forma, intensificar a expectativa com a qual o acontecimento é aguardado[10].

Há, inquestionavelmente, como observou Peter Burian, muito "confronto e conflito" em *Édipo em Colona*, em particular nas cenas com Creonte e Polinice, mas ele está errado em concluir que a peça "não é um espetáculo sagrado"[11]. Ao contrário, assim como *A Tempestade*, de Shakespeare – uma outra peça que deliberadamente marca o ponto final de uma biografia – *Édipo em Colona* possui o caráter "rico e estranho" de uma máscara, devido ao fato de que a ação é, em última análise, controlada pelo protagonista, e, dessa forma, as ameaças que os antagonistas de Próspero e de Édipo lhes apresentam são, desde o início, conhecidas pela platéia como ilusórias e ineficazes[12].

---

7. Bowra, *Sophoclean Tragedy*, p. 349.
8. Winnington-Ingram, *Sophocles: An Interpretation*, p. 255.
9. Sobre as leituras leigas equivocadas da peça, cf. Linforth, *Religion and Drama*; e Hester, "To Help One's Friends and Harm One's Enemies". Igualmente apropriada é a observação de Whitman de que a "vitória heróica", tanto de Édipo quanto de Antígona, "tinha toda sua referência na esfera puramente humana" (*Heroic Humanism*, p. 204).
10. Rohde, *Psyche*, pp. 430-431.
11. Burian, "Suppliant and Savior", p. 408.
12. Sobre as peças finais, em geral, cf. Grene, *Reality and the Heroic Pattern*.

Como já vimos em nossa discussão de *Édipo Rei*, a psicanálise – como um humanismo inabalável – deve abordar até mesmo questões religiosas em termos de seu significado para o *homem*. No caso de *Édipo em Colona*, isso não significa negar ou minimizar o "milagre divino do arrebatamento sem a morte" retratado por Sófocles, mas, ao contrário, consiste na compreensão da "heroicização" de Édipo – isto é, o processo pelo qual ele se torna um *herói*, um ser supra-humano, cujo espírito detém, após a morte, poder sobre os acontecimentos humanos – nos termos da lógica interna do mito[13]. Mais especificamente, esse mistério deve ser visto não só como um desdobramento final do significado do incesto de Édipo, uma vez que é um mistério que pertence tanto a ele próprio quanto à sua família, mas também em suas dimensões políticas e religiosas mais amplas.

Apesar de ser a mais longa das tragédias gregas que chegaram até nós (1779 versos), *Édipo em Colona* se destaca pela tensão presente em sua construção. Embora haja um grande número de acontecimentos inesperados na ação – como quando, no primeiro *epeisodion*, a chegada de Teseu é precedida pela chegada inesperada de Ismene, trazendo notícias de Tebas, ou, no quarto *epeisodion*, quando a chegada de Polinice, suplicando o apoio de Édipo, adia, para duzentos versos depois, a apoteose de Édipo – eles todos contribuem para o efeito cumulativo, e de forma alguma tornam a peça "episódica"[14]. Em particular, o processo de heroicização, que é "o único objetivo e propósito" do drama, é anunciado na cena de abertura da peça. Ao ser-lhe dito que ele invadiu o arvoredo das "Eumênides que tudo vêem" (verso 42), Édipo declara que nunca irá se deixar afastar do lugar onde encontrou "o sinal de meu destino" (verso 46). Como parte de sua revelação da profecia que lhe fora feita por Apolo em *Édipo Rei*, Édipo prenuncia o ponto máximo da peça, ao anunciar que esse fim será acompanhado por "um terremoto, ou um trovão, ou o relâmpago de Zeus" (verso 94). Devido à íntima conexão entre o prelúdio da peça e seu final, é verdade que as muitas e longas cenas interpoladas, que "servem não tanto para preparar, mas para adiar", a morte de Édipo, perdem em importância[15]. Quando, ao ficar sabendo que a proteção concedida por Édipo depende de seu enterro, Teseu observa se "Você pede, na verdade, a última das coisas da vida, e as que estão no meio você tem no esquecimento ou considera como nada" (versos 583-584). Assim, a seu próprio modo, *Édipo em Colona* imita a "condensação" de

---

13. Sobre o conceito do *heros*, cf. Knox, *The Heroic Temper*, p. 147; Winnington-Ingram, *Sophocles: An Interpretation*, p. 254; Bowra, *Sophoclean Tragedy*, pp. 307-309; e Whitman, *Heroic Humanism*, p. 190.

14. Para uma defesa convincente dessa concepção, cf. Adams, "Unity of Plot in the *Oedipus Coloneus*"; e confronte-se com Colchester, "Justice and Death in Sophocles".

15. Cf. Reinhardt, *Sophocles*, p. 195; e Kirkwood, *A Study of Sophoclean Drama*, p. 150.

Édipo Rei, que depende de uma estrutura de pólos por demais especificados – o leito nupcial e o leito de morte – e um meio suprimido ou não-existente.

Essa clara semelhança entre as estruturas das duas peças faz parte de um padrão mais amplo, no qual *Édipo em Colona* constitui tanto uma repetição quanto uma inversão de *Édipo Rei*. O Édipo cego e desamparado do início de *Édipo em Colona* parece ter saído diretamente do final de *Édipo Rei*, mas, ao final, ele terá assumido na realidade a condição divina que ele havia indevidamente arrogado para si no início da peça anterior. Quando, nas palavras de Bernard Knox, Édipo dispensa a Creonte "justiça impiedosa e irada", em *Édipo em Colona*, ele revive a cena na qual acusava Creonte de traição em *Édipo Rei*; mas, enquanto, anteriormente, Édipo exemplificava "o caráter tragicamente inadequado do conhecimento, da certeza e da justiça humanos", nesta ocasião, ele "é justificado"[16]. Ao assegurar ao Estrangeiro de Atenas que "Por mais que falemos, falaremos vendo todas as coisas" (verso 74), Édipo está confirmando sua identificação com o papel profético de Tirésias; e, ao enviar Polinice a seu destino, ele está, na verdade, amaldiçoando um duplo de seu antigo eu[17].

O próprio Freud jamais tentou estender sua análise do mito de Édipo até *Édipo em Colona*. No entanto, ao centrar sua atenção no verso de Édipo em seu diálogo com Ismene, "Quando eu não for mais, nesse momento serei um homem?" (verso 393), Jacques Lacan argumenta que "a psicanálise de Édipo somente termina em Colona. [...] Esse é o momento essencial que dá à sua história seu pleno significado"[18]. O que está em jogo na noção lacaniana do "*assumir* a própria história" foi exposto por Shoshana Felman numa linguagem pouco menos hermética que a própria linguagem de Lacan. Em *Édipo em Colona*, escreve ela, Édipo "assume sua própria *relação* com o discurso do Outro" e, por meio de sua aceitação de "seu de-centramento radical com relação a seu próprio ego, a sua própria auto-imagem", ele "espera – e na verdade, *assume* – sua morte"[19]. Além disso, assim como a queda de Édipo, em *Édipo Rei*, resulta de seu fracasso em compreender esse enigmático "discurso do Outro" – ao mesmo tempo, o discurso dos deuses e o discurso do inconsciente – também sua regeneração no *Édipo em Colona* é acompanhada pela introdução de uma força oracular em sua própria linguagem. Na exegese que Lacan faz de Édipo e seu "assumir de [sua] história", nós temos talvez o melhor equivalente psicanalítico disponível de um relato religioso da "heroicização" de

---

16. Knox, *The Heroic Temper*, pp. 147-148. Cf. também Segal, *Tragedy and Civilization*, p. 404.
17. Cf. Segal, *Tragedy and Civilization*, p. 384.
18. Citado em Felman, "Beyond Oedipus", p. 1027.
19. *Idem*, p. 1028.

Édipo; e, tanto os críticos psicanalíticos quanto os críticos "teológicos" podem endossar a formulação justa e sem rodeios de Nietzsche de que, em *Édipo em Colona*, "o herói atinge sua atividade mais alta, indo muito além de sua vida, por meio de sua postura puramente passiva, enquanto suas ações e desejos conscientes, num período anterior de sua vida, meramente o conduziam à passividade"[20].

Se *Édipo em Colona* constitui tanto uma repetição quanto uma inversão de *Édipo Rei*, ele o faz sobretudo com relação aos atos do incesto e do parricídio. Quando Édipo pisa o solo sagrado das Eumênides, no início da peça, ele simbolicamente comete o crime do incesto uma segunda vez. Nas palavras de Mark Kanzer, "mais uma vez, ele deixa o povo horrorizado, ao vagar com sua mãe-filha na região sagrada que simboliza os órgãos genitais dela"[21]. E assim como a peça se abre com "um esforço de dominar o trauma original" do incesto por meio de seu reencenamento numa forma atenuada, ela se encerra, da mesma forma, desfazendo o trauma do parricídio, uma vez que o misterioso desaparecimento de Édipo, presenciado apenas por Teseu, é, em essência, "um rito da puberdade, no qual pai e filho renunciam ambos a seus desejos de morte recíprocos, e somente um dos homens retorna da cerimônia"[22].

Uma parte integrante do processo de purificação de Édipo da contaminação de ambas as suas ofensas primais é a transposição delas de um registro *literal* para um registro *simbólico*. Isto é, *Édipo em Colona* suprime a culpa de Édipo pelo incesto e parricídio, justamente *porque* ele encena sua repetição. Daí o desejo insaciável de Édipo de "contar o que fizeram minha mãe e meu pai" (verso 268), agora sempre com ênfase em sua própria inocência[23]. Ele narra partes importantes de sua história, ao Coro, a Ismene e – com amargura – a Creonte e Polinice, enquanto, por outro lado, a dignidade inata de Teseu se evidencia pela imediata identificação de Édipo como "filho de Laio" (verso 553), poupando-o com isso da necessidade de um tal relato. Além disso, em conseqüência dessa mudança provocada pela repetição, o conhecimento proibido de Édipo passa por uma metamorfose final, de uma maldição novamente para uma bênção, da mesma forma que acontecera logo após ele dar solução ao enigma da Esfinge. Do ponto de vista de *Édipo em Colona*, o movimento descendente de *Édipo Rei* se revela como o momento da antítese numa dialética em três partes, da qual o confron-

---

20. Nietzsche, *O Nascimento da Tragédia*, seção 9.
21. Kanzer, "The 'Passing of the Oedipus Complex'", p. 133. Cf. também Lefcowitz, "The Inviolate Grove", p. 81; e Bacon, "Women's Two Faces", p. 18. Para um ensaio psicanalítico da peça, cf. Lorenz, "*Ödipus auf Kolonus*".
22. Kanzer, "'Passing of the Oedipus Complex'" p. 133.
23. Em "Beyond Oedipus", Felman enfatiza que *Édipo em Colona* versa "sobre a *historicização* do destino de Édipo, por meio da *simbolização* – transmutação em fala – do desejo de Édipo" (p. 1030).

to – jamais representado – com a Esfinge e a apoteose de Édipo – como esse confronto, também velada – são os outros momentos positivos que correspondem à tese e à síntese.

Mas, enquanto, para Édipo como indivíduo, a repetição se move numa espiral de libertação, para seus descendentes, presos à maldição da família, a repetição é vivenciada como uma compulsão circular. Os vínculos delicados entre *Édipo em Colona* e *Antígona* são revelados no modo como Sófocles, mais uma vez, trata os filhos e filhas de Édipo como pares separados e acentua os contrastes entre eles. Inspirando-se também aqui em Heródoto (2.35), assim como havia feito nos controvertidos versos do enterro, Sófocles faz Édipo proferir uma acusação cáustica (versos 337-345) sobre o comportamento "egípcio" de seus filhos, que permanecem "como virgens" em casa, em Tebas, enquanto suas filhas "suportam no lugar deles os males / de seu desditoso pai". Particularmente digna de nota é a distinção sutil que Sófocles faz entre Ismene e Antígona. Ambas as irmãs são leais ao pai, mas somente Antígona acompanha Édipo em sua jornada, Ismene tendo permanecido em Tebas. Ao ser avistada, ao se aproximar, Ismene é descrita por Antígona nos seguintes termos:

> Vejo uma mulher
> Vindo em nossa direção, montada num potro
> do Etna; em sua cabeça, um chapéu da Tessália, que protege contra o sol,
> oculta seu rosto (versos 311-314).

Como assinala Campbell, em suas notas a essa passagem, os epítetos "pitorescos" chamam a atenção para o fato de que Ismene está "bem vestida e montada", uma vez que o primeiro "sugere um cavalo de boa raça, enquanto o outro denota um chapéu confortável, que oferece proteção contra o sol". Seria ir longe demais dizer que esses atavios de luxo constituem uma condenação moral contra Ismene, mas para o leitor familiarizado com *Antígona*, a discrepância entre as condições exteriores das irmãs só pode ter um significado latente, que assume sua plena significação quando considerada à luz dos desenvolvimentos subseqüentes.

Sófocles não é menos coerente em sua descrição dos filhos de Édipo que na de suas filhas. Como freqüentemente observado, ele se afasta da tradição, ao especificar (versos 375, 1294, 1422) que o exilado Polinice é o *mais velho* dos dois irmãos. Mas, embora essa inovação tenha às vezes sido interpretada como "fortalecendo o lado de Polinice, ao apresentá-lo como o herdeiro natural ao trono, injustamente deposto por um rival mais novo"[24], Jebb, sem dúvida, está certo em afirmar, em sua nota ao verso 375, que seu efeito é, na verdade, o

---

24. Burian, "Suppliant and Savior", p. 424. A mesma concepção é defendida por Bowra, *Sophoclean Tragedy*, p. 326; e por Whitman, *Heroic Humanism*, p. 211.

de que "Etéocles tem agora uma falta especial, e, assim, para *ambos* os irmãos, a maldição recebe maior justificação". Em outras palavras, assim como Polinice está indubitavelmente errado em lutar como traidor contra a cidade, Etéocles não está menos errado em ter, contra a lei, usurpado o trono de seu irmão mais velho; e, assim, a condenação de Édipo contra seus dois filhos (versos 421-430) por ter consentido em seu exílio de Tebas se revela justificada (Sófocles acentua a culpa igual dos dois irmãos, ao relatar sua luta mutuamente destrutiva [versos 371-373] como tenho surgido espontânea e anteriormente à maldição formal de Édipo). Como afirmam Rosenkrantz e Guildenstern, é a função de Etéocles e Polinice ser indistinguíveis. Ambos são sentenciados a morrer nas mãos um do outro, mas ambos têm direito ao enterro em solo tebano. Assim, o tema da maldição da família, em *Antígona*, que estabelece a existência de uma *identidade* entre os filhos de Édipo e uma *diferença* irreconciliável entre suas filhas é tanto prenunciado quanto explicado retrospectivamente em *Édipo em Colona*.

Assim como em nossa leitura de *Antígona*, além disso, uma vez percebida a importância do padrão da dinâmica familiar de *Édipo em Colona*, cabe agora uma interpretação da peça como um todo. Em particular, um episódio extremamente problemático – o confronto de Édipo com Polinice – perde muito de seu caráter enigmático. A questão aqui é: em que medida Polinice pretende ser solidário, isto é, em que medida ele está em contraste com a maldade manifesta de Creonte? Pode-se aceitar que o aparecimento de Polinice numa postura suplicante o distingue de Creonte e reforça até que ponto ele constitui um duplo regressivo de Édipo. É também verdade que Sófocles se empenha em despertar simpatia para com Polinice, devido a seu afeto pelas irmãs e sua persistência numa causa malfadada[25]. Mas essas considerações não afetam o fato de que Polinice está unido a Creonte em sua preocupação extrema com seus próprios interesses egoístas e falta de uma genuína compaixão por Édipo. Toda simpatia que ele expressa por Édipo está, assim como a de Creonte, restrita somente a coisas exteriores como a "sujeira / envelhecida e odiosa" (versos 1258-1259) que cobre seu corpo, e apenas faz parte de uma estratégia retórica destinada a favorecer sua própria causa. Como observou Charles Segal, "Nós temos pena de Polinice, do homem e de sua situação desesperada; mas Sófocles é implacável em demonstrar que seu destino está inerradicavelmente entranhado em seu caráter"[26].

---

25. Para avaliações simpáticas a Polinice, cf. Burian, "Suppliant and Savior", p. 423; e Easterling, "Oedipus and Polyneices", p. 6. Em particular, a abordagem de Burian do tema da súplica de Polinice ressalta até onde Polinice pode ser visto como um duplo de Édipo. Mas a "falsidade essencial do argumento de Polinice" é corretamente enfatizada por Adams, "Unity of Plot in the *Oedipus Coloneus*", p. 144.

26. Segal, *Tragedy and Civilization*, p. 387.

Justamente por isso, quando Teseu e Antígona imploram a Édipo (versos 1175-1203) que ouça Polinice, eles estão agindo de modo completamente justo, da forma como entendem a situação, e eles, de fato, conseguem persuadir Édipo a aceitar encontrar-se com Polinice. Mas é significativo que nem Teseu nem Antígona reprovem Édipo, quando ele pronuncia, sua maldição contra os filhos[27]. Na verdade, como vimos, em sua própria peça, Antígona – que aqui exibe a atraente qualidade humana da misericórdia – assume, em seu modo de lidar com Ismene, esse mesmo "ódio supra-humano e demoníaco"[28] que Édipo dirige contra Polinice. O desejo de Antígona, assim como o de Édipo, em *Édipo em Colona*, acaba por coincidir com as intenções dos deuses; e, dessa forma, sua compaixão nessa peça está em função das limitações de sua visão, que só serão superadas quando ela passar por sua própria "heroicização", em *Antígona*.

O personagem de Teseu está em forte contraste tanto com Creonte quanto com Polinice – com Creonte, em sua capacidade de governante, com Polinice, na medida em que ele se torna um filho substituto de Édipo. Ao contrário da concentração hipócrita de Polinice na degradação exterior de Édipo, Teseu se distingue imediatamente por seu reconhecimento do vínculo de humanidade de que ele partilha com Édipo:

> Pois eu mesmo sei que fui criado como um estranho,
> assim como você. [...]
> Sei muito bem que sou um homem, e que
> não tenho uma parcela a vir amanhã maior que você (versos 562-563; 567-568).

Central à antítese entre Teseu e tanto Creonte quanto Polinice é sua atitude com relação à linguagem. Enquanto os dois antagonistas de Édipo usam a linguagem com a finalidade de enganar, Édipo agradece a Teseu por salvar suas filhas, nos seguintes termos:

> pois reverência pelo menos
> encontrei somente em você entre os homens,
> e eqüidade e retidão na fala (versos 1125-1127).

Teseu, por sua vez, responde garantindo a Édipo: "na verdade, não é nas palavras que anseio fazer / minha vida brilhante, mas sim nas ações" (versos 1143-1144). A eficiente ação de Teseu e sua "retidão na fala" são as contrapartidas humanas tanto da força divina presente na "postura puramente passiva" de Édipo quanto da linguagem oracular de *Édipo em Colona*.

Em grande parte, a ação do *Édipo em Colona* consiste no processo pelo qual Édipo escolhe Teseu – e, por extensão, a cidade de Atenas –

---

27. Sobre o contraste entre as perspectivas humanas de Teseu e Antígona e a perspectiva divina de Édipo, cf. Bowra, *Sophoclean Tragedy*, p. 330.

28. Knox, *The Heroic Temper*, p. 159.

como receptor de seu legado heróico. O pacto entre Édipo e Teseu é selado com a condição de que somente Teseu terá permissão para contemplar "os mistérios que não devem ser tocados na fala" (verso 1526) da morte de Édipo. Aqui, a palavra grega para "mistérios" é *exagista*, na verdade, uma "palavra primal", na medida em que ela possui os significados simultâneos de "coisas mais sagradas" e "coisas mais amaldiçoadas". E Édipo também previne seu sucessor:

> Mas, guarde-os sempre você mesmo, e quando você chegar
> ao fim da vida, somente a seu filho proeminente
> revele-os, e faça com que ele sempre os revele ao próximo (versos 1530-1532).

O segredo que deve ser passado de Édipo para Teseu e, depois, para um único herdeiro homem escolhido em cada geração seguinte é literalmente o local do enterro de Édipo (versos 1521-1523), mas, metaforicamente, é o conhecimento dos crimes proibidos do incesto e do parricídio. Isto é, Teseu se torna o guardião desses impulsos da natureza humana, que, quando liberados sem restrições, podem provocar desastres pessoais e coletivos, mas, propriamente enterrados e reprimidos, são indispensáveis para o bem-estar tanto do indivíduo quanto da sociedade.

As duas peças tomadas juntas, *Antígona* e *Édipo em Colona*, retratam o desenrolar do destino de Édipo nas esferas *familiar* e *política*. Somente Antígona, entre os quatro filhos de Édipo, dispõe das qualidades heróicas que a marcam como uma igual do pai. Mas, como os dois filhos de Édipo agem sob a maldição de sua baixeza, ele é forçado a buscar fora da família seu descendente masculino. A esse respeito, deve-se notar que Édipo diz a Teseu que transmita o segredo real a seu filho "proeminente" (*prophertatoi*) (verso 1531), que pode ser tanto o "mais velho" quanto o "mais apropriado", e, assim, deixa em aberto a possibilidade de que também Teseu ignore o nascimento, ao designar seu sucessor. A relação entre pai e filho, o mito parece sugerir, é primordialmente espiritual e se processa por adoção, enquanto a relação entre pai e filha é natural e circunscrita pela família.

É amplamente aceito que os últimos trezentos versos de *Édipo em Colona* apresentam um grau de sublimidade sem outro igual em Sófocles. Central para o efeito do encerramento é a inversão pela qual Édipo, antes o homem cego e guiado pelos outros, torna-se ele próprio o guia que conduz Teseu e suas filhas ao lugar de seu descanso. "Pois eu, por minha vez, me tornei / um novo guia para vocês duas, como vocês foram para seu pai" (versos 1542-1543), informa Édipo a suas filhas; e, antes disso, ele havia falado da mesma forma a Teseu: "Eu mesmo, de agora em diante vou revelar, sem ser tocado por um guia, / o lugar na terra em que é necessário que eu morra" (versos 1520-1521). A transformação física de Édipo, retornando da fraqueza para a força, corrobora as observações de Nietzsche relativas à dialética da atividade e passividade no *Édipo Rei* e no *Édipo em Colona*. A última alusão de Sófocles à metamorfose de Édipo ocorre no rhesis do Mensageiro, que descreve ao Coro o que aconteceu a Édipo, após ele desaparecer de sua vista:

> Como ele se foi daqui, mesmo você estando presente, suponho
> conhecer bem, sem nenhum de seus caros como guia,
> mas ele próprio revelou a todos nós;
> mas quando ele veio para o caminho íngreme,
> enraizado na terra com degraus de bronze,
> ele parou em um dos caminhos com muitas ramificações (versos 1587-1592).

Esses versos emitidos pelo Mensageiro contêm uma das mais assombrosas reminiscências de *Édipo Rei*. Pois, como assinalou Jebb numa nota, "um dos muitos caminhos com muitas ramificações", no qual Édipo pára, durante sua última jornada, necessariamente lembra "aquele σχιστὴ ὁδός [caminho dividido] na Fócida, no qual tiveram início suas desventuras, no início de sua vida adulta"[29]. Esse "caminho dividido", como sabemos, não é meramente o local em que Édipo assassina Laio, mas também uma referência simbólica aos órgãos genitais femininos, e é, dessa forma, apropriadamente visitado mais uma vez por Édipo, agora na companhia de Teseu, pouco antes de sua partida deste mundo. Assim como na fusão que Antígona faz entre o "túmulo" e o "leito nupcial", bem como na fusão necrofílica entre eros e a morte, em *Édipo Rei*, quando Édipo corre para o palácio e grita por uma espada para assassinar Jocasta, também em *Édipo em Colona* o túmulo de Édipo está inevitavelmente na região da encruzilhada que é o útero da mãe.

Mas, embora Édipo se torne o líder dos outros personagens humanos, ele próprio permanece um seguidor do deus. O Mensageiro relata que a despedida de Édipo de suas filhas é interrompida pelo imperioso chamado divino:

> Pois o deus o chama muitas e repetidas vezes:
> "Você aí, você aí, Édipo, por que nós temos ainda
> que pô-lo a caminho? Por tempo demais há demora em você." (versos 1625-1627)

Como observou Karl Reinhardt, "O 'nós' [...] com seu tipo de intimidade aterrorizadora, mas ainda assim terno", entre o deus e o homem, nessa passagem, não tem paralelo em toda a gama de vozes divinas"[30] ouvidas pelos que estão morrendo, na literatura religiosa. Vindo pouco depois do soar do trovão de Zeus (verso 1606), essa in-

---

29. Cf. também Seidensticker, "Beziehungen zwischen den beiden Oidipusdramen", p. 274; e Segal, *Tragedy and Civilization*, p. 368. Cf. verso 733 para o "caminho dividido" em *Édipo Rei*.

30. Reinhardt, *Sophocles*, p. 223.

tervenção sobrenatural oferece uma prova conclusiva de que *Édipo em Colona* é, na verdade, um drama religioso e que a heroicização de Édipo pode, apropriadamente, ser chamada de uma apoteose[31].

Além de sua função dramática em *Édipo em Colona*, o tema do guia divino constitui um eixo intertextual decisivo no âmbito do ciclo de Édipo como um todo. Por outro lado, a saída de Édipo em *Édipo em Colona*, conduzida pela divindade, constitui inequivocamente uma retomada de sua entrada no palácio, em busca de Jocasta, em *Édipo Rei*, quando o Mensageiro, de modo análogo, salienta que Édipo está possuído por um deus:

> E algum *daemon* faz sinal para ele, enfurecendo,
> pois não era nenhum de nós homens, presentes por perto.
> Mas, gritando de modo terrível, como se conduzido por um guia,
> ele saltou sobre as portas duplas (versos 1258-1261).

Mas, não menos pertinente que essa insistência num guia invisível em *Édipo Rei*, é o episódio da tempestade de poeira, quando Antígona realiza seu segundo enterro de Polinice, sobre o qual Benardete escreveu: "Ela andou pela tempestade com a mesma segurança que Édipo, cego, exibia ao seguir, sem ajuda, até seu túmulo sagrado"[32]. Com esse resgate subterrâneo de momentos altamente carregados de suas duas peças tebanas anteriores, Sófocles pretende fazer da solução do destino de Édipo, em *Édipo em Colona*, ao mesmo tempo, uma inversão de *Édipo Rei* e um complemento para a ação divinamente sancionada de *Antígona*.

No entanto, o quanto o final de *Édipo em Colona* sustenta a unidade de todo o ciclo de Édipo somente vem à tona quando um detalhe adicional da misteriosa morte de Édipo é colocado nitidamente em foco. Como já vimos, Sófocles faz um uso manifesto de "expressões polares" que envolvem "Zeus" e "os deuses abaixo", tanto em *Antígona* quanto em *Édipo Rei*. Essas "expressões polares" ocorrem uma última vez em *Édipo em Colona* porque, como enfatiza Sófocles, Édipo termina sua vida sendo *dividido entre os mundos superior e inferior*. O Mensageiro descreve a resposta de Teseu ao espetáculo terrível do desaparecimento de Édipo:

---

31. Apesar de sua abordagem fundamentalmente teológica de Sófocles, Bowra insiste: "A morte de Édipo não é uma apoteose. Ela não é acompanhada por tempestades e trovões" (*Sophoclean Tragedy*, p. 341). Mas, embora seja verdade que o Mensageiro afirme (versos 1658-1660) que não houve "tempestades ou trovões" no momento do desaparecimento de Édipo, a afirmação de Bowra é equivocada, a menos que seja complementada por uma menção ao trovão que ocorre anteriormente, no verso 1606, e do chamado divino explícito a Édipo. O termo "apoteose" é empregado por Whitman, *Heroic Humanism*, p. 213.
32. Benardete, "A Reading", parte 2, p. 3.

E pouco depois e sem demora
nós os vemos venerando ao mesmo tempo a terra
e o Olimpo dos deuses num mesmo gesto (versos 1653-1655).

Da melhor forma possível, o Mensageiro dá uma explicação para o acontecimento do qual somente Teseu tem conhecimento direto:

mas ou algum acompanhante dos deuses, ou então o fundo
escuro da terra que mantém os mortos se abriu amorosamente (versos 1661-1662).

Empregando princípios estruturalistas, Segal comenta com perspicácia a ambigüidade da passagem de Édipo para a imortalidade: "Seu estranho fim, que não o traz nem para o Hades nem para o Olimpo, de modo característico, torna indistinta a divisão entre essas categorias opostas e mutuamente excludentes"[33]. Mas, essa confusão das "categorias opostas e mutuamente excludentes" do "mundo inferior" e do "mundo superior" nos recoloca diante do fato central do incesto. Pois, assim como, em *Antígona*, as confusões de Creonte na questão do enterro são, em última análise, "conseqüências" do cruzamento que Édipo faz entre amor e morte no incesto, também a própria cisão de Édipo em mundos antitéticos, em *Édipo em Colona*, é o resultado final da mesma junção proibida de opostos.

Essa convergência entre as perspectivas estruturalista e psicanalítica sugere algumas especulações finais sobre a unidade artística do ciclo de Édipo. Como já vimos, é essencial lembrar que a apoteose de Édipo não coincide com o final de *Édipo em Colona* e que o retorno ao mundo de *Antígona* priva a peça do final que ela teria, se lida por si só. Mas um corolário dessa subversão de *Édipo em Colona* encontra-se no ressurgimento do tema da maldição da família em *Antígona*. Pois, embora *Antígona*, considerada isoladamente, seja virtualmente "euripidiana" em sua caracterização de um mundo injusto no qual o bem sofre nas mãos do mal, seu caráter inclementemente sombrio é, em grande parte, compensado quando situado no contexto mais amplo do ciclo de Édipo. Isto é, o enterro de Antígona em vida – não menos sem sentido e arbitrário que a morte de Cordélia, quando considerada apenas em termos de uma única peça – se torna parte de um desígnio da providência, quando alinhado à ligação feita por Édipo entre o Hades e o Olimpo, em *Édipo em Colona*.

Essas especulações podem ser levadas ainda mais longe. Pois, se a ação no ciclo de Édipo se origina no ato de Édipo e Jocasta de cometer o incesto, ela é impelida na direção do que poderia ser chamado de "incesto metafórico"[34] entre Édipo e Antígona. Examinada em sua

---

33. Segal, *Tragedy and Civilization*, p. 369.

34. Tomo esse termo de empréstimo a Willner, "The Oedipus Complex, Antigone, and Electra", p. 63. Ela igualmente cita (p. 62) uma passagem relevante de Ernest

totalidade, a dramatização que Sófocles faz do mito de Édipo inclui não apenas o complexo de Édipo masculino – tanto em seu aspecto "positivo" quanto em seu aspecto "negativo" – mas também o que Rank chamou de "o segundo grande complexo, que tem como conteúdo as relações eróticas entre pai e filha"[35]. O incesto em si mesmo se torna benigno por sua repetição, não apenas na invasão de Édipo do arvoredo das Eumênides, mas também no deslocamento de sua lealdade erótica da mãe para a filha. E, assim como o incesto literal entre mãe e filho transformam o útero de um lugar de vida em um lugar de morte, também o "incesto metafórico" entre pai e filha, na verdade, transforma o túmulo na "câmara nupcial" da imortal Antígona.

Vários detalhes do texto de Sófocles são, acredito, esclarecidos por essa hipótese de um casamento transcendente entre Édipo e Antígona. Num diálogo de *Édipo em Colona*, Antígona dirige-se a Polinice como "filho" (*pai*) (verso 1420), com isso implicitamente se colocando no papel materno. Essa mesma identificação materna está presente também em *Antígona*, não apenas no fato de Antígona se imaginar como, na expressão de Benardete, "uma outra Jocasta", ao confundir (versos 909-912) as mortes hipotéticas de seu filho e seu marido, mas também quando ela compara (versos 823-833) seu destino ao de Níobe, cujos sete filhos e sete filhas foram mortos quando ela alardeou que eram superiores a Apolo e Artêmis, os dois filhos de Leto. De modo análogo, também numa passagem lírica, o Coro faz um paralelo entre Antígona tanto com Dánae, presa numa "câmara nupcial sepulcral" (verso 947), quanto com Cleópatra e seu casamento infeliz (versos 977-987). Essas comparações se tornam inteligíveis quando vistas como tendo a função de definir Antígona como simbolicamente casada e como mãe.

Além disso, uma vez que a idade avançada é uma segunda infância, Édipo, assim como Polinice, é um filho para Antígona. Sem dúvida, o papel de Antígona de cuidar de Édipo em *Édipo em Colona*, mais uma vez da mesma forma que o de Cordélia para com seu idoso pai no *Rei Lear*, sugere isso. Ambas as filhas se identificam com o que Freud, em "O Tema dos Três Escrínios", chamava de a última das "três relações inevitáveis" que um homem tem com "a figura da mãe" no decorrer de sua vida – isto é, após a mãe e a esposa, "a silenciosa Deusa da Morte", que, sozinha, "irá tomá-lo em seus braços" (*SE*, 12:301). Numa abordagem análoga, Kanzer comentou que, quando Édipo pede a Teseu que resgate suas filhas, isso "mostra que ele não

---

Jones: "um homem que apresenta uma afeição anormalmente forte por sua filha também dá provas de uma forte [...] fixação com relação à sua mãe. [...] Em sua fantasia, ele gera sua mãe [...] ele se torna, dessa forma, seu pai, e assim chega a uma identificação posterior de sua filha real com sua mãe".

35. Rank, *The Myth of the Birth of the Hero*, p. 77.

mais depende de sua antiga onipotência infantil da juventude, mas delegou suas prerrogativas ao pai, da mesma forma que a criança em geral aprende a fazer, em seu período de latência"[36]. Ambos os herdeiros escolhidos por Édipo passam por uma inversão nos papéis geracionais – a filha, Antígona, torna-se sua mãe simbólica, e seu filho espiritual, Teseu, da mesma forma, torna-se seu pai. Essas duas inversões são parte de um padrão mais amplo de reversão por meio da repetição, pela qual Édipo – que, em *Édipo Rei*, toma para si o peso de "todo tipo de crimes / que são os mais vergonhosos que se sucedem em meio à humanidade" (versos 1407-1408) – em *Édipo em Colona*, pode separar-se das filhas com a advertência de que apenas se lembre de uma "única palavra" (verso 1615) de amor. Tomando de empréstimo uma analogia de um outro importante sistema mítico do mundo ocidental, se Jocasta é uma Eva que inicia Édipo no conhecimento proibido do incesto, então Antígona é uma maternal Virgem Maria, que redime sua Queda, e Édipo envolve em si as figuras tipológicas de Adão e Cristo. Freud, para completar a comparação, é São Paulo, que torna explícita a natureza universal da história de Adão-Édipo, que está apenas sugerida nos textos do "Gênese" de Sófocles.

Tendo iniciado nossa interpretação do ciclo de Édipo pelo exame de *Édipo Rei* por meio das lentes da auto-análise de Freud, é muito apropriado concluir pela observação de como o resultado do mito de Édipo, em *Édipo em Colona*, apresenta uma estranha semelhança com a história do movimento psicanalítico. Pois, não apenas Freud efetivamente buscou fora de sua família um Teseu do sexo masculino, ao qual ele pudesse confiar o futuro da psicanálise – a princípio escolhendo, equivocadamente, Jung e, depois, mais uma vez em vão, colocando suas esperanças sobretudo em Rank – mas também encontrou sua herdeira feminina ideal em sua filha Anna, que, de fato, assumiu sua posição como líder do movimento psicanalítico. Não sem razão, Ernest Jones dedicou sua biografia de Freud a Anna Freud, "verdadeira filha de um pai imortal". Além disso, o próprio Freud tinha consciência da dimensão mítica de sua ligação com a filha, a quem ele mais de uma vez se referiu, no final da vida, como sua "Anna-Antígona" (*Letters*, pp. 382 e 424). Também não nos surpreende que essa "filha que", como escrevia Freud a Stefan Zweig, em 18 de maio de 1936, "em rara medida satisfaz todas as expectativas de um pai" (*Letters*, p. 429), não mais que Cordélia ou Antígona, também não foi capaz de romper o fascínio de sua sedução incestuosa pelo pai e encontrar um marido.

---

36. Kanzer, " 'Passing of the Oedipus Complex' " p. 3. Em "The 'King Oedipus' of Sophocles", van der Sterren desafia a interpretação de Kanzer, assinalando que Édipo de fato "adquire um poder muito grande" (p. 348) no decorrer de *Édipo em Colona*. Mas a justa observação de van der Sterren não invalida a percepção de Kanzer relativa à dependência filial de Édipo com relação a Teseu.

Da mesma forma que a identificação de Freud com Édipo se inicia no berço, ela também se estende até o túmulo e abrange tanto o papel de filho quanto o de pai.

Há indicações de que *Édipo em Colona* possuía significados pessoais e temáticos específicos tanto para Sófocles quanto para seu público ateniense original. O próprio Sófocles era nascido em Colona, e, dessa forma, em sua peça escrita em louvor a sua cidade de nascimento, no final de sua vida, ele está retornando a suas próprias origens. Além disso, Colona foi, no ano de 407 a.C., o sítio de uma batalha, na qual uma força tebana foi derrotada pela cavalaria ateniense; e é provável que esse acontecimento esteja sendo rememorado, quando Édipo promete a Teseu que seu túmulo irá proteger Atenas contra a ameaça de inimigos e, em particular, quando ele prediz (versos 607-628) o advento de um conflito entre Atenas e Tebas. Mas, embora essas e outras determinantes biográficas e históricas, sem dúvida, desempenhem um papel na gênese não apenas de *Édipo em Colona*, mas também de todas as três peças tebanas, os dramas de Sófocles nem por isso estão privados de sua universalidade[37]. Ao contrário, da mesma forma que coube a Freud, coube também ao gênio de Sófocles forjar, a partir dos incidentes de sua história pessoal e cultural, um Édipo no qual está incorporado o enigma permanente da condição humana.

---

37. Assim, não posso concordar com Kanzer, "On Interpreting the Oedipus Plays", que vai do pressuposto de que Sófocles "estava expressando concepções muito pessoais sobre problemas políticos, religiosos e militares de sua época" para a conclusão de que seu Édipo é "em muitos aspectos um sofisticado contemporâneo ateniense, e dificilmente um sonho universal que havia adquirido vida" (p. 26). Essas duas alternativas não são mutuamente excludentes.

Conclusão: A Vida no Mito

No prefácio a sua biografia de Freud, Ernest Jones faz um comentário sobre as considerações que o levaram a empreender a tarefa "desalentadoramente ambiciosa" de relatar a vida de Freud. Uma delas, em particular, merece nossa atenção:

> O fato de eu ter passado pelas mesmas disciplinas por que Freud passou até chegar à psicanálise – filosofia, neurologia, desordens da fala, psicopatologia, nessa ordem – ajudou-me a acompanhar seu trabalho no período pré-analítico e sua transição para o trabalho analítico (*LW*, 1:xiii).

A observação de Lionel Trilling de que Freud encontrou em Jones "seu biógrafo predestinado e totalmente apropriado"[1] é confirmada por esse notável paralelo entre as biografias de ambos. Na verdade, a relação entre Freud e Jones é estranha no sentido mais rigoroso, na medida em que ela revela tanto o fenômeno da repetição quanto o da duplicação. Se o "traje de herói" de Freud já era tecido no berço, uma "predestinação" semelhante governa o chamado de Jones à condição de discípulo.

Em sua condição de biógrafo, afirmei no início deste livro, Jones exemplifica a situação de todos aqueles que, adentrando a rota da psicanálise, devem se defrontar com sua dependência transferencial com

---

1. Trilling, "Introdução" a Jones, *The Life and Work of Sigmund Freud*, edição reduzida, p. xiv.

relação a Freud. A identidade de Jones como duplo de Freud se equipara a nosso próprio papel como duplos de Jones. Assim como ele, nós não podemos fugir ao fato de nossa *posição secundária* com relação ao fundador da psicanálise. Sobretudo, é a auto-análise de Freud que, como ato inaugural da psicanálise, jamais pode ser duplicada. A posição única da auto-análise de Freud foi institucionalizada pela exigência de que quem quer que deseje praticar a psicanálise deve se submeter a uma análise de treinamento, um rito de passagem no qual o analista principiante reconhece sua descendência linear a partir de Freud.

Mas se, de uma perspectiva, nossa posição tardia com relação a Freud é incontestável, de uma outra, a situação não é tão sombria. Pois, como vimos, a identificação com Édipo que está no núcleo da "Concepção do Desenvolvimento do Herói" pessoal a Freud é, ela própria, composta por uma cadeia interminável de "suplementos". Isto é, examinada, quer em termos da biografia, quer da história cultural, quer da tragédia grega, a exposição de Freud do complexo de Édipo em *A Interpretação dos Sonhos* e em seus textos subseqüentes revela os mecanismos da ação "*a posteriori*" e, dessa forma, é também um fenômeno *secundário*. Na verdade, precisamente na medida em que a descoberta de Freud do complexo de Édipo implica uma repetição da busca de Édipo do autoconhecimento, o próprio Freud se encontra numa posição tardia com relação a Édipo, e como um duplo tanto do Hamlet, de Shakespeare, quanto de seus dois pacientes centrais – E. e o homem com "tendências homicidas". Levando essa linha de pensamento até sua conclusão, uma vez que a ação do *Édipo Rei* pode ser considerada como um reencenamento posterior do encontro de Édipo com a Esfinge, mesmo Édipo se encontra, de certa forma, numa posição tardia com relação a si próprio, e o drama de Sófocles constitui, na expressão de Derrida, "um suplemento na fonte".

Dessa forma, embora seja verdade que nós mesmos nos situamos numa posição secundária com relação a Freud, há uma sabedoria madura na percepção de que é impossível escapar à condição de posterior, e, dessa forma, nem Freud nem Édipo podem estar numa posição melhor que a nossa. Ninguém formulou de modo mais vigoroso que Nietzsche a percepção de que, embora sejamos "nascidos como tardios – há um modo de viver que apagará isso da memória", de modo que "as gerações futuras somente [nos] conhecerão como os primeiros a chegar". Nietzsche trabalha a partir desse "notável consolo" disponível "aos combatentes que usam a história crítica para a vida [...]: isto é, saber que essa primeira natureza também foi, num momento ou outro, uma segunda natureza e que cada segunda natureza vitoriosa se torna uma primeira"[2]. A perspectiva de Nietzsche nos permite assimilar o peso

---

2. Nietzsche, *On the Advantage and Disadvantage of History*, pp. 22 e 49.

de nossa "ansiedade de influência", ao retomar a psicanálise depois de Freud, encontrando, ao mesmo tempo, um modo de aceitar nossa situação de "tardios" com equanimidade.

A exortação de Nietzsche a viver-se com a coragem de se tornar os "primeiros a chegar" para nossa própria posteridade também nos capacita a oferecer uma resposta final para o desconstrutivismo, com seus dogmas pós-modernos paralisadores da inatingibilidade da Verdade e da morte do Homem. Todo o pensamento de Derrida parte e retorna à idéia de um "suplemento", o "traço" escrito que marca a perda perpétua da presença ou plenitude do ser. Como aforisticamente insiste Derrida em sua *Gramatologia*: *"Não há nada fora do texto"*. Suas observações sobre Rousseau têm um significado programático:

> O que tentamos mostrar, ao seguir a linha de orientação do "suplemento perigoso" é que, no que se chama de vida real dessas existências "de carne e osso" [...], nunca houve outra coisa além da escrita; nunca houve outra coisa além de suplementos, significações substitutas. [...] E assim ao infinito, pois nós lemos, *no texto*, que o presente absoluto, a Natureza, aquilo que designam palavras como "mãe real", sempre escaparam, nunca existiram; que aquilo que abre o significado e a linguagem é a escrita como desaparecimento da presença natural[3].

O niilismo da proposição de que "nunca houve outra coisa além da escrita", implícito em Derrida, torna-se explícito na análise de Paul de Man da idéia de modernidade literária. Para de Man, a inspiração do artista à "modernidade" – ter acesso imediato à experiência ou "vida" – está carregada de uma contradição inerente, uma vez que, quando os escritores "afirmam sua própria modernidade, eles estão destinados a descobrir sua dependência com relação a afirmações análogas feitas por seus predecessores literários; sua pretensão de ser um novo início revela-se uma repetição de uma pretensão sempre já feita". De Man extrai desse conhecimento da inelutabilidade da repetição a conclusão incisiva de que "o caráter distintivo da literatura torna-se, assim, manifesto como uma incapacidade de fugir a uma condição que é sentida como insuportável"[4].

A psicanálise partilha com o desconstrutivismo de um ceticismo sobre a possibilidade de um "novo começo" e a convicção de que a experiência humana é estruturada pela repetição. Na verdade, foi o próprio Freud que formulou a teoria da ação *"a posteriori"*, subjacente ao conceito de Derrida de um "suplemento perigoso". Mas, como um humanismo – embora um humanismo baseado numa visão trágica – a psicanálise não pode endossar a conclusão de que a "mãe real" de Rousseau "nunca existiu" ou de que a "escrita" implica a abolição da "presença natural". O que é necessário é uma estratégia para se aceitar

---

3. Derrida, *Gramatologia*, pp. 158-159.
4. De Man, "Literary History and Literary Modernity", pp. 152 e 161.

ir além da percepção desconstrutivista da estrutura textual da experiência. Com uma visão mais benigna da repetição, pode ser possível atenuar a insistência ressentida de de Man na condição "insuportável" tanto da literatura quanto da vida, com um certo grau de jovialidade nietzscheana.

Exatamente esse antídoto ao desconstrutivismo é oferecido por Thomas Mann no segundo de seus dois ensaios fundamentais sobre Freud, "Freud e o Futuro" (1936)[5]. Aqui, assim como em "A Posição de Freud na História da Cultura Moderna" (1929), Mann convincentemente situa Freud no contexto do Romantismo Alemão e da filosofia do século XIX. Mais importante, no entanto, ele reflete teoricamente sobre o problema da relação entre a experiência individual e os protótipos míticos. Argumentando que o mito é "o esquema atemporal [...] para o qual a vida flui, ao reproduzir seus traços a partir do inconsciente" (p. 422), Mann cita o exemplo de Cleópatra, que se matou colocando uma serpente no peito, como uma figura histórica que de modo autoconsciente moldou sua existência para se conformar a um modelo mítico – o da deusa Ísis. De modo análogo, ele observa, quando Jesus exclamou na cruz: "*Eli, Eli, lama sabachthani?*" ("Meu Deus, Meu Deus, por que me abandonaste?"), longe de ser um "grito espontâneo", isso foi uma alusão deliberada ao Salmo Vinte e Dois, que anuncia a vinda do Messias. Assim, explica Mann, "Jesus estava citando, e essa citação significava: 'Sim, sou eu!' Da mesma forma também Cleópatra fazia uma citação, ao colocar a serpente no peito para morrer; e, mais uma vez, a citação significava: 'Sim, sou eu' " (p. 425).

Embora esse tipo de "identificação mítica" (p. 424) seja particularmente comum na Antigüidade, ela de forma alguma desapareceu na era moderna. Com relação a isso, Thomas Mann se refere a Napoleão, que, segundo se afirma, teria dito, num estilo muito próximo ao da Antigüidade: "Sou Carlos Magno". Mas, num ensaio sobre Freud, Thomas Mann, com a mesma facilidade, poderia ter citado o próprio Freud, que tomou como seus exemplos heróicos as figuras de Édipo, Aníbal, Moisés e outros e designou esse processo de "identificação mítica" como "síndrome do reencenamento". Dessa forma, a "vida significativa", agora como sempre, é a "reconstituição do mito em carne e osso" e Mann justifica sua convicção de que tal vida pode, com justiça, ser descrita em termos festivos:

> Pois a vida no mito, a vida, por assim dizer, em citações, é uma espécie de celebração, na medida em que ela é o tornar presente o passado, ela se torna um ato religioso, a realização por um celebrante de um procedimento prescrito; ela se torna uma festa. Pois uma festa é um aniversário, uma renovação do passado no presente (p. 425).

---

5. As referências de página a esse ensaio serão indicadas entre parênteses no texto. Thomas Mann toma como ponto de partida o texto de Ernst Kris, "The Image of the Artist", 1935.

A compreensão de Thomas Mann da "vida em citações" é um paralelo exato do "suplemento perigoso" de Derrida, mas, como ele reconhece que a "vida em citações" é também a "vida no mito", ele considera a necessidade da repetição como um motivo para "celebração" e não para um réquiem. Em sua dedicação à suposição de que a "escrita como desaparecimento da presença natural" empobrece a vida, os desconstrutivistas deixam de considerar que deve haver "uma renovação do passado no presente" para que o passado possa continuar a existir. À mesma conclusão é estabelecida por Gadamer, quando ele escreve que a "tradição não é simplesmente uma pré-condição na qual nós nos encontramos, mas nós mesmos a produzimos, na medida em que compreendemos e participamos da evolução da tradição e, dessa forma, continuamos nós próprios a determiná-la"[6]. Essa incapacidade de ver que a relação entre o passado e presente é genuinamente dialética persiste na abordagem de Derrida das categorias de "vida" e de "texto". Para ele, a doutrina do "traço" é suficiente para suprimir a "vida real dessas existências 'em carne e osso'"; mas Mann, mais uma vez, contesta, com maior profundidade, que, para ter significado, a própria vida depende de uma contínua "reconstituição do mito em carne e osso"[7].

Como mostra Thomas Mann, a psicanálise pode assimilar os ensinamentos do desconstrutivismo, ao mesmo tempo em que pode reter o que há de valor permanente na tradição metafísica. A vida é, sem dúvida, composta de "suplementos", mas cada "segunda natureza" tem seu momento provisório de encarnação, de plenitude, e, por sua vez, se torna uma "primeira natureza" para aqueles que vêm após ela. Édipo-Freud-Jones-Rudnytsky-o leitor atual: todos eles são "traços", duplos, mas, a cada estágio de transmissão do mito, intervém

---

6. Gadamer, *Truth and Method*, p. 261.
7. Na discussão que se seguiu a seu artigo "Structure, Sign, and Play in the Human Sciences", apresentada na lendária conferência sobre as "Linguagens da Crítica e as Ciências do Homem", na Johns Hopkins University, Jacques Derrida respondeu à observação de Serge Dubrovsky de que "na medida em que há uma intenção de linguagem, eu inevitavelmente encontro um centro novamente. Pois não é 'Alguém' que fala, mas 'Eu' ", com as notáveis palavras: "Em primeiro lugar, eu não disse que não havia um centro, que podíamos ficar sem um centro. Eu acredito que o centro é uma função, não um ser – não uma realidade, mas uma função. E essa função é absolutamente indispensável. O sujeito é absolutamente indispensável. Eu não destruo o sujeito: eu o situo. Isso significa que eu acredito que, num certo nível tanto da experiência quanto do discurso filosófico e científico, não se pode ficar sem a noção do sujeito. É uma questão de se saber de onde ela vem e como ela funciona. Assim eu retenho o conceito de um centro, que eu expliquei ser indispensável, tanto quanto a do sujeito, e todo o sistema de conceitos ao qual você se referiu" (pp. 271-272).

Com essa passagem não tenho o que objetar, mas deve-se reconhecer que, nela, Derrida defende o desconstrutivismo rendendo-se à posição que ele tentava refutar.

uma existência humana real. É sobretudo o mito do herói – do sujeito individual *como* herói – que a psicanálise preserva para nós. E, se cada psicanálise é, em última análise, uma auto-análise, o analista não é ele próprio sempre a Esfinge, e todo (de) Man(n) o enigma da Esfinge?

Apêndice: Édipo e Anti-Édipo

Este livro, admitimos, tomou Freud e Édipo tanto como seus exemplos quanto como seu tema. Além de meus objetivos imediatos – contribuir para com a compreensão da vida de Freud, da história intelectual do século XIX e da tragédia sofocliana – espero que meu trabalho como um todo tenha comprovado, na prática, a força explicativa da psicanálise para a verdade humana do mito de Édipo.

Mesmo assim, deve-se reconhecer que os paradigmas que escolhi foram objeto de ataques de várias procedências. A questão, em seu nível mais profundo, é a questão ideológica da formação de um cânone – as implicações resultantes da seleção de certos textos literários e sistemas intelectuais como pontos de referência para os valores culturais. Na verdade, *Édipo Rei* é talvez *o* texto clássico mais famoso da tradição ocidental. Pois, mais de dois milênios antes de *A Interpretação dos Sonhos*, Aristóteles, na *Poética*, definia *Édipo Rei* como o modelo por excelência da tragédia.

Evidentemente, as razões de Aristóteles para admirar o *Édipo* eram, em muitos aspectos, diferentes das de Freud, embora, sem dúvida, a convergência entre suas concepções seja profunda e surpreendente: a ênfase de Aristóteles na trama está de acordo com as observações de Freud sobre o modo como a ação da peça "pode ser comparada ao trabalho de uma psicanálise"; os conceitos-chave de Aristóteles de *anagnorisis* ("recognição") e *peripeteia* ("inversão") sugerem os objetivos e o método da terapia psicanalítica; e Aristóteles partilha com Freud da convicção de que as tragédias mais dolorosas são aquelas em que estão envolvidos membros de uma família[1]. Mas, para além dessas áreas específicas de concordância, está o simples fato de que Aristóteles converge com Freud na adoção de uma perspectiva *centrada em Édipo* e, dessa forma, também na elevação da tragédia de Sófocles a seu lugar único na vida da mente ocidental. Desse ponto de vista, a "era de Édipo" tem início, não com Schiller, mas com a canonização de *Édipo Rei* na *Poética*.

Embora não seja de se esperar que eu renuncie a meu próprio envolvimento na tradição mantida em seus pontos extremos por Aristóteles e Freud, devo pelo menos ter consciência de pontos de vista alternativos. Assim, este livro não estaria completo sem um confronto direto com os críticos que recentemente colocaram em questão a hegemonia do mito de Édipo. Somente por meio de um "trabalho do negativo" é que a permanente vitalidade da psicanálise pode ser afirmada diante dos desafios do pós-modernismo. Dessa forma, na discussão "complementar" que se segue, vou aceitar o desafio de quatro representantes do partido do "anti-Édipo", cada um deles nos convidando a refletir sobre o que foi suprimido ou excluído pelo legado de Sófocles. São eles, na ordem em que serão abordados, o marxismo radical de Gilles Deleuze e Félix Guattari, a teoria idiossincrática do "mimetismo" de René Girard, a leitura desconstrutivista de *Édipo Rei* por Sandor Goodhart, e a crítica feminista a Freud. O tom de minhas observações será necessariamente polêmico, mas eu as apresento no espírito do diálogo, e não no da crítica acerba.

Nenhum ataque ao complexo de Édipo poderia ser mais violento e implacável que o de Deleuze e Guattari em *O Anti-Édipo: Capitalismo e Esquizofrenia*[2]. Como sugere seu subtítulo, esse grupo francês de filósofos e analistas militantes está preocupado sobretudo com questões sociais e políticas, e seu objetivo é realizar uma ruptura completa com Freud por meio do repúdio ao "familialismo" da psicanálise em favor da "esquizoanálise" de orientação marxista. Estranhamente, no entanto, o nome de Sófocles não aparece no índice desse livro extremamente abrangente, e Deleuze e Guattari não buscam tomar como base seu confronto com Freud numa reavaliação da tragédia na qual ele encontrou sua inspiração.

Para Deleuze e Guattari, explica Mark Seem como tradutor em sua introdução à tradução para o inglês, Édipo é o "grande representante do imperialismo", e o esforço de seu projeto de libertação é o de

---

[1]. Sobre a base da tragédia na família, cf. *Poética* 1453b. Para uma excelente discussão da aplicabilidade da *Poética* a *Édipo Rei*, que demonstra que o "reconhecimento" para Aristóteles implica especificamente na descoberta dos vínculos de parentesco, cf. Else, *Aristotle's Poetics*, pp. 346-353, 378-379.

[2]. As referências de página a essa obra serão indicadas entre parênteses pela abreviação *AO*.

persuadir a humanidade a "se desfazer de *toda* armadura antropomórfica e antropológica, de todo mito e tragédia, e de todo existencialismo, a fim de perceber o que é não-humano no homem" (*AO*, p. xx). Para o leitor cético, esse talvez seja um empreendimento bastante bizarro, pois as realizações civilizatórias do mito e da tragédia são sem dúvida preferíveis ao "que é não-humano no homem". Em seu desdém pelo humanismo, Deleuze e Guattari exemplificam o fenômeno dolorosamente familiar dos revolucionários que, em nome da liberdade, impõem um reinado de terror pior que o antigo regime que derrubaram. Como exemplo representativo do tom no qual Deleuze e Guattari realizam sua "desedipalização", é suficiente citar a seguinte passagem:

> No lugar da pseudoneutralidade benevolente do analista edípico, que quer e compreende somente papai e mamãe, devemos colocar uma atividade malevolente, abertamente malevolente: seu Édipo é um maldito estorvo, se você continuar, a análise será interrompida, ou então vamos aplicar um tratamento de choque em você (*AO*, p. 112).

Uma coisa é indicar que o ideal da neutralidade analítica oculta pressupostos ideológicos tácitos e outra totalmente diferente, insistir na superioridade de sua própria marca de "tratamento de choque". Michel Foucault escreve em seu prefácio elogioso que é um princípio essencial do "viver contra todas as formas de fascismo" criticar "toda paranóia unitária e totalizadora" (*AO*, p. xiii), e com isso ele está se referindo principalmente ao complexo de Édipo; mas é sobretudo a atitude de pensamento "abertamente malevolente" de Deleuze e Guattari que se inclina na direção do fascismo.

Anti-Édipo pertence à vanguarda do movimento da *anti*psiquiatria, que tem seus expoentes anglo-saxões nas figuras de R. D. Laing, David Cooper e Thomas Szasz. Rejeitando a neurose como uma rendição às normas da sociedade, os antipsiquiatras celebram a psicose como um modo de vivenciar a realidade mais intenso e "anedípico". Lionel Trilling, com justiça, censurou Laing com a justificativa de que "sua teoria da patologia mental exclui a possibilidade de a dor ser inerente ao funcionamento da mente"[3], e a mesma crítica aplica-se aos autores de *Anti-Édipo*. Em "O Processo", Deleuze e Guattari proclamam seu evangelho da esquizofrenia como um herói:

> O esquizofrênico sabe como partir: ele partiu para algo tão simples quanto nascer ou morrer. [...] Esses homens do desejo – ou será que eles não existem ainda? – são como Zaratustra. Eles conhecem incríveis sofrimentos, vertigens e doenças. [...] Mas um homem desse tipo produz a si mesmo como homem livre, irresponsável, solitário e feliz, por fim, capaz de dizer e fazer algo simples em seu próprio nome, sem pedir permissão; um desejo ao qual nada falta, um fluxo que supera barreiras e códigos, um nome que não mais designa nenhum ego. Ele simplesmente deixou de ter medo de enlouquecer (*AO*, p. 131).

3. Trilling, *Sincerity and Authenticity*, p. 160.

O reconhecimento ostensivo dos "sofrimentos, vertigens e doenças" da esquizofrenia é neutralizado pelo modo como Deleuze e Guattari retratam seu "esquizofrênico" sem ego como "livre" e "feliz". Ao contrário dos filósofos de Platão a Hegel e Freud, para os quais a condição humana é caracterizada pela experiência individual do desejo como uma *falta*, Deleuze e Guattari são da opinião de que seu louco sem medo possui "um desejo sem nenhuma carência". É uma ironia final que, no momento exato em que "o esquizofrênico" anuncia sua liberdade "em seu próprio nome", os próprios Deleuze e Guattari invoquem o *nome* de Zaratustra.

Embora aparentemente de pequena monta, essa autocontradição latente assinala um problema ainda mais profundo que a retórica "abertamente malevolente" da esquizoanálise. Apesar de suas intenções destrutivas, Deleuze e Guattari se revelam presos ao dilema que Geoffrey Hartmann sustentou ser inerente à tentativa de criar "uma arte verdadeiramente iconoclasta": "O artista tem a consciência culpada, devido à idéia de que formas, estruturas etc., sempre reconciliam ou integram, de que elas são conservadoras à revelia delas mesmas"[4]. O título *Anti-Édipo*, por exemplo, parece, à primeira vista, "verdadeiramente iconoclasta", anunciando a resolução dos autores de "arrebentar os grilhões de ferro de Édipo e descobrir em toda parte a força da produção desejante" (*AO*, p. 53). A um exame mais cuidadoso, no entanto, *Anti-Édipo* deixa de significar simplesmente "contra Édipo" e, assim como o termo "anti-herói", assume uma aura curiosamente positiva, com toda a substancialidade de um nome próprio. Na verdade, no título francês original, *L'Anti-Oedipe*, a presença de um artigo definido, que poderia parecer ser meramente decorrente de uma necessidade gramatical, registra com precisão o fato de que Deleuze e Guattari estão propondo seriamente um novo anti-herói cultural – esse estranho ser conhecido como "o esquizofrênico", que ele poderia rebatizar como "*o* anti-Édipo". A retórica virulenta de Deleuze e Guattari, dessa forma, se torna compreensível como um sintoma de sua "consciência culpada", devido a seu desconforto por ser "conservadores à revelia deles mesmos", ao não conseguir escapar de uma dependência paródica com relação ao mito do herói e, assim, de "Édipo", sua nêmesis psicanalítica.

O mesmo paradoxo reaparece no modo como Deleuze e Guattari recorrem ao conceito de Melanie Klein de "objetos parciais" como apoio teórico para sua rejeição da "paranóia totalizadora" do complexo de Édipo:

Os objetos parciais inquestionavelmente têm neles mesmos carga suficiente para explodir todo Édipo e demolir totalmente sua ridícula pretensão de representar o in-

---

4. Hartman, "Toward Literary History", p. 367.

consciente, de triangular o inconsciente, de captar toda a produção do desejo. A questão que se coloca aqui não é em absoluto a da importância relativa do que poderia ser chamado de *pré-edípico* em relação ao próprio Édipo, uma vez que o "pré-edípico ainda tem uma relação com Édipo em termos de desenvolvimento e de estrutura. A questão é, ao contrário, a da natureza absolutamente *anedípica* da produção desejante (*AO*, pp. 44-45).

A dificuldade, no entanto, está em se essa concepção "anedípica" da "produção do desejo" pode ser mantida de modo coerente. A própria Melanie Klein, como são forçados a admitir Deleuze e Guattari, não via incompatibilidade entre suas descobertas e o complexo de Édipo. Ao contrário, ela utilizou sua idéia de objetos parciais para "diluir Édipo, para miniaturizá-lo, para encontrá-lo em toda parte, para levá-lo até os primeiros anos de vida" (*AO*, p. 45). Há, além disso, uma contrapartida estética à anarquia psicológica de Deleuze e Guattari. Em oposição a Platão (*Fedro*, 264c) e Aristóteles (*Poética* 1450b), para os quais a obra de arte deve se assemelhar a uma criatura viva na unidade orgânica de um todo e no arranjo apropriado de suas partes, nossos teorizadores exibem uma preferência tipicamente moderna pelo *fragmento*. Mas, como sustentou Hans-Georg Gadamer, a própria noção de parte ou fragmento é inconcebível sem a noção de uma totalidade mais ampla, pois "o movimento da compreensão é constantemente do todo para a parte e de volta ao todo"[5]. O raciocínio de Gadamer oferece uma base hermenêutica para a percepção psicanalítica de Klein de que os estágios pré-edípicos devem ser vistos em sua "relação com Édipo em termos estruturais ou de desenvolvimento", e expõe, por contraste, a impetuosidade autosubversora de Deleuze e Guattari.

Fundamental para a "esquizoanálise" marxista de Deleuze e Guattari, como indiquei, é a ênfase nos domínios político e social, para os quais se afirma que o "familialismo" da psicanálise não consegue dar uma resposta. Com relação à análise de Freud da autobiografia de Schreber, por exemplo, eles observam: "Do enorme contexto político, social e histórico do delírio de Schreber, *nenhuma palavra é retida*. [...] Freud invoca exclusivamente um argumento sexual" (*AO*, p. 57). Em oposição à ênfase monolítica de Freud no "nome do pai", Deleuze e Guattari querem que pensemos no plural de "todos os *nomes* da história" (*AO*, p. 56).

Embora se possa admitir uma certa justiça na acusação de Deleuze e Guattari do "reducionismo" da psicanálise, é possível uma justificativa teórica. Eles próprios indicam o caminho, para ela, quando chamam a atenção para um fato aparentemente surpreendente – a confluência entre suas próprias concepções e as de Jung. Eles exemplificam o "ponto modesto e prático de desacordo" que precipitou a ruptura entre Freud e Jung: "Jung observou que, no processo de transferência, o

---

5. Gadamer, *Truth and Method*, p. 259.

psicanalista freqüentemente aparecia na figura de um diabo, de um deus ou de um feiticeiro e que os papéis que ele assumia aos olhos do paciente iam muito além de qualquer tipo de imagem dos pais" (*AO*, p. 46). Isto é, assim como Jung, Deleuze e Guattari salientam a variedade diversificada dos sonhos e fantasias humanas. O corolário negativo, no entanto, é o de que eles também seguem Jung na atitude de deixar de levar em conta o princípio psicanalítico da *repressão*, que requer que se faça a distinção entre conteúdos latentes e manifestos dos produtos psíquicos.

O próprio Jung foi explícito quanto à sua rejeição dessa pedra fundamental da teoria psicanalítica:

> Nunca pude concordar com Freud em que o sonho seja uma "fachada" por trás da qual o significado fica oculto – um significado já conhecido, mas, por assim dizer, maliciosamente bloqueado à consciência. Para mim, os sonhos são uma parte da natureza, que não abriga em si qualquer intenção de enganar, mas expressa algo da melhor forma que pode, assim como uma planta cresce ou um animal busca por comida da melhor forma que pode[6].

Enquanto para Jung os sonhos são "uma parte da natureza, que não abriga em si qualquer intenção de enganar", para Freud, eles fazem parte da categoria da *linguagem*, e apresentam toda ambigüidade e censura que caracterizam o discurso humano. A diferença entre Jung, Deleuze e Guattari, de um lado, e Freud, de outro, não está em que os três primeiros estariam atentos aos conteúdos dos sonhos ou aos papéis transferenciais dos quais Freud não teria consciência, mas sim em que esses conteúdos e papéis são vistos por Freud com uma *suspeita* totalmente ausente em seus críticos. Se, para Freud, os delírios do juiz Schreber podiam ser reduzidos ao "nome do pai", isso se deve ao fato de que os inúmeros "nomes da história" não devem ser tomados pelo seu valor aparente.

Deleuze e Guattari expressam o contraste entre a psicanálise e a "esquizoanálise" de modo mais intenso em sua insistência em que o inconsciente deve ser visto, não como um *teatro*, mas como uma *fábrica* (*AO*, p. 55). Eles estão certos em assinalar até que ponto o "edipalismo" de Freud o vincula a uma noção do inconsciente que é profundamente teatral. Mas Deleuze e Guattari não reconhecem até onde a concepção "teatral" de Freud do inconsciente está vinculada a sua preocupação com os mecanismos da recordação. Fazendo uma alusão à proeminência dos elementos visuais nos sonhos, Freud escreve em *A Psicopatologia da Vida Cotidiana*:

> A recordação visual, dessa forma, preserva o tipo da recordação infantil. Em meu próprio caso, as recordações mais antigas da infância são as únicas com caráter visual:

---

6. Jung, *Memories, Dreams, Reflections*, pp. 161-162.

elas são cenas regulares elaboradas numa forma plástica que só podem ser comparadas a representações no palco (*SE*, 6:47).

Dessa forma, assim como a preferência de Deleuze e Guattari por Jung a Freud implica um afastamento do postulado psicanalítico da repressão, também sua concepção mecanicista do inconsciente conduz a uma rejeição da investigação exploratória de Freud da persistência das "recordações mais antigas da infância".

Mas, na verdade, não é necessário considerar o modelo de Freud do inconsciente e o de Deleuze e Guattari como mutuamente excludentes. Pois, quando Deleuze e Guattari falam do esquizofrênico como alguém que "deliberadamente busca o próprio limite do capitalismo [...] sua tendência inerente levada à plena realização" (*AO*, p. 35), há uma validade indubitável em seu diagnóstico. Na verdade, num raro momento de inspiração, Deleuze e Guattari chegam a admitir a possibilidade de uma acomodação dialética com a psicanálise:

> Sim, mesmo assim, Édipo é o universal do desejo, o produto da história universal – mas sob uma condição, que não é satisfeita por Freud: a de que Édipo seja capaz, pelo menos até um certo ponto, de realizar sua autocrítica (*AO*, p. 271).

Eu partilho completamente da convicção de Deleuze e Guattari de que o mito de Édipo deve ser examinado de modo crítico, para que seja possível manter sua condição de um "universal do desejo". Mas, assim como a psicanálise é muito mais aberta e autoquestionadora do que querem admitir Deleuze e Guattari, também uma tal reavaliação não pode de forma alguma ser realizada por meio de sua retórica incendiária e métodos inflexíveis.

A questão central permanece: pode-se reconciliar seu conceito de "produção desejante" com a afirmação de que o complexo de Édipo "triangula o inconsciente"? Mas, um encontro assim genuíno das mentes é exatamente o que Deleuze e Guattari não tolerariam: "Não existe um triângulo edípico: Édipo está sempre aberto num campo social aberto. Édipo se abre aos quatro ventos, aos quatro cantos do campo social (nem sequer 3 + 1, mas 4 + *n*)" (*AO*, p. 96). Os autores de *Anti-Édipo* nos forçam a voltar a examinar o pressuposto psicanalítico de que a triangulação é inerente à experiência humana. Colocar a questão da triangulação é, ao mesmo tempo, convidar a uma comparação entre o ataque de Deleuze e Guattari contra a psicanálise e o ataque levado a efeito por René Girard em *A Violência e o Sagrado*[7], obra também publicada originalmente em francês. Ao contrário de Deleuze e Guattari, cujo desafio a Freud é, no máximo, de nível geral, Girard permanece muito mais próximo da psicanálise ortodoxa e trava dire-

---

7. As referências de página a essa obra serão indicadas entre parênteses pela abreviação *VS*.

tamente com Freud um debate sobre o significado do mito de Édipo. Ironicamente, no entanto, Girard, em seu próprio ensaio dedicado ao anti-Édipo, acha necessário insistir em que ele próprio, e não Deleuze e Guattari, oferece a verdadeira alternativa a Freud: "Em minha opinião, devemos lamentar não o ataque contra a psicanálise, mas as posições que o justificam e que tornam impossível todo confronto real com o que é essencial em Freud, toda crítica profunda ao mito da psicanálise, o do complexo de Édipo"[8]. A incapacidade de Girard em reconhecer a natureza relativamente modesta de suas diferenças com Freud sintetiza a distorção de perspectiva que compromete seu importante e provocativo trabalho.

Assim como em seu trabalho anterior, *O Engano, o Desejo e o Romance*[9], Girard apresenta, em *A Violência e o Sagrado*, o argumento radical de que o desejo humano é necessariamente estruturado pela triangulação. Seu pensamento tem como base os dois conceitos estreitamente vinculados de "rivalidade mimética" e "desejo mediado". Na concepção de Girard, o fato essencial é o de que em todas as "variedades do desejo" concebíveis pode-se encontrar "não apenas um sujeito e um objeto, mas também uma terceira presença: o rival. É ao rival que se deve atribuir o papel dominante" (*VS*, p. 145). Segundo Girard, a rivalidade nunca surge "devido à convergência fortuita de dois desejos com relação a um único objeto; ao contrário, *o sujeito deseja o objeto porque o rival o deseja*. Ao desejar um objeto, o rival alerta o sujeito para a desejabilidade do objeto" (*VS*, p. 145). A teoria de Girard também vincula a experiência do desejo com a da violência: "Ao fazer do desejo de um homem uma réplica do desejo de outro homem, [o mimetismo] invariavelmente conduz à rivalidade; e a rivalidade, por sua vez, transforma desejo em violência" (*VS*, p. 145).

É evidente que os axiomas conjugados de Girard da "rivalidade mimética" e do "desejo mediado" estão intimamente ligados ao complexo de Édipo e podem, na verdade, ser considerados como uma versão mais geral dele. Mas Girard se aproxima tanto de Freud que se pode legitimamente perguntar em que aspecto, afinal, ele difere da psicanálise. O próprio Girard especifica que o ponto central da disputa está na escolha entre seu próprio "conceito mimético" e o "impulso do incesto-parricídio plenamente desenvolvido" de Freud:

> O processo mimético separa o desejo de todo objeto predeterminado, enquanto o complexo de Édipo fixa o desejo no objeto materno. O conceito mimético elimina todo conhecimento consciente do incesto-parricídio, e mesmo todo o desejo dele enquanto tal; a tese freudiana, ao contrário, se baseia inteiramente numa consciência desse desejo (*VS*, p. 180).

---

8. Girard, "Delirium as System", p. 86.
9. Cf. Girard, *Deceit, Desire, and the Novel*. Para desenvolvimentos mais recentes no pensamento de Girard, cf. *Des choses cachées depuis la fondation du monde*.

Girard está estranhamente equivocado, ao afirmar que a psicanálise pressupõe uma "consciência" do desejo do "incesto-parricídio"; o que Freud estabeleceu foi, ao contrário, nossos impulsos *inconscientes* de cometer os crimes de Édipo. No entanto, ele está certo em afirmar que a teoria psicanalítica atribui primazia ao desejo pelo "objeto materno". Dessa forma, assim como Deleuze e Guattari, em sua tentativa de desvincular sua noção de "rivalidade mimética" da figura dos pais, Girard, a seu próprio modo, faz um desafio ao "familialismo" da psicanálise.

Girard realiza sua revisão de Freud por meio de um intrigante deslocamento da terminologia psicanalítica. Em vez do triângulo edípico do pai, mãe e filho, Girard propõe o triângulo mimético "o modelo, o discípulo e o objeto que é disputado por ambos, pois o desejo do modelo tornou o objeto desejável para o discípulo" (*VS*, p. 181). Ao eliminar, dessa forma, a dimensão especificamente sexual ou familiar do paradigma psicanalítico, Girard acredita ter conseguido dar a ele uma aplicabilidade mais geral.

Mas, como mostrou Toril Moi, numa crítica incisiva, o argumento de Girard é falho em diversos aspectos cruciais. Em primeiro lugar, a linguagem de Girard deixa evidente as diversas ocasiões em que ele, na verdade, não abandonou o modelo masculino-masculino-feminino na construção de seus triângulos. "O sujeito não quer conseguir a garota inequivocamente; se quisesse, ele perderia o mediador e perderia todo seu interesse pela garota"[10], escreve ele, numa passagem típica. O sexismo que aparece no uso da palavra "garota" resulta da suposição de Girard de que o "sujeito" desejante e seu "mediador" ou rival são ambos masculinos. Em segundo lugar, embora o esquema de Girard coloque uma ênfase maior na figura do rival que na do objeto amado, ele se recusa a explorar os componentes homossexuais das relações ambivalentes entre os duplos do sexo masculino. Ao contrário, ele pressupõe, não apenas que a heterossexualidade é, de modo inato, "prescrita por nosso aparato instintivo herdado da vida animal", mas também que a hipótese de um complexo de Édipo "negativo" seja a mais absurda das teorias de Freud: "um desejo homossexual passivo pelo pai, um desejo de ser desejado pelo pai como objeto homossexual! [...] O inconsciente é um conceito persistente, mas esse desejo do filho pelo pai é excessivo, mesmo para o conceito mais recalcitrante"[11]. Por fim, como astutamente observa Moi, a supressão por Girard do papel da mãe – e de todo o período pré-edípico – é inevitável, pois se fosse admitir que a mãe é o primeiro objeto de amor para os filhos de ambos

---

10. Citado em Moi, "The Missing Mother", p. 23. Cf. também as críticas de Girard apresentadas em Kofman, "The Narcissistic Woman", e El Saffar, "Unbinding the Doubles".

11. Citado em Moi, "The Missing Mother", pp. 26 e 28.

os sexos, ele seria levado, por sua própria teoria do desejo mediado, a concluir que "todos os homens seriam homossexuais, em conseqüência de sua imitação inicial do desejo da mãe pelo pai"[12].

Assim, embora a substituição que Girard faz do complexo de Édipo pelo triângulo mimético pareça, a princípio, oferecer, de certa forma, uma saudável influência hegeliana sobre a teoria psicanalítica, na prática efetiva, seu pensamento se revela como uma aplicação reducionista e inflexível de Freud. Além disso, em seus piores momentos, Girard dá a impressão de alguém que acredita ser o único na posse de uma verdade revelada, que está verdadeiramente tomado pelo que Deleuze e Guattari chamariam de "paranóia totalizadora:

> A diversidade infinita de mitos e rituais tem origem no fato de que todos eles buscam resgatar e reproduzir algo que eles nunca conseguiram compreender. Existe apenas um acontecimento gerador, somente um modo de captar a verdade: por meio de minha hipótese. Por outro lado, há inúmeros modos de perdê-la, daí a multiplicidade de sistemas religiosos (VS, p. 316).

Ao contrário da atitude hesitante de Freud, ao definir o estatuto ontológico de suas "cenas primais" – sua incerteza quanto a se os traumas são precipitados por fantasias ou por acontecimentos efetivos – Girard dogmaticamente insiste em qualificar suas especulações como "fatos" e sustenta que "há apenas um modo de captar a verdade". No entanto, a ironia final da postura intelectual de Girard está em que ele está em seu melhor naqueles aspectos em que concorda com Freud, e torna-se progressivamente menos convincente à medida em que exagera no caráter de originalidade de seu próprio ponto de vista[13].

A maior diferença entre Freud e Girard está em que Girard tenta abolir o foco psicanalítico na sexualidade em favor de uma concentração exclusiva em sua própria teoria da "violência geradora". Ele se arrisca, por exemplo, a fazer a afirmação desqualificadora de que a "Psicanálise está errada [...] em atribuir a crianças pequenas um conhecimento da sexualidade dos pais" (VS, p. 220). A hipótese geral abrangente com que Girard propõe-se a explicar "a diversidade infinita dos mitos e rituais" é essencialmente a idéia de Freud do "assassinato primal" de *Totem e Tabu*, mas, agora, despida de todo vínculo com o pai:

> Se pretendemos chegar à raiz da questão, devemos tirar o pai de nossas mentes e concentrar-nos no fato de que a enorme impressão que o assassinato coletivo produz

---

12. *Idem*, p. 28.
13. Para uma avaliação análoga da dificuldade de Girard, cf. Chase, "Oedipal Textuality": "Assim, ele não pode reconhecer seus próprios e árduos esforços no sentido de uma autodistinção – ele deve renunciar a estabelecer o próprio significado desse gesto na elaboração de sua própria tese" (p. 60).

sobre a comunidade não se deve à identidade da vítima *per se*, mas a seu papel como agente unificador (*VS*, p. 214).

Mais uma vez, Girard promove o que é, no melhor dos casos, uma especulação ao estatuto de um "fato" e não reconhece que, enquanto a psicanálise não tem dificuldade em acomodar as descobertas que ele faz sobre a violência, ele próprio não consegue tirar proveito das descobertas de Freud sobre a sexualidade infantil e sobre o papel do pai no complexo de Édipo.

Essas objeções às tentativas de Girard de dissociar a violência da sexualidade teriam menos peso se ele não partilhasse do pressuposto psicanalítico de que *Édipo Rei* é um texto paradigmático. Mas, precisamente devido à sua "rivalidade mimética" com Freud, Girard é levado a afirmar a superioridade de sua própria interpretação do mito de Édipo. Dessa forma, vale a pena recapitular pelo menos alguns dos modos pelos quais Sófocles deixa clara a identidade simbólica do duplo crime de Édipo do incesto e parricídio[14]. Os três caminhos na encruzilhada equivalem à fusão de três gerações no ato do incesto. Os "alfinetes / de ouro" (versos 1268-1269) de Jocasta, com os quais Édipo perfura os olhos, lembram as "duas pontas" (verso 809) do aguilhão com o qual Laio ataca Édipo, quando se encontram. Num nível puramente lingüístico, quando relata a Jocasta esse incidente na encruzilhada, Édipo fala (no presente histórico) sobre sua retaliação contra o condutor do carro de Laio: "Eu o atinjo, encolerizado" (verso 807). O mesmo verbo "atingir" (*paiein*), que pode ter o sentido coloquial de "ter relações sexuais com", aparece novamente, numa forma composta, na fala do Segundo Mensageiro, que descreve como Édipo "irrompe" (verso 1252) pelas portas do palácio em busca de Jocasta; aparece numa forma não-composta alguns versos adiante, no relato detalhado do Mensageiro sobre o modo como Édipo repetidamente "golpeou" (*epaisen*) (verso 1270) seus olhos. Além disso, formas do mesmo verbo, "saltar sobre" (*enallesthai*) são usadas por Édipo com referência à malfadada morte de Laio (verso 263), pelo Mensageiro, para comunicar a passagem de Édipo divinamente possuído pelas portas duplas do quarto de Jocasta (verso 1261), e, mais uma vez, pelo próprio Édipo, ao lamentar o golpe que ele sofreu nas mãos do *daimon* (verso 1311). Diante dessa rede intricada de associações temáticas e verbais entre os atos do incesto, do parricídio e do autocegamento de Édipo, é possível concluir de modo inequívoco que o esforço de Girard de explicar os mecanismos da violência sem referência à sexualidade é desconsiderar o significado da tragédia de Sófocles.

14. A numeração dos versos para as citações de *Édipo Rei* serão dadas entre parênteses no texto. Sobre os pontos mencionados neste parágrafo, cf. o comentário de Gould sobre o verso 261, em sua edição de *Édipo Rei*.

Na verdade, em parte alguma, o brilho e, ao mesmo tempo, a perversidade de Girard se revelam de modo mais claro que em seu comentário sobre *Édipo Rei* – brilho, na medida em que ele se confina a um aprofundamento e elaboração de concepções psicanalíticas, e perversidade, quando ele insiste em seguir seu próprio caminho. Girard está em terreno seguro, quando chama a atenção para a função da repetição no mito de Édipo:

> Todos os episódios do mito de Édipo são repetições uns dos outros. Uma vez que reconheçamos esse fato, torna-se manifesto que todas as figuras em vários episódios são monstros e que sua semelhança é muito mais estreita do que apenas sua semelhança pode sugerir (*VS*, p. 252).

Mesmo aqui, o uso confiante por Girard da palavra "fato" causa problema, mas a observação em si é inquestionável. Vinculado a essa percepção da repetição está o argumento de Girard de que, no mito de Édipo, "todos os relacionamentos masculinos têm como base atos recíprocos de violência" (*VS*, p. 48); e, de modo mais geral, que a mesma estrutura subjacente está em funcionamento em todas as ocorrências de duplicação:

> Se a violência é o grande nivelador dos homens, e se todos se tornam um duplo, ou "gêmeo", de seus antagonistas, isso parece implicar em que todos os duplos são idênticos e que qualquer um possa, a qualquer momento dado, tornar-se um duplo de todos os outros; isto é, o único objeto da obsessão e ódio universais (*VS*, p. 79).

Como, para Girard, a "tragédia envolve todos os relacionamentos humanos num único antagonismo trágico", é impossível, em última análise, diferenciar entre o conflito entre irmãos de Etéocles com Polinice, o conflito entre pai e filho de Laio com Édipo, e o conflito gnóstico de Édipo com Tirésias: "A rivalidade entre os dois profetas é indistinguível da rivalidade entre irmãos" (*VS*, p. 65). Mas, embora o argumento de Girard sobre a natureza desse "único antagonismo trágico" seja atraente, surgem dúvidas. Se "todos os duplos são idênticos" em todos os momentos, então tudo é "indistinguível" de tudo mais. Nós observamos, também, a suposição inabalável de Girard de que a "violência recíproca" é característica dos relacionamentos *masculinos*, sem ser perturbada pela pergunta sobre se essa lei também se aplica ao desejo feminino.

As dúvidas infundidas pela tendência de Girard a afirmações exageradas aumentam, quando ele passa a aplicar sua noção de violência sacrificial a *Édipo Rei*. Quando Freud escreve, em *A Interpretação dos Sonhos*, que o destino de Édipo "nos comove porque poderia ter sido o nosso – pois o oráculo lançou a mesma maldição sobre nós antes de nosso nascimento, tanto quanto sobre ele" (*SE*, 4:262), ele está antecipando Girard no reconhecimento de que a escolha de Édipo como uma "*vítima substituta*" (*VS*, p. 79) é, de certa forma, aleatória ou arbitrária. Afinal, num momento de rompante, antes de ficar conhecendo o segredo de seu nascimento, Édipo se vangloria de ser "um filho do Acaso" (verso 1080), uma descrição de suas origens que se revela verdadeira, num sentido mais profundo do que ele pretendia. Mas, nas mãos de Girard, esse conceito de arbitrariedade é distorcido de modo a significar que Édipo, na peça, pode ser acusado, *por engano*, de ser culpado. Segundo Girard, o "peso da culpa" que "oscila livremente entre os três protagonistas" – Édipo, Tirésias e Creonte – por fim se fixa em Édipo somente porque ele é vítima de uma trama bem sucedida de seus dois rivais:

> A atribuição de culpa que, desse momento em diante, passa por "verdadeira" não difere de forma alguma das atribuições que daí por diante serão consideradas como "falsas", exceto que, no caso da culpa "verdadeira", nenhuma voz se levanta para protestar qualquer aspecto da acusação. Uma versão particular dos acontecimentos consegue se impor; ela perde sua natureza polêmica, ao se tornar a base aceita do mito, ao se tornar o próprio mito (*VS*, p. 78).

Começando de um modo plausível, Girard chega, a passos imperceptíveis, ao absurdo. Se a revelação de Édipo como assassino de Laio não é mais que "uma versão particular dos acontecimentos" que "consegue se impor", o que então deve ser feito com seu incesto com Jocasta? Girard pretenderia que acreditássemos que a culpa de Édipo por essa transgressão é igualmente partilhada por Creonte e Tirésias? Girard paga o preço por negligenciar eros, ao se permitir ficar preso a uma posição assim insustentável. A psicanálise pode, sem dúvida, tirar proveito de uma reflexão sobre a obra de Girard, mas antes que Girard conclua ter descartado o complexo de Édipo, ele fará bem em prestar atenção nas indicações da *trama* de Sófocles – a parte que Aristóteles considera como "tanto a primeira quanto a mais importante" (*Poética* 1450b) numa tragédia.

No entanto, antes que nós mesmos descartemos depressa demais as conclusões de Girard, devemos abordar nosso terceiro representante das forças do "anti-Édipo". Pois, em seu ensaio "ληστὰς "Εφασκε" [Ele Disse 'Assaltantes']: Édipo e os muitos assassinos de Laio"[15] – publicado, de modo muito apropriado, numa edição da Diacritics dedicada à obra de René Girard – Sandor Goodhart leva a sério a tese de Girard de que Édipo é condenado pelo assassinato de Laio apenas em resultado de maquinações conspiratórias e, para apoiar sua posição, oferece uma leitura cuidadosa de *Édipo Rei* no original grego.

O ensaio de Goodhart tem grande mérito, sobretudo porque ele tem plena consciência das questões envolvidas num debate sobre o

---

15. As referências de página a esse ensaio serão indicadas entre parênteses no texto.

significado do mito de Édipo. Porque "Édipo faz parte de nossa linguagem no Ocidente", observa ele com justiça, "então o que está em jogo em Édipo [...] é o humanismo ocidental como um todo" (p. 68). Além disso, em resultado da "apropriação por Freud da 'lenda sofocliana' como programa para uma instituição científica", as conseqüências do que Goodhart considera como a "cegueira" da compreensão humanista tradicional são levadas até "um nível novo e perigoso" (p. 68). Conseqüentemente, Goodhart pretende que seu ensaio sobre a possível inocência de Édipo seja um desafio direto aos "vinte e quatro séculos de tradição crítica" (pp. 63-64), e à psicanálise em particular.

E mais, Goodhart se inspira nas idéias de diversos teorizadores de tendência "anti-edípica" e, com isso, nos permite discernir suas afinidades subjacentes. Mais evidente é sua dívida para com Girard, cujo nome ele invoca somente na conclusão do ensaio, como "o crítico que, mais que ninguém no contexto contemporâneo, refletiu sobre a relação da violência com as comunidades humanas" (p. 70). Mas, em sua denúncia do modo como "a produção de um 'complexo de Édipo', a 'edipalização' do paciente, é a condição que torna possível a cura psicanalítica" (p. 69), Goodhart não deixa de citar o *Anti-Édipo* de Deleuze e Guattari. Por fim, em sua insistência em que, "ao contrário de uma ilustração do mito, a peça é uma crítica à mitogênese, um exame do processo pelo qual uma ficção arbitrária passa a assumir o valor de uma verdade" (p. 67), Goodhart coloca o problema da "verdade" de uma maneira congruente com as recentes interrogações filosóficas do desconstrutivismo; e ele, com propriedade, refere-se (p. 66) a Derrida nesse contexto. Assim, não apenas Goodhart leva o ataque contra a psicanálise a uma análise textual microscópica de *Édipo Rei*, mas também tem o mérito de colocar esse problema da crítica literária no contexto mais amplo possível.

O que, então, está na base da revisão da leitura de Sófocles feita por Goodhart? Ele chama a atenção para o fato – já severamente criticado por Voltaire como um absurdo, na terceira de suas *Cartas sobre Édipo* – de que, quando o velho Pastor finalmente é chamado à presença de Édipo, ele não testemunha sobre o assassinato de Laio, do qual ele é a única testemunha sobrevivente, mas, ao contrário, revela o mistério das origens de Édipo, ao confirmar que o havia recebido de Jocasta, ainda um bebê. Como afirma Goodhart:

> Não é o Pastor que evita a questão do assassinato, mas, ao contrário, essa questão jamais vem à tona. Sobre a questão em razão da qual ele foi chamado, a questão de cuja solução depende o mistério da peça, ele jamais é interrogado (p. 56).

Goodhart vincula essa lacuna com um segundo detalhe crucial da trama de *Édipo Rei* – o rumor, que persistentemente circula, de que Laio foi morto, não por um único assassino, mas por um bando de assaltantes. Como a prova que condena Édipo permanece puramente "circunstancial" (p. 61), a admissão de Édipo de sua própria culpa "edípica" se torna, segundo Goodhart, a instância paradigmática da imposição de um "padrão mítico" que o próprio drama de Sófocles "desconstrui":

> Édipo descobre que é culpado de parricídio e incesto – ele traduz o que é efetivamente dito pelo Pastor na realização mítica – menos pela descoberta de certos fatos empíricos, até então obscuros, que pela apropriação voluntária de uma lógica oracular que supõe que ele foi desde sempre culpado (p. 67).

Nos termos da análise de Goodhart inspirada em Girard, o tema de *Édipo Rei* é, em última análise, não a "questão empírica" da "determinação de um único culpado", mas, antes, "a praga da violência de um bode expiatório, cujo o lugar ela vem tomar" (p. 57).

Sem dúvida, Goodhart prestou um importante serviço ao redirecionar a atenção para um dos problemas mais centrais e ao qual mais tempo tem sido dedicado na crítica sofocliana. Além de atrair as violentas críticas de Voltaire, a discrepância entre os relatos sobre o assassinato de Laio é vista como crucial por Tycho von Wilamowitz-Moellendorff: "Toda a ação de *Édipo Rei* se apoia, pode-se dizer, na substituição conscientemente falsa e ambígua do singular por um plural"[16]. Mas, embora a interpretação de Goodhart de *Édipo Rei* seja notável por sua radicalidade e originalidade, sua tentativa de subverter "vinte e quatro séculos de tradição crítica" pela absolvição de Édipo revela-se uma miragem tanto quanto a de Girad.

Uma demonstração do equívoco de Goodhart pode começar pela comparação de sua abordagem da questão dos "muitos assassinos de Laio" com uma outra abordagem muito anterior – a do ensaio de William Chase Greene, "The Murderers of Laius", de 1929[17]. Numa nota de rodapé, Goodhart descarta a abordagem de Greene do "paradoxo do número" em *Édipo Rei*, como tendendo a "dar apoio ao próprio mito", ao "oferecer-nos mais um exemplo da habilidade do poeta em termos de caracterização naturalista" (p. 58). Na verdade, no entanto, a supostamente ingênua leitura "naturalista" de Greene de *Édipo Rei* é muito mais sagaz e convincente que a teoria artificial de Goodhart de que Sófocles pretendia que sua peça fosse uma "crítica da mitogênese".

Observando que a história da morte de Laio nas mãos de um bando de assaltantes tem origem com o Pastor, Greene sugere que uma tal mentira é compatível com o que conhecemos do personagem do Pastor. Pois o fato de que o mesmo servidor na casa de Laio tinha anterior-

---

16. Wilamowitz-Moellendorff, *Die dramatische Technik des Sophokles*, p. 79.

17. As referências de página a esse ensaio serão indicadas entre parênteses pela abreviação "Greene". Cf. também a excêntrica abordagem do mesmo problema em Harshbarger, "Who Killed Laius?".

mente levado Édipo, quando bebê, e o tinha dado ao Pastor de Corinto, violando as ordens de abandonar a criança, é "uma indicação de que o servidor fiel não está acima de praticar uma ação desleal" (Greene, p. 84). Assim, se ele é o único no séquito de Laio a escapar ao ataque de Édipo, ele pode muito bem "ter tentado salvar sua reputação" com a "mentira aparentemente inocente" de exagerar o número de seus atacantes, da mesma forma que – a comparação a que Greene inevitavelmente devia recorrer – o "valente Jack" Falstaff relata ter sido atacado por "onze homens em vestes rústicas", quando, na verdade, ele foi apenas atacado e derrotado pelo príncipe Hal e Poins, sob disfarce (Greene, p. 85). Na verdade, Sófocles não afirma explicitamente que essa é a razão do relato falso do Pastor, mas ele, sem dúvida, torna possível extrair essa interferência; e acredito que nossa avaliação de *Édipo Rei* é aprimorada com a interpretação "naturalista" de Greene.

Há também a questão de que, pelo menos em duas ocasiões, Édipo reverte ao singular, ao falar do assassinato de Laio, quando, alguns versos antes, seu interlocutor se referia ao número de assaltantes no plural. Quando Édipo fica sabendo de Creonte das afirmações da testemunha que escapou – "Ele disse que assaltantes que vinham não com uma única / força os mataram, mas com múltiplas mãos" (versos 122-123) – ele responde: "Como poderia realmente o *assaltante*" (verso 124; itálico meu) ousar tal coisa, se não impelido por suborno proveniente da cidade. De modo análogo, ao lembrete do Coro de que foi dito que Laio teria sido morto "por certos andarilhos" (verso 292), Édipo responde: "Também eu ouvi, mas ninguém *o* viu" (verso 293; grifo meu)[18]. Em sua nota ao verso 294, Jebb comenta que "a reversão do plural para o singular é inconsciente, assim como no verso 124", uma afirmação que ganha plena força, quando tomamos a palavra "inconsciente" em seu sentido psicanalítico. Como Greene explica em detalhe, porque "fagulhas de antigas recordações são levemente atiçadas", Édipo "forma em sua mente a figura de um assassino individual desferindo o golpe, embora só consiga conceber a ação como o resultado de suborno" (Greene, p. 77). A essa sugestão recorrente de que o uso do singular por Édipo provém de uma recordação recalcada de seu próprio ato de derramamento de sangue, Goodhart responde: "Se Édipo reduz o relato de Creonte do plural para o singular, isso pode dever-se menos ao fato de Édipo inconscientemente se envolver na culpa que ao fato de ele estar conscientemente envolvendo Creonte na acusação" (p. 59). Todo leitor tem a liberdade de decidir qual das ex-

---

18. Mantenho aqui a leitura do manuscrito como "ἤκουσα κἀγώ τὸν δ' ἰδόντ' οὐδεὶς ὁρᾷ, e não a hipótese adotada por Pearson: τὸν δε δρῶντ' οὐδεὶς ὁρα ("mas ninguém vê o que o fez"). O verso sem a correção preserva a fusão entre a testemunha do assassinato de Laio e quem o perpetrou, o que, sem dúvida, deve ser considerado como uma ironia sofocliana.

plicações da mudança de Édipo do plural para o singular é mais convincente – na verdade, como indica a referência de Greene à idéia de um suborno, é possível combinar *ambas* as explicações – mas, sem dúvida, não é por acaso que a ênfase de Goodhart em Creonte esteja em estreito paralelo com a descrição que Jeffrey Masson faz de Freud como um "tenaz detetive" que comunica suas descobertas sobre a teoria da sedução a Fliess, "seu melhor amigo, que pode, na verdade, ter sido o criminoso".

Quanto mais refletimos sobre a negação de Goodhart de que *Édipo Rei* é um "drama" de auto-análise, mais artificiais seus argumentos nos parecem. Ele reconhece, por exemplo, que a defesa de Édipo depende da incriminação de Tirésias, ao mostrar que a posição do profeta cego não é sancionada pela divindade: "A menos que privilegiemos Tirésias *a priori* como porta-voz do padrão mítico, não poderemos ter certeza de que o conhecimento do profeta praticante é algo mais além de um conhecimento profissional" (p. 60). Mas que leitor de *Antígona* poderia aceitar a caracterização de Tirésias como um "profeta praticante" cuja pretensão a uma sabedoria superior é meramente "profissional"? A exegese de Goodhart, é de se esperar, desenvolve-se sem uma palavra de referência às outras peças do ciclo de Édipo, pois é impossível reconciliá-la à adesão de Sófocles ao "padrão mítico" em *Antígona* e *Édipo em Colona*.

Nem também a atratividade inicial da hipótese de Goodhart relativa à lacuna no testemunho do Pastor resiste a um exame cuidadoso. Pois, enquanto a interpretação de *Édipo Rei* em termos de uma "crítica da mitogênese" é, no melhor dos casos, incômoda, uma explicação muito mais compacta da passagem do Pastor do passado recente para o passado distante é simplesmente a de que Sófocles está obedecendo a leis da economia dramática. Como observa Greene, com justiça, a omissão de toda referência ao número dos assassinos de Laio "é mais que consistente: ela é natural. Uma questão mais urgente tirou a outra do campo de visão" (Greene, p. 81). Para Goodhart, uma tal preocupação com a economia dramática talvez tenha se tornado obsoleta com a teoria de Girard da "violência de um bode expiatório", mas a herança dos "vinte e quatro séculos de tradição crítica" não pode ser descartada assim facilmente.

Além disso, assim como Girard, Goodhart se vê completamente atônito com o fato de que o mito de Édipo não é simplesmente um mito sobre o parricídio, mas também sobre o incesto. Pois, mesmo de acordo com seu próprio raciocínio, o Pastor revelou Édipo como filho de Laio e Jocasta, e é, dessa forma, inquestionavelmente culpado do crime de incesto. Ele deve ser considerado culpado de cometer um crime, mas não o outro? Como observa Greene, mais uma vez de modo absolutamente correto, o conhecimento de Édipo "de que ele de fato matou Laio não é estabelecido de modo direto, mas inferido a partir da descoberta de sua origem e da descoberta de que ele cumpriu uma das metades do oráculo délfico que profetizava o incesto" (Greene, p. 81). Empregando a terminologia de Goodhart, o fato de que Édipo se declara culpado do assassinato de Laio "menos pela descoberta de certos fatos empíricos até então obscuros que por assumir voluntariamente uma lógica oracular" é a melhor prova de que Sófocles estava operando *no interior* do "padrão mítico", e não pondo esse padrão em questão.

Talvez pareça um exercício ingrato criticar a leitura de Goodhart de *Édipo Rei* com todo esse detalhe. Mas devemos ter em mente tudo que está em jogo nessa polêmica sobre o drama de Sófocles – nada menos que o "humanismo ocidental como um todo" e, em particular, as bases textuais da psicanálise. Pois, se pudermos mostrar que o soberbamente articulado texto de posicionamento, deliberadamente "antiedípico", de Goodhart não tem fundamento, a apropriação de Freud de *Édipo Rei* como "palavra de ordem" da verdade psicanalítica – e, por extensão, a posição canônica da tragédia no pensamento ocidental desde Aristóteles – terá resistido a seu mais difícil desafio.

O eixo decisivo da polêmica de Goodhart com a psicanálise pode ser expresso nos seguintes termos: enquanto para Freud, o drama de *Édipo Rei* é essencialmente um processo de "desmistificação" – a descoberta de uma verdade oculta, mas não menos decisiva – na concepção "desconstrutivista" de Goodhart, a revelação é precisamente a de que não há verdade absoluta ou final a ser encontrada. A incapacidade de Goodhart de demonstrar que a verdade não passa de uma "ficção arbitrária" é, dessa forma, um sintoma das pretensões mais radicais do desconstrutivismo, e atesta a persistente vitalidade das tradições da metafísica ocidental e da introspecção humanista.

Na medida em que não vê em *Édipo Rei* uma tragédia do autoconhecimento, Goodhart nada tem a dizer sobre a dupla função dos vários personagens – o Mensageiro, o Pastor, Jocasta – tanto no presente de Édipo quanto em seu passado, ou sobre os momentos de grande impacto de inversão e reconhecimento, que ocorrem quando Édipo inesperadamente se depara com uma peça perdida de um enigma que ele sequer imaginava estar buscando. Na leitura heideggeriana de Karl Reinhardt – a última grande resposta à peça no âmbito da tradição metafísica – *Édipo Rei* encena "a irrupção da verdade na estrutura da aparência", e esse processo ocorre em dois estágios distintos. Em primeiro lugar, Édipo se defronta com a pergunta sobre quem matou Laio e, só depois, com a pergunta sobre sua própria identidade. Nas palavras de Reinhardt: "Por certo tempo, a segunda pergunta fica oculta por trás da primeira, e então, ambas correm paralelas por algum tempo, em harmonia secreta, e, no final, elas se juntam"[19]. No relato de Goodhart, não sobra espaço para essa "harmonia secreta" e conver-

---

19. Reinhardt, *Sophocles*, pp. 100 e 101.

gência última das buscas interna e externa; mas, novamente, trata-se apenas do "padrão mítico".

Por fim, mesmo a questão da destreza de Sófocles com relação ao número dos homens que atacaram Laio pode ser explicada – sem referência à confiabilidade do Pastor – de um modo completamente diferente das suposições de Goodhart. Quando Édipo compara suas próprias lembranças de um encontro em que ele comete o assassinato numa encruzilhada com o relato do Pastor, que é objeto de rumores, ele conta a Jocasta que suas esperanças se encontram numa discrepância numérica entre as duas versões:

> Você disse que ele falou sobre os assaltantes como homens
> que o mataram. Se for assim, de um lado, ainda
> ele dirá o mesmo número, eu não sou o assassino:
> pois *uma* pessoa não pode igualar-se a muitas.
> Se, por outro lado, ele disser um homem sozinho,
> claramente a balança se inclina e a ação é minha (versos 842-847).

Num mundo normal, nada poderia ser mais claro ou mais irrefutável que a lógica de Édipo: ou ele cometeu o assassinato, ou um bando de assaltantes, mas não ambos, "pois *uma* pessoa não pode igualar-se a muitas". Mas o *Édipo Rei* não retrata um mundo normal, pois Édipo, como sabemos, está esmagado por seu incesto com "o peso de múltiplas identidades que não podem coexistir numa pessoa"[20]. Assim, as leis da lógica e da não-contradição não necessariamente se aplicam à peça, e Édipo pode ser tanto um quanto muitos. Como escreveu Charles Segal:

> Édipo funda sua inocência sobre a lei básica da não-contradição, a lógica fundamental na apreensão humana da realidade. Aqui, no entanto, a não-contradição cede lugar a uma "lógica" fantástica e irracional de paradoxos, na qual os opostos podem, de fato, ser iguais e "uma" pessoa pode simultaneamente ser "muitas"[21].

É apropriadamente irônico que, ao buscar manter o que parece ser uma leitura ousada e radical de *Édipo Rei*, Goodhart revele uma imaginação dotada de um rígido literalismo.

Embora realmente exista uma ampla base comum entre os partidários do "anti-Édipo" que analisamos – sobretudo, sua hostilidade com relação à psicanálise e seu "familialismo" – há importantes diferenças entre Deleuze, Guattari e Girard, por sob a superfície. Em particular, os marxistas discordam de Girard, não apenas quanto ao fundamento de sua oposição ao complexo de Édipo, mas em toda a sua perspectiva política. Enquanto Deleuze e Guattari são revolucionários

---

20. Said, *Beginnings*, p. 170.
21. Segal, *Tragedy and Civilization*, p. 216.

de esquerda, que ameaçam se tornar comissários numa ditadura dos libertados, Girard é um ideólogo igualmente pouco atraente da reação, para o qual toda tentativa de provocar a mudança social está desde início destinada ao fracasso[22]. Para Girard, o único remédio é afastar-se do mundo mediado do desejo humano, como faz dom Quixote no final do romance de Cervantes, e buscar uma comunhão direta com um Deus transcendente. Uma defesa da psicanálise e da tradição humanista é, dessa forma, também a defesa de um terreno intermediário liberal entre a convicção marxista na possibilidade de uma supressão da condição humana e um quietismo reacionário que prega a aceitação até mesmo do mais repugnante *status quo*.

Essa consideração de questões políticas nos traz a nosso quarto e último desafio ao complexo de Édipo, o desafio articulado pelo pensamento feminista[23]. Dois níveis de investigação estreitamente vinculados precisam ser distinguidos desde o início: a representação de Sófocles do mito de Édipo e o uso que Freud faz de Sófocles. Em ambos os casos, é possível objetar que uma história com um protagonista masculino é considerada como emblema da condição humana como um todo e, dessa forma, suprime a perspectiva das mulheres. Pelo menos no caso de Sófocles, uma resposta pode ser facilmente apresentada. Pois Sófocles não conta apenas a história de Édipo, e Jocasta não é a única representação de um personagem feminino. O ciclo de Édipo começa e termina com *Antígona*, e nela, Antígona heroicamente se recusa a aceitar as limitações impostas à ação feminina e consideradas como naturais tanto por Creonte quanto por Ismene. E, uma vez que, como vimos, o ciclo de Édipo inclui as tragédias filiais tanto dos filhos quanto das filhas, parece haver pouca justificativa em se reprovar Sófocles por uma perspectiva sexista.

A questão é um pouco mais delicada no caso de Freud. Não há dúvida de que, com base em sua própria experiência, ele generalizou o modelo edípico em paradigma universal e, durante longo tempo, permaneceu cego ao fato de que o início do desenvolvimento psicossexual das meninas não é simplesmente uma imagem invertida da dos meninos. Eu também mostrei que, freqüentemente, há uma hostilidade subterrânea em suas relações pessoais com mulheres, embora devamos salientar que ele sempre recebeu bem e como iguais as mulheres no movimento psicanalítico. Seria somente, em 1923, em *O Ego e o Id*,

---

22. Girard escreve: "Quanto mais os homens acreditam que estão realizando suas utopias do desejo, em resumo, quanto mais eles se apegam a suas ideologias emancipatórias, tanto mais eles, na verdade, trabalham no sentido de aperfeiçoar o mundo competitivo em meio ao qual eles sufocam". Citado em Moi, "The Missing Mother", pp. 30-31.

23. Duas obras feministas notáveis por seu conhecimento da teoria psicanalítica, a segunda delas, escrita de uma perspectiva lacaniana, são: Mitchell, *Psychoanalysis and Feminism*; e Gallop, *The Daughter's Seduction*.

que Freud perceberia a complexidade até mesmo do complexo de Édipo do menino: "O caráter intricado do problema deve-se a dois fatores: o caráter triangular da situação edípica e a bissexualidade constitucional de todo indivíduo" (*SE*, 19:31). Mas, com esse reconhecimento da bissexualidade e da dinâmica de um complexo de Édipo "completo", creio eu, Freud chegou a uma formulação que é fundamentalmente aplicável a membros de ambos os sexos.

No encontro entre a psicanálise e o feminismo está em questão o problema perene da natureza e da cultura – como equilibrar a percepção de que há certas constantes na experiência humana com o fato evidente da diversidade cultural – em particular, na medida em que ela faz parte da instituição da família. Na verdade, embora o advento do feminismo tenha injetado um novo caráter de urgência no debate, os termos fundamentais não mudaram muito, desde o início do século XX, quando Bronislaw Malinowski tomou como base seu trabalho de campo na antropologia, realizado entre os habitantes das ilhas Trobiand, na Nova Guiné, para lançar dúvidas sobre a hipótese do complexo de Édipo; e Ernest Jones respondeu, em defesa da psicanálise, que as observações de Malinowski sobre a atração incestuosa de um menino com relação a sua irmã e sua rivalidade com relação ao tio materno eram apenas deslocamentos superficiais do "complexo da família nuclear"[24].

Eu próprio defendi, como resposta a Malinowski, que, para sua defesa, o complexo de Édipo depende menos de dados empíricos que do conceito filosófico de círculo hermenêutico e da força literária da tragédia de Sófocles. Mas, se a disputa deve ser conduzida no terreno antropológico, é evidente que a psicanálise deve enfatizar as constantes na natureza humana – o fato de que a família tem como base a realidade biológica da procriação por um único pai e mãe, por mais complexas e diversificadas que sejam as variações a partir desse modelo elementar na prática social efetiva. A afirmação mais recente e persuasiva da posição psicanalítica clássica é a de André Greene: "Dizer que o complexo de Édipo é universal é dizer que todo ser humano nasce de dois progenitores, um deles, de seu próprio sexo, o outro, de sexo diferente". Greene elabora:

> Tão logo houve uma família, houve o complexo de Édipo. Enquanto houver uma família, haverá o complexo de Édipo. Isso não significa que não foram introduzidas modificações nele, nos diferentes períodos da história, ou que os sistemas sociais não tenham influenciado a forma que ele assumiu. Mas, pode-se muito bem ter reservas com relação a essa atitude relativista. Os fatores determinantes que afetam o complexo

---

24. Cf. Malinowski, *Sex and Repression in Savage Society* (1927); e Jones, "Mother Right and The Sexual Ignorance of Savages" (1924). A expressão "complexo da família nuclear" aparece na p. 169 (Jones está respondendo a artigos publicados por Malinowski, antes de *Sex and Repression*).

são de dois tipos. Os primeiros são primários; eles derivam da pré-maturação da criança e sua dependência com relação aos pais, que são um fato biológico e social. Os outros são secundários; eles dependem do modo pelo qual as imagens da identificação materna e paterna são transmitidas e do modo como os papéis paternos são assumidos por aqueles que os desempenham, numa cultura e época determinadas. Assim, é fácil compreender que somente as determinações secundárias são suscetíveis à influência do tempo, ou do contexto sócio-histórico[25].

Uma vez que se admita que a expressão "todo ser humano" inclui também as mulheres, torna-se verdadeiramente "o destino de todos nós" repetir o drama de Édipo. As variações observadas por Malinowski e outros no nível *secundário* das instituições sociais não afetam as experiências *primárias* inevitáveis do desejo e de sua interdição. Ao se aliar a Deleuze, Guattari e Girard, em seu ataque ao "familialismo" da psicanálise, muitas feministas perdem de vista a prioridade ontológica e biológica da "família nuclear", que não depende do sexo da criança e, assim, não é afetada pela consideração de que freqüentemente os "papéis dos pais" podem não ser assumidos pela mãe e pai efetivos.

Tal atribuição de uma importância excessiva aos fatores sociológicos "secundários" obscurece a reflexão de *The Reproduction of Mothering*, de Nancy Chodorow, uma das mais perspicazes críticas feministas de Freud. A tese central de Chodorow é a de que

[...] a teoria psicanalítica do relacionamento entre mãe e filho confunde uma afirmação implícita da inevitabilidade e necessidade do cuidado materno exclusivo pela mãe biológica com uma defesa da necessidade de constância do cuidado e uma certa qualidade do cuidado por *alguém* ou algumas poucas *pessoas*[26].

Como uma questão prática, pode ser bem verdade que uma "qualidade do cuidado" adequada possa ser suprida por indivíduos que não a mãe natural da criança, e a solicitação de Chodorow de uma participação maior dos homens na educação da criança é sem dúvida saudável. Mas essa adaptabilidade não deve obscurecer a consciência de que a ligação mãe-filho – baseada nas realidades biológicas da gravidez e aleitamento – é o protótipo para o qual outros arranjos são, no melhor dos casos, substitutos compensatórios. À confiança de Chodorow de que "um enorme avanço social"[27] pode ocorrer com as reformas que ela propõe, pode-se contrapor a aceitação estóica da versão feminina da condição edípica por Edna O'Brien:

Se você quer saber o que considero como o principal dilema do desespero feminino, ele está em que: no mito grego de Édipo e na exploração que Freud faz dele, o

---

25. Green, *The Tragic Effect*, pp. 232 e 236.
26. Chodorow, *The Reproduction of Mothering*, p. 74.
27. *Idem*, p. 219.

desejo do filho pela mãe é aceito; a filha também deseja sua mãe, mas é impensável – tanto no mito quanto na fantasia, quanto ainda de fato – que esse desejo possa ser consumado[28].

Nenhuma pretensão de que o lugar da mãe possa ser preenchido "por alguém ou algumas poucas *pessoas*" diminui a força da percepção de O'Brien de que a tarefa de desenvolvimento das mulheres contém percalços que não são enfrentados pelos homens, uma vez que elas devem aprender – se se quer alcançar a heterossexualidade – a afastar sua fidelidade erótica do sexo que lhes deu à luz.

---

28. Roth, "A Conversation with Edna O'Brien", p. 40.

Referências Bibliográficas

ABRAHAM, Karl. "The Spider as a Dream Symbol" (1922). *In Selected Papers on Psycho-Analysis*, pp. 326-332 (1927). BRYAN, Douglas & STRACHEY, Alix (trads.). New York, Brunner/Mazel, 1979.

_____. " 'The Trifurcation of the Road' in the Oedipus Myth". Parte 2 de "Two Contributions to the Study of Symbols" (1922). *In Clinical Papers and Essays an Psychoanalysis*. ABRAHAM, Hilda & ELLISON, D. R. (trads.). New York, Basic Books, 1955, pp. 83-85.

ABRAHAM, Ruth. "Freud's Mother Conflict and the Formulation of the Oedipal Father". *Psychoanalytic Review* (1982), 69:441-453.

ABRAMS, M. H. *Natural Supernaturalism: Tradition and Revolution in Romantic Literature* (1971). New York, Norton, 1973.

ADAMS, S. M. "The Antigone of Sophocles". *Phoenix* (1955), 9:47-62.

_____. "Unity of Plot in The Oedipus Coloneus". *Phoenix* (1953), 7:136-147.

ADORNO, Theodor W. *The Jargon of Authenticity* (1964). TARNOWSKI, Knut & WILL, Frederic (trads.) (1973). Evanston, Northwestem University Press, 1985.

ÉSQUILO. *Septem Quae Supersunt Tragoedias*. PAGE, Denys (org.) (1972). Oxford, Oxford University Press, 1982.

AGARD, Walter A. "Antigone 904-920". *Classical Philology* (1937), 32:263-265.

AICHELE, Klaus. "Kleist's Trigger Roots". *In Heinrich von Kleist Studies: Hofstra University Cultural and Intercultural Studies*. New York, AMS Press (1980), 3:27-32.

ANDERSON, Lorin. "Freud, Nietzsche". *Salmagundi* (Inverno-Primavera de 1980), 47-48:3-29.

ANDREAS-SALOMÉ, Lou. *Friedrich Nietzsche in seinen Werken* (1894). Dresden, Carl Reißner, s.d.

_____. *The Freud Journal of Lou Andreas-Salomé*. LEAVY, Stanley A. (trad.) (1964). New York, Basic Books, 1976.

ANZIEU, Didier. *L'auto-analyse de Freud et la découverte de la psychanalyse* (1959). 2 vols. Paris, PUF, 1975.

_____. "Oedipe avant le complexe". *Les Temps Modernes* (1966), 22:675-715.

ARISTÓTELES. *Poetics*. LURAS, D. W. (org.) (1968). Oxford, Clarendon Press, 1980.

ASSOUN, Paul Laurent. *Freud et Nietzsche*. Paris, PUF, 1980.

AUDEN, W. H. "Psychology and Art To-day" (1935). *In* Perry Meisel (org.). *Freud: A Collection of Critical Essays*. Englewood Cliffs, N. J., Prentice-Hall, 1981, pp. 61-72.

BACHOFEN, J. J. *Myth, Religion, and Mother Right: Selected Writings of J. J. Bachofen*. MANHEIM, Ralph (trad.) (1967). Princeton, Princeton University Press, 1973.

BACON, Helen H. "Women's Two Faces: Sophocles' View of the Tragedy of Oedipus and His Family". *Science and Psychoanalysis* (1966), 10:10-27.

BAEUMER, Max L. "Nietzsche and the Tradition of the Dionysian". Timothy L. Sellner (trad.) (1976). *In* O'FLAHERTY, James C. *et al.* (orgs.). *Studies on Nietzsche and the Classical Tradition*, Chapel Hill, University of North Carolina Press, 1979, pp. 165-189.

BAEUMLER, Alfred (org.). "Bachofen und Nietzsche". *In Studien zur deutschen Geistesgeschichte*. Berlim, Junker und Dunnhaupt Verlag, 1937, pp. 220-243.

BALDRY, H. C. "The Dramatization of the Theban Legend". *Greece and Rome*, 2ª Série (1956), 3:24-37.

BALMARY, Marie. *Psychoanalyzing Psychoanalysis: Freud and the Hidden Fault of the Father* (1979). LUKACHER, Ned (trad.). Baltimore, Johns Hopkins University Press, 1982.

BARCLAY, James R. "Franz Brentano and Sigmund Freud". *Journal of Existentialism* (Verão de 1964), 5:1-36.

BEERLING, R. F. "Hegel und Nietzsche". Hegel Studien (1961), 1:229-246.

BENARDETE, Seth. "A Reading of Sophocles' Antigone". *Interpretation: A Journal of Political Philosophy* (1975), 4:148-196; 5:1-55; 5:148-184.

_____. "Sophocles' *Oedipus Tyrannus*". *In* WOODARD, Thomas (org.). *Sophocles: A Collection of Critical Essays*. Englewood Cliffs, N. J., Prentice-Hall, 1966, pp. 105-122.

BERNFELD, Siegfried (org.). "An Unknown Autobiographical Fragment by Freud". *American Imago* (1946), 4:3-19. Reimpresso em *The Yearbook of Psychoanalysis* (1947), 3:15-29.

BERNFELD, Siegfried & BERNFELD, Suzanne Cassirer. "Freud's Early Childhood". *Bulletin of the Menninger Clinic* (1944), 8:107-115.

BERNFELD, Suzanne Cassirer. "Freud and Archaeology". *American Imago* (1951), 8:107-128.

BESTERMAN, Theodore. *Voltaire* (1969). Chicago, University of Chicago Press, 1976.

BINDER, Wolfgang. "Hölderlin und Sophokles": *Hölderlin Jahrbuch* (1969-1970), 16:19-37.

BLOOM, Harold. *The Anxiety of Influence: A Theory of Poetry*. New York, Oxford University Press, 1973.

BLUM, Harold P. "The Prototype of Preoedipal Reconstruction". *In* KANZER & GLENN (orgs.). *Freud and his Self Analysis*, pp. 143-163.
BOVÉ, Paul A. *Destructive Poetics: Heidegger and Modern American Poetry*. New York, Columbia University Press, 1980.
BOWRA, C. M. *Sophoclean Tragedy* (1944). Oxford, Clarendon Press, 1967.
BURGESS, Anthony. "If Oedipus Had Read His Lévi-Strauss". *In Urgent Copy: Literary Studies*. New York, Norton, 1968, pp. 258-261.
BURIAN, Peter. "Suppliant and Savior: *Oedipus at Colonus*". *Phoenix* (1974), 28:408-429.
BUTLER, E. M. *The Tyranny of Greece Over Germany* (1935). Boston, Beacon Press, 1958.
BUXBAUM, Edith. "Freud's Dream Interpretation in the Light of His Letters to Fliess". *Bulletin of the Menninger Clinic* (1951), 15:197-212. Reimpresso em *The Yearbook of Psycho-Analysis* (1952), 59:56-72.
CALDWELL, Richard S. "The Blindness of Oedipus". *International Review of Psycho-Analysis* (1974), 1:207-218.
_____. "Selected Bibliography on Psychoanalysis and Classical Studies". *Arethusa* (1974), 7:117-134.
CAMERON, Alister. *The Identity of Oedipus the King: Five Essays on the "Oedipus Tyrannus"*. New York, New York University Press, 1968.
CAROTENUTO, Aldo. *A Secret Symmetry: Sabina Spielrein Between Jung and Freud* (1980). POMERANS, Aldo *et al.* (trads.) (1982). New York, Pantheon Books, 1984.
CARROLL, Michael P. "Lévi-Strauss on the Oedipus Myth: A Reconsideration". *American Anthropologist* (1978), 80:805-814.
CHASE, Cynthia. "Oedipal Textuality: Readings Freud's Reading of Oedipus". *Diacritics* (Primavera de 1979), 9:54-68.
CHODOROW, Nancy. *The Reproduction of Mothering: Psychoanalysis and the Sociology of Gender*. 1978. Berkeley, University of California Press, 1979.
CLARK, Ronald W. *Freud: The Man and the Cause*. New York, Random House, 1980
COLCHESTER, L. S. "Justice and Death in Sophocles". *Classical Quarterly* (1942), 36:21-28.
CORNEILLE, Pierre. *Oeuvres Complètes*. STEGMAN, André (org.). Paris, Editions du Seuil, 1963.
CUDDIHY, John Murray. *The Ordeal of Civility: Freud, Marx, Lévi-Strauss, and the Jewish Struggle with Modernity* (1974). New York, Delta, 1976.
DANNHAUSER, Werner J. *Nietzsche's View of Socrates*. Ithaca, Cornell University Press, 1974.
DAWE, Roger. "The End of The Seven Against Thebes". *Classical Quarterly* Nova Série (1967), 17:16-28.
DELCOURT, Marie. *Oedipe ou la légende du conquérant*. Paris, Librairie E. Droz, 1944.
DELEUZE, Gilles. *Nietzsche and Philosophy* (1962). TOMLINSON, Hugh (trad.). New York, Columbia University Press, 1983.
DELEUZE, Gilles & GUATTARI, Félix. *Anti-Oedipus: Capitalism and Schizophrenia* (1972). HURLEY, Robert; SEEM, Mark & LANE, Helen R. (trads.). New York, Viking Press, 1977.

DE MAN, Paul. "Literary History and Literary Modernity". In *Blindness and Insight: Essays in The Rhetoric of Contemporary Criticism*. New York, Oxford University Press, 1971, pp. 142-165.

DERRIDA, Jacques. *Of Grammatology* (1967). SPIVAK, Gayatri Chakravorty (trad.). Baltimore, Johns Hopkins University Press, 1976.

_____. "Structure, Sign, and Play in the Human Sciences". *In* MACKSEY & DONATO (orgs.), *The Structuralist Controversy*, pp. 247-272.

DEVEREUX, George. "Why Oedipus Killed Laius: A Note on the Complementary Oedipus Complex in Greek Drama". *International Journal of Psycho-Analysis* (1953), 34:132-141.

DIMOCK, George. "Oedipus: The Religious Issue". Hudson Review (1968), 21:430-456.

DODDS, E. R. "On Misunderstanding the Oedipus Rex". *Greece and Rome*. 2ª Série (1966) 13:37-49.

DONADIO, Stephen. *Nietzsche, Henry James, and the Artistic Will*. New York, Oxford University Press, 1978.

EASTERLING, P. E. "Oedipus and Polyneices". *Proceedings of the Cambridge Philological Society*, Nova Série (1967), 3:1-13.

ECKERMANN, Johann Peter. *Gespräche mit Goethe in den letzen Jahren seines Lebens*. Berlim, Aufbau-Verlag, 1982.

EDMUNDS, Lowell. "The Cults and the Legend of Oedipus". *Harvard Studies in Classical Philology* (1981), 85:221-238.

EDMUNDS, Lowell e INGBER, Richard. "Psychoanalytic Writings on the Oedipus Legend: A Bibliography". *American Imago* (1977), 34:374-386.

EFRON, Arthur. "Freud's Self-Analysis and the Nature of Psychoanalytic Criticism". *International Review of Psycho-Analysis* (1977), 4:253-280.

EHRENBERG, Victor. *Sophocles and Pericles*. London, Blackwell, 1954.

EISSLER, K. R. *Talent and Genius: The Fictitious Case of Tausk Contra Freud*. New York, Quadrangle Books, 1971.

ELLENBERGER, Henri F. *The Discovery of the Unconscious: The History and Evolution of Dynamic Psychiatry*. New York, Basic Books, 1970.

ELSE, Gerald F. *Aristotle's Poetics: The Argument*. Cambridge, Harvard University Press, 1963.

_____. "Sophokles The Elusive". *In* GEORGE, Emery E. (org.). *Friedrich Hölderlin: An Early Modern*. Ann Arbor, University of Michigan Press, 1972, pp. 119-133.

FABER, M. D. "Oedipus Rex: A Psychoanalytic Interpretation". *Psychoanalytic Review* (1975), 62:239-268.

_____. "Self-Destruction in Oedipus Rex". *American Imago* (1970), 27:41-51.

FELMAN, Shoshana. "Beyond Oedipus: The Specimen Story of Psychoanalysis". *In* DAVIS, Robert Con (org.). *Lacan and Narration: The Psychoanalytic Difference in Narrative Theory*. Baltimore, John Hopkins University Press, 1983, pp. 1021-1053.

FERENCZI, Sándor. "The Symbolic Representation of the Pleasure and Reality Principles in the Oedipus Myth" (1912). *In Sex in Psychoanalysis*. JONES, Ernest (trad.). New York, Dover, 1956, pp. 214-227.

_____. *Thalassa: A Theory of Genitality* (1923). Henry Alden Bunker (trad.) (1933). New York, Norton, 1968.

FLICKINGER, Minnie Keys. *The ἁμαρτία of Sophocles' "Antigone"*. *Iowa Studies in Classical Philology* (1935), vol. 2.

Fox, Robin. *The Red Lamp of Incest: An Enquiry into the Origins of Mind and Society* (1980). South Bend, University of Notre Dame Press, 1983.

FREUD, Ernst L. "Some Early Unpublished Letters of Freud". *International Journal of Psycho-Analysis* (1969), 50:419-427.

FREUD, Ernst et al. (orgs.), *Sigmund Freud: His Life in Words and Pictures*. TROLLOPE, Christine (trad.). New York, Harcourt Brace Jovanovich, 1978.

FREUD, Martin. *Sigmund Freud: Man and Father* (1958). New York, Jacob Aronson, 1983.

FREUD, Sigmund. *Aus der Anfängen der Psychoanalyse: Briefe an Wilhelm Fliess, Abhandlungen und Notizen aus den Jahren 1887-1902*. KRIS, Ernst et al. (orgs.) (1950). Frankfurt, Fischer Verlag, 1962.

_____. *The Complete Letters of Sigmund Freud to Wilhelm Fliess, 1877-1904*. MASSON, Jeffrey Moussaieff (org. e trad.). Cambridge, Harvard University Press, 1985.

_____. *The Letters of Sigmund Freud*. FREUD, Ernst L. (org.); Tania & STEM, James (trads.), 1960. New York, Basic Books, 1975.

_____. *The Origins of Psycho-Analysis: Letters to Wilhelm Fliess, Drafts and Notes: 1887-1902*. MOSBACHER, Eric & STRACHEY, James (trads.) (1954). New York, Basic Books, 1971.

_____. *The Standard Edition of the Complete Psychological Works of Sigmund Freud*. 24 vols. STRACHEY, James et al. (orgs. e trads.). London, Hogarth Press, 1953-1974.

_____. *An Autobiographical Study* (1925). *SE*, 20:7-74.

_____. *Beyond the Pleasure Principle* (1920). *SE*, 18:7-64.

_____. "A Childhood Recollection from Dichtung und Wahrheit" (1917). *SE*, 17:147-156.

_____. *Civilization and its Discontents* (1930). *SE*, 21:64-145.

_____. "The Claims of Psycho-Analysis to Scientific Interest" (1913). *SE*, 13:165-190.

_____. "A Disturbance of Memory on the Acropolis" (1936). *SE*, 22:239-248.

_____. "The Dynamics of Transference" (1912). *SE*, 12:99-108.

_____. "The Economic Problem of Masochism" (1924). *SE*, 19:159-170.

_____. *The Ego and the Id* (1923). *SE*, 19:12-66.

_____. "Formulations on the Two Principles of Mental Functioning" (1911). *SE*, 12:218-226.

_____. *Fragment of an Analysis of a Case of Hysteria* (1905). *SE*, 7:7-122.

_____. *The Future of an Illusion* (1927). *SE*, 21:5-56.

_____. "The Goethe Prize" (1930). *SE*, 21:207-212.

_____. "The Infantile Genital Organization" (1923). *SE*, 19:141-145.

_____. *Inhibitions, Symptoms and Anxiety* (1926). *SE*, 20:87-172.

_____. "Instincts and Their Vicissitudes" (1915). *SE*, 14:17-40.

_____. *The Interpretation of Dreams* (1900). *SE*, vols. 4 e 5.

_____. *Introductory Lectures on Psycho-Analysis* (1916-1917). *SE*, vols. 15 e 16.

_____. *Jokes and Their Relation to the Unconscious* (1905). *SE*, vol. 8.

_____. *Leonardo da Vinci and a Memory of his Childhood* (1910). *SE*, 11:63-137.

_____. "The Moses of Michelangelo" (1914). *SE*, 13:211-238.
_____. *Moses and Monotheism: Three Essays* (1939). *SE*, 23:7-137.
_____. "Mourning and Melancholia" (1917). *SE*, 14:243-258.
_____. *New Introductory Lectures on Psycho-Analysis* (1933). *SE*, 22:7-192.
_____. "On Beginning the Treatment" (1913). *SE*, 12:123-144.
_____. *On the History of the Psycho-Analytic Movement* (1914). *SE*, 14:7-66.
_____. *An Outline of Psycho-Analysis* (1940). *SE*, 23:144-207.
_____. *The Psychopathology of Everyday Life* (1901). *SE*, vol. 6.
_____. "The Question of Lay Analysis" (1926). *SE*, 20:183-258.
_____. "The Resistances to Psycho-Analysis" (1925). *SE*, 19:213-224.
_____. "Screen Memories" (1899). *SE*, 3:303-322.
_____. "Some Character Types Met with in Psycho-Analytic Work" (1916). *SE*, 14:311-333.
_____. "A Special Type of Choice of Object Made by Man" (1910). *SE*, 11:165-175.
_____. "The Theme of the Three Caskets" (1913). *SE*, 12:291-301.
_____. *Three Essays on The Theory of Sexuality* (1905). *SE*, 7:125-245.
_____. *Totem and Taboo* (1913). *SE*, 13:1-161.
_____. "The 'Uncanny'" (1919). *SE*, 17:219-256.
FREUD, Sigmund e Karl Abraham. *A Psycho-Analytic Dialogue: The Letters of Sigmund Freud and Karl Abraham, 1907-1926*. ABRAHAM, Hilda C. & FREU, Ernst L. (orgs.); MARSH, Bernard & ABRAHAM, Hilda C. (trads.). New York, Basic Books, 1965.
FREUD, Sigmund & BREUER, Josef. *Studies on Hysteria* (1895). *SE*, vol. 2.
FREUD, Sigmund & JUNG, Carl. *The Freud/Jung Letters: The Correspondence between Sigmund Freud and C. G. Jung*. MCGUIRE, William (org.); MANHEIM, Ralph & HULL, R. F. C. (trads.). Princeton, Princeton University Press, 1974.
FREUD, Sigmund & ZWEIG, Arnold. *The Letters of Sigmund Freud and Arnold Zweig*. FREUD, Ernst L. (org.); Elaine & ROBSON-SCOTT, William (trads.). New York, Harcourt Brace Jovanovich, 1970.
FRITZ, Kurt von. "Haimons Liebe zu Antigone". *Philologus* (1934), 89:19-34.
FRY, Paul H. "Oedipus the King". *In* SEIDEL, Michael & MENDELSON, Edward (orgs.). *Homer to Brecht: The European Epic and Dramatic Traditions*. New Haven, Yale University Press, 1977, pp. 171-190.
FUNKE, Hermann. "ΚΡΕΩΝ ΑΠΟΛΙΣ". *Antike und Abendland* (1966), 12:29-50.
GADAMER, Hans-Georg. "Hegel and the Dialectic of the Ancient Philosophers" (1961). In *Hegel's Dialectic: Five Hermeneutical Studies*. SMITH, P. Christopher (trad.). New Haven, Yale University Press, 1976, pp. 5-34.
_____. "Hegel and Heidegger" (1971). *In Hegel's Dialectic*, pp. 100-116.
_____. *Truth and Method* (1960). BARDEN, Garrett & CUMMING, John (trads.) (1975). New York, Crossroad, 1982.
GALLOP, Jane. *The Daughter's Seduction: Feminism and Psychoanalysis*. Ithaca, Cornell University Press, 1982.
GAY, Peter. *Freud, Jews, and Other Germans: Masters and Victims in Modernist Culture*. New York, Oxford University Press, 1978.
GEDO, John E. "Freud's Self-Analysis and his Scientific Ideas". *In* GEDO & POLLOCK (orgs.), *Freud: The Fusion of Science and Humanism*, pp. 286-306.

_____. "On the Origins of the Theban Plague: Assessments of Sigmund Freud's Character". *In* STEPANSKY, Paul E. (org.). *Freud: Appraisals and Reappraisals. Contributions to Freud Studies*, 1:241-259. Hillsdale, N. J., Analytic Press, 1986.

GEDO, John E. e POLLOCK, George H. (orgs.), *Freud: The Fusion of Science and Humanism, The Intellectual History of Psychoanalysis. Psychological Issues*, vol. 9, n. 2-3, monografia 34/35. New York, International Universities Press, 1976.

GEDO, John E. & WOLF, Ernest S. "The 'Ich.' Letters". *In* GEDO & POLLOCK (orgs.), *Freud: The Fusion of Science and Humanism*, pp. 71-86.

GERHARD, Melitta. *Schiller und die griechische Tragödie*. Weimar, Alexander Duncker, 1919.

GICKLHORN, Renée. "The Freiberg Period of the Freud Family". *Journal of the History of Medicine* (1969), 24:37-43.

GIRARD, René. *Deceit, Desire, and the Novel: Self and Other in Literary Structure* (1961). FRECCERO, Yvonne (trad.). Baltimore, Johns Hopkins University Press, 1965.

_____. "Delirium as System". *In* "To Double Business Bound": *Essays on Literature, Mimesis, and Anthropology*. Baltimore, Johns Hopkins University Press, 1978, pp. 84-20.

_____. *Des choses cachées depuis la fondation du monde: Recherches avec Michel Oughourlian et Guy Lafort*. Paris, Editions Bernard Grasset, 1978.

_____. *Violence and the Sacre* (1972). GREGORY, Patrick (trad.). Baltimore, Johns Hopkins University Press, 1977.

GOETHE, Johann Wolfgang von. *The Sorrows of Young Werther and Selected Writings*. HUTTER, Catherine (trad.) (1962). New York, Signet Classics, 1982.

GOHEEN, Robert F. *The Imagery of Sophocles' "Antigone": A Study of Poetic Language and Structure*. Princeton, Princeton University Press, 1951.

GOMBRICH, E. H. "The Symbol of the Veil: Psychological Reflections on Schiller's Poetry". *In* HORDEN, Peregrine (org.). *Freud and the Humanities*. New York, St. Martin's Press, 1985, pp. 75-109.

GOODHART, Sandor. "Ληστὰς ἔφασκε: Oedipus and Laius' Many Murderers". *Diacritics* (Primavera de 1978), 8:55-71.

GORDON, Wolff von. *Die Dramatische Handlung in Sophokles "König Oidipus" und Kleists "Der zerbrochene Krug"*. Halle, Karras, Kröber, and Nietschmann, 1926.

GOULD, Thomas. "The Innocence of Oedipus: The Philosophers on Oedipus the King". *Arion* (1965), 4:363-386; 582-611; (1966) 5:478-525.

GRAY, J. Glenn. *Hegel's Hellenic Ideal*. New York, King's Crown Press, 1941.

GREEN, André. "Shakespeare, Freud, et le parricide". *La nef* (1967), 31:64-82.

_____. *The Tragic Effect: The Oedipus Complex in Tragedy* (1969). SHERIDAN, Alan (trad.). Cambridge, Cambridge University Press, 1979.

GREENE, William Chase. "The Murderers of Laius". *Transactions of the American Philological Association* (1929), 60:75-86.

GRENE, David. *Reality and the Heroic Pattern: Last Plays of Ibsen, Shakespeare and Sophocles*. Chicago, University of Chicago Press, 1967.

GRIGG, Kenneth A. "'All Roads Lead to Rome': The Role of the Nursemaid in Freud's Dreams". *Journal of the American Psychoanalytic Association* (1973), 21:108-134.

GRINSTEIN, Alexander. *Sigmund Freud's Dreams* (1968). New York, International Universities Press, 1980.

GROTH, H. Mlles. "Nietzsche's Zarathustra: His Breakdown". *American Imago* (1982), 39:1-20.

GRÜNBAUM, Adolf. *The Foundations of Psychoanalysis: A Philosophical Critique*. Berkeley, University of California Press, 1984.

HABERMAS, Jürgen. *Knowledge and Human Interests* (1968). SHAPIRO, Jeremy J. (trad.) (1971). Boston, Beacon Press, 1972.

HALL, Stanley. *Founders of Modern Psychology*. New York, Appleton, 1912.

HALLIBURTON, David. *Poetic Thought: An Approach to Heidegger*. Chicago, University of Chicago Press, 1981.

HARRISON. R. B. *Hölderlin and Greek Literature*. Oxford, Clarendon Press, 1975.

HARSHBARGER, Karl. *Sophocles' Oedipus*. Washington, University Press of America, 1979.

_____. "Who Killed Laius?" *Tulane Drama Review* (1965), 9:120-131.

HARTMAN, Geoffrey H. "Romanticism and Anti-Self-Consciousness". *In Beyond Formalism: Literary Essays 1958-1970* (1970). New Haven, Yale University Press, 1975, pp. 298-310.

_____. "Toward Literary History". *In Beyond Formalism*, pp. 356-386.

_____. "The Voice of the Shuttle: Language from the Point of View of Literature". *In Beyond Formalism*, pp. 337-355.

HARTMANN, Eduard von. *Philosophy of the Unconscious: Speculative Results According to the Inductive Method of Physical Science* (1868). 3 vols. COUPLAND, William Chatterton (trad.) (1931). London, Routledge and Kegan Paul, 1950.

HAY, John. *Oedipus Tyrannus: Lame Knowledge and the Homosporic Womb*. Washington, University Press of America, 1979.

HAYMAN, Ronald. *Nietzsche: A Critical Life*. New York, Oxford University Press. 1980.

HEGEL, G. W. F. *Aesthetics: Lectures on Fine Art* (1835). 2 vols. KNOX, T. M. (trad.). Oxford, Clarendon Press, 1975.

_____. *The Difference Between the Fichtean and Schellingian Systems of Philosophy* (1801). SERBER, Jere Paul (trad.). Roseda, Calif., Ridgeview, 1978.

_____. *Early Theological Writings*. KNOX, T. M. (trad.) (1948). Philadelphia, University of Pennsylvania Press, 1979.

_____. *Hegels Theologische Jugedschriften*. NOHL, Herman (org.). Tübingen, Mohr, 1907.

_____. *Lectures on the Philosophy of Religion* (1832). 3 vols. SPEIRS, E. B. & SANDERSON, J. Burdon (trads.) (1895). London, Routledge and Kegan Paul, 1968.

_____. *Logic* (1817). WALLACE, William (trad.) (1873). Oxford, Clarendon Press, 1978.

_____. *Phänomenologie des Geistes* (1970). Frankfurt, Suhrkamp Verlag, 1981.

_____. *The Phenomenology of Mind* (1807). BAILLIE, J. B. (trad.) (1910). New York, Harper Torchbooks, 1967.

_____. *The Philosophy of History* (1837). SILBREE, J. (trad.) (1899). New York, Dover Publications, 1956.

_____. *Philosophy of Right* (1821). KNOX, T. M. (trad.) (1952). London, Oxford University Press, 1981.

_____. "Über einige charakteristische Unterschiede der alten Dichter [von den neueren]" (1788). *In* HOFFMISTER, Johannes (org.). *Dokumente zu Hegels Entwicklung.* Stuttgart, Frommanns, 1936, pp. 48-51.

_____. *Vorlesungen über die Philosophie der Geschichte.* GLOCKNER, Hermann (org.). Stuttgart, Frommanns, 1928.

HEIDEGGER, Martin. *Being and Time* (1927). MACQUARRIE, John & ROBINSON, Edward (trads.) (1962). Oxford, Basil Blackwell, 1973.

_____. "Hegel und die Griechen". *In* HENRICH, Dieter *et al.* (orgs.), *Die Gegenwart der Griechen im neueren Denken: Festschrift für Hans-Georg Gadamer zum 60. Geburtstag,* Tübingen, Mohr, 1960, pp. 43-57.

_____. *An Introduction to Metaphysics* (1935). MANHEIM, Ralph (trad.). New Haven, Yale University Press, 1959.

_____. "Letter on Humanism" (1946). BARRETT, William & AIKEN, Henry D. (orgs.), *Philosophy in the Twentieth Century,* 3:270-302. 4 vols. New York, Random House, 1962.

_____. "...Poetically Man Dwells...". *In Poetry, Language, Thought.* HOFSTADER, Albert (trad.) (1971). New York, Harper Colophon Books, 1975, pp. 213-229.

_____. "What is Metaphysics?" (1929). *In* BROCK, Werner (org.), *Existence and Being.* SCOTT, Douglas (trad.). Chicago, Regnery, 1950, pp. 355-399.

_____. "Who Is Nietzsche's Zarathustra?" (1961). MAGNUS, Bernd (trad.). *In* ALLISON, David B. (org.). *The New Nietzsche: Contemporary Styles of Interpretation* (1977). New York, Delta, 1979, pp. 64-79.

_____. "The Word of Nietzsche: 'God is Dead'" (1952). *In The Question Concerning Technology and Other Essays.* LOVITT, William (trad.). New York, Harper Torchbooks, 1977, pp. 53-112.

HELLER, Erich. "The Dismantling of a Marionette Theatre; or, Psychology and the Misinterpretation of Literature". *In In the Age of Prose: Literary and Philosophical Essays.* Cambridge, Cambridge University Press, 1974, pp. 195-213.

_____. "Observations on Psychoanalysis and Modern Literature". *In In the Age of Prose,* pp. 179-191.

HENRICHS, Albert. "The 'sobriety' of Oedipus: Sophocles' *OC* 100 Misunderstood". Harvard Studies in Classical Philology (1983), 87:87-100.

HERZOG, Patricia. "The Myth of Freud as Anti-Philosopher". *In* STEPANSKY, Paul E. (org.). *Freud: Appraisals and Reappraisals. Contributions to Freud Studies,* vol. 2. Hillsdale, N. J., Analytic Press, 1987. No prelo.

HESTER, D. A. "To Help One's Friends and Harm One's Enemies: A Study in the Oedipus at Colonus". *Antichthon* (1971), 11:22-41.

HÖLDERLIN, Friedrich. *Hyperion; or, The Hermit in Greece* (1799). TRASK, Willard R. (trad.) (1959). New York, Ungar, 1965.

_____. *Poems and Fragments.* HAMBURGER, Michael (trad.) (1966). Cambridge, Cambridge University Press, 1980.

_____. *Sämtliche Werke.* 7 vols. BEISSNER, Friedrich (org.). Stuttgart, W. Kohlhammer, 1946-1977.

HOLLINGDALE, R. J. *Nietzsche.* London, Routledge and Kegan Paul, 1973.

HOLMES, Kim R. "Freud, Evolution, and the Tragedy of Man". *Journal of the American , Psychoanalytic Association* (1983), 31:187-210.

HOWE, Thalia Phillies. "Taboo in The Oedipus Theme". *Transactions of the American Philological Association* (1962), 93:124-143.

HOY, David Couzens. *The Critical Circle: Literature, History, and Philosophical Hermeneutic* (1978). Berkeley, University of California Press, 1982.

_____. "The Poet and the Owl: Heidegger's Critique of Hegel". *Boundary 2* (1976), 4:393-410.

HYPPOLITE, Jean. "Phénoménologie de Hegel et Psychanalyse". *La Psychanalyse* (1957), 3:2-32.

_____. "The Structure of Philosophical Language According to the 'Preface' to Hegel's Phenomenology of the Mind". *In* MACKSEY & DONATO (orgs.), *The Structuralist Controversy*, pp. 157-185.

JÄKEL, Werner. "Die Exposition in der Antigone des Sophokles". *Gymnasium* (1961), 68:34-55.

JANICAUD, Dominique. *Hegel et le destin de la Grèce*. Paris, Librairie Philosophique J. Vrin, 1975.

JONES, Ernest. *Essays in Applied Psychoanalysis*. 3ª ed., 2 vols. London, Hogarth Press, 1964.

_____. *The Life and Work of Sigmund Freud*. 3 vols. New York, Basic Books, 1953-1957.

_____. "Mother Right and the Sexual Ignorance of Savages" (1924). In *Essays in Applied Psychoanalysis*, 2:145-173.

_____. "On 'Dying Together': With Special Reference to Heinrich von Kleist's Suicide". 1911. *In Essays in Applied Psychoanalysis*, 1:9-15.

JUNG, C. G. *Memories, Dreams, Reflections*. JAFFE, Aniela (org.); Richard & WINSTON, Clara (trads.) (1961). New York, Vintage, 1965.

KAISER, Hellmuth. "Kleists 'Prinz von Homburg'". *Imago* (1930), 16:219-237.

KAMERBEEK, J. C. *The Plays of Sophocles: Commentaries*. 5 vols. Leiden, Brill, 1953-1978. Vol. 3: *Antigone*; vol. 4: *Oedipus Tyrannus*.

KANZER, Mark. "On Interpreting the Oedipus Plays". *Psychoanalytic Study of Society* (1962), 3:26-38.

_____. "The Oedipus Trilogy". *Psychoanalytic Quarterly* (1950), 19:561-572.

_____. "The 'Passing of the Oedipus Complex' in Greek Drama". *International Journal of Psycho-Analysis* (1948), 29:131-134.

_____. "Sigmund and Alexander Freud on the Acropolis". *In* KANZER & GLENN (orgs.), *Freud and His Self-Analysis*, pp. 259-284.

KANZER, Mark & GLENN, Jules (orgs.), *Freud and his Self Analysis*. New York e London, Jacob Aronson, 1979.

KAPLAN, Morton. "Dream at Thebes". *Literature and Psychology* (1961), 11:12-19.

KAUFMANN, Walter. *Hegel: A Reinterpretation* (1965). Notre Dame, University of Notre Dame Press, 1978.

_____. *Nietzsche: Philosopher, Psychologist, Antichrist* (1950). Princeton, Princeton University Press, 1974.

_____. "The Young Hegel and Religion". *In* MACINTYRE (org.). *Hegel: A Collection of Critical Essays*, pp. 61-99.

KELLY, George Armstrong. "Notes on Hegel's 'Lordship and Bondage'". *In* MACINTYRE (org.). *Hegel: A Collection of Critical Essays*, pp. 189-217.

KIERKEGAARD, Søren. *Either/Or* (1843). 2 vols. SWENSON, David F. & SWENSON, Lillian Marvin (trads.) (1944). Princeton, Princeton University Press, 1971.

_____. *The Sickness Unto Death* (1849). *In Fear and Trembling and The Sickness Unto Death*. LOWRIE, Walter (trad.) (1941). Princeton, Princeton University Press, 1974.

_____. *Repetition: An Essay in Experimental Psychology* (1843). LOWRIE, Walter (trad.) (1941). New York, Harper Torchbooks, 1964.

KIRK, G. S. *Myth: Its Meaning and Functions in Ancient and Other Cultures* (1970). Cambridge, Cambridge University Press, 1973.

KIRKWOOD, G. M. *A Study of Sophoclean Drama*. Ithaca, Cornell University Press, 1958.

KITTO, H. D. F. *Form and Meaning in Drama* (1956). London, Methuen, 1971.

KLEIST, Heinrich von. *An Abyss Deep Enough: Letters of Heinrich von Kleist with a Selection of Essays and Anecdotes*. MILLER, Philip B. (org. e trad.). New York, Dutton, 1982.

_____. *Der zerbrochene Krug*. *In Dramen Zweiter Teil*. 1964. Munique, Deutschen Taschenbuch Verlag, 1974.

_____. *Heinrich von Kleists Lebensspuren: Dokumente und Berichte der Zeitgenossen*. SEMBDNER, Helmut (org.). Bremen, Carl Schünemann, 1964.

_____. *Heinrich von Kleists Nachruhm: Eine Wirkungsgeschichte in Dokumenten*. SEMBDNER, Helmut (org.). Bremen, Carl Schünemann, 1967.

_____. *The Marquise of O– and Other Stories*. Martin Greenberg (trad.) (1960). New York, Ungar, 1979.

_____. *Plays*. HINDERER, Walter (org.). New York, Continuum, 1982.

_____. *Sämtliche Werke in vier Bänden*. SEMBDNER, Helmut (org.) (1977). Munique, Carl Hanser Verlag, 1982.

KLOSSOWSKI, Pierre. *Nietzsche et le circle vicieux*. Paris, Mercure de France, 1969.

KNOX, Bernard M. W. "The Date of the Oedipus Tyrannus of Sophocles". *American Journal of Philology* (1956), 77:133-147.

_____. *The Heroic Temper: Studies in Sophoclean Tragedy* (1964). Berkeley, University of California Press, 1983.

_____. *Oedipus at Thebes: Sophocles' Tragic Hero and his Time* (1957). New York, Norton Library, 1971.

KOCK, E. L. de. "The Sophoklean Oidipus and its Antecedents". *Acta Classica* (1961), 4:7-28.

KOFMAN, Sara. "The Narcissistic Woman: Freud and Girard". *Diacritics* (Outono de 1980), 10:36-45.

KOHUT, Heinz. "Creativeness, Charisma, Group Psychology: Reflections on the Self-Analysis of Freud". *In* GEDO & POLLOCK (orgs.), *Freud: The Fusion of Science and Humanism*, pp. 379-425.

KOJÈVE, Alexandre. *Introduction to the Reading of Hegel* (1947). BLOOM, Allan (org.); NICHOL, James H. Jr. (trad.) (1969). Ithaca, Cornell University Press, 1980.

KRIS, Ernst. "The Image of the Artist: A Psychological Study of the Role of Tradition in Ancient Biographies" (1935). *In Psychoanalytic Explorations in Art* (1952). New York, Schocken Books, 1971, pp. 64-84.

KRÜLL, Marianne. *Freud and his Father* (1979). POMERANS, Arnold J. (trad.). New York e London, Norton, 1986.
LACAN, Jacques. "Desire and the Interpretation of Desire in Hamlet". HULBERT, James (trad.). *In* FELMAN, Shoshana (org.). *Literature and Psychoanalysis*. Yale French Studies (1977), 55/56:11-52.
———. "The Mirror Stage as Formative of The Function of the I" (1936). *In Ecrits: A Selection*. SHERIDAN, Alan (trad.). New York, Norton, 1977, pp. 1-7.
LAPLANCHE, Jean. *Hölderlin et la question du père*. Paris, Presses Universitaires de France, 1961.
———. *Life and Death in Psychoanalysis* (1970). MEHLMAN, Jeffrey (trad.). Baltimore, Johns Hopkins University Press, 1976.
LAPLANCHE, Jean & PONTALIS, J. B. *The Language of Psychoanalysis* (1967). NICHOLSON-SMIT, Donald (trad.). New York, Norton, 1973.
LATTIMORE, Richmond. *Story Patterns in Greek Tragedy* (1964). Ann Arbor, University of Michigan Press, 1969.
LEACH, Edmund. "Genesis as Myth". *In Genesis as Myth and Other Essays*. London, Jonathan Cape, 1971, pp. 7-23.
———. *Lévi-Strauss* (1970). London, Fontana Modem Masters, 1972.
LEFCOWITZ, Barbara. "The Inviolate Grove: Metamorphosis of a Symbol in Oedipus at Colonus". *Literature and Psychology* (1967), 17:78-86.
LESKY, Albin. *Greek Tragic Poetry* (1972), 3ª ed. DILLON, Matthew (trad.). New Haven, Yale University Press, 1983.
LESSING, Gotthold Ephraim, *Werke*. GÖPFERT, Herbert G. *et al*. (orgs.), 8 vols. Munique, Carl Hanser, 1970-1979.
LETTERS, F. J. H. *The Life and Work of Sophocles*. London, Sheed and Ward, 1953.
LÉVI-STRAUSS, Claude. *The Elementary Structures of Kinskip* (1949). BELL, James Harle & STURMER, John Richard von (trads. da ed. rev.). Boston, Beacon Press, 1969.
———. *The Raw and the Cooked: Introduction to a Science of Mythology* (1964). WEIGHTMAN, John & DOREEN (trads.) (1969). Chicago, University of Chicago Press, 1983.
———. *The Savage Mind* (1962). WEIDENFELD, George (trad.). Chicago, University of Chicago Press, 1966.
———. "The Scope of Anthropology". *In Structural Anthropology*, 2:3-32. LAYTON, Monique (trad.). New York, Basic Books, 1976.
———. "Structural Analysis in Linguistics and in Anthropology". *In Structural Anthropology*. JACOBSON, Claire & SCHOEPF, Brooke Grundfest (trads.). Harmondsworth, Penguin University Books, 1972, pp. 31-54.
———. "The Structural Study of Myth". *In Structural Anthropology*, pp. 206-231.
———. *Totemism* (1962). NEEDHAM, Rodney (trad.). Boston, Beacon Press, 1963.
———. *Tristes Tropiques* (1955). WEIGHTMAN, John & DOREEN (trads.) (1973). New York, Pocket Books, 1977.
LEWIN, Bertram D. "The Train Ride: A Study of One of Freud's Figures of Speech". *Psychoanalytic Quarterly* (1970), 39:71-88.
LINFORTH, Ivan M. *Religion and Drama in "Oedipus at Colonus"*. University of California Publications in Classical Philology (1951), 14:75-191.

LLOYD-JONES, Hugh. "The End of Seven Against Thebes". *Classical Quarterly* Nova Série (1967), 17:16-28.
_____. *The Justice of Zeus*. Berkeley, University of California Press, 1971.
LORENZ, Emil. "Oedipus auf Kolonus". *Imago* (1916), 4:22-40.
LÖWITH, Karl. *From Hegel to Nietzsche: The Revolution in Nineteenth-Century Thought* (1941). GREEN, David F. (trad.). New York, Holt, Reinhart, and Winston, 1974.
LUPAS, Liana & PETRE, Zoe. *Commentaire aux "Sept contre Thèbes" d'Eschyle*. Paris, Les Belles Lettres, 1981.
MAASS, Joachim. *Kleist: A Biography* (1957). MANHEIM, Ralph (trad.). New York, Farrar, Straus, and Giroux, 1983.
MCCALL, Marsh. "Divine and Human Action in Sophocles: The Two Burials of the Antigone". *Yale Classical Studies* (1972), 22:103-117.
MCGRATH, William J. *Dionysian Art and Populist Politics in Austria*. New Haven, Yale University Press, 1974.
_____. "Freud as Hannibal: The Politics of the Brother Band". *Central European History* (1974), 7:31-57.
_____. *Freud's Discovery of Psychoanalysis: The Politics of Hysteria*. Ithaca, Cornell University Press, 1985.
MACINTYRE, Alasdair (org.). *Hegel: A Collection of Critical Essays*. 1972. Notre Dame, University of Notre Dame Press, 1976.
MACKSEY, Richard & DONATO, Eugenio (orgs.). *The Structuralist Controversy: The Languages of Criticism and the Sciences of Man*. Baltimore, Johns Hopkins University Press, 1972.
MCNULTY, Michael J. "Nietzsche, His Zarathustra, and the Discovery of Oedipus in the Unconscious". Manuscrito.
MAHL, George F. "Father-Son Themes in Freud's Self-Analysis". *In* CATH, Stanley H. *et al*. (orgs.). *Father and Child: Developmental and Clinical Perspectives*. Boston, Little, Brown, 1982, pp. 33-64.
MALCOLM, Janet. *In the Freud Archives* (1984). New York, Vintage Books, 1985.
MALINOWSKI, Bronislaw. *Sex and Repression In Savage Society* (1927). New York, New American Library, 1955.
MANGAN, John W. "From Progression to Pattern: Oedipus Coloneus and the Unity of Sophocles' Theban Plays". Ensaio M.A., Columbia University, 1982.
MANN, Thomas. "Freud and the Future" (1936). *In Essays of Three Decades*. LOWE-PORTE, H. T. (trad.). New York, Knopf, 1947, pp. 411-428.
_____. "Freud's Position in The History of Modem Culture" (1929). LOWE-PORTER, H. T. (trad.). *In* RUITENBECK, Hendrik M. (org.). *Freud as We Knew Him*. Detroit, Wayne State University Press, 1973, pp. 65-89.
_____. "Nietzsche's Philosophy in the Light of Contemporary Events" (1947). Abr. in SOLOMON, Robert C. (org.). *Nietzsche: A Collection of Critical Essays* (1973). Notre Dame, University of Notre Dame Press, 1980, pp. 358-370.
MARCUS, Steven, *Freud and the Culture of Psychoanalysis: Studies in The Transition from Victorian Humanism to Modernity*. Boston, Allen and Unwin, 1984.
MASSON, Jeffrey Moussaieff. *The Assault on Truth: Freud's Suppression of the Seduction Theory*. New York, Farrar, Straus, and Giroux, 1984.

MASULLO, Aldo. "Das Unbewußte in Hegels Philosophie des subjektiven Geistes". *Hegel-Studien, Beiheft* (1979), 19:27-63.

MAZLISH, Bruce. "Freud and Nietzsche". *Psychoanalytic Review* (1968-1969), 55:360-375.

MERLEAU-PONTY, M. *Phenomenology of Perception* (1945). SMITH, Colin (trad.). London, Routledge and Kegan Paul, 1962.

MITCHELL, Juliet. *Psychoanalysis and Feminism: Freud, Reich, Laing, and Women* (1974). New York, Vintage, 1975.

MOI, Toril. "The Missing Mother: The Oedipal Rivalries of René Girard". *Diacritics* (Verão de 1982). 12:21-31.

MOMMSEN, Katharina. *Kleists Kampf mit Goethe* (1974). Frankfurt, Suhrkamp, 1979.

MONTGOMERY, Marshall. *Friedrich Hölderlin and the German Neo-Hellenic Movement*, Parte I. London, Oxford University Press, 1923.

MUELLER, Martin. *Children of Oedipus and Other Essays on the Imitation of Greek Tragedy, 1500-1800*. Toronto, University of Toronto Press, 1980.

MUSURILLO, Herbert. "Sunken Imagery in Sophocles' Oedipus". *American Journal of Philology* (1957), 78:36-51.

NAUEN, Franz Gabriel. *Revolution, Idealism, and Human Freedom: Schelling, Hölderlin, and Hegel and the Crisis of Early German Idealism*. Haia, Martinus Nijhoff, 1971.

NEUMANN, Erich. *The Origins and History of Consciousness* (1949). Princeton, Princeton University Press, 1973.

NIETZSCHE, Friedrich. *Beyond Good and Evil: Prelude to a Philosophy of the Future* (1886). KAUFMANN, Walter (trad.). New York, Vintage Books, 1966.

_____. *The Birth of Tragedy* (1872). *In The Birth of Tragedy and The Case of Wagner*. Walter Kaufmann (trad.). New York, Vintage, 1967.

_____. *Daybreak: Thoughts on the Prejudices of Morality* (1881). HOLLINGDALE, R. J. (trad.). Cambridge, Cambridge University Press, 1982.

_____. *The Gay Science* (1882). KAUFMANN, Walter (trad.). New York, Vintage Books, 1974.

_____. *On the Advantage and Disadvantage of History for Life* (1874). PREUSS, Peter (trad.). Indianapolis, Hackett, 1980.

_____. *On the Genealogy of Morals and Ecce Homo* (1887 e 1908). KAUFMANN, Walter & HOLLINGDALE, R. J. (trads.) (1967). New York, Vintage 1969.

_____. *Schopenhauer as Educator* (1874). HILLESHEIM, James W. & SIMPSON, Malcolm R. (trads.). South Bend, Regnery and Gateway, 1965.

_____. *Selected Letters of Friedrich Nietzsche*. MIDDLETON, Christopher (org. e trad.). Chicago, University of Chicago Press, 1969.

_____. *The Portable Nietzsche*. KAUFMANN, Walter (org. e trad.) (1954). New York, Viking, 1967.

_____. *Werke*. 5 vols. SCHLECHTA, Karl (org.) (1969). Frankfurt, Ullstein Materialien, 1980.

_____. *Werke und Briefe*. 9 vols. METTE, Hans Joachim (org.). Munique, Beck, 1934.

NUNBERG, Herman & FEDERN, Ernst (orgs.). *Minutes of the Vienna Psychoanalytic Society*. 4 vols. NUNBERG, M. (trad.). New York, International Universities Press, 1962-1975.

OPSTELTEN, J. C. *Sophocles and Greek Pessimism*. ROSS, J. A. (trad.). Amsterdam, North-Holland, 1952.
PAUTRAT, Bernard. *Versions du soleil: Figures et système de Nietzsche*. Paris, Editions du Seuil, 1971.
PETERKIN, L. Denis. "The Creon of Sophocles". *Classical Philology* (1929), 24:263-273.
PÖGGELER, Otto. *Hegels Kritik der Romantik*. Bonn, Bouvier, 1956.
_____. "Hegel und die griechische Tragödie". Hegel-Studien, Beiheft (1964), 1:285-306.
PRADER, Florian. *Schiller und Sophokles*. Zurique, Atlantis, 1954.
PUCCI, Pietro. "Levi-Strauss and Classical Culture". *Arethusa* (1971), 4:103-117.
RADO, Charles. "Oedipus the King". *Psychoanalytic Review* (1956), 43:228-234.
RANK, Otto. *Das Incest-Motiv in Dichtung und Sage: Grundzüge einer Psychologie des dichterichen Schaffens*. Leipzig, Franz Deuticke, 1912.
_____. *The Myth of the Birth of the Hero: A Psychological Interpretation of Mythology* (1909). ROBBINS, F. & JELLIFFE, Smith Ely (trads.). New York, Journal of Nervous and Mental Disease Publishing Co., 1914.
REHM, Walter. *Griechentum und Goethezeit: Geschichte reines Glaubens* (1936). Berna, Francke Verlag, 1968.
REIK, Theodor. "Oedipus and the Sphinx" (1920). *In Dogma and Compulsion: Psychoanalytic Studies of Religion and Myths*. MIALL, Bernard (trad.). New York, International Universities Press, 1951, pp. 289-332.
REINHARDT, Karl. "Hölderlin und Sophokles". *In* KELLETAT, Alfred (org.). *Hölderlin: Beiträge zu seinem Verständnis in unserem Jahrhundert*. Tübingen, Mohr, 1961, pp. 287-303.
_____. *Sophocles* (1933). Hazel & HARVEY, David (trads.). Oxford, Basil Blackwell, 1979.
RICOEUR, Paul. *Freud and Philosophy: An Essay on Interpretation*. SAVAGE, Denis (trad.). New Haven, Yale University Press, 1970.
RIEFF, Philip. *Freud: The Mind of the Moralist* (1959). Chicago, University of Chicago Press, 1979.
_____. *The Triumph of the Therapeutic: Uses of Faith After Freud*. New York, Harper and Row, 1966.
ROAZEN, Paul. *Brother Animal: The Story of Freud and Tausk*. New York, Knopf, 1969.
_____. *Freud and His Followers* (1971). New York, New American Library, 1976.
_____. "Reflections on Ethos and Authenticity in Psychoanalysis". *The Human Context* (1972), 4: 577-587.
ROBERT, Carl, *Oidipus: Geschichte eines poetischen Stoffs im griechischen Altertum*. 2 vols. Berlim, Weidmannische Buchhandlung, 1915.
ROBERT, Marthe. *From Oedipus to Moses: Freud's Jewish Identity* (1974). MANNHEIM, Ralph (trad.). Garden City, New York, Anchor Books, 1976.
ROHDE, Erwin. *Psyche: The Cult of Souls and Belief in Immortality among the Greeks* (1893). HILLIS, W. B. (trad.). New York, Harcourt, Brace, 1925.
RÓHEIM, Géza. *The Riddle of the Sphinx; or Human Origins*. Money-Kyrt, R. (trad.) (1934). New York, Harper Torchbooks, 1974.

_____. "Teiresias and Other Seers". *Psychoanalytic Review* (1946), 33:314-334.

ROSENBERG, Samuel, (org.). *Why Freud Fainted*. Indianapolis, Bobbs-Merrill, 1978.

ROSENBLUM, Eva. "Le premier parcours psychanalytique d'un homme, relaté par Freud: apport à son auto-analyse". *Etudes psychotherapiques* (1973), 4:51-58.

ROSENMEYER, T. G. "The Wrath of Oedipus". *Phoenix* (1952), 6:92-112.

ROTH, Philp. "A Conversation with Edna O'Brien: 'The Body Contains the Life Story'". *New York Times Book Review*, 18 de novembro de 1984, pp. 38-40.

ROUSE, W. D. "The Two Burials in *Antigone*". *Classical Review* (1911), 25:40-42.

ROUSSEL, P. "Les fiançailles d'Haimon et d'Antigone". *Revue des Etudes Grecques* (1922), 35:63-81.

ROUSTANG, François. *Dire Mastery: Discipleship from Freud to Lacan* (1976). LUKACHER, Ned (trad.). Baltimore, Johns Hopkins University Press, 1982.

SACHS, Hanns. *Freud: Master and Friend*. 1944. Cambridge, Harvard University Press, 1945.

SADGER, Isidor. *Heinrich von Kleist: Eine pathographisch-psychologische Studie*. Wiesbaden, J. F. Bergmann, 1910.

SAFFAR, Ruth El. "Unbinding the Doubles: Reflections on Love and Culture in the Work of René Girard". *Denver Quarterly* (Inverno de 1984), 18:6-22.

SAID, Edward W. *Beginnings: Intention and Method*. New York, Basic Books, 1975.

SAJNER, Josef. "Sigmund Freud's Beziehungen zu seinem Geburtsort Freiberg (Príbor) und zu Mähren". *Clio Medica* (1968), 3:167-180.

SANDYS, John Edwin. *A History of Classical Scholarship*. 3ª ed., 3 vols. Cambridge, Cambridge University Press, 1921.

SANTIROCCO, Matthew S. "Justice in Sophocles' *Antigone*". *Philosophy and Literature* (1980), 4:180-198.

SCHADEWALDT, Wolfgang. "Der 'Zerbrochene Krug' von Heinrich von Kleist und Sophokles' 'König Odipus'". *Schweizer Monatsheffe* (1957-1958), 37:311-318.

_____. "Hölderlins Ubersetzung des Sophokles". *In* SCHMIDT, Jochen (org.). *Über Hölderlin*. Frankfurt, Insel, 1970, pp. 237-293.

SCHELLING, Friedrich von. *Sämtliche Werke*. 14 vols. Stuttgart, Cotta, 1856-1861.

_____. *Werke*. 3 vols. BUCHNER, Hartmut *et al.* (orgs.), Stuttgart, Fromann-Holzboog, 1976-1982.

SCHILLER, Friedrich. *An Anthology for Our Time*. UNGAR, Frederick (org. e trad.). New York, Ungar, 1959.

_____. *The Bride of Messina, William Tell, and Demetrius*. 1803, 1804 e 1805. PASSAGE, Charles E. (trad.). New York, Ungar, 1962.

_____. *Don Carlos: Infante of Spain*. 1788. PASSAGE, Charles E. (trad.) (1959). New York, Ungar, 1980.

_____. *Naive and Sentimental Poetry and On the Sublime* (1795-1796 e 1801). ELIAS, Julius A. (trad.), 1966. New York, Ungar, 1975.

_____. *On the Aesthetic Education of Man* (1793). SNELL, Reginald (trad.) (1965). New York, Ungar, 1974.

_____. *Werke: Nationalausgabe*. 38 vols. PETERSEN, Julius *et al*. (orgs.). Weimar, Hermann Böhlaus Nachfolger, 1946-1977.

_____. *Wilhelm Tell* (1804). JORDAN, Gilbert (trad.). New York, Bobbs-Merrill, 1964.

SCHLEGEL, August von. A. *Course of Lectures on Dramatic Art and Literature* (1808). BLACK, John (trad.). London, Bohm, 1846.

SCHLEGEL, Friedrich. *Über das Studium der Griechischen Poesie* (1797). In *Studien des Klassichen Altertums*. BEHLER, Ernst (org.). Paderborn, Ferdinand Schöningh, 1979, pp. 203-367

SCHÖNAU, Walter. *Sigmund Freud's Prosa: Literarische Elemente seines Stils*. Stuttgart, Metzlerische Verlagsbuchhandlung, 1968.

SCHOPENHAUER, Arthur. *Essays and Aphorisms*. HOLLINGDALE, R. J. (trad.) (1970). Harmondsworth, Penguin Books, 1978.

SCHORSKE, Carl E. "Politics and Patricide in Freud's Interpretation of Dreams". *American Historical Review* (1973), 78:328-347.

SCHRADE, Leo. *La représentation d'Edipo Tiranno au Teatro Olimpico*. Paris, Editions du Centre National de la Recherche Scientifique, 1960.

SCHRADER, Hans. *Hölderlins Deutung des "Oedipus" und der "Antigone"*. *Mnemosyne* (1933), vol. 10.

SCHUR, Max. *Freud: Living and Dying*. New York, International Universities Press, 1972.

_____. "Some Additional 'Day Residues' of 'The Specimen Dream of Psychoanalysis'". *In* LOEWENSTEIN, Rudolph M. *et al*. (orgs.). *Psychoanalysis: A General Psychology: Essays in Honor of Heinz Hartmann*. New York, International Universities Press, 1966, pp. 45-85.

SEGAL, Charles Paul. "Sophocles' Praise of Men and The Conflicts of the Antigone". *Arion* (1964), 3-2:46-66.

_____. *Tragedy and Civilization: An Interpretation of Sophocles*. Cambridge, Harvard University Press, 1981.

SEIDENSTICKER, Bernd. "Beziehungen zwischen den beiden Oidipusdramen des Sophokles". *Hermes* (1972), 100:255-275.

SÊNECA. *Oedipus*. In *Tragedies I*. Frank Justus Miller (trad.) (1917). Cambridge, Loeb Classical Library, 1979.

SHAKESPEARE, William. *The Riverside Shakespeare*. EVANS, G. Blakemore *et al*. (orgs.). Boston, Houghton Mifflin, 1974.

SHENGOLD, Leonard. "Freud and Joseph". *In* KANZER & GLENN (orgs.). *Freud and His Self Analysis*, pp. 67-86.

_____. "The Metaphor of the Journey in the Interpretation of Dreams". *In* KANZER & GLENN (orgs.). *Freud and His Self-Analysis*, pp. 51-65.

SICHIROLLO, Livio. "Hegel und die griechische Welt. Nachleben der Antike und Entstehung der Philosophie der Weltgeschichte'". *Hegel-Studien, Beiheft* (1964), 1:263-284.

SILK, M. S. & STEM, J. P. *Nietzsche on Tragedy*. Cambridge, Cambridge University Press, 1981.

SÓFOCLES. *Fabulae*. PEARSON, A. C. (org.) (1924). Oxford, Oxford University Press, 1974.

_____. *Oedipus the King*. GOULD, Thomas (org. e trad.). Englewood Cliffs, N. J., Prentice-Hall, 1970.

_____. *Plays and Fragments*. 2 vols. CAMPBELL, Lewis (org.). Oxford, Clarendon Press, 1889. Vol. 1: *Oedipus Tyrannus. Oedipus Coloneus, Antigone*.

_____. *The Plays and Fragments*. 7 vols. JEBB, R. C. (org.). Cambridge, Cambridge University Press, 1889-1903. Vol. 1: *Oedipus Tyrannus*; vol. 2: *Oedipus Coloneus*; vol. 3: *Antigone*.

SPANOS, William V. "Heidegger, Kierkegaard, and the Hermeneutic Circle: Toward a Postmodern Theory of Interpretation as Disclosure". *Boundary 2* (Inverno de 1976), 4:455-488.

STAHL, E. L. "Guiscard and Oedipus". *Tulane Drama Review* (1962), 6:172-177.

STAIGER, Emil. *Der Geist der Liebe und das Schicksal: Schelling, Hegel und Hölderlin*. Frauenfeld, Huber, 1935.

STANESCU, H. "Young Freud's Letters to his Rumanian Friend, Silberstein". *The Israel Annals of Psychiatry and Related Disciplines* (1971), 9:195-207.

STEINER, George. *After Babel: Aspects of Language and Translation*. New York, Oxford University Press, 1975.

_____. *Antigones*. New York, Oxford University Press, 1984.

_____. *Martin Heidegger* (1979). Harmondsworth, Penguin Books, 1982.

_____. "Orpheus with His Myths: Claude Lévi-Strauss". *In Language and Silence: Essays on Language, Literature, and the Inhuman* (1967). New York, Atheneum, 1974, pp. 239-250.

STERBA, Richard. "The Fate of the Ego in Analytic Therapy". *International Journal of Psycho-Analysis*. (1934), 15:117-126.

STERREN, H. A. van der. "The 'King Oedipus' of Sophocles". *International Journal of Psycho-Analysis* (1952), 33:343-350.

STRONG, Tracy B. "Oedipus as Hero: Family and Family Metaphors in Nietzsche". *Boundary 2* (Primavera-Outono de 1981), 2:311-335.

SULLOWAY, Frank J. *Freud: Biologist of the Mind*. New York, Basic Books, 1979.

SWALES, Peter J. "Freud, Fliess, and Fratricide; The Role of Fliess in Freud's Conception of Paranoia". Publicação privada do autor, 1982.

_____. "Freud, Minna Bernays, and the Conquest of Rome". *New American Review* (Primavera/Verão de 1982), 1:1-23.

_____. "Freud, Martha Bernays, and the Language of Flowers". Publicação privada do autor, 1982.

SWAN, Jim. "Mater and Nannie: Freud's Two Mothers and the Discovery of the Oedipus Complex". *American Imago* (1974), 31:1-64.

TAMINIAUX, Jacques. *La Nostalgie de la Grèce de l'aube de l'idealisme allemand: Kant et les Grecs dans l'itinéraire de Schiller, de Hölderlin et de Hegel*. Haia, Martinus Nijhoff, 1977.

TAYLOR, Charles. *Hegel* (1975). Cambridge, Cambridge University Press, 1978.

THASS-THIENEMANN, Theodore. "Oedipus and the Sphinx: The Linguistic Approach to Unconscious Fantasies". *Psychoanalytic Review* (1957), 44:10-33.

TRILLING, Lionel. "Freud and Literature". *In The Liberal Imagination: Essays on Literature and Society* (1950). New York, Anchor Books, 1953, pp. 32-54.

_____. Introdução a Ernest Jones, *The Life and Work of Sigmund Freud*. Seleção de Lionel Trilling e Steven Marcus. 1961. Garden City, New York, Anchor Books, 1963.

_____. *Sincerity and Authenticity*. 1972. New York, Oxford University Press, 1974.

TROSMAN, Harry. "Freud and the Controversy over Shakespearean Authorship". *In* GEDO & POLLOCK (orgs.). *Freud: The Fusion of Science and Humanism*, pp. 307-331.

TUREL, Adrien. *Bachofen-Freud: zur Emanzipation des Mannes vom Reich der Mutter*. Berna, Verlag Hans Huber, 1939.

TURNER, Terence S. "Oedipus: Time and Structure in Narrative Form". *In* SPENCER, Robert F. (org.). *Forms of Symbolic Action*. Seattle, University of Washington Press, 1969, pp. 26-68.

VELLACOTT, Philip. *Sophocles and Oedipus*. London, Macmillan, 1971.

VELZEN, H. U. E. Thoden van. "Irma at the Window. The Fourth Script". *American Imago* (1984), 41:245-293.

VERGOTE, Antoine. "L'intérêt philosophique de la psychanalyse freudienne". *Archives de Philosophie* (1958), 21:26-59.

VERNANT, Jean-Pierre. "Ambiguity and Reversal: On the Enigmatic Structure of Oedipus Rex". *Page du Bois* (trad.). *New Literary History* (1978), 9:475-501.

_____. "'Oedipe' sans complexe". *In* VERNANT e VIDAL-NAQUET, Pierre, *Mythe et tragédie en Grèce ancienne* (1972). Paris, François Maspero, 1980, pp. 77-98.

VERSÉNYI, Laszlo. "Oedipus: 'Tragedy of Self-Knowledge". *Arion* (1962), 1-3:20-30.

VICKERS, Brian. *Towards Greek Tragedy: Drama, Myth, Society* (1973). London, Longmans, 1979.

VOLTAIRE. *Oeuvres Complètes*. 52 vols. MOLAND, Louis (org.). Paris, Garniers Frères, 1877-1885.

WÄDENSWIL, Margit Schoch von. *Kleist und Sophokles*. Zurique, Aschmann and Scheller, 1952.

WAELHENS, Alphonse de. "Réflexions sur une problématique husserlienne de l'inconscient, Husserl et Hegel". *In Edmund Husserl 1859-1959*. Haia, Martinus Nijhoff, 1959, pp. 221-237.

WALDOCK, J. A. *Sophocles the Dramatist* (1951). Cambridge, Cambridge University Press, 1966.

WEBSTER, T. B. L. *The Tragedies of Euripides*. London, Methuen, 1967.

WHITE, Hayden. *Metahistory: The Historical Imagination in Nineteenth-Century Europe* (1973). Baltimore, Johns Hopkins University Press, 1975.

WHITMAN, Cedric H. *Sophocles: A Study of Heroic Humanism*. Cambridge, Harvard University Press, 1951.

WHYTE, Lancelot Law. *The Unconscious Before Freud* (1960). New York, St. Martin's Press, 1978.

WILAMOWITZ-MOELLENDORFF, Tycho von. *Die dramatische Technik des Sophokles*. KAPP, Ernest (org.). Berlim, Weidmannische Buchhandlung, 1917.

WILLIS, William H. "ΑΥΤΑΔΕλΦΟΣ in the *Antigone* and the *Eumenides*". *In* MYLONAS, George E. & RAYMOND, Doris (orgs.). *Studies Presented to*

David Moore Robinson, 2:553-558. 2 vols. St. Louis, Washington University Press, 1953.

WILLNER, Dorothy. "The Oedipus Complex, Antigone, and Electra: The Woman as Hero and Victim". *American Anthropologist* (1982), 84:58-78.

WILSON, Edmund. "Philoctetes: The Wound and the Bow". *In The Wound and the Bow: Seven Studies in Literature* (1929). New York, Oxford University Press, 1965, pp. 223-242.

WINNINGTON-INGRAM, R. P. *Sophocles: An Interpretation*. Cambridge, Cambridge University Press, 1980.

WITTELS, Fritz. *Sigmund Freud: His Personality, his Teaching, and his School*. EDEN & PAUL, Cedar (trads.), London, Allen and Unwin, 1924.

WITTRICH, Wilhelm. *Sophokles' "König Odipus" und Schillers "Braut von Messina"*. Cassel, Joseph Has, 1887.

WOLFF, Emil I. "Language, Structure, and the Son of Oedipus in Aeschylus' *Seven Against Thebes*". *In* KRESIC, Stephen (org.). *Contemporary Literary Hermeneutics and the Interpretation of Classical Texts*. Ottawa, Ottawa University Press, 1981, pp. 549-566.

Índice Remissivo

A

"*A posteriori*" conceito de – 5, 6n2, 11, 15, 19, 55, 232, 241, 259-261, 263-264, 300, 326, 327
Abraham, Karl – 32, 200n19, 254-255
Abraham, Ruth – 26n9
Abrams, M. H. – 143n70
Adams, S. M. – 268n3, 299, 299n27, 311n14, 315n25
Adler, Alfred – 27, 31
Adorno, Theodor W. – 218
Agard, Walter A. – 277n21
Aichele, Klaus – 136n59
Além do Bem e do Mal, Para (Nietzsche) – 172, 173, 186, 201-212
Além do Princípio do Prazer (Freud) – 32
Ambivalência, conceito de – 23, 27-28, 33-36, 40-44, 47, 178, 214, 237, 290
"Análise Estrutural na Lingüística e na Antropologia" (Lévi-Strauss) – 285
Anderson, Lorin – 193n3

Andreas-Salomé, Lou – 186-187, 192, 203-204, 209-210, 213
Aníbal – 39-44, 42n27, 49, 65, 73, 328
Aniversário, conceito de reação de – 35-36, 105
Antígona (Sófocles) – 2-93, 111, 117-118, 123-124, 150, 157, 161, 220, 226, 233, 252, 265, 307-308, 314-316, 347; incesto e enterro em – 267-283, 320; passagens controversas de – 276-278, 294-295, 299-300, 302; oposições binárias e "unidade de parentesco" em – 285-305
Anzieu, Didier – 3n1, 23, 50n32, 55n3, 59n9, 81n39, 90n2, 291n12
Aristóteles – 95, 277, 331-332, 332n1, 335, 343, 348
Arnold, Matthew – 220
Assaltantes, Os (Schiller) – 107, 112-114, 114n16, 116, 211
Assim Falava Zaratustra (Nietzsche) – 197-206, 209-210, 214, 333-334
Assoun, Paul Laurent – 192n3
Atenas – 309, 316, 323

AUDEN, W. H. – 155
Aurora (Nietzsche) – 149, 196-197, 199
Auto-análise – 308, 322, 326; em Freud e Sófocles – 4-5, 7, 22, 48-52, 54-56, 151, 196, 229, 245-266; e a morte do pai de Freud – 19-24, 81, 153, 308, 322-323; início da auto-análise de Freud – 19-52, 22; interminabilidade da – 53-63, 74-81, 152, 159, 258-260; e a descoberta do complexo de Édipo – 53-86; entrelaçamento entre o eu e o outro na – 53-86, 152, 159, 260; impossibilidade da 54, 177; em todos os escritos de Freud – 79, 151, 160; em toda psicanálise 80, 330; e na *Fenomenologia do Espírito* – 150-155, 196; e a *Filosofia da História* 163; em Heidegger – 220-223; em Lévi-Strauss – 240-241; como ato inaugural da psicanálise – 326

B

BACHOFEN, J. J. – 170, 179-184
BACON, Helen H. – 313n21
BAEUMER, Alfred – 179n15, 180n17
BAEUMLER, Alfred – 179n14
BALDRY, H. C. – 287n4
BALMARY, Marie – 15n21,71n26, 83, 83n41, 245n2, 246n4, 247n5, 245-247, 285
BARCLAY, James R. – 90n7
BAUER, Ida (Dora) – 38, 62, 250
BEERLING, R. F. – 184n22
BERNADETE, Seth – 255, 255n23, 257n27, 258, 274n17, 276, 278, 278n22, 280n26, 282n28, 298n24, 301n30, 319, 321
BERNAYS, Jacob – 209
BERNAYS, Minna – 3n1, 4n1, 66-68, 68n20, 84n43,114
BERNFELD, Suzanne Cassirer – 78n34
BERNFELD, Sigfried – 15, 74-75, 77-78
BASTERMAN, Theodore – 98n27

Bilha Quebrada, A (Kleist) – 128, 130-134, 143, 146, 195
BINDER, Wolfgang – 123n34
Bissexualidade; no relacionamento entre Freud e Fliess – 25, 37; universalidade da – 39, 136, 138, 350-351; em Nietzsche – 203-204; *consultar também* Freud, Sigmund; Édipo, complexo de
BLEULER, Eugen – 31
BLOOM, Harold – 170
BLUM, Harold P. – 20n3
BÖHLENDORFF, Casimir Ulrich von – 122, 126
BONAPARTE, Marie – 30
BOVÉ, Paul A. – 219n5
BOWRA, C. M. – 265, 291, 291n14, 310, 310n7, 311n13, 319n31
BRANDES, Georg – 81
BRENTANO, Franz – 90n7, 90-92, 192
Breve Descrição da Psicanálise, Uma (Freud) – 262
BREUER, Josef – 27-30
BROCKES, Ludwig – 138
BRÜCKE, Ernst – 34-35, 90
BURGESS, Anthony – 238
BURIAN, Peter – 268n4, 310, 315n25
BUTLER, E. M. – 93, 94n15, 108, 122n32, 124
BUXBAUM, Edith – 24, 73

C

CAIM, crime de – 36, 42, 69
CALDWELL, Richard S. – 250n13, 260n35
CAMERON, Alister – 229, 249, 249n10, 260n36
CAMPBELL, Lewis – 279n25, 314, 348n9
"Campo da Antropologia, O" (Lévi-Strauss) – 230-237
COROTENUTO, Aldo – 37n22
CARROL, Michael P. – 230n25, 234n31, 235n33, 235n35, 235n36
Cartas sobre a Educação Estética do Homem (Schiller) – 115-116

Castração, conceito de – 23, 57-59, 73n29, 84, 200-201, 223, 232, 239, 253-254
Cegueira e visão, metáfora da – 222, 35-36, 55, 93, 118, 123, 125-126, 160, 164-165, 185, 196-198, 223-224, 227-228, 241, 254-255, 260-262, 269, 269n5, 273, 287, 296; *consultar também* Repressão
CERVANTES, Miguel de – 350
Círculo hermenêutico, conceito de – 63, 89, 148, 151, 161-162, 256, 258, 350-351
CHARCOT, Jean-Martin – 9-10
CHASE, Cynthia – 263, 340n13
Chistes e sua Relação com o Inconsciente (Freud) – 48
CHODOROW, Nancy – 352
CLARK, Ronald W. – 3n1, 10n9, 13n17, 13n18, 14n19, 14n20
COCTEAU, Jean – 117
COLCHESTER, L. S. – 311n14
Compulsão à Repetição, conceito de – 6
Conferências Introdutórias sobre Psicanálise (Freud) – 99
COOPER, David – 333
CORNEILLE, Pierre – 95, 98, 104-105, 264
Crepúsculo dos Ídolos, O (Nietzsche) – 186-187
Cru e o Cozido, O (Lévi-Strauss) – 240
CUDDIHY, John Murray – 42n27, 43n28

D

DANNAUSER, Werner – 186, 195n11
DARWIN, Charles – 90
DAWE, Roger – 271n9
DELCOURT, Marie – 287n4
DELEUZE, Gilles – 184, 186; e Félix Guattari – 332-340, 349-350, 352
Delfos, oráculo de – 158, 165-166, 178, 249, 249n12, 260, 346, 348
DE MAN, Paul – 327-330
DERRIDA, Jacques – 12, 167, 218, 228, 327, 329, 329n7, 344

DEVEREUX, George – 247n5
Dialética, conceito de – 116, 124, 159, 181-182, 196, 232-233, 236-237, 240, 260, 262, 265-266, 309-310, 313-314
DICKENS, Charles – 48
DIDEROT, Denis – 99, 99n28, 188
DIMOCK, Georg – 265n50
"Dinâmica da Transferência, A" (Freud) – 25
Direito Materno (Bachofen) – 181-183
"Distúrbio de Memória na Acrópole, Um" (Freud) – 40
DODDS, E. R. – 247, 247n6, 264n43
DONADIO, Stephen – 199
Don Carlos (Schiller) – 107, 112-113, 263

E

E. (paciente de Freud) – 54n2, 55n3, 55-57, 64, 67-68, 77
EASTERLINF, P. E. – 315n25
Ece Homo (Nietzsche) – 173, 187, 192, 202-204, 212-214
ECKERMANN, Johann Peter – 276-277
ECKSTEIN, Emma – 28n12, 29, 29n13, 37, 38-39, 62, 62n13, 84, 113, 245-246, 250
ECKSTEIN, Friedrich – 113
ÉDIPO – 22, 39, 47, 61, 104, 123, 147, 152, 222, 234, 264; culpa ou inocência de – 96, 104, 264-265, 291n13, 313; "olhos demais" de – 125-126, 224-225, 227-228; e Adão – 132-133, 145, 155, 242, 322; significado do nome – 170, 182-183, 235-236, 253-254, 256-258, 301n30; interpretado por Bachofen – 181-185; e Ulisses (Odisseu) – 189, 201-212; interpretado por Lévi-Strauss – 228-242, 231n26; como irmão em relação dos filhos – 280-283, 285, 304-305, 348-349; e o "anti-Édipo" – 331-353; *consultar também* Freud,

Sigmund; complexo de Édipo; *Édipo Rei*; auto-análise.

Édipo em Colona (Sófocles) – 147, 166, 178, 195-196, 206, 226, 267-269, 276, 280, 288-290, 293-294, 303, 307-323, 347; dimensão religiosa de 309-310, 318-319; como repetição de *Édipo Rei* – 311-314, 318, 322; Polinice em – 315-316; Teseu em – 316-318

Édipo, complexo de; determinantes biográficas na descoberta de Freud do – 3-17, 84-85; invenção do termo – 14; "positivo" e "negativo" – 15, 39, 85, 136, 203-204, 249-252, 320-321, 339-340, 350-351; assimetrias entre o homem e a mulher – 14, 350-351; universalidade do – 17, 35-36, 62-63, 153, 225-226, 229-230, 256-258, 323n37, 339, 322-323, 350-355; ambivalência do filho em – 23, 85; e a triangulação – 33-39, 63, 138-139, 208, 337-339, 351; e a luta por prioridade – 34, 170, 178-179, 185, 194, 196, 218; e a dinâmica pré-edípica – 35-36, 41; e a teoria da sedução – 3n1, 4n1, 39, 61, 63, 67, 153, 245-248, 246n4, 272-273; e a auto-análise de Freud – 53-86, 326; descoberta do – 61-63; história intelectual do – 89-242; e a auto-consciência romântica – 99, 105, 118-119, 142-144, 155-156, 220-221, 241-242

Édipo, ciclo de (Sófocles); unidade do – 267n2, 267-273, 276, 294, 302, 308, 310, 313-314, 318-322; personagem de Creonte no – 288n8, 288-290, 320

Édipo Rei (Sófocles) – 5, 7, 12, 16, 20, 22, 35-36, 49-50, 63, 82, 92-93, 96-98, 100-101, 103-105, 112, 117, 123, 136, 150, 153, 158, 195-196, 245-269, 273, 276, 280-281, 285, 288-290, 296, 302-305, 308, 318-320; visto por Freud em Paris – 10; traduzido por Freud – 20; comparado a outras peças de Édipo – 3-17, 93, 93n11, 95n20, 229, 249n10; como tragédia da auto-consciência – 102, 133, 220, 247-249, 248n8, 329; comparado por Freud às "tragédias do destino" – 103, 229n24; interação dialética entre destino e livre arbítrio em – 104, 265-266, 310; como "análise trágica" – 105, 220; e *Narbonne* 109; e a *Noiva de Messina* – 111-113; e *Robert Guiscard* – 130; e *A Bilha Quebrada* – 130-133; e *Príncipe de Homburg* – 140; Hegel sobre o – 155-157, 162, 194-195; Ferenczi sobre o – 169-170; Nietzsche sobre o – 189, 194-204, 206-207; Heidegger sobre o – 222-228; supressão da culpa herdada em – 208, 247n6, 247-249, 272, 272n12; complexo de Édipo "completo" – 249-252; dimensão religiosa de – 265-266; ironia dramática em – 93-98, 130, 282-283, 346n18; como texto canônico – 331-333, 340-341, 343-344; Goodhart sobre o – 343-350

EDMUNDS, Lowell – 309n5; e Richard Ingber – 251n13

Ego e o Id, O (Freud) – 14, 39, 350-351

EHRENBERG, Victor – 267n1

EISSLER, Kurt – 28n12, 34n16, 128n47

ELLENBERGER, Henri – 90, 177n13, 180

ELSE, Gerald F. – 124n36, 332n1

"Em Azul Adorável" (Hölderlin) – 124n37, 125, 225, 227

Empédocles (Hölderlin) – 118-119, 123, 126, 193

"Enciclopédia da Ciências filosóficas" – 146

Encruzilhadas, como órgãos genitais

maternos – 34, 200, 248-249, 256-257, 282-283, 318-319
Esfinge; e o enigma da – 5, 8, 62, 85, 158, 161, 172, 182, 194, 198-199, 222, 226, 235, 238-239, 249, 249n12, 254-255, 256-258, 260-261, 263-264, 287, 290, 313-314, 326, 330; Paris como – 9; transição para uma civilização superior – 165-166, 182; como mãe fálica – 232, 251
Espírito do Cristianismo e seu Destino, O (Hegel) – 148-150, 155-158
Ésquilo – 100, 129, 181, 195, 247-249, 271-272, 278-279, 308-309
Estética (Hegel) – 145, 161
"Estudos Clásicos, Sobre os" (Hegel) – 148-149, 165
"Estudo Estrutural do Mito, O" (Lévi-Strauss) – 229-237
Estudo Autobiográfico, Um (Freud) – 191n2
"Estudos sobre a Histeria" (Freud e Breuer) – 22, 30, 154, 262n39
" 'Estranho', O" (Freud) – 54, 103, 153-154, 156, 175, 226-227, 241, 325
Estruturas Elementares do Parentesco, As (Lévi-Strauss) – 231n26
EURÍPIDES – 100, 108, 110, 295-296, 304n33, 320

F

"Fabricação Gradual dos Pensamentos enquanto se Fala, Sobre a " (Kleist) – 142
Fantasma vindo do passado, conceito de – 5, 6, 26, 28, 34-35, 142, 149, 171, 189-190, 211-212
FEDERN, Paul – 192
FELMAN, Shoshana – 312, 312n18, 313n23
Feminismo – 39, 332, 350, 350n23
Fenomenologia do Espírito, A (Hegel) – 99, 102, 149, 150, 159, 161-162, 165-166, 172, 175, 188, 223, 232, 240
FERENCZI, Sándor – 20, 31, 169-171, 183, 253
FICHTE, Jhann Gottlieb – 99, 102
Filosofia da História (Hegel) – 161-163, 185-187
Filosofia do Direito (Hegel) – 162
FLICKINGER, Minnie Keys – 291n13
FLIESS, Ida – 30
FLIESS, Wilhelm; carta de Freud a – 7, 7n4, 19-21, 27, 30-31, 33, 44, 53-63, 54n2, 55n3, 61n12, 66, 70-73, 76, 80, 91, 105, 192, 196, 246, 347; como figura de transferência para Freud – 24-33, 24n7, 26n9, 60, 76, 78-79, 121, 174, 211; e a operação de Emma Eckstein – 28n12, 29n13, 29-30; teoria da periodicidade – 30; desejo de Freud de matar – 66, 67n18
FLIESS, Robert – 246
FLUSS, Emil – 11-14, 25, 46, 207
FLUSS, Frau – 13-14, 20, 58, 114
FLUSS, Gisela – 13, 58, 114
Formação de compromisso, conceito de – 46-47, 74-75, 237, 263
"Formulações sobre os Dois Princípios do Funcionamento Mental" (Freud) – 170
FOUCAULT, Michel – 333
Fox, Robin – 231n26
Fragmento da Análise de um Caso de Histeria (Freud) – 38
FREIBERG – 58, 61, 71, 71n26, 73, 84, 114, 120
FREUD, Alexander (irmão) – 16, 42, 44, 85
FREUD, Amalie Nathanson (mãe) – 15, 15n21, 60, 71-73, 82-86, 251
FREUD, Anna (irmã) – 60, 84-85, 251-252
FREUD, Anna (filha) – 44, 322
FREUD, Emmanuel (meio-irmão) – 15, 16, 49, 84n43, 85
FREUD, Ernst (filho) – 11n11, 11n12, 13n16, 43

FREUD, Jakob (pai) – 15, 19-24, 35, 40, 41-42, 45-50, 71, 120, 245-248; segundo casamento de – 15n21, 83, 83n41, 245n2
FREUD, John (sobrinho) – 15, 16, 26-27, 33-39, 41-42, 44, 46, 57-60, 63, 75
FREUD, Julius (irmão) – 20-21, 20n2, 20n3, 26, 27, 34n15, 35, 46, 50, 69, 71, 82, 120, 211
FREUD, Martha Bernays (esposa) – 4n1, 8, 10, 13, 58, 58n7, 84, 114, 209
FREUD, Martin (filho) – 43
FREUD, Pauline (sobrinha) – 15-16, 33-39, 57-60, 63, 73n29, 75, 84, 250
FREUD, Philipp (meio-irmão) – 15-16, 82-86, 83n14
FREUD, Sigmund; identificação com Édipo – 3-17, 22-23, 39, 47, 65, 67, 82-86, 322-323; incidente do medalhão no qüinquagésimo aniversário – 5-7, 12, 21, 46, 82-86; recebimento do Prêmio Goethe – 8-9, 82; impulsos de auto-ocultamento e auto-revelação – 9-11, 14, 44, 66, 72, 74n31, 76-80, 138-139, 223-224; identificação com Goethe e Leonardo da Vinci – 8-9, 83, 128; "Academia Castellana" com Silberstein – 9; destrói registros pessoais – 9, 24-25, 139; ambição heróica de – 9, 11, 13, 25, 40, 44-48, 138, 212-213, 223-224, 325, 326, 328; encontra Charcot em Paris – 9-10; muda de carreira do direito para a medicina – 11, 98; muda de nome de Sigismund para Sigmund – 10, 10n9, 98; traduz Sófocles em seu exame de *Matura* – 11-12, 12n13; paixão por Gisela Fluss e sua mãe – 13, 58, 114; constelação familiar de – 15-17, 16n24, 26, 48-50, 62, 84-85, 257; escolhe o nome de Alexander – 16, 42, 85; compulsão à repetição de – 6, 19-24, 214-215, 266, 322-323; reação à morte do pai – 19-52, 64, 120, 204; e a morte de Julius na infância – 20-24, 20n2, 20n3, 34-35, 46, 50, 71, 84, 120, 204; interpreta *Édipo Rei* e *Hamlet* – 11-12, 12n14, 20, 49-50, 63, 80-82, 263; relacionamento com John – 20, 26-27, 33-39, 41-44, 249-250; episódios de desmaio – 20, 51; "esmagado pelo êxito" – 21, 46, 141-142, 204-205; "culpa do sobrevivente" – 22-23, 32-35, 71, 121; inicia sua auto-análise – 22; e a operação de Emma Eckstein – 28n12, 29, 29n13; inibição diante de Roma – 31, 39-41, 44, 47; desejo da carreira de professor – 31, 76-77; dimensão subjetiva de seus escritos – 32-33, 46, 74-82, 77n33, 151, 160, 178; desejo de prioridade – 34-35, 34n16, 177, 180-181, 191n2, 192; continuidade da experiência pré-edípica e edípica em – 35-36, 136-137; bissexualidade de – 36-38, 136, 138-139, 328; identificação com Aníbal – 39-44, 42n27, 65; anti-semitismo e judaísmo – 39-44, 43n28, 47, 82, 213; desejo de se tornar ministro de uma pasta governamental – 42, 47-48; oscilações em sua auto-estima – 44-48, 82, 138-139, 212-213; seduzido pela babá na infância – 57-58, 83, 252; e a masturbação – 57-60, 73n29; fobia de ferrovias – 60, 71-73, 76-80; misoginia inconsciente – 26n9, 62-63, 62n13, 83-84, 136, 249-252; vivencia a cena primal – 69-73; partida de Freiberg – 71-73, 71n26, 84, 120, 205; paixão pela Arqueologia – 78, 183; nega a autoria de Shakespeare – 82, 212; lembrança da babá "encaixotada" – 82-86, 126-127;

possui duas mães – 84n43, 85, 250-252; origens intelectuais de – 89-242, 328; representa em *Os Assaltantes* com John – 114, 211; e Schiller – 114-115, 204; e Hölderlin – 119-121, 204, 207; e Kleist – 128, 138, 204; e Tausk – 128, 128n47; e Hegel – 150-160, 162-165, 167, 184, 188-189; e Nietzsche – 100, 164, 188-189, 191-193, 191n2, 192n3, 210-215; e von Hartmann – 176-179, 177n13; e Bachofen – 180-183; e Heidegger – 223-227; e Lévi-Strauss – 229n24, 230-232, 238; não interpreta *Édipo em Colona* – 312; e Aristóteles sobre *Édipo Rei* – 331-332; e Girard – 337-342; *consultar também* pelo título das obras
FRIEDRICH, Caspar David – 128
FRITZ, Kurt von – 295n19
FROMM, Erich – 63
FRY, Paul H. – 256n24
FUNKE, Hermann – 271n8
Futuro de uma Ilusão, O (Freud) – 51, 115

G

GADAMER, Hans-Georg – 50-52, 147n4, 219, 329, 335
GALLOP – 38, 350n23
GAST, Peter – 195
GAY, Peter – 90n4
Gaia Ciência, A (Nietzche) – 90, 90n3, 173-176, 187, 196, 211, 227
GEDO, John, E. – 9-10, 62n13
Genealogia da Moral, Sobre a (Nietzsche) – 187, 192, 192n3
GERSDORFF, Carl von – 180
GICKLHORN, Renée – 71n26
GIRARD, René – 36, 338-343, 338n9, 339n10, 340n13, 345, 347, 350, 350n22, 352
GOETHE, Johann Wolfgang von – 8-10, 10n8, 20n3, 49, 99, 104-105, 107-108, 110, 115, 117-118, 120, 127-128, 130, 133, 140, 169, 170-172, 179, 212, 276-277, 277n21
GOHEEN, Robert F. – 274n15, 297n23
GOMBRICH, E. H. – 108n2
GONTARD, Susette – 120-121
GOODHART, Sandor – 332, 343-349
GORDON, Wolf von – 131n52
GOLD, Thomas – 248n9, 255n22, 264n43, 272n12, 341n14
GRAY, J. Glenn – 147n4
GREEN, André – 81n39, 124n37, 351
GREENBERG, Martin – 136n59
GREENE, William Chase – 345-348
GRENE, David – 310n12
GRIGG, Kenneth A. – 85n44
GRINSTEIN, Alexander – 22n5, 59n9, 69
GRODDECK, Georg – 142
GROTH, H. Miles – 201
GRÜNBAUM, Adolf – 92n8

H

HABERMAS – 92, 100, 153
HALL, Stanley – 176
HALLIBURTON, Davi – 224n14
HAMBURGER, Michael – 118n23
Hamlet (Shakespeare) – 19-20, 49-50, 63, 73, 80-82, 112, 158, 263
HARSHBARGER, Karl – 250n13, 255n22, 345n17
HARTMANN, Geoffrey H. – 143n70, 266n52, 334
HARTMANN, Eduard von – 170, 175-179, 184-185
HAY, John – 208, 252, 253n18, 259n33
HAYMAN, Ronald – 119, 204n23, 204n24, 205n25, 209n34, 210, 210n37, 210n38
HAZA, Sophie von – 139
HEGEL, G. W. F. – 91-93, 94n14, 101-104, 115, 123, 144-167, 217-218, 221, 232-233, 240, 264, 272, 334, 340; admiração por Sófocles – 147; conceito de pu-

nição e destino em – 148-149; análise da tragédia – 148, 155-158, 161-162; e Freud – 150-160, 162, 167, 184, 188-189; conceito de inconsciente em – 152-157, 161-164, 227; dialética do senhor-escravo – 153; tropo do "estranho" e "familiar" – 153-154, 160, 165, 172, 185, 227; sobre *Antígona* – 157-158, 226, 271-274, 276-277; preocupação com Édipo – 155-157, 161-162; e Nietzsche – 164, 172-176, 184-190; otimismo e pessimismo em – 164, 187; medalhão do sexto aniversário – 166-167, 179; e Schopenhauer – 171-174, 228; e von Hartmann – 175-177; e Bachofen – 181-183; e Lévi-Strauss – 232-233, 240-241, 278; e Kiekegaard – 271-272, 274; *consultar também* os títulos das obras

HEIDEGGER, Martin – 64, 92-93, 147n4, 151, 184, 199, 217-227, 229, 266, 307, 348; "virada" em – 217-218; o "jargão da autenticidade" – 218; sobre os pré-socráticos – 220-223, 225; auto-análise em – 220-223; mito da Queda em – 221, 225; ausência de sexualidade em – 222; sobre *Édipo Rei* – 222-228; e Freud – 223-227; e Hölderlin – 224-225; sobre *Antígona* – 226, 265; e o nacional-socialismo – 228; e Lévi-Strauss – 228-229; *consultar também* pelos títulos das obras

HELLER, Erich – 89, 90n6, 127n41
HELMHOLTZ, Hermann von – 90
Hermenêutica, filosofia – 167; e a psicanálise – 92, 92n8
Herói, conceito de – 164, 188-190, 239, 266, 290, 292, 294, 301, 311n13, 326, 329
HERÓDOTO – 277, 295, 314
HERZOG, Patricia – 91n7
HESÍODO – 286
HESTER, D. A. – 310n9

História do Movimento Psicanalítico, A (Freud) – 191n2, 212-213
HOFMANNSTAHL, Hugo von – 217
HÖLDERLIN, Friedrich – 92-93, 101-104, 107, 114, 117-126, 128, 145-146, 193-194, 217, 226; loucura de – 118-119, 122; traduções de Sófocles – 118, 123-124, 307; admiração por Nietzsche – 118-119, 204-206; vínculos biográficos com Freud – 119-121, 204, 207; mortes do pai e do padrasto – 120-122, 205; e Schiller – 117, 119, 121-122, 127; amor por Susete Gontard – 121; envolvimentos em Waltershausen – 121-122; viagem ao sul da França – 121-122; herói trágico – 123-125; conflito entre o paganismo e o cristianismo – 123; conhecimento do grego – 124; identificação com Édipo – 124-126; e Kleist – 126-127; e Goethe – 120, 127; *consultar também* pelos títulos das obras

HOLLINGDALE, R. J. – 171n3, 206n26, 174, 207
HOLMES, Kim R. – 192n3
Homem-Lobo (paciente de Freud) – 79, 201
Homicidas, tendências, paciente e Freud com – 55-56, 60-61, 63-69, 70, 77, 81, 152, 326
HOWE, Thalia Phillies – 307n2
HOY, David Couzens – 63n14, 218n2
HUSSERL, Edmund – 217-218
Hipérion (Hölderlin) – 118-123
HYPPOLITE, Jean – 150, 152, 167

I

Id, conceito de – 142
Identificação, conceito de – 23, 41, 65-66
Incesto, conceito de – 62, 135, 193, 231, 261, 266, 276-277, 279-280, 282, 287, 298, 317, 319-

320, 322-323, 341, 348; tabu – 231n26, 236-238, 270, 273-274, 285, 304-305, 313
Inibições, Sintoma e Ansiedade (Freud) – 154
"Início do Tratamento, Sobre o" (Freud) – 78-79
Instintos e suas Vicissitudes, Os (Freud) – 79-80, 159
Interpretação dos Sonhos, A (Freud) – 4, 6-8, 9n5, 11, 12n14, 19-20, 21n4, 22-23, 26, 29, 31-32, 35, 39, 41-42, 55-56, 58, 63-64, 66, 68-71, 67n19, 76, 78-82, 86, 103, 113-114, 116, 150-151, 151n13, 188, 197, 258, 326, 342; o sonho "feche os olhos" – 21-24, 23n6, 28, 34n15, 35, 74n31; o sonho "*non vixit*" – 26, 33, 34n10, 41, 192, 210-211; o sonho da "injeção de Irma" – 29, 51, 61n12; o sonho da "privada ao ar livre" – 44-46, 49, 51, 60, 75; os sonhos de "Roma" – 47; erros em – 48-50; o sonho "Hollthurn" – 50, 64-66, 69-70, 70n23, 73, 76-78; o sonho da "monografia botânica" – 58; o sonho do "salmão defumado" – 65; o sonho das "figuras com bico de pássaro" – 70; o sonho de "1851 e 1856" – 77
Introdução à Metafísica (Heidegger) – 218, 221, 228
IRIGARAY, Luce – 38

J

JAHN, Otto – 209
JANICAUD, Dominique – 147, 147n7, 154n17
JEBB, R. C. – 248n9, 253, 267n1, 253, 278, 280, 295, 300, 307-308, 307n2, 314, 316, 318
JONES, Ernest – 3n1, 5-6, 8, 10, 15, 15n21, 31-32, 48, 71, 71n26, 84, 320n34, 322, 325-326, 329, 351, 351n24
JORDAN, Gilbert J. – 113n13
Júlio César (Shakespeare) – 34n15, 211-212
JUNG, C. G. – 14, 20, 27, 31-32, 37, 46, 50-52, 54, 68n20, 174, 214, 335-337
JUNG, Emma – 51

K

KAFKA, Franz – 64
KAISER, Hellmuth – 135-136, 140n68, 141
KALB, Charlotte von – 114, 121, 122
KAMERBEEK, J. C. – 248n9, 275n18, 294, 303
KANT, Immanuel – 99, 129, 130, 139, 143, 148, 172-173
KANZER, Mark – 42n26, 250n13, 251, 254, 260n36, 313, 313n21, 313n22, 323n37
KAPLAN, Morton – 262n40
KARL EUGEN, duque de Wüttemberg – 114, 117
Kate of Heilbronn (Kleist) – 127
KAUFMANN, Walter – 94n14, 101n32, 116n20, 147n5, 148n8, 173, 175n9, 184n22, 208n31, 209, 211, 278
KELLY, Georg Armstrong – 159n20
KIEKEGAARD, Soren – 219-220, 270-271, 270n7, 274, 293
KIRK, G. S. – 230n25
KIRKWOOD, G. M. – 264n45, 269n5, 311n15
KIRMS, Wilhelmine von – 121-122
KITTO, H. D. F. – 295, 300
KLEIN, Melanie – 334
KLEIST, Heinrich von – 92-93, 107, 126-144, 130, 146, 150, 195, 198, 214; suicídio de – 127-128, 135, 255, 297; preocupação com o mito de Édipo – 127, 129-130, 142-143, 145; fixação incestuosa de – 127, 135, 137-138; e Hölderlin – 127; luta com Goethe – 127, 127n44, 130,

133, 140; "crise de Kant" – 129, 138, 143; resposta ao fracasso de *Robert Guiscard* – 130-131, 134; junção de antíteses em – 135-138; bissexualidade de – 136, 138-139; história familiar de – 137-138; morte da mãe – 137-138; amigos masculinos – 138; oscilações em sua auto-estima – 138-139; viagem a Würzburg – 139-140; semelhanças com Freud – 139-140, 204; antecipa a psicanálise – 142; *consultar também* pelos títulos das obras

KLEIST, Marie von – 126, 135, 137-138, 140
KLEIST, Ulrike com – 130, 138-140
KLOSSOWSKI, Pierre – 204n24
KNOX, Bernard – 247n7, 252n16, 256n25, 260n34, 265, 267n1, 267n2, 271n8, 279n24, 288n7, 289n10, 292n16, 299n28, 309n6, 311n13, 312, 316n28
KNOX, T. M. – 149
KOCK, E. L. de – 287n4
KOHUT, Heinz – 27
KOJÈVE, Alexandre – 159n20
KÖRNER, Gottfried – 212
KRIS, Ernst – 24, 74n31, 328n5
KRONER, Richard – 148n8
KRUG, Wilhelm Traugott – 139
KRÜLL, Marianne – 3n1, 15n21, 23n6, 57, 57n5, 57n6, 58n8, 69n21, 70n25, 73n29, 83n41, 84n43, 86n45, 245-246, 245n2, 246n4, 285, 288n7, 289n10

L

LACAN, Jacques – 5, 81, 144, 198, 234, 312, 350n23
LAING, R. D. e LAPLANCHE, Jean – 233
LAPLANCHE – 5-6, 121n30, 122n31
LATTIMORE, Richmond – 295
LEACH, Edmund – 230n25, 236
LEFCOWITZ, Barbara – 313n21
LEONARDO DA VINCI – 9, 17, 84

Leonardo da Vinci e uma Lembrança de sua Infância (Freud) – 17
"Lembrança de Infância de *Dichtung und Wahrheit*" (Freud) – 20n3
"Lembranças Encobridoras" (Freud) – 33-34, 36, 57-61, 58n7, 71n26, 74-80, 77n33, 83, 159, 200
LENGEFELD, Charlotte von – 114
LENGEFELD, Karoline von – 114
LESKY, Albin – 267n2
LESSING, Gotthold Ephraim – 93-95, 94n14, 94n16, 95n19, 97-98, 105, 129, 220, 228
LETTERS, F. J. H. – 249, 288
LÉVI-STRAUSS, Claude – 92, 217, 271; e Heidegger – 228-229; sobre o mito de Édipo – 229-242, 230n25, 256; rejeita concentrar-se em *Édipo Rei* – 229-230, 241; e Freud – 229n24, 230-232, 237-238; sobre o tabu do incesto – 231, 231n26, 236-238, 285; e Hegel – 232-233, 240-241, 278; oposições binárias em – 232, 236, 240, 285, 293; análise sincrônica e diacrônica em – 233-234, 269-270, 286, 304-305; arbitrariedade de – 235-236; intelectualismo de – 237-239; choque entre a ciência e a intuição em – 240; auto-análise em – 240-241, 241n47; como "trickster" – 241; avuncular – 285-286, 304-305; *consultar também* pelos títulos das obras
LEWIN, Bertram D. – 79n36
Lições de Filosofia da Religião (Hegel) – 161-162, 166, 194
LILIENSTERN, Otto Ruhle von – 138
LINFORTH, Ivan M. – 310n9
LLOYD-JONES, Hugh – 247n6, 271n9, 272n11
Lógica (Hegel) – 146, 155, 159-160, 162, 165, 218, 248
LOHSE, Heinrich – 138-139
LORENZ, Emil – 313n21
LÖWITH, Karl – 167n28
LUEGER, Karl – 42

LUPAS, Liana e Zoe Petre – 248n9, 271n9, 280n26
"Luto e Melancolia" (Freud) – 25

M

MAASS, Joahim – 129n49, 139n64, 140, 140n66
Macbeth (Shakespeare) – 81, 149, 158, 256n24
MAHL, George – 43
Mal-Estar da Civilização, O (Freud) – 45, 192n3
MALCOLM, Janet – 28n12
MALINOWSKI, Bronislaw – 63, 351-352
MANGAN, John W. – 267n2
MANN, Thomas – 90n6, 193, 328-329
MARCUS, Steven – 72, 137n61, 166
Marquesa de O– (Kleist) – 135-136
MARTINI, Christoph Ernst – 138
MARX, Karl – 99n28, 187, 230-232
MASSON, Jeffrey M. – 24-25, 24n7, 28, 28n12, 29, 39, 245-246, 246n3, 246n4, 285
MASSOW, Auguste von – 137
MASULLO, Aldo – 153n16
Máximas e Opiniões Dispersas (Nietzsche) – 188
MAZLISH, Bruce – 192n3
MCCALL, Marsh – 299
MCGRATH, William J. – 4n1, 10n8, 13n18, 16n24, 42n27, 43n28, 70n23, 86n45, 90, 114n16, 192n4
MCNULTY, Michael J. – 198n16
MERLEAU-PONTY, M. – 222n10
MILLER, Philip B. – 128, 133
MITCHELL, Juliet – 350n23
MOI, Toril – 339
MOMMSEN, Katharina – 127n44, 133n55, 140n68
MONTGOMMERY, Marshall – 101n31
MOISÉS – 47, 82, 84, 328
Moisés e o Monoteísmo: Três Ensaios (Freud) – 68, 82, 164, 181
"Moisés de Michelangelo, O" (Freud) – 47n30

MOZART, Wolfgang Amadeus – 202
MUELLER, Martin – 111, 111n7, 111n8, 131n52, 132
MÜLLER, Adam – 138-139
MUSURILLO, Herbert – 252n16

N

Narbonne (Schiller) – 109, 131
Narcísica, formação, conceito de – 74-80, 159, 302
Nascimento da Tragédia, O (Nietzsche) – 101, 110, 116, 131, 173, 179-180, 183, 185, 189, 193-196, 193n10, 203, 207-208, 238
NAUEN, Franz Gabriel – 101n31, 102n34, 104n38
NEUMANN, Erich – 182n20
Noiva de Messina, A (Schiller) – 110-112, 117, 131
Novas Conferências Introdutórias sobre Psicanálise (Freud) – 42, 80
NIETZSCHE, Friedrich – 90-92, 100, 103, 110, 125, 138, 142, 149, 161, 169-170, 191-215, 223, 232, 238-239, 310, 326-327; dualidade de Apolo e Dionísio – 116, 158, 179-180, 185, 195; admiração por Hölderlin – 119, 193, 205; admiração por Kleist – 128-129, 138; autoconhecimento em – 163-164, 193-194, 196-198, 221-222; e Freud – 100, 164, 188-189, 191-193, 191n2, 192n3, 210-215; e Hegel – 164, 172-176, 184-190, 193-194; conceito de herói em – 164-165, 188-190, 205-207, 213-214; e Schopenhauer – 172-174, 196, 207; e von Hartmann – 175-177, 185; e Bachofen – 179-184; sobre o mito de Édipo – 185, 189, 193n8, 206-207, 256-257, 313, 317-318; e Wilamowitz – 189-190; loucura de – 193-194, 204-205; conceito de eterno retorno – 198-202, 209-210; conceito de autor – 204;

homossexualismo de – 203-204, 209-210; mortes do pai e do irmão – 204-205, 210-211; relacionamento com a irmã – 205-206, 210-211; abandona o Cristianismo – 206-207; e Wagner – 207-215; e Lou Andreas-Salomé – 203, 209-210; masoquismo de – 210; "crise de Brutus" – 211-212; nega a autoria de Shakespeare – 213; oscilações na auto-estima – 213-214; *consultar também* pelos títulos das obras

O

O'BRIEN, Edna – 352-353
"Observações sobre Antígona" (Hölderlin) – 124-125
"Observações sobre Édipo" (Hölderlin) – 124-125
Odisséia (Homero) – 188, 196, 202, 286
Oposições binárias, conceito de – 232, 236, 239-240, 255, 281, 286n2, 286n3
OPSTELTEN, J. C. – 248n8
"O que é isso – Metafísica?" (Heidegger) – 223
"Organização Genital Infantil, A" (Freud) – 223
OVERBECK, Franz – 213

P

PANETH, Josepf – 192
PASSAGE, Charles L. – 113n12
PAUSÂNIAS – 287
PEARSON, A. C. – 279n25, 293n17, 346n18
Pentesiléia (Kleist) – 128, 130, 133-134, 136-137, 142
Pensamento Selvagem, O (Lévi-Strauss) – 235, 240, 242
PETERKIN, L. Denis – 288n8
PFEUL, Ernst von – 136, 138

PLATÃO – 27, 334
Poesia Ingênua e a Poesia Sentimental, Sobre a (Schiller) – 115, 120
"...Poeticamente o Homem Habita..." (Heidegger) – 227-228
PÖGGELER, Otto – 145n1, 147n4, 147n6
POHORILLES, N. E. – 177n3
Positividade da Religião Cristã, A (Hegel) – 147-148
PRADER, Florian – 107n1, 109n4, 110n5
"Prêmio Goethe, Carta ao Dr. Alfons Paquet" (Freud) – 9-10
"Pretensão da Psicanálise ao Interesse Científico, A" (Freud) – 91
Primal, conceito da cena – 69-73, 200-201, 239, 256, 346-347
Primais, conceito de palavras – 159, 317
Príncipe de Homburg, O (Kleist) – 139-143
"Problema Econômico do Masoquismo, O" (Freud) – 79
Projeto para uma Psicologia Científica (Freud) – 5
Psicopatologia da Vida Cotidiana, A (Freud) – 16, 20, 49-50, 55, 61, 61n12, 64, 66-68, 77n33, 85, 113, 134, 177-178, 258, 336
PUCCI, Pietro – 230n25, 233n29

Q

Queda, mito da – 133, 143, 143n70, 145-146, 148-149, 155-156, 188, 221-222, 225, 242, 322
Questão da Análise Leiga, A (Freud) – 11

R

RADO, Charles – 260n35
RANK, Otto – 27, 98, 111-113, 193, 212n41, 232, 263, 321-322
RÉE, Paul – 209-210
REHM, Walter – 104n38
Rei Lear (Shakespeare) – 81, 296, 296n22, 301, 321

REIK, Theodor – 260n36
REINHARDT, Karl – 123, 223, 260n34, 266, 269n5, 271n8, 273, 318, 348
Religião Popular e Cristianismo (Hegel) – 147
Repetição, compulsão à; conceito de – 4-5, 210, 214-215, 219-220, 276; exibida por Freud – 19-52, 214; *consultar também* Neurose de transferência
Repressão, conceito de – 22-23, 28, 154, 159, 185, 191-192, 263; *consultar também* Cegueira
"Resistências à Psicanálise, As" (Freud) – 177n13
Revolução Francesa – 92, 99, 219
RICOEUR, Paul – 150n11, 151, 151n12, 158n19, 264
RIE, Oscar – 30
RIEF, Philip – 35, 151n13
RITSCHIL, Albrecht – 207-209, 213
ROAZEN, Paul – 28n12, 34n16, 128n47, 193n6
ROBERT, Carl – 47n30, 287n4
Robert Guiscard (Kleist) – 129-132, 134, 139-140
ROBERT, Marthe – 23n6, 47n30
ROHDE, Erwin – 310
RÓHEIM, Géza – 239, 256, 260n35.
Romantismo alemão – 89-105, 107, 115, 118, 123, 129, 133, 145, 177, 222, 242, 248, 265, 328
Romeu e Julieta (Shakespeare) – 296-297
ROSENBERG, Samuel – 40-41
ROSEBLUM, Eva – 56n4, 60
ROSENKRANZ, Karl – 147-148
ROSENMEYER, T. G. – 269n6
ROUSE, W. D. – 299n26
ROUSSEAU, Jean-Jacques – 155, 327
ROUSSEL, P. – 295n19
ROUSTANG, François – 128n47

S

SACHS, Hanns – 72
SADGER, Isidor – 127n41, 138n62, 138n63

SAID, Edward W. – 17, 17n25
SAJNER, Josef – 15n21, 57n5, 70n24, 71n26
SANDYS, John Edwin – 93n11
SANTIROCCO, Matthew S. – 271n8, 274n15, 298n25, 301n30
SARTRE, Jean-Paul – 228, 241n47
SAUSSURE, Ferdinand de – 233
SCHADEWALDR, Wolfgang – 123n34, 131n52
SCHELLING, Fridrich – 91, 99, 101-104, 119, 123, 145-146, 149, 155, 194, 223, 263, 265
SCHILLER, Friedrich – 49, 92-93, 99, 104-105, 107-117, 119, 134, 145-146, 159, 212-213, 220, 224, 263, 332; e *Édipo Rei* – 105, 108, 108n2, 109-110, 112-114; morte do pai – 105; traduz Eurípides – 107-108; paralelos com Freud – 113-114, 204; admiração pelos gregos e por Goethe – 107-108, 114, 117-118, 211; e Hölderlin – 117, 119, 121-122, 127; *consultar também* pelos títulos das obras
SCHELEGEL, A. W. – 100-103, 100n30, 110, 161, 194, 220, 238
SCHELEGEL, Friedrich – 100n30
SCHLIEBEN, Caroline von – 139
SCHÖNAU, Walter – 94n14
SCHOPENHAUER, Arthur – 128-129, 169-178, 180, 184, 196, 207, 228
Schopenhauer como Educador (Nietzsche) – 128, 174, 213
SCHORSKE, Carl – 42, 47, 66
SCHARADE, Leo – 93n11
SCHRADER, Hans – 123n35.
SCHREBER, Daniel Paul – 93n11, 335-336
SCHUR, Max – 15n21, 20n2, 20n3, 28, 29n13, 35
SEEM, Mark – 332
SEGAL, Charles – 204, 257n28, 260n36, 269n5, 279n24, 286n3, 301n30, 304, 309n3, 309n4, 312n16, 312n17, 315, 318n29, 320, 349

SEIDENSTICKER, Bernd – 318n29
Sêneca – 93-94, 96-97, 100, 220, 229, 230n24, 248
Ser e Tempo (Heidegger) – 218, 221, 225
SERBER, Jere Paul – 102n33
SHAKESPEARE, William – 19, 80-82, 95, 129, 211-212, 256n24, 263, 296, 298, 310, 320-322; *consultar também* pelos títulos das obras
SHENGOLD, Leonard – 50n32, 70, 70n23
SICHIROLLO, Livio – 147n4
SILBERSTEIN, Eduard – 9-10, 13-14, 25, 27-29, 46, 90n7, 192
SILK, M. S. e J. P. Stern – 103, 179n15, 189n31, 190n32, 195n12, 206n28, 209, 209n32
SÓFOCLES – 4-6, 12, 22, 92-94, 96-97, 100-101, 124, 129, 147, 154, 160-161, 170, 220, 245-277, 323, 345; *consultar também* pelos títulos das obras
SPIELREIN, Sabina – 37-39, 62, 62n13, 250
STAHL, E. L. – 129n50
STAIGER, Emil – 101n31
STANESCU, H. – 9n6, 27n11
STEIN, Jeinrich von – 213
STEINER, George – 92-93, 123n34, 222n9, 226, 230n25
STEKEL, Wilhelm – 31-32
STERBA, Richard – 80
STERREN, H. A. van der – 250n13, 251-252, 263n41, 322n36
STRACHEY, James – 74
STRONG, Tracy B. – 193n8
SULLOWAY, Frank J. – 3n1, 9n5
Superego, conceito – 23, 42, 80
SWALES, Peter J. – 4n1, 24n8, 37n21, 57n5, 58n7, 59n9, 66-68, 67n18, 68n20, 77n33
SWAN, Jim – 83n42, 84, 85n44
SZASZ, Thomas – 333

T

TAMINIAUX, Jacques – 104n38
TATE, Nahum – 296

TAUSK, Viktor – 128, 128n47
TAYLOR, Charles – 99-100
"Teatro de Marionetes, Sobre o" (Kleist) – 143-144, 150, 198
"Tema dos Três Escrínios, O" (Freud) – 82, 321
Tempestade, A (Shakespeare) – 310
THASS-THIENEMANN, Theodore – 222-223, 223n13, 239, 259
"Tipo Especial de Escolha de Objeto Feita pelos Homens, Um" (Freud) – 14
"Tipos de Caráter Encontrados no Trabalho Psicanalítico, Alguns" (Freud) – 21-22, 82
Transferência, neurose de: Freud – 19-52; conceito de – 21n4, 175, 210, 213-215, 262n39; *consultar também* Compulsão à repetição
Três Ensaios sobre a Teoria da Sexualidade (Freud) – 57, 78, 256
TRILLING, Lionel – 90n6, 99n28, 325, 333
Tristes Trópicos (Lévi-Strauss) – 230, 241
TROSMAN, Harry – 82n40
Totem e Tabu (Freud) – 14, 23, 32, 180-181, 340
TUREL, Adrien – 183n21
TURNER, Terence S. – 230n25, 233, 233n30, 235, 235n33, 235n36, 239, 258n30, 260n36, 290

U

Um Estudo Autobiográfico (Freud) – 191n2
UNGAR, Frederick – 113n13.
Utilidade e Desvantagem da História, Sobre a (Nietzsche) – 185-186

V

VELLACOTT, Philip – 261, 261n37, 262n40, 291n13
VELZEN, H. U. E. Thoden van – 29n13

"Verdade e Mentira no Sentido Extramoral, Sobre" (Nietzsche) – 196, 203
VERGOTE, Antoine – 150n11
VERNANT, Jean-Pierre – 259n31, 262n40, 265, 282n27, 291n12, 301n30
VERSÉNYI, Laszlo – 248n8
VICKERS, Brian – 230n25, 234, 235n33, 262, 271n8
VISCHER, Luise – 114
VOGEL, Henriette – 126, 135, 138-140, 255, 297
VOLTAIRE, F. M. A. de – 97-98, 101, 105, 132, 229, 230n33, 235n33, 344-345
VOSS, Heinrich – 117

W

WÄDENSWILL, Margit Schoch von – 129n50, 131n52, 136n59
WAELHENS, Alphonse de – 150n11
WAGNER, Richard – 192, 195, 207-214
WAIBLINGER, Wilhelm – 126
WALDOCK, A. J. A. – 274, 277n21
WEBSTER, T. B. L. – 295n20
WERDECK, Adolphine von – 137
WHITE, Hayden – 163, 185, 188n30
WHITMAN, Cedric H. – 264n43, 265, 309n5, 310n9, 311n13, 314n24, 319n31
WHYTE, Lancelot Law – 176n10
WIELAND, Christoph Martin – 129-130
WILAMOWITZ-MOELLENDORFF, Tycho von – 345
WILAMOWITZ-MOELLENDORFF, Ulrich von – 189-190, 209
WILDE, Oscar – 17
WILLIS, William H. – 271n10
WILLNER, Dorothy – 320n34
WILSON, Edmund – 277n21
WINCKELMANN, Johann Joachim – 94, 97, 100, 137, 195
WINNINGTON-INGRAM, R. P. – 264n45, 275, 291-292, 299n28, 309n5, 310, 311n13, 345
WITTELS, Fritz – 10n8, 61n11
WITTRICH, Wilhelm – 107n1
WOLF, Ernest S. – 10
WOLFF, Emil – 147n4
WUNDT, Wilhelm – 91

Z

ZAJÍC, Monika (babá de Freud) – 57n5, 57-60, 70, 73, 82-86, 251
ZEITLIN, Froma I. – 286n2, 301n30
ZENGE, Wilhelmine von – 129, 139
ZWEIG, Arnold – 193
ZWEIG, Stefan – 322

COLEÇÃO ESTUDOS

1. *Introdução à Cibernética*, W. Ross Ashby.
2. *Mimesis*, Erich Auerbach.
3. *A Criação Científica*, Abraham Moles.
4. *Homo Ludens*, Johan Huizinga.
5. *A Lingüística Estrutural*, Giulio C. Lepschy.
6. *A Estrutura Ausente*, Umberto Eco.
7. *Comportamento*, Donald Broadbent.
8. *Nordeste 1817*, Carlos Guilherme Mota.
9. *Cristãos-Novos na Bahia*, Anita Novinsky.
10. *A Inteligência Humana*, H. J. Butcher.
11. *João Caetano*, Décio de Almeida Prado.
12. *As Grandes Correntes da Mística Judaica*, Gershom G. Scholem.
13. *Vida e Valores do Povo Judeu*, Cecil Roth e outros.
14. *A Lógica da Criação Literária*, Käte Hamburger.
15. *Sociodinâmica da Cultura*, Abraham Moles.
16. *Gramatologia*, Jacques Derrida.
17. *Estampagem e Aprendizagem Inicial*, W. Sluckin.
18. *Estudos Afro-Brasileiros*, Roger Bastide.
19. *Morfologia do Macunaíma*, Haroldo de Campos.
20. *A Economia das Trocas Simbólicas*, Pierre Bourdieu.
21. *A Realidade Figurativa*, Pierre Francastel.
22. *Humberto Mauro*, Cataguases, Cinearte, Paulo Emílio Salles Gomes.
23. *História e Historiografia do Povo Judeu*, Salo W. Baron.
24. *Fernando Pessoa ou o Poetodrama*, José Augusto Seabra.
25. *As Formas do Conteúdo*, Umberto Eco.
26. *Filosofia da Nova Música*, Theodor Adorno.
27. *Por uma Arquitetura*, Le Corbusier.
28. *Percepção e Experiência*, M. D. Vernon.
29. *Filosofia do Estilo*, G. G. Granger.
30. *A Tradição do Novo*, Harold Rosenberg.

31. *Introdução à Gramática Gerativa*, Nicolas Ruwet.
32. *Sociologia da Cultura*, Karl Mannheim.
33. *Tarsila sua Obra e seu Tempo* (2 vols.), Aracy Amaral.
34. *O Mito Ariano*, Léon Poliakov.
35. *Lógica do Sentido*, Gilles Delleuze.
36. *Mestres do Teatro I*, John Gassner.
37. *O Regionalismo Gaúcho*, Joseph L. Love.
38. *Sociedade, Mudança e Política*, Hélio Jaguaribe.
39. *Desenvolvimento Político*, Hélio Jaguaribe.
40. *Crises e Alternativas da América Latina*, Hélio Jaguaribe.
41. *De Geração a Geração*, S. N. Eisenstadt.
42. *Política Econômica e Desenvolvimento do Brasil*, Nathanael H. Leff.
43. *Prolegômenos a uma Teoria da Linguagem*, Louis Hjelmslev.
44. *Sentimento e Forma*, Susanne K. Langer.
45. *A Política e o Conhecimento Sociológico*, F. G. Castles.
46. *Semiótica*, Charles S. Peirce.
47. *Ensaios de Sociologia*, Marcel Mauss.
48. *Mestres do Teatro II*, John Gassner.
49. *Uma Poética para Antonio Machado*, Ricardo Gullón.
50. *Burocracia e Sociedade no Brasil Colonial*, Stuart B. Schwartz.
51. *A Visão Existenciadora*, Evaldo Coutinho.
52. *América Latina em sua Literatura*, Unesco.
53. *Os Nuer*, E. E. Evans-Pritchard.
54. *Introdução à Textologia*, Roger Laufer.
55. *O Lugar de Todos os Lugares*, Evaldo Coutinho.
56. *Sociedade Israelense*, S. N. Eisenstadt.
57. *Das Arcadas do Bacharelismo*, Alberto Venancio Filho.
58. *Artaud e o Teatro*, Alain Virmaux.
59. *O Espaço da Arquitetura*, Evaldo Coutinho.
60. *Antropologia Aplicada*, Roger Bastide.
61. *História da Loucura*, Michel Foucault.
62. *Improvisação para o Teatro*, Viola Spolin.
63. *De Cristo aos Judeus da Corte*, Léon Poliakov.
64. *De Maomé aos Marranos*, Léon Poliakov.
65. *De Voltaire a Wagner*, Léon Poliakov.
66. *A Europa Suicida*, Léon Poliakov.
67. *O Urbanismo*, Françoise Choay.
68. *Pedagogia Institucional*, A. Vasquez e F. Oury.
69. *Pessoa e Personagem*, Michel Zeraffa.
70. *O Convívio Alegórico*, Evaldo Coutinho.
71. *O Convênio do Café*, Celso Lafer.
72. *A Linguagem*, Edward Sapir.
73. *Tratado Geral de Semiótica*, Umberto Eco.
74. *Ser e Estar em Nós*, Evaldo Coutinho.
75. *Estrutura da Teoria Psicanalítica*, David Rapaport.
76. *Jogo, Teatro & Pensamento*, Richard Courtney.
77. *Teoria Crítica I*, Max Horkheimer.
78. *A Subordinação ao Nosso Existir*, Evaldo Coutinho.
79. *A Estratégia dos Signos*, Lucrécia D'Aléssio Ferrara.
80. *Teatro: Leste & Oeste*, Leonard C. Pronko.
81. *Freud: a Trama dos Conceitos*, Renato Mezan.
82. *Vanguarda e Cosmopolitismo*, Jorge Schwartz.
83. *O Livro dIsso*, Georg Groddeck.

84. *A Testemunha Participante*, Evaldo Coutinho.
85. *Como se Faz uma Tese*, Umberto Eco.
86. *Uma Atriz: Cacilda Becker*, Nanci Fernandes e Maria Thereza Vargas (org.).
87. *Jesus e Israel*, Jules Isaac.
88. *A Regra e o Modelo*, Françoise Choay.
89. *Lector in Fabula*, Umberto Eco.
90. *TBC: Crônica de um Sonho*, Alberto Guzik.
91. *Os Processos Criativos de Robert Wilson*, Luiz Roberto Galizia.
92. *Poética em Ação*, Roman Jakobson.
93. *Tradução Intersemiótica*, Julio Plaza.
94. *Futurismo: uma Poética da Modernidade*, Annateresa Fabris.
95. *Melanie Klein I*, Jean-Michel Petot.
96. *Melanie Klein II*, Jean-Michel Petot.
97. *A Artisticidade do Ser*, Evaldo Coutinho.
98. *Nelson Rodrigues: Dramaturgia e Encenaçes*, Sábato Magaldi.
99. *O Homem e seu Isso*, Georg Groddeck.
100. *José de Alencar e o Teatro*, João Roberto Faria.
101. *Fernando de Azevedo: Educação e Transformação*, Maria Luiza Penna.
102. *Dilthey: um Conceito de Vida e uma Pedagogia*, Maria Nazaré de Camargo Pacheco Amaral.
103. *Sobre o Trabalho do Ator*, Mauro Meiches e Silvia Fernandes.
104. *Zumbi, Tiradentes*, Cláudia de Arruda Campos.
105. *Um Outro Mundo: a Infância*, Marie-José Chombart de Lauwe.
106. *Tempo e Religião*, Walter I. Rehfeld.
107. *Arthur Azevedo: a Palavra e o Riso*, Antonio Martins.
108. *Arte, Privilégio e Distinção*, José Carlos Durand.
109. *A Imagem Inconsciente do Corpo*, Françoise Dolto.
110. *Acoplagem no Espaço*, Oswaldino Marques.
111. *O Texto no Teatro*, Sábato Magaldi.
112. *Portinari, Pintor Social*, Annateresa Fabris.
113. *Teatro da Militância*, Silvana Garcia.
114. *A Religião de Israel*, Yehezkel Kaufmann.
115. *Que é Literatura Comparada?*, Brunel, Pichois, Rousseau.
116. *A Revolução Psicanalítica*, Marthe Robert.
117. *Brecht: um Jogo de Aprendizagem*, Ingrid Dormien Koudela.
118. *Arquitetura Pós-Industrial*, Raffaele Raja.
119. *O Ator no Século XX*, Odette Aslan.
120. *Estudos Psicanalíticos sobre Psicossomática*, Georg Groddeck.
121. *O Signo de Três*, Umberto Eco e Thomas A. Sebeok.
122. *Zeami: Cena e Pensamento Nô*, Sakae M. Giroux.
123. *Cidades do Amanhã*, Peter Hall.
124. *A Causalidade Diabólica I*, Léon Poliakov.
125. *A Causalidade Diabólica II*, Léon Poliakov.
126. *A Imagem no Ensino da Arte*, Ana Mae Barbosa.
127. *Um Teatro da Mulher*, Elza Cunha de Vicenzo.
128. *Fala Gestual*, Ana Claudia de Oliveira.
129. *O Livro de São Cipriano: uma Legenda de Massas*, Jerusa Pires Ferreira.
130. *Kósmos Noetós*, Ivo Assad Ibri.
131. *Concerto Barroco às peras do Judeu*, Francisco Maciel Silveira.
132. *Sérgio Milliet, Crítico de Arte*, Lisbeth Rebollo Gonçalves.
133. *Os Teatros Bunraku e Kabuki: Uma Visada Barroca*, Darci Kusano.
134. *O diche e seu Significado*, Benjamin Harshav.
135. *O Limite da Interpretação*, Umberto Eco.

136. *O Teatro Realista no Brasil: 1855-1865*, João Roberto Faria.
137. *A República de Hemingway*, Giselle Beiguelman-Messina.
138. *O Futurismo Paulista*, Annateresa Fabris.
139. *Em Espelho Crítico*, Robert Alter.
140. *Antunes Filho e a Dimensão Utópica*, Sebastião Milaré.
141. *Sabatai Tzvi: O Messias Místico I, II, III*, Gershom Scholem.
142. *História e Narração em Walter Benjamin*, Jeanne Marie Gagnebin.
143. *A Política e o Romance*, Irwing Howe.
144. *Os Direitos Humanos como Tema Global*, J. A. Lindgren.
145. *O Truque e a Alma*, Angelo Maria Ripellino.
146. *Os Espirituais Franciscanos,* Nachman Falbel.
147. *A Imagem Autônoma,* Evaldo Coutinho.
148. *A Procura da Lucidez em Artaud,* Vera Lúcia Gonçalves Felício.
149. *Memória e Invenção: Gerald Thomas em Cena*, Sílvia Fernandes Telesi.
150. *Nos Jardins de Burle Marx*, Jacques Leenhardt.
151. *O* Inspetor Geral *de Gógol/Meyerhold*, Arlete Cavalière.
152. *O Teatro de Heiner Müller*, Ruth Röhl.
153. *Psicanálise, Estética e Ética do Desejo*, Maria Inês França.
154. *Cabala: Novas Perspectivas*, Moshe Idel.
155. *Falando de Shakespeare,* Barbara Heliodora.
156. *Imigrantes Judeus / Escritores Brasileiros*, Regina Igel.
157. *A Morte Social dos Rios*, Mauro Leonel.
158. *Barroco e Modernidade*, Irlemar Chiampi.
159. *Moderna Dramaturgia Brasileira*, Sábato Magaldi.
160. *O Tempo Não-Reconciliado*, Peter Pál Pelbart.
161. *O Significado da Pintura Abstrata*, Mauricio Mattos Puls
162. Work in Progress *na Cena Contemporânea*, Renato Cohen
163. *Mito e Tragédia na Grécia Antiga*, Jean-Pierre Vernant e Pierre Vidal-Naquet
164. *A Teoria Geral dos Signos*, Elisabeth Walther
165. *Lasar Segall: Expressionismo e Judaísmo*, Cláudia Valladão Mattos
166. *Escritos Psicanalíticos sobre Literatura e Arte*, Georg Groddeck
167. *Norbert Elias, a Política e a História*, Alain Garrigou e Bernard Lacroix
168. *A Cultura Grega a Origem do Pensamento Europeu*, Bruno Snell
169. *O Freudismo – Esboço Crítico*, M. M. Bakhtin
170. *Stanislávski, Meierhold & Cia.*, J. Guinsburg
171. *O Anti-Semitismo na Era Vargas*, Maria Luiza Tucci Carneiro
172. *Apresentação do Teatro Brasileiro Moderno*, Décio de Almeida Prado
173. *Imagináios Urbanos*, Armando Silva Tellez
174. *Psicanálise em Nova Chave*, Isaias Melsohn
175. *Da Cena em Cena*, J. Guinsburg
176. *Jesus*, David Flusser
177. *O Ator Compositor*, Matteo Bonfitto
178. *Freud e Édipo*, Peter L. Rudnytsky
179. *Avicena: A Viagem da Alma*, Rosalie Helena de Souza Pereira
180. *Em Guarda Contra o "Perigo Vermelho"*, Rodrigo Sá Motta
181. *A Casa Subjetiva*, Ludmila de Lima Brandão
182. *Ruggero Jacobbi*, Berenice Raulino
183. *Presenças do Outro*, Eric Landowski
184. *O Papel do Corpo no Corpo do Ator*, Sônia Machado Azevedo
185. *O Teatro em Progresso*, Décio de Almeida Prado
186. *Édipo em Tebas*, Bernard Knox
187. *Judaísmo e Arquitetura*, Bruno Zevi

Impressão e acabamento:

ESCOLAS PROFISSIONAIS SALESIANAS
Rua Dom Bosco, 441 • 03105-020 São Paulo SP
Fone: (11) 3277-3211 • Fax: (11) 279-0329